临汾年鉴

2022

中共临汾市委党史研究室
（临汾市地方志研究室） 编

方志出版社
Publishing House of Local Records

图书在版编目（CIP）数据

临汾年鉴. 2022 / 中共临汾市委党史研究室（临汾市地方志研究室）编. — 北京：方志出版社，2022.12
ISBN 978-7-5144-5660-8

Ⅰ. ①临… Ⅱ. ①中… Ⅲ. ①临汾 – 2022 – 年鉴
Ⅳ. ①Z522.53

中国版本图书馆CIP数据核字（2022）第256617号

责任编辑：范　静
责任校对：刘玉霞
责任印制：梅中英
出 版 者：方志出版社
地　　址：北京市朝阳区潘家园东里 9 号（国家方志馆4层）
邮　　编：100021
网　　址：http://www.zgfzcb.cn
发　　行：方志出版社图书营销中心（010–67110500）
印　　刷：山西德美文化产业发展有限公司
开　　本：889毫米 × 1194毫米　1/16
印　　张：30.5
字　　数：1059千字
版　　次：2022年12月第1版
印　　次：2022年12月第1次印刷
定　　价：398.00元

《临汾年鉴（2022）》编纂委员会

《临汾年鉴（2022）》编纂委员会办公室

主　　任：屈　波

副 主 任：靳水旺　刘鹏举　李　慧

成　　员：刘　峰　鞠豫霞　柏翠青　庄艳丽　翟颖頔
张　艳　岳方涛　李艳洁　米立恒

《临汾年鉴（2022）》编纂人员

主　　编：屈　波

副 主 编：靳水旺

执行副主编：鞠豫霞

编　　辑：李艳洁

校　　对：黄海疆　李小莉　张　旭　崔梓童　郭　荣
关　心

编辑说明

一、《临汾年鉴》是由中共临汾市委、临汾市人民政府组织，中共临汾市委党史研究室（临汾市地方志研究室）编纂的大型年度资料性文献，是临汾市本级唯一的地方综合年鉴。

二、《临汾年鉴（2022）》坚持以马克思列宁主义、毛泽东思想、邓小平理论、“三个代表”重要思想、科学发展观、习近平新时代中国特色社会主义思想为指导，坚持辩证唯物主义和历史唯物主义的立场、观点、方法，求真存实，全面、客观、系统地记载2021年度临汾市自然、政治、经济、文化、社会和生态建设等各个领域的基本情况，反映年度重要事项与发展变化。

三、《临汾年鉴（2022）》记事断限自2021年1月1日至12月31日。个别条目内容上溯2021年以前，意在增强事物的完整性。

四、《临汾年鉴（2022）》采用分类编排法，设34个类目、203个分目、61个次分目、1853个条目，不同层次的标题用不同的字号、字体和辅助标志区别。

五、《临汾年鉴（2022）》稿件均由市直各有关机关、部门、驻临单位和各县（市、区）政府组织专人撰写，并经各单位负责人审核。所有数据由于统计的来源、口径、方法、时间不同而有差异的，均以统计局提供的统计资料为准。

六、《临汾年鉴（2022）》有详细中英文目录、索引检索系统。卷末索引，款目按汉语拼音字母顺序排列。

七、本卷年鉴数字用法、标点符号用法分别采用国际标准《出版物上数字用法》（GB/ T 15835—2011）、《标点符号用法》（GB/T 15834—2011）。计量单位采用国家技术监督局1993年12月发布的《量和单位》系列国家标准。

八、本卷年鉴采用的稿件，作者署名在文尾。除国家、省、市领导调研照片署名外，彩页图片拍摄时间均为2021年，标注有供图单位。有的稿件因作者不详，未作署名。

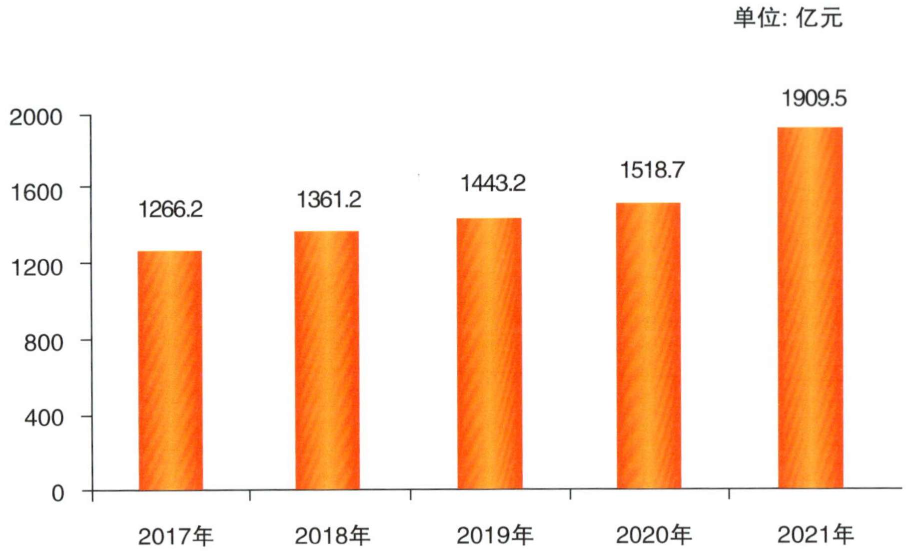

2017—2021年临汾市地区生产总值

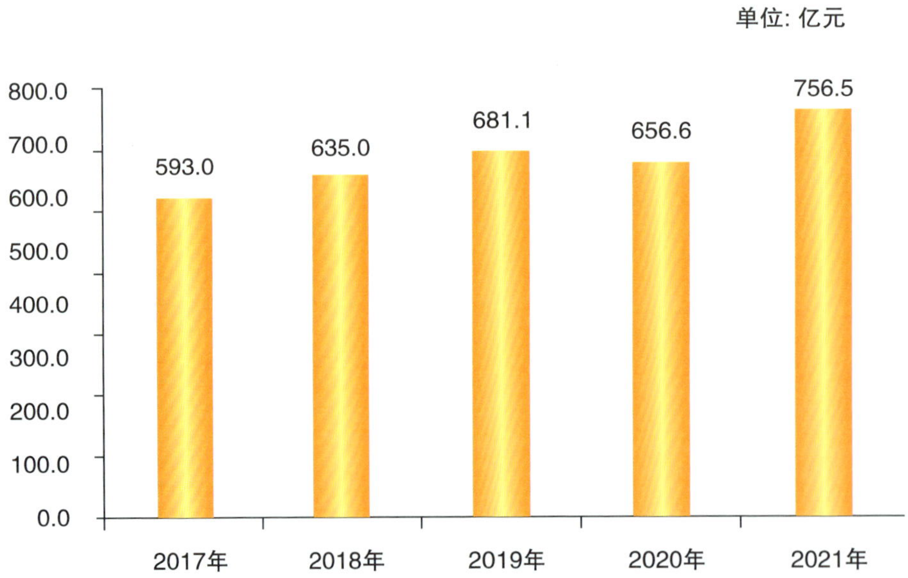

2017—2021年临汾市社会消费品零售总额

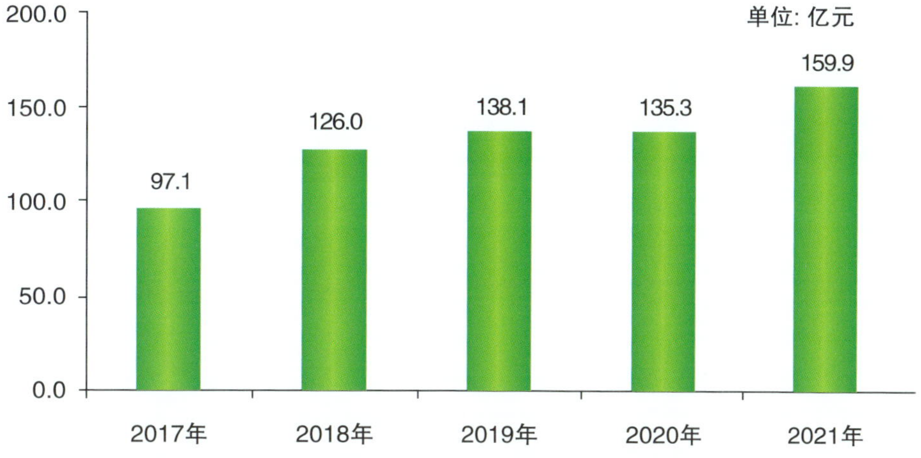

2017—2021年临汾市一般公共预算收入

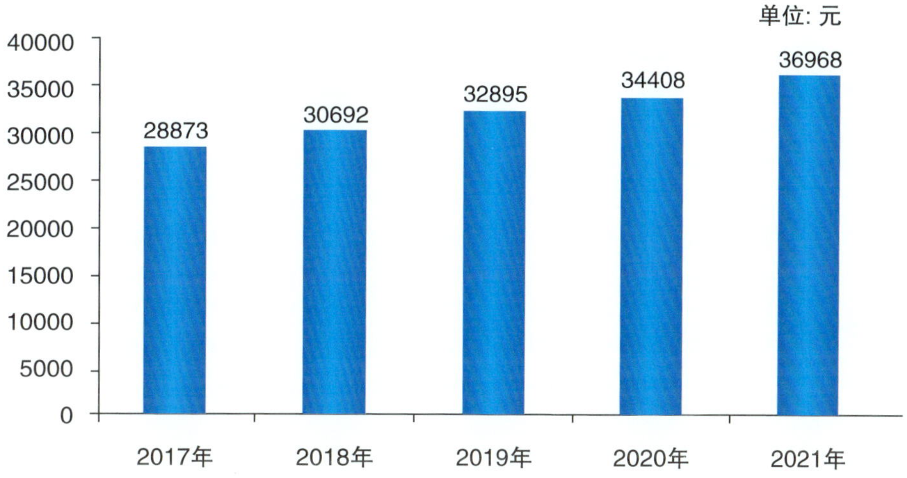

2017—2021年临汾市城镇常住居民人均可支配收入

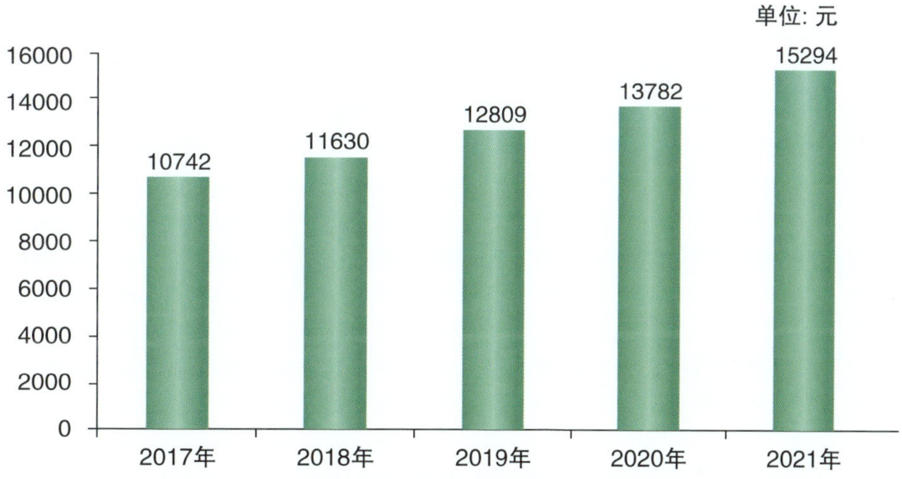

2017—2021临汾市农村常住居民人均可支配收入

2021年9月26日，市委书记闫晨曦参加中国共产党临汾市第五次代表大会第一代表团会议

（市委办公室供图）

2021年9月28日，中国共产党临汾市第五届委员会第一次全体会议召开

（市委办公室供图）

2021年6月30日，临汾市召开“庆祝建党百年《中国共产党山西省临汾市历史》第一、二、三卷（1926—2012）出版首发会”（市委党史研究室供图）

2021年6月30日，为庆祝建党百年，临汾市举行“光荣在党50年”纪念章颁授仪式（市退役军人事务局供图）

①临汾市国学馆夜景（拍摄于2021年10月，市住建局供图）

②襄汾双龙湖国家湿地公园（拍摄于2021年9月，市财政局供图）

③临汾市新东城夜景（拍摄于2021年8月，市住建局供图）

①	②
③	
④	⑤

① 市民在涝洰河公园骑行锻炼（拍摄于2021年5月，市住建局供图）
② 市民在汾河公园跳广场舞（拍摄于2021年7月，市住建局供图）
③ 魅力汾河（拍摄于2021年8月，市住建局供图）
④ 市民在鼓楼广场放风筝（拍摄于2021年3月，市住建局供图）
⑤ 市民在汾河公园游玩（拍摄于2021年5月，市住建局供图）

①｜②
③
④

① 2021年9月，临汾一中第一附属学校建成并投入使用　　（市教育局供图）

② 2021年，临汾市人民医院荣获第五季中国医院管理奖
（市人民医院供图）

③ 2021年5月11日，“中国梦·行动有我：全国中小学校本德育课程和教育案例征集展播交流研讨会”在临汾市召开
（市教育局供图）

④ 2021年7月23日，电影《山桃花》首映式在五洲国际广场中影国际影城举行　　（市委宣传部供图）

①
②
③

① 2021年，中国网球巡回赛山西临汾网球公开赛开赛
（市体育局供图）

② 2021年，全国射击锦标赛（飞碟项目）在临汾举办（市体育局供图）

③ 2021年4月9日，侯马·全国第六届“万步有约”健走激励大赛在侯马新田广场启动 （市体育局供图）

① ②
③
④

①霍州市冯南垣村村民在文化广场拉家常（拍摄于2021年11月，市乡村振兴局供图）

②汾西县府底小区便民服务中心建成（拍摄于2021年6月，市乡村振兴局供图）

③临汾市打造“临汾技工”劳务品牌振兴乡村。图为永和家政服务品牌（拍摄于2021年7月，市乡村振兴局供图）

④临汾市规模最大的易地扶贫搬迁集中安置点——汾西县府底小区（拍摄于2021年10月，市乡村振兴局供图）

①　②
③
④

① 汾西县肉鸡养殖龙头企业——洪昌公司生产车间（拍摄于2021年10月，市乡村振兴局供图）
② 大宁技工在鸿锐集团一次性防护手套生产线工作（拍摄于2021年7月，市乡村振兴局供图）
③ 吉县苹果喜获丰收（拍摄于2021年11月，市乡村振兴局供图）
④ 乡宁戎子酒庄有限公司的葡萄种植基地内，种植户正在采摘葡萄（拍摄于2021年8月，市乡村振兴局供图）

2021年10月26日，山西省地方志研究院副院长焦永萍（左五），临汾市地方志研究室主任屈波（右四）带领参赛团队参加中指办在山东济南举办的“讲述黄河故事 传承黄河文化”系列活动讲述大赛决赛，临汾市3部作品分别荣获一等奖、二等奖

（市地方志研究室供图）

2021年10月，由临汾市地方志研究室精心改编再创作的讲述作品《血铸的寨子》（原文作者许小根，讲述者白毛毛、宋昊），荣获全国一等奖

（市地方志研究室供图）

目　　录

特　载

大事记

市情概览

中国共产党临汾市委员会

纪检 监察

民主党派

群众团体

军 事

经济管理

农业农村

工　业

工业和信息化

能源工业

电力工业

中小微工业

城镇集体工业

煤炭运销

商贸服务业

综　述

餐饮服务

文物　旅游

金融业

城乡建设与管理

生态环境

教　育

出版 传媒

体 育

社会生活

人　物

县（市、区）概况

开发区和壶口风景区

附　　录

索　　引

CONTENTS

Special Report

Chronicle of Major Events

General Introduction of Linfen City

Linfen City Committee of the CPC

The Standing Committee of Linfen City People's Congress

The People's Government of Linfen City

Linfen City's Committee of CPPCC

Disciplinary Inspection and Supervision

Democratic Parties

Mass Organizations

Rule of Law

Military

Economic Administration

Agriculture and Rural Work

Industry

Business Trade and Service Industry

Information Service Industry

Cultural Relics and Tourism

Finance

Transportation

Urban and Rural Construction and Management

Ecological Environment

Education

Science and Technology

Culture

Publishing and Media

Health

Physical Education

Social Life

Characters

Brief Introduction of Counties(Cities and District)

Development Zone and Hukou Scenic Spot

Appendices

Index

特　载

凝心聚力实干　奋力争先崛起
在全方位推进高质量发展中走在全省第一方阵

——在中国共产党临汾市第五次代表大会上的报告（节选）

（2021年9月26日）

临汾市委书记　闫晨曦

一、过去五年的工作

市第四次党代会以来，在党中央和省委的坚强领导下，市委团结带领全市广大干部群众，不断增强“四个意识”，坚定“四个自信”，做到“两个维护”，坚决贯彻落实中央、省委重大决策部署，各项事业都取得新的进步，与全国、全省同步全面建成小康社会。

——**政治建设全面加强**。坚持不懈用习近平新时代中国特色社会主义思想武装头脑、指导实践、推动工作。全面贯彻习近平总书记视察山西重要讲话重要指示精神，扎实推进“两学一做”学习教育、“不忘初心、牢记使命”主题教育常态化制度化，深入开展党史学习教育、“四史”宣传教育，组织编写《中国共产党山西省临汾市历史》，不断掀起学习宣传贯彻习近平总书记在庆祝中国共产党成立100周年大会上的重要讲话精神新高潮，广大党员干部政治判断力、政治领悟力、政治执行力不断提高，为推动中央和省委决策部署在临汾落地生根奠定了坚实的思想基础和政治基础。

——**经济实力稳中有进**。有效应对经济下行、区域限批和疫情冲击等不利影响，经济保持平稳较快发展。与2015年相比，2020年全市地区生产总值完成1505.2亿元，增长22.2%；一般公共预算收入完成135.3亿元，增长53.4%；城镇居民人均可支配收入达到34408元，增长34.9%；农村居民人均可支配收入达到13782元，增长47%。

——**转型发展步伐加快**。现代农业提质增效，粮食安全有力保障，特色农业品牌影响力不断提升。煤炭、焦化、钢铁行业分别压减产能2200万吨、1457万吨、252万吨，先进产能占比分别达到78.9%、43.5%和50%以上；新兴产业加快成长，装备制造业、高技术产业分别增长136.5%、136.3%；服务业增加值达到746.2亿元，增长38.4%。全市三次产业结构由8.1:46.5:45.4优化为7.5:42.9:49.6。

——**改革开放持续深入**。累计推出改革事项267项。国资国企管理运行机制进一步理顺。开发区“三化三制”改革持续深化。“放管服”改革深入推进，全面实现“一枚印章管审批”。推行“市长创新奖”，出台人才新政“17条”。积极探索农业生产托管服务模式，农业农村改革走在全省前列。党政机构和事业单位改革任务全面完成，浮山人口小县改革试点为全省提供了有益经验。对外交流和区域合作持续深化，中欧班列常态化运行，外贸进出口业务实现县级“全覆盖”。与斯里兰卡阿努拉德普勒市等国外城市缔结友好城市。

——三大攻坚战成效显著。脱贫攻坚战取得全面胜利，现行标准下26.9万农村贫困人口全部脱贫，10个国定省定贫困县全部摘帽，662个贫困村全部出列，完成了消除绝对贫困的艰巨任务。污染防治攻坚战取得新的成果，在全省率先成立市县乡三级生态环境保护委员会，实施了“八大工程”“六大专项行动”，主城区周边10公里范围重污染企业全部“清零”，尧都区、洪洞县、襄汾县海拔600米以下区域基本实现“无煤化”，全市环境空气质量持续改善，地表水国考断面水质退出劣Ⅴ类并实现稳定达标，土壤环境整体保持稳定。防范化解重大风险攻坚战取得明显进展，守住了不发生区域性、系统性风险底线。

——城乡面貌焕然一新。完成了主城区鼓楼南北街改造、鼓楼西大街立交桥、解放路立交桥、中大街贯通等一批重点城建工程，强力推进靓城提质行动，实施了解放路老旧建筑改造，精心打造了6条精品示范街和26个街心公园、口袋公园，依法拆除了一批违法建筑。吉河、长临、霍永高速公路建成通车，黄河一号旅游公路加快建设，新改建“四好农村路”1.2万公里，尧都机场航线由4条增至17条，通达北上广深等一线城市在内的全国26座城市。中部引黄、禹门口提水东扩等大水网涉临骨干工程加快建设。农村人居环境持续改善。

——文化建设蓬勃发展。全面推进文化强市建设，实施尧文化、晋国文化、根祖文化等六大文化繁荣发展工程，成功举办了2018年省旅发大会和第一、二届大河文明旅游论坛，出版了“平阳记忆”系列文化丛书。文旅融合深入推进，大槐树景区、云丘山景区成功创建国家AAAAA级旅游景区，沿黄文化旅游整体开发顺利推进，“中国根·黄河魂”文旅品牌影响力进一步扩大。围绕“寻根·铸魂·悦生活”，推出旅游差异化奖励办法。建成启用黄河一号旅游公路“0km”标志文化驿站。公共文化服务体系更加完善，市博物馆、图书馆成为两大文化地标。文化遗产保护不断加强，入选第八批全国重点文保单位11处。

——民生福祉持续提升。城镇新增就业25.8万人，农村劳动力转移就业25.5万人。义务教育实现基本均衡发展，普通高中教育实现多样化特色化发展，职业教育体系更加健全。卫生健康服务持续优化，医联体、县级医疗集团建设扎实推进，全市医疗卫生机构达到4782家。新冠肺炎疫情防控有力有序，实现了确诊患者零死亡、医务人员零感染和本地人员零感染的目标。统筹推进社会保障，基本实现广覆盖目标。

——民主法治不断强化。支持人大及其常委会依法履行职能，出台了13部地方性法规，开展了181项专项监督，充分发挥了人大监督作用。支持人民政协开展工作，切实发挥好协调关系、汇聚力量、建言献策、服务大局的作用。加强与各民主党派、工商联和无党派人士的联系，团结各方力量助推临汾发展。平安临汾建设深入开展，法治临汾建设稳步推进，成为全省唯一法治创建示范市。扫黑除恶专项斗争、政法队伍教育整顿达到预期目标。工会、共青团、妇联等工作扎实开展。积极推进军民融合发展，国防动员和国防后备力量建设取得新进展。

——党的建设深入推进。深入贯彻新时代党的建设总要求，坚决扛起管党治党主体责任，全面从严治党取得显著成效。严格落实意识形态工作责任制，牢牢掌握意识形态工作领导权。分类加强基层党组织建设。率先选派机关事业单位干部到村任职，为全省提供了经验。加大干部交流和年轻干部培养力度，圆满完成县乡换届任务。落实中央八项规定精神及其实施细则，加强党对反腐败工作的集中统一领导，巡察工作实现全覆盖，持续巩固反腐败斗争压倒性胜利。

五年的成绩来之不易，最根本的在于习近平新时代中国特色社会主义思想的科学指引。这是我们高举旗帜、坚定方向，不折不扣贯彻党中央决策、认真落实省委部署的结果；是我们深入贯彻新发展理念，系统谋划、统筹推进的结果；是我们坚持以人民为中心的发展思想，心系群众、执政为民的结果；是我们坚定不移推进全面从严治党，加强领导、改进作风的结果；是我们同舟共济、众志成城，全市上下团结奋进的结果。在此，我代表市委，向全市广大党员干部群众，向各民主党派、工商联、各人民团体和各界人士，向离退休老同志，向驻临解放军指战员和武警部队官兵，向中央、省驻临单位，向所有关心支持临汾工作的海内外朋友，表示衷心的感谢和崇高的敬意！

二、今后五年的总体要求和奋斗目标

习近平总书记在庆祝中国共产党成立100周年大会上的重要讲话，发出了向第二个百年奋斗目标迈进的动员令，是引领我们走好新的赶考之路、实现中华民族伟大复兴的政治宣言和行动纲领。全市上下要认真学习贯彻习近平总书记重要讲话精神，全面落实中央、省委决策部署，蹚出新路子，跑出新速度，实现新跨越，为党和人民争取更大光荣。

今后五年，是我们全方位推进高质量发展，实现争先、进位、崛起的关键时期。放眼时代发展大势，世界百年未有之大变局加速演进，新一轮科技革命和产业变革深入推进，我国已转向高质量发展阶段，物质基础雄厚，市场空间广阔，发展韧性强劲，经济长期向好，社会大局稳定，继续发展具有多方面的优势和条件。特别是习近平总书记关于把握新发展阶段、贯彻新发展理念、构建新发展格局的重要论述，进一步明确了我国发展的历史方位、现代化建设的指导原则和经济现代化的路径选择，为我们实现全方位高质量发展指明了前进方向、提供了根本遵循。置身全省发展大局，我省处于“一带一路”、中部地区崛起、京津冀协同发展、黄河流域生态保护和高质量发展等国家战略的重要区域，是全省域的国家资源型经济转型综合配套改革试验区、国家能源革命综合改革试点，发展机遇优势明显。省委提出要全方位推进高质量发展，对创新驱动、产业升级、城乡融合、乡村振兴、改革开放、民营经济、服务业提质增效等作出一系列新的部署。尤其是省委对临汾工作寄予厚望，林武书记在我市调研时指出，要完整、准确、全面贯彻新发展理念，用改革创新激发动力活力潜力，以激昂斗志和百倍干劲，推动整体工作重返全省第一方阵。林武书记的期望和要求，极大地提振、鼓舞了我市干部群众的士气和斗志。审视我市比较优势，在全方位推进高质量发展的新形势下，无论是从历史地位还是从现实基础看，都具有奋力争先崛起的潜力和后劲。一是具有较好的区位优势。我市地处太原、郑州、西安三个省会城市连接中点，成功入选陆港型国家物流枢纽承载城市，中欧班列常态化开行，为我们站位黄河金三角融入国内国际双循环提供了开放通道。二是具有得天独厚的资源优势。除丰富的煤铁资源之外，煤成气探明储量占全省的1/3，焦炉煤气资源丰富，光伏、风电规模持续扩大，清洁能源产业前景广阔。依托煤铁资源的传统产业基础雄厚，焦炭、生铁、粗钢、钢材产量占全省的1/5左右，产业链延伸具有较为坚实的基础。文旅资源丰富多彩，丁村文化、尧文化、晋国文化、根祖文化等历史文化厚重，影响深远，在中华民族历史演进中具有重要的地位。自然景观禀赋天成，黄河壶口瀑布气势磅礴，乾坤湾宏伟壮美，云丘山闻名遐迩。“中国根·黄河魂”文化品牌深入人心，AAAAA级景区创建取得重大突破，沿黄旅游公路等旅游基础设施建设加快推进，文旅融合发展步入快车道。三是非公有制经济健康发展。民营经济占经济总量比重高于全省7.3个百分点，华翔集团成功上市，晋南钢铁集团、建邦集团入选中国制造业民营企业500强，民营企业成为推进高质量发展的重要力量。四是发展机遇难能可贵。区域级流通节点城市、西山片区主体功能区、信息惠民国家试点城市、北方地区冬季清洁取暖城市、国家数字乡村试点等30余项工作纳入国家战略、改革试点，政策利好持续释放，为我们提供了宝贵的发展机遇。此外，广大干部觉悟高、敢担当、务实效，人民群众勤劳智慧、坚韧不拔、开放包容，全市上下干事创业氛围浓厚，为全方位推进高质量发展提供了坚强保障。

我们既要准确把握难得的发展机遇，也要客观分析面临的困难挑战。对照高质量发展要求，经济总量不大，由曾经的全省第2滑落至第5，人均仅为全国的50%、全省的70%；经济增速不快，三次产业均处于低位增长，资源优势没有充分转化为产业优势和发展优势；产业结构不优，煤焦冶电等资源型产业占到工业增加值的89%；区域发展不平衡，城乡发展差距较大，城镇化率低于全国、全省平均水平；内生动力不足，创新改革开放政策体系还不健全，与一流营商环境还有很大差距，开发区建设运行相对落后，高新技术企业和战略性新兴企业数量不多。对照人民群众期盼，环境质量改善压力依然很大，特别是空气质量综合指数在全国全省处于落后位次；安全生产基础仍不牢固，薄弱环节依然存在；民生事业历史欠账较多，公共服务和社会保障水平有待提升。对照作风建设要求，个别干部担当作为劲头不足，干事创业热情不高，不作为、慢作为、乱作为的问题不同程度存在。对此，我们一定要保持清醒头脑，抢抓机遇优势，补齐短板弱项，以时不我待的紧迫感，追赶超越，争先崛起。

今后五年，我们的总体要求是：坚持以习近平新时代中国特色社会主义思想为指导，全面贯彻党的十九大和十九届二中、三中、四中、五中全会精神，深入学习贯彻习近平总书记在庆祝中国共产党成立100周年大会上的重要讲话和视察山西重要讲话重要指示精神，按照省委全方位推进高质量发展的要求，主动适应新发展阶段，完整准确全面贯彻新发展理念，抢抓构建新发展格局的历史机遇，坚持党的全面领导，坚持以人民为中心的发展思想，坚持稳中求进工作总基调，以深化供给侧结构性改革为主线，以改革创新为根本动力，以满足人民日益增长的美好生活需要为根本目的，统筹发展和安全，推进“碳达峰碳中和”，全面落实“十四五”规划，实施“1355”战略，即“坚持一个引领，统筹三大板块，聚焦五大重点，实现五个新跨越”，凝心聚力实干，奋力争先崛起，在全方位推进高质量发展中走在全省第一方阵，谱写全面建设社会主义现代化国家临汾篇章。

坚持一个引领，就是坚持以全方位推进高质量发展为引领。全方位推进高质量发展是省委作出的重大部署，是当前山西的首要任务，不仅是对经济发展的要求，也涵盖社会、文化、生态和党的建设各个方面，是必须长期坚持的要求。我们要把全方位推进高质量发展作为今后五年工作的重大要求，落实到临汾工作的方方面面，以此带动全市工作整体提升。

统筹三大板块，就是要按照资源禀赋、区位条件和产业基础，统筹沿黄、沿汾、沿太岳“三大板块”发展。沿黄板块要突出高水平保护，重点发展农业特色产业、沿黄现代文旅产业、新能源产业。沿汾板块要突出转型核心区作用，着力加快传统产业提档升级，重点发展装备制造、新材料、信创等产业和现代服务业。沿太岳板块要突出低碳、绿色循环经济，重点拓展延伸传统产业链条，发展新能源、新材料、新产品。通过推动“三大板块”联动发展、错位发展、互促共融，形成全市域高质量协同发展格局。

聚焦五大重点，就是要立足实际，针对制约临汾经济社会发展的短板弱项，突出产业转型、环境改善、改革开放、民生保障、队伍建设五大重点，办好“二十件大事”。在产业转型上，紧扣“碳达峰碳中和”要求，抓机遇、挖潜力、锻长板、补弱项，加快构建高质量现代产业体系。一是推进钢铁产业置换提升，打造千亿级绿色传统产业集群；二是抓龙头、铸链条、强集聚，打造五百亿级中高端装备制造产业集群；三是科技赋能、高端延伸，打造清洁能源、新材料两个五百亿级低碳产业集群；四是促进服务业提质增效，打造文化旅游千亿级产业集群；五是扎实做好巩固拓展脱贫攻坚成果同乡村振兴的有效衔接，强力推进农业产业化、专业化、现代化，建设粮食、水果、蔬菜、中药材、畜牧五个百亿级全产业链农业产业基地；六是大力开展“三个一批”活动，谋划实施一批重大产业项目、基础设施项目、民生项目，强化项目的第一支撑作用。在环境改善上，把环境质量作为必须彻底解决的重大问题来抓，坚定决心，加大力度，坚决实现环境质量持续好转。一是深入打好蓝天、碧水、净土保卫战，彻底扭转环境污染被动局面；二是全面落实黄河流域生态保护和高质量发展战略，扎实推进“两山六河一流域”生态修复治理；三是推进生态价值向经济价值转化，健全完善多元化生态补偿机制。在改革开放上，克服思想保守，突破体制机制障碍，加强区域合作交流和对外开放。一是加大全社会研发投入强度，以科技创新促进产业升级；二是深化市校合作，为人才培养创造条件；三是加快陆港型国家物流枢纽承载城市建设；四是开展营商环境对标一流创优行动，打造营商环境政策“高地”、投资“洼地”；五是全面落实促进民营经济发展政策举措，进一步激发民营经济活力。在民生保障上，践行共同富裕要求，加快发展民生事业，全力补齐补强短板弱项。一是大力推进城市更新行动，全方位提升城市品质；二是落实立德树人根本任务，建设全省教育强市；三是深入开展强医提质行动，全面推进“健康临汾”建设；四是切实做好安全生产工作，坚决杜绝重特大责任事故。在队伍建设上，着力打造一支善作善成、能打胜仗、敢啃硬骨头，想干事、能干事、干成事、不出事的政治可靠、心系群众、素质过硬、清正廉洁的干部队伍。一是坚持新时代好干部标准，建设忠诚干净担当的高素质专业化干部队伍；二是坚定不移全面从严治党，构建风清气正的良好政治生态，为干事的干部担当，为担当的干部负责。

实现五个新跨越，就是要通过全市上下共同努力，在综合经济实力、绿色转型发展、深化改革开放、社会民生事业、党的建设工作五个方面实现新的跨越，整体工作进入全省第一方阵。

——**综合经济实力实现新跨越**。科技创新驱动作用明显增强，一批优势产业集群和区域发展板块基本形成，三次产业结构进一步优化。经济总量和工业增加值增速超过全省平均水平，服务业占比位居全省前列，市域经济综合竞争力大幅提升。

——**绿色转型发展实现新跨越**。全方位全过程推行绿色规划、绿色投资、绿色生产、绿色流通、绿色生活，生态文明制度体系基本形成，约束性指标全面完成目标任务，环境空气质量综合指数在全国168个重点城市中退出倒十，环境容量、资源能耗瓶颈制约得到有效改善，环保被动局面实现根本性扭转。

——**深化改革开放实现新跨越**。重点领域和关键环节改革取得重大进展，营商环境根本改善，全社会研发投入超过全省平均水平，更多产业融入国内国际双循环，全市进出口总额实现翻番。

——**社会民生事业实现新跨越**。城乡居民人均可支配收入高于全省平均水平，基本公共服务质量和均等化水平不断提高，社会保障体系更加完善，在促进共同富裕上迈出坚实步伐。

——**党的建设工作实现新跨越**。全面从严治党向纵深推进，党内政治生活更加严格规范，各级领导班子更加坚强有力，干部队伍素质作风更加过硬，基层党组织战斗堡垒作用和党员先锋模范作用不断增强，党建工作水平全面提升。

责任呼唤担当，使命造就未来。我们提出“坚持一个引领，统筹三大板块，聚焦五大重点，实现五个新跨越”，以此重塑大市荣光，再造临汾辉煌。这是时代的责任、人民的期望、历史的使命！为此，我们必须坚定不移加强党的全面领导，充分发挥党总揽全局、协调各方的领导核心作用，为临汾各项事业发展提供坚强保证；必须坚定不移抓住发展第一要务，坚持以经济建设为中心，完整准确全面贯彻新发展理念，全方位推进临汾高质量发展；必须坚定不移推进创新改革开放，以敢为人先的勇气，海纳百川的胸怀，毫不动摇推动创新，解放思想深化改革，敞开胸怀扩大开放，闯出一条具有临汾特色的发展之路；必须坚定不移践行人民至上理念，坚持以人民为中心的发展思想，下大力气保障和改善民生，解决好群众“急难愁盼”问题，不断满足全市人民对美好生活的向往；必须坚定不移弘扬务实进取作风，时刻保持拼搏奋进的精神状态，大力发扬实事求是的工作作风，以赶考的姿态前行，用决战的精神实干，努力做出无愧于时代，无愧于人民，无愧于历史的业绩！

三、今后五年的主要任务

今后五年，我们要把“1355”战略落实在工业转型升级、服务业提质增效、农业农村现代化、生态环境治理、创新改革开放、增进民生福祉、维护安全稳定、思想文化建设、民主法治建设、全面从严治党等十个方面，持续发力、久久为功，在全方位推进高质量发展中奋力崛起。

（一）着力推进转型升级，提高产业竞争实力

工业是提高市域综合实力、推动转型发展的主要着力点。要通过结构调整、布局优化、动能转换，加快工业转型步伐。

*一是以建链延链补链强链为主抓手，推动传统产业高端低碳发展。*传统产业是财富不是包袱。要立足我市传统产业优势，通过建链延链补链强链，为传统产业赋能，增强带动能力、创新能力、竞争能力，以发展方式转变保持传统产业稳定健康发展。实施好“碳达峰碳中和”临汾行动，扎实做好能耗双控工作，蹚出“双碳”倒逼传统产业高端低碳发展的临汾路径。煤炭行业要按照高端化、多元化、低碳化发展方向，大力推进“智能+”技术改造，加快智能化煤矿建设，不断提升煤炭先进产能占比；要提高煤炭作为化工原料的综合利用效能，加强科技创新，改进生产技术，调整产品结构，提升煤炭相关产品附加值，带动煤化工、煤成气等相关产业的发展，建成具有临汾特色的新型煤炭工业体系。焦化行业要围绕打造全国一流的“绿色焦化产业基地”，统筹布局、上大关小、减量置换，推进焦化全产业链升级改造，先进产能达到90%以上。钢铁行业要依托现有优势企业，加快产能减量置换、节能技术改造、提升装备水平，开展能耗对标达标活动，能耗达到国内先进水平。大力发展优特钢等新产品。先进产能占比达到90%以上，形成千亿级现代绿色钢铁产业集群。电力行业生产端以提高新能源占比为突破，消费端以支持新兴产业发展为突破，推进煤电节能减排和有序减量替代，加快燃煤火电机组灵活性改造，单位能耗达到国际国内先进值。加快培育风电、光伏、生物质发电，推进储能应用，2025年新能源装机占比达到35%。

*二是以培优壮大做强为主攻方向，推动新兴产业成势崛起。*新兴产业是工业高质量发展的潜力和希望所在。要围绕我省14个战略性新兴产业，结合我市实际，突出抓好装备制造、新材料、清洁能源等六个重点。装备制造要以整机装配为方向，聚焦白色家电、智能煤机、汽车零部件等重点领域，推进现有铸造业向精密铸造、绿色铸造、高端铸造转型升级，积极培育一批龙头装备制造企业向更高水平发展，形成五百亿级的装备制造产业集群。新材料要立足现有产业基础，引进先进成熟技术工艺，鼓励支持企业自主技术研发，引导产业集聚发展，做大做强金属新材料、碳基新材料、前沿新材料，形成在全省乃至全国有较大影响的五百亿级新材料产业集群。清洁能源要在加快培育风电、光伏、生物质发电的基础上，立足丰富的煤成气资源优势，进一步扩大煤成气产业规模。充分利用煤化工基础优势，进一步发展焦炉煤气制甲醇等项目，不断提高焦炉煤气综合利用效能。着力拓展清洁能源应用市场，推进“源网荷储低碳零碳智慧”产业园等项目，提升生产、消纳和存储能力，2025年煤成气产能达到100亿立方米，形成五百亿级清洁能源产业集群。信创产业要以大数据、电子制造、智能生活等为重点，加快5G基站建设和场景应用，实施尧都高新区信创产业园等项目，打造具有区域影响力的信创产业基地。现代医药要充分发挥“道地中药材”优势，推动产业规模化、集群化、高端化转型发展，打造全省重要的生物医药集群。通用航空要建设以尧都机场为中心起降点，连接县市区通用机场的通航体系和运输网络，加快乡宁、永和、侯马、吉县等通用航空机场建设。探索建设特色航空小镇。

*三是以“三个一批”活动为牵引，进一步加快项目签约开工投产步伐。*认真落实全省“三个一批”活动要求，并将“三个一批”活动由开发区拓展到产业集聚区。要加快项目签约，大力实施项目带动战略，提高项目谋划水平，进一步改进招商引资方式方法，制定招商引资新政策，形成招商引资新机制、新格局，力争储备项目总投资动态保持在3万亿元以上，优选500个标杆项目，实现项目签约落地年年都有新进展、大进展。要加快项目开工，围绕签约落地项目，强化主动跟踪服务工作机制，进一步优化规划、用地、环评、能评等手续办理流程，缩短办理时间，提高项目审批效率。要加快项目投

产，定期组织项目调研，推动领导包联帮扶常态化、要素保障精准化、督促指导经常化，全方位支持项目投产达效。

市县开发区要持续深化“三化三制”改革，大力推进“承诺制+标准地+全代办”，每个开发区动态储备1平方公里标准地和一定比例的标准厂房。支持开发区特色差异化发展，进一步明确发展定位、主攻方向，着力打造一批实力雄厚、特色鲜明、产业领先的开发区。2025年开发区工业投资占全市工业投资比重达到80%以上。临汾、侯马开发区力争升级为国家级开发区。产业集聚区也要对照开发区建设标准加大建设力度，全面提高产业承载力。

各位代表、同志们，面对“碳达峰碳中和”要求，工业经济转型升级时不我待、势在必行。只要我们锚定目标，攻坚克难，就一定能够开创工业经济高质量发展的崭新局面！

（二）着力推进提质增效，促进服务业高质量发展

服务业是国民经济的重要组成部分，占据了经济总量的“半壁江山”，一头连着经济发展，一头连着民生福祉。要大力提升服务业发展能级，构建优质高效的服务产业新体系。

*一是推动生产性服务业向专业化高端化发展。*加快发展生产性服务业是促进经济稳定增长的重要方面。现代物流业要充分发挥我市作为全省入选全国66个区域级流通节点三个城市之一的优势，以打造开放联动新枢纽为目标，重点推进物流园区建设；加快发展航空、商贸、电商、快递、冷链等专业物流；积极开展物流大数据应用试点示范，全市物流业增加值年均增长10%左右。制造服务业要鼓励企业建立工业设计中心，综合利用5G、物联网、大数据、云计算、人工智能等新一代信息技术，提高行业整体配套能力和核心竞争力，打造全省“两业”融合发展样板区。

*二是推动生活性服务业向品质化多样化升级。*生活性服务业关乎稳增长、扩内需、促就业的大局。文化旅游业要按照全市“一盘棋”的思路，制定文化旅游产业发展总体规划和专项规划。充分发挥大槐树、云丘山AAAAA级景区作用，加快沿黄文化旅游带综合开发和壶口、乾坤湾AAAAA级景区创建，推进丁村遗址、陶寺遗址、尧庙、晋国博物馆等重点公园、景区及基础服务配套设施建设，打造黄河风情游、根祖文化游、生态康养游、历史研学游、红色体验游等优质线路，举办好大河文明旅游论坛，加大“回家·悦生活”品牌创建，加强文创产品设计、开发与运营，加大旅游服务体系建设，推进全域旅游提质升级，叫响“所有旅行都是出发，到了临汾咱是回家”的旅游口号，继续擦亮“中国根·黄河魂”文化品牌。2025年旅游综合收入突破1000亿元。商贸服务业要积极引进专业运营团队，重塑城市综合体、大型商超等商业业态；鼓励大型商贸中心和特色商圈升级，做大做优楼宇经济、会展经济、夜经济等新业态新模式；加快便民连锁网点建设，打造“一刻钟”便民服务圈；盘活现有商贸资源，加快发展电子商务，全面激活城乡消费市场活力。健康养老业要在积极发展大健康产业的基础上，鼓励全市各级医疗机构深度拓展养老服务空间，支持社会力量开办非营利性医养结合服务机构，提高健康养老产业供给能力。同时，加强对批发零售、住宿餐饮、居民服务的指导监管力度，进一步活跃消费市场，促进规范有序发展。

*三是推动其他服务业和新兴服务业加快发展。*金融保险业要以服务实体经济为目标，出台优惠政策，加快培育各类金融主体，大力引进各类持牌金融保险机构，打造全要素金融保险服务体系。鼓励企业在主板、新三板、区域性股权交易中心挂牌融资，2025年全市主要金融指标在全省及黄河金三角区域位居领先地位。房地产业要严格落实国家有关政策，确保总量供给，稳住房地产市场基本盘，强化各类保障房建设，促进房地产业健康持续发展。新兴服务业要高度关注数字化、信息化、智能化发展趋势，加快引进和发展数字服务、智慧+、网络经济、创意经济等新业态，形成一定规模。

（三）着力实施乡村振兴战略，加快农业农村现代化

脱贫攻坚取得胜利后，全面推进乡村振兴，是“三农”工作重心的历史性转移。我们要准确把握这一新的战略部署，大力推动我市由农业大市向农业强市转变。

一是扎实做好巩固拓展脱贫

攻坚成果同乡村振兴的有效衔接。要严格落实“四个不摘”要求，加大对重点帮扶县支持倾斜力度，健全防止返贫动态监测和帮扶机制，持续巩固提升“两不愁三保障”和饮水安全成果。要做好易地扶贫搬迁后续扶持，继续做好脱贫产业就业帮扶工作，不断壮大“1+N”产业体系，坚决守住不发生规模性返贫的底线。深入实施乡村建设行动，强力推进农村基础设施、生活垃圾治理、农村“厕所革命”等“六大提升行动”，打造一批“花园乡村”。要加强传统村落和乡村特色风貌保护，留住乡情味和烟火气。要持续推进移风易俗，大力推广蒲县“道德银行”等典型做法，形成文明乡风、良好家风、淳朴民风。

二是大力推进农业“三化”。农业转型发展离不开产业化、专业化、现代化。要大力推进农业产业化，以合作制为基础，以农民为主体，构建现代经营方式和产业组织形式。打好特色优势牌，加快以沿黄梨果、沿汾蔬菜、太岳中药材（药茶）为主的“三大特色产业园区”建设，加快隰县国家现代农业产业园建设，引领和推动特色产业提档升级。2025年粮食、水果、蔬菜、中药材、畜牧等五个产业全产业链总产值均超过100亿元。培育壮大农产品加工龙头企业，力争省级以上龙头企业达到100个以上，带动农产品精深加工十大产业集群做大做强。打响“临汾优选”区域公共品牌，提升我市优质农产品品牌的凝聚力和扩张力。要大力推进农业专业化，让专业的人干专业的事，加大农民专业化培训力度，组建市、县两级农业生产托管服务联合会，发展壮大农业专业化社会化服务组织，推进生产、供销、信用综合合作改革，全面推广“全产业链农业生产托管”临汾模式，2025年农业托管面积达到50%以上。要大力推进农业现代化，用现代科技装备农业、现代理念管理农业。落实“藏粮于地、藏粮于技”战略，加快发展现代种业，大力发展设施农业，提高农业机械化水平。积极推动农业科技体制机制创新，加快现代农业科技推广应用。积极发展智慧农业、休闲农业、创意农业、功能农业、康养农业等农业新业态。

三是切实做好粮食安全工作。要实行最严格的耕地保护制度，坚决遏制耕地“非农化”、防止“非粮化”，确保粮食播种面积稳定在750万亩以上，总产稳定在21亿公斤以上。要做好粮食收储工作，鼓励多种经济成分参与粮食收购，彻底解决农民“卖粮难”的问题。加快推进老旧仓房改造和粮食收储企业“退城进郊”，建设现代粮食物流园区。健全粮食质量监测体系，把好粮食质量安全关。强化粮食购销领域管理，严肃查处粮食购销领域腐败问题，依法严厉打击涉粮违法犯罪行为。

（四）着力推进环境治理，持续提高生态文明建设水平

绿水青山就是金山银山。我们要深入贯彻习近平生态文明思想，坚持美丽临汾建设方向不变、力度不减，推进减污降碳协同增效，加快经济社会发展全面绿色转型。

一是深入打好污染防治攻坚战。坚持精准治污、科学治污、依法治污，一体推进“治山、治水、治气、治城”，以更高标准打好蓝天、碧水、净土保卫战。打好蓝天保卫战，加快推动产业结构、能源结构、交通运输结构、用地结构调整，坚决遏制“两高”项目盲目发展。深化工业企业深度治理和提标创A行动，不断削减大气污染物排放总量。全面加强面源污染管控，切实提升建筑业、餐饮业、采石业精细化治理水平，环境空气质量综合指数排名退出全国倒十。打好碧水保卫战，推进工业企业水污染防治设施深度治理改造，全市工业废水处理率、达标率、达量率达到100%。加快城市雨污分流改造，基本消除黑臭水体。强化农村生活污水治理，加强河道综合整治和长效管理，开展黄河、汾河流域排污口整治，实现动态清零，确保国、省考断面水质全部消除劣Ⅴ类，力争沿黄支流国考断面水质达优良标准。打好净土保卫战，坚持减量化、资源化和无害化原则，加大固体废物和危化品管控力度，建设国家大宗固废综合利用基地。积极推进建筑垃圾资源化再生利用项目，提高城镇垃圾分类处理能力，加快农村垃圾收运体系建设。深化山区水土流失综合治理，持续推进矿山生态修复工作，坚决打击私挖乱采。强化农业面源污染治理，推动土壤资源永续利用。

二是扎实推进“两山六河一流域”生态修复治理。要全面落实黄河流域生态保护和高质量发展战略，以林权制度改革助推国土绿化，大规模实施植树造林，推进生态建设产业化、产业建设生态化，打造吕梁山生态脆弱区保护、百里汾河生态经济带湿地植被恢复、太行山水源涵养三大纵向生态屏障，完成营造林100万亩。聚焦“水量丰起来、水质好起来、风光美起来”，坚持综合治理，统筹“六河”水资源保护、水环境治理、水生态修复，重点推动汾河中下游生态修复与水资源节约集约利用工程、晋西太德塬生态综合治理等项目，力争把我市建成黄河流域生态保护引领区、中西部地区生态产业绿色发展示范区。

三是健全完善生态保护制度。要从严落实生态环境保护工作职责规定，出台《临汾市大气污染整治攻坚量化问责办法》，压紧压实企业主体责任和政府监管责任，认真落实领导干部自然资源资产离任审计制度，深入实施河长制、林长制，健全完善生态环境保护绩效考核体系，对破坏生态环境的行为“零容忍”，对生态环境违法犯罪行为严惩重罚。健全完善多元化生态补偿机制，推进碳排放权、排污权、用水权等交易，完善生态产品价值实现机制。

（五）着力推进创新改革开放，增强全方位高质量发展的动力活力

创新改革开放永无止境。我们要以更大力度创新改革开放，破解发展难题，把临汾发展的动力和活力激发出来。

一是坚持以创新增动力，全面提升发展效能。创新是引领转型发展的第一动力。要大力支持科技创新。持续推进“双创”工作，加强科技成果转移转化，继续用好“市长创新奖”，推进产学研用深度融合。加大政府科技研发投入，引导企业开展研发活动，推动全社会研发投入强度超过全省平均水平。要推动实施科技创新工程。建设省、市级重点实验室、工程技术研究中心等研发平台，围绕优势产业开展研发活动，支持重点企业中试基地建设，提升自主创新能力。大力培育高新技术企业，积极推动产业技术创新战略联盟建设，以科技创新促进产业升级。要广泛积聚创新人才。坚持引“外脑”借“外智”，深化市校合作，建立大学生实习实训基地、大学生就业创业基地、高校科研平台延伸基地等12大基地，完善各层级、多领域对接合作机制。持续深化人才体制机制改革，优化整合人才政策，做好人才服务保障工作。建设“青年友好型城市”，吸引更多的青年来临汾创业发展。

二是坚持以改革破壁垒，全面释放发展潜能。深化改革是发展的活力之源。要深化“放管服”改革，持续优化营商环境。强化服务意识，提高工作标准，进一步压减和下放审批权限，完善“一枚印章管审批”运行机制。以数字政府建设为牵引，推动审批服务事项“网上办”“掌上办”“一网通办”，全面提升政务服务水平，加快建设县乡村一体化平台，最大限度实现便民利企。清理废除妨碍公平竞争的各种规定和做法，依法保护各类市场主体的合法权益，打造无差别、无障碍、无后顾之忧，可预期、可信赖、可发展的营商环境。要深化国资国企改革。全面完成市县两级僵尸企业处置、全民所有制企业改制，加快一般竞争性领域企业市场化法治化出清，分类稳妥推进混改，建立健全现代企业制度和以管资本为主的国资监管体制。要深化农业农村改革。深入推进农村集体产权制度改革，发展壮大新型集体经济。做好第二轮土地承包到期后再延长30年政策衔接。扎实推进农村“三块地”改革，促进资源要素市场化配置。要支持民营经济发展。持续加快培育市场主体步伐，做大做强骨干企业，精准落实各项惠企、援企、稳企、安企政策举措，出台地方金融机构服务企业工作办法。促进小微企业上规升级，扶植发展一批专精特新“小巨人”企业，力争“小升规”企业年均增长10%以上。健全完善促进民营经济高质量发展工作机制，建立民营企业直通车制度，常态化开展入企入园入区服务，设身处地解决企业困难问题，真心实意关心支持企业家，构建亲而有度、清而有为的政商关系。

三是坚持以开放借外力，全面增强发展动能。扩大开放是发展进步的必由之路。要健全完善全方位开放的政策体系，主动服务和融入国内国际双循环，开展外贸主体培育攻坚行动。加快设立临汾（侯马）综合保税区，常态化开行中欧班列，大幅提高经济外向度。大力推进“南方略、北龙马”陆港型国家物流枢纽承载城市建设，有效发挥在“一带一路”大商圈中的重要节点作用。积极对接京津冀、长三角、珠三角、关中平原城市群、成渝都市圈等重点区域，组织开展经贸投资促进活动。鼓励我市优势企业走出国门，开展对外投资合作。

（六）着力推进民生改善，让人民群众的生活更加幸福美好

江山就是人民、人民就是江山。要坚定不移践行以人民为中心的发展思想，把造福人民作为最高使命，在促进共同富裕上迈出坚实步伐。

一是千方百计抓好民生事业。把民生作为一切事业的出发点和立足点。实施就业创业促进工程，支持创业孵化示范基地和创业示范园区建设，鼓励自主创业。实施“临汾技工”品牌战略，形成一批在全省叫得响的劳务品牌。统筹抓好各类重点群体就业，全市城镇新增就业人数23万以上，城镇调查失业率控制在5.5%以内。扩大社会保障覆盖范围，健全覆盖城乡的多层次社会保障体系，实施全民参保计划，推动基本养老、医疗、工伤、失业等保险应保尽保。建设全省教育强市，完成山西师范大学现代文理学院转设，建设全省一流的理工类本科院校；推动临汾职业技术学院“双高”建设和升本工作；不断优化义务教育学校布局，加快公办学校建设；加强教师队伍建设，继续实施教师“双挂”和“三优”评选，提升教育教学质量；全面抓好教育“双减”工作落实。推进“健康临汾”建设，毫不放松抓好常态化疫情防控，快速精准全面落实疫情防控各项举措，坚决克服麻痹思想、厌战情绪、侥幸心理、松劲心态，牢牢守住不发生重大疫情的底线。加强与全国一流医疗机构合作，培育“十个重点专科、百名学科带头人、千名技术骨干”。推进省级区域医疗中心建设，持续深化县域医疗卫生一体化改革，促进基层医疗机构提质达标。实施市中心医院、市第二人民医院、市中医医院、市疾控中心新改扩建项目，打造“十五分钟就医圈”。高标准实施国家级“卫生应急综合实验区”建设。发展中医药事业，努力为人民群众提供更加优质高效的全生命周期健康服务。完善住房供应与保障体系，坚持“房住不炒”原则，规范发展住房租赁市场，推进棚户区住房改造和公共租赁住房保障，着力解决城乡低收入家庭住房困难。推进不动产确权登记清零行动。同时，要促进人口均衡发展，落实三孩生育政策，发展妇女儿童事业，保障残疾人权益。

二是高品质推进城市更新。坚持人民城市人民建、人民城市为人民。要拉大城市框架，补齐设施短板，延续历史文脉，让城市更有颜值、更有气质、更有价值。尧都是临汾的窗口，要坚持创城引领、多城同建，统筹推进全国文明城市、国家卫生城市、国家双拥模范城市、国家园林城市、国家智慧城市创建工作，推动城市建设水平整体提升。坚持规划提级、对标一流，成立专家委员会，吸收借鉴省内外同类型城市先进经验，制定出台《临汾城市发展与建设更新行动计划》，增强规划刚性约束。加快智慧城市建设。坚持五区联动、基础先行，分片区统筹城市生产、生活、生态空间，加快河西、老城、东城、涝洰河、尧庙“五个片区”建设改造，加强“海绵城市”建设，完成“环城外环、快速中环、核心内环”建设，提升城市各类基础设施水平。坚持多措并举、民生优先，及时研究出台管用有效的政策措施，加快老旧小区改造步伐，同步实施小街小巷、公园绿地、立体停车场、街边小型体育场、公共交通体系建设。坚持文化引领、彰显特色，充分利用古城墙、关帝庙、鼓楼、铁佛寺、财神楼等传统文化元素，塑造综合文化街区，让城市留下记忆，打造宜居宜业宜游的现代化特色城市。其他县市要充分发挥县城资源禀赋和区位优势，通过产业集聚、教育集中和生态移民等措施，有序推动人口向城镇集中，引导县域人口向县城集聚，加快就地城镇化。要不断强化县城综合服务能力，实现基本公共服务全覆盖。要在县城建设中塑造特色风貌，打造一批县城亮点和精品建筑，努力建设各具特色、靓丽多彩的现代化美丽县城。

三是下大力气加强基础设施建设。基础设施是经济社会发展的重要支撑。要坚持交通先行，加快完善综合交通基础设施网络，加强县域间高速公路连通，推进在建的隰吉、黎霍高速公路建设，启动实施临浮、洪大、安沁、浮沁高速公路建设，今年年底前开工建设临浮高速公路项目。扎实推进国道341、108、309改线工程，高质量完成“四好农村路”、黄河一号旅游公路，启动实施沿太岳旅游公路建设，加强高速公路与国省干线、农村公路连接通道建设，基本建成全市域安全便捷、畅达高效、绿色智能的现代综合交通运输体系。要大力推进水资源利用、防洪减灾、农业生产生活等重大水利工程项目建设，大规模实施市域大水网配套小水网建设，全力配合推进黄河古贤水利枢纽建设征地移民安置前期工作。开工一批水库、高标准农田、中小河流治理、地表水超载区和地下水超采区综合治理项目，从根本上改善全市水利条件。

各位代表、同志们，人民群众对美好生活的向往就是我们的奋斗目标。只要我们始终坚持发展为了人民、发展依靠人民、发展成果由人民共享，把人民群众的小事当做自己的大事，临汾人民群众的生活就一定会越来越好！

（七）着力推进安全稳定，营造高质量发展的良好社会环境

安全稳定的社会环境是发展的前提。要全面贯彻落实总体国家安全观，把维护国家政治安全放在首位，统筹发展和安全，确保社会大局稳定。

一是全力防范化解重大风险。切实担负起维护一方稳定的政治责任，坚决防范政治安全风险，依法打击非法宗教势力和邪教组织，严密防范和严厉打击暴恐活动。常态化开展扫黑除恶斗争，严厉打击各类违法犯罪行为，坚决遏制刑事案件、非法集资行为，特别是电信网络诈骗案件高发态势。严控政府债务规模，完善政府债务风险预警机制，加快推进临投集团战略重组并尽快转入良性循环，坚决守住不发生区域性、系统性金融风险的底线。积极主动化解房地产领域风险，妥善处置逾期交房、“烂尾楼”等涉及群众切身利益的问题。落实属地管理责任和源头化解措施，健全社会防控体系，严防“黑天鹅”“灰犀牛”事件发生。

二是提升社会治理水平。加强和创新基层社会治理，是维护社会公平正义的重要保障。要坚持共建共治共享，切实推动社会治理重心向基层下移，以“全科网格”建设全覆盖为牵引，着力构建基层管理服务平台。严格落实领导接访制包案制，加大化解信访积案和“事要解决”力度，有效化解矛盾，减少越级访、重复访。坚持和发展新时代“枫桥经验”，发挥自治强基、法治保障和德治教化作用，推广安泽“说事议事厅”经验做法，打造基层社会治理“临汾品牌”。深入开展平安创建活动，加快“雪亮工程”建设，推进基层治理体系和治理能力现代化建设，形成人人有责、人人尽责、人人享有的社会治理模式，建设更高水平的平安临汾。

三是毫不松懈抓好安全生产。要不断树牢“人民至上、生命至上”理念，不断完善安全生产责任和管理制度体系、隐患排查治理和风险防控体系，全面提升本质安全水平。深化安全生产专项整治三年行动，深入开展打非治违，持续推进煤矿、非煤矿山、危化品、冶金工贸、道路交通、城乡房屋建筑、地质灾害、森林防火、消防、食品安全等重点领域专项整治，坚决杜绝重特大责任事故发生。实行重大安全风险“一票否决”，对发生事故的依法从严从重追责问责。要全面提升抢险救援实战能力，提高突发事件应对处置效率，坚决守住“发展决不能以牺牲安全为代价”这条不可逾越的红线。

（八）着力推进思想文化建设，守正创新推动文化繁荣发展

宣传思想文化工作事关旗帜道路。要勇担举旗帜、聚民心、育新人、兴文化、展形象的使命任务，为全方位高质量发展提供精神力量和文化支撑。

一是牢牢把握意识形态主动权。意识形态工作是党的一项极端重要的工作。要全面落实党委（党组）意识形态工作责任制。加强和改进思想政治工作，持续推动习近平新时代中国特色社会主义思想“六进”工作，加强“四史”宣传教育。加强阵地建设和管理，推进“学习强国”临汾学习平台建设。大力支持主流媒体发展，加快“临汾云”综合客户端建设，切实发挥融媒体中心作用，弘扬主旋律、传播正能量。高度重视网络意识形态工作，深化网络综合治理体系建设，营造清朗网络空间。

二是大力弘扬社会主义核心价值观。要加强新时代公民思想道德建设，大力弘扬社会公德、职业道德、家庭美德、个人品德，持续做好“道德模范”“临汾好人”等典型选树工作。深入挖掘党史资源，深化地方党史研究，赓续红色血脉，打造一批较高标准的红色爱国主义教育基地，擦亮“好基地讲好故事”品牌。深入推进新时代文明实践中心建设，大力培育社会文明新风，凝聚社会发展正能量。

三是推进文化事业产业创新发展。要实施文化惠民工程、全民阅读活动，健全公共文化设施，构建现代公共文化服务体系，引导文化资源向基层倾斜，更好以文育人、以文化人。抓好文化遗产保护传承，培养一批文化领军人才，打造一批文化精品，创作一批有影响、有质量的影视作品，讲好临汾故事，展示临汾形象。扩大文化产品供给，深入实施“文化+”战略，鼓励资源型企业和资本进军文化产业，培育新型文化业态和消费模式，挖掘尧、晋优秀历史文化，形成与文化资源大市相匹配的文化发展优势。大力发展体育事业，打造世界飞镖故里、中国围棋之源、沿黄网球名城、三晋射击强市、区域冰雪中心、航空运动佳地六张“体育名片”。

（九）着力推进民主法治建设，凝聚全方位高质量发展的强大合力

民主法治是激发社会活力、实现社会和谐的重要基础。要认真贯彻落实习近平法治思想，广泛发扬人民民主，用法治规范秩序、协调关系、凝聚合力。

一是切实加强民主政治建设。坚持党的领导、人民当家作主、依法治国有机统一，健全党委总揽全局、协调各方的领导体制和工作机制，充分发挥各级党委领导核心作用。要坚持和完善人民代表大会制度，支持人大及其常委会充分发挥作用，做好讨论决定重大事项工作，提高地方立法质量和水平，加强依法监督，保障人大代表依法履职。要坚持和完善中国共产党领导的多党合作和政治协商制度，支持政协履行职能，推进政治协商、民主监督、参政议政的制度化、规范化和程序化。

二是扎实推进全面依法治市。进一步完善党委依法决策机制，全面建设法治政府，完善行政决策制度和程序，严格规范公正文明执法，加快推进综合行政执法体制改革、行政复议体制改革。深化司法体制综合配套改革，推进公正高效权威司法，努力让人民群众在每一个司法案件中感受到公平正义。加快建设法治社会，健全现代公共法律服务体系，深入推进社会信用体系建设。强化法治宣传，做好“八五”普法工作，增强全民法治观念，形成办事依法、遇事找法、解决问题用法、化解矛盾靠法的良好法治环境。

三是最大限度凝聚发展合力。巩固发展爱国统一战线，加强同各民主党派和无党派人士的合作共事，支持工商联开展工作，积极做好对台工作、侨务工作，加强民族宗教工作。加强和改进党对工会、共青团、妇联等人民团体的领导，充分发挥其职能作用。扎实做好离退休干部工作。坚持党管武装，加强国防教育，推进军民融合深度发展，开展“双拥共建”活动，最大限度凝聚起一切有利于临汾发展的积极因素，形成万众一心、共谋发展的良好局面。

（十）着力推进全面从严治党，不断提高执政能力和领导水平

事业兴衰，关键在党。要认真落实新时代党的建设总要求，坚决扛起管党治党政治责任，大力弘扬伟大建党精神，把各级党组织建设得更加坚强有力。

一是从严加强政治建设，锻造绝对忠诚的政治品格。坚持用习近平新时代中国特色社会主义思想武装头脑，不断提高广大党员政治判断力、政治领悟力、政治执行力，自觉增强“四个意识”、坚定“四个自信”、做到“两个维护”。强化政治监督，确保党的路线方针政策和习近平总书记重要指示在临汾落地生根。实施“一把手”政治能力提升计划，建立领导班子分析研判制度，全面加强各级领导班子建设。针对性开展党员干部政治素质专题培训，引导党员干部在推进临汾全方位高质量发展斗争实践中壮筋骨、长才干。深化政治巡察，高质量完成本届市委巡察全覆盖任务，做好巡视巡察整改“后半篇文章”。

二是从严加强班子队伍建设，打造干事创业的中坚力量。坚持新时代好干部标准，以事业需要选干部、配班子，推动县乡领导班子和干部队伍系统性优化，更好匹配推动高质量发展、领导现代化建设的要求。实施“干部专业化能力提升计划”，突出思想淬炼、实践锻炼、专业训练，推动广大干部能力素质跟上时代发展步伐。坚持抓早抓小抓经常，加强对党员干部的监督，推动各级干部严格按照制度履行职责。大力培养选拔优秀年轻干部，注重在吃劲岗位和基层一线培养锻炼干部。坚持党管人才原则，统筹推进各领域人才队伍建设。

三是从严加强基层组织建设，筑牢坚强有力的战斗堡垒。深入推进抓党建促乡村振兴，持续加强农村党的组织建设，高质量完成村（社区）“两委”班子换届，选优配强“两委”班子，向重点乡村持续选派驻村第一书记和工作队。着眼提升基层党建引领城市基层治理效能，加快社区工作者职业体系建设，加强社区党群服务中心建设，构建城市基层党建格局。大力推动机关党建与业务深度融合，不断提升机关党建工作水平。全面加强国企、学校、医院、非公企业和社会组织党建工作，推动各领域基层党组织全面进步全面过硬。严格把好发展党员质量关，加大对基层党员的教育引导和服务管理力度，加强党内激励关怀帮扶，保障党员民主权利，做好党内表彰工作。

四是从严加强干部作风建设，激发争先实干的精神状态。坚决贯彻中央八项规定精神及其实施细则，坚决抵制形式主义、官僚主义，防止“四风”问题反弹回潮。坚决克服得过且过、不思进取的惰性思想，大力营造你追我赶、争先创优的浓厚氛围。大兴调查研究之风，以抓铁有痕、踏石留印的劲头，推动各项部署高质高效落实。树立勇于担当、真抓实干、奋发有为的鲜明导向，进一步健全合理容错机制，建立干部实绩评价研判办法，营造干事创业浓厚氛围。

五是从严加强党风廉政建设，构建标本兼治的常态格局。认真贯彻全面从严治党部署要求，不断推动全面从严治党向纵深发展。加强党对反腐败工作的集中统一领导，坚定不移深化反腐败斗争，坚持无禁区、全覆盖、零容忍，坚持重遏制、强高压、长震慑，坚持有腐必惩、有案必查，一体推进“不敢腐、不能腐、不想腐”，系统提升惩治腐败整体功能。深入开展专项整治，坚决查处群众身边腐败和作风问题，回应群众期盼，保障民生福祉。坚持“惩前毖后、治病救人”方针，精准把握政策策略，深化运用“四种形态”。打击诬告陷害行为，做好澄清正名工作。健全完善监督体系，促进各类监督贯通融合，更加突出发挥监督治理效能。开展“清廉临汾”建设行动，持续巩固拓展干部清正、政府清廉、政治清明、社会清朗的良好政治生态。

上述十个方面工作，既是今后五年的主要任务，也是全方位推进高质量发展的实施路径。只要我们心往一处想、劲往一处使，奋发有为敢争先，撸起袖子加油干，就一定能够创造临汾更加美好的未来！

各位代表、同志们，习近平总书记指出，“一分部署，九分落实”。实现临汾全方位高质量发展，关键要抓好落实。一要解放思想，开拓创新。全方位推进高质量发展首先要全方位解放思想。要深刻领会习近平新时代中国特色社会主义思想，从中找立场、找观点、找方法、找动力，在解放思想中统一思想、转变观念、破解难题。要不断增强开拓创新的勇气，进一步强化机遇意识，坚决破除一切不合时宜的传统观念和体制机制弊端，敢想敢试、敢闯敢干，以先行先试抢占先机，以开拓创新赢得主动。二要对标一流，争先进位。工作标杆的高低，直接决定落实的质量和成效。要对标一流、看齐先进，对照中央、省委部署要求，对照人民群众的利益和期盼，对照国内外先进理念和做法，进一步拓展视野，放宽思路，始终保持跳起来摘桃子的劲头，切实增强不进则退、慢进亦退的紧迫感，拿出更多硬招实招，狠抓工作落实。三要以上率下，真抓实干。各级领导干部要以身作则、率先垂范，带头冲在矛盾多、困难大、任务重的前沿一线，一级带着一级干。要扑下身子抓落实，认真践行“一线工作法”，不搞隔空喊话，不搞花拳绣腿，让改革发展稳定各项任务落下去，让惠及百姓的各项工作实起来。四要担当作为，攻坚克难。干部干部，就要干字当头。要坚持把干事担事作为职责和价值所在，真正把心思和精力倾注在抓落实上。要勇挑重担、敢做难事，越是艰险越向前，对定了的事、对分内的事、对有利于临汾发展的事，要大胆地干、坚决地干。五要提高效率，注重实效。坚持目标导向、问题导向、结果导向，以项目化、方案化、清单化方式推进落实。每项工作都要科学制定近期、中期、远期目标任务，逐项分解细化，逐一销号落实。六要加强督查，完善考核。强化过程监管，制定县市区、部门分类考核办法，实行“末位淘汰制”，把考核结果与评先评优、使用干部有机结合起来，让能者上、庸者下、劣者汰，真正树立起讲实干、重实绩的工作导向，切实凝聚起推动全方位高质量发展的强大合力。

大事记

1月

1日 山西省开发区2021年第一期项目集中签约开工投产“三个一批”活动举行。临汾市分会场设在洪洞经济技术开发区，与全省同步举行项目集中签约仪式，并举行项目开工奠基仪式和现场观摩。市委书记董一兵出席会议，市委副书记、市长李云峰主持临汾分会场签约仪式，市领导黄巍、常青、王渊、陈纲、任天顺、张翔等在临汾市分会场参会。

2日 临汾市呼吸疾病诊疗中心成立仪式在市中心医院举行。市中心医院呼吸重症合作单位北京大学人民医院呼吸内科主任医师高占成及其团队应邀开展技术和管理指导交流。

5日 临汾市区常兴中街（中大街）街景改造项目向阳路至西关桥路段完工。

6日 临汾市在市社保中心广场举办外出就业人员集中启程活动，416名外出务工人员在市县人社部门组织下，统一乘坐专车启程。市委常委、常务副市长常青出席启动仪式。

13—14日 中国共产党临汾市第四届委员会第九次全体会议暨市委经济工作会议召开。会议由市委常委会主持。市委书记董一兵讲话。会议听取和讨论董一兵受市委常委会委托所作的工作报告，审议通过《中共临汾市委关于制定国民经济和社会发展第十四个五年规划和2035年远景目标的建议》，表决通过中国共产党临汾市第四届委员会第九次全体会议决议。董一兵就《建议（讨论稿）》向全会作说明，对全年经济工作作部署。市委副书记、市长李云峰对全年经济工作作出具体部署。

16日 临汾市委召开县（市、区）委书记抓脱贫攻坚工作述职评议会，市委书记董一兵主持会议并讲话。市委副书记、市长李云峰出席会议并点评。各县（市、区）委书记聚焦抓脱贫攻坚目标任务完成、主体责任落实等情况进行述职。与会人员对各县（市、区）委书记抓脱贫攻坚工作进行测评。

24日 由共青团临汾市委、市青年联合会联合举办的“中国青年年货节”临汾专场第一场直播活动在临汾抖音大V“山西黑哥”直播间开播。百万粉丝“主播”和青联委员轮流上阵，向全国各地的网友们推介临汾各地的特色农产品。直播活动中的农产品是由各界青年组织推荐的扶贫助农产品，包括安泽翘梦连翘茶、浮山尧田九谷原浆醋、吉县苹果、隰县梨、翼城羊肥小米、洪洞纯红薯粉条等10余种年货。

2月

1日 临汾市委人才工作领导小组办公室、市促进外来投资局、市工商业联合会举行临汾市招商引资与招才引智工作联络处授牌仪式暨招商引资与招才引智大使聘任仪式。江苏先知健康产业集团被授予临汾市0001号招商引资与招才引智工作联络处牌匾，集团董事长李昂被聘请为临汾市2021年首位招商引资与招才引智大使。

18日 “2021中国县域电商竞争力百强榜”出炉，霍州市榜上有名，成为临汾市唯一获此殊荣的县域。

20日 临汾市委书记董一兵主持召开市委专题会议，听取2021年市区城建重点项目进展情况汇报。市委副书记、市长李云峰，市委常委、常务副市长潘海燕出席会议。

21日 临汾市政协四届二十一次常委会议举行，决定市政协四届六次会议于2月22—24日召开。市政协主席张建平、副主席杨安虎分别主持开幕会、闭幕会。市政协副主席杨忠华、程明温、王阿家、蔡志强及秘书长出席会议。

22日 临汾市委召开党史学习教育安排部署会，市委书记董一兵主持会议并讲话。他强调，要深入学习贯彻习近平总书记在党史学习教育动员大会上的重要讲话精神，认真落实全省党史学习教育部署会议精神，高标准高质量开展党史学习教育，把学党史、悟思想、办实事、开新局的要求落实好，奋力开创临汾各项工作新局面，以良好精神风貌和优异成绩庆祝中国共产党成立100周年。市委副书记、市长李云峰出席会议。

22—24日 临汾市政协四届六次会议召开。

23—25日 临汾市四届人大八次会议召开。

25日 临汾市2021年开发区（产业集聚区）工作会议召开。市委书记董一兵主持会议并讲话。市委副书记、市长李云峰作具体部署。市领导黄巍、王渊、陈纲、任天顺、张翔、王金龙出席会议。副市长张翔通报全市开发区（产业集聚区）建设工作总体情况和2021年全市开发区（产业集聚区）行动计划。市委一级巡视员陈纲对全市开发区建设提出要求。

26日 山西黄河人家品牌管理有限公司在临汾市揭牌。市委副书记、市长李云峰，省文化和旅游厅二级巡视员张卫东，市委常委、宣传部部长李朝旗，山西文旅集团党委副书记、副董事长、总经理王琳出席揭牌仪式并为公司揭牌。李朝旗致辞。

3月

3日 临汾市委常委会举行党史学习教育第一次集体学习会，学习习近平总书记在党史学习教育动员大会上的重要讲话及中央、省委有关文件精神，举行党史学习教育专题讲座。市委书记董一兵主持会议。市领导李云峰、陈小洪、张建平、袁振旭、李朝旗、郭行杰、曹晓亮、郝忠祥、陈纲出席会议。

△安泽县举行2021年重点项目集中开工仪式。此次开工的18个项目总投资101.76亿元。市人大常委会副主任张学伟出席并宣布开工，万家寨水务控股集团有限公司党委副书记、副董事长、总经理樊安顺作项目介绍。

5日 临汾市委常委会召开会议，审议《中共临汾市委关于开展党史学习教育的实施方案》。市委书记董一兵主持会议。

△华阳新材料科技集团在临汾市举办绿色节能建材产品推介活动。市委书记董一兵及市委办公室、市发改委、市住建局相关负责人现场参观产品展示。华阳新材料科技集团党委书记、董事长翟红一同参观。

8日 临汾市教育系统党史学习教育“开学第一课”暨“共升一面旗、同唱一首歌、讲好一堂课”“三个一”活动启动仪式在临汾一中举行。副市长闫建国出席启动仪式并宣布活动启动。

9日 浮山县2021年重点项目集中开工仪式在“双新”产业园区举行，24个重点项目总投资42.63亿元。副市长张翔、市政协副主席杨忠华出席开工仪式。

10—11日 山西副省长贺天才在安泽县、曲沃县、尧都区，就护林防火、地质灾害治理、春耕备耕等工作进行调研。省政府副秘书长高建军、省自然资源厅厅长姚青林、省水利厅厅长常建忠、省农业农村厅厅长刘志杰、省扶贫办主任张玉宏、省林草局局长张云龙先后参加调研。市领导董一兵、李云峰、闫建国分别参加调研。

12日 山西省大数据中心临汾分中心暨临汾云时代技术有限公司揭牌成立。市委书记董一兵，山西云时代技术有限公司党委书记、董事长盛佃清出席并为公司揭牌；市委副书记、市长李云峰致辞；市委常委、常务副市长潘海燕主持揭牌仪式。

14日 襄汾县总投资110.7亿元的首批33个重点项目集中开复工。市领导陈纲、张学伟、杨安虎出席开复工仪式。

17日 曲沃县举行2021年第一批转型项目集中开复工仪式，13个重点项目总投资53.7亿元。市人大常委会主任陈小洪出席并宣布开工。

18—19日 临汾市委书记董一兵带队到河北石家庄鸿锐集团、邢台旭阳集团考察，与鸿锐集团签订投资30亿元医疗防护手套项目。副市长张翔，市政协副主席王金龙，鸿锐集团董事长刘贵喜，旭阳集团董事长杨雪岗参加考察。

19日 霍州市举行2021年重点项目集中开复工仪式，68个项目总投资258亿元。

22日 临汾市举办政法英模先进事迹报告会。山西省政法队伍教育整顿第10驻点指导组组长安雅文，副组长吴民一、吴定圭及指导组部分成员到会指导。市委常委、政法委书记、市政法队伍教育整顿领导小组常务副组长郭行杰主持。

24—25日 山西省委党史学习教育第四巡回指导组到临汾市督促指导党史学习教育开展情况，召开汇报会，到市四套班子办公室进行实地督导检查。省委第四巡回指导组组长王水成出席会议并讲话。市委书记、市委党史学习教育领导小组组长董一兵主持会议。

26—28日 第十届云丘山中

和文化（中和节）旅游节在乡宁县云丘山景区举行。

4月

3日 洪洞县举办“华夏根祖圣地·幸福老家洪洞”2021年招商引资项目推介会。市委副书记、政法委书记、洪洞县委书记黄巍出席并致辞。

4日 第31届洪洞大槐树文化节寻根祭祖大典在大槐树寻根祭祖园举行。临汾市委副书记、政法委书记、洪洞县委书记黄巍，省侨联党组书记、主席王维卿，市委常委、统战部部长郝忠祥等出席大典。大槐树文化节主题为“华夏根祖圣地、幸福老家洪洞”，内容包括寻根祭祖大典、招商引资推介会、全域旅游专家研讨会，以及洪洞名优产品、非遗产品展销和第十三届洪洞“回家·悦生活”美食节等8项活动。文化节从3月29日开始，为期10天。

9日 临汾市召开2021年生态环境保护工作会议。市委书记闫晨曦作出批示，市委副书记、市长李云峰出席会议并讲话，市领导潘海燕、王渊、闫建国、张翔、张勇出席会议。

△中共晋绥分局党校旧址揭牌仪式在临汾市尧都区金殿镇伍默村举行。

10日 隰县举办第十一届玉露香梨花节招商引资推介会，共有12家参会企业签约，协议和合同总投资21.56亿元。

13日 临汾市“共创‘三零’·共建平安”主题宣传月活动启动仪式在市区鼓楼广场举行。市委副书记、政法委书记、洪洞县委书记黄巍出席并宣布活动启动。

15日 由山西省妇联、省妇女儿童发展基金会主办，市妇联、市教育局承办的全市“家校平安”公益项目启动仪式暨“我为群众办实事”实践活动在市第一中心学校举行。市委一级巡视员陈纲出席并宣布启动。

18日 由山西省文化和旅游厅、山西广播电视台联合举办的2021年山西省“免费送戏进景区”暨“唱游三晋”原创音乐推广活动启动，主会场设在洪洞大槐树景区。省文化和旅游厅一级巡视员郑中夏，省广播电视台党组成员、副总编辑罗庆东，市委常委、常务副市长潘海燕，市委常委、宣传部部长李朝旗出席启动仪式。郑中夏宣布活动启动。

19—21日 中共山西省委书记楼阳生在霍州、翼城、侯马调研。市委书记闫晨曦，市委副书记、市长李云峰等市领导一同调研。

26日 临汾市与山西大地环境投资控股有限公司举行工作会谈。市委书记闫晨曦主持。山西大地环境投资控股有限公司党委书记、董事长屈忠让，副总经理傅垣洪、郭玮参加会谈。市委常委、秘书长郭行杰参加会谈。

27日 临汾市委农村工作会议召开。市委书记闫晨曦出席并讲话。市委副书记、市长李云峰主持会议。市领导陈小洪、张建平、袁振旭、郭行杰、曹晓亮、郝忠祥、闫建国出席。

28日 临汾市与山西转型综改示范区、上海凯赛生物技术股份有限公司举行工作会谈。市委书记闫晨曦主持。

29日 临汾市五一劳动奖表彰大会在市影剧院举行。市委书记闫晨曦代表市委、市政府，向受表彰的集体和个人表示祝贺，向全市各级各界劳动模范、先进工作者和奋战在各条战线上的职工群众以及工会工作者们致以节日问候和崇高敬意。市领导张建平、李朝旗、郭行杰、曹晓亮、郝忠祥、王彬、郑步电、张翔出席会议。市委常委、组织部部长袁振旭主持会议，宣读《关于表彰2021年临汾市五一劳动奖的决定》。

△由国家卫健委疾控局、山西省人民政府、临汾市人民政府指导，中国疾病预防控制中心慢病中心主办的全国第六届“万步有约”健走激励大赛，在侯马市启动。副省长吴伟，中国疾控中心副主任刘剑君，省政府副秘书长薛荣，省卫健委副主任、省疾控中心主任冯立忠，市委副书记、市长李云峰出席启动仪式。

30日 临汾市委、市政府与万家寨水务控股集团深化“五水综改”座谈会暨战略合作框架协议签约仪式举行。万家寨水控集团党委书记、董事长陈耳东，市委书记闫晨曦出席并讲话。市委副书记、市长李云峰主持。

5月

7日 载有江浙沪近500名游客的大型旅游专列，驶进临汾火车站，开启为期5天的“游山西·读历史”旅程。临汾市在站前广场组织欢迎仪式，向旅游团赠送平阳木版年画。大型旅游专列由杭州始发，经衢州、丽水、宁波、金华、苏州、南京等地集合开进山西。

10日 来自全国各地100多家商会（企业）的代表参加曲沃“招商引资、招才引智”双招双引活动。现场签约项目9个，签约总金额45.05亿元。市人大常委会主任陈小洪出席。

△2021“心灵圣境·厚德蒲县”招商引资推介会举办，签约项目11个，总投资88.6亿元。

11日 全国中小学校本德育课程和教育案例征集展播活动交流研讨会在临汾市召开。中央电化教育馆副馆长韩骏，山西省教育技术与评估监测中心主任何芸，市委常委、常务副市长潘海燕出席。

19日 汾西县26项重点项目集中开复工，总投资52.72亿元，涉及现代农业、文化旅游、基础设施、社会民生等领域。

20日 临汾军分区党委第一书记任职命令宣布大会召开。经省军区党委研究，同意增补闫晨曦为中共山西省临汾军分区委员会委员、常务委员会委员，任党委第一书记。省军区副司令员吴其辉宣布任职决定并讲话。市委书记、临汾军分区党委第一书记闫晨曦作任职讲话。市党政军领导王彬、刘海洋、潘海燕、郭行杰出席。军分区政委刘海洋主持会议。

21日 “2021山西·临汾装备制造产业与文旅产业合作对接会”在太原召开。省政协党组成员、副主席席小军，省政协委员、省政协经济委员会一级巡视员潘云，市委书记闫晨曦，市委副书记、市长李云峰，副市长张翔出席合作对接会。闫晨曦致辞，张翔作主旨推介。

21—22日 全国政协“三北防护林建设”专题调研组在临汾市调研。全国政协常委、人口资源环境委主任李伟率队，全国政协常委、人口资源环境委副主任姜大明，全国政协人口资源环境委副主任任亚平、刘雅鸣，全国政协农业和农村委副主任张建龙，全国政协常委周然一同调研。省政协副主席王立伟，省政协人口资源环境委主任郭长青，市领导张建平、潘海燕、程明温参加调研。

25—27日 全国政协副主席马飚率全国政协书画室委员一行在临汾市开展黄河流域生态文明建设采风调研。省政协党组成员、副主席李晓波，省直属机关事务管理局局长毛益民，省政协副秘书长薛永辉一同调研。市领导闫晨曦、张建平、袁振旭、郭行杰、贾二元分别参加调研。

26日 临汾市委、市政府与山西建设投资集团工作会谈暨战略合作框架协议签约仪式举行。山西建投集团党委书记、董事长孙波出席并讲话。市委书记闫晨曦主持。市委常委、秘书长郭行杰参加。副市长张翔、山西建投集团副总经理倪华光代表双方签约。

31日 临汾市乡村振兴局挂牌成立，市委常委、统战部部长郝忠祥，副市长闫建国出席挂牌仪式并揭牌。

6月

3日 由临汾市委宣传部主办、临汾广播电视台承办的“永远跟党走”好基地讲好故事——市爱国主义教育基地故事会在临汾大剧院录制。

15日 临汾市委书记闫晨曦与华润电力北方大区党委书记、总经理王波举行工作会谈。市委常委、秘书长郭行杰出席。

△由临汾市民政局主办的“红色地名精神传承”宣讲决赛在市区古城公园名人广场举行，山西省民政厅党组成员、副厅长琚李梅，市委常委、宣传部部长李朝旗，市人大常委会副主任张学伟，副市长闫建国，市政协副主席王阿家等领导出席。

16日 国家、省、市的实打实收专家组对翼城县唐兴镇古城村委东关村“烟农1212”优种繁育基地高产示范田进行验收，亩均产量830.84公斤，刷新山西省冬小麦单产历史最高纪录。

22—23日 山西省副省长贺天才在安泽县、尧都区，检查地质灾害防治、汛期安全防范、森林防火和危化品安全生产等工作。市领导李云峰、潘海燕、闫建国分别参加检查和有关活动。

25日 电影《石兰峰》首映式在山西省委党校会堂举行。十三届全国人大常委会委员、民进中央副主席、山西省人大常委会副主任、民进山西省委会主委、山西社会主义学院院长卫小春，国家电影局电影频道央影执行董事党海燕，市领导陈小洪、张建平、李朝旗出席活动。电影《石兰峰》讲述原霍县人民医院妇产科医生、优秀共产党员石兰峰连续25年扎根基层、服务基层、奉献基层，直至最后牺牲在工作岗位上的真实故事。

△庆祝中国共产党成立100周年暨市直机关“两优一先”表彰大会在市党群服务中心举行，表彰临汾市直机关优秀共产党员、优秀党务工作者和先进基层党组织，向“光荣在党50年”的老党员颁发纪念章，组织新党员进行入党宣誓。市委常委、秘书长郭行杰出席会议并讲话。

28日 由市委、市政府主办，市委宣传部和临汾广播电视台承办的“‘百年恰是风华正茂’临汾市庆祝中国共产党成立100周年文艺演出”在临汾大剧院上演。市领导陈小洪、潘海燕、李朝旗、郭行杰、曹晓亮、郝忠祥、王彬、王国平、王金珍、任天顺、冯建宁、张学伟、张翔、杨忠华、贾二元、王阿家在现场观看演出。

29日　临汾市庆祝中国共产党成立100周年暨全市“两优一先”表彰大会召开。市委副书记、市长李云峰出席会议并讲话。市委副书记、政法委书记、洪洞县委书记黄巍主持会议。市领导陈小洪、潘海燕、李朝旗、郭行杰、王渊、曹晓亮、郝忠祥、王彬出席会议。全市“两优一先”表彰对象代表，全市非公经济和社会组织“先进基层党组织”代表，“光荣在党50年”老党员代表参加会议。

△临汾市召开“庆祝建党百年《中国共产党山西省临汾市历史》第一、二、三卷（1926—2012）出版首发会”。市委书记闫晨曦作出批示，省委党史研究院（省地方志研究院）一级巡视员刘益令，市委常委、宣传部部长李朝旗出席会议并讲话。

30日　终点站位于德国汉堡的中欧班列从位于侯马市的山西方略保税国际陆港口岸园区发车，临汾市中欧班列恢复常态化开行。市委副书记、市长李云峰，省商务厅厅长王宏晋，中国进出口银行山西省分行行长姚琦华，副市长张翔出席开行仪式。张翔致辞。

7月

1日　临汾市四套班子领导收看庆祝中国共产党成立100周年大会电视实况直播，聆听习近平总书记的重要讲话。

5日　乡宁县举行2021年第二批重点项目集中开工仪式。集中开工的新建项目8个，总投资55.35亿元，年度投资7.29亿元。

6日　山西晋南钢铁集团“绿色低碳·环保创A”行动启动仪式在曲沃县举行。市委副书记、市长李云峰出席启动仪式，为临汾市节能低碳研究院晋南钢铁研发基地揭牌。省生态环境厅生态环境保护监察专员李凌昇，市委常委、常务副市长潘海燕出席启动仪式。李凌昇讲话，潘海燕致辞。

9日　中国共产党临汾市第四届委员会第十次全体会议召开。会议表决通过《关于召开中国共产党临汾市第五次代表大会的决议》。会议决定，2021年9月召开中国共产党临汾市第五次代表大会。会议由市委常委会主持。市委书记闫晨曦讲话。市委常委、组织部部长袁振旭就《关于召开中国共产党临汾市第五次代表大会的决议（草案）》作说明。市委委员、市委候补委员出席会议。

12日　临汾市举行庆祝中国共产党成立100周年座谈会。市委书记闫晨曦出席并讲话。市委副书记、市长李云峰主持座谈会。

△山西·永和招商引资推介暨区域公共品牌“永和乾坤湾”发布会在天津市举办。推介会吸引近100家商会和协会的企业代表参与。现场签约项目10个，总投资达35.3亿元。

16日　临汾市与山西省同步举行开发区2021年第三次“三个一批”活动暨“承诺制+标准地+全代办”改革推进会。活动以视频连线方式举行，临汾市在襄汾经济技术开发区高端装备制造园中磁项目标准化厂房设分会场。市委书记闫晨曦出席，市委副书记、市长李云峰主持临汾分会场签约仪式，现场集中签约项目12个。

18日　襄汾县中升钢铁公司富氢低碳热模拟中试基地、年产100万吨优特钢、155吨转炉装备技术升级、装备提标节能降耗、余热回收利用5个重点项目集中开工。市委副书记、市长李云峰，副市长张翔，上海大学氢冶金研究与成果转化中心主任、上海电机学院党委书记鲁雄刚，上海大学党委副书记欧阳华出席开工仪式。张翔致辞。

19—24日　“奔跑吧·少年”2021年山西省射击冠军赛暨山西省第十六届运动会射击资格赛开幕式在临汾射击运动基地举行。来自省内太原、临汾、吕梁、长治等市的8支队伍303名运动员参加，按年龄大小分为甲、乙、丙3组进行比赛。临汾市代表队获得12枚金牌、6枚银牌、6枚铜牌，团体总分311分，全省排名第三。

20日　临汾市举办学习贯彻习近平总书记“七一”重要讲话精神理论骨干示范宣讲培训班。

21日　临汾市委党史学习教育专题汇报会召开。山西省委党史学习教育巡回指导组第四组组长王水成出席会议并讲话。市委书记、市委党史学习教育领导小组组长闫晨曦主持会议，汇报全市学习贯彻落实习近平总书记“七一”重要讲话精神相关情况。市领导李云峰、黄巍、袁振旭、李朝旗、郭行杰等参加。

23日　由清华大学与临汾市联合举办的市管正县级“一把手”学习贯彻习近平总书记“七一”重要讲话精神、全方位推进高质量发展专题培训班开班。市委常委、宣传部部长李朝旗主持开班仪式并讲话。

△电影《山桃花》首映式在

市区五洲国际广场中影国际影城举行。市领导李朝旗、王金珍、王云，山西影视集团副总经理刘铁军，山西影视集团山西电影制片厂（有限公司）厂长王剑出席首映式。电影《山桃花》由山西影视集团山西电影制片厂（有限公司）出品，市委市政府、市委宣传部，汾西县委县政府、县委宣传部联合摄制。影片主要在汾西县取景拍摄，以原籍河北邯郸，远嫁汾西县的大学生、新时代“全国向上向善好青年”宋学琴为原型，以其自立自强的创业经历为框架，讲述宋学琴在党委、政府的关心支持下，在脱贫攻坚一线带领当地百姓脱贫致富奔小康的奋斗历程。

26日 国家级非物质文化遗产——平阳木版年画原刻版展在太原晋宝斋开展，300余件平阳木版年画原刻版集中亮相。展览期间展出年文化、戏曲故事、厅堂文化等题材的平阳木版年画原版实物。

26—27日 山西省委书记林武在临汾市调研。省委常委、秘书长李凤岐参加。市委书记闫晨曦，市委副书记、市长李云峰等市领导参加有关活动。

29—30日 山西省委学习贯彻习近平总书记“七一”重要讲话精神专题宣讲团临汾报告会举行。省委宣讲团成员、省委宣传部副部长、省委党史学习教育领导小组办公室副主任郭晓东作宣讲报告。市委常委、组织部部长袁振旭主持报告会。

30日 临汾市委书记、军分区党委第一书记闫晨曦，市委副书记、市长李云峰率队到驻临部队、武警临汾支队，看望慰问人民解放军指战员、武警官兵，开展“八一”军事日活动。

8月

5日 太原科技大学科技成果转化基地、科研平台延伸基地落户曲沃，校地双方在山西通才工贸有限公司举行基地揭牌仪式。

10日 临汾市气象灾害应急指挥部组织开展2021年气象灾害（暴雨）Ⅱ级应急演练桌面推演。市气象灾害应急指挥部指挥长、副市长闫建国出席。襄汾县、乡宁县、吉县气象灾害应急指挥部参与演练，市政府办公室、市农业农村局、市应急管理局、市公安局、市水利局、市规划和自然资源局、市城市管理局、市文化和旅游局、市消防救援支队等部门负责人参加。各县（市、区）设分会场。

16日 临汾市区解放东路高架桥工程提前9个月完成建设任务，竣工通车。市委书记闫晨曦出席通车仪式，宣布通车。市领导李云峰、陈小洪、潘海燕、李朝旗、郭行杰、程明温出席。工程横跨二中路、同蒲线、迎春街，道路全长1600米，桥梁1283米，总投资4.3亿元，由中交公路规划设计院设计，中铁二十一局四公司承建。

△市委召开山西师范大学迁建、现代文理学院转设工作推进会。市委书记闫晨曦出席并讲话。山西师范大学党委书记张晓永，市领导李朝旗、郭行杰、闫建国、王云，山西电子科技学院（筹）党委书记高峰出席。

17日 山西省副省长韦韬在临汾市调研经济运行情况。省政府副秘书长向弟海，省统计局局长张晓东，市委书记闫晨曦，市委副书记、市长李云峰，市委常委、秘书长郭行杰参加调研或座谈。

18日 临汾市新冠病毒疫苗接种推进工作视频会议召开，安排部署下一阶段疫苗接种工作。副市长闫建国主持。截至8月18日13时30分，全市完成接种5180855剂次。18周岁以上人群第一剂次接种完成任务的89%，第二剂次接种完成任务的84.1%；15~17周岁人群第一剂次接种完成任务的108.2%。

20日 临汾市委书记闫晨曦与泛城控股有限公司董事长陈伟星举行工作会谈，就网络货运数字产业园项目合作及落地进行交流。市委副书记、市长李云峰出席，介绍全市物流业发展现状、优惠政策等情况。嘉顺投资董事长陆长水，市领导潘海燕、郭行杰出席。

25日 侯马市举行2021年重点项目集中签约仪式，签约10个项目、总投资66.12亿元。市委常委、副市长、翼城县委书记王渊，中国建设银行山西省分行党委委员、副行长樊宙出席签约仪式。

26日 临汾市委召开全市推进农业农村和乡村振兴高质量发展座谈会，市委书记闫晨曦主持会议并讲话。市领导郭行杰、郝忠祥、张庚博、闫建国、王金龙出席。

31日 临汾市委书记闫晨曦与建设银行山西省分行行长周辉东举行工作会谈，就加强对接合作进行交流。市委常委、秘书长郭行杰，市委常委、副市长、翼城县委书记王渊参加。

9月

1日 临汾市启动“我为群众办实事”主题采访活动。《山西日报》《山西晚报》《山西经济日报》《山西法制报》《临汾日报》、临汾广播电视台等8家省、市媒体的10余名记者，用3天时间到乡宁县、吉县两地，采访报道当地在党史学习教育中为群众办实事的故事。

1—3日 山西省委党史学习教育巡回指导组第四组王水成一行到尧都区自然资源局、洪洞县乾峰大桥工程建设工地、市行政审批服务管理局、市人大常委会、市政协及市区重点城建项目工地、翼城县等地，就党史学习教育“我为群众办实事”实践活动开展工作和市四套班子领导干部领办实事进展情况及取得的阶段性成效进行督导检查。

2日 由最高人民检察院检察委员会副部级专职委员万春带队的中央依法治国办调研组在临汾市开展“学习贯彻习近平法治思想和中央全面依法治国工作会议精神”专项调研。山西省人民检察院检察长杨景海，市委书记闫晨曦，市委副书记、市长李云峰，市领导黄巍、郭行杰、张勇一同调研或参加座谈会。

△临汾市人民政府与华润电力新能源投资有限公司、中国船舶重工集团海装风电股份有限公司三方合作协议签约仪式在临汾市举行。市委副书记、市长李云峰，华润电力控股有限公司总裁唐勇，中国船舶重工集团海装风电股份有限公司董事长王满昌出席，见证签约。副市长王云致辞并代表临汾市签约。

8日 临汾市2021年全民健身月活动启动。市人大常委会副主任张学伟，副市长、市全民健身工作委员会主任王云，市政协副主席王阿家出席启动仪式。王云宣布活动启动。

9日 石家庄鸿锐集团“年产60亿只健康医疗级防疫防护手套疫情防控应急项目”在襄汾县落成投产。市委副书记、市长李云峰，副市长王云，鸿锐集团董事长、总裁刘贵喜出席投产仪式，市政府办公室及襄汾县四套班子负责人参加投产仪式。

11—12日 全国政协副主席刘奇葆率全国政协调研组，围绕“不可移动文物的综合保护和利用”在临汾市调研。全国政协文化文史和学习委员会副主任王世明、刘佳义、钱小芊等参加调研。省政协副主席李正印、秘书长张岐云，市领导闫晨曦、张建平、郭行杰、杨安虎陪同调研。

15日 在第十四届全运会女子50米步枪3种姿势决赛中，临汾选手苗婉茹以466.9环的成绩夺冠，打破意大利选手在2015年打出的464.7环的世界纪录，为山西省体育代表团摘得此届全运会射击项目首枚金牌。

△临汾市委宣传部、市科协、市教育局、市科技局等10部门联合举办2021年临汾市全国科普日活动启动仪式暨主场活动。市委常委、统战部部长郝忠祥出席并宣布活动启动。

△2021年晋陕豫黄河金三角（曲沃）国际果蔬线上博览会暨3D云展馆开馆仪式在曲沃县智慧菜谷举行。杨红梅代表市委、市政府致欢迎辞。

15—16日 全国政协副主席、全国工商联主席高云龙率全国政协专题调研组，在临汾市就推动金融与制造业协同发展进行调研。全国政协调研组成员尚福林、刘世锦、王宜林、苏波、王会生、胡晓炼、周延礼参加调研。省政协副主席、省工商联主席李武章一同调研。市领导闫晨曦、黄巍、张建平、郭行杰、王渊、程明温参加有关活动。

17日 临汾市晋国文化研究会第一届第一次会员代表大会暨临汾市晋国文化研究会成立大会在临汾市图书馆举行。市委常委、宣传部部长、临汾市晋国文化研究会名誉会长李朝旗出席会议。

22日 临汾市侨商联合会、市海外留学归国人员创新创业协会成立大会召开。省侨联副主席、秘书长陈蕾出席。省侨商联合会会长李德志，省侨联副主席、省海外留学归国人员创新创业协会会长武强分别为市侨商联合会、市海外留学归国人员创新创业协会授会员单位牌匾。

23日 2021年中国农民丰收节山西庆祝活动暨第七届中国（山西）特色农产品交易博览会在晋中国家农高区（山西省农产品国际交易中心）开幕。市委副书记、政法委书记、洪洞县委书记黄巍参加2021乡村振兴（太谷）论坛中以“乡村振兴与乡村振兴促进法”为主题的主论坛活动，副市长闫建国参加开幕式并到临汾展厅巡展。

26—28日 中国共产党临汾市第五次代表大会在临汾大剧院召开。

28日 中国共产党临汾市第五届纪律检查委员会召开第一次全体会议，33名市纪委委员出席会议。会议选举产生了市纪委常委和书记、副书记。曹晓亮当选为市纪委书记，成功、宁引才、周立峰当选为市纪委副书记。省换届风气第六巡回督查组有关成员到会指导。

30日 国家烈士纪念日当天，临汾市委书记闫晨曦，市委副书记、市长李云峰等市领导在临汾烈士陵园，与社会各界代表一起，向革命烈士敬献花篮。

10月

8日 临汾市召开秋季农业生产暨减灾救灾专题会议，市委常委、副市长闫建国出席专题会议并讲话。

9日 临汾市召开防汛救灾减灾和生产自救灾后重建视频调度会议。市委常委、副市长闫建国出席会议并讲话。市委常委、副市长王渊主持会议。

△临汾市印发《关于做好全市当前救灾减灾工作的通知》《农业减灾救灾抢收抢种若干措施》《应对洪涝灾情防止因灾返贫的十条措施》3个文件，出台30项政策措施，就做好救灾减灾工作，恢复正常生产生活秩序作出安排部署。9月22日以来，临汾市遭遇了有记录以来最强连续强降雨过程，平均降雨量274.5毫米，为山西省最高，是历年同期降雨量的9.4倍。强降雨过程引发洪水、泥石流、山体坍塌等自然灾害，导致城镇内涝、道路损毁、房屋倒塌、农田被淹、企业停产等，给人民群众生命财产安全和正常生产生活造成极大影响。

△九三学社中央社会服务部部长徐国权带领九三学社中央医卫专家组到临汾市，就进一步深化“九临合作”开展调研帮扶并召开座谈会。九三学社山西省委专职副主委陈忠辉，市委常委、统战部部长郝忠祥等一同调研。

10日 山西省门静脉高压联盟年会暨市医学会第五届感染病专业委员会学术会议在临汾市召开。国家传染病医学中心主任、复旦大学附属华山医院感染科主任、上海市新冠肺炎临床救治专家组组长、教授张文宏，中国门脉高压联盟负责人、教授祁小龙出席并授课，市委常委、副市长闫建国致辞。

11日 临汾市政府举行防汛救灾捐赠仪式，接受爱心企业和个人捐款。市委常委、副市长闫建国，市委常委、副市长王渊出席。山西晋南钢铁集团公司向市政府捐赠防汛救灾款3000万元，山西闽光新材料科技有限责任公司董事长张邦才向市政府捐赠防汛救灾款100万元。王渊代表市政府接受捐赠款项。

12日 临汾市防汛救灾和灾后恢复重建工作会议召开，学习贯彻习近平总书记关于防汛救灾工作的重要指示精神，落实山西省防汛救灾和灾后恢复重建工作会议精神，分析研判形势，进一步对防汛救灾和灾后恢复重建工作进行安排部署。市委书记闫晨曦主持会议并讲话，市委副书记、市长李云峰作具体安排。市领导黄巍、郭行杰、王渊、郝献民、杨红梅、李朝旗、张勇出席会议。

△山西省民政厅党组书记、厅长郑红带领省民政厅、省慈善总会、省民政事业发展中心等部门相关负责人到蒲县受灾一线，对受灾群众进行慰问。市委书记闫晨曦，市委常委、副市长闫建国和相关部门负责人参加。

△2021中国网球巡回赛“建邦集团”山西·临汾网球公开赛在山西师范大学现代文理学院转设新校区举行开幕仪式。国家体育总局网球运动管理中心副主任黄玮、省体育局副局长袁乃平、副市长王云、山西电子科技学院（筹）党委书记高峰出席开幕式。王云致辞。

14—15日 山西省“抓党建促乡村振兴政策研究”重点课题推进会在临汾市召开。省党建研究会会长、省政协原副主席朱先奇，省党建研究会特邀研究员、省农业厅原副巡视员赵安泽及省委组织部、省乡村振兴局有关人员出席会议，市委常委、组织部部长郝献民出席并致辞。

15日 临汾市灾后恢复重建工作专班第一次会议暨全市灾后恢复重建工作电视电话会议召开，贯彻习近平总书记关于加强防汛救灾和民生保障工作的重要指示精神，按照全省全市相关大会部署要求，对全市灾后恢复重建工作进行再安排、再部署、再推进。市委副书记、市长、市灾后恢复重建工作专班组长李云峰，市委副书记、洪洞县委书记黄巍，市委常委、副市长、市灾后恢复重建工作专班副组长闫建国、王渊出席会议。王渊主持会议。

△新疆生产建设兵团第六师五家渠市向临汾市捐赠救灾物资仪式在兴荣物流园举行，7辆满载着1.8万条棉被的救灾物资送到受灾群众手中。市委书记闫晨曦代表临汾市接受捐赠。新疆生产建设兵团第六师五家渠市党委常委、副师长、山西省援疆前方指挥部副总指挥宋刚，山西省发改委总工程师姚俊萍，市委常委、秘书长郭行杰，市委常委、副市长闫建国出席捐赠仪式。

16日 霍州市举办“天下霍姓出霍州”系列活动，来自全国各地的200多位霍氏宗亲及众多企业家代表参加。省委统战部副部长滕德刚，省贸促会（中国国际商会山西商会）一级巡视员焦惠生，市委常委、统战部部长郝忠祥，副市长王云出席相关活动。活动期间举办霍州市招商引资推介会。临汾市、霍州市分别作主旨推介，举行签约仪式，签约10个项目，总金额38.5亿元。

20日 临汾市政府与工商银行山西省分行举行战略合作框架协议签约仪式，市委副书记、市长李云峰，工商银行山西省分行党委书记、行长杨志忠，市委常委、副市长王渊出席。

21日 临汾市区水塔游园开园迎客。水塔游园项目自2020年5月开始建设，游园采用敞开式布局，园内以绿化景观为主，步行园路、休闲场所穿插其中。

21—22日 以全国政协委员、教科卫体委员会副主任冯建中为组长的全国政协调研组，在临汾市开展"送体育下基层惠民生"活动暨"促进体教深度融合"调研。全国政协委员、教科卫体委员会驻会副主任丛兵，全国政协委员、教科卫体委员会副主任常荣军等全国政协委员和北京体育大学专家教授一同调研。省政协副主席、九三学社省委会主委李青山，市政协主席张建平、副主席王阿家随同调研。

26日 由中国地方志指导小组办公室主办的"讲述黄河故事、传承黄河文化"系列活动讲述大赛决赛暨颁奖会在山东济南举行，临汾市委党史研究室（市地方志研究室）创作的3部作品分获一、二等奖。

11月

3日 "巍巍如天——陶寺遗址考古成果精华展"开幕式在河南省二里头夏都遗址博物馆举行，这是陶寺遗址考古成果的首次大规模展览，是陶寺文物首次大规模走出山西。中国社会科学院考古研究所所长陈星灿发表书面致辞。临汾市委常委、副市长、宣传部部长闫建国，洛阳市副市长魏险峰，中国社会科学院考古研究所研究员、山西队队长何努等出席活动。

4日 山西省副省长贺天才在临汾市汾西县调研指导乡村振兴和灾后重建工作。省乡村振兴局局长张玉宏，市委副书记、市长李云峰，市委副书记、洪洞县委书记黄巍参加调研。

5日 山西省农房农田水利设施恢复重建暨高标准农田建设现场推进会在临汾市召开。省委副书记、省长蓝佛安作出批示。副省长贺天才出席会议并讲话。省政府副秘书长车建华主持会议。市领导李云峰、黄巍、闫建国参加。

8日 临汾市委举行山西省首批科技博士服务团成员来临挂职欢迎仪式暨座谈会。市委书记闫晨曦出席会议并讲话。市委常委、秘书长郭行杰出席。市委常委、组织部部长郝献民主持会议。

△市委印发《关于开展"争先、进位、崛起"解放思想大讨论的实施意见》的通知，决定在全市开展为期3个月的"争先、进位、崛起"解放思想大讨论。

10日 山西省委常委、组织部部长陈安丽到脱贫县永和县，调研指导乡村振兴、村"两委"换届、深化县校合作等工作。市委常委、组织部部长郝献民一同调研。

15日 临汾市举行深化市校合作实施"双千工程"启动仪式，浙江大学、同济大学、厦门大学、山西农业大学等10余所高校的领导及市校合作项目负责人出席启动仪式。市委书记闫晨曦，山西农业大学党委书记廖允成出席并讲话。市委副书记、市长李云峰，山西农业大学党委常委、副校长李步高，太原师范学院党委副书记张云鹏，山西财经大学党委常委、副校长米子川，市领导黄巍、郭行杰、闫建国、郝献民出席启动仪式。市委常委、组织部部长郝献民宣读《临汾市深化市校合作实施"双千工程"行动方案》。

△浮山县举行临汾万鑫达有限责任公司捣固焦化升级改造项目和新能源氢能建设项目落户浮山签约仪式。市委常委、市政府党组成员崔元斌出席并见证签约。

18日 2021年临汾市（蒲县）食品安全突发事件（Ⅲ级）指挥应急实战演练举行。市委常委、副市长、宣传部部长闫建国出席并讲话。

21日 由山西省文化和旅游厅主办的"永远跟党走"2021年山西省群众文化活动戏曲票友大赛决赛在临汾市举行。省文化和旅游厅党组成员、副厅长张志仁，省文化和旅游厅二级巡视员李培敏，市委常委、副市长、宣传部部长闫建国，副市长王云出席。张志仁宣布决赛开赛，王云致辞。

23日 山西省委书记林武在吉县调研落实黄河流域生态保护和高质量发展战略。

△临汾市举行以"庆建党百年华诞谱终身学习新篇"为主题的2021年全民终身学习活动周开幕式。山西开放大学校长齐利平，副市长王云出席开幕式并讲话。王云宣布活动启动。

△农业农村部公布全国农业优异种质资源及资源普查进展情况，发布近期专家遴选出的10大农作物、10大畜禽、10大水产优异资源。翼城"珍珠玉米"入选农作物10大优异种质资源。

26日 山西省2021年"世界艾滋病日"主题活动在临汾市红丝带学校举行。活动以"生命至上，终结艾滋，健康平等”为主题。副省长于英杰出席。省政府办公厅副主任杨锦耀，省卫健委主任武晋，市委副书记、市长李云峰，市政府党组成员张潞萍参加。

30日 太钢集团临汾钢铁有限公司与市人民医院举行临钢医院交接仪式，临钢医院将整体移交给市人民医院管理运营。副市长张潞萍出席并讲话。

12月

1—2日 国家卫生健康委副主任李斌带领国家卫生健康委调研组在临汾市开展定点帮扶专题调研并召开专题座谈会。国家卫生健康委财务司司长、乡村振兴办主任何锦国，人事司副司长、一级巡视员徐缓，财务司副司长任西岳参加。副市长张潞萍参加座谈会。

3日 临汾市委全面依法治市委员会守法普法协调小组、市司法局、市交通运输局联合举办临汾市“宪法主题”公交车启动仪式。市委常委、宣传部部长闫建国出席并宣布临汾市“宪法主题”公交车启动。

19日 临汾市河汾一路跨汾河大桥工程举行启动仪式。河汾一路跨汾河大桥工程位于尧都区涝洰河入河口南侧、棋格广场与城市阳台北侧。该工程总投资3.9亿元，全长320米，桥面宽度40米，为双向8车道。桥梁分上下两层布置，上层通行机动车，下层通行非机动车和行人。

20日 2021年中国机械500强企业名单发布。山西华翔集团股份有限公司荣登榜单第398位。

20—21日 山西省委副书记、省长蓝佛安在临汾市侯马、曲沃、襄汾、浮山、尧都等地，调研产业发展、文物保护利用等工作，检查生态环境突出问题整改、非法违法采矿排查整治情况。临汾市委书记闫晨曦，市委副书记、市长李云峰，市委常委、秘书长郭行杰陪同。

21日 浮山至临汾高速公路项目开工。山西省委副书记、省长蓝佛安在临汾市浮山县出席开工仪式，宣布项目开工。省政府党组成员汤志平出席仪式并讲话。市委书记闫晨曦，市委副书记、市长李云峰，市委常委、秘书长郭行杰，副市长、公安局局长张勇参加开工仪式。浮山至临汾高速公路项目是山西省省道网规划（2021—2035年）中新规划的沁临高速的第一阶段重点实施项目，项目概算总投资19.66亿元，主线全长18.68公里，起点位于浮山县城西北侧东鲁村，终点位于尧都区县底镇东北侧。

24日 临汾市举行以“永远跟党走”为主题的第九届精神文明建设“五个一工程”表彰展演活动。市领导闫建国、王云、贾二元出席。

28日 临汾市人民政府与山西建投集团举行临汾静态交通建设运营有限公司揭牌仪式。市委常委、副市长崔元斌，山西建投集团党委副书记、副董事长、总经理徐忠和出席并揭牌。

29日 临汾市中心医院心脑血管综合楼完成建设，投入使用。副市长张潞萍出席剪彩仪式，宣布心脑血管综合楼正式启用。市中心医院心脑血管综合楼项目是省市重点工程，2020年4月18日奠基，大楼总投资3.4亿元，总建筑面积约3.4万平方米。新增床位530张，新建数字一体化层流手术室8间、一站式杂交手术室1间、心脏导管室6间。（李艳洁）

市情概览

自然环境

【地理位置】 临汾市位于山西省西南部，东倚太岳，与长治、晋城为邻；西临黄河，与陕西省隔河相望；北起韩信岭，与晋中、吕梁毗连；南与运城市接壤。地理坐标为北纬35° 23′ ~36° 57′ ，东经110° 22′ ~112° 34′ ，南北最大纵距170多公里，东西最大横距约200公里，总面积20302平方公里，占全省总面积的13%。

【地形地貌】 临汾市地形轮廓大体呈“凹”字形，四周环山，中间平川，全境分山地、丘陵、盆地三大地形单元。其中，平川面积占19.4%，丘陵面积占51.4%，山地面积占29.2%。临汾盆地横亘全市中部，将整体隆起的高原分为东西两部分山地。东部由北向南为太岳山、中条山，西部是吕梁山脉，海拔多在1000米以上。最高处太岳山霍山主峰，海拔2346.8米，最低处乡宁县师家滩，海拔385.1米。境内有黄河、汾河、昕水河、沁河、浍河、鄂河、清水河7条河流和郭庄泉、龙祠泉、霍泉三大名泉。

【气候条件】 临汾市地处半干旱、半湿润季风气候区，属温带大陆性气候，四季分明，雨热同期。气温的特点是冬寒夏热。全市气候自然环境的主要特征是：冬季寒冷干燥，降水稀少；春季干旱多风；秋季阴雨连绵；夏季酷热多暴雨，伏天旱雨交错。2021年临汾市年降水多，年平均气温高，年日照时数整体接近持平。年内降水时空分布不均，明显的过程性降水主要出现在8—10月，阶段性洪涝现象严重，6—7月强对流天气较多，且极端性明显，对生产生活不利；全年日照持平，对作物生长，收晒较为有利。冬季降水偏多，气温偏高，对冬小麦安全越冬和返青生长有利，虽年初出现寒潮，但是对小麦安全越冬无明显影响；春季降水偏少，不利于春播，气温特高；汛期降水偏多且对流明显，降水的集中性，使得作物出现阶段性洪涝；秋季降水特多，阶段性洪涝使得部分冬麦区推迟播种。全年气候条件对农业生产的影响有利有弊，但整体弊大于利。2021年平均日照时数1790.5小时，平均气温15.1℃，降水量848.1毫米。

自然资源

【土地资源】 临汾市区域总面积20302平方公里，受水热条件影响，土壤发育较完全，形成深重黏化层，养分含量较为丰富。普遍分布的地带性土壤类型为褐土，此外还有草原草甸土、棕壤土、沼泽土等几种类型。土地资源丰富，稳产高产肥沃耕地分布集中，土地类型多样，宜林草面积大，但森林覆盖率低，水土流失较为严重。后备土地资源仍较为丰富，盐碱荒地、沙荒地、沼泽地可改良开垦为农林牧用地，但需要排水、治河、修建扩岸工程，开发投资很大。土地开发利用率75.1%，土地垦殖率26.2%，耕地复种指数12.6%，农业用地率68%，建设用地率5.6%。

【水资源】 临汾市大小河流200余条，均属黄河水系。流域面积在1000平方公里以上的有黄河干流、汾河和沁河。黄河干流位于临汾市西侧，为晋、秦天然分界线，境内长174公里，流域面积7739平方公里。汾河纵贯全境中部，流域面积10286平方公里。沁河全长95公里，流域面积2288平方公里。河流以季节性河流为主，径流量多集中在7—9月，故形成雨季排洪，旱季断水的状况。在地域分布上，山区大于平川，东山大于西山。全市水资源总量8.52亿立方米。其中，地表水资源量5.87亿立方米，地下水资源量7.58亿立方米，重复计算量4.93亿立方米，全市产水系数0.08，产水模数4.2万立方米/平方公里。

【矿产资源】 临汾市矿产资源丰富，能源工业发展潜力巨大。探明的矿种有45种，主要有煤、油页岩、铁、铜、锌、铝、金、钴、稀有金属、石膏、石灰岩、白云岩、耐火黏土、硫铁矿、膨润土、大理石、花岗石、重晶石、长石、石英、硅石、磷、硅线石等。其中煤、铁、石膏、石灰岩、白云岩、膨润土、花岗岩、大理石、油页岩、耐火黏土等，在省内及全国均占重要地位。

煤炭资源是临汾市首屈一指的矿产资源，累计查明储量478.7亿吨，有河东、霍西、沁水三大煤田。全市煤种齐全，伴生矿产较多。煤种有贫煤、瘦煤、无烟煤、焦煤、肥煤、气煤6种，其中焦煤、气煤、肥煤和瘦煤都是炼焦煤。主要伴生矿有油页岩、铝土矿、耐火黏土、锰铁矿等，另外还有大量的风化煤。煤炭质量较好，灰分和硫的含量适中，变质程度高，发热量大，中等可选，结焦性能好。乡宁主焦煤为全国三大主焦煤基地之一，煤层深、埋藏浅、易开采，开发条件优越。三大煤田中，除霍州煤田的霍山西麓边缘地质构造复杂，开采较困难外，其他煤田的地质构造和水文地质条件都比较简单，煤层多，单层厚，煤层稳定，倾角小，埋藏浅，交通方便，开发条件较好。

铁矿是第二大矿产资源，查明储量为2.07亿吨。

有色金属矿产资源种类较多，有铜、铅、铝、钴、金、银等7种，但大部分储量不大。铜矿虽储量不大，但品位高，伴生的有益组分含量高，开采价值大。铅、锌矿分布在洪洞县、翼城县、蒲县、古县的部分区域。铝土矿分布于霍州市什林和汾西县店底一带，地质工作程度相对较低。稀有金属矿产主要有锂、铷、稀土、铌、钽等几种，其中翼城石姑娘山的锂铷矿是省内独一无二的。

非金属矿产成矿地质条件良好，资源丰富，发现的24种非金属矿产中，石膏、石灰岩、白云岩等在全省或全国具有重要优势，石膏矿膏体厚位大，品位高，分布广，查明储量4.18亿吨，开采条件好。其余如水泥灰岩、膨润土、花岗岩、耐火黏土、麦饭石等则可望成为国内优势矿产。大理石储量1.5亿立方米，石英石储量2000万吨，被誉为“有千种用途黏土”的膨润土分布在临汾市的永和县、大宁县和吉县。

【生物资源】 临汾市是全省植物资源最丰富的地区之一，除农作物外，调查到的种子植物有606种。在植物分布上，东南山地丘陵地带以油松栎类和华山松占优势，农作物有小麦、玉米、谷子等，经济林有苹果、核桃、柿、板栗、山楂等，土特产主要有黑木耳、猴头等，名贵中草药植物有菖蒲、竹节人参和灵芝等。东部山地以沙棘、荆条等次生灌草丛植被为主，经济林有核桃、瓦氏榛子、山楂、枣、桑、苹果、梨等，土特产有猴头、佛手和烟草，农作物以玉米、谷子为主。东部山地盛产药材，其中山萸肉、贝母负有盛名。太岳山区以油松、辽东栎林及次生灌草丛植被为主，是山西省主要的林业基地。果品主要有梨、柿。中草药种类繁多，其中以党参、贝母、山茱萸、藿香等最著名。临汾盆地以冬麦、玉米等农作物栽培为主，特产丰富，以曲沃的蔬菜、临汾的尧枣、洪洞的莲菜等闻名于省内外。吕梁山以油松、白皮松、辽东栎林及次生灌丛植被为主，土特产有松香、生漆、猴头、木耳等，中草药以甘草、五加皮、苍术、党参、核仁等著名。西部黄土残塬丘陵植被以灌丛和草丛为主，土特产有隰县金梨和永和红枣，农作物以冬小麦、玉米、马铃薯为主，经济作物有棉花、大豆等。

森林资源不断增加。2018年，全市森林面积51.773公顷，2020年，森林覆盖率26.47%。2021年，查明的主要草种有豆科的胡枝子、蓝花棘豆、米口袋、野豌豆，禾本科的黄茅、隐子草、早熟禾、白羊草，莎草科的苔草、蒿草等。

野生动物种类丰富，陆栖脊椎动物有300余种，占全省总种数的74%。国家一级保护野生动物有豹、原麝、大鸨、金雕、玉带海雕、白鹳、黑鹳和褐马鸡等，其中褐马鸡是世界闻名的珍稀动物，是中国的国宝和特有珍禽。国家二级保护野生动物有大天鹅、鸳鸯。由于临汾市处于古北界的南部，随着夏季太平洋暖湿气团的深入，东洋界动物潜入临汾，古北界和东洋界动物俱有，区系组成复杂。兽类主要有狼、狐、兔、果子狸、猪獾等，鸟类主要有麻雀、家燕、喜鹊、凤头杜鹃、大嘴乌鸦、凤头百灵、石鸡、褐马鸡、胡兀鹫、岩鸽等，两栖爬行类有黑斑蛙（青蛙、田鸡）、花背蟾蜍、无蹼壁虎、中华大蟾蜍等。

临汾市农业生产条件较好。

以粮食和多种经济作物为主，土地产出率较高，农副产品资源丰富。特别是中部临汾盆地，土质肥沃，气候温和，物产丰富，素称“膏腴之地”和“棉麦之乡”，是山西省小麦生产基地之一。2021年，全市小麦产量85.73万吨，占全省的35.2%；玉米产量112.33万吨，占全省的11.5%；油料产量1.25万吨，占全省的8.4%；水果产量112.9万吨，占全省11.6%。干鲜果以红枣、核桃、苹果、山楂、柿子等为主。

建置区划

【建置沿革】 临汾是中华民族发祥地之一。《帝王世纪》称“尧都平阳”，即今临汾。《禹贡》分天下九州，平阳为冀州之地。西周时期，周成王封弟叔虞于唐（今翼城），因唐境内有晋水，叔虞之子燮父“易唐为晋”。春秋属诸侯国晋，晋文公北方称霸时，晋国的中心就在今曲沃、侯马、襄汾一带。战国初期，韩、赵、魏“三家分晋”，韩建都平阳。秦改分封制为郡县制，全国划为103个郡国，属河东郡司隶部辖。三国魏正始八年（247）置平阳郡。西晋永嘉三年（309），刘渊建汉，都平阳。北魏孝昌中置唐州。隋开皇三年（583），置临汾郡，临汾得名沿用至今。唐实行道、府、州、县制，武德初年为晋州。北宋政和六年（1116），始置平阳府，辖临汾、汾西、洪洞、岳阳、乡宁、赵城、霍邑、浮山、冀氏、和川10县及隰、吉、绛3州。元实行省、路、府（州）、县四级制，为中书省山西宣慰司晋宁路（治临汾）。明清重置平阳府，统领35州县，包括今临汾、运城两市及晋中市灵石县和吕梁市石楼县。民国3年（1914），废府设道，以道辖县，临汾、洪洞、赵城、襄汾、汾城、曲沃、安泽、浮山、翼城、乡宁、吉县、霍县、汾西、隰县、蒲县、大宁、永和17县属河东道管辖；民国16年（1927）废道，各县直属山西省。抗日战争初期，临汾为山西省7个行政区中的第6区。民国26年（1937）11月，山西省政府迁到吉县。日伪统治时，为冀宁道。抗战胜利后，属太岳区。民国37年（1948）5月17日临汾解放。1949年2月成立晋南区，属陕甘宁边区政府，同年9月1日改属山西省。1950年1月6日成立临汾专区。1954年同运城专区合并为晋南专区（驻临汾），辖29个县。1970年专区改地区，晋南专区又按原建制划分为临汾、运城两地区。1978年设临汾地区行政公署，辖临汾、侯马2市和16县。1983年临汾县和临汾市合并为临汾市。2000年11月撤地设市，成立地级临汾市。

【行政区划】 2021年，临汾市辖尧都区、曲沃县、翼城县、襄汾县、洪洞县、古县、安泽县、浮山县、吉县、乡宁县、大宁县、隰县、永和县、蒲县、汾西县，代管侯马市、霍州市。全市共有乡镇137个，其中镇84个、乡53个、街道办事处20个。

尧都区有街道10个，即车站街、水塔街、南街、铁路东街、解放路街、乡贤街、辛寺街、鼓楼西街、汾河、滨河；镇10个，即土门镇、刘村镇、金殿镇、大阳镇、县底镇、魏村镇、吴村镇、尧庙镇、乔李镇、屯里镇；乡4个，即贾得乡、段店乡、枕头乡、一平垣乡。

侯马市有街道5个，即上马街、张村街、路东街、路西街、浍滨街；乡3个，即新田乡、凤城乡、高村乡。

霍州市有街道5个，即退沙街、鼓楼街、南环路街、北环路街、开元街；镇4个，即大张镇、白龙镇、辛置镇、李曹镇；乡3个，即三教乡、师庄乡、陶唐峪乡。

曲沃县有镇5个，即乐昌镇、高显镇、史村镇、曲村镇、里村镇；乡2个，即北董乡、杨谈乡。

翼城县有镇7个，即唐兴镇、西阎镇、南梁镇、隆化镇、里砦镇、桥上镇、王庄镇；乡2个，即南唐乡、中卫乡。

襄汾县有镇7个，即新城镇、邓庄镇、襄陵镇、古城镇、赵康镇、汾城镇、南贾镇；乡6个，即大邓乡、陶寺乡、景毛乡、永固乡、西贾乡、南辛店乡。

洪洞县有镇10个，即万安镇、曲亭镇、赵城镇、明姜镇、甘亭镇、苏堡镇、大槐树镇、广胜寺镇、刘家垣镇、辛村镇；乡5个，即淹底乡、堤村乡、龙马乡、山目乡、兴唐寺乡。

古县有镇5个，即古阳镇、岳阳镇、北平镇、旧县镇、三合镇；乡1个，即南垣乡。

安泽县有镇6个，即府城镇、和川镇、冀氏镇、唐城镇、良马镇、马壁镇。

浮山县有镇4个，即天坛镇、响水河镇、北王镇、张庄镇；乡3个，即东张乡、槐埝乡、寨圪塔乡。

吉县有镇3个，即屯里镇、壶口镇、吉昌镇；乡4个，即车城乡、文城乡、中垛乡、柏山寺乡。

乡宁县有镇5个，即昌宁镇、

管头镇、光华镇、西坡镇、台头镇；乡5个，即双鹤乡、尉庄乡、枣岭乡、关王庙乡、西交口乡。

蒲县有镇5个，即蒲城镇、克城镇、薛关镇、黑龙关镇、乔家湾镇；乡3个，即山中乡、古县乡、太林乡。

大宁县有镇3个，即曲峨镇、昕水镇、太谷镇；乡2个，即三多乡、太德乡。

永和县有镇2个，即芝河镇、桑壁镇；乡4个，即乾坤湾乡、楼山乡、坡头乡、望海寺乡。

隰县有镇3个，即龙泉镇、午城镇、黄土镇；乡4个，即城南乡、下李乡、寨子乡、阳头升乡。

汾西县有镇5个，即永安镇、僧念镇、勍香镇、对竹镇、和平镇；乡2个，即佃坪乡、团柏乡。

民族　宗教

【民族】　2021年，临汾市有回族、满族、土家族、蒙古族、苗族、壮族、朝鲜族、彝族、布依族、白族、维吾尔族、仫佬族、畲族、藏族、黎族、侗族、瑶族、塔吉克族、仡佬族、达斡尔族、拉祜族、佤族、哈尼族、土族、锡伯族、傈僳族、羌族、景颇族28个少数民族。

【宗教】　2021年，临汾市有佛教、道教、伊斯兰教、天主教、基督教五大宗教，市级宗教团体5个：临汾市佛教协会、临汾市伊斯兰教协会、临汾市基督教“三自”爱国运动委员会、临汾市基督教协会、临汾市道教协会。

国民经济和社会发展

【综合】　2021年初步核算，全年全市地区生产总值1909.5亿元，按不变价格计算，比上年增长8.5%，两年平均增长6.1%。其中，第一产业增加值151.2亿元，增长8%，占生产总值的比重为7.9%；第二产业增加值951.2亿元，增长9.4%，占生产总值的比重为49.8%；第三产业增加值807.1亿元，增长7.7%，占生产总值的比重为42.3%。人均地区生产总值48438元，按2021年平均汇率计算为7508美元。

年末全市常住人口391.24万人，比上年末减少5.94万人，其中城镇常住人口211.84万人。全年出生人口2.6万人，出生率为6.55‰；死亡人口2.96万人，死亡率为7.46‰；自然增长率为-0.91‰。

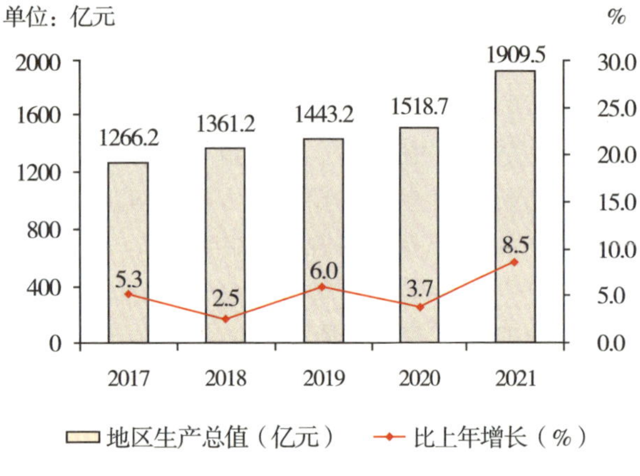

图1　2017—2021年临汾市地区生产总值及其增长速度示意图

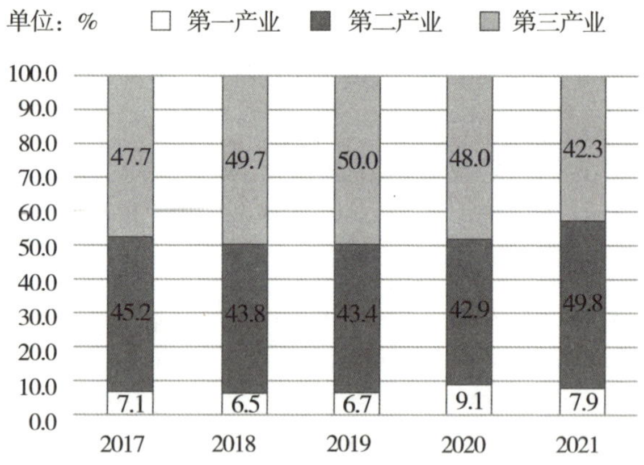

图2　2017—2021年临汾市地区生产总值构成示意图

2021年临汾市人口数及其构成一览表

表1　　　　单位：人、%

指　标	年末数	比　重
全市常住人口	3912411	—
其中：城　镇	2118378	54.15
乡　村	1794033	45.85
其中：男　性	1978571	50.57
女　性	1933840	49.43

全年全市城镇新增就业5.88万人。转移农村劳动力6.63万人。年末城镇登记失业率3.44%。

全市居民消费价格比上年上涨1.2%，其中，食品烟酒类价格下降0.8%。

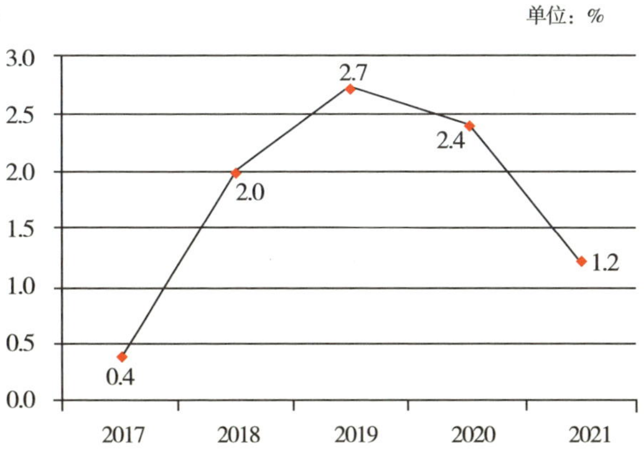

图3 2017—2021年临汾市居民消费价格比上年涨跌幅度示意图

2021年临汾市居民消费价格比上年涨跌幅度一览表

表2

指　标	涨　幅（%）
居民消费价格	1.2
其中：食品烟酒	−0.8
衣着	1.7
居住	0.7
生活用品及服务	1.1
交通和通信	5.3
教育文化和娱乐	3.5
医疗保健	−0.6
其他用品和服务	−0.7

经济新动能加快增长。全年全市规模以上工业中，装备制造业增加值比上年增长47.7%，其中，汽车制造业增长23.9%；高技术制造业增长18.2%，其中，电子及通信设备制造业增长78.5%；工业战略性新兴产业增长56.8%，其中，节能环保产业增长109.2%。全年规模以上服务业中，快递业营业收入增长9.1%。全年通过公共网络实现零售额比上年增长133.4%。

【农业】 全年全市农作物种植面积542060公顷，比上年增加4550公顷，增长0.9%。其中，粮食种植面积501180公顷，增加1060公顷；油料种植面积6310公顷，减少1130公顷；蔬菜种植面积19550公顷，增加2090公顷。在粮食种植面积中，玉米种植面积255690公顷，增加4300公顷；小麦种植面积201110公顷，增加460公顷。果园种植面积60640公顷，减少360公顷。

全年全市粮食产量211.1万吨，比上年减产0.7%。其中，夏粮85.73万吨，增产4.5%；秋粮125.38万吨，减产4.0%。

2021年临汾市主要农林产品产量及其增长速度一览表

表3　　单位：吨、%

产品名称	产　量	比上年增长
粮　食	2111038	−0.7
其中：玉　米	1123345	-3.3
小　麦	857277	4.5
谷　子	35284	-7.2
豆　类	13168	-46.3
薯　类	37901	1.2
油　料	12525	-19.5
棉　花	32	5.7
蔬　菜	1018209	14.0
水　果	1128969	15.5
其中：苹　果	843206	12.4
红　枣	27728	17.6
食用坚果	42230	6.4
其中：核　桃	42142	6.4

全年全市完成造林16040公顷。全年木材产量108017立方米，增长275.6%。

全年全市猪牛羊肉总产量12.19万吨，比上年增长40.8%。其中，猪肉产量10.93万吨，增长41.7%；牛肉产量0.68万吨，增长22.1%；羊肉产量0.58万吨，增长50.8%。年末生猪存栏93.06万头，生猪出栏139.62万头。牛奶产量4.92万吨，增长25.6%。禽蛋产量11.81万吨，增长5.6%。

年末全市农业机械总动力231.6万千瓦，比上年增长2.9%。机械耕地面积371400公顷，增长3.7%，机械播种面积435700公顷，增长2%，机械收获面积359.900公顷，增长1.5%。全市农机化经营总收入达到9.6亿元，增长1%。

【工业和建筑业】 2021年末，全市规模以上工业企业519家。全年全市规模以上工业增加值比上年增长12%。其中，采矿业增长12.8%，制造业增长9.8%，电力、热力、燃气及水生产和供应业增长16%。

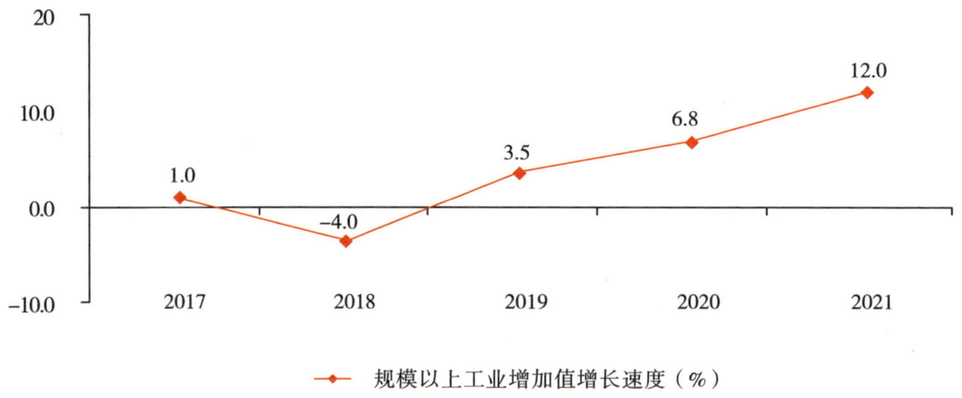

图4 2017—2021年临汾市规模以上工业增加值增长速度示意图

2021年临汾市规模以上工业主要行业增加值增长速度一览表

表4

指　标	比上年增长（%）
规模以上工业	12.0
其中：轻工业	20.9
重工业	11.9
其中：国有企业	-0.2
集体企业	13.4
股份制企业	12.1
外商及港澳台企业	18.4
其中：煤炭开采和洗选业	13.4
石油、煤炭及其他燃料加工业	-8.6
电力、热力生产和供应业	14.5
黑色金属冶炼和压延加工业	-6.0
化学原料和化学制品制造业	19.2
金属制品业	415.8
装备制造业	47.7
汽车制造业	23.9
燃气生产和供应业	25.2

2021年临汾市规模以上工业主要产品产量及其增长速度一览表

表5

产品名称	单　位	产　量	比上年增长（%）
原煤	万吨	8074.5	9.3
洗精煤	万吨	4330.8	11.3
焦炭	万吨	1612.4	-11.4
发电量	亿千瓦小时	248.8	0.8
生铁	万吨	1265.9	-7.7
粗钢	万吨	1276.9	-5.5
钢材	万吨	1316.7	-7.5
铸铁件	万吨	47.9	6.2
水泥	万吨	575.7	-8.7
铁矿石原矿	万吨	632.7	168.2
铁精矿	万吨	289.5	31.4
精甲醇	万吨	92.7	-2.0
粗苯	万吨	11.3	12.2
纯苯	万吨	8.1	4.9
化肥（折纯）	万吨	5.3	-7.4
塑料制品	万吨	2.5	-12.4

全年全市规模以上工业企业实现营业收入2997亿元，比上年增长43.7%。分门类看，采矿业1199.1亿元，增长71%；制造业1679.2亿元，增长31.3%；电力、热力、燃气及水生产和供应业118.6亿元，增长12.1%。规模以上工业企业实现利润总额329.4亿元，增长131%。

规模以上工业企业每百元营业收入中的成本为78.88元，比上年减少3.72元，营业收入利润率为11.0%，比上年提高4.2个百分点；年末资产负债率为67.6%，比上年末下降3.4个百分点。

全年全市建筑业实现增加值60.1亿元，比上年增长6.4%。资质以上建筑业企业完成总产值154.5亿元，增长16.6%，共签订合同额248.8亿元，增长11.4%。房屋建筑施工面积341.3万平方米，增长12%。资质以上建筑业企业共253家，增加11家，其中，一级资质企业10家，二级资质企业62家，三级资质企业178家。

【能源】 全年全市规模以上原煤产量8074.5万吨，增长9.3%；焦炭产量1612.4万吨，下降11.4%；发电量248.8亿千瓦时，增长0.8%；非常规天然气产量18.6亿立方米，增长2.2%。

全年全市一次能源生产折标准煤6055.7万吨，增长12.1%；二次能源生产折标准煤7031万吨，增长8.1%。

全年全市规模以上工业向省外运输煤炭1062.9万吨，下降19%，外运煤炭占煤炭产量的7.6%。

全年全市全社会发电量为259.72亿千瓦时，比上年增长2.2%。全年全市全社会用电总量247.5亿千瓦时。其中，第一产业用电2.2亿千瓦时，占全部用电量的0.9%；第二产业用电178.9亿千瓦时，占全部用电量的72.3%，其中，工业用电176.5亿千瓦时；第三产业用电36.2亿千瓦时，占全部用电量的14.6%；城乡居民用电30.3亿千瓦时，占全部用电量的12.2%。

【服务业】 全年全市服务业增加值807.1亿元，按不变价格计算，比上年增长7.7%。其中，批发和零售业增加值126.8亿元，增长3.1%；交通运输、仓储和邮政业增加值99.3亿元，增长7.8%；住宿和餐饮业增加值16.9亿元，增长17.7%；金融业增加值84亿元，增长4.1%；房地产业增加值104.3亿元，增长8.3%；全年规模以上服务业企业营业收入比上年增长17.8%。

年末全市公路通车里程19382.6公里，其中，高速公路663.1公里，与上年同期持平。

全年全市完成邮电业务总量43.6亿元，比上年增长22.4%。其中，邮政业务总量4.4亿元，增长7.6%；电信业务总量39.2亿元，增长24.3%。年末全市固定电话19.8万部，下降2.8%；移动电话467.9万户，增长6.2%。其中，4G移动电话用户347.4万户，下降7.4%，5G移动电话用户121.5万户，增长87.3%。移动电话普及率119.6部/百人。年末全市宽带接入用户140万户，增长13.9%。

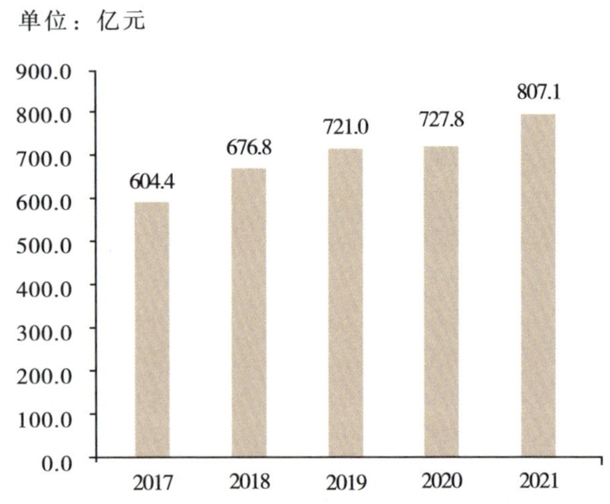

图5 201—2021年临汾市服务业增加值示意图

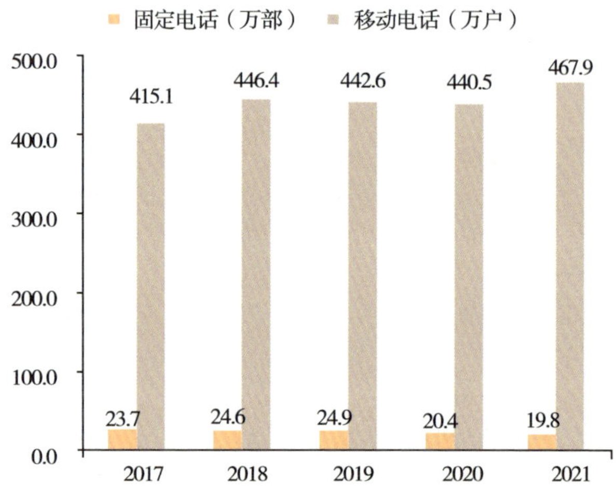

图6 2017—2021年临汾市固定、移动电话用户数示意图

【国内贸易】 全年全市社会消费品零售总额756.5亿元，增长15.2%。按经营地统计，城镇消费品零售额631.7亿元，增长14.4%；乡村消费品零售额124.7亿元，增长19.3%。按消费形态统计，商品零售额680.6亿元，增长14.2%；餐饮收入额75.9亿元，增长25.7%。

全年全市限额以上单位消费品零售额165.4亿元，增长23.9%。

全年新登记市场主体49514户，日均新登记企业198户，年末市场主体总数达297178户。

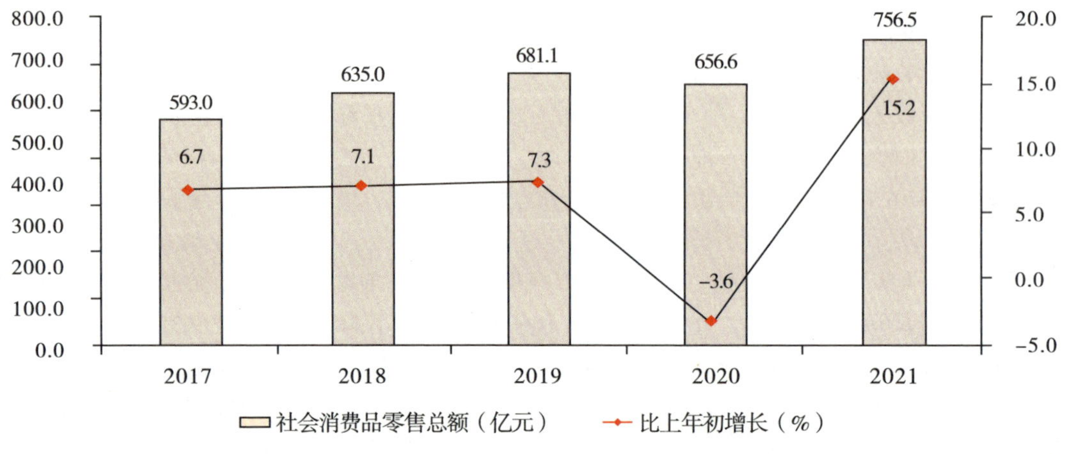

图7 2017—2021年临汾市社会消费品零售总额及其增长速度示意图

2021年临汾市社会消费品零售总额、批零销售额、住餐营业额及其增长速度一览表

表6　　单位：亿元、%

指　标	绝对值	比上年增长
社会消费品零售总额	756.5	15.2
分地域：城　镇	631.7	14.4
其中：城　区	336.5	12.5
乡　村	124.7	19.3
批发、零售业销售额	2231.5	24.0
批发业	1700.4	24.6
零售业	531.1	22.1
住宿、餐饮业营业额	62.3	29.7
住宿业	9.0	26.2
餐饮业	53.4	30.3

2021年临汾市限额以上单位商品零售额及其增长速度一览表

表7　　单位：亿元、%

指　标	绝对值	比上年增长
汽车类	51.1	9.7
石油及制品类	41.9	27.0
建筑及装潢材料类	2.1	129.9
服装、鞋帽、针纺织品类	11.5	21.2
粮油、食品类	8.4	16.6
家用电器和音像器材类	3.9	27.1
家具类	1.7	103.8
中西药品类	10.7	16.6
书报杂志类	2.9	19.3
金银珠宝类	3.0	47.3
文化办公用品类	0.7	–0.8
化妆品类	0.7	20.4

【固定资产投资】 全年全市固定资产投资（不含跨市、农户）比上年增长12.5%。

在固定资产投资中，国有及国有控股投资增长4.5%，民间投资增长16.8%。

分登记注册类型看，内资企业投资增长11.4%；外商及港澳台商企业投资增长231%。

分构成看，建筑安装工程投资增长16.6%，设备工器具购置投资下降0.8%，其他投资下降1.6%。

分产业看，第一产业投资增长10.2%；第二产业投资增长19%，其中，工业投资增长19.1%；第三产业投资增长8.5%，其中，基础设施投资增长5.5%。

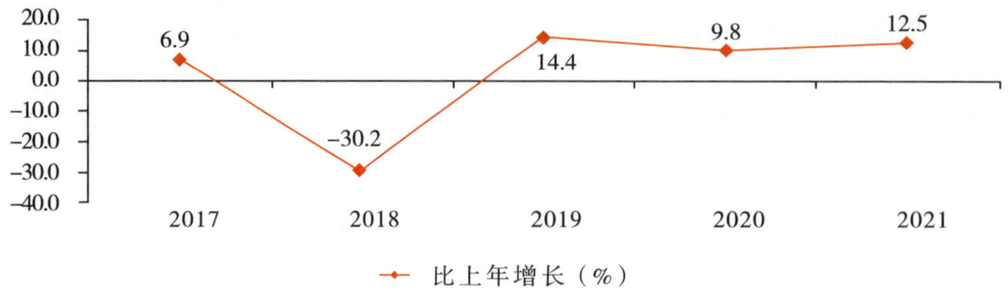

图8 2017—2021年临汾市固定资产投资增长速度示意图

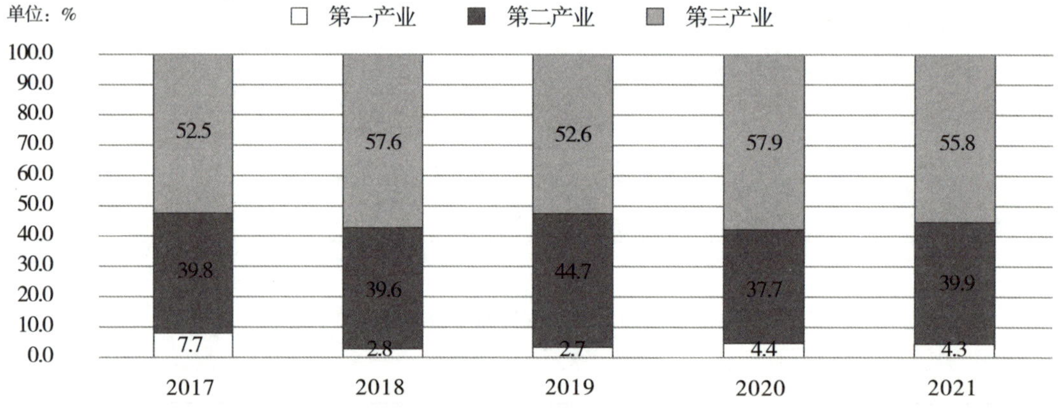

图9 2017—2021年临汾市三次产业投资占固定资产投资（不含跨市、农户）比重示意图

2021年临汾市分行业固定资产投资（不含跨市、农户）及其增长速度一览表

表8　单位：亿元、%

行　业	投资额	比上年增长
总　计	571.5	12.5
农林牧渔业	24.9	10.6
采矿业	48.2	-8.3
制造业	128.2	59.9
电力、热力、燃气及水生产和供应业	51.8	-12.0
批发和零售业	1.9	57.8
交通运输、仓储和邮政业	80.0	8.2
住宿和餐饮业	0.2	-44.2
信息传输、软件和信息技术服务业	4.1	42.5
金融业	0.08	-80.7
房地产业	135.7	3.7
租赁和商务服务业	1.6	-41.6
科学研究和技术服务业	0.6	-14.2
水利、环境和公共设施管理业	55.5	11.8
教　育	22.2	90.3
卫生、社会工作	12.7	3.8
文化、体育和娱乐业	3.3	-41.5
公共管理和社会组织	0.4	-69.8

工业投资中，工业技改投资增长27%；制造业投资增长59.9%。

全年全市在建固定资产投资项目（不含房地产开发项目）1081个。其中，亿元以上项目283个，亿元以上项目完成投资增长23.7%。

全年全市房地产开发投资122亿元，增长8.8%。其中，住宅投资101.3亿元，增长8.9%；商业营业用房投资11.4亿元，增长9.3%。

2021年临汾市房地产开发和销售情况一览表

表9

指　标	单　位	绝对值	比上年增长%
投资完成额	亿　元	122.0	8.8
其中：住　宅	亿　元	101.3	8.9
房屋施工面积	万平方米	2327.5	22.2
其中：住　宅	万平方米	1768.3	23.3
房屋新开工面积	万平方米	380.5	−14.4
其中：住　宅	万平方米	316.4	−7.2
房屋竣工面积	万平方米	133.1	373.8
其中：住　宅	万平方米	108.1	385.1
商品房销售面积	万平方米	307.6	19.0
其中：住　宅	万平方米	301.3	21.3
商品房待售面积	万平方米	56.1	−22.6
其中：住　宅	万平方米	32.6	−27.1
商品房销售额	亿　元	174.4	20.6
其中：住　宅	亿　元	168.8	27.4

【对外经济】 全年全市海关进出口总额30.7亿元，增长56.8%。其中，进口额1亿元，下降56.7%；出口额29.7亿元，增长72.1%。

全年全市进口铁矿砂0.67亿元，增长0.1%；出口机电产品13.8亿元，增长67.8%，出口PVC塑胶手套14.4亿元，增长87.3%。

全年全市新设立外商直接投资企业6家；实际利用外资完成3234.1万美元，增长203.4%。

【财政金融】 全年全市一般公共预算收入159.9亿元，比上年增长18.2%。其中，税收收入116亿元，增长25.9%，占一般公共预算收入的比重72.6%。全年新增减税降费17.99亿元。

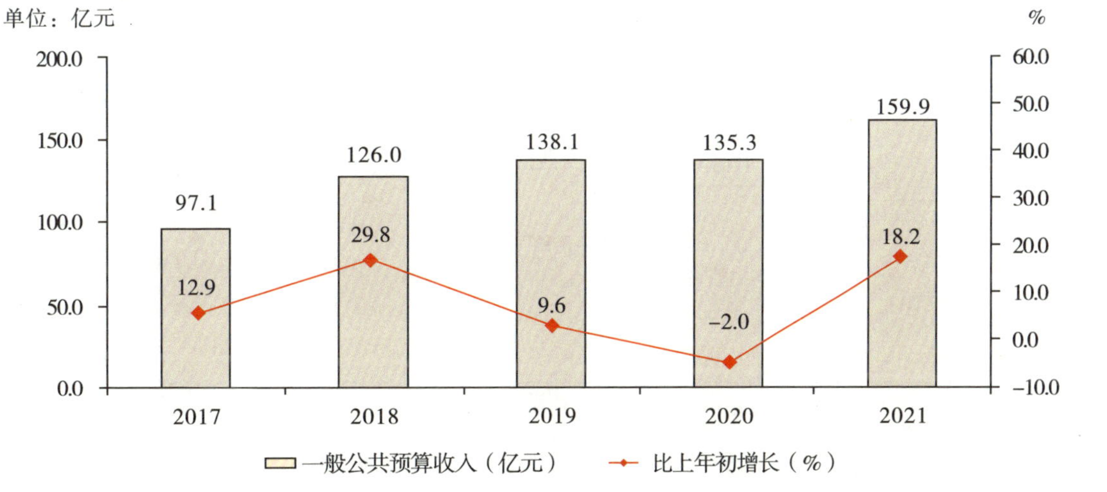

图10 2017—2021年临汾市一般公共预算收入及其增长速度示意图

全年全市一般公共预算支出411.7亿元，下降6.4%。其中，社会保障和就业支出增长21.7%，教育支出增长0.4%，卫生健康支出下降11.8%，交通运输支出下降24.1%，科学技术支出下降13.4%。

年末全市金融机构本外币各项存款余额3333.6亿元，比年初增加282.1亿元、增长9.2%。各项贷款余额2048.3亿元，比年初增加237亿元、增长13.1%。

年末住户存款2459.3亿元，比年初增长11%。

年末全市农村合作金融机构（农村信用社、农村商业银行）人民币贷款余额956.7亿元，比年初增加74.8亿元、增长8.5%;人民币存款余额1327亿元，比年初增加134.7亿元、增长11.3%。

年末全市共有上市公司4家，其中A股2家、新三板挂牌公司2家。全市辖区证券市场各类证券成交额2624.9亿元，比上年增长27.9%。年末投资者资金账户累计开户数40.23万户，比上年末增长16.2%。

全年全市保费收入101.8亿元，比上年增长5.1%。其中，财产险业务保费收入24.2亿元，增长4.6%；寿险业务保费收入77.6亿元，增长2.3%。健康险业务保费收入16.2亿元；意外险业务保费收入1.1亿元。

2021年末临汾市金融机构本外币存贷款及其增长速度一览表

表10　　单位：亿元、%

指　标	年末数	比年初增长
各项存款余额	3333.6	9.2
其中：住户存款	2459.3	11.0
非金融企业存款	558.9	24.2
广义政府存款	299.2	-18.5
非银行业金融机构存款	16.1	-10.1
各项贷款余额	2048.3	13.1
其中：住户贷款	612.6	17.5
短期贷款	213.1	8.4
中长期贷款	399.6	23.0
非金融企业及机关团体贷款	1435.6	11.3
短期贷款	498.8	10.9
中长期贷款	705.1	13.6

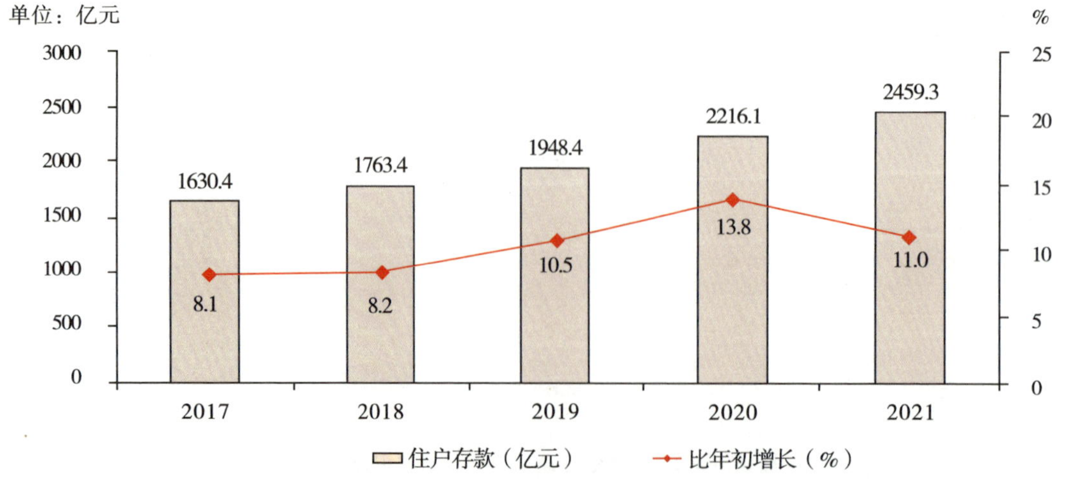

图11 2017—2021年临汾市住户存款余额及其增长速度示意图

【教育和科学技术】 2021年末，全市高等院校4所。新（改、扩）建公办幼儿园9所，认定普惠性民办幼儿园47所，学前教育毛入园率达到98.5%。

2021年临汾市各类教育发展情况一览表

表11 单位：人

指　标	招　生	在校生	毕业生
普通高等教育	1686	6883	2110
中等职业教育	10737	27419	6824
普通高中	28857	82885	24991
初　中	40405	122894	48327
小　学	43326	277510	44001
特殊教育	154	973	208
学前教育	34368	116868	40191

全年全市发明专利申请量达132件。

配合省级完成监督抽查47种产品1086个批次，市级监督抽查了50种产品1162个批次。全市共有法定（授权）计量技术机构17个，全年完成强制检定计量器具11.19万台（件）。

全市有气象台（站）17个，开展12121电话天气自动答询台1个。气象系统开展人工影响天气业务的单位17个，防雹、增雨受益覆盖面积2万平方公里。卫星云图接收站17个。

全市有专业综合地震台站1个，市级地震台网中心1个，数字测震地震台网1个，数字测震子台7个，前兆台站23个。

【文化旅游、卫生健康和体育】 2021年年末全市共有文化馆18个，博物馆14个，艺术表演团体17个。广播电视台17座。广播人口覆盖率99.36%，电视人口覆盖率99.69%。全市共有公共图书馆18个，档案馆18个。有11个县级图书馆和9个文化馆达到国家三级标准以上。

全年全市重点监测景区旅游接待人数227.8万人次，下降9.6%；门票收入7467.3万元，增长10.1%。旅游经营收入18379.1万元，增长33.7%。

围绕庆祝建党百年，全市先后主办线上线下群众文化活动173场次；开展“免费送戏下乡”惠民演出1818场；开展“周末剧场”品牌惠民演出46场。新摘4朵“小梅花”，“小梅花”总数68朵，稳居全国地级市榜首。市蒲剧院举办优秀剧目展演15场。《西京故事》《美人图》《红灯记》《苦菜花》《绿染蒲子山》等剧目成功上演。承办全省锣鼓大赛、广场舞大赛、戏曲票友大赛等省级群众文化赛事。市图书馆共开展线上线下活动498场次，以书香文韵厚植文化沃土。

年末全市共有卫生机构（含诊所、村卫生室）4732家，其中，妇幼保健院（所、站）18家。全市卫生机构共有床位2.43万张，其中，医院床位1.96万张，卫生院床位3814张。卫生技术人员3.06万人。

2021年，临汾市共参加省运会资格赛23个项目，获26金29银54铜，获得山西省柔道锦标赛女子团体总分第二名、山西省柔道锦标赛男子团体总分第二名、山西省射击锦标赛团体第三名、山西省跆拳道锦标赛团体第三名的团体成绩，以及山西省锦标赛柔道、乒乓球、网球、足球等项目的体育道德风尚奖。全年销售体育彩票3.3亿元，比上年增长36.6%。

【人民生活和社会保障】 全年全市居民人均可支配收入25708元，比上年增长9.7%。其中，城镇常住居民人均可支配收入36968元，增长7.4%；农村常住居民人均可支配收入15294元，增长11%。居民人均消费支出13822元，增长10.2%。其中，城镇居民人均消费支出17945元，增长7.9%；农村居民人均消费支出11295元，增长11.8%。

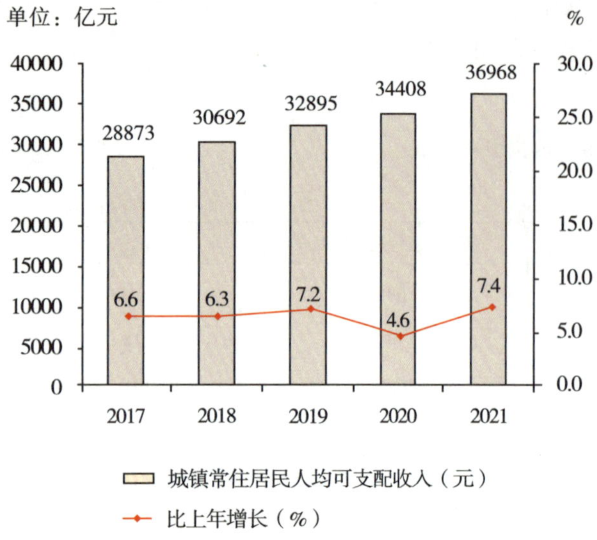

图12 2017—2021年临汾市城镇常住居民人均可支配收入及其增长速度示意图

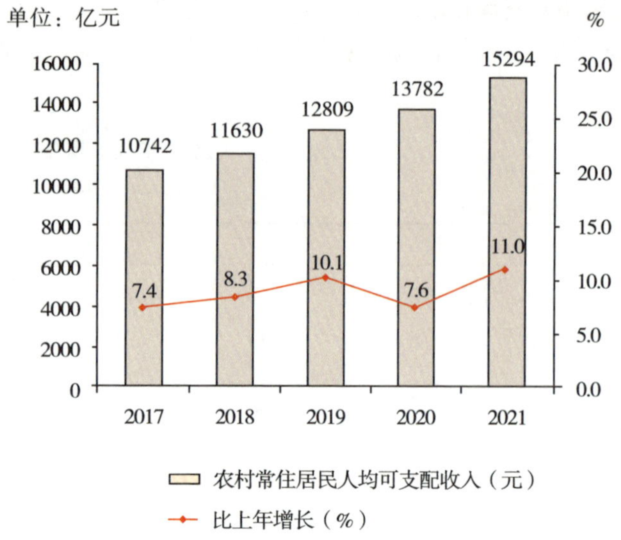

图13 2017—2021临汾市农村常住居民人均可支配收入及其增长速度示意图

年末全市参加基本养老保险的人数为286.45万人，比上年末增加5.49万人；参加城乡居民基本养老保险的人数为210.33万人，增加1.23万人；参加基本医疗保险的人数为387.76万人；参加失业保险的人数为38.9万人，增加0.77万人；参加工伤保险的人数为56.29万人，增加1.1万人，其中，农民工21.6万人，增加0.57万人。

全年全市纳入城市最低生活保障的居民2.37万人，发放城市低保资金14112.3万元，比上年减少2125.3万元；纳入农村最低生活保障的居民5.68万人，发放农村低保资金30806.7万元，比上年减少830.2万元。

年末全市各类收养性单位床位数8065张，收养人数3494人。建立各种社区综合服务机构和设施2433个。全年销售社会福利彩票2.92亿元，截至12月底直接接收社会捐赠款63.03万元。

年末市区建成区新增绿化覆盖面积14.59万平方米，绿化覆盖率达到41.99%，人均公园绿地面积12.06平方米。全市建成区新增绿化覆盖面积121.58万平方米，绿化覆盖率达到40.53%，人均公园绿地面积10.95平方米。人均道路面积达到12.8平方米。

【资源、环境和安全生产】

2021年，全市实有耕地面积719.26万亩。年末全市有8座中型水库，蓄水总量1.18亿立方米。全市年平均降水量848.1毫米，较上年增加253.6毫米。

全市森林面积989.16万亩，森林覆盖率26.47%；全市建成自然保护区3个，自然保护区面积61.43万亩，占全市国土面积的2%。

全年市区空气质量好于二级以上天数194天，比上年增加1天。地表水达到Ⅲ类水体的比例为44.4%，劣Ⅴ类水体的比例为零，均完成省定目标。市区PM2.5浓度均值为53微克/立方米。

年末全市城市污水处理率99.46%，比上年提高了1.46个百分点；市区城市生活垃圾无害化处理率连续12年达到100%；全市集中供热普及率95.61%，提高了0.55个百分点。

全年森林火灾受害率控制在0.5‰以内，达到国家和省要求的标准。林业有害生物成灾率0.67‰，控制在省要求的3.5‰以下。

全年共发生生产经营性安全事故81起，增长55.8%；死亡91人，增长2.3%。亿元GDP生产安全事故死亡率为0.048人/亿元。全市地方监管煤矿百万吨死亡率为0.036人/百万吨。

（市统计局供稿）

组织机构和负责人名录

中国共产党临汾市委员会

书　记　闫晨曦（2021年3月任）
　　　　董一兵（2021年3月免）
副书记　李云峰
　　　　黄　巍
常　委　袁振旭（2021年9月免）
　　　　李朝旗（2021年9月免）
　　　　郭行杰
　　　　闫建国（2021年9月任）
　　　　潘海燕（女，2021年1月任，2021年9月免）
　　　　常　青（2021年1月免）
　　　　王　渊
　　　　崔元斌（2021年11月任）
　　　　曹晓亮（2021年11月免）
　　　　郝忠祥
　　　　郝献民（2021年9月任）
　　　　杨红梅（女，2021年9月任）
　　　　王　彬

临汾市人大常委会

主　任　陈小洪
副主任　王国平
　　　　王金珍（女）
　　　　张庚博
　　　　任天顺
　　　　冯建宁
　　　　张学伟
　　　　郑步电

临汾市人民政府

市　长　李云峰
副市长　王　渊（2021年4月任）
　　　　常　青（2021年2月免）
　　　　崔元斌（2021年11月任）
　　　　王　云（2021年4月任）
　　　　张潞萍（女，2021年11月任）
　　　　潘海燕（女，2021年10月免）
　　　　闫建国（2021年11月免）
　　　　张　翔（2021年10月免）
　　　　张　勇

政协临汾市委员会

主　席　张建平
副主席　杨安虎
　　　　杨忠华
　　　　贾二元（2021年2月任）
　　　　程明温
　　　　王阿家（女）
　　　　蔡志强
　　　　李云岗
　　　　王金龙（2021年2月任）

市直机关机构设置和领导成员名单

市纪律检查委员会、市监察委员会

杨红梅（女）　市委常委、市纪委书记、市监察委员会代主任（2021年11月任市纪委书记、市监察委员会代主任）
曹晓亮　市委常委、市纪委书记、监委主任（2021年11月免市纪委书记、市监察委员会主任）
樊奋强　市纪委常务副书记、市监察委员会副主任（2021年9月免市纪委常务副书记，2021年10月免市监察委员会副主任）
成　功　市纪委副书记、市监察委员会副主任
宁引才　市纪委副书记、市监察委员会副主任
周立峰　市纪委副书记、市监察委员会副主任（2021年9月任市纪委副书记，2021年10月任市监察委员会副主任）
安海清　常委、监委委员、二级调研员（2021年1月免职）
程　军　常委、监委委员、三级调研员（2021年4月任职，2021年11月晋升三级调研员）
冯全生　常委、监委委员、三级调研员（2021年9月任职，2021年11月晋升三级调研员）
任晓东　常委、监委委员、三级调研员
葛耿恕　常委、监委委员、案件监督管理室主任、三级调研员（2021年9月任职）
郭瑞强　常委、二级调研员
冀红喜　常委（2021年5月免职）
栗俊昌　监委委员、二级巡视员（2021年2月任市纪委常委、监委委员、二级巡视员，2021年9月任现职）

市委办公室

郭行杰　市委常委、秘书长（2021年4月任职）
李建国　办公室主任、一级调研员（2021年4月任职）
安海清　主持日常工作的副秘书长、办公室副主任（2021年1月任职）
王煦杰　副秘书长、二级巡视员（2021年2月任职）
王晓华　副秘书长、一级调研员、市政府驻北京联络处党组书记、主任（2021年1月机构更名，重新任职）
杜　斌　副秘书长（兼）、市信访局党组书记、局长

张福意　副秘书长，办公室副主任、市委国安办专职副主任（2021年3月任职）
韩振钢　副秘书长、办公室副主任、市委信息化中心主任（2021年3月免职）
郝永昌　市纪委监委驻市委办公室纪检监察组组长、二级调研员（2021年12月晋升二级调研员）

市委组织部
郝献民　部长（2021年9月任职）
袁振旭　部长（2021年9月免职）
崔山原　主持日常工作的副部长、二级巡视员
张瑞萍（女）　副部长（兼）、市委老干部局局长、一级调研员
李　竟　副部长、市委党建工作领导小组办公室主任、一级调研员（2021年11月晋升一级调研员）
郑　磊　副部长、三级调研员
宋大鹏　副部长
王　峰　市纪委监委驻市委组织部纪检监察组组长（2021年9月任职）
焦宏文　市纪委监委驻市委组织部纪检监察组组长、一级调研员（2021年3月任职，2021年9月免职）
辛耀庭　市纪委监委驻市委组织部纪检监察组组长（2021年1月免职）

市委宣传部
闫建国　部长（2021年10月任职）
李朝旗　部长（2021年10月免职）
石　莹（女）　主持日常工作的副部长（2021年8月任职）
樊如荣（女）　副部长、二级调研员（2021年3月任职）
张朝阳　副部长
杨　光　副部长（2021年3月免职）
汪馨野　市纪委监委驻市委宣传部纪检监察组组长、三级调研员（2021年11月晋升三级调研员）

市委统一战线工作部
郝忠祥　部长（2021年4月任职）
任吉龙　常务副部长
成洪亮　副部长
李　刚　副部长、三级调研员（2021年11月晋升三级调研员）
陈逢新　副部长、三级调研员
冯盖骅（女）　副部长、三级调研员
郭　琰　副部长、市民族宗教事务局局长
吴小冬　市纪委监委驻市委统战部纪检监察组组长

市委政法委员会
杨红梅　书记（2021年9月任职）
张东红　常务副书记（2021年3月免职）
张宁红　主持日常工作的副书记、一级调研员（2021年3月任职）
段　彩　副书记、一级调研员
卫　勇　副书记、一级调研员（2021年12月晋升一级调研员）
周晓文　副书记（2021年3月任职）
张　军　政治部主任

市委政策研究室（市综改办、市改革办）
张建山　主任、一级调研员
张　冬　副主任
乔国强　副主任

市委网络和安全信息化委员会办公室
许拥军　主　任
郭文杰　副主任
武经纬　副主任

市委机构编制委员会办公室
韩振钢　主任（2021年3月任职）
闫建昌　副主任、三级调研员
徐淑爱（女）　副主任、二级调研员（2021年12月晋升二级调研员）
张　剑　二级巡视员（2021年3月免主任职务，任现职）

市直属机关工作委员会
李先锋　书记（2021年3月任职）
张三林　副书记、二级调研员（2021年12月晋升二级调研员）
原　芳（女）　副书记（2021年12月任职）
殷宏伟　纪工委书记（2021年6月任职）
乔悟生　二级巡视员（2021年3月免书记职务，6月晋升二级巡视员）

市委巡察工作办公室
成　功　主任（2021年12月任职）
郭小平　副主任（2021年6月任职，免去市委巡察组巡察专员职务）
常永祥　副主任（2021年12月任职）
房　梁　副主任、三级调研员（2021年8月免职）
梁利国　副主任(2021年3月免职）
刘建勇　一级调研员（2021年12月免主任职务，11月晋升一级调研员）

市机关事务管理局
郭建军　局长、一级调研员

（2021年10月机构更名，重新任职）
任捷生　副局长（2021年10月机构更名，重新任职）
高虹江　副局长（2021年10月机构更名，重新任职）
刘　锋　副局长、三级调研员（2021年10月机构更名，重新任职）
贾龙刚　副局长（2021年6月免职）
马　新　副局长、三级调研员（2021年10月机构更名，重新任职）

市委老干部局
张瑞萍（女）　局长、一级调研员
冀红喜　副局长（2021年5月任职）
郭临平　副局长、二级调研员（2021年12月晋升二级调研员）
刘月明　二级调研员（2021年5月免去副局长职务，任现职级）

市政府办公室
高雅铭　市政府党组成员、秘书长，办公室党组书记、主任
吴茂林　办公室党组成员（2021年4月去世）
赵　华　副秘书长，办公室党组成员、副主任（2021年3月免职）
刘玉平　副秘书长，办公室党组成员、副主任、三级调研员（2021年11月晋升现职级）
杨　楠　副秘书长，办公室党组成员、副主任（2021年2月任职）
王小华　副秘书长，办公室党组成员、副主任
刘继东　副秘书长，办公室党组成员、副主任
张林海　副秘书长，办公室党组成员、副主任
刘建军　党组成员、市纪委监委驻市政府办公室纪检监察组组长

市发展和改革委员会（粮食和物资储备局）
张瑜庆　党组书记、一级调研员（2021年6月任党组书记）
吉守斌　主任、一级调研员（2021年6月免党组书记）
王青丽　党组成员、副主任（2021年8月免职）
亢玉兰（女）　党组成员、纪检监察组组长、二级调研员
文锁民　党组副书记、副主任（2021年12月任党组副书记）
畅红娟（女）　副主任
李　亮　党组成员、副主任、三级调研员
李万成　党组成员、副主任、三级调研员（2021年11月晋升现职级）
孙林华　党组成员、副主任
马春阳　党组成员、二级调研员（2021年12月晋升现职级）

市工业和信息化局（市政府国有资产监督管理委员会、市民营经济发展促进局）
史全喜　党组书记、局长、市国资委党委书记
常立智　党组成员、市国资委党委专职副书记
余瑞金　党组成员、副局长
周俊虎　党组成员、副局长
李克强　党组成员、副局长
侯黎阳　党组成员、纪检监察组组长、二级调研员

市教育局（市委教育工作委员会）
孙晓东　市委教育工委书记，局党组书记、局长（2021年2月免职）、一级调研员
牛福生　市委教育工委书记，局党组书记、局长（2021年2月任职）
李晓龙　市委教育工委专职副书记（正县级）、局党组成员
王小彦　党组成员、副局长、二级调研员（2021年12月晋升现职级）
刘水东　党组成员、纪检监察组组长
王　林　党组成员、副局长
房小平　党组成员、总督学
管功克　党组成员、一级调研员

市科学技术局
冯　珍（女）　党组书记、局长、一级调研员
解晓林　党组成员、副局长、二级调研员
邱中柱　党组成员、副局长
刘　斌　副局长、三级调研员（2021年11月晋升现职级）
张春生　党组成员、二级调研员

市公安局
张　勇　党委书记、局长
张少华　党委副书记、常务副局长
陈晋民　党委委员、副局长（2021年8月任职）
赵红海　党委委员、副局长（2021年8月免职）、一级高级警长
崔仲亮　党委委员、副局长、二级高级警长
高　岭　党委委员（2021年3月免职）、二级警务专员
吉绍文　党委委员、副局长、一级高级警长

杨　勇　党委委员、副局长，直属分局党委书记、局长、二级高级警长（2021年12月晋升现职级）
郭春平　党委委员、政治部主任（2021年8月免职）、二级高级警长
房　梁　党委委员、政治部主任、三级高级警长
邓云峰　党委委员、纪检监察组组长、第一副督察长
曹国刚　党委委员（兼）（2021年8月任职）、二级高级警长（2021年12月晋升现职级）
李　胜　党委委员、特警支队长、二级高级警长

市公安局交通警察支队

曹国刚　党委书记、支队长（兼）（2021年3月任职）
高　岭　党委书记、支队长（正县级）（兼）（2021年3月免职）
申明记　党委副书记、政委、二级高级警长

市民政局

赵　华　党组书记、局长（2021年3月任职）
牛庆国　党组书记、局长（2021年3月免职）
院一楠（女）　党组成员、副局长
郑俊哲　党组成员、纪检监察组组长、二级调研员
张俊林　党组成员、副局长
丁国刚　党组成员、二级调研员

市司法局

陈东楷　党组书记、局长（2021年3月任职）
秦希强　党组书记、局长（2021年3月免职）、一级调研员
王继平　党组成员、副局长（2021年8月免职）
刘　竞（女）　党组成员、副局长（2021年8月免职）
赵仁杰　党组成员、副局长、三级调研员
王新辉（女）　党组成员、副局长
张　真　党组成员、政治部主任

市财政局

牛少白　党组书记、局长、一级调研员
刘恩和　党组成员、纪检监察组组长
苏志宏　党组成员、副局长、三级调研员
刘忠平　党组成员、副局长

市人力资源和社会保障局

黄海华　党组书记、局长（2021年2月任职）
崔鹏飞　副局长
崔　力　党组成员、副局长、三级调研员（2021年11月晋升现职级）
宋国清　党组成员、纪检监察组组长
陈　捷　党组成员、副局长、三级调研员
樊海军　党组成员、一级调研员

市生态环境局

李永芳　党组书记、局长
邓明生　党组成员、副局长
赵素丽（女）　副局长（2021年5月免职）
张建炜　党组成员、副局长（2021年6月任职）
杨文有　党组成员、副局长（2021年12月任职）
徐红平　党组成员、二级调研员
贾长宏　党组成员、保留副处长级待遇

市住房和城乡建设局

尹明星　党组书记、局长（2021年3月任职，2021年12月免职）
杜　敏　党组书记、局长（2021年3月免职）、一级调研员
孙如意　党组成员、副局长、二级调研员（2021年12月晋升现职级）
李玉升　党组成员、副局长（2021年6月免职）
宋建伟　党组成员、副局长
赵才顺　党组成员、保留副处长级待遇（2021年3月免职）

市城市管理局

马　健　党组书记、局长（2021年2月任职）
任俊杰　党组书记、局长（2021年2月免职）
洪文斌　党组成员、副局长
杨卫红　党组成员、副局长
赵才顺　党组成员、副局长（2021年3月任职）、三级调研员（2021年12月晋升现职级）

市交通运输局

冯小宁　党组书记、局长
崔　勇　党组成员、副局长（2021年3月任职）
许学民　党组成员、副局长（2021年3月免职）、二级调研员
陈贵林　党组成员、纪检监察组组长
苏兰记　党组成员、副局长
董向阳　党组成员、副局长（兼）、市邮政管理局党组书记、局长、二级调研员

景俊青　党组成员、二级调研员
张雷志　党组成员、二级调研员

市水利局
任耀文　党组书记、局长、一级调研员
迪孟杰　党组成员、纪检监察组组长
霍岷翰　党组成员、副局长
赵有合　党组成员、副局长（2021年12月任职）
李会平　党组成员、二级调研员

市农业农村局
王若农　党组书记、局长（2021年3月任职）、一级调研员
王晓民　党组书记、局长（2021年3月免职）、二级巡视员
窦　凯　党组成员、副局长
吴江平　副局长
周晓东　副局长
刘海宁　党组成员、纪检监察组组长
李王卫　党组成员、副局长
王　红（女）　党组成员、副局长、三级调研员（2021年11月晋升现职级）
王亚平　党组成员、一级调研员

市规划和自然资源局（市林业局）
孔令杰　党组书记、局长（2021年6月任职）
王青川　党组成员、副局长、二级调研员（2021年12月晋升现职级）
陈振虎　党组成员、副局长、二级调研员（2021年12月晋升现职级）
杨宝灵　党组成员、副局长、二级调研员（2021年12月晋升现职级）
乔卫东　党组成员、副局长、三级调研员（2021年11月晋升现职级）
王平珍（女）　党组成员、副局长
田　云（女）　副局长、三级调研员（2021年11月晋升现职级）

市商务局
白岗峰　党组书记、局长、一级调研员
高建军　党组成员、副局长、二级调研员
王　峰　党组成员、纪检监察组组长
聂　磊　党组成员、副局长
史文斌　党组成员、二级调研员

市文化和旅游局（市文物局）
李艾珍（女）　党组书记、局长、二级巡视员
孙奋增　党组成员、副局长
卫康忠　党组成员、副局长、二级调研员（2021年12月晋升现职级）
杨文革　党组成员、副局长、三级调研员
张龙梅（女）　党组成员、副局长
宋清波　党组成员、纪检监察组组长

市卫生健康委员会
董凤妮（女）　党组书记、主任、二级巡视员（2021年8月晋升现职级）
王好收　党组成员、副主任、三级调研员
王建明　党组成员、纪检监察组组长
王韶辉　党组成员、副主任
毛崇澜　党组成员、二级调研员

市应急管理局（市地方煤矿安全监督管理局）
范春雷　党委书记、局长
郇宝国　党委委员、副局长（2021年3月免职）、二级调研员
薛　江　党委委员、副局长
梁　昌　党委委员、副局长

市审计局
陈焕成　党组书记、局长、一级调研员（2021年11月晋升现职级）
毛志中　党组成员、副局长、三级调研员（2021年11月晋升现职级）
焦宗宁　党组成员、副局长
张临萍（女）　党组成员、副局长、三级调研员（2021年11月晋升现职级）
孙成选　党组成员、总审计师

市市场监督管理局
张东红　党组书记（2021年11月任职）、局长（2021年3月任职）、一级调研员
徐新荣　党组书记（2021年11月免职）、一级调研员
曹洪安　党组副书记、局长（2021年3月免职）、二级巡视员
李俊峰　党组成员、副局长、三级调研员（2021年11月晋升现职级）
杨晓红　党组成员、副局长（2021年1月免职）
卫浩静　党组成员、副局长、三级调研员（2021年11月晋升现职级）
张　峰　党组成员、纪检监察组组长
丁　旭　党组成员、保留副处长级

待遇
姚永强　党组成员、三级调研员（2021年11月晋升现职级）
宋平镭　党组成员、中共临汾市非公经济组织和社会组织工作委员会兼职副书记、保留副处长级待遇
汤　明　党组成员、二级调研员

市退役军人事务局
熊伟星　党组书记、局长（2021年3月任职）
柳红兵　党组书记、局长（2021年3月免职）、二级巡视员
李晓燕（女）　党组成员、副局长
闫济忠　党组成员、副局长、三级调研员（2021年11月晋升现职级）

市政府外事办公室（市政府台港澳事务办公室）
赵新喜　党组书记、主任
李明山　党组成员、副主任、三级调研员（2021年11月晋升现职级）
郭雅丽　（女）党组成员、副主任

市体育局
陈海平　党组书记、局长
段晓娜（女）　党组成员、副局长（2021年3月免职）
李　雄　党组成员、副局长（2021年6月任职）

市医疗保障局
李玉龙　党组书记、局长（2021年3月免职）、一级调研员
解高民　党组成员、副局长（2021年3月任职）
崔　勇　党组成员、副局长（2021年3月免职）
邢坚强　党组成员、副局长
张连昌　党组成员、二级调研员

市行政审批服务管理局（市政务信息管理局）
尉　俊　党组书记、局长、一级调研员
米玉芳（女）　党组成员、副局长
任泰成　党组成员、副局长
邢建勋　党组成员、副局长

市信访局
杜　斌　党组书记、局长
张兆祥　党组成员、副局长、三级调研员（2021年11月晋升现职级）
李晓斌　党组成员、副局长（2021年3月免职）

市统计局
牛永福　党组书记、局长（2021年3月任职）
赵靖平　党组书记、局长（2021年3月免职）、二级巡视员（2021年8月晋升现职级）
蔡黎宁　党组成员、副局长、二级调研员（2021年5月免职退休）
樊晋阳　党组成员、副局长
张增福　党组成员、保留副处长级待遇

市政府金融工作办公室
邰惠俊　党组书记、主任
张林平　党组成员、副主任、二级调研员（2021年12月晋升现职级）
郝小强　党组成员、副主任

市能源局
张瑜庆　党组书记、局长、一级调研员
王海青　党组成员、副局长、二级调研员（2021年12月免职退休）
刘　鹏　党组成员、副局长
徐　玮　党组成员、纪检监察组组长

市乡村振兴局（机构改革，原“市扶贫开发办公室”更名）
李睿煜　市农业农村局党组成员（2021年10月任职），市乡村振兴局党组书记、局长（2021年3月任职）
孙延震　党组书记、主任（2021年3月免职）、二级巡视员
郭采卿　党组成员、副主任、二级调研员
张友邦　党组成员、副主任、二级调研员（2021年12月晋升现职级）

市促进外来投资局
陈艳刚　党组书记、局长
杨　楠　党组成员、副局长（2021年2月免职）
史俊爱（女）　党组成员、副局长
迟红霞　女）　党组成员、副局长（2021年6月任职）

市人民防空办公室
吴吉红　党组书记、主任
王　蓬　党组成员、副主任、三级调研员（2021年11月晋升现职级）
王会杰　党组成员、副主任

市人大常委会办公室
苏文龙　市人大常委会党组成员、秘书长、办公室主任、机关党组书记、一级调研员（2021年11月晋升一级调研员）
周　廉　副秘书长、办公室副主任（正处长级）、机关党组

成员、一级调研员
郝　巍　副秘书长、办公室副主任、机关党组成员
张春荣　副秘书长、办公室副主任
周向荣　副秘书长、办公室副主任、机关党组成员
张宇琦　机关党组成员、市纪委监委驻市人大常委会机关纪检监察组组长（2021年6月任职）
文彦如　机关党组成员、市纪委监委驻市人大常委会机关纪检监察组组长、三级调研员（2021年6月免职）

市人大常委会研究室
孙　岩（女）　主任（2021年4月任职）
贾卫民　副主任
耿瑞东　副主任

市人大常委会信访处
王艳玲（女）　处长
赵杰虎　副处长

市人大常委会法制工作委员会（法制委员会）
张应钦　主任、主任委员、一级调研员（2021年11月晋升一级调研员）
符庆辉　副主任、副主任委员
刘元福　副主任（2021年4月任职）

市人大常委会财经工作委员会
元福明　主任（2021年2月免职）
杨爱俊　副主任

市人大常委会教科文卫工作委员会
孙晓东　主任、一级调研员（2021年2月任职）
郭　刚　主任、二级巡视员（2021年2月免职）

孙　岩（女）　副主任（2021年4月免职）

市人大常委会农村工作委员会
孙智英（女）　主任
乔卫民　副主任

市人大常委会城建环保工作委员会
朱亚慧（女）　主任
吴周荣　副主任

市人大常委会人事代表工作委员会
李晓民　主任、一级调研员（2021年4月任职，2021年11月晋升一级调研员）
权建军　主任、二级巡视员（2021年3月免职）
郭黎明　副主任

市人大常委会民族宗教侨务外事工作委员会（市人大社会建设委员会）
董跃明　主任、主任委员、一级调研员
左海临　副主任、副主任委员

市政协办公室
曹　樯　市政协办公室主任，机关党组书记（2021年6月任职）
陈振华　市政协党组成员、秘书长、办公室主任、机关党组书记、二级巡视员（2021年6月免职）
李　欣（女）　副秘书长、办公室副主任
李江泽　副秘书长、办公室副主任、机关党组成员
李宝平　副秘书长、办公室副主任、机关党组成员、三级调研员（2021年11月晋升三级调研员）
邢　磊　机关党组成员、市纪委监委驻市政协机关纪检监察组组长

市政协调研室
冯卫民　主任
张　强　副主任
关东红　副主任（2021年11月提名）

市政协提案委员会
尚　彬　主任、一级调研员
张红伟　副主任

市政协经济和人口资源环境委员会
解建国　主任
辛慧芳（女）　副主任

市政协农业和农村委员会
白占奎　主任、一级调研员
王　彬（女）　副主任

市政协教科卫体委员会
徐慧琴（女）　主任、一级调研员
乔国栋　副主任（2021年6月任职）

市政协社会法制委员会
张亚勤　主任、一级调研员（2021年11月晋升一级调研员）
薛庆氢（女）　副主任

市政协民族宗教和港澳台侨联络委员会
李玉龙　主任、一级调研员（2021年6月任职）
武增林　主任（2021年6月免职）
孙忠平　副主任

市政协文化文史和学习委员会
张　黎　主任、一级调研员（2021年11月晋升一级调研员）

临汾市中级人民法院

乔　杰　党组书记、代院长（2021.04任）

周太生　党组书记、院长（2021.04免）

贺　洁（女）　党组成员、副院长（2021年8月任职）

张五全　党组成员、副院长、三级高级法官

阎晓敏　党组成员、副院长（2021年8月任职）

王重阳　党组成员、副院长、三级调研员

许月平　党组成员、市纪委监委驻市中级人民法院纪检监察组组长

白　剑　党组成员、副院长、三级高级法官

党辉钢　党组成员、政治部主任

郑艳燕（女）　审判委员会专职委员、三级高级法官

刘淑红（女）　审判委员会专职委员（2021年8月任职）

刘燕萍　执行局局长

柴卫红　执行局政委

李　曦　二级高级法官（2021年8月免去党组成员、副院长职务，任现职）

霍向阳　二级调研员（2021年8月免去党组成员、副院长职务，任现职）

临汾市人民检察院

马红彬　党组书记、检察长

霍晓燕（女）　党组副书记、主持日常工作的副检察长、三级高级检察官（2021年8月任现职）

刘俊明　党组成员、副检察长、三级高级检察官

赵忠庆　党组成员、副检察长、三级高级检察官（2021年8月任职，2021年12月晋升三级高级检察官）

李　明　党组成员、副检察长、三级高级检察官

弓记平　党组成员、市纪委监委驻市检察院纪检监察组长、三级调研员（2021年11月晋升三级调研员）

李　娟（女）　党组成员、政治部主任（2021年8月任职）

潘丽君（女）　党组成员、政治部主任（2021年3月免职）

马兴元　检察委员会专职委员（2021年6月任职）

任　军　检察委员会专职委员（2021年6月任职）

李国希　二级高级检察官（2021年8月免去党组副书记、副检察长职务，任现职）

刘跃文　二级高级检察官（2021年8月免去党组副书记、副检察长职务，任现职）

刘淑红（女）　检察委员会专职委员、三级高级检察官（2021年8月免职）

民主党派机关

刘　丽（女）　民革临汾市委驻会副主委（2021年3月免职）

王燕莉（女）　民盟临汾市委驻会副主委、三级调研员

赵　强（女）　九三学社临汾市委驻会副主委

市工商业联合会

任吉龙　党组书记、常务副主席（兼）

曹焕成　党组成员、副主席、二级调研员（2021年4月免职退休）

乔冠峰　党组成员、副主席、三级调研员（2021年11月晋升三级调研员）

郑雪琳（女）　党组成员、副主席（2021年11月任职）

市总工会

郑步电　主席（兼）

郭　波　党组书记、常务副主席、一级调研员

张宏杰　党组成员、副主席、一级调研员（2021年11月晋升一级调研员）

师红阳　党组成员、副主席

杨　炜　党组成员、副主席

共青团临汾市委

范　帆　书记

王临宾（女）　副书记

赵宁伟　副书记

市妇女联合会

刘舒华（女）　党组书记、主席

王奠邑（女）　党组成员、副主席、二级调研员（2021年12月晋升二级调研员）

王　英（女）　党组成员、副主席

吕学慧（女）　党组成员、副主席（2021年3月免职）

杨清凤（女）　二级调研员

柏宝莲（女）　四级调研员

市文学艺术界联合会

李青萍（女）　党组书记、主席、一级调研员（2021年11月晋升一级调研员）

张奎慧　党组成员、副主席

张　慧（女）　党组成员、副主席

市科学技术协会

张亚斌　党组书记（2021年11月任职）

赵素丽　主席（2021年3月提名）

蔡志强　主席（2021年3月免职）

郭迎明　党组书记、一级调研员（2021年3月免职退休）
张腊虎　党组成员、副主席

市归国华侨联合会
梁秋菊（女）　党组书记
孙治荣　党组成员、副主席

市残疾人联合会
徐新荣　党组书记、理事长、一级调研员（2021年11月任职）
郑效锋　党组书记、理事长、一级调研员（2021年8月开除党籍、开除公职）
李惠康　党组成员、副理事长
张贵荣　党组成员、副理事长（2021年5月任职）
秦彦平　一级调研员（2021年11月晋升一级调研员）
吴晓芳（女）　二级调研员（2021年5月免党组成员、副理事长职务）

市红十字会
张贵虎　专职副会长、二级调研员

事业单位机构设置和领导成员名单

山西师范大学临汾学院
毛跟云　党委书记
余作明　党委副书记
高　涨　党委委员、纪委书记
张　毅　党委委员、副院长
高怀茂　党委委员、副院长
赵志轩　党委委员、副院长

临汾职业技术学院
傅遵师　党委书记
段江燕（女）　党委副书记、院长
武建亭　（2021年11月保留正处长级待遇）
段效毅（女）　（2021年5月保留正处长级待遇）
李海平（女）　党委委员、副院长（2022年1月退休）
刘凤鸣　党委委员、副院长
王丽明　党委委员、副院长
安建军　党委委员、副院长（2021年12月任职）
梁培福　保留正处长级待遇（2021年2月退休）

市委党校（临汾行政学院）
郝献民　校长（院长）（2021年9月任职）
袁振旭　校长（院长）（2021年9月免职）
焦宏文　常务副校长、临汾行政学院常务副院长、一级调研员（2021年9月任职）
吕夺俊　党委委员、副校长、临汾行政学院副院长、二级调研员
郑巨东　党委委员、副校长、临汾行政学院副院长、二级调研员
秦希亮　党委委员、副校长、临汾行政学院副院长
沈新力　党委委员、副校长
张青山　一级调研员（2021年9月晋升一级调研员，免去常务副校长、临汾行政学院常务副院长职务）
卫俊林　四级调研员（保留副县级领导职务待遇）

市委党史研究室（市地方志研究室）
屈　波（女）　主任、一级调研员
刘鹏举　副主任
靳水旺　副主任、三级调研员（2021年11月晋升三级调研员）
李　慧（女）　副主任
王益民　四级调研员

市档案馆
王吉荣　馆长（2021年3月任职）
卫　斌　副馆长
王志龙　副馆长

市委信息化中心
韩振钢　主任（2021年3月免职）
刘挺峰　副主任
张旭升　副主任（2021年12月任职）

市委讲师团
崔巨岩　团长、一级调研员
常凤鸣（女）　副团长、三级调研员

市新闻中心
李晓红（女）　主任
王　杰　副主任

临汾日报社
郭志宏　社长
高红生　总编辑
席文明　副社长（2020年7月免职）
陕文喜　副总编辑
刘　隽　副社长（2020年7月任职）

临汾广播电视台
董　杰　党组书记、台长
宁良杰　党组成员、副台长（2020年7月免职）
张明锁　党组成员、副台长（2019年8月退休）
卫恩瑞　党组成员、副总编
姚卫民　党组成员、副总编
亢　烨　党组成员、副台长

市人民政府发展研究中心
温晓江　党组书记、主任（2021年12月任职）
薛新宏　党组书记、主任（2021年12月免职）、一级调研员（2021年11月晋升现职级）

靳亚伟　党组成员、副主任
亢思潮　党组成员、副主任

市财政国库支付中心
乔临霞（女）　主任（2021年2月任职）
马　哲　主任（2021年2月免职）、二级调研员

市预算绩效评价中心
卫　平　主任

市市政公用服务中心
赵成江　（2021年12月保留副处长级待遇）
郭　锋　主任（2021年12月任职）

市房地产服务中心
程晓强　主任

市供销合作社联合社
冯双贵　党组书记、理事会主任（2021年6月免职）
郑安民　党组成员、副主任
乔丽平（女）　党组成员、副主任

市现代农业发展中心［2020年机构改革整合市农业综合开发中心（正处）、市种子站（副处）等7个单位，组建该中心，副处级建制］
王　锐　主任（2021年12月任职）

市接待服务中心
吉　勋　主任（2021年12月任职）
田宝庆　主任（2021年3月免职）

市政府驻北京联络处（2020年机构更名、原市政府驻北京办事处）
王晓华　党组书记、主任（2021年1月任职）
赵　泽　副主任（2021年1月任职）

市园林事业发展中心
宁良杰　主任（2021年12月任职）
赵怀忠　副主任（2021年7月任职）
梁金太　副主任（2021年12月任职）

市民营经济发展促进中心（市中小微企业发展中心）
程世杰　党组书记（2021年1月任职，机构改革重新任职）、一级调研员（2021年11月晋升现职级）
高雪玲（女）　主任（2021年1月任职，机构改革重新任职）
张建梅（女）　党组成员、副主任（2021年1月任职，机构改革重新任职）

市引沁入汾和汾西灌区水利服务中心［2020年事业单位改革整合市汾西灌区水利服务中心（正处）、市引沁入汾水利服务中心（正处）等6个单位，组建该中心，正处级建制］
杨杜学　主任
张红林　副主任
李云廷　副主任
丁栓平　副主任
杨泉霖　副主任
王战锋　副主任
王赛朝　（2021年1月保留副处长级待遇）

市财政金融合作发展中心
张全林　主任（2021年1月，机构改革重新任职）
王慧琴（女）　副主任（2021年1月，机构改革重新任职）

市畜牧发展中心
田宝庆　主任（2021年3月任职）
黄海华　主任（2021年1月免职）
王大鹏　副主任、二级调研员（2021年12月晋升现职级）
邓文平　副主任

市农业机械发展中心（原正处级单位，2020年机构改革降格为副处级）
贾东平　主任
雷瑞庭　副主任
杨学敏　副主任
孙俊辉　副主任

市防震减灾中心（原正处级单位，2020年机构改革降格为副处级）
霍拥军　主任
王江海　副主任、二级调研员

市疾病预防控制中心
张重辉（女）　主任
张　伟　党委书记
秦连阳　党委委员、副主任
黄　丽　党委委员、副主任（2021年11月任职）

市城镇集体工业联合社
王若农　党组书记、主任（2021年3月晋升免职）、一级调研员
谢长有　党组成员、副主任（2021年5月晋升免职）
牛怀孝　党组成员、副主任、二级调研员（2021年12月晋升现职级）
张建林　党组成员、副主任、二级调研员（2021年12月晋升现职级）

临汾第一中学校
张杨管　党委副书记、校长
卢建华　党委书记
卫福明　党委副书记（2020年12月免职并退休）
陈建平　党委委员、副校长（2022年1月免职退休）

杨海伟　党委委员、纪检书记
韩玉涛　党委委员、副校长
李云刚　党委委员、副校长
陕　光　党委委员、副校长

临汾第三中学校
董天保　党委副书记、校长
刘建瑞（女）　党委书记
王纯林　副校长
赵雪云（女）　党委委员、纪检书记
柴　方　党委委员、副校长

洪洞县第一中学校
李小拽　党委副书记、校长
常元星　党委书记
王建平　党委委员、副校长（2021年9月退休）
王苏龙　党委委员、副校长
张安平　党委委员、纪检书记

曲沃中学校
赵树人　党委副书记、校长
杜文砧　党委书记
王小虎　副校长
王会忠　党委委员、副校长
程云龙　党委委员、纪检书记

临汾蒲剧院（临汾戏剧研究院）
任跟心（女）　党委书记、院长
郭泽民　党委委员、副院长（2020年9月免职并退休）
杨　峰　党委委员、副院长（2021年10月免职并退休）
武晓朝　党委委员、总导演
潘国梁　党委委员、副院长

市文化艺术学校（市幼儿师范学校）
牛春平（女）　党委副书记、校长
田跃华　党委书记（2020年11月免职并退休）
姚二龙　党委委员、副校长
田红琴（女）　党委委员、副校长
宋广俊　党委委员、纪检书记

市人民医院
黄新升　党委书记
苏学峰　党委副书记、院长
许红星　党委副书记
刘松山　党委委员、纪委书记
李　斌　党委委员、副院长
王铁忠　副院长

市中心医院［2019年11月合并市肿瘤医院后确定名称，原名称为市中心医院（市第四人民医院）］
贾爱芹（女）　党委书记
郭淑明（女）　党委副书记、院长
杨　林　党委副书记、纪委书记（2021年3月任职）
范甲卯　党委委员、副院长
狄丕文（女）　党委委员、副院长
刘　辉　党委委员、副院长（2021年3月任现职）
孙国虎　党委委员、纪委书记（2021年3月免去纪委书记职务）

市体育运动学校
牛鸿翔　校长
曹　鹏　副校长
尹建峰　副校长
张　敏　副校长

市机关后勤保障服务中心
卫东红　主任（2021年1月任现职）
耿国元　（2021年2月保留副处长级待遇）
张　玲（女）　（2021年2月保留副处长级待遇）

临汾人民警察学校
樊宜群　党委副书记、校长
陈晋民　党委书记（2021年8月调离）
柴丽萍（女）　党委委员、副校长
李戈林　党委委员、副校长
程庆兵　党委委员、副校长
王沁泽　党委委员、纪委书记

市公安局警务保障中心［2020年组建新机构、原市公安干警培训中心、市刑事科学研究所、市公安局后勤保障中心合并组建］
王振芳　主任（2021年1月任现职）

市民航机场服务中心［原临汾民航机场筹建处（正处），2020年机构改革更名，降格为副处级单位］
苏嘉邦　主任（2021年1月任现职）
王红章　（2021年1月保留副处长级待遇）

市道路运输事业发展中心（原正处级单位，2020年机构改革降格为副处级）
汤晓杰　主任（2021年2月任现职）

市政府工程建设服务中心
杨　文　主任

市乡村振兴研究院（2020年机构改革整合市农业干部学校（副处）等3个单位，组建该研究院，加挂临汾市果蔬药茶发展指导中心牌子，副处级建制）
吴临平　院长（2021年2月任现职）

市农业综合行政执法队
李永锋　队长

山西省郭庄泉域保护中心
李保龙　主任（2021年1月任现职）
姐晓东　（2021年1月保留副处长级待遇）

市水利发展中心（2020年机构改革整合市水资源管理中心等6个单位，组建该中心，副处级建制）
杨翀天　主任（2021年2月任现职）

市水库移民管理中心
高志宏　主任（2021年2月任现职）
李美利　保留副处长级待遇

市矿山救护大队
杜建科　大队长（2021年1月任现职）

市应急管理综合行政执法队［2020年机构改革整合市煤炭安全执法支队（副处）等4个单位承担的行政执法职责，组建该执法队，副处级建制］
胡宇峰　队长（2021年1月任现职）

市公路事业发展中心
周庆平　主任（2021年2月任现职）

市投资集团有限公司
狄学飞　党委书记、董事长（2020年12月免职）
崔玲玲　党委书记、董事长（2020年12月任现职）
黄　德　（2021年8月保留市管企业正职领导人员待遇）
韦　明　党委委员、副总经理
邵文辉　党委委员、副总经理（2020年6月任现职）
张丽芳（女）　党委委员、副总经理（2020年6月任现职）
任华武　党委委员、纪委书记（2020年6月免职）
张学东　党委委员、纪委书记（2020年8月任现职）
陈永森　副总经理（10月任现职）

市市场监管综合行政执法队
王杰平　队长

市综合检验检测中心［2020年机构改革整合市市场监管局的市质量技术监督检验测试所（副处）、市特种设备监督检验所（副处）等8个单位，组建该中心，正处级建制］
杨晓红　党组书记、主任
贾玉平　党组成员、副主任
苏　敏　党组成员、副主任
温建平　党组成员、副主任
樊霍平　党组成员、副主任

市粮食职工中等专业学校
杨清淮　校长

市财经学校
李建国　校长、党支部副书记（2022年2月免职并退休）
卫　跃　党支部书记

市汾河文化生态景区服务中心
王晓强　党组书记、主任
尉　勇　党组成员、副主任
侯韶波　党组成员、副主任

临汾开放大学（老年开放大学）
李国成　校长
赵宝萃　副校长
周　宏　副校长（2021年11月任现职）

市招生考试中心
张宝仓　主任

市第一实验中学
张清俊　校长
黄海林　党总支书记（2021年6月免职并退休）

临汾高级技工学校
卫洪保　校长
乔国玉　党支部书记

市社会保险中心（市社会保障卡服务中心）
景小卫　主任

市公共就业人才服务中心
王跃祥　主任

市文化市场综合行政执法队
席铁军　队长

市博物馆
狄跟飞　馆长
杨江滨　副馆长
董朝晖　副馆长
孙金慧　副馆长

市图书馆
于平果（女）　馆长

市妇幼保健计划生育服务中心（市妇幼保健院）
耿玉华（女）　党总支书记
杨建宏　院长

市荣军康复医院
贾改梅（女）　党支部书记
林　烨　院长

市医疗保险服务中心
冀林海　主任

市政务服务中心
胡成光　主任

市公共资源交易中心（市政府采购中心）
吕国文　主任

市住房公积金管理中心
韩　睿　党组书记、主任
卫绍龙　党组成员、副主任

闫新生　党组成员、副主任
苏智慧　党组成员、副主任

临汾职业技术学院第一附属医院（市第二人民医院、市骨科医院）
张国庆　党委书记（2021年12月任现职）
戴晓强　党委副书记、院长（2021年12月任现职）

市尧帝旅游景区建设发展中心（2020年12月因机构改革，将尧都区尧帝旅游景区建设发展中心更名为临汾市尧帝旅游发展中心）
王金保　主任

侯马市职业中专学校
秦崃贵　校长（2020年8月免职并退休）
郝红宇　党委书记（2021年12月任现职）

市土地综合事务中心［整合市土地收购储备中心（副处）等6个单位，组建该中心，副处级建制］

市林业发展中心［整合市林业科学研究所（正科）等11个单位，组建该中心，副处级建制］

市项目推进中心［原市重点项目建设促进中心（副处），2020年机构改革更名，为市政府直属事业单位，副处级建制］
窦　斗　主任（2021年5月任现职）

市扶贫开发中心（原正处级单位，2020年机构改革降格为副处级）
刘宏刚　主任（2021年2月任现职）

市开发区发展服务中心（原正科级单位，2020年机构改革升格为副处级）
郭子岚　主任（2021年2月任现职）

市规划和自然资源综合行政执法队［2020年机构改革整合市国土资源执法监察支队（正科）等11个单位承担的行政执法职责，组建该执法队，副处级建制］

市城市管理综合行政执法队［2020年机构改革整合市市容监察支队（正科）等4个单位承担的行政执法职责，组建该执法队，副处级建制］
郭耀龙　队长（2021年2月任现职）

市交通运输综合行政执法队
崔海平（女）　队长

临汾济林投资有限公司
樊　虎　党支部书记、董事长、总经理
李百灵　副总经理

临汾民航机场有限公司
许向荣　党委书记、董事长
李旭东　党委副书记、副董事长、总经理
田　宏　党委委员、纪委书记
苏　斌　党委委员、副总经理
郑　好　党委委员、副总经理
令狐赵波　副总经理
赵俊军　副总经理
王　强　党委委员

市黄河壶口瀑布风景名胜区发展中心（市黄河壶口瀑布国家地质公园发展中心）
吴吉民　党组书记、主任
杨宗儒　党组成员、副主任
葛　宏　党组成员、副主任
李灵芝（女）　保留正处长级待遇

市纪委监委党纪教育基地服务中心
李天武　主任

市委组织部党建综合服务中心
王丽娟（女）　主任

市机构编制研究中心
刘海明　主任

市政府信息化中心
李建军　主任

市乡宁云丘山风景名胜区发展中心
王永生　主任

市退役军人服务中心
张继海　主任

市射击射箭运动中心
郭小燕（女）　主任

市劳动保障监察综合行政执法队
张俊峰　队长

市卫生健康综合行政执法队
史　炜　队长

（市委组织部）

中国共产党临汾市委员会

市委工作

【概况】 2021年，中国共产党临汾市委员会（简称临汾市委）坚持以习近平新时代中国特色社会主义思想为指导，贯彻中共十九大和十九届历次全会精神，学习贯彻习近平总书记视察山西重要讲话重要指示精神，落实省委“全方位推动高质量发展”目标要求，按照市委“1355”战略，真抓实干、攻坚克难，全市各项工作都取得新的成绩。

【把握临汾工作正确方向】 2021年，临汾市委坚持用习近平新时代中国特色社会主义思想武装头脑、指导实践、推动工作。组织市委常委会集体学习26次，学习习近平总书记“七一”重要讲话精神，学习中共十九届六中全会、省第十二次党代会精神等，举办“光荣在党50年”纪念章颁发仪式、“两优一先”推荐评选表彰、中国共产党临汾市历史展等系列活动。召开市第五次党代会，提出“全方位推动高质量发展走在全省第一方阵”的目标，明确实施“1355”战略和办好“二十件大事”的具体要求。围绕临汾“建设黄河流域绿色崛起转型样板城市、打造晋陕豫黄河金三角区域中心城市”定位，提出“以‘两个城市’建设为总抓手，打造黄河中游生态文明建设引领区、资源型地区转型发展先导区、晋陕豫区域协同发展示范区、黄河文化保护传承复兴样板区”的工作思路，明确临汾的发展定位、方向和路径。坚持把习近平总书记重要批示作为党内政治要件，落实省委关于对贯彻落实习近平总书记重要指示批示开展“回头看”的工作方案要求，围绕贯彻落实总书记对“8·29”事故等重要指示批示情况开展自查自纠，推动落地见效。开展党史学习教育，市委班子成员带头开展“我为群众办实事”实践活动，示范带动全市广大党员干部开展活动项目2.5万个。在全市部署开展“争先、进位、崛起”解放思想大讨论。

【推动经济平稳健康发展】 2021年，临汾市委加强党对经济工作的领导，召开市委常委会议、市委财经委会议，研判形势、作出部署，强化经济运行监测调度。市四大班子领导带头开展入企入园入区服务，帮助企业纾困解难，落实山西省支持民营企业经济发展30条、新23条等政策，培育市场主体，做好“六稳”“六保”工作，推动全市经济发展稳中有进，主要经济指标均完成全年预期目标，GDP增长8.5%、完成1909.5亿元，超额完成省定220亿元的增量任务；一般公共预算收入完成159.9亿元，增长18.2%；固定资产投资完成571.5亿元，增长12.5%；城镇和农村居民人均可支配收入分别为36968元、15294元，分别增长7.4%、11%。

【产业转型升级】 2021年，临汾市委加快传统产业建链延链补链强链，谋划实施总投资471.8亿元的煤焦钢产业升级改造项目89个，推动传统产业迈过“生存线”、达到“发展线”。全市战略性新兴产业增加值同比增长60.6%，远超规上工业增加值增速。加快服务业提质增效。狠抓文旅产业融合发展，编制出台《临汾市全域旅游发展规划》，推进沿黄文化旅游整体开发，乾坤湾景区、荷花小镇景区创建国家AAAA级旅游景区。

【乡村振兴】 2021年，临汾市委扛起粮食安全政治责任，守住耕地“红线”，全市粮食播种面积完成50.47万公顷，总产量21亿公斤以上。加强对乡村振兴先行示范县、整体推进县、重点帮扶县的分类指导，建立健全防止返贫动态监测和帮扶机制，守住不发生规模性返贫的底线。坚持农业产业化、专业化、现代化发展方向，推进沿黄梨果、沿汾蔬菜、沿太岳中药材（药茶）“三大产业园区”建设，十大产业集群产值97亿元。加强乡村公共基础设施建设，开展农村人居环境整治，1854个行政村达到整治标准，占比87.8%；完成农村改厕5.2万座，农民生活品质明显提高。

【激发创新活力】 2021年，临汾市委把创新作为引领转型发展的第一动力，加速推进产学研深度融合，全市规上工业企业实现研发活动全覆盖上水平。同北京大学、华中科技大学等20所高校建立35个科技成果转化基地，3家省级工程技术研究中心、1家重点实验室相继建成，推进中升富氢低碳冶炼、中磁特种金属等6家中试基地建设。实施市校合作“双千工程”，与清华、北大等省内外83所高校签约合作项目364个，实现“12大基地”建设全覆盖，提升整体创新能力和核心竞争力。

【深化重点领域改革】 2021年，临汾市委把深化改革作为发展的活力之源，推进年度6大类58项改革任务。推进能源革命综合改革，霍州市、乡宁县入选国家整县（市、区）屋顶分布式光伏开发试点；推进国资国企改革，解决破产企业土地收储和职工养老保险核销工作，核销3.45亿元，总体工作完成92.7%，超额完成70%的省定任务；农业农村改革取得成效，永和县农业生产托管服务模式入选全国农业社会化服务典型案例；推进财税、金融、标准化等改革工作。

【扩大对外开放】 2021年，临汾市委把扩大开放作为发展进步的必由之路，对接山西中部城市群，引领晋陕豫黄河金三角区域合作，加强与成渝、京津冀等区域的互动，与关中平原城市群13市签订“跨省通办”合作协议；打造对外开放平台，推进侯马综保区设立工作，中欧班列恢复常态化开行，开行11列，临汾经济开发区获批省级外贸转型升级基地，全市有进出口实绩的贸易企业50家，提升经济外向度。

【污染防治攻坚战】 2021年，临汾市委坚持精准治污、科学治污、依法治污，开展夏季大气污染整治百日攻坚、秋冬防攻坚等行动，推进工业企业深度治理，开展汾河、黄河排污口整治。秋冬期间市区环境空气质量综合指数改善率14.5%，全年改善率12.6%，均位居全国前列；国、省考断面全部退出劣V类并实现稳定达标。推进“两山六河一流域”生态修复治理。开展全域山水林田湖草沙生态保护修复工程，打造吕梁山生态脆弱区、太行山水源滋养区、百里汾河经济带湿地植被恢复区“三大生态屏障”，推进汾河廊道建设，加快淤地坝除险加固、小流域综合治理、塬面保护、坡耕地水土流失综合治理，完成水土流失治理面积3.93万公顷。制定碳达峰临汾行动方案，实行减量替代、能耗双控，遏制“两高”项目盲目发展，对省定临汾市64个“两高”项目进行摸底、分类处置，发展低零碳源网荷储等项目，倡导绿色生活方式，全市单位GDP能耗持续下降。

【防汛救灾和灾后恢复重建】 2021年，临汾市委面对全市有气象记录以来最强秋汛，精准调度、抢险救援，应对汛情灾情。在全省率先出台灾后恢复重建“三个文件”30条措施，推进灾后重建，全市受灾地区和受灾群众生产生活秩序有序恢复，15946户因灾受损房屋全部竣工，受灾群众在12月31日前全部乔迁新居，提前实现春节前全部入住目标。

【教育优质均衡发展】 2021年，临汾市委优化基础教育校点布局，新认定普惠性幼儿园47所，完成新改扩建公办幼儿园9所、义务教育阶段学校13所，撤并义务教育阶段学校207所。推进“双减”工作，义务教育阶段学科类校外培训机构暂停率和压减率均达到100%。推进高等院校建设，山西师大现代文理学院23万平方米建筑全部移交，临汾职业技术学院机电一体化技术（智能制造）专业群建设项目被列入山西省“双高”计划。

【城市发展和建设更新】 2021年，临汾市委紧抓“城市更新行动”重大机遇，明确“创城引领、多城同建，规划提级、对标一流，五区联动、基础先行，多措并举、民生优先，文化引领、彰显特色”思路，制订《临汾城市发展与建设更新三年行动计划》，分片区统筹城市生产、生活、生态空间，启动涝洰河片区、河西片区、临钢片区、尧庙旅游片区、城市中心片区建设改造。推进市区42项重点城建项目建设，解放东路高架桥、中大街南延、涝洰河大桥等一批道路工程相继建成通车，水塔游园、临汾一中第一附属学校等工程项目建成投用。加快老旧小区改造，开展“一周一巷”、道路交通综合整治。

【健康保障】 2021年，临汾市委坚持“外防输入、内防反弹”工作方针，做好常态化新冠肺炎疫情防控，全市疫情防控形势总体平稳，守住了“临汾阵地”。接种疫苗701万剂次，12周岁以上全程疫苗接种完成率101.3%，筑牢免疫屏障。优化医疗资源布局，启动实施市第二人民医院、市疾控中心等新改扩建项目，打造市区“15分钟就医圈”。推动医药卫生体制改革，初步构建起以4个三级医院为龙头、294所医疗机构参与的医联体建设体系。推进医疗集团信息化建设，临汾市被确定为国家首批卫生应急综合试验区试点城市。

【社会保障体系建设】 2021年，临汾市委推进技能就业，叫响“襄汾烧饼”“华翔工匠”等10个“临汾技工”劳务品牌，全市城镇新增就业5.6万人，超出省定目标任务20个百分点。实施全民参保计划，执行城乡居民补充养老保险制度，参保缴费及待遇发放均位于全省前列。编制“十四五”养老服务发展规划，推进城镇社区养老幸福工程，侯马市、翼城县2个省级项目和大宁县1个市级项目投入使用，实现本城镇老年人不出社区即可享受优质养老服务。

【统筹抓好发展和安全】 2021年，临汾市委贯彻总体国家安全观，落实国家安全责任制，捍卫政治安全、人民安全和国家利益，加强国家安全宣传教育，做好信访工作，完成建党100周年、省第十二次党代会等安保任务。坚持“查、改、治、建”一体推进政法队伍教育整顿，完成既定目标任务。常态化开展扫黑除恶斗争，打击各类违法犯罪行为，维护社会大局稳定。开展安全生产专项整治三年行动，做好煤矿、非煤矿山、城镇燃气、道路交通、城乡房屋建筑、地质灾害、森林防火等重点领域专项整治，提升安全水平，杜绝发生重特大安全责任事故。

【保证和支持人民当家作主】 2021年，临汾市委发挥党委对人大工作的领导核心作用，支持人大及其常委会依法履行职责。完善听取报告、执法检查、专题询问、规范性文件备案审查等常态化机制，增强监督实效，支持促进“一府一委两院”改进工作。推动人大深化“小切口、有特色”立法，制定沁河流域生态修复与保护条例、国家湿地公园保护条例、电动自行车管理条例3部地方法律法规。召开市委政协工作会议。支持政协在推进协商民主上发挥重要作用，围绕全面推进乡村振兴、文旅融合、生态环保、卫生健康、社会治理等重点课题，开展6次专题协商和4次监督性调研视察。运用好“有事来商量”平台，改进提案和社情民意工作，提高协商建议质量，提升民主监督规范化、法制化水平。

【依法治市】 2021年，临汾市委召开市委常委会议、市委全面依法治市委员会会议专题研究部署法治建设工作，对全市党政主要负责人年度年终述法专项考核，将法治建设与全市经济社会发展同部署、同推进。健全规范性文件和重大决策合法性审查备案制度，强化法律顾问和公职律师队伍建设，完善党委依法决策“三新一高”机制，全面建设法治政府。深化“六大领域”综合行政执法体制改革，市级行政复议体制改革基本完成。深化司法体制综合配套改革，落实司法责任制，让人民群众在每一个司法案件中感受到公平正义。完善现代公共法律服务体系建设，法治化营商环境持续优化。强化法治宣传教育，提高普法治理水平。

【巩固和发展最广泛的爱国统一战线】 2021年，临汾市委实施“同心·四大工程”，深化“不忘合作初心、继续携手前进”主题教育，加强同党外代表、非公经济代表、民族宗教界代表、新的社会阶层人士和侨胞侨属合作共事，促进关系和谐。协助民主党派各级组织做好换届准备工作。创新非公经济领域统战工作，建立工商联服务民营企业政企对接沟通机制，解决民营企业困难问题。引导非公有制企业经济人士承担社会责任，组织开展捐款捐物1.28亿元，助推灾后恢复重建。

【全面从严治党】 2021年，临汾市委贯彻落实新时代党的建设总要求，坚持以政治建设为统领，一体推进不敢腐不能腐不想腐，为全市各项事业发展提供坚强保障。市委书记坚决扛起从严治党第一责任人责任，班子成员履行“一岗双责”，召开20次市委常委会，研究党的建设工作重要议题27个。实施农村带头人队伍优化提升和村级集体经济壮大提质“两个行动”，常态化整顿软弱涣散基层党组织157个，年收入10万元以上的村达到72.68%。使用乡镇事业编制招聘959名大学毕业生到村工作，选派97支驻村工作队、291名第一书记继续驻村帮扶，拓展脱贫攻坚成果、助力乡村振兴。开展“三整一提升”示范创建“破零”行动，加强社区工作者职业体系建设，专职社区工作者总数达到1061人，落实“三岗十八级”绩效薪酬。

【干部队伍建设】 2021年，临汾市委完成市级党委换届和县乡村换届工作，调整配备一大批优秀干部，优化干部结构、提升干部素质。落实好干部标准，做好选拔乡镇（街道）党（工）委书记到省市直单位任职、选派年轻干部到乡镇（街道）任职。加大干部培训力度，对换届后新任领导干部举办主体班培训，市委主要领导专题讲党课，培训干部3.2万余人次，提升干部政治素养和能力水平。倡导讲实干、重实绩的工作导向，制定分类分级考核办法，实行“末位淘汰制”，落实“三个区分开来”要求，落实激励干部担当作为和合理容错“两个办法”，评选出397名担当作为干部，在全市上下营造干事创业的浓厚氛围。

【正风反腐肃纪】 2021年，临汾市委以显规则破除潜规则、以正能量抑制负能量，召开2次市委反腐败领导小组会议、3次市纪委全会安排部署，一体推进不敢腐不能腐不想腐。执行中央八项规定及其实施细则精神，驰而不息纠治“四风”，整治群众身边腐败，制定《关于加强对“一把手”和领导班子监督的实施办法》，持续释放越往后盯得越紧、执纪越严强烈信号。运用“四种形态”，推动监督执纪执法不断由“惩治极少数”向“管住大多数”拓展，营造风清气正的良好政治生态。全市纪检监察机关立案3095件，结案3065件，党纪政务处分3096人，反腐败斗争压倒性胜利持续巩固。

市委办公室工作

【概况】 2021年，临汾市委办公室坚持以习近平新时代中国特色社会主义思想为指引，忠实践行“五个坚持”，围绕中心、服务大局，提升“三服务”工作水平，完成全年各项目标任务，服务市委各项工作开展。

【党的建设】 2021年，临汾市委办公室领导班子坚持把党建工作和中心工作同谋划同部署同考核，开展党史学习教育，班子成员带头讲党课，组织党员干部开展“学党史·严纪律·强作风”主题党性教育。开展“我为群众办实事”实践活动，班子成员领办8件社情民意反映的群众“急难愁盼”问题，全部办结。开展“我为灾区献爱心”捐款活动，组织党员捐款1.87万元。

【以文辅政】 2021年，临汾市委办公室坚持从全局和战略的高度思考问题，研究工作，起草文稿。领会中央、省委、市委精神，起草市委四届九次全会暨市委经济工作会议、市第五次党代会等会议文稿，累计350余篇、180余万字。加大信息工作指导力度，完善制度机制，提升编报数量和质量，收集整理各级各部门报送信息8000余条，约稿385篇，编辑《山西临汾信息》611期、《双日要情》238期、《每周要情》49期、《临汾信息》4期、《临汾信息·副刊》12期，被中办、省办采用各类信息400余条（篇）。畅通社情民意通道，通过人民网《领导留言板》、黄河新闻网《我对领导有话说》两个栏目，受理网友反映的各类社情民意件1985件，同比增长122.53%，回复率、办结率均达到100%，被人民网评为“2021年度人民网网上群众工作民心汇聚单位”。规范文件阅办、制发审批和事项请示等格式和流程制度，起草印发《贯彻落实省第十二次党代会报告部署有关临汾工作任务分解方案》《关于落实第五次党代会报告目标任务的责任分解方案》等重要文件，审核文件101份，未出现漏办、错办、误办等情况。加强公文科学化规范化精细化管理，阅办各级各类文件1494件，传阅人次10000余次，未出现一次漏传、错传、误传情况。分发各类文件448期41160余份。向档案室归档各级各类文件660期2081份，各县（市、区）、市直各单位清退回文件103600余份。按照上级要求和保密规定，完成文件销毁任务。

【统筹协调】 2021年，临汾市委办公室注重顾全大局、统筹兼顾、综合权衡、周密部署，协调上下级、四大班子、军地、市（县、区）和部门之间关系，统筹各种力量和资源，形成贯彻落实市委决策部署的强大合力，保证市委机关的高效运转和各项任务的开展。组织常委会、专题会、工作部署会等各类会议345次，承办中央、省领导到临和市委主要领导调研、会谈等各类公务活动110余次。组织市第五次党代表大会，市委四届九次、十次、十一次全体会议，市委五届一次全体会议等大型会议。坚持“全天候”“无缝隙”，做好应急值守工作，接报办理各类来文来电1302件，其中，紧急突发事件来文332件，新冠肺炎疫情来文388件，领导外出请假报备来文424件，网络舆情76件，涉稳信访事项来文82件。向省委总值班室上报值班快报504件，报送市委主要领导外出请假报备28次。

【督导检查】 2021年，临汾市委办公室发挥督查“利剑”作用，推动中央及省委、市委各项决策部署落实落地。推动市委、市政府督办平台统合，重构“13710”工作制度平台，对市委、市政府组成单位和17个县（市、区）、11家开发区进行整合，实现全市“一个平台管督办”。坚持线上和线下相结合、人工和网络相结合，将习近平总书记重要讲话重要指示批示，省委、省政府及市委、市政府重大决策，市委、市政府主要领导指示批示等重要事项纳入平台管理，动态督促督办，提升抓落实保落实的工作水平。全年承办省委交办的重要工作18项，向有关县市和市直有关单位交办工作6项，推动省委、市委重要安排部署落到实处。把落实市委主要领导重要指示批示作为一项严肃的政治任务，对襄汾县大棚房问题、尧都高新技术开发区企业反映问题、综治平台建设、西山采石场整治等11个事项开展督查，确保市委主要领导重要指示批示落到实处。在隰吉高速征地拆迁遗留问题督办过程中，3次实地督查，2次下发督办函，召开2次工作座谈会，与隰县、吉县4名分管县级领导进行谈话，推动问题解决。对重点工作开展专项督查，组织参与疫情防控督查6次，对各县（市、区）疫情防控工作进行督导检查，确保各项防控措施落实到位。组织参与安全生产督察，对“七一”前期全市安全生产工作进行督查，确保百年大庆期间安定；组织参与开发区督导，对在全省排名靠后的6个开发区进行督导，帮助开发区推动相关工作；组织参与灾后恢复及受损农房重建修缮工作督查，围绕原址重建、异地新建、货币化安置、施工标准质量监管和群众安全入住等重点环节，开展督导检查四轮20次。

【机要保密】 2021年，临汾市委办公室强化定密管理、网络保密管理、涉密人员管理、保密科技建设及涉密载体销毁管理，召开市委保密委员会2021年第一次全体会议和第二次全体（扩大）会议，铺开微信泄密专项整顿和保密工作大排查行动，开展保密法治宣传教育和保密专项检查。组织机要密码工作各类培训班4期共181人，收发电报3467份，传输办理电报25735次，实现“零事故、零差错、零错情”目标。完成全市信创工程的项目调整、项目财评、项目招标和项目采购，组织各相关单位开展信创培训。坚持抓质不抓量的原则，围绕涉及国家安全的热点工作，召开安全风险研判会，组织开展“4·15”全民国家安全教育日宣传教育等活动，营造维护国家安全浓厚氛围。

【内部管理】 2021年，临汾市委办公室以制度建设为抓手，狠抓机关规范化建设。对标省委办公厅，规范文件阅办、文件制发审批和事项请示等格式和流程，提高工作标准和效率。健全完善工作制度，形成“用制度管人、按规章办事”的良好工作格局。配合做好市属国有企业改革工作，将新盛印务有限公司交由市国资委统一监管。坚持正确的用人导向，贯彻执行《党政领导干部选拔任用工作条例》和干部选拔任用的一系列相关制度。贯彻落实党的老干部政策，对老干部政治上关心、生活上关照、精神上关怀。贯彻实施新修订的档案法，以做好脱贫攻坚和疫情防控“两类档案”的归集工作为抓手，聚焦档案工作四个“好”、两个“服务”，推进档案工作任务顺利进行。利用“6·9”国际档案日等重要节点，宣传和普及新修订的档案法知识。

【信息化工作】 2021年，市委信息化中心规范化管理电子政务内网，多次组织联通公司、移动公司、运营公司对机房网络设备进行检修及网络运行维护，保证电子政务内网以及依托内网的“纪检监察专网”“大组工网”及市直其他部门等骨干网络运行畅通。为纪检监察系统视频会议保障近30天，按要求完成4台国产服务器和终端的上架及接入工作，完成密码设备密钥在线升级工作。

（中共临汾市委办公室）

组织工作

【概况】 2021年，临汾市委组织部坚持以习近平新时代中国特色社会主义思想为指导，贯彻新时代党的建设总要求和新时代党的组织路线，贯彻落实全国组织部长会议精神，坚持以党的政治建设为统领，建设忠诚干净担当的高素质干部队伍，增强基层党组织政治功能和组织力，集聚爱国奉献的各方面优秀人才，开展各项工作。

【习近平新时代中国特色社会主义思想学习教育】 2021年，临汾市委组织部把学习贯彻习近平新时代中国特色社会主义思想和中共十九届五中、六中全会精神作为头等大事和首要政治任务，教育引导党员、干部学深悟透、入脑入心。组织各级党组织和党员、干部原原本本学习党史学习教育指定书目，跟进学习习近平总书记“七一”重要讲话精神。举办市委党校主体培训班4期，培训干部200人次。抓好中共十九届五中全会精神网络培训和集中轮训，集中培训县处级以上干部1396人次。组织市县两级举办“党课开讲啦”活动9659场次，培训党员21万余人次，推动全市各级党组织和党员干部以高度政治坚定践行“两个维护”。庆祝中国共产党成立100周年，全市1万多个基层党组织普遍开展“百年奋斗路·启航新征程”主题党日活动，为20949名党员颁发“光荣在党50年”纪念章，推荐评选表彰全国、全省、全市“两优一先”515名（个），党员干部爱党爱国热情得到激发。制播党建栏目《初心》24期，拍摄“两优一先”党员教育电视片和微视频141部，组织“两优一先”表彰者讲党课823场，在《临汾日报》、临汾电视台、“临汾党员先锋号”微信公众平台开辟“身边榜样”专题专栏，编印《身边榜样》先进事迹汇编，为党员和各级党组织对标先进、看齐先进、争当先进提供生动教材。

【党史学习教育】　2021年，临汾市委组织部突出“走深走实”，推进党史学习教育开展。4次召开市委非公经济组织和社会组织工委书记专题会议，印发《关于在全市非公经济组织和社会组织中深入开展党史学习教育的实施方案》，在省委、市委5个方面规定动作的基础上，提出“建党百年进千企”入企进社服务、深化实施“三整一提升”行动（整园建强、整楼推进、整线突破、全面提升）等具有临汾特色的载体抓手。将党史学习教育内容纳入市管主要领导干部学习贯彻中共十九届五中全会精神研讨班、“一把手”政治能力提升培训班、2021年度市委党校主体班、2021年度干部专业化能力培训计划、公务员初任培训教学内容。印发《关于参加“党史学习教育”网络专题学习的通知》，组织党员、干部参加山西干部在线学院“党史学习教育”专题学习，要求各地各单位通过三会一课、主题党日等形式，利用“学习强国”学习平台开展专题学习。

【干部队伍建设】　2021年，临汾市委组织部以精准思维做好干部识别、培养、选用工作。落实好干部标准，完成县乡领导班子换届工作，做好选拔乡镇（街道）党（工）委书记到省市直单位任职、选派年轻干部到乡镇（街道）任职“墩苗”等工作，县乡两级领导班子结构得到优化、功能得到增强。对全市开发区领导班子进行研判，配齐配强6个开发区领导班子。推进全市政法系统干部集中交流轮岗工作，交流调整处级干部15名，科级干部223名，普通干部470名。制订实施《2021年度全市干部专业化能力联合培训计划》，在清华大学、浙江大学等知名高校举办14期培训班，培训干部700余人次。举办市委党校春季主体班，对换届后新进领导班子的100名县级干部、科级干部进行专题培训。与清华大学签订培训合作协议，举办市管正县级“一把手”专题培训班，落实“贫困县干部教育培训帮扶计划”，协调筹措经费组织基层干部在清华大学等国内知名院校进行专题培训，提升专业能力水平。启动新时代基层干部主题培训计划，印发《新时代基层干部主题培训行动计划任务清单》，对基层干部全覆盖培训。执行“凡提四必”、改进“六查”手段，对在换届中拟使用的558名领导干部提前开展资格审查，3人被取消资格，5人暂缓使用，5人不适宜继续提名。发挥年度目标责任考核的导向和激励作用，统筹做好全市2020年度集中考核工作，开展担当作为干部推进工作，400名担当作为表现突出干部脱颖而出。制定《临汾市2021年度职级晋升工作方案》，下发《临汾市2021年度非市管干部职级晋升工作意见》，分期分批对122名市管干部晋升职级。

【基层党组织建设】　2021年，临汾市委组织部突出抓基层、强基础、固基本的工作导向，以解决“人、治、物、效”四方面问题为突破，提升基层党组织政治功能和组织力。做好村（社区）“两委”换届工作，完成1927个村、204个社区“两委”换届选举任务，实现村（社区）干部队伍整体学历提升、年龄下降、“一肩挑”比例提升的“一升一降一肩挑”目标，村党组织书记“一肩挑”比例达到96.7%。完成市第五次党代会议各项任务，选举产生新一届56名市委委员、11名市委候补委员、33名市纪委委员和58名出席省第十二次党代会代表，选举产生新一届市委、市纪委的常委、书记和副书记。使用乡镇事业编制招聘959名大学毕业生到村工作，占到全市行政村总数的45.4%。选派97支驻村工作队、291名第一书记继续驻村帮扶，拓展脱贫攻坚成果，接续推进乡村振兴。实施村级集体经济壮大提质行动，指导县（市、区）用好中央、省、市扶持壮大村级集体经济资金，帮助村党组织有效利用各类资源要素，激活集体经济发展新动能。加快推进市、区、街道、社区、小区五级党群服务体系建设，打造小区党群服务驿站，160余个小区党群服务驿站于年底投入使用。加强社区工作者职业体系建设，专职社区工作者总数1013人，全部落实“三岗十八级”绩效薪酬。调整优化党建工作指导员队伍，两新组织党建工作指导员达到1076名，工作力量和指导力度得到强化。开展“三整一提升”示范创建“破零”行动，打造示范园区16个、示范楼宇5个、示范商圈7个。其中，翼城县、临汾经济开发区工作经验在山西省得到示范推广。聚焦深化国资国企改革，督促指导国有企业调整规范党组织和规范党务工作机构设置，把党的领导融入公司治理各环节。健全完善党委常委会议事规则，抓好“双带头人”培育工程推进。抓好“五型机关”创建，建立完善机关党建工作协调联动机制，推动“四级四岗”责任清单落实。

【一流人才高地打造】 2021年，临汾市委组织部贯彻落实中央人才工作会议精神，把服务高质量高速度发展作为人才工作的出发点和落脚点，全方位培养、引进、用好人才，激发人才创新活力。深化省校合作。制定出台《临汾市深化市校合作实施“双千工程”行动方案》，以“五个一”（出台一个行动方案、推出一套引才政策、落地一批合作项目、打造一批示范基地、组织一系列宣介活动）工作举措推进，用三年左右的时间在全市新引进1000名以上高层次人才，落地1000个以上市校合作项目。宣传报道深化省校合作的实践探索和成效经验，参加山西省“人到山西好风光”人才宣传周北大清华专场活动，宣传临汾市发展现状、远景目标和人才政策，引进优秀硕博人才到临工作。陆续出台《关于进一步加强党委联系服务专家工作的实施意见》《临汾市定向选调生引才政策》《临汾市关于深化省校合作的行动方案》《临汾市深化市校合作“四补四优先”人才政策》等系列政策措施，提出具有比较优势的人才引进待遇。通过产业、项目、课题引进及技术指导、委托经营等方式持续柔性引进高校科研专家、人才400人，集聚实习实训大学生981人、就业创业大学生3870人。扩大事业单位用人自主权，畅通事业单位引才“绿色通道”，为临汾一中、临汾市中心医院等10余家单位引进高层次紧缺急需人才300余人。落实《关于构建临汾市人才服务体系的若干措施（试行）》，推荐高层次人才为优秀共产党员、劳动模范和“两代表一委员”，为全市132名高层次人才发放学费补贴418万元，500余名临汾市高层次人才提供健康体检服务，制发“临汾英才卡”为优秀人才在医疗保健、交通出行、文旅休闲等多方面开通“绿色通道”，打造151套具备“拎包入住”条件的人才公寓、330余套人才周转房，聘任25名招商引资与招才引智大使，以最完备的配套、最贴心的服务提升聚才竞争力。

【组织部门建设】 2021年，临汾市委组织部带头加强政治建设，带头践行“两个坚决维护”，带头落实“三会一课”等基本制度；组织部机关党员干部奇奇里村、东征纪念馆、梁家河红色教育基地开展主题党日活动，回顾党的奋斗历程，接受革命传统教育，实地参观感受脱贫攻坚带来的巨大变化，激励引导组工干部新时代新担当新作为。实施市县组工干部全员专业化能力培训提升计划，采取视频会议方式举办8期“全市干部人事档案管理员培训班”，召开全市公务员工作推进会议暨“公务员管理队伍专业能力提升”示范培训班，组建部机关文书小组强化文稿写作，常态化选派部机关干部到省委组织部跟班学习，编印《市委组织部学习资料》，提升组工干部综合能力素质、专业能力水平。执行中央八项规定及其实施细则精神，深化为基层减负工作，实施科级干部备案工作改革，简化审批环节、优化工作流程，选人用人质量和效率有效提升。推进从严治部，开展“争先、进位、崛起”解放思想大讨论，发挥好机关党组织、党小组作用，教育引导组工干部严格执行党纪党规和组织人事纪律，以严明纪律督促组工干部知敬畏、存戒惧、守底线。

（中共临汾市委组织部）

宣传工作

【概况】 2021年，临汾市委宣传部坚持以习近平新时代中国特色社会主义思想为指引，按照“举旗帜、聚民心、育新人、兴文化、展形象”的使命任务，围绕市委“1355”战略，突出庆祝中国共产党成立100周年主线，聚焦党史学习教育重要政治任务，坚持守正创新，履行职责，勇于担当作为，推动全市宣传思想文化工作再上新台阶。

【庆祝中国共产党成立100周年活动】 2021年，临汾市委宣传部起草制定《临汾市庆祝中国共产党成立100周年活动方案》《临汾市庆祝中国共产党成立100周年组织开展“永远跟党走”群众性主题宣传教育活动的实施方案》《临汾市开展党史、新中国史、改革开放史、社会主义发展史宣传教育实施方案》相关文件，并为相关活动协调工作经费。对各县（市、区）《庆祝中国共产党成立100周年活动方案》进行审核和反馈，规范全市各项庆祝活动方案。依托《中国共产党临汾市历史》第一、二、三卷（1926—2012），设计“新民主主义革命时期、社会主义革命和建设时期、改革开放和社会主义现代化建设新时期、中国特色社会主义新时代”4个部分，通过1500平方米展厅面积，700米展线长度，800块展板，展现党在临汾的不懈奋斗史、不怕牺牲史、理论探索史、为民造福史、自身建设史，在全省举办的党史展中具有鲜明的地方特色。协调推动“维护核心跟党走，蹚出新路铸辉煌”活动、“百年恰是风华正茂”全市文艺演出、“红色记忆”书画作品展、“临汾这百年”（辉煌成就）纪实摄影展、“学党史、守初心”党史记忆寻访专栏、“永远跟党走”群众性宣传教育活动等。

【社会主义核心价值观示范点创建】 2021年，临汾市委宣传部在全市组织开展第二批社会主义核心价值观示范点和主题公园（广场）创建工作。通过宣传发动、县级推荐、县级审定、市级抽查、命名授牌、广泛宣传，全市2021年社会主义核心价值观示范点建设成效明显，涌现出一大批工作力度大、社会反响好、群众评价高的社会主义核心价值观建设方面的先进典型。市委宣传部、市文明办联合命名表彰101个单位，其中，机关16个、医院10个、学校22个、企业14个、社区14个、农村14个、主题公园（广场）11个，为临汾市第二批社会主义核心价值观建设示范点。

【第四批省级社会主义核心价值观示范点】 2021年，临汾市委宣传部开展社会主义核心价值观示范点创建工作，严格把关，认真遴选，推荐临汾市图书馆、临汾市第一小学、翼城县医疗集团人民医院、永和县农村商业银行股份有限公司、霍州市鼓楼办前进社区、襄汾县新城镇丁村、曲沃县晋园7家单位为第四批省级社会主义核心价值观示范点。

【核心价值观微电影征集展示】 2021年，临汾市委宣传部以社会主义核心价值观为引领，围绕庆祝中国共产党成立100周年、中国特色社会主义进入新时代、全面建成小康社会、临汾市高质量高速度转型发展等主题，在全市征集核心价值观微电影（微视频），向省委宣传部推荐报送43部核心价值观微电影（微视频）。市委宣传部荣获优秀组织奖，襄汾县《这本书他写了73年》、古县《社会主义核心价值观》、汾西县《平凡的你》3个作品荣获优秀奖。

【核心价值观培训班】 2021年1月14日，临汾市委宣传部举办社会主义核心价值观暨爱国主义教育培训班，各县（市、区）委宣传部分管爱国主义教育的副部长和宣教科长，省、市级爱国主义教育基地负责人或讲解员等80余人参加培训，培育和践行社会主义核心价值观，推动核心价值观落细落小落实，提高全市爱国主义教育基地建设水平。

【“三下乡”活动】 2021年，临汾市委宣传部发挥文化科技卫生“三下乡”活动的品牌作用和聚合作用，动员各方力量参与新时代“三农”工作，以社会主义核心价值观为引领，依托新时代文明实践中心，面向全市农村开展送理论、送文明、送服务、送人才活动，推动“三下乡”活动常态化、制度化，提高全市农民思想道德素质、科学文化素质、身心健康素质和乡村文明程度，促进满足人民文化需要和增强人民精神力量相统一，为巩固脱贫攻坚成果、全面推进乡村振兴、构建新型工农城乡关系提供精神动力。

【第六届“好基地讲好故事”活动】 2021年，临汾市委宣传部在全市组织开展讲述红色故事传承红色基因厚植爱国情怀暨第六届“好基地讲好故事”活动，讲述中国共产党的光荣历史和丰功伟绩、践行社会主义核心价值观的生动实践和爱国主义的感人故事，唱响时代主旋律。6月3日，依托全市爱国主义教育基地，在临汾影剧院进行第六届“好基地讲好故事”展演活动，根据新冠肺炎疫情防控要求进行静场录制，将观看“好基地讲好故事”作为党史学习教育的自选动作，精选历年优秀故事，将录制视频组织观看学习，在临汾广播电视台1、2、3频道黄金时间滚动播出，临汾广播电视台官方新媒体“临汾TV”进行推送播出。11月30日，在临汾电视台演播厅，举办第六届“好基地讲好故事”选拔赛，确定尧都区《永不消逝的红色记忆》、翼城县《回家》、曲沃县《浍河滩里的女英雄》、襄汾县《永远盛开的英雄花》、洪洞县《一封从洪洞战地发出的借款信》、安泽县《血染岳南区供给部》、乡宁县《谍战英雄——董联甲》、吉县《隐蔽战线的英烈》、蒲县《狱中别》、市直工委《光荣的临汾旅》10个故事参加决赛。12月10日，在临汾电视台演播厅，举办第六届“好基地讲好故事”决赛，市委常委、宣传部部长闫建国，宣传部部班子领导，市直各工委主要负责人，临汾广播电视台班子成员，各县（市、区）宣传部部长观看比赛，评出一等奖1名，二等奖2名，三等奖3名。翼城县委宣传部选送的《回家》荣获一等奖，尧都区委宣传部选送的《永不消逝的红色记忆》、曲沃县委宣传部选送的《浍河滩里的女英雄》荣获二等奖，吉县县委宣传部选送的《隐蔽战线的英烈》、乡宁县委宣传部选送的《谍战英雄——董联甲》、蒲县县委宣传部选送的《狱中别》荣获三等奖。

【爱国主义教育活动】 2021年，临汾市委宣传部下发《关于加强组织开展爱国主义教育活动的通知》，营造新时代爱国主义教育的浓厚氛围，推动爱国主义教育活动丰富化、多样化、经常化，推进全市爱国主义教育工作。发挥爱国主义教育（示范）基地在重大活动中的作用，把红色资源利用好、红色传统发扬好、红色基因传承好。

【红色爱国主义教育基地发展规划】 2021年，临汾市委宣传部根据“一核一廊两翼三主题”的“1123”空间结构布局，按照红色教育东西两大环线与三大红色文化主题线路规划，深化爱国主义教育基地建设，给予洪洞县广胜寺镇乡村文化记忆展示馆、蒲县段云书艺馆、尧都区枕头村抗战陈列馆、隰县晋西革命纪念馆、霍州市南塔烈士陵园、安泽太岳革命根据地旧址资金补助，打造高标准的爱国主义教育基地，推动爱国主义教育开展。

【爱国主义教育宣传平台维护】 2021年，临汾市委宣传部完善爱国主义教育云平台，优化临汾市爱国主义教育宣传平台维护设置，做好爱国主义教育基地、革命遗址、临汾文化、活动信息等内容的上传，持续网上更新，确保扩大平台的影响力，发挥爱国教育的作用。

【山西省第二届红色故事讲解员大赛】 2021年11月10日，临汾市委宣传部组织霍州市（孙磊）、曲沃县（薛未达）、襄汾县（宜志伟、郑韬）、隰县（王亚涛）代表临汾市参加山西省第二届红色故事讲解员大赛，均进入决赛并获得优秀奖。

【新闻宣传】 2021年，临汾市新闻宣传战线以习近平新时代中国特色社会主义思想为指导，坚持团结稳定鼓劲、正面宣传为主，把握正确政治方向和舆论导向，巩固壮大主流思想舆论，弘扬主旋律，传播正能量，围绕市委、市政府重大决策部署和宣传思想工作“全面提升”，推出一批沾泥土、带露珠、接地气、有温度的新闻作品。围绕庆祝中国共产党成立100周年、党史学习教育、中共十九届六中全会、省第十二次党代会、市第五次党代会，及疫情防控、生态环境治理、重点项目建设、靓城提质、乡村振兴等主题主线，组织临汾日报社、临汾广播电视台开辟“深入学习贯彻习近平总书记‘七一’重要讲话精神”“奋斗百年路 启航新征程”“深入学习宣传贯彻党的十九届六中全会精神”“深入学习贯彻省第十二次党代会精神”“省、市党代表风采”“环保督察边督边改”“奔涌吧，临汾！”“文明城市创建大看台”“精准脱贫、合力攻坚”等系列专题专栏，宣传报道全市坚决贯彻落实党中央和省委、市委决策部署的理想信念和生动实践，用笔和镜头记录临汾市推进高质量高速度发展的丰硕成果和典型经验，展示全市干部群众凝心聚力、攻坚克难，担当实干、开拓进取的优良作风和精神风貌。

【党史学习教育和“争先、进位、崛起”解放思想大讨论活动宣传】 2021年，临汾市委宣传部组织市直各新闻单位和各（市、区）融媒体中心开辟专栏专题，做好党史学习教育和“争先、进位、崛起”解放思想大讨论活动宣传报道。《临汾日报》开辟“奋斗百年路启航新征程”及子栏目“学党史悟思想办实事开新局”“学党史强信念跟党走”“脱贫攻坚答卷”“同心奔小康”等党史学习教育专栏，及时准确转载中央、省主要媒体稿件，刊发自采稿件，刊发党史学习教育稿件4262篇；开辟“深入开展‘争先、进位、崛起’解放思想大讨论”专栏，在头版刊发社论、动态消息等稿件56篇，在县域版刊发各县召开动员会等稿件18篇。临汾广播电视台开辟“‘奋斗百年路启航新征程’中国共产党人的精神谱系、先进典型、走进乡村看小康”等系列栏目和“学党史、悟思想、办实事、开新局”“‘争先、进位、崛起’解放思想大讨论”等主题专栏，报道全市干部群众在中央、省、市会议精神的鼓舞下凝心聚力实干、奋力争先崛起的生动实践、典型经验、收效成果，刊播相关报道388条，首复播3492条次。

【新闻作品推送】 2021年，临汾市委宣传部组织市直各新闻媒体深入一线发现鲜活素材，发挥“更接地气”的特点，加大向中央、省级主要媒体稿件推送力度，讲好临汾故事，传播好临汾声音，展示好临汾形象。临汾日报社在《山西日报》《山西经济日报》《山西法制报》《山西农民报》等省级媒体发稿15篇，在“学习强国”学习平台发稿1篇；临汾广播电视台在中央、省级媒体播发632条次。其中，在央视各频道播发新闻54条次，在山西卫视《山西新闻联播》播发新闻288条次；广播电台在央广中国之声等播发30条，在山西广播电视台《山西新闻》和《全省新闻联播》播发260条次。

【社会宣传】 2021年，临汾市委宣传部安排全市各级、各部门利用围挡、围墙、道旗、灯杆、临街LED电子显示屏、公交LED电子显示屏等，刊播悬挂庆祝中国共产党成立100周年宣传标语口号、“习近平总书记在庆祝中国共产党成立100周年大会上的重要讲话精神”主题宣传挂图、市委第五次党代会宣传挂图3000套、省委第十二次党代会精神社会宣传标语等。播放庆祝首个人民警察节公益广告、制止餐饮浪费行为《分屏篇》《光盘篇》主题公益广告、《就地过年平安幸福》公益广告、党史学习教育“我为群众办实事”主题公益广告，第四届社会主义核心价值观主题微电影，疫情防控知识宣传海报，“时代楷模”主题作品，《创业创新巾帼力量》《乡村振兴巾帼力量》《绿色发展巾帼力量》《脱贫攻坚巾帼力量》《教育强国巾帼力量》等5部巾帼力量主题“感人瞬间”微视频，《洪家光》《易冉》《王进》“五一”国际劳动节主题“感人瞬间”微视频，《初心不忘——青年党员篇》《我是共青团员》五四青年节主题“感人瞬间”微视频，教师节主题“感人瞬间”微视频，中国农民丰收节主题“感人瞬间”微视频，以李大钊、彭湃、方志敏等优秀共产党员的光辉形象和感人事迹的“七一”宣传海报展播，第五次残疾预防日宣传挂图、标语口号，2021年全国“质量月”活动口号，新冠肺炎疫情防控系列海报等。协调联系环保、司法、安监、卫生、民政、国防、地震、交警等部门，开展环境保护、普法宣传、安全生产、卫生防疫、国防教育、抗震救灾、交通安全、双拥工作等一系列主题宣传教育活动。

【对外宣传】 2021年，临汾市委宣传部组织召开两次全市对外宣传工作联席会议，建立全市对外宣传工作联席会议机制。完成2022年度临汾市、县两级新闻发言人及新闻发言人助理的选拔工作，更新市县两级新闻发言人队伍，全市市县两级新闻发言人均由党委、政府班子成员担任。印发《关于进一步加强我市新闻发布工作的通知》，对强化新闻发言人队伍建设、做好新闻发布规章制度规范化建设、规范新闻发布流程、提升新闻发布工作提供支撑。把“与宏观经济和民生关系密切、涉及社会关注事项较多的市直相关职能部门的主要负责同志每年至少出席一次新闻发布会”的要求落到实处。中秋民俗活动短视频《传奇中国节——山西襄汾》《月圆人团圆》在中央电视台中文国际频道播出，大型直播特别节目《传奇中国节》是中央电视台国际频道的品牌节目，连续多年对春节、清明、端午、中秋等中华传统节日进行全球多点直播。以襄汾县国家级非物质文化遗产晋作家具制作技艺传承人曹运建过中秋节为主线，串联起包括打月饼在内的襄汾中秋民俗，向全世界原汁原味展现临汾的地方民俗文化。

【公民思想道德建设】 2021年，临汾市委宣传部贯彻落实《临汾市贯彻落实〈新时代公民道德建设实施纲要〉若干措施》，发挥社会主义核心价值观导向作用，凝聚向上向善正能量。春节期间，组织各级文明单位走访慰问全国、省、市、县各级好人模范、道德模范、“身边好人”及其他类型道德模等荣誉获得者。做好第三季“临汾好人”推荐评选工作，开展为“中国好人”点赞活动，临汾市刁士琦、段忠恒、张治国、褚吉亮4人光荣上榜。组织评选出第六届临汾市“十大道德楷模”及20名提名奖获得者，临汾市委、市政府举办颁奖典礼。向省文明办择优推荐5名第八届全国道德模范候选人。推荐的蒲县冯玉堂入选第八届“全国道德模范”提名奖，市县媒体全方位、高频次宣扬报道，在全市营造出崇尚模范、学习模范、争当模范的氛围。

【新时代文明实践中心建设】 2021年，临汾市委宣传部按照中央“14536”（一个目标、四个定位、五项工作、三个到位、六种能力）的总体要求，依托中央试点县洪洞县、省级试点县蒲县，向全市范围的县级行政区全面拓展，在建成新时代文明实践中心、所、站的基础上，推动文明实践向街道社区延伸。全市建成16个新时代文明实践中心、137个乡镇新时代文明实践所、182个街道社区文明实践站。依托新时代文明实践阵地开展党史学习教育活动。组织全市新时代文明实践中心，把开展党史学习教育作为重大政治任务，开展主题宣讲、抓好青少年教育、运用红色资源、强化标识营造氛围、进行线上线下一体化宣传，把新时代文明实践中心、所、站打造成为党史学习的重要阵地。7月1日，临汾市委宣传部主要领导在汾泽社区新时代文明实践站与党员群众收听收看建党100周年庆祝活动。开展“我为群众办实事”活动，将全市新时代文明实践中心所有党员纳入中心（所、站）志愿服务队伍，定期开展志愿服务活动，为群众办实事、解难事，丰富群众性文化生活。

【省级文明城市创建】 2021年，临汾市委宣传部以创建文明城市为抓手，推进“五大创建”和精神文明建设，道德模范选树、“五位一体”动态管理模式等多项工作位居全省前列，县级文明城市创建实现全覆盖，古县复核全国文明城市，洪洞县列入全国文明城市提名城市，蒲县、霍州市、侯马市、曲沃县、襄汾县、翼城县、安泽县等7个县市跨入省级文明城市行列，乡宁县、吉县、大宁县、浮山县、永和县、隰县等6个县列入省级文明城市提名城市，汾西县为市级文明城市。市本级围绕市委市政府工作思路，强化公益广告宣传，营造良好创建氛围；贯彻《文明行为促进条例》，提升公民文明素质；开展“文明之城”志愿活动，提高市民知晓度和参与度；对照文明城市测评标准，落实常态化创建机制。对市区527个实地测评点位进行重新确认，对74个责任单位制订下发省级文明城市创建任务清单，就任务清单完成情况，开展3个波次督查，聘请第三方评估机构进行2次模拟测评，对照测评体系，提出需要整改的问题，将问题清单随同整改标准下发至相关市直22个单位和尧都区、临汾经济开发区，在全面整改的基础上，11月下旬迎接省文明办组织的文明城市测评工作。

【群众性文明创建评选活动】 2021年，临汾市委宣传部贯彻落实《临汾市文明行为促进条例》，完善管理制度，建立市县两级文明城市创建联动机制，在巩固成果、健全机制、保持常态上下功夫，在提升水平、树立标杆、创新工作方式上下功夫。以群众性精神文明创建为契机，在全市开展“倡导文明健康生活方式”公益广告展播工作，培育弘扬社会主义核心价值观，丰富道德实践活动载体，扩大文明单位创建的覆盖面影响力，提高文明村镇创建工作水平，增强文明家庭创建的针对性实效性。以文明单位、文明村镇、文明校园创建为平台推动群众性文明创建评选活动，组建7个测评组，采取“四不两直”的方式，对市级以上文明单位、文明村镇、文明校园进行测评，对文明创建薄弱的单位坚持动态监督、动态考核，发挥全程管理、届中考核退出机制。

【志愿服务】 2021年，临汾市委宣传部以志愿服务关爱行动为活动载体，市县乡（街道）村（社区）四级上下联动、机关企事业单位共同参与，开展志愿服务活动。在活动中选树先进典型，宣传推动志愿服务质量整体提升。3月5日第58个学雷锋纪念日，组织全市开展“学雷锋志愿服务活动”。新冠疫苗接种期间，在全市倡导开展“我为群众办实事助力新冠疫苗接种志愿服务”活动，协助接种点做好体温测量、信息登记、交通引导、社会宣传等工作。组织机关企事业单位党员到新时代文明实践中心报到，完成志愿者注册，参加志愿服务活动，在线记录志愿服务活动时长。以“守法规知礼让安全文明出行”为主题，组织全市文明单位志愿服务队参与文明交通整治和环境卫生整治工作。临汾发生持续降雨洪涝灾害后，开展“救灾‘晋’行时”志愿服务活动，接收上万件物资，由志愿者分拣发放到灾区。在第35个“国际志愿者日”，组织30余个单位集中在鼓楼广场进行“志愿赶集”。全市选树并表彰109名优秀志愿者、55个优秀志愿服务组织、14个优秀志愿服务社区、37个优秀志愿服务项目。其中，尧都区水塔街道汾泽社区入选全国2020年度学雷锋志愿服务“四个100”先进典型“最佳志愿服务社区”。

【未成年人思想道德建设】 2021年，临汾市委宣传部完善学校、家庭、社会“三结合”教育网络，推进未成年人思想道德建设，提升未成年人思想道德素质。开展“扣好人生第一粒扣子”主题教育实践活动，在临汾广播电视台推出《第一粒扣子》青少年栏目，组织全市所有学校的师生、家长收听观看，引导未成年人向上向善、孝老爱亲，忠于祖国、忠于人民，从小立志向、有梦想，爱学习、爱劳动、爱祖国。组织开展第二届“新时代临汾好少年”评选表彰活动，全市评选表彰“乐观向上好少年”“热心公益好少年”“勇于创新好少年”“助人为乐好少年”“自立自强好少年”五个类别5人。

【“我们的节日”主题活动】 2021年元旦、春节期间，临汾市委宣传部以关爱他人、关爱社会、关爱自然为主题，开展疫情防控、春运暖程、邻里守望、文明新风、环境保护、共建平安等志愿服务活动。清明、端午节期间，以祭奠革命先烈、深挖文化内涵、纪念故人、弘扬家国情怀为主题，引导人们在慎终追远、系念先辈的情怀中认知传统、尊重传统、继承传统、弘扬传统。在“文明临汾”公众号发布“文明祭扫、平安清明”倡议书，倡导文明祭祀、文化祭祀、人文祭祀，引导群众自觉保护环境、移风易俗，树立文明健康的祭扫新风。在庆祝中国共产党成立100周年活动期间，以增进爱党、爱国、爱社会主义为主题，悬挂党旗国旗营造爱党爱国氛围、唱响红歌共抒家国情怀、重温红色影片弘扬民族大义、慰问百名抗战老兵传承红色精神。

【弘扬传统文化】 2021年，临汾市委宣传部围绕尧、晋等临汾六大优秀历史文化，制订《临汾市2021年度推进中华优秀传统文化传承发展工程年度工作计划》，实施“平阳记忆”文化工程，与《探索·发展》合作推出两集纪录片《大槐树下》，在央视宣传推介临汾根祖文化；与山西师范大学、山西省考古所联合出版《平阳记忆文化系列》丛书和科普版《平阳气象记忆》图书；运营推广“平阳记忆”公众号，推出各类成果概述130余篇；从市级层面启动成立临汾市晋国文化研究会，实施临汾市晋国文化研究发展工程，打响晋国文化品牌。开展廉政文化建设，制订《临汾市廉政文化行动计划》，深挖临汾历史文化和红色文化资源中的廉洁文化基因，通过蒲剧《廉吏曹端》等廉政文艺作品创作，以廉政文化涵养风清气正的政治生态。

【文化惠民】 2021年，临汾市委宣传部开展“送戏下乡”“周末剧场”“戏曲名家老区行”等戏曲惠民活动，惠民演出1.5万场次，惠及人数90余万人次；完成3.5万余场农村公益电影和2955场农村寄宿制学校放映任务，观影人数350万人次，提升人民群众的幸福感和获得感。组织开展“我们的中国梦——文化进万家”“两节”十大系列文化活动173场次，营造喜庆祥和节日氛围；组织开展全市建党百年文艺会演、“临汾这百年”辉煌成就纪实摄影展、“红色记忆”书画展，“缅怀革命前辈·传承红色基因”书法笔会活动、建党百年戏曲精品剧目展演月、“永远跟党走”全市30项群众文化活动等1000余场党建百年系列文化活动，覆盖城乡市县，直接参与群众达9万余人次。其中，联合山西黄河电视台《群星璀璨》栏目组举办的“永远跟党走·2021年全市群众文化活动汇演”，得到省委宣传部、省广播电视台的通报表扬。

【文艺创作】 2021年，临汾市委宣传部遵循文艺创作生产规律，制定《临汾市2020—2022三年文艺创作选题规划》和《临汾市现实题材重点文艺作品创作规划》；狠抓重点文艺作品扶持，电影《红光》《山乡宁静》、电视剧《汾水向东流（笃敬天下）》获全省重点作品扶持，扶持数量位居全省第一；市级层面对歌舞情景剧《歌从云丘来》、蒲剧《廉吏曹端》《绿染蒲子山》等8部作品重点扶持；组织开展“五个一工程”评选表彰，从166件参评作品中评选推出电影《山桃花》、蒲剧《嫂子》、中长篇小说《小西天》、歌曲《接种希望》、图书《卫青霍去病》、微电影《擒狼行动》等63件优秀文艺作品和7家优秀组织工作单位进行表彰展演。

【文娱领域秩序规范】 2021年，临汾市委宣传部规范全市文娱市场秩序、廓清行业风气，制定实施方案，组建成立100人的文艺评论队伍，开展“深入生活、扎根人民”主题实践活动，组织30支文艺小分队到基层开展文艺宣讲、文艺演出、文化惠民等主题实践和文艺志愿活动。通过弘扬主旋律、建强主力军、打好主动仗，占领文艺主阵地，形成全市文娱领域风清气正、文艺创作繁荣发展局面。电影市场管理规范。在元旦春节、中秋国庆等重大节日和重要节点期间，对影院和乡镇（公社）老放映员在安全稳定和疫情防控工作方面多次下发文件、多次安排部署、多次抽查检查、多次资金扶持，全市电影行业安全有序、健康发展。

（中共临汾市委宣传部）

·讲师团工作·

【概况】 2021年，临汾市委讲师团坚持以习近平新时代中国特色社会主义思想为指导，立足理论宣讲的主责主业，紧扣建党百年“一条”主线，围绕创新理论宣讲方式、创优理论宣讲工作“两个”工作思路，突出党史学习教育、习近平总书记“七一”重要讲话、中共十九届六中全会及省第十二次党代会宣讲工作重点，组织实施四次重大宣讲，集中开展五次主题宣讲，扎实做好六项基础性工作，推动基层理论工作取得新成绩。

【省委宣讲团临汾报告会】 2021年3月25日，临汾市委讲师团承办党史学习教育山西省委宣讲团临汾宣讲报告会和省委宣讲团成员、省社科院历史研究所所长高春平在临汾职业技术学院、永和县东征党性教育基地的宣讲座谈会。7月29日，承办省委学习贯彻习近平总书记“七一”重要讲话精神专题宣讲团临汾报告会和省委宣讲团成员、省委宣传部副部长、省委党史学习教育领导小组办公室副主任郭晓东在蒲县山中乡山中村的宣讲座谈会。12月2日，承办学习贯彻中共十九届六中全会精神省委宣讲团临汾宣讲报告会和省委宣讲团成员、省委政法委主持日常工作的副书记、省法学会党组书记苗伟在尧都区汾河派出所的宣讲座谈会。12月7日，承办学习贯彻省第十二次党代会精神省委宣讲团宣讲报告会和省委宣讲团成员、省委统战部主持日常工作的副部长师帅与市委统战部及各民主党派、工商联、企业家代表的宣讲座谈会。

【习近平总书记“七一”重要讲话精神专题宣讲】 2021年，临汾市委讲师团在党史学习教育市委宣讲团基础上，组建学习贯彻习近平总书记“七一”重要讲话精神市委专题宣讲团，8月2—20日分赴全市各地开展集中宣讲46场。在市委宣讲团的示范引领下，各县（市、区）发挥县级融媒体中心、新时代文明实践中心、红色教育基地等基层宣传文化阵地作用，开展基层宣讲活动2600多场，受众27万余人次，引导党员干部深刻领会“七一”重要讲话的深远意义和丰富内涵。

【党的十九届六中全会精神及省第十二次党代会精神专题宣讲】 2021年，临汾市委讲师团抽调28名政治素质强、理论水平高的领导干部、理论工作者，组成学习贯彻中共十九届六中全会及省第十二次党代会精神市委宣讲团，于12月9—30日分赴各县（市、区）各工委各高校，采取交叉宣讲的方式开展集中宣讲报告和基层互动宣讲活动近百场。各县（市、区）在办好宣讲报告会的基础上，开展党的十九届六中全会基层宣讲活动1000多场，受众8万多人次，推动中共十九届六中全会和省第十二次党代会精神进机关、进企业、进学校、进社区、进农村、进网络。

【党史教育专题宣讲】 2021年，临汾市委讲师团组建党史学习教育市委宣讲团，于4月7—28日分赴全市各县（市、区）各工委开展党史学习教育集中宣讲活动46场，通过互动交流、视频直播、新闻报道等形式，线上线下同步受众15万余人

2021年7月30日上午，省委宣讲团成员、省委宣传部副部长、省委党史学习教育领导小组办公室副主任郭晓东在蒲县山中乡山中村作习近平总书记“七一”重要讲话精神宣讲报告 （市委讲师团供图）

次。在市委宣讲团的示范引领下，各县（市、区）组织部署，组成上下结合的基层宣讲团和宣讲小分队，深入农家小院、街道社区、革命纪念地等，开展“学党史、守初心”基层宣讲活动5400多场，受众36万余人次，带领党员干部群众从百年党史中汲取奋进力量。

【市第五次党代会精神宣讲】 2021年，临汾市委讲师团在市第五次党代会闭幕后，围绕市党代会提出的新部署、新决策、新要求，编撰宣讲提纲，统筹宣讲力量，到基层一线开展市第五次党代会精神宣讲活动2500多场，受众10万多人次，采取群众听得懂、悟得透的语言和丰富多彩的形式宣传解读市党代会精神，引导党员干部领悟、落实“1355”战略。

【哲学社会科学普及周活动】 2021年5月16—22日，临汾市委讲师团围绕“学党史、跟党走、蹚新路”的主题，开展2021年临汾市哲学社会科学普及周活动。5月16日，讲师团和尧都区宣传部在刘村镇秦村纪念馆举办普及周开幕式。普及周活动期间，全市17个县（市、区）、临汾开发区和市直有关党工委、两个学院开展各类主题宣讲126场，受众3万余人次，举办座谈会、研讨会13场。

【全市理论示范宣讲培训班举办】 2021年，临汾市委讲师团分阶段举办4次理论骨干培训班，分别是全市“学党史·守初心”理论示范宣讲培训班、学习贯彻习近平总书记“七一”重要讲话精神理论骨干示范宣讲培训班、学习贯彻市第五次党代会精神理论骨干示范宣讲培训班和学习贯彻党的十九届六中全会及省市党代会精神示范培训班，各县（市、区）委宣传部分管理论工作的副部长、理论科长及基层理论骨干等百余人参加培训。

【理论宣讲阵地建设】 2021年，临汾市委讲师团发挥省委宣传部和省委讲师团“双百计划”确定的基层宣讲示范点的典型引领作用，筛选推荐申报第三批基层宣讲示范点。拓展网上宣讲平台，利用“临汾微宣讲”平台，运用图文报道、H5、海报等形式发送文章244篇，进行理论阐释，反映基层宣讲动态，为拓展网络宣讲和创新宣讲方式探索有益途径。

【增强“争先进位崛起”意识】 2021年，临汾市委讲师团承办省委宣传部和省委讲师团交付的工作任务，做好全省“小故事彰显思想伟力”微视频大赛的推荐报送工作，筛选报送的微视频——蒲县县委宣传部制作的《乡村唱出幸福曲》被中宣部评为“优秀理论宣讲微视频”，为全省三个获奖奖项之一。在2021年12月举行的全省第二届“小故事彰显思想伟力”微视频大赛中，推荐报送15个微视频作品，有9个作品获奖，其中一等奖2个、二等奖3个、三等奖4个。开展好全省第二届理论宣讲大赛。组织全市优秀理论宣讲工作者开展宣讲竞赛，评选出5名优秀宣讲人员参加全省理论宣讲大赛复赛和决赛，其中选手李天一获得省委宣传部优秀奖。拓展基层理论宣讲工作。在省委宣传部通报的2021年基层理论宣讲先进集体、个人和优秀理论宣讲报告、微视频中获得4个表彰奖，分别是临汾市委讲师团荣获2021年“全省基层理论宣讲先进集体”荣誉称号，蒲县山中乡山中村党支部书记石金平和市委党校党史党建教研室主任、副教授兰雅莉荣获“全省基层理论宣讲先进个人”荣誉称号，讲师团机关乔富萍《从“三个为什么”解读中国成功密码》获得优秀理论宣讲报告，蒲县县委宣传部的《乡村唱出幸福曲》获优秀理论宣讲微视频。（王　辉）

统战工作

【概况】 2021年，临汾市委统战部以习近平新时代中国特色社会主义思想统领统一战线工作，把庆祝建党百年、开展党史学习教育作为重大政治任务，贯穿到统一战线各领域和统战工作全过程。在全市统一战线开展庆祝中国共产党成立100周年“学党史、明方向、跟党走”知识竞赛、“同心颂党恩、携手新征程”书画摄影展、“忆百年征程、看今日华夏”短视频展播和“同心跟党走、共创新伟业”主题征文等系列活动。在民主党派中，开展“学史增信·固初心”党史学习专题活动。在无党派人士和党外知识分子中，开展“学党史、跟党走”主题教育，举办各类活动194场次。在非公经济人士中，学习习近平总书记关于加强新时代民营经济统战工作的重要论述和全省民营企业家座谈会精神。在民族宗教界人士中，学习贯彻全国宗教工作会议精神、中央民族工作会议精神，开展“爱党爱国爱社会主义”主题教育活动。在新的社会阶层人士中，组织举办学习中共十九届六中全会精神培训班，开展“百年党史人人读”党史学习教育活动、

“忆峥嵘岁月，做时代新人”红色主题观影活动、“党建引领促发展，凝心聚力谱新篇”党建工作参观学习活动。在侨界人士中，学习领会习近平总书记关于侨务工作的重要论述，开展党史专题宣讲。

【新型政党制度建设】 2021年，临汾市委统战部组织召开全市民主党派工作会议，学习贯彻参政党建设“三个文件”，加强《条例》贯彻落实，举办各类培训5次，提升民主党派思想政治建设、组织建设、参政能力建设、作风建设、制度建设水平。协助民主党派做好市级组织和县级地方组织、基层组织换届工作，做到换届和谐、和谐换届。加强党外干部队伍建设，协助党委做好市县人大常委会、政府、政协换届工作，调整配备一大批党外干部，优化党外人士在市县人大、政协的政治安排。协助市委开展政党协商，就政府工作报告、市五次党代会报告、重要人事调整及统战重大问题，与民主党派、工商联、无党派人士协商4次。开展“知临汾、懂临汾、兴临汾”主题活动，形成一批高质量参政议政成果。推进“九临合作”，助推全市全方位高质量发展。

【营造非公有制经济全方位高质量发展新环境】 2021年，临汾市委统战部着眼民营企业家健康成长，召开市工商联二届五次执委会议，贯彻落实全省民营企业家座谈会精神。提升服务水平，开展企业行之华翔行——创新发展理念活动。完善政企对接，优化营商环境。定期编辑《民企之声》，帮助民营企业解决困难和问题。丰富服务内容，推动企业提质升级。与山西股权交易中心签署战略合作协议。发挥组织优势，推动“以商招商”。组织召开2021年临汾市企业家代表座谈会、外埠商会等；参加2021“贤商大会”，与上海市奉贤区工商联结为友好商会；在上海市松江区召开临沪两地民营企业精准对接圆桌会议，推动临沪两地企业在科技、信息方面开展深度合作。深化法律服务，引导民营企业提升法律综合素质。临汾市人民检察院、临汾市工商联联合举办派驻市工商联检察联络室揭牌仪式暨护航民企特约监督员聘任仪式；聚焦重点行业，建立市直商协会台账，推进“四好”商会建设。组织民营企业为全市暴雨减灾救灾工作捐款捐物1.28亿元。

【凝聚党外知识分子和新的社会阶层人士统战力量】 2021年，临汾市委统战部组织新阶层人士开展调研，指导县（市、区）开展跨境电商企业交流、“互联网+”网络直播实操技能培训、“太平绣球”文化主题研学等活动，创造联谊交流机会，服务创新创业。组织市县两级新阶层人士为抗灾减灾捐款捐物1000余万元，有22名新阶层人士到河南省参加抢险救灾工作，救出群众700余名。夯实无党派人士和党外知识分子及归国留学人员工作基础。对科级以上无党派人士和副高级以上职称的党外知识分子进行再调查再摸底，完成2000余名无党派人士的数据采集工作，创建全市无党派代表人士优秀人才库。完成归国留学人员150人的数据采集工作，创建全市归国留学人员人才库。

【维护民族宗教领域和谐安定】 2021年，临汾市委统战部指导全市17个县（市、区）培育17所中小学作为铸牢中华民族共同体意识教育实践活动试点学校。开展民族团结进步创建活动。抓好少数民族聚居村的乡村振兴战略。做好洪洞县广胜寺商业化问题整改工作。加强宗教团体建设，注重提高统战、宗教工作领导小组成员单位和三级网络两级责任制人员素质，编印《临汾市宗教政策法规知识宣传单》《宗

2021年，临汾市委统战部组织无党派代表人士和党外知识分子及归国留学人员参观曲沃蔬菜基地　　（市委统战部供图）

教政策法规应知应会手册》，全年培训市县乡村四级党政干部2000余人。对全市受灾情影响较重的宗教活动场所和宗教教职人员进行帮扶。在全市宗教活动场所开展安全隐患大排查大整治，制定《临汾市宗教活动场所安全十标准》，强降雨灾情后，开展安全隐患动态排查整改，对确属危房的，停止一切活动，撤离危险区域人员，做到应撤尽撤，避免二次灾害发生，压实场所主体责任，守牢场所安全底线。

【海外联谊工作】 2021年，临汾市委统战部举办2021海内外侨胞“寻根三晋”活动。承接“亲情中华——海外华裔青少年”夏令营活动，来自西班牙2个班的127名华裔青少年通过网上夏令营，学习中华故事，了解中华文化。搭建招商引资、招才引智平台，争取海内外资金、人才和产业向临汾市流动，召开市侨商联合会、海外留学归国人员创新创业协会成立大会。在全市侨联系统创造性地开展“助力乡村振兴特色侨产品”征集宣传推介工作，扩大“特色侨产品”的影响和产销量，弘扬“根祖文化”，助力乡村振兴。 （孔晓昕）

巡察工作

【概况】 2021年，临汾市委巡察办坚持以习近平新时代中国特色社会主义思想为指导，学习贯彻习近平总书记关于巡视工作重要论述和视察山西重要讲话重要指示精神，贯彻中共十九大和十九届五中、六中全会精神，落实十九届中央纪委五次全会、省纪委十一届七次全会、市委四届九次全会和市纪委四届六次全会精神，按照全国、省、市巡察工作推进会部署要求，增强“四个意识”、坚定“四个自信”、做到“两个维护”，聚焦新时代巡察工作职责使命，坚守政治定位，强化政治监督，推进巡察工作高质量发展，为推动临汾全方位高质量发展提供坚强保障。

【供销社系统专项巡察】 2021年2月上旬至4月下旬，临汾市委巡察办按照市委安排，结合省市供销合作社领域腐败问题专项治理，对市县两级供销社开展专项巡察。巡察突出专项优势，市委派出1个专项巡察组对市供销合作社开展专项巡察，县级专项巡察由全市统筹，混合编组、推磨交叉，市县上下联动同步开展，最大限度打破地域关和人情关；市级巡察组分别抽调纪检监察、审计、财政等骨干力量参加，县级巡察组按照“3+3+3+1”模块组建；指导督导并行，巡察期间，市委同步派出6个指导督导组，采取实地察看、座谈交流和现场指导等方式，对照市委专项巡察组提供的方向性清单，指导县级巡察组拓展巡察内容、做实巡察印证，全程介入县级专项巡察组指导工作。

【优化营商环境专项巡察】 2021年6月上旬至8月下旬，临汾市委派出5个专项巡察组对17个营商环境相关单位开展专项巡察。巡察紧扣“放管服效”改革部署要求和临汾市优化营商环境进程中的短板弱项，列出五个方面30项监督清单，紧盯重点人、重点事、重点岗位和重点环节，重点了解被巡察党组织权力运行情况，深挖细查影响营商环境的隐形问题、本质问题和深层次问题；巡察推动巡纪贯通，巡察期间，巡察组将发现的群众反映强烈、可查性强的11件破坏营商环境的问题线索，在阶段性汇报后，经领导小组同意，移交市纪委监委分类快速处置；巡察统筹推进，指导县级巡察采取统筹交叉模式，以“4+3+1”的模块组建17个专项巡察组，按照“派出县和派入县间隔”方式推磨交叉进驻，尽可能破解地域关和人情关。

【粮食购销系统机动式巡察】 2021年8月下旬至11月上旬，临汾市委巡察办按照中央纪委国家监委领导批示要求和省市纪委有关工作部署，结合全市粮食购销系统腐败问题专项治理工作，对市县21个粮食系统单位开展机动式巡察。针对粮食购销专项整治工作需要和粮食购销系统业务特点，从市县两级抽调巡察机构、审计、市场监督等部门业务骨干60名，以“5+4+1”（巡察干部5人+审计人员4人+市场监管人员1人）的人员组成方式，组建6个市委巡察组，从力量配置上保障巡察工作需要。在综合运用“12+N”巡察方式的基础上，结合“三个紧盯”监督重点和粮食购销系统实际，运用“全面摸排、实地检查、扦样抽查”监督检查方式，到170个粮库实地摸排，库存测量126个，扦样抽查27个，并确保工作成效。

【五届市委第一轮巡察】 2021年11月，临汾市委巡察办根据市委安排，启动五届市委第一轮常规巡察，采取“一托一”或“一托二”方式对市农业农村局、市水利局、市乡村振兴局、市教育局、市科学技术局、临汾第一中学校、临汾第三中学校等9个市直单位党组（党委）及所属13个处级单位开展常规巡察。巡察期间，市委组织部、市委宣传部分别派出专项检查组，配合市委巡察组开展选人用人、意识形态工作责任制落实情况专项检查。

【巡视巡察上下联动】 2021年，临汾市委巡察办按照巡视巡察上下联动工作要求，在粮食购销系统巡视巡察过程中，省市巡视巡察组"上接下力、下乘上势"，省组带市组、市组配合省组，要求巡察组要在上下联动中学习经验做法、查找不足缺陷，边巡边学边改进，提升巡察工作质效。省委巡视组全过程加强巡察监督质量把控，通过巡中走访、阶段汇报、指导巡察报告等方式为巡察工作把关定向。市委巡察组对省委巡视组交办的重点问题和相关情况进行了解。巡察、审计、市场监管三方工作成果，相互印证、相互支撑，为找准问题提供切入点，为做实问题提供保障；强化重点问题线索的快查快办，巡察期间，市委巡察组将发现的群众反映强烈、可查性强的16件问题线索，移交市纪委监委审查调查。

【巡察指导督导】 2021年11月，五届市委第一轮巡察期间，省委巡视工作领导小组派出第十一巡察指导督导组对临汾市巡察工作进行跟踪指导督导。重点对政治巡察要求、巡察流程把握、巡察方案完善，以及巡察办统筹协调、指导督导、服务保障能力等方面进行指导督导。在省指导督导组的示范引领下，提升巡察机构的规范化建设和能力建设，对县级巡察指导督导工作培育"火种"。（刘晓红）

政策研究

【概况】 2021年，临汾市委政策研究室推进全市改革工作协调发展，发挥好改革办统筹协调、督促推进的作用，紧盯目标任务，聚焦工作重点，细化推进举措，推动各项改革任务落地见效。

【改革思想引领】 2021年，临汾市委政策研究室对中央、省委关于全面深化改革的重大精神和决策部署，提请召开3次市委深改委会议，起草全市贯彻落实意见，使全市上下始终把思想和行动统一到中央、省委和市委关于全面深化改革的部署和要求上来，做到同频共振、同向同步。

【改革工作部署】 2021年，临汾市委政策研究室突出重点领域和关键环节，对照中央、省委部署的重点改革任务，制定符合临汾实际的《中共临汾市委全面深化改革委员会2021年重点改革任务》，安排20大项58小项改革任务，制定改革任务清单，明确需推进的23项改革试点，形成全年全市改革工作的"大盘子"。结合省目标责任制考核涉及的4项改革事项（综改集成试点、国资国企改革、农业生产托管、浮山小县改革），重点盯、突出抓，确保重点领域和关键环节改革取得突破，发挥对全市改革工作的牵引性作用，按时序要求完成任务。全年全市11家开发区全部开展"承诺制+标准地+全代办"改革，襄汾经济技术开发区在山西省第一个出让"标准地"，乡宁生态文化旅游示范区首先将"标准地"出让范围从工业用地拓展到商业用地。全市公共卫生体系建设被国家确定为卫生应急综合试验区试点。永和县"搭建智慧服务平台发展农业循环经济"农业生产托管案例入选第三批全国农业社会化服务典型案例，连续4年推出4个模式在全国推广，占山西省在全国推广的6个模式的三分之二；蒲县入选全国第三批农村集体产权制度改革试点典型经验交流单位。安泽县探索"说事议事"基层治理模式，捧回"长安杯"，成为山西省唯一蝉联"长安杯"的县。蒲县走生态文明发展之路，进行两山转化探索，成为全国第五批"绿水青山就是金山银山"实践创新基地。5月13日，中央电视台大型直播特别节目《今日中国》报道永和县村级林长爱林护林、绿满大山增财添彩的生态实践。

【改革推进机制】 2021年，临汾市委政策研究室做好改革协调推进，确保各项任务落实落细。结合改革工作新形势、新任务，健全完善改革体制机制，确保各项改革任务责任明确、协同推进、落地落实。推进落实以改革工作报审报备、信息报送、台账管理等工作制度为重点的"2+6"改革推进机制，规范改革运行程序。明确责任分工。推进改革工作市级领导分工负责制，落实市直牵头部门主体责任制，推动各级党政一把手"四个亲自"抓改革，夯实改革责任体系。实行台账管理。针对年度重点改革任务，建立改革台账，明确每项任务的责任领导、责任部门、成果形式，做出进度安排，定期调度任务进展，推动任务落实。

【改革督察考核】 2021年，临汾市委政策研究室发挥督查考核在全面深化改革工作中的指挥棒作用。6月下旬对各单位全面深化改革任务完成情况进行梳理盘点，对未达序时进度的14小项任务的9家牵头部门下达专项督办函，推动改革任务落实落地。7月下旬配合省委改革办，开展政策执行跟踪纠偏工作，对省级政策文件中存在的“一刀切”、配套措施不足、不接地气难以执行等问题进行梳理上报。依据《2020年度全面深化改革考核实施方案》，对17个县（市、区）和各相关部门进行目标责任考核。制定《2021年度全面深化改革考核实施方案》，完善考核指标体系和自查自评、实证考评、书面评议等考核方式。

【改革经验推广】 2021年，临汾市委政策研究室发现总结基层干部群众的新创造、新经验、新做法，宣传改革新成效。5月、6月对襄汾县、翼城县、曲沃县、侯马市、洪洞县、霍州市、尧都区、临汾经济开发区、安泽县、古县等10个县（市、区）进行实地调研，形成《临汾市市县转型综合配套改革试点实施方案》《我市装备制造业发展现状分析及对策建议》《关于临汾本土企业发展情况的调查与思考》。鼓励各县（市、区）根据实际申请市县转型综改牵引性集成改革试点，通过综合评定，选取侯马市、蒲县作为试点县上报省委改革办，迎接省委改革办的实地调研。对全市在改革工作推进中形成的亮点和经验做法进行梳理总结，编发《临汾改革信息》12期，在《山西改革信息》上刊发4篇专题信息。《安泽县改革创新“五个一”工作法助推乡村治理》《蒲县创新“三级四长”模式推进生态文明建设实现新进步》《蒲县下好人才“四步棋”强力支撑全方位高质量发展》《吉县多措并举推进苹果产业提质升级以产业振兴推动乡村全面振兴》等典型经验，在《山西改革信息》向全省总结推广。

【调查研究】 2021年，临汾市委政策研究室围绕市委工作中心，抓住事关全市改革发展的重点难点和热点问题，到尧都区、洪洞县、襄汾县、侯马市、霍州市、翼城县、蒲县、吉县、安泽县9县（市、区），开展乡村治理、农村基层党建和乡村振兴的专题调研活动，形成《关于临汾市乡村治理的实践与思考》《对创新农村基层党建工作的调研与思考》《关于临汾市巩固拓展脱贫攻坚成果与乡村振兴有效衔接的实践与思考》《山西省临汾市组织振兴引领乡村振兴的实践与思考》《我市装备制造业发展现状分析及对策建议》《关于临汾本土企业发展情况的调查与思考》6篇有深度的调研报告。其中，《关于临汾市乡村治理的实践与思考》被民政部《乡镇论坛》杂志登载，市委书记闫晨曦做批示，以临办通报〔2021〕第6期印发全市各级各部门。该调研报告荣获由中国期刊协会党刊分会、全国党刊研究会评选的“决战脱贫攻坚、决胜全面建成小康社会、迎接建党100周年”重大主题宣传优秀作品三等奖。《对山西省临汾市创新农村基层党建工作的调研与思考》等3篇调研报告被《支部建设》、黄河新闻网等期刊媒体刊用。

【服务市委中心工作】 2021年，临汾市委政策研究室负责市委主要领导重要调研活动及重大会议文字材料起草工作。撰写市委书记闫晨曦吉县调研，安泽县、古县调研等讲话材料，完成原省委书记楼阳生在临汾市调研和省委书记林武在临汾市调研重要指示任务分解工作，参与撰写省委书记林武在临汾市调研汇报材料，参与中共临汾市委第五次代表大会报告的起草工作，制定市第五次党代会报告任务分解方案，起草市委“争先、进位、崛起”解放思想大讨论实施意见等。结合临汾市实际情况，编制《临汾市“十四五”转型综改试验重大改革规划》和《临汾市“十四五”智库建设和高层次人才服务体系建设专项规划》，12月3日通过市委常委会审议。刊发《调查与分析》6期，编辑《时政快报》53期。

（王越楠）

网络安全和信息化

【概况】 2021年，临汾市网络安全和信息化办公室（简称临汾市委网信办）以习近平总书记关于网络强国的重要思想为指引，围绕市委、市政府中心工作，主动担当，认真履职，坚持政治定力，依法管理有害信息和网络谣言，规范网络行为和言论。做到在大是大非面前不动摇、不迟疑、不含糊，用实际行动践行“两个维护”，捍卫“两个确立”。

【网络安全防护】 2021年，临汾市委网信办加强宣传普及，在国家网络安全宣传周临汾系列活动期间，市县两级均举行启动仪式，开展“主题日”活动、网络安全教育培训和应急演练，举行网络安全教育进校园活动。举办全市互联网法

2021年10月15日，市委网信办主办2021年临汾市互联网法律法规知识竞赛（市委网信办供图）

律法规知识竞赛。对全市15家单位开展督查检查，督促各级各部门落实主体责任。通过网络安全宣传教育和通报督查同步开展，提升网络安全防护水平。

【网上宣传引导】 2021年，临汾市委网信办坚持守正创新，围绕中央、省委、市委重大决策部署和全市重点工作等重大主题，组织属地新闻网站设立专题专栏244个，刊发稿件10000余篇，转发中央、省级主流媒体的重要稿件9300多篇。开展“百年逐梦启新程”网络微视频大赛活动，征集评选优秀网络微视频作品400余个。发挥“临汾网信”微信公众平台优势，制作编发245期，发表原创文章77篇。

【网络综合治理】 2021年，临汾市委网信办创新管理方式，到属地新闻网站、自媒体及各县（市、区）融媒体等重点网络媒体检查调研。加大属地网站内容巡查、通报、督促整改工作，开展“清朗”“历史虚无主义信息清理”等专项行动。完成17个县级融媒体中心互联网新闻信息服务许可申报审核取证工作。发挥市互联网行业党委组织引领作用，组建山西正合天科技股份有限公司党支部，属地互联网管理更加规范有序。

【信息化建设】 2021年，临汾市委网信办推进网络设施IPv6改造，加大党政部门和关键信息基础设施国产化替代工作的推进力度。在推进数字乡村工作中，农村电商、智慧农业、互联网+党建、信息化设施建设稳步推进，11月底省委网信办专家组完成阶段性综合评估。隰县典型案例入选中央网信办《数字乡村建设指南1.0》。（师　军）

机构编制

【概况】 2021年，临汾市委机构编制委员会办公室（简称临汾市委编办）围绕市委中心工作和高质量转型发展大局，以政治建设为统领，开展深化改革、创新管理，事业单位改革、乡镇（街道）机构改革、机构编制管理等重点工作。

【事业单位重塑性改革】 2021年，临汾市委编办深化市县两级事业单位重塑性改革，构建系统完备、科学规范、运行高效的事业单位运行体系。市级改革抓“融合”。理清并重新制定68个处级事业单位“三定”规定，实现市直事业单位职责清晰、权责明确、运行顺畅。在部分事业单位开展政事权限清单试点和章程核准（备案）试点工作，合理划分政事权责关系。县级改革抓“重塑”。指导县级推进事业单位机构功能重塑再造，按照省委编办下达县级事业单位机构限额标准，对县（市、区）机构进行科学设置。改革评估抓“实效”。对市县两级事业单位改革情况进行的评估，推进市县两级事业单位改革，推动市县两级进一步探索创新事业单位管理体制机制。

【乡镇（街道）机构改革】 2021年，临汾市委编办指导各县（市、区）做好派驻乡镇（街道）的站所下放、编制划转、人员转隶等改革任务。一般乡镇（街道）均按照“5办2中心1站”机构设置，洪洞县赵城经济发达镇党政机构设置为6个，事业单位设置为4个，解决过去乡镇机构设置人员分散、条块分割、层级过多等问题。采取“减上补下”方式调整乡镇（街道）事业编制，充实基层工作力量。全市乡镇（街道）事业编制从2028名增加到4957名，增加144%。下放卫生监督站、财政所、劳动保障站等158个站所，对下放的人员定岗定责。推行乡街“吹哨”、部门“报到”的制度，基层统筹协调能力明显增强，属地管理能力有效提升。

【开发区清理规范】 2021年，临汾市委编办按照优化协同高效原则，对分散设置、职责交叉的开发区管理机构进行整合。清理整合开发区管理机构，将尧都区工业园区服务中心，由尧都区政府直属事业单位调整为尧都区高新区管委会管理的事业单位。撤销侯马市生态创新工业园区服务中心。做好开发区管委会“三定”规定修订工作，按照“三定”规定修订流程开展相关工作。按照应放尽放原则，参与向开发区赋权工作，配合市行政审批服务管理局，对侯马经济开发区、霍州经济技术开发区认领省市部分赋权事项进行核实校对。

【机构编制管理】 2021年，临汾市委编办坚持“严控总量、统筹使用、有减有增、动态平衡、保证重点、服务发展”的要求，盘活用好编制资源。结合事业单位改革、乡镇（街道）机构改革评估验收，对各县（市、区）、市直部门（单位）机构编制进行监督检查，组织开展机构编制条条干预问题自查自纠。开展机构编制核查，确保机构编制各项数据权威准确。为解决各学校编制不均衡的问题，从县级中学教职工富余编制中调整编制1024名，在市级层面建立全市中小学教职工编制“周转池”，将调整的中小学教职工编制纳入“周转池”。对市直事业编制类型进行调整优化，在总量不变的前提下，为30个市直单位调整编制类型，按比例重新核定财政拨款编制，控制自收自支人员的增长，盘活编制资源，为全市经济社会发展提供编制资源保障。

【优化调整各领域行政体制机制】 2021年，临汾市委编办按照全方位高质量发展要求，结合经济社会发展和重点工作情况，对相关体制机制进行优化调整。理顺乡村振兴管理体制，将市扶贫开发办公室重组为市乡村振兴局；完善能源管理体制，由市发展和改革委员会统一领导和管理市能源局；优化行政复议资源配置，市级的行政复议职责统一由市人民政府行使；加强文物保护工作力量，为市文物和旅游局（市文物局）增设内设科室；完善公安机关网络安全监管，为市公安局成立新型网络犯罪侦查支队；加强校外教育培训监管，为市教育局成立校外教育培训监督管理科等。

【事业单位登记管理和机构编制电子政务建设】 2021年，临汾市委编办推进机关、群团统一社会信用代码赋码和事业单位登记管理工作，做好事业单位设立、变更、注销登记。按时完成事业单位法人年度报告工作，实际申报年度报告事业单位179个，报送率达到100%。根据事业单位重塑性改革后市本级保留规范的事业单位情况，对中文域名系统内379个单位数据进行更新。推进机构编制云平台建设工作，将市县政府部门权责清单梳理调整情况录入系统，录入市、县两级权责清单6254条。

市直机关党建

【政治建设】 2021年，临汾市直工委加强政治机关建设，推动政治机关意识教育向基层单位、普通党员延伸，引导党员干部做到“两个维护”。以政治建设统领机关党建工作，开展模范“五型机关”创建活动，推动政治机关意识教育向基层单位和普通党员延伸，发挥政治型机关作用；结合部门职能和行业特点，推动专项工作在市直机关落实，发挥枢纽型机关作用；严肃政治生活，跟进督导市直机关部门党组（党委）和领导班子履行主体责任，开展专题民主生活会。从严落实“三会一课”、民主评议党员等组织生活制度，为群众办实事，参与社区治理和灾后重建，发挥服务型机关作用。

【党建活动】 2021年，临汾市直工委组织庆祝中国共产党成立一百周年系列活动。指导推进市直机关党史学习教育，完成党史学习教育各项任务。与市委组织部、市委宣传部联合举办庆祝建党百年“维护核心跟党走、蹚出新路铸辉煌”主题的文艺演出活动，与团市委联合举办“学党史、强信念、跟党走”——青年奋斗者说主题演讲比赛，唱响共产党好、社会主义好、改革开放好、伟大祖国好、各族人民好的时代主旋律。

【理论武装】 2021年，临汾市直工委推动学习党的创新理论，加大巡听旁听、督查考核力度，规范党组（党委）中心组理论学习，发挥领学示范作用。用好“学习强国”平台App、“三晋先锋”等学习资源，引深“一机关一品牌”理论学习创建活动。加快“党员进党校”培训工作进度，发挥“红色礼堂”阵地作用，形成“全面覆盖、全员轮训、全面提升”的党员教育培训格局。强化意识形态工作责任，推进意识形态阵地建设，实现“五有”目标。严把意识形态工作主动权，跟进工作动态，对党务干部培训授课提纲进行严格把关，对自办公众号、手机报所刊登的稿件进行审批，推进意识形态工作到党支部。

【组织建设】 2021年，临汾市直工委推动基层党组织全面进步全面过硬。推进党支部“星级化”管理。坚持以“定查评”工作法推进星级支部创建，开展专题组织生活会，激发支部建设内在活力，强化党支部政治属性和功能。开展党内法规“学习月”活动，明确机关党建工作的基本遵循，推进“四级四岗”责任清单落实，形成全面从严治党工作态势。推进“党课开讲啦”常态化开展，拓宽“党课”教育形式，建立轮值宣讲制度。推进“党员进党校”行动，发挥机关部门抓党员教育培训的主体作用。跟进事业单位机构改革，理顺隶属关系，优化组织设置。发挥党代表作用，组织召开市直机关第五次党代会。

【廉政建设】 2021年，临汾市直工委持之以恒正风肃纪反腐。发挥监督执纪问责职能作用，营造风清气正、担当作为的良好氛围，推动市直机关党风廉政建设和反腐败工作深入开展。执行党纪党规，落实“三重一大”要求和请示报告制度，确保党中央、省委、市委的决策部署落实到位。正风肃纪，坚持不懈抓廉政教育，筑牢拒腐防变思想防线。集中开展“四风”和重点领域专项治理，严查快处、通报曝光，形成震慑。从严案件审理，审理市直部门纪检监察组提交案件。

【文明创建】 2021年，临汾市直工委在精神文明建设中，规范文明单位创建管理，对2020年度市直文明单位创建工作进行复查。组织开展全市社会主义核心价值观暨爱国主义教育专题培训，选树社会主义核心价值观示范点。做好“临汾好人”“山西好人”“中国好人”，以及第八届全国道德模范候选人人选推荐工作。做好2020—2021届市直文明单位的申报、评选工作和2020—2021市级以上文明单位的申报、推荐工作。

【乡村振兴】 2021年，临汾市直工委推进巩固拓展脱贫攻坚成果与乡村振兴。2021年1—5月，落实“四个不摘”要求，协调争取发改和农业农村等相关部门，加大对帮扶村农业生产基础设施的投入力度，争取800余万元的资金，对该村的坡地陡田进行“平田整地”和“引水上垣”灌溉项目进行落实。5月24日进驻汾西县和平镇开展帮扶工作。从村“两委”建设、帮扶督查、整理脱贫档案、疫情防控和疫苗接种、防汛减灾、村“两委”换届、农村“六乱”整治等10个方面推动工作。到2021年底，市直工委累计为全市107支帮扶工作队员订购《山西日报》214份，组织召开巩固拓展脱贫攻坚成果与乡村振兴工作座谈会3次。严防灾情、疫情，从严执行相关政策及措施，配合协助乡镇做好疫情防控工作，宣传疫苗接种常识，做实做好疫苗接种统计工作。9—10月的长时间降雨期间，工作队全体人员放弃节假日休息时间，与全镇干部群众坚守在抢险救灾第一线。落实市委、市政府决策部署，协助镇党委和镇政府抓好各村帮扶工作队的管理工作，对13支驻村工作队在岗在位、履职开展工作情况和签到打卡情况进行督查，编发督查通报5期。协助做好村“两委”换届和“六乱”整治工作。完成档案归整、典型案例总结、数据统计等工作。系统梳理总结，创新探索实践，制定实际举措，做好乡村振兴后续工作。

（郭旭辉）

机关事务管理

【概况】 2021年，临汾市机关事务管理局推进机关事务集中统一管理，科学优化公共资源配置，降低机关运行成本，提升服务保障水平。2021年，市机关事务管理局被国家机关事务管理局、中共中央直属机关事务管理局、国家发展改革委、财政部授予“节约型机关”荣誉称号。

【“我为群众办实事”实践活动】 2021年，临汾市机关事务管理局助力乡村振兴，申请农村“六乱”治理经费20万元，完成乡村街道维修改造。提升机关事务服务质量和水平。新建一家农特产品帮扶超市，拓宽全市农特产品的销售渠道。办理改善机关食堂饭菜质量、开展节能宣传、举办家长课堂、做好疫情消毒等7项实事。

【公务用车管理】 2021年，临汾市机关事务管理局规范公务用车编制管理工作。核准市委政法委、市发改委、市文联3家单位7辆公车的交车申请，编制随车辆划入市公车平台。完成部分公务用车处置工作。采用先评估后拍卖的方式对老旧公务用车进行统一处置，拍卖款项4.6万元上缴国库。统一调度管理。采取重点保障与全面保障相结合的用车方式，在重点保障市四大班子、应急、环保等部门和突发事件、重大活动、重要会议公车需求的基础上，保障市直单位和联动保障任务的公务用车需求。

【政务接待管理】 2021年，临汾市机关事务管理局打造“临汾接待”品牌，整合各县（市、区）政务接待资源，建立全市政务接待网络，形成全市政务接待一个标准、一张网络、上下联动的工作格局。完成各级政务和外事活动接待任务，全年接待宾客458批3434人次（其中省部级领导41批76人次，厅级领导552人次，随行2806人次），完成省委脱贫攻坚督导组、省委党史学习教育巡回指导组、省委省政府乡村振兴督导组等专项工作组的驻地保障服务任务。

【办公用房管理】 2021年，临汾市机关事务管理局完成五大集中办公区50余个单位的水、暖、电保障任务，完成办公楼暖气更换维修、屋面漏雨翻新、墙面粉刷等大中修项目16个、小型维修200余处。完成市乡村振兴局、市文旅局、市投资促进局、市医保局等7家单位办公用房集中统一调剂工作。完成市直37个办公区6批次的物业、餐饮服务企业招聘工作。

【公共机构节能】 2021年，临汾市机关事务管理局强化节能法规宣传教育，编辑印发《公共机构节能政策法规汇编》。推进重点用能单位节能监管，市公安局连续获得公共机构节能示范单位、能效领跑者、水效领跑者三项国家级光荣称号，市税务局、临汾一中分别荣获国家级“节能示范单位”光荣称号。发挥公共机构节能示范引领作用，开展公共机构节能宣传周、生活垃圾分类、制止餐饮浪费、限塑等宣传活动，营造崇尚节俭、厉行节约的良好氛围。（武华倩）

老干部工作

【老干部“政治引领”】 2021年，临汾市委老干部局研究印发《2021年度临汾市委老干部局工作要点》。做好临汾市全面从严治党考核老干部工作专项指标考核评分工作，制定下发《关于认真学习贯彻习近平总书记给上海市新四军历史研究会百岁老战士们重要回信精神组织全市离退休干部党员参加党史学习教育的通知》《关于组织离退休干部认真学习贯彻习近平总书记在庆祝中国共产党成立100周年大会上的讲话的通知》，征订和发放党史学习教育指定读物，在各级老年大学、老干部活动中心开设“开学第一课”，组织离退休干部开展党史学习教育。推选老干部代表收听“习近平总书记‘七一’重要讲话精神省委专题宣讲团临汾宣讲会”，举办“百年奋斗路·银龄心向党”离退休干部专题培训班，组织参加省委老干部局举办的庆祝中国共产党成立100周年老党员老干部座谈会、全省党组织书记专题示范培训班，17763名老同志参与全省“百年奋斗路·银龄心向党”党史学习教育线上知识竞赛活动，荣获全省优秀组织奖。

【老干部思想引领】 2021年，临汾市委老干部局依托离退休干部党支部、老年大学、老干部活动中心等主阵地，通过举办培训班、报告会、读书班、视频直播或开设网络“微党课”等方式，组织离退休干部学习领会习近平新时代中国特色社会主义思想和中共十九大，十九届五中、六中全会及省第二十次党代会精神。组织市级老同志参加市政府工作报告征求意见会和中共十九届六中全会、省第二十次党代会精神宣讲会，发放学习书籍3000余册，编印资料5000余份。

【老干部支部建设】 2021年，临汾市委老干部局抓好临汾市《关于加强新时代离退休干部党的建设工作的实施意见》的贯彻实施，在离退休干部集中的社区活动室、老年大学、老干部活动中心、涉老团体中建立离退休干部临时党支部156个，推动党组织设置由单位向基层和社区延伸，确保每一位老干部党员离岗不离党。推进离退休干部党组织标准化建设，印发《临汾市离退休干部党支部（总支）考评细则（试行）》，对离退休干部“示范党支部（总支）”明确时间表和路线图。全市有92个离退休干部党支部达到“示范党支部（总支）”标准，占总创建任务的21.1%。督促全市落实党组织工作经费206万元、支部书记工作补贴73.8万元，举办全市老干部局（科）长暨离退休干部党支部书记培训班2期，提高老干部党组织规范化、标准化水平。

【“两个品牌”建设】 2021年，临汾市委老干部局开展“平阳火炬”“临汾草编”品牌创建活动，按照年有主题、季有亮点、月有活动的总体部署，形成老干部工作部门上下联动、各单位热情参与、社会资源广泛加盟的“一盘棋”格局。推进“转型出雏型银辉添新彩”主题活动的实施，引导老干部在各领域发挥作用。“关爱下一代”老干部红色宣讲行动，18支涉老组织“火炬事业”宣讲队伍、175名宣讲员进社区、进单位、进学校、进乡村、进红色基地，红色宣讲630场次，18.5万人次受教育；“守护绿色生态”老干部志愿行动，100支“平阳火炬手”志愿队伍、1900余名志愿者开展“绿水青山我点赞”“绿色出行我倡导”“美丽家园我共建”和“绿色生态我宣传”活动30多次，700多人次参与；“助力转型”老专家行动，165名工业、农业、教育、科技老专家到53个乡镇、村（社区）传技术、送教育、送健康，4074名群众受益；“‘三零’创建”老干部“家门口”行动，围绕“建设人人有责、人人尽责、人人享有的社会治理共同体”目标，111支“火炬支部”队伍入社区、入农村、入学校250余次，1600多名老同志参加；组织实施“光荣在党、向党汇报”主题五个一系列活动，在中组部老干部局公众号刊发，依托临汾市电视台开设“红色记忆”专栏，播出81期“临汾革命老区红色故事”；开展“光荣在党故事”征文活动，围绕“我的入党故事”“党在我心中”“向党说句心里话”“一颗红心永向党”等内容，征集704篇文章，评选一、二、三等奖90篇；联合涉老组织举办“百名诗人、百名书家、百年华诞、百年礼赞——诗书联袂颂党恩”联展活动，征集400多首诗词，挑选200多首进行书法创作作品展出；推送作品800余幅参加“百年奋斗路·银龄心向党”山西省离退休干部庆祝建党100周年主题作品网络展映活动，123幅作品获奖。

【“临汾草编”志愿服务】 2021年，临汾市委老干部局联合临汾市草编协会，完成草编教材编著，组织引导老同志中的手工爱好者参与草编作品制作、草编人才培训，开展“扶智、励志、送技”志愿服务活动，培育打造“一县一品”草编特色产品，培训10余期500余人。与临汾开放大学合作新建县市草编社区学校3个，与山西师范大学美术学院合作建立实践育人基地，协作完成草编作品“南湖红船”，应邀入选工业和信息化部工业文化发展中心组织的“庆祝建党100周年主题工艺美术文创作品征集活动”；参加黄河九省区“黄河之水天上来”文创作品展，荣获金奖。

【服务老同志】 2021年，临汾市委老干部局践行“精准服务”理念，构建服务管理新体系，提高服务管理水平，办好惠老实事。落实省委老干部局“一人一策”精准服务离休干部工作“六项措施”，制定全市离休干部“一人一策”精准服务的方案，建立《临汾市“一人一策”精准服务定期巡访独居、空巢离休干部工作制度》《临汾市为离休干部上门巡诊制度》，为全市740名离休干部建立“一人一策”信息库，了解老同志需求229个，制定服务措施42个，解决老同志看病住院、护理照料、日常生活等方面实际问题615个。建立健全“六必访”制度，做到“政策出台必访、重大节日必访、生病住院必访、特殊困难必访、易地定期必访、临终逝世必访”，做到及时精细化跟踪服务。

【困难帮扶】 2021年，临汾市委老干部局制定和完善特殊困难离退休干部帮扶力度，全市各级帮扶特殊困难离退休干部及遗属462人、发放特殊困难帮扶资金93.7万元。巩固和完善离休干部“三个机制”，确保离休费落实到位、医药费“月月清”，会同市有关部门落实市直离休干部生活补贴39.8万元、离休干部配偶困难生活补助819万余元，43名符合条件的离休干部医疗待遇，组织市直5398名离退休干部健康体检。推行周末剧场，上演各类剧目28场，2000余人次走进剧场看戏。落实走访慰问制度，全年走访慰问老干部2.8万人次，发放慰问金、慰问品953万元，在走访慰问中，征求离退休干部及亲属意见建议。

【建好学习活动阵地】 2021年，临汾市委老干部局完成事业单位改革，将临汾市老干部休养所并入临汾市老年大学，临汾市离退休干部教育中心并入临汾市老干部活动中心，推动阵地提档升级、提质增效。新合并的市老年大学、老干部活动中心加大场地建设和管理力度，提升教学和活动质量，开设适合老年人心理和健康需求的12门精品课程、5个精品活动，同临汾开放大学协作开辟社区老年开放大学，建立分校和第二课堂，市委西苑小区、御景水城小区、兴乐艺术学校等5处教学示范点挂牌，老干部学习活动场所覆盖面扩大。“临汾市2021年全民终身学习活动周”在临汾市委老干部局启动，临汾市老干部活动中心荣获临汾市2021年“社区教育先进单位”称号。各县（市、区）活动中心和老年大学优化环境，科学设置课程，规范活动教学管理，开展各类学习交流、文艺展演等活动，成为离退休干部文化养老的主要阵地。

【“数字赋能”平台建设】 2021年，临汾市委老干部局开创信息化发展新格局，探索“互联网+老干部工作”新模式，发挥信息化引擎的倍增效应，实现服务精准化、党建标准化和管理规范化。加强信息平台建设。完成“山西省离退休干部数据服务管理平台”信息采集工作任务，全市85家市直单位和17个县（市、区）离退休人员60749人，其中离休干部740人、退休干部49169人、工勤人员10840人，做到应录尽录、应入尽入。督促指导全市离退休干部下载、注册、登录“山西老干部”App，推广使用信息化建设管理服务平台，引导和帮助他们学习使用信息化终端。拓展信息化管理网。建立临汾市老干部信息平台，改版升级“临汾老干部工作网”，办好“中共临汾市委老干部局”微信公众号，拓宽老干部工作宣传渠道，发布67期250篇信息资讯。30多篇外宣稿件在央视网、中组部老干部公众号、党报头条等国家、省市级主流网站、微信号公众号发表采用。锤炼过硬数字队伍。涵养数字思维，提升数字能力，适应数字化改革要求。完善老干部工作年度目标责任考核机制，健全“明责、履责、督责、追责”闭环落实机制。推进名校培训工程，组织市县老干部局局长参加省委老干部局举办的专业化素养提升班，在清华大学举办新时代老干部工作专题培训班、市委党校举办全市老干部局（科）长培训班，提高老干部工作人员履职尽责的理论水平、专业素养和工作能力。启动“百年党史人人讲”活动，举办“红船旁话党史”读书分享会，完成驻村工作队员轮换，推动老干部工作者在前沿和一线砥砺品质、锤炼作风、增长才干，弘扬“为民服务孺子牛、创新发展拓荒牛、艰苦奋斗老黄牛”的精神。

档案工作

【概况】 2021年，临汾市档案馆学习贯彻落实习近平总书记对档案工作重要批示精神，聚焦档案工作四个“好”、两个“服务”目标，围绕中心，服务大局，踔厉奋发，锐意进取。2021年9月，被山西省人力资源和社会保障厅、山西省档案局评为山西省档案工作先进集体。

【档案馆建设】 临汾市档案馆新馆总建筑面积11552平方米，按照市级一类综合档案馆标准建设，采用集温湿度调控、空气质量监测、档案除尘消毒、视频安防监控于一体的先进智能平台控制管理。2021年11月，市档案馆完成办公设备和馆库的整体搬迁，新馆投入使用，各项工作全面展开。

【档案职称评定】 2021年，临汾市档案馆高度重视全市档案系列初级专业技术职务任职资格评审工作，严格按照评审程序，从档案初级专业技术职务评审委员会专家库中随机抽取专家组成评审委员会，开展档案职称评审工作。2021年12月27日，对27名档案工作人员进行职称评审，17人获助理馆员资格、9人获管理员资格。

【两类档案归集】 2021年，临汾市档案馆为做好脱贫攻坚档案收集整理工作，起草《临汾市精准扶贫档案分类方案》，与市档案局、市乡村振兴局联合印发《关于做好精准扶贫档案归集验收工作的通知》，派出工作人员到汾西县、霍州市、安泽县、古县等地进行业务指导，对脱贫攻坚档案管理工作人员进行业务培训，提升脱贫攻坚档案质量。

2021年11月，临汾市档案馆投入使用。图为新建成的临汾市档案馆
（市档案馆供图）

临汾市档案馆主动对接市卫健委，制定新冠肺炎疫情防控文书档案、照片档案、音视频档案、实物档案移交清单标准，派出档案业务人员就新冠肺炎疫情防控档案进馆要求和收集、整理注意事项进行讲解，实地指导档案工作人员进行档案整理，规范疫情防控档案收集工作，推动疫情防控档案应收尽收、整理规范、齐全完整。

【档案管理】 2021年，临汾市档案馆采取多重措施加强档案库房的安全管理，定期开展档案安全自查，按照“十防”要求，调节库房温湿度、投放防霉防虫药物，做好防尘、防火、防潮、防鼠等各项安全工作。完成32卷明清历史档案的修复工作；与宜春市档案馆签订《馆藏重要档案数据异地备份协议书》，备份文件级目录数据1291099条，档案扫描件1049630件。开展档案开放鉴定工作，完成馆藏1990年73个全宗、2431卷档案的鉴定工作，划定开放2348卷、控制83卷。

【档案征集接收】 2021年，临汾市档案馆共接收档案6378卷、34513件，其中临汾市人民政府移交106卷、642件，山西省临汾市平阳公证处移交6272卷，脱贫攻坚档案28366件，疫情防控档案5505件；全年从尧都区等16个县（市、区）及市城建档案馆、木版年画博物馆等市直单位征集、接收捐赠县志等各类图书191本、报纸合订本48本、剪纸3册32幅。

【档案利用服务】 2021年，临汾市档案馆接待查阅档案418人次，其中，电话查档69人次，利用档案约1023卷（件、册），利用报刊978本，复印4332张，摘录140页，为编史修志、科学研究、工作查考、服务民生等提供依据。

【档案信息化建设】 2021年，临汾市档案馆推进档案数字化工作，加强档案信息化基础设施平台建设，完成档案数字化421卷、65381页，著录电子目录293卷、4590条。

【档案宣传】 2021年，临汾市档案馆围绕“档案话百年”宣传主题，联合临汾市档案局在鼓楼广场举办“守初心档案话百年 担使命奋进新征程”图文展，利用14块展板157幅档案、图片展示临汾人民在中国共产党领导下不懈拼搏奋进、建设美丽临汾、创造美好生活的伟大进程。临汾市档案馆依托临汾档案微信公众号，制作活动的线上展览，转载《百年图鉴》《红色档案——走进中央档案馆》等纪录片，线上线下共庆建党100周年。

（师丹华）

市委党校

【概况】 2021年，中共临汾市委党校学习领会习近平总书记关于党校办学治校系列重要指示精神，贯彻落实《中国共产党党校（行政学院）工作条例》，推进干部培训、科研咨政、基础设施建设等工作，党校各项工作迈上新台阶。

【干部培训】 2021年，中共临汾市委党校举办主体班次6期，培训学员360余人次；举办各类社会培训班74期，培训人数7300余人次；到街道、社区和17个县（市、区）开展对外宣讲110余场次，培训班次和培训人数比2020年增长1倍以上。

【科研工作】 2021年，中共临汾市委党校召开全市党校系统庆祝中国共产党成立100周年理论研讨会，征收论文95篇章；首次进行大规模校级课题研究，确定校级课题15个项目；在全省党校系统庆祝中国共产党成立100周年征文活动中，市委党校取得一等奖2名、二等奖1名、三等奖3名；全年发表论文54篇，其中国家级3篇、省级27篇、市级24篇；课题14项，其中省级6项、市级8项；著作1部；《临汾学刊》共出版2期，《决策研究报告》刊发5期。

【队伍建设】 2021年，中共临汾市委党校引进教师12名，其中，具有博士研究生学历的1名，硕士研究生学历的11名；新聘请客座教授21名；全年评定教授1名，副教授1名，讲师5名，助理讲师1名，晋升四级调研员2名，人才认定教师31名。

【县级党校业务指导】 2021年，中共临汾市委党校制定全市党校系统《县级党校调研方案》《县级党校调研提纲》以及《县级党校年度考核指标》，督导检查县级党校全面贯彻落实习近平总书记关于党校办学治校系列重要指示精神和《中国共产党党校（行政学院）工作条例》情况，到古县、洪洞县、浮山县、翼城县、曲沃县党校进行工作调研。

（赵　雪）

党史和地方志研究

【概况】 2021年，临汾市委党史研究室（临汾市地方志研究室）落实上级部门和临汾市委、市政府的各项部署，党史工作取得历史性成就，方志工作再上新台阶，获得国家、省、市多个荣誉和奖项。其中，2021年6月，被人力资源和社会保障部、中国地方志指导小组授予“全国地方志系统先进集体”荣誉称号；2021年7—10月，在“讲述黄河故事 传承黄河文化”征文和讲述大赛中分别获一等奖，同时荣获全国地级市唯一“优秀组织奖”；2021年12月，《临汾年鉴（2020）》被评为全国第八届地方志优秀成果奖（年鉴类）二等奖。

【服务全市党史学习教育】 2021年，临汾市委党史研究室（临汾市地方志研究室）在搞好本单位党史学习教育的同时，研究实施服务全市党史学习教育的“六个一”工作方案：一套党史基本著作，7月1日前出版，市委书记闫晨曦专门作出重要批示；一期专刊，即《平阳党史》党史学习教育专刊已出版交流；一个大型展览，即与市委宣传部、市图书馆联合举办的临汾地方党史大型图文展览于建党百年之际在市图书馆展出；一组党史知识竞赛，完成市民政局、市妇联等10多个单位出题、审稿和评委任务；一系列赠书活动，组织开展“万册党史方志书刊赠阅”活动，赠阅党史方志书刊7000余卷（册）；一支宣讲团队，由屈波主任牵头，组成7人宣讲团队，进行集体备课，3人被抽调市委宣讲团，到基层宣讲和市电视台作专题讲座近30场次。完成市委组织部有关党史学习教育50个县乡级党课内容的审核，提出修改完善意见200多条。

【党史研究】 2021年，临汾市委党史研究室（临汾市地方志研究室）坚持党史基本著作编写一、二、三卷同步推进，于6月下旬在全省率先编著出版《中国共产党山西省临汾市历史（1926—2012）》第一、二、三卷。三卷基本著作的出版，是几十年来临汾市党史研究工作取得的最重要成果，是向党的百年华诞献上的一份厚礼，是临汾市全体党员干部政治生活中的一件大事。2021年启动编撰《临汾南下干部实录》前期工作，10—11月，专门派出课题小组到甘肃省、四川省等地征集资料。《临汾党史大事记》编写同步推进。推进17个县（市、区）党史基本著作编写，出版13卷，部分县完成市级评审进入出版程序。

【综合年鉴编纂】 2021年，临汾市所辖17个县（市、区）综合年鉴全部完成稿件编纂，蒲县、乡宁县、霍州市、永和县、汾西县通过市级审核，进入出版程序。《临汾年鉴（2021）》通过省院和方志出版社审核进入印刷程序。11月中旬，召开会议督办年鉴进度，确保全面实现市、县两级综合年鉴全覆盖，做到一年一鉴公开出版。

【黄河故事征文和讲述比赛】 2021年，“讲述黄河故事 传承黄河文化”征文大赛中，山西省院上报中指办100篇，临汾入选43篇，全省获奖6篇，其中临汾3篇，一等奖1篇、三等奖2篇。8月，在省院组织的讲述比赛中，由三篇获奖征文改编创作的讲述作品全部入围，临汾市委党史研究室（临汾市地方志研究室）获省院颁发的“优秀组织奖”。10月26日，代表省院参加中指办在山东省济南市举办的“讲述黄河故事 传承黄河文化”全国讲述决赛，三部作品全部获奖，一部获一等奖、两部获二等奖。中国

2021年10月，中共临汾市委党史研究室（市地方志研究室）主任屈波（左三）带领团队赴山东济南参加“讲述黄河故事 传承黄河文化”全国讲述决赛　　（临汾市党史方志研究室供图）

地方志指导小组办公室专门为临汾颁发“优秀组织奖”，临汾市成为全国唯一获此荣誉的地级市。其间，整理选出临汾黄河故事100篇优质稿件，编辑成书，通过方志出版社审核，出版印刷2000册，其中500册用于2022年在临汾市举办的第三届大河文明旅游论坛交流。

【庆祝建党百年暨《中国共产党山西省临汾市历史（1926—2012）》出版首发大会召开】 2021年6月29日，临汾市召开庆祝建党百年暨《中国共产党山西省临汾市历史（1926—2012）》出版首发大会，市委书记闫晨曦专门作出重要批示予以充分肯定和热情鼓励。

由中共临汾市委党史研究室编著、中共党史出版社出版的《中国共产党山西省临汾市历史（1926—2012）》三卷党史基本著作，填补了临汾市党建工作一大空白，第一次比较全面、客观、系统、准确地记录和反映党领导临汾人民进行革命、建设和改革开放近百年的光辉历程和取得的伟大成就，是党在临汾优良传统和作风的系统集成，也是几十年来临汾市党史研究工作取得的最重要成果，为深化临汾市党的历史重大问题研究提供了重要依据，为推动全方位高质量发展提供历史借鉴，为正在开展的党史学习教育、“四史”宣传教育、“七一”重要讲话和六中全会精神学习及加强党的建设提供了生动教材，也为进一步丰富完善中国共产党历史提供了基础资料和重要补充，具有十分重要的历史意义和现实意义。

【地方志书编修】 2021年，临汾市委党史研究室（临汾市地方志研究室）启动《临汾市扶贫志》《临汾市全面小康志》的编修前期工作，成立课题组，并赴湘西自治州进行学习考察，完成《编修大纲》和《编修方案》起草工作。

【党史方志宣教】 2021年，临汾市委党史研究室（临汾市地方志研究室）开展“万册党史书刊赠阅”活动，赠阅市直各单位及17县（市、区）各类党史书刊7000余卷（册），使党史研究成果走出书斋、服务社会、资政育人。完成4期《平阳党史》和《平阳方志》季刊的编撰出版交流工作，扩大交流发行规模，成为全省、全国有一定影响的党史方志期刊。临汾党史方志网站出台《维护运营管理制度》《信息审核发布细则》《网络信息数据报送工作管理办法》，推进网络意识形态研判和网评工作，更新优质内容，确保安全高效运行。全年重点工作及各类重要学习培训、会议活动等在“方志中国”公众号、“史志山西”公众号、临汾广播电视台、《临汾日报》等重要媒体平台播报达44次（篇）。

【参加第六届全国年鉴主编培训班】 2021年11月2—4日，临汾市党史方志系统举办培训班，集中收听收看第六届全国年鉴主编培训课程。培训以视频会议形式举办，临汾市设立分会场。中国地方志指导小组办公室党组书记、方志出版社社长高京斋作开班动员及《感悟习近平总书记的方志情怀》主题报告，部分精品年鉴单位作经验交流，全国年鉴专家讲授综合年鉴编纂存在的主要问题及其规范。市级机关全体干部和17个县（市、区）党史方志机构主要负责人、年鉴主编及业务骨干60余人参加了培训。

（李艳洁）

临汾市人民代表大会

综　述

【概况】　2021年，临汾市人大常委会把党的政治建设作为履行人大工作职能的根本保障，把学习贯彻落实习近平新时代中国特色社会主义思想特别是习近平总书记关于坚持和完善人民代表大会制度重要思想作为第一要务，把坚持和完善人民代表大会制度作为开展工作的重要基础，开展党史学习教育，加强思想引领和政治教育，树牢“四个意识”，坚定“四个自信”，做到“两个维护”，以中央、省委、市委战略部署安排为遵循，做到政治上高站位，思想上相统一，工作上有方向。

【监督工作】　2021年，临汾市人大常委会依法开展监督工作，听取审议“一府两院”专项工作报告10项，作出决议决定、审议意见11项。组织调研视察工作。听取专项工作报告方面，依法听取和审议计划、预决算、审计及查出问题整改报告，对审计查出问题整改报告进行满意度测评，为人民盯住账本子、看住钱袋子。加强国有资产监管，听取和审议市政府国有资产管理情况报告，推动市政府对国有资产进行规范管理，防止国有资产流失，发挥国有资产经济价值和社会效益。加强对全市环境保护工作的监督，提出符合临汾发展实际的工作建议。关注科技创新，助力科技强市。聚焦乡村振兴工作，助推兴农、富农产业发展。关注司法领域，促进司法公平，提升依法治市工作水平。

【调研视察】　2021年，临汾市人大常委会围绕经济发展开展调研。对全市二、三产业发展情况进行调研，了解全市7个方面有关产业领域的发展状况、存在的问题，形成调研报告，提出意见建议，供市委决策参考。围绕民生工作开展调研。对职业教育法律法规执行进行跟踪监督检查，形成调研报告；配合省人大常委会就实施“人人持证、技能社会”工程等2件民生实事项目开展视察，对“省人大常委会出台将就业优先纳入政府宏观调控政策方面的决定”进行调研。围绕重点工作进行视察。组织在临省人大代表、部分市人大常委会委员和市人大代表共60余人，对城市建设重点项目和“靓城提质”重点工程开展专项视察。协助省人大以及全国各地人大开展调研及考察。配合省人大常委会开展法规立项调研、执法调研、立法调研等；配合广东、河南等18个省市人大常委会到临进行工作考察和交流。

常委会会议

【第四十六次会议】　2021年2月5日，临汾市第四届人民代表大会常务委员会第四十六次会议在市会议中心三楼会议室举行，应出席会议的常委会组成人员38人，实际出席32人。会议的议程是听取和审议市政府关于市四届人大七次会议代表建议办理情况的报告；审议关于召开临汾市第四届人民代表大会第八次会议的决定（草案）；审议市人大常委会工作报告（稿）；审议市人大社会建设委员会关于市四届人大七次会议主席团交付的代表议案审议情况的报告（书面）；审议市人大常委会人事代表工委关于市四届人大七次会议主席团交付的代表议案处理情况的报告（书面）；审议市人民检察院关于市四届人大七次会议代表建议办理情况的报告（书面）；人事任免职事项及其他。

【第四十七次会议】　2021年2月20日，临汾市第四届人民代表大会常务委员会第四十七次会议在市会议中心三楼会议室举行，应出席会议的常委会组成人员38人，实际出席33人。会议的议程是听取和审议关于临汾市第四届人民代表大会第八次会议筹备情况的报告；审议市人大常委会工作报告（稿）；听取和审议关于代表变动及代表资格的审查报告；审议市四届人大八次会议四项名单（草案）；人事任免职事项及其他。

【第四十八次会议】 2021年4月29日，临汾市第四届人民代表大会常务委员会第四十八次会议在市会议中心三楼会议室举行，应出席会议的常委会组成人员38人，实际出席35人。会议的议程是审议《临汾市沁河流域生态修复与保护条例（草案）》；听取和审议了关于检查《临汾市饮用水水源保护条例》实施情况的报告；人事任免职事项及其他。

【第四十九次会议】 2021年6月11日，临汾市第四届人民代表大会常务委员会第四十九次会议在市会议中心三楼市会议室举行，会期半天，应出席会议的常委会组成人员38人，实际出席32人。会议的议程是补选山西省第十三届人民代表大会代表及其他。

【第五十次会议】 2021年6月21日，临汾市第四届人民代表大会常务委员会第五十次会议在市会议中心三楼会议室举行，应出席会议的常委会组成人员38人，实际出席30人。会议的议程是审议《临汾市电动自行车管理条例（草案）》；听取和审议关于检查《临汾市农村自建房屋建设管理办法》实施情况的报告；听取和审议市政府关于2020年度环境情况和环境目标完成情况的报告；听取和审议市政府关于2020年国有矿产资源管理情况的专项报告；审议市政府关于2020年国有资产管理情况的综合报告（书面）等。

【第五十一次会议】 2021年8月25日，临汾市第四届人民代表大会常务委员会第五十一次会议在市会议中心三楼市人大常委会会议室举行，应出席会议的常委会组成人员38人，实际出席30人。会议的议程是审议《临汾市电动自行车管理条例（草案）》；审议《临汾市国家湿地公园保护条例（草案）》；听取和审议市人民政府关于2021年上半年全市国民经济和社会发展计划执行情况的报告；听取和审议市人民政府关于2020年市本级财政决算及2021年上半年全市预算执行情况的报告；听取和审议市人民政府关于2020年度临汾市本级预算执行和其他财政收支审计工作的报告；听取和审议关于提请许可对临汾市人大代表张某喜采取刑事强制措施的报告；听取和审议关于检查《临汾市文明行为促进条例》实施情况的报告；听取和审议关于检查《临汾市农村环境卫生综合治理促进条例》实施情况的报告；听取和审议关于检查《临汾市旅游资源保护和开发办法》实施情况的报告；人事任免职事项及其他。

【第五十二次会议】 2021年10月28日，临汾市第四届人民代表大会常务委员会第五十二次会议在市会议中心三楼市人大常委会会议室举行，应出席会议的常委会组成人员38人，实际出席30人。会议的议程是：审议《临汾市国家湿地公园保护条例（草案）》，市政府关于2021年市本级预算调整方案（草案）的议案；听取和审议关于检查《临汾市非物质文化遗产保护管理办法》实施情况的报告，关于检查《临汾市大气污染防治条例》《临汾市燃煤污染防治规定》《临汾市建筑施工扬尘污染防治规定》及“一条例两规定”实施情况的报告；人事任免职事项及其他。

【第五十三次会议】 2021年11月29日，临汾市第四届人民代表大会常务委员会第五十三次会议在市会议中心三楼市人大常委会会议室举行，应出席会议的常委会组成人员38人，实际出席29人。会议的议程是人事任免职事项及其他。

【第五十四次会议】 2021年12月27日，临汾市第四届人民代表大会常务委员会第五十四次会议在市会议中心三楼市人大常委会会议室举行，应出席会议的常委会组成人员38人，实际出席32人。会议的议程是听取和审议市政府关于2020年度市本级预算执行和其他财政收支审计查出问题的整改报告，并进行满意度测评；听取和审议市政府关于全市特优农业产业发展情况的报告；听取和审议市政府关于全市科技创新工作情况的报告；听取和审议市中级人民法院关于全市法院行政审判工作情况的报告；听取和审议市人民检察院关于全市检察机关控告申诉检察工作情况的报告；听取和审议市人大常委会执法检查组关于检察《临汾市禁止燃放烟花爆竹规定》实施情况的报告；听取和审议市人大常委会执法检查组关于检查《临汾市体育设施建设和管理办法》实施情况的报告；人事任免职事项。

立法工作

【概况】 2021年，临汾市人大法工委围绕全市中心工作开展立法，按照“不抵触、有特色、可操作”的原则，紧扣回应全市人民重大关切、建设法治临汾的要求，从拟定立法计划到立法调研、论证，始终坚持以人民为中心的立法原则，提高立法工作质量和效率，一批重要法规相继出台。

【立法工作成果】 2021年，临汾市人大常委会在立法工作过程中，常委会遵循“不抵触、有特色、可操作”原则，发挥立法主导作用，坚持立足临汾实际，以人民为中心，以有效推动治理能力和治理体系现代化为出发点和落脚点，立管用的法、可行的法、人民的法，为全市经济社会发展提供法治支撑。全年确定并完成立法项目3件。其中《临汾市沁河流域生态修复与保护条例》经山西省人大常委会批准，10月1日起正式施行；《临汾市国家湿地公园保护条例》经省人大常委会批准，自2022年3月1日起施行；《临汾市电动自行车管理条例》经省人大常委会批准，自2022年1月1日起施行。配合全国和省人大常委会开展7部法律法规的征求意见工作，完成工作任务。

【执法检查】 2021年，临汾市人大常委会开展自立法规执法检查。将2021年确定为“自立法规执法检查年”，对11部自立法规进行执法检查，检查范围涉及全市17个县（市、区），检查对象涉及13个部门单位，查出存在的问题42条，针对性提出意见建议38条，形成执法检查报告9份，提出审议意见交市政府及有关部门进行整改落实并要求限时反馈，推动法规有效实施，达到检查目的。配合省人大常委会开展执法检查。配合省人大对8部法律法规和2项省人大常委会决定进行执法检查，各项执法检查工作均取得实质成效。

【司法监督】 2021年，临汾市人大常委会围绕监督计划安排，加强调查研究，深化司法监督。听取和审议市中级人民法院《关于行政审判工作的报告》、市人民检察院《关于控告申诉工作的报告》，形成审议意见。市四届人大常委会第五十三次会议通过该审议意见。围绕自立法规开展执法检查，对《临汾市禁止燃放烟花爆竹规定》贯彻落实情况开展执法检查。在副主任王国平带领下，开展执法调研，听取公安、安监等部门的汇报，了解和掌握规定的执行情况。执法检查情况报告在市四届人大常委会第五十次会议上进行审议。配合省人大常委会开展专项调研。参加对口联系部门召开的有关会议和举办的相关活动，增强司法监督针对性。

代表工作

【概况】 2021年，临汾市人大常委会重视代表工作，尊重代表主体地位，强化履职服务保障，发挥代表作用，提升代表工作水平。市四届人大八次会议上，代表提出议案11件，建议、批评和意见153件。组织召开集中交办会，向“一府两院”及相关承办单位下发办理责任表，与市政府签订责任书。要求各承办单位建立办理台账，采取“三公开、两见面”的办法，加强建议办理工作，提高代表建议办理质量。

【代表培训工作】 2021年，临汾市人大常委会分3期组织省人大代表和常委会组成人员参加提升履职能力专题学习班；组织开展五级人大代表“学讲话、悟精神、见行动”活动。推进全市人大代表联络站提质升级，促进人大代表联络站活动制度化常态化规范化。组织全市五级人大代表集中进站履职，发挥代表联络站平台作用。安排全国和省市人大代表列席人代会、常委会，参加监督检查、征求意见会、工作座谈会、案件旁听等，拓宽代表知情知政和参政议政渠道。组织市人大代表开展跨选区调研活动，推动代表行使职权。发放交通通讯补助，为人大代表履职提供便利。

四届人大八次会议

【会议情况】 2021年2月22日下午，临汾市四届人大八次会议举行预备会议。市人大常委会主任陈小洪主持会议。会议表决通过市四届人大八次会议主席团和秘书长名单、市四届人大八次会议议程、计划和预算审查委员会名单、议案审查委员会名单。2月22日下午，市四届人大八次会议主席团举行第一次会议。会议推选出市四届人大八次会议主席团常务主席，表决通过大会日程、大会执行主席分组名单、大会副秘书长名单。会议决定本次会议议案截止时间为2月23日18时。2月23日，市四届人大八次会议在市影剧院开幕。市长李云峰代表市人民政府向大会作政府工作报告。

2月23日下午，市四届人大八次会议计划和预算审查委员会举行会议。计划和预算审查委员会组成人员审查并讨论通过关于临汾市国民经济和社会发展第十四个五年规划和2035年远景目标纲要草案、临汾市2020年国民经济和社会发展计划执行情况与2021年国民经济和社会发展计划草案、临汾市2020年全市和市本级预算执行情况与2021年全市和市本级预算草案的审查结果报告，并提交大会主席团会议表决。2月23日晚，市四届人大八次会议主席团举行第二次会议。任天顺主持会议。会议表决通过关于政府工作报告、临汾市国民经济和社会发展第十四个五年规划和2035年远景目标纲要、临汾市2020年国民经济和社会发展计划执行情况与2021年国民经济和社会发展计划、临汾市2020年全市和市本级预算执行情况与2021年全市和市本级预算的决议草案，决定提交各代表团审议。2月24日上午，市四届人大八次会议举行第二次全体会议，听取市人大常委会、市中级人民法院、市人民检察院工作报告。2月24日下午，市四届人大八次会议议案审查委员会举行会议。截至2月23日18时，大会收到代表团或10人以上联名提出的议事原案17件，共收到代表对各方面工作提出的建议、批评和意见143件。议案审查委员会组成人员根据有关法律规定及代表议案提出和处理办法的规定，对议事原案进行审查，提出议案审查报告，提交大会主席团第三次会议审议。2月24日下午，出席市四届人大八次会议的各代表团举行分团会议，审议市人大常委会工作报告、市中级人民法院工作报告、市人民检察院工作报告。2月24日晚，市四届人大八次会议主席团举行第三次会议。听取和表决通过关于大会议案的审查报告。表决通过关于临汾市人大常委会工作报告、临汾市中级人民法院工作报告、临汾市人民检察院工作报告的决议草案，提交各代表团审议。2月25日，市四届人大八次会议举行第三次全体会议。会议表决通过关于临汾市政府工作报告的决议、关于临汾市国民经济和社会发展第十四个五年规划和2035年远景目标纲要的决议、关于临汾市2020年国民经济和社会发展计划执行情况与2021年国民经济和社会发展计划的决议、关于临汾市2020年全市和市本级预算执行情况与2021年全市和市本级预算的决议、关于临汾市人民代表大会常务委员会工作报告的决议、关于临汾市中级人民法院工作报告的决议、关于临汾市人民检察院工作报告的决议。

【会议决议】

1. 临汾市第四届人民代表大会第八次会议关于代表议案截止时间的决定（2021年2月22日临汾市第四届人民代表大会第八次会议主席团第一次会议通过）。

2. 临汾市第四届人民代表大会第八次会议关于临汾市人民政府工作报告的决议（2021年2月25日临汾市第四届人民代表大会第八次会议通过）。

3. 临汾市第四届人民代表大会第八次会议关于临汾市国民经济和社会发展第十四个五年规划和2035年远景目标纲要的决议（2021年2月25日临汾市第四届人民代表大会第八次会议通过）。

4. 临汾市第四届人民代表大会第八次会议关于临汾市2020年国民经济和社会发展计划执行情况与2021年国民经济和社会发展计划的决议（2021年2月25日临汾市第四届人民代表大会第八次会议通过）。

5. 临汾市第四届人民代表大会第八次会议关于临汾市2020年全市和市本级预算执行情况与2021年全市和市本级预算的决议（2021年2月25日临汾市第四届人民代表大会第八次会议通过）。

6. 临汾市第四届人民代表大会第八次会议关于临汾市人民代表大会常务委员会工作报告的决议（2021年2月25日临汾市第四届人民代表大会第八次会议通过）。

7. 临汾市第四届人民代表大会第八次会议关于临汾市中级人民法院工作报告的决议（2021年2月25日临汾市第四届人民代表大会第八次会议通过）。

8. 临汾市第四届人民代表大会第八次会议关于临汾市人民检察院工作报告的决议（2021年2月25日临汾市第四届人民代表大会第八次会议通过）。

临汾市人民政府

政府工作

【概况】 2021年，临汾市政府坚持以习近平新时代中国特色社会主义思想为指导，贯彻中共十九大和十九届历次全会精神，落实省第十二次党代会精神和省委、省政府一系列决策部署，围绕市委“1355”战略部署，顶住世纪疫情、最强秋汛、经济下行、环境治理等多重压力，全市呈现出经济运行稳中向好、社会大局和谐稳定的良好局面。

【经济运行】 2021年，临汾市地区生产总值达到1909.5亿元，同比增长8.5%；规模以上工业增加值同比增长12%；固定资产投资完成571.5亿元，同比增长12.5%；社会消费品零售总额完成756.5亿元，同比增长15.2%；城镇居民人均可支配收入36968元，同比增长7.4%；农村居民人均可支配收入15294元，同比增长11%。农业产业高质量发展。推动农业“特”“优”发展，全年粮食总产211.1万吨，实现灾年不减产；翼城县东关村高产示范田平均亩产830.84公斤，刷新全省水地小麦单产纪录。加快沿黄梨果、沿汾蔬菜、沿太岳中药材等“三大产业园区”建设，“临汾优选”区域公用品牌授权34家企业40种农旅产品，新增国家级农业产业化龙头企业1家。传统产业提质升级。全年煤炭产量突破8000万吨，达到历史较高水平，实现安全、效益“双提升”。推动企业“退川入谷”，加快8个大机焦项目建设，焦化产业先进产能占比达到43.5%。推进钢铁产能置换，推进翼城高质量钢铁新材料工业园区建设，通才工贸1×1280立方米高炉、晋南钢铁3号1860立方米高炉等项目建成投产，优特钢占比达到20%。新兴产业加速壮大。围绕集群化规模化发展思路，发展装备制造、新材料、新能源、医药健康、信创等产业。谋划实施华翔智能制造园等5个智能制造项目，推进立恒年产60万吨金属材料智能制造、中信机电智能制造产业园等项目，装备制造业增加值同比增长47.7%。烯炭复合动力锂电池等项目建成投产，推进建邦高纯铁等项目，新动能加速成长。发展风电、光伏、抽水蓄能等新能源产业，华润源网荷储低（零）碳智慧产业园、博远40兆瓦风电、晋南瑞能300兆瓦光伏“新能源+储能”等项目开工建设，新能源发电装机占比达21.2%。鸿锐达健康防护手套等项目建成投产，侯马旺龙等项目推进。字节跳动、百度、网易等标杆企业落地投产，信创产业集群加速形成，全市战略性新兴产业增加值同比增长56.8%，远超规上工业增加值增速。服务业加快发展。发展生产性服务业，推进“南方略、北龙马”陆港型国家物流枢纽承载城市建设，推动航空、商贸、电商、快递、冷链等专业物流加快发展。发展生活性服务业，实施商业提质增效行动计划，包装重塑城市综合体、大型商超，万达广场开业运营，打造财神楼、鼓楼广场“临汾”网红墙打卡地等一批时代标点，商业服务业加快转型提质，全年服务业增加值完成807亿元，占到经济总量的半壁江山。文旅融合稳步推进。打造“寻根·铸魂·悦生活”文旅品牌，黄河1号旅游公路完成62公里，壶口瀑布、乾坤湾、云丘山三大黄河核心景区加快建设，壶口创建国家AAAAA级旅游景区工作进入公示前专家暗访阶段，乾坤湾、荷花小镇景区创建国家AAAA级旅游景区，增强旅游吸引力。

【改革创新】 2021年，临汾市政府坚持创新求变，全面深化改革，扩大对外开放，增强高质量发展后劲。改革开放纵深推进，推进全市6大类58项改革，能源革命综合改革深入推进，霍州市、乡宁县入选国家整县（市、区）屋顶分布式光伏开发试点；国资国企改革加快推进，总体工作完成92.7%，超额完成70%的省定任务；农业农村改革取得成效，永和县农业生产托管服务模式入选全国农业社会化服务典型案例；推进财税、金融、标准化等改革工作。推进侯马综保区设立工作，推进“南方略、北龙马”陆港型国家物流枢纽承载城市建设，支持华翔、鸿晋等外贸骨干企业发展壮大，中欧班列恢复常态化开行，全市外贸进出口完成30.7亿元，同比增长56.8%，排全省第3位。加强科技创新，山西智创城No.11启动投运，规上工业企业实现研发活动全覆盖上水平；推动省校共建12大基地、市校合作“双千工程”，襄汾中升钢铁与上海大学合作共建、襄汾经济技术开发区与湖北中磁尚善合作共建等中试基地建设取得进展。数智赋能力度加大，全市建成5G基站3162个；人工智能、工业互联网深入推广，华翔3D打印项目进展顺利，晋南钢铁5G+工业互联网项目被工信部评为2021年新一代信息技术与制造业融合发展试点示范项目、物联网优秀案例，成为全省唯一获评项目。优化营商环境，全市域推行“标准地+承诺制”“要素跟着项目走”“领办+代办+专办+一网通办”机制，做到地等项目、企业拎包入住、拿地即开工；坚持解难题、理旧账、清欠款，以案说案印证临汾营商环境的改善。2021年，全市新登记市场主体4.9万户。

【底线工作】 2021年，临汾市政府做好常态化新冠肺炎疫情防控。坚持“外防输入、内防反弹”，狠抓基础管控、有效管控、闭环管控、托底管控，全年未发生新增确诊病例，守牢“临汾阵地”。安全生产形势总体稳定。深化安全生产专项整治三年行动，强化ABCD分级管理，开展煤矿、非煤矿山、危险化学品、道路交通、城镇燃气等各行业领域安全生产大检查、大整治，全市未发生重大安全生产事故，安全生产形势总体平稳。改善生态环境。大气污染防治方面，全年空气质量持续改善，市区环境空气质量综合指数改善率12.2%，排全省第5、全国168个重点城市进入前30位；PM2.5、PM10、SO_2等指标改善率分别排全省第3、第3、第2。水污染防治方面，推进霍州市、侯马市等5个污水处理厂新建、扩容工程，65个农村生活污水治理项目，7个万人镇、20个建制镇生活污水治理项目，汾河、黄河排污口违法违规问题动态清零，国考、省考断面退出劣V类并实现稳定达标。土壤污染防治方面，开展煤矸石堆场再排查再整治工作，新排查出的10个堆场全部完成整治。防范化解重大风险。推进农信社改制化险，清收不良贷款；推进临投集团战略重组，按期化解到期债务，未发生债务违约，守住不发生区域性、系统性金融风险的底线。推进“集中治理重复信访、化解信访积案”专项行动，强化舆情引导，全市社会大局保持稳定。做好防汛救灾。面对有气象记录以来最强秋汛，组织抢险救灾，在全省率先出台《关于做好全市当前救灾减灾工作的通知》《临汾市农业减灾救灾抢收抢种若干措施》《临汾市应对洪涝灾情防止因灾返贫的十条措施》3个文件、30条措施，成立以市长为组长的灾后恢复重建工作专班，推进灾后重建。特别是全市15946户因灾受损农村住房重建修缮于2021年12月21日全部竣工，提前15天完成市定重建任务；受灾群众于12月31日全部乔迁新居，提前1个月完成省定目标任务。

【民生改善】 2021年，临汾市政府坚持以人民为中心的发展理念，解决民生难题，提升群众的幸福感、满意度。基础设施方面。推进县县通高速，浮临高速开工建设，黎霍高速、隰吉高速进展顺利；国道341、108、309改线项目稳步实施，建成“四好农村路”568公里；推进大小水网工程、中部引黄临汾段骨干工程、汾河流域生态修复与保护工程，引沁入汾浮山供水工程全线贯通，完成中央水利基建投资2.7亿元，完成率全省排名第一。城市建设方面。坚持“景观式造街、园林式建城”，推进城市建设，提升城市品质。解放路立交桥、涝洰河两座大桥等一批项目建成投用，开工建设五一路快速通道工程项目，“核心内环、快速中环”框架基本形成，打造向阳西路、财神楼等10余条精品示范街，水塔游园等26个街心公园精彩呈现；加强城市精细化管理，推动城市秩序井然与商贸活动、烟火气息兼具，城市的颜值、气质、价值不断攀升。教育方面。优化全市大中小学和幼儿园校点布局，完成新改扩建公办幼儿园9所，认定普惠性幼儿园47所，义务教育阶段学校13所。投入22.7亿元建成山西师范大学现代文理学院新校区，临汾职业技术学院“双高”建设和升本工作有序推进。卫生健康方面。临汾市被确定为首批“国家级卫生应急综合试验区”3个试点城市之一，市人民医院获批建设省级区域医疗中心，“刘辉团队”综合实力跻身全国第一梯队，市区“15分钟就医圈”建设全面启动。就业社保方面。推进“人人持证、技能社会”，打造“华翔工匠”“襄汾烧饼”等“临汾技工”劳务品牌，全市城镇新增就业58816人，完成省定目标任务的125%。实施全民参保计划，城乡居民养老保险参保缴费及待遇发放均位于全省前列，企业养老保险省级统筹考评全省第一。文化体育方面。举办“建党100周年”主题文艺活动，开展“送戏下乡”“周末剧场”，群众文化活动蓬勃发展。承办2021年全国射击锦标赛（飞碟项目）、中国网球巡回赛临汾公开赛等国省重要体育赛事，“赵若竹效应”显现，苗婉茹等体育健儿在国际国内大赛中屡创佳绩，扩大临汾“六张体育名片”的影响力。

【自身建设】 2021年，临汾市政府落实新时代党的建设总要求和新时代党的组织路线，推进全面从严治党。坚持把党的政治建设摆在首位，落实习近平总书记重要指示批示等政治要件，坚决拥护“两个确立”，切实增强“四个意识”，坚定“四个自信”，做到“两个维护”，自觉在思想上政治上行动上同以习近平同志为核心的党中央保持高度一致。开展党史学习教育，市政府领导班子完成4部指定教材书目的导学研学任务，班子成员集体参观中国共产党临汾市历史展览，到临汾烈士陵园等红色基地、市区靓城提质现场开展主题党日活动，到基层党组织带头宣讲专题党课；开展“我为群众办实事”实践活动，领办实事21件，解决群众急难愁盼问题。持续强化作风建设，成立加强作风建设工作领导小组，建立市政府约谈室及约谈工作制度（试行），落实中央八项规定精神，锲而不舍纠治“四风”，政府治理体系和治理能力现代化水平显著提升。 （石磊 冯帅）

市政府办公室工作

【概况】 2021年，临汾市政府办公室围绕全市中心工作，完成各项工作任务，保障市政府各项工作高效有序开展。

【党的建设】 2021年，临汾市政府办公室把党的政治建设摆在首位，把学用习近平新时代中国特色社会主义思想作为首要政治任务，做到真学真懂真信真用。开展党史学习教育。完成4部指定教材书目导学研学，开展学习研讨9次，到市烈士陵园、市廉政教育基地、曲沃石桥堡红色教育基地等地，开展主题党日活动。开展“我为群众办实事”实践活动，市政府办公室班子成员领办的城市建设、教育医疗等18件事项全部办结。培训全市政府系统办公室人员2000余人次；选派5名干部到省政府办公厅跟班学习。把作风建设贯穿于政府系统办公室工作各方面，落实中央八项规定及其实施细则精神，强化基层减负和形式主义官僚主义突出问题专项整治，全年市政府和市政府办公室制发文件、组织会议数量实现“双下降”。

【参谋服务】 2021年，临汾市政府办公室立足办公室“三大职能”，坚持高质量办文、高标准办会、高效率办事，保障政务运转顺畅。严把公文“起草、审核、发文、收文”四个关口，规范办文程序，提升发文质量，提高办文效率。树立精品办文意识，全年起草文稿1100余篇、380余万字。加大省委《双日要情》、省政府约稿等信息上报力度，全市政务信息工作排名全省第一，市政府办公室荣获全省信息工作先进单位。严把公文“制发收传”关口，7000余件公文实现规范安全流转。严格会议审批，加强会前筹备、会中检查、会后督办，全年组织各类会议262次。坚持办公室工作无小事，组织调研、检查、走访慰问等活动437次，高质量保障省部级领导调研16次。

【综合协调】 2021年，临汾市政府办公室紧扣全市中心工作，发挥枢纽作用，攻难点、解痛点、疏堵点，保障工作取得实效。建立秘书长周例会制度。每周召开秘书长工作例会，围绕贯彻落实上级决策部署、市长交办事项落实情况、工作专班推进情况等重点，梳理总结，提出解决方案，推动政府决策落地见效。强化经济运行精准调度。协调县（市、区）和市直相关部门，紧盯指标、强化指令，干算结合、深入挖潜，做到应统尽统、颗粒归仓。全市主要经济指标实现了一月比一月好、一季比一季好，全年GDP完成1909.5亿元，增速达到8.5%。强化市区重点项目一线调度。带头组织相关部门30余次到重点项目现场办公，协调解决农机公司拆迁及解放路立交桥建设、中大街南延开通、核心内环五一路拓宽改造等工程实施中的难题，确保各项重点项目建设推进。强化疫情汛情科学调度。面对国内疫情多点散发态势，组织对各县（市、区）防控工作开展多轮集中检查，列出问题清单，限时进行整改，跟踪问效，全年未发生本土疫情。面对临汾市有气象记录以来最强秋汛，坚持24小时随时调度、汇总受灾情况，完善灾后重建领导包联、信息共享通报等制度，推动灾后重建工作。强化秋冬防攻坚专项调度。牵头落实环保秋冬防日督查、日汇总、日交办制度，每天调度晨查、夜查、交叉检查完成情况，确保问题事项日清日毕。2021年秋冬防期间，全市未出现重污染天气，市区空气质量改善率排全国、全省前列。

【专项工作】 2021年，临汾市政府办公室规范应急值守。充实值班人员队伍，落实值班制度，及时、准确、规范处理突发信息，保证政府系统联络畅通、有序运转。规范涉密文件管理，专人负责、专柜存放，确保涉密文件安全流转；做好档案管理，及时整理、立卷归档，保证查有出处、拿有记录。做好政务信息主动公开、依申请公开和政策解读工作，增强政府工作透明度，保障群众知情权。加强政府网站和电子政务建设，完成OA系统客户端到服务器端认证和“13710”电子督办系统三级督办、四级承办建设等工作，推动政府工作更加科学高效。

【政务督查】 2021年，临汾市政府办公室发挥督查督办“拳头”作用，通过每天定时督查、明察暗访、媒体曝光、约谈通报等方式，加大政务督查力度，增强工作行动力执行力落实力，确保政令畅通。围绕市区交通秩序整治工作、靓城提质、重点项目建设等工作，开展常态化督查，推动各项工作落地落实。针对市区交通秩序整治情况开展常态化督查，遏制市区电动自行车骑乘人不规范佩戴头盔、机动车电动车不规范停车等不文明现象，改善市区交通秩序。针对靓城提质和市容环卫管理情况等工作开展专项督查，推动城市秩序井然与商贸活动、烟火气息兼具，城市的颜值、气质、价值不断攀升。定期或不定期对重点项目建设情况，开展专项督查、联合督查，特别是在山西师大转设新校区建设攻坚时期，每周联合有关部门到现场检查责任落实，协调解决存在问题，推动项目高质高效落实。执行“13710”工作制度，将常规督查工作全部纳入电子督办系统，所有事项均按规定做到限时办结。人大代表建议意见、政协委员提案全部办结。全年督促有关县（市、区）和部门办理省市人大代表建议、意见141件，政协委员提案186件，办结率均为100%。 （*石磊 冯帅*）

民政管理

【概况】 2021年，临汾市民政工作取得显著成绩，殡葬基础设施建设从全省倒一跃居前列；乡镇（街道）社工站建设和社区治理创出新经验；“红色地名、精神传承”宣讲活动在全市引发轰动；市社会福利院项目投入使用；福彩销售名列全省前茅；养老幸福工程推进；村（社区）“两委”换届顺利完成；面对汛情，在防汛救灾工作中发挥重要作用；自我加压、自发开展“转作风、提能力、补短板、创亮点”专项活动，实现“十四五”良好开局。

【基本民生保障】 2021年，临汾市民政局完成城乡低保提标任务。开展社会救助兜底脱贫成果“回头看”行动，进行4次排查，将6.83万人纳入社会救助范围。6.7万名残疾人、4.8万名经济困难老年人、864名孤儿补贴资金均按时足额发放。开展“夏送清凉、冬送温暖”救助活动，救助7078人次，全年支出救助资金7.4亿元。录入低收入人口176299人，占全市总人口4.4%，低收入人口监测数据库初步形成。吉县在录入工作中加强部门核对、区分不同群体，在较短时间内做到了低收入人口应录尽录。霍州市城乡低保统筹、翼城县社会救助审批权限下放试点工作取得明显成效，城乡社会救助兜底保障网更加密实。市局荣获“山西省脱贫攻坚先进集体”称号。

在应对防汛救灾工作中，全市民政系统主动作为，抓排查、搞救助、做募捐，争取到省厅资金和社会各界捐赠款物超1亿元。承担全市救灾物资接收、管理、发放工作，完成74批次调拨任务。

【殡葬基础设施建设】 2021年，临汾市民政局协调召开10余次市政府专班会议，组织政策培训，开辟部门审批“绿色通道”，局领导分组带队赴各县督导，全市12家新建改建殡仪馆项目开工建设。在全省首家完成公益性骨灰堂（公墓）规划编制工作，5个县级、10个乡镇级、30个村级公益性安葬（放）设施开工，其中侯马市县级公益性骨灰堂、蒲县10个村级公益性公墓完工。高铁高速沿线散埋乱葬治理、殡葬业价格秩序和安葬（放）设施建设经营专项整治等殡葬领域治理工作有序开展。

【养老事业和产业】 2021年，临汾市民政局以市委、市政府两办文件出台《关于加快推进社区居家养老服务发展的通知》，对养老服务设施建设、运营、床位、购买服务补贴资金等进行明确。全市养老服务机构安全专项整治有序推进，襄汾县探索信息化手段，推动全县养老服务机构安全发展。侯马市、翼城县、大宁县城镇社区养老幸福工程建成并投入使用，其中侯马市3处被评为优秀等次。尧都区社区居家养老服务设施实现零的突破，正元养老院成为全省唯一一家承担国家级养老服务标准化试点机构。翼城县发展区域性养老，破解农村养老难题，入选山西省养老服务“惠民生、增福祉”十件实事。乡宁云丘山、安泽康养产业有序发展，代表临汾市参加第十二届中博会康养展。全市养老事业发展取得长足进步。

【基层社会治理】 2021年，临汾市民政局完成全市1927个村、204个社区换届选举任务，“一肩挑”比率分别达到96.7%、100%，其中曲沃县村、社区均达到100%，增强基层组织凝聚力。浮山县换届试点经验被省委组织部通报推广。尧都区三元“三无变三有”、蒲县“道德银行”、安泽县“说事议事厅”等做法为基层治理提供可借鉴经验；永和县“三区计划”（指促进边远贫困地区、边疆民族地区和革命老区，简称“三区”）带动社会工作专业人才建设与当地社会工作专业发展，提升社会工作发展水平；古县以龙岗社区为示范带动，建设“三治融合”样板社区；安泽县和川镇洪驿村、吉县中垛乡马连滩村被民政部定为全国村级议事协商创新实验试点单位。

抓乡镇（街道）社工站建设和社工机构培育，在洪洞县、霍州市召开全市乡镇（街道）社工站建设现场推进暨培训会。全市102个乡镇（街道）社工站挂牌。省民政厅在洪洞县开展2期社工素质提升培训班。在全省首家开展“福彩送福·见证幸福”拉新引流宣传活动，福利彩票销售完成2.92亿元，位居全省第2。

【未成年人关爱保护】 2021年，临汾市市本级及17个县（市、区）成立以政府一把手为主任的未成年人保护工作委员会，明确成员单位职责。各级民政部门印发手册、宣传画2万余份，到学校、幼儿园开展《未成年人保护法》系列宣传活动。配备农村儿童主任2503人，乡镇儿童督导员168人，为全市3722名农村留守儿童提供关爱保护。大宁县赵彦萍荣获全国农村留守儿童关爱保护和困境儿童保障工作先进个人。以项目化方式开展未成年人保护，与省红十字志愿者协会合作，在8个县（市、区）开展儿童防溺水安全教育活动。推选大宁县创建全国未成年人保护示范县。

市社会福利院项目采取工程建设、设备购置、人员配备统筹推进法，2021年12月10日实现养员、职工全部搬迁，扭转养老院基础设施差、安全隐患大的局面，改善孤弃儿童“养、教、治、康”基础环境。

【行政区划和地名管理】 2021年，临汾市乡级行政区划调整工作全部到位。1条市级界线、7条县级界线联检任务完成。二普档案建设收尾工作加快推进。清理整治不规范地名进展顺利，尧都区、临汾经济技术开发区提前入手，在莱茵半岛等4个居民小区涉“洋”地名整治工作中发挥重要作用，工作实效受到省厅表扬。乡宁县对全县地名标志牌进行重新设置，推动地名普查成果运用；隰县推进地名信息管理、界线管理。“红色地名、精神传承”地名征集宣传活动被纳入“临汾市委庆祝中国共产党成立100周年活动方案”，举办3次地名宣讲大赛；发布红色地名故事15篇、短视频10余部，在全市营造出讲述地名故事、传承红色基因的浓厚氛围。

【社会组织】 2021年，临汾市民政局依法依规完成1390个社会组织年报工作，定期开展抽查检查，启动评估工作，防范化解社会组织领域重大风险；开展打击整治非法社会组织专项行动，劝散29家，引导登记26家，取缔1家；399家行业协会完成脱钩；开展“僵尸型”社会组织专项治理，净化发展环境。开展“我为企业减负担”行动，为483家企业减负103.4万元，发挥社会组织作用；市老区建设促进会被评为“全国先进社会组织”；汾西县建立社会组织党建中心，搭建交流平台，破解社会组织党建难、管理难等问题。（王金霞）

人力资源和社会保障

【概况】 2021年，临汾市人力资源和社会保障局（简称临汾市人社局）坚持民生为本、人才优先工作主线，开展“争先、进位、崛起”

解放思想大讨论，以“学党史、优服务、办实事、争一流”主题活动为统领，推动高质量发展、保障改善民生、统筹疫情防控和人社业务，完成各项目标任务。荣获山西省脱贫攻坚先进集体、全国人社系统新闻宣传工作优秀单位等荣誉。

【就业创业】 2021年，临汾市人社局把稳定就业作为首要任务，加大各项就业创业政策的落实力度、推进“人人持证、技能社会”提质增效、组织开展线上线下招聘活动、搭建就业服务对接平台、鼓励中小微企业吸纳就业，确保全市就业形势稳中向好。对17个县（市、区）264个社区进行帮扶行动，帮扶人数占总帮扶人数的97.9%。与江苏南通等市签订劳务输出协议，为求职者提供优质岗位，省外劳务输出48926人。2021年，全市城镇新增就业58816人，转移农村劳动力就业66318人，城镇登记失业率和调查失业率均在年度控制目标以内。以“免申即享”方式，直接向符合条件的1440户企业发放稳岗返还资金5414.4万元，惠及职工19.87万人。以“培训+鉴定+就业+服务”为主线，开展“六项活动”，完善“六大体系”，培育技能型劳动大军和高技能人才队伍，经验做法被省政府通报表扬。承办星火项目创业大赛临汾初赛，推荐的4个项目全部获省级奖项。在全国乡村振兴职业技能大赛中，临汾市永和县选手袁娟荣获育婴员项目铜牌。“浮山厨师”省级劳务品牌通过考核。年末，全市技能培训16.01万人，脱贫劳动力培训4.7万人。

【人才人事】 2021年，临汾市人社局开展市校合作，推进“技能服务人才培养基地建设”和“大学生就业创业基地建设”，与63所高校取得联系，共建基地43个。深化职称制度改革，建立体现行业特色、专业特点的职称分类评价标准体系。临汾市专业技术人员信息管理服务平台上线运营，提升全市专业技术人员职称信息化水平。推进职业技能等级认定工作，在山西省第一个实现非现场视频监督连线。2021年，全市新增技能人才60273人，完成省定任务的241.09%，位列全省第一，新增高技能人才8694人，完成省定任务的217.35%，人才总量持续扩大。推进事业单位公开招聘工作，市直65家单位招聘209人，14个县招聘1295人。安全平稳组织各类人事考试23次，参考人数50082人。

2021年9月28日，临汾市选手袁娟（右前一）荣获全国乡村振兴职业技能大赛育婴员项目铜牌 （市人社局供图）

【社会保障】 2021年，临汾市人社局贯彻落实党中央关于完善覆盖全民的社会保障体系，促进社会保障事业高质量发展、可持续发展的总体要求，巩固参保扩面成果，实施全民参保计划。2021年，全市基本养老、工伤、失业保险参保人数分别达286.2万人、56.29万人、38.9万人。城乡居民补充养老保险参保人数208.69万人。推进被征地农民社会保障补贴工作，审批被征地农民社会保障项目68个，涉及保障人数3695人，预存资金2.69亿元。在山西省企业养老保险省级统筹考评中，临汾市综合得分位列全省第1，获得奖励基金5000万元。解决企业欠缴养老保险费问题，核销23户破产企业欠缴养老保险费及滞纳金3.45亿元。贯彻落实工伤保险省级统筹政策，研究探索新业态从业人员参保工作，新开工工程建设项目工伤保险参保率100%，惠及农民工近3万人。开展社保基金管理问题专项整治，全市排查发现9个方面管理风险，堵塞管理漏洞，追回基金7.12万元，维护社保基金安全运行。加大信息化保障力度，全市有5家发卡银行64个营业网点开通“交通一卡通”账户充值服务，制发1.7万张。截至年底，全市社保卡持卡人数442.31万人，电子社保卡签发410.17万人。

【居民增收】 2021年，临汾市人社局推动非营利性服务业提质增效，印发《2021年非营利性服务业提质增效工作举措》，截至三季度末，全市非营利性服务业工资总额增速达25.29%。发布企业工资指导线，落实山西省最低工资标准、三项社会保险待遇、乡镇工作补贴标准，增加城镇居民收入。发放一线医务人员临时性工作补贴5.12万元。企业薪酬调查户数增加至828户，发布部分职业（工种）工资价位。强化重点群体帮扶，通过促进脱贫劳动力就地就近就业、公益性岗位托底安置、提供“131”服务等方式，确保重点帮扶对象收入稳定。发挥失业保险稳就业保生活功能，发放失业保险金、失业补助金、农民工临时生活补助、失业人员求职创业补贴、技能提升补贴等1.58亿元，惠及失业人员及企业职工3.5万人次。年末，全市城镇居民人均可支配收入36968元，增幅7.4%。

【劳动关系】 2021年，临汾市人社局以全面构建和谐劳动关系为工作基调，加大劳动保障监察执法力度，化解劳动争议纠纷，打造和谐稳定的用工环境。开展保障农民工工资支付工作，检查用人单位7318户，追发劳动者工资等待遇460.4万元；向社会公布重大劳动保障违法案件5批次20户，将12户企业及其法人和实际负责人列入拖欠农民工工资“黑名单”。开展劳务派遣单位年检，审核通过44户。细化落实“和谐同行”能力提升三年行动计划，建立“临汾市千户企业培育群”。全市审结各类劳动人事争议案件1196件，仲裁结案率98.5%，调解成功率64.5%。处置群众信访诉求1844个。中央信访联席办交办的劳动保障领域信访积案39件，全部按期办结。

（曹玉峰）

退役军人事务管理

【概况】 2021年，临汾市退役军人事务局围绕服务经济社会发展和服务国防军队建设，以“维护军人军属合法权益”为核心，以实现“让军人成为全社会尊崇的职业”为目标，市委、市政府将退役军人工作专项考核、双拥工作专项考核纳入各县（市、区）、市直各单位年度目标责任制考核和平安临汾建设考核内容。市委退役军人事务工作领导小组、市双拥工作领导小组、市退役军人安置领导小组全面领导退役军人工作，为推进退役军人工作提供了坚强政治保证和组织保障。

【服务保障水平提升】 2021年，临汾市退役军人事务局以示范型退役军人服务中心（站）创建和星级评定为重点，推进标准化建设，优质化服务，强化专业化保障，整体提升服务保障水平，市、县、乡镇（街道）、村（社区）四级服务体系建设从无到有、到优，作用发挥明显。全市退役军人服务中心（站）建设覆盖率实现100%，申报222家退役军人服务中心（站）示范性建设试点，达到示范创建标准，建成30个标杆型服务中心（站），退役军人服务保障水平整体提升。

【办好退役军人民生实事】 2021年，临汾市退役军人事务局建立常态化联系退役军人制度，开展“最美退役军人”“最美双拥人物”“兵支书”等典型选树活动，形成好的舆论导向。落实帮扶援助政策，全市常态化联系退役军人及其他优抚对象，通过上门走访、电话询问等方式，了解生产、生活情况，办好民生实事，发放困难援助资金110余万元。

【转业干部和退役士兵安置】 2021年，临汾市退役军人事务局强化与市委组织部、编办、人社等部门协调沟通，联合制订安置计划，推行“阳光安置”，完成各年度转业干部和退役士兵安置任务，采取集中管理方式，安排退役士兵跟岗见习，尽快完成角色转换，并组织开展安置工作“回头看”，积极稳妥解决安置遗留问题，做到部队、地方、个人“三满意”。2021年，全市完成年度安置任务。

【退役军人就业创业】 2021年，临汾市退役军人事务局开展自主就业退役士兵适应性培训和职业技能培训，普遍建立退役军人就业创业工作台账，搭建退役军人就业创业平台，组织服务对象参与各类线上、线下招聘，打造“老兵品牌”，开展创业创新大赛，发挥典型的示范引领作用。与京东华北区协商达成退役军人“助力北京冬奥会”就业意向，推介自主就业退役士兵入职。与山西管理职业学院开展政校合作，共建“退役军人高职教育基地”。解决下岗失业退役军人的就业问题，协调解决退役军人公益性岗位合同到期续签，协调理顺退役军人公交安全员工资拨付程序，为55周岁及以上失业下岗退役军人采取缴纳医疗、养老保险，发放生活补贴191.95万元，落实生活保障。全市部分退役士兵社保接续工作完成既定目标。

【政策落实】 2021年，临汾市退役军人事务局落实重点优抚对象抚恤补助政策，确保优抚资金及时、安全、准确发放到位。全年对优抚对象发放定期抚恤补助和医疗补助资金1.5亿元，发放优抚事业单位补助资金290万元，帮扶援助困难退役军人共计64.48万元，为烈士遗属、参战参试退役人员开展医疗巡诊慰问活动。为享受定期抚恤的残疾军人、伤残民兵民工和预备役、伤残人民警察、伤残国家机关工作人员换发新式伤残证件。出台烈士纪念设施建设修缮管理维护方案和贯彻落实措施，与检察院等部门建立英烈设施保护协作机制；组织参加清明祭英烈、“5·17”临汾解放纪念、“9·30”烈士纪念日等活动，代为祭扫烈士墓177座，代为祭扫烈士227位，在红色基因传承中发挥部门作用。

【尊崇军人氛围营造】 2021年，临汾市退役军人事务局开展“老兵永远跟党走——中国共产党成立100周年系列庆祝活动”，市局获得山西省优秀组织奖。挖掘退役军人先进典型，在全市评选出2021年度“最美退役军人”30名、“最美双拥人物”20名、“最美军嫂”20名，广泛宣传报道，发挥榜样作用。深化双拥共建，设立双拥专职机构，健全完善双拥工作运行机制，在全市开展双拥模范城（县）创建和社会化拥军活动，开展情系“边海防”拥军优属活动，组织临汾籍戍边转改民警通过“边疆卫士云探家”探亲互动系统与家属进行视频连线，为新增军烈属和退役军人家庭入户悬挂光荣牌。市县两级赴驻临部队开展“送政策、送健康、送服务”进军营宣讲活动42次。走访慰问“临汾旅”及驻临部队、退役军人、烈士遗属，开展拍摄“全家福”、送年画春联、发放光荣在党50年纪念章等活动，为现役军人送立功受奖喜报。组织军地双方专门力量，采用各类形式，对双拥共建、支援部队解决“三后”问题、驻临部队官兵参与打赢脱贫攻坚战、疫情防控、抢险救灾等工作亮点宣传报道。 （崔心刚）

应急管理

【概况】 2021年，临汾市应急管理局贯彻落实国家、省、市关于安全生产、应急管理和防灾减灾救灾各项决策部署，全市发生各类生产安全事故81起，死亡91人，同比增加29起、2人；未发生重大及以上生产安全事故，安全生产形势持续稳定向好。

【制度建设】 2021年，临汾市应急管理局落实《地方党政领导干部安全生产责任规定》，加强安全工作组织领导。印发“三管三必须”实施细则和补充规定，明确冰雪运动场所等新兴领域安全监管职责。执行煤矿安全监管专员制度，对重点行业领域建立安全监管一张表。执行重点行业企业主要负责人考核记分和承诺制度。出台《临汾市安全生产约谈制度（试行）》，对事故多发的9个县市区和1个市直部门进行警示约谈。

【排查隐患】 2021年，临汾市四大班子领导带领各级党政领导深入包联地区和企业检查安全。市安委办派出17个检查组不间断到一线开展督导检查。开展重点行业领域专项整治，保持高压严打态势。

【打非治违】 2021年，临汾市应急管理局举办新安全生产法培训讲座，培训领导干部1400余人。组织重点行业领域企业主要负责人抄写刑法修正案涉及安全生产的条款。对10起违法违规典型案例在《临汾日报》和临汾电视台进行公开曝光。

【集中攻坚】 2021年，临汾市应急管理局印发重点任务推进方案和集中攻坚年实施方案，建单挂账，推动落实。定期调度专项行动集中攻坚进展情况，邀请省级专家点评指导。开展三年行动集中攻坚督查，推动治理老大难问题。

【创新监管方式】 2021年，临汾市应急管理局鼓励引导重点行业领域企业开展标准化创建和达标升级，提升本质安全水平。落实煤矿等重点行业分级分类监管办法，实行差异化监管。执行企业主要负责人安全承诺制，4583家企业签订《履职尽责承诺书》。

【抢险救灾】 2021年，临汾市政府召开防汛会议25次，应对汛情险情。部署人员对127条河道、55座中小型水库、532座淤地坝、915处山洪灾害点、1602处地质灾害隐患点以及城市易涝点等重点部位不间断巡查监测。连续强降雨期间，市级发布预警信息54次，组织157名地质灾害防治专家坚守一线，出动救援力量18.21万余人次，调用冲锋舟、皮划艇99艘、水泵2264台次，大型机械11603台次，紧急组织受威胁群众撤离避险。

【预案管理】 2021年，临汾市应急管理局组织指导38个部门修订完善应急预案102部，以安全生产月活动为契机，组织重点行业领域开展应急演练513次，提高应对突发事故的处置能力。

【普及安全知识】 2021年，临汾市应急管理局组织观看“生命重于泰山”电视专题2007场次。以安全生产月活动为载体，推进安全宣传“五进”工作。每晚《临汾新闻》片尾飘字宣传安全生产和在《临汾日报》开设安全专刊，组织各县（市、区）长开展《应急管理大家谈》。

（郭晓芳）

·消防救援·

【概况】 2021年，临汾市消防救援支队围绕“全面发展年”工作部署，瞄准靶心防大火，实战训练谋打赢，从严管控保稳定，确保全市火灾形势、队伍安全管理、内部疫情防控“三稳定”，全市消防工作呈现良好发展态势，支队召开山西省消防监督执法规范化建设现场会，承办全省“119消防宣传月”活动启动仪式及安全员和紧急救援小组培训班，举办全省首次三维数字化预案桌面推演和“高层建筑灭火救援示范教学式实战演练”。市委、市政府领导先后6次、省总队领导先后4次批示肯定支队工作，支队进入全省先进行列，获评消防救援局“2021年度执勤训练工作先进支队”。1名个人被省直工委表彰为“优秀党务工作者”，6项经验做法被总队刊载推广。

【灭火救援】 2021年，临汾市消防救援支队接警出动4181起，出动消防车5224辆次、救援人员30848人次，抢救被困人员199人，疏散人员748人，抢救财产价值1110.4万元，保护财产价值3272.3万元。全市发生火灾2401起，死亡6人，受伤3人，直接经济损失726.5万元。同比2020年，火灾起数上升110%，死亡人数持平，受伤人数增加1人，直接财产损失上升43.3%。

【隐患综合治理】 2021年，临汾市消防救援支队推动建立党委政府定期研究、消防救援机构定期报告“双机制”，提请市委、市政府7次召开会议研究部署消防工作，以市安委会名义下发各类消防工作文件10余份。坚持以落实“三管三必须”为牵引，明确45类行业部门职责分工，市县两级消防救援机构与交通、邮政、教育、文旅等行业部门召开消防业务培训会议33次，联合开展针对性集中检查1000余次。落实行业部门消防安全标准化管理，开展易燃易爆、文物景区、学校、高层建筑、“三合一”、革命文物、仓储物流、高层建筑、易地扶贫搬迁安置点等重点场所消防安全专项治理。推进打通生命通道工程，探索完善乡镇社区以下消防监管机制，推动全市151个乡镇成立村级消防安全组织机构2094个，16个全国重点镇、59个其他建制镇全部完成消防专项规划。全市消防救援队伍检查单位13977家，督促整改火灾隐患19815处，下发各类法律文书11579份，临时查封单位261家，责令“三停”169家，罚款4697450元，确保全市火灾形势安全稳定。

【消防监督执法】 2021年，临汾市消防救援支队召开山西省消防监督执法规范化建设现场会，试运行集中法制审核机制，推动移动执法终端实体化运行并在全省推广。跟进人大常委会立法计划，配合制修订《临汾市电动自行车管理条例》，提请市委、市政府召开4次会议，审议通过《临汾市关于贯彻落实省委省政府深化消防执法改革实施意见的实施方案》和《临汾市“十四五”时期消防事业发展规划》，提请市委宣传部召开“优化营商环境、我为群众办实事”新闻发布会。开展执法质量考评，成立法制审核技术服务小组对全市消防救援机构执法行为进行事中监督指导，推动全市消防领域执法改革落地见效，推进消防事业向纵深发展。整体推进“双随机、一公开”监管并定期公示，落实火灾事故“一案三查”、火灾调查与刑事司法案件衔接机制，制定出台《临汾市消防救援机构与公安机关火灾调查协作实施方案》，提升火灾调查水平。

【消防宣传培训】 2021年，临汾市消防救援支队将宣传工作列入党委重要议题高位部署，承办山西省“119消防宣传月”活动启动仪式，出台《文职人员开展消防宣传工作实施方案》，推动建成市级消防科普教育馆1家、县级科普馆7家。成立消防宣传小分队，开展九小场所入户宣传、消防宣传“五进”、宣传岗位练兵等工作，邀请专业媒体老师开展业务授课，30余人通过岗位达标考核，走访入户宣传近万人。在临汾经济开发区创建全市首座消防宣传主题社区，依托生龙国际、天鹅大酒店、锦悦汇、时光颂等大型商业综合体开展消防主题灯光秀，在《临汾日报》开设消防宣传专栏，利用微博、微信、抖音、快手、头条等自媒体平台播发火灾警示、公益广告1万余条、开展各类直播8次，阅读量6亿次、直播播放量82.5万次。组织策划“多彩年夜饭”“曲沃葫芦话消防”“浮山木偶说消防”“我们是消防指战员”等10余个宣传精品，上百万人次使用消防安全学习云平台实时学习消防安全知识。

【实战练兵】 2021年，临汾市消防救援支队制定出台《全员岗位大练兵奖惩措施》，建立常态化调度、检查、督导、考核工作机制，承办山西省安全员和紧急救援小组培训班，牵头制定全省《消防救援人员分岗位、分层级等级达标考评办法》，举办全省首次三维数字化预案桌面推演和“高层建筑灭火救援示范教学式实战演练”，完成总队“2021蓝色之光”地震救援演练。举办战训大讲堂、战例研讨、专题讲座42期，开展业务理论考核、比武竞赛、体能攻坚培训20余次。优化重组高层、水域救援、危化品处置、地震4支救援专业队。推动实战指挥和智能接处警“两大系统”实体运行，实行“大集中接警”模式，开展“高低大化”等类型灾害实战联合演练8次，建立健全专家联席会议和航空、铁路新型救援合作机制，推动应急救援联调联战和会商研判机制建设。全市消防救援队伍出动4178队次、车辆5205辆次、人员30848人次，处置火灾2401起、抢险救援708起、社会救助781起，抢救财产价值1100余万元，直接保护财产价值3200余万元。

【基础服务保障】 2021年，临汾市消防救援支队依托战勤保障大队建立支队级消耗性装备库，与临汾西站、尧都机场、德邦快递物流、临汾市艺宸机械设备有限公司签订战勤保障协议。协调落实消防救援人员“两项补贴”，推动支队物资储备中心投入使用、河西三号消防站开工建设，推进侯马市、侯马开发区、曲沃县、霍州市、临汾开发区5个拟建消防站建设取得新进展。编报《2021年装备采购计划》，投入1000余万元购置消防车9辆、灭火救援装备5000余件（套）。贯彻落实疫情防控各项政策，制定出台《疫情防控工作十一条措施》，推动疫苗接种实现全覆盖，队伍内部实现“零感染”。

2021年5月31日，临汾市消防救援支队在天鹅大酒店开展全省高层建筑灭火救援示范教学式实战演练　　（市消防救援支队供图）

【全省高层建筑灭火救援示范教学式实战演练】 2021年5月31日，临汾市消防救援支队在临汾市天鹅大酒店组织开展高层建筑灭火救援实战演练。总队长彭建宏、副总队长兼灭火救援指挥部部长李俊丰以及12个支队灭火救援指挥部部长、作战训练科（处）长、特勤大队（站）主官现场观摩，全省消防救援队伍指战员同步收听收看演练实况。演练以天鹅大酒店高层建筑火灾为背景，按照《山西省消防救援总队高层建筑火灾应急处置预案》，启动三级火灾响应，梯次调集指战员355名、救援车辆45辆、各类救援装备5000余件（套），设置单位自救、接警调度、途中决策、通信保障、车辆停靠、火情侦察、组织指挥、排烟降毒、安全管控、设施应用、搜索救人、灭火行动、火场供液等13个演练环节、40个实操科目。

【承办全省“119消防宣传月”活动启动仪式】 2021年11月1日，山西省“119消防宣传月”活动启动仪式在临汾市生龙国际广场举行。省安委办副主任、消防救援总队总队长彭建宏，临汾市委常委、常务副市长王渊，临汾市政府部门相关领导，全省各地市消防救援支队长及消防志愿者代表、新闻媒体记者等参加仪式。

【举办全省消防监督执法规范化建设现场会】 2021年11月1日，山西省消防监督执法规范化建设现场会在临汾市召开。总队长彭建宏出席会议并讲话，总工程师朱江主持会议。会议以“数据消防提质赋能，规范执法服务民生”为主旨，展示统一执法程序标准、强化执法全程监督、优化执法数据赋能等方面典型工作经验，推进全省消防执法规范化建设工作。各市消防救援支队支队长、分管副支队长以及相关处（科）室负责人、县（区、市）大队长代表参加会议。

【举行“优化营商环境、我为群众办实事”新闻发布会】 2021年8月11日，临汾市人民政府新闻办公室召开“优化营商环境、我为群众办实事”新闻发布会，围绕服务经济社会高质量发展，细化优化便民利企的务实举措，让人民群众有更多、更直接、更实在的获得感、幸福感和安全感，消防救援队支队长赵武军解读《关于贯彻落实省委省政府深化消防执法改革实施意见的实施方案》，介绍消防救援机构“优化营商环境，为群众办实事”的具体措施。（侯富升）

·防震减灾·

【震害防御】 2021年，临汾市防震减灾服务中心推进地震小区划项目实施向重点县（市、区）拓展延伸。在完成市级三大震害防御基础工作的基础上，霍州市历时3年投资226万元完成全部工作，资料已送审；襄汾县投资285万元，完成全部钻孔任务。临汾市将“临汾活断层探测、洪洞地震小区划成果”电子版提交省局，用于录入山西省震害防御基础数据管理服务系统。吉县吉昌镇西关社区、乡宁县昌宁镇碾角社区等4个社区申报综合减灾示范社区。

【地震灾害风险普查】 2021年，临汾市推进地震灾害风险普查工作，制定工作方案、组建工作专班和技术组、举办专项业务培训，收集钻孔140个。乡宁县、浮山县筹集资金近40万元，新增布设6个地震钻孔，通过省级专家验收。完成8个县地震灾害风险评估工作，大宁县完成地震灾害风险评估工作，通过省级验收。

【地震易发区房屋设施加固工程】 2021年，临汾市重视地震易发区房屋设施加固工程，制定《临汾市地震易发区房屋设施加固工程实施方案》。10个行业、16个县（市、区），尤其是3个试点县均制定信息采集目标和工作方案。通过技术培训、现场指导、在线答疑、推广经验、督导审核等方式，推进房屋加固采集工作。组建专门的采集信息队伍，采集加固工程和新建工程信息近800条。

【创新宣传模式】 2021年，临汾市防震减灾服务中心结合疫情防控工作要求，开拓线上线下相结合的宣传模式，通过微信小程序，开展“防灾减灾知识网络宣传答题活动”，约7.4万人登录学习，参与答题26万人次；和组织部门联合为尧都区1440个基层党支部全体党员编制印发《基层党员干部应知应会知识手册》，开展“防震减灾知识下支部”主题宣传周活动；8所科普教育基地依据2020年12月新颁布的《防震减灾科普教育基地管理要求》市级地方标准进行讲解员配备、培训，设施设备完善等工作，在重点时间节点，组织开展集中宣传活动。市县两级全年开展地震应急演练活动66场，线上线下各类宣传近500场，“六进”活动271场，“防震减灾千场科普讲座”公益活动18场，张贴海报、条幅、版面近2000件，发放各类宣传资料14万余册、宣传物品3.2万件。

【应对地震舆情事件】 2021年，洪洞3.1级有感地震发生后，临汾市防震减灾服务中心启动部门四级地震应急响应，第一时间向省地震局，市委、市政府，市应急局上报信息，进行加密观测，开展震情舆情监控，正面引导舆论，防止谣言发生，维护震区社会稳定。在信息刊载方面，截至11月底，在省地震局网站刊发临汾市工作信息23篇、在市应急管理局网站发布防震减灾工作动态34条。

【地震应急演练】 2021年，临汾市防震减灾服务中心开展地震应急演练活动66次。其中参加省市县三级联动演练1次，组织市县（襄汾县、蒲县）联动响应演练2次，指导县级（洪洞县）地震应急综合实战演练1次，配合市应急管理局开展以地震为背景的危险化学品泄漏应急演练1次，组织地震现场工作实战演练1次，其他类型演练60次。2021年12月10日，模拟蒲县黑龙关镇发生5.7级地震，科目设置比往年更合理，参加人员范围更广，程序和流程更具有针对性。

【示范创建】 2021年，临汾市新增1所省级防震减灾科普教育基地

（大宁县），通过省地震局认定，全市有8所省级科普教育基地，开展大型宣传活动20余次。蒲县按照规范要求，开展国家级防震减灾科普基地的创建申报工作。全市有42所省级防震减灾示范学校，5所国家级科普示范学校。新创建6所省级防震减灾示范学校，隰县龙泉小学申报国家级防震减灾科普示范学校。

【地震应急指挥系统】 2021年，临汾市地震应急指挥系统投资920万元，对指挥平台进行更新完善，更新摄像头、控制器、显示屏、音频系统等，确保地震急指挥系统的正常运行，提升地震响应。14个县实现省市县三级联通，视频会议联通率100%。

【健全地震应急预案流程】 2021年，洪洞3.1级地震后，临汾市防震减灾服务中心应急工作反应迅速、信息报送准确无误、震情舆情处置方法得当。制定的《地震宏观观测网建设和管理要求》市级地方标准在2020年12月颁布后，制作宣讲课件纳入防震减灾宣传及培训内容，印制2500份直接发放到县级地震部门和“三网一员”队伍。县级地震部门根据《地震宏观观测网建设和管理要求》对不符合要求的观测点予以更换和调整，调整59个宏观观测点；抽查200名宏观观测员，80%以上的宏观观测员能够按照新标准开展工作。 （杨立尧）

防汛救灾和灾后恢复重建

【概况】 2021年入汛以来，临汾市极端天气多发、频发，多地遭遇时间久、范围广的强降雨天气，险情多、灾害多，给人民生命和财产安全造成重大损失。据统计，全市有149个乡镇、1919个行政村受灾，受灾人口101.59万人，农作物受灾面积16.25万公顷，房屋受损9万余间，道路、通信、电力、市政、饮水等公共基础设施均不同程度受损，灾害造成直接经济损失约57.4亿元。灾情发生后，临汾市坚决贯彻落实习近平总书记对防汛抢险救灾工作的重要指示精神，按照山西省委、省政府决策部署，快速响应、全员发动，有序开展防汛救灾和灾后重建各项工作。

【防汛救灾总体情况】 2021年汛期，临汾市降雨量686.1毫米，是历年同期的两倍多。8月30日至10月9日，有31天降水，平均降水量497毫米，为山西省最高，是历年同期的4.2倍，持续强降雨造成多条主要河流发生不同程度洪水，其中汾河赵城站10月6日6时洪峰流量达1120立方米/秒、柴庄站10月7日2时洪峰流量1400立方米/秒、沁河飞岭站10月6日16时24分洪峰流量1120立方米/秒，为全市20多年来最大洪水。各级各部门坚持“人民至上、生命至上”防灾减灾理念，靠前指挥、严防死守，汾河、沁河等主要河流和各中型水库未出现决口、垮坝险情，最大限度减少洪涝灾害损失。主要措施有以下几方面。

未雨绸缪，压实责任抓备汛。落实防汛抗旱行政首长负责制，上报和公示市、县两级政府及重点河流、中型水库及重点县城防汛责任人；组织水利、气象、住建、城市、交通等相关部门开展防汛备汛工作，落实各类防汛抢险队伍88支7288人，储备编织袋87万条、木材450立方米、块石42万立方米、橡皮舟5只、冲锋舟12艘等防汛物资。

落实措施，全力以赴抓防汛。编制《临汾市防汛抗旱应急预案》，批复重点水库防汛抢险应急预案，成立市县乡三级防汛临战指挥部，明确突发险情时的“抢撤避”措施，派出督导组、技术人员到一线开展工作，该撤人的坚决撤人，不拖延、不观望；全市针对河道、淤地坝、山洪灾害等组织开展防汛演练35次，参加人员2943人，通过演练熟悉防汛应急抢险救援流程，提高防洪抢险指挥能力、实战水平；协调气象、水文等部门强化监测预警，发布各类预警318次，发布水情日报101期、水雨情快报27期，市防指紧急启动市级防汛应急响应5次。

强化会商，及时撤避人员。落实24小时值班值守和领导带班制度，强化部门会商，掌握雨水情、险情和防御工作情况，提前预警、积极防范、果断处置，减免损失。召开市级防汛会议、调度会议27次，组织相关成员单位会商研判66次，全市转移避撤群众9.6万余人次，在多年不遇的秋汛期间各主要河流堤坝未出现决口，水库运行安全，最大限度减免灾害损失。

强化调度，指导基层抢险。市委市政府派出7支专家队伍，赶赴秋汛最严重的襄汾县、霍州市、曲沃县、尧都区、侯马市、安泽县、蒲县等县（市、区），到防汛一线指挥指导抢险救灾，制定固堤抢险方案。汾河襄汾段发生险情时，利用“先发优势”，紧急调拨尧都区防汛人员物资赴襄汾县抢险救援，保证堤防安全。在沁河、汾河发生多年不遇的秋汛后，加强和川水库、浍河水库等控制性水利工程的调度运用，在确保行洪安全的前提下，发挥水库拦峰、错峰、削峰作用，减轻下游河道及县城的防洪压力。

【主要安排部署】 2021年，临汾市贯彻落实山西省委、省政府关于灾后重建工作安排重要指示部署，召开市委常委会议、市政府常务会议，研究会商汛情灾情、安排部署重点工作，推进灾后恢复重建各项工作。成立由市委书记闫晨曦、市长李云峰双挂帅的受损农房修缮重建工作领导小组，及市长任组长的灾后恢复重建工作专班，研究制定《临汾市洪涝灾害灾后恢复重建工作方案》和《临汾市灾后恢复重建重点任务分工方案》，确定3个阶段和14项重点任务，召开8次专班会议，工作推进情况实行“日调度”和“周汇总”，开展灾后恢复重建工作。

【灾后恢复重建】 2021年，临汾开展“双抢双减”，秋粮收获面积30.4万公顷，进度100%，冬小麦播种面积20.14万公顷，进度100%。农业部门恢复设施农业407公顷，进度81.34%；农田排水1.94万公顷，进度93.85%，修复圈舍16.71万平方米，进度44.73%；恢复损毁农田3.01万公顷，进度92%。全市农村住房修缮重建总任务数15946户。其中，维修加固12080户，竣工12080户，入住率100%；拆除重建3866户，竣工3866户，入住3866户，入住率100%。

基础设施抢修恢复方面，农村公路全部抢通，主要运煤通道全部恢复通车；恢复涉水公路桥梁628处；修复水、电、气、暖、通信等基础设施5794处；修复传输光缆3427公里，恢复网络基站2013个，重建机房197个。文物旅游方面，恢复开放景区29家，修复受损古建筑58处。水利设施方面，修复受损水库2座6处、堤防工程5处5500米、淤地坝89座，受到影响的688处农村供水工程（涉及1209个村）恢复正常供水。地质灾害方面，抢修、排险小型地质灾害点12647处。

【救灾减灾】 2021年，灾情发生后，临汾市委、市政府制定出台《关于做好当前救灾减灾工作的通知》《减灾救灾抢收抢种若干措施》《应对洪涝灾情防止因灾返贫的十条措施》3个针对性文件，明确30条救灾减灾具体措施，组织帮扶队、代耕队514个6244人，投入农业机械设备1673台套，支持农业“双抢双减”；投入3.7万人次、机械设备1.2万台、水泥40余万吨、钢材1.5万吨，做好水毁路段抢修保通。

【核查灾情】 2021年，临汾市摸清受灾底数。组织各县（市、区）政府和市农业、民政、住建、水利、交通等重点部门全面开展灾情核查工作，对受灾人员及房屋建筑、农作物、道路、水利、电力、通信等基础设施受损情况进行排查摸底。对涉及倒房户、危房户、临河靠山居住户、地质灾害隐患户等重点部位灾情情况逐一核实，分类登记造册，由书记、县长“双签字”，确保数据准确，为科学救灾及灾后重建提供依据。

【民生保障】 2021年，临汾市根据各县（市、区）受灾情况，紧急下拨价值约2000万元救灾物资8批，落实困难群众基本生活救助和受灾人员救助政策，对411名城市低保对象、2026名农村低保对象、243名特困供养对象、8名无人抚养儿童实施临时救助，为25675户低保和特困供养家庭下发取暖补贴1218万元；加强对供水、供电、通信等基础设施的巡检，组织做好粮油、肉、蛋、菜、奶、清洁煤等物资的市场供应和调运，确保雨雪冰冻等恶劣天气情况下，群众正常生活得到保障。

【重建修缮】 2021年，临汾市紧盯春节前全部安全入住的任务要求，市委书记闫晨曦、市长李云峰安排部署、督促检点、调度推进，10余次到一线现场办公；市委、市政府派出5个督导组包县督导检查，发现问题、反馈问题、整改问题；重建过程中，以乡镇为单位实行一户一档，一户一策，分类建立工作台账，对修缮重建房屋列出详细清单，完成一户，销号一户，采取“六个一批”的建造方式，确保全部提前安全入住。

【防止因灾返贫】 2021年，临汾市对受灾人员进行摸底，落实小额信贷、保险理赔、帮助就业、临时救助、政策兜底等帮扶保障措施，保证全市脱贫户及监测对象没有一户因灾返贫致贫。市级财政拿出专项资金分别对受灾的省级、市级、县级扶贫龙头企业、扶贫专业合作社、扶贫车间给予每家20万元、10万元、5万元的生产补贴。扶持受灾脱贫劳动力稳岗就业，对灾后外出务工的给予一次性交通补助，对受灾脱贫户和“三类户”劳动力纳入职业培训补贴范围，每人每天生活费补贴由15元提高到30元；近200名受灾群众在市防汛安置点参加职业技能培训，增设安置665个公益岗。尧都农商行拿出10亿元的小额信贷资金，加大对脱贫人口的资金投放力度，加大对受灾严重的脱贫户和“三类户”的防返贫险补贴力度。设立防止因灾致贫返贫工作组，在山西省第一个出台防止因灾致贫返贫“10条措施”。提前为所有脱贫户、监测户购买2021年度防返贫险，灾情发生后确保群众收入不减，确保全市不发生大规模返贫致贫，守住防返贫底线。保险机构兑付相关资金487.35万元。

【宣传引导】 2021年，临汾市发挥主流媒体舆论引导作用，宣传省市关于减灾救灾和灾后恢复重建的有关政策，动员社会各界力量参与灾后恢复重建工作，鼓励引导群众开展自救，形成工作合力。做好舆情监测管控工作，统一对外发布汛情灾情、政策措施、工作进度及物资需求等信息，规范捐助物资接收、管理，依法有序开展慈善捐赠工作，高效利用社会各界捐赠资金。全市收到各类物资48批次价值约2000万元，各界捐款8124.5万元，争取各类上级救灾资金35556.45万元，下拨中央资金22327.82万元、省级资金22301.45万元（含省红十字会12737万元，省慈善总会8040.45万元），市财政预拨因灾受损农房修缮配套资金2635.77万元。

【隐患排查】 2021年，临汾市紧盯受汛情影响的重点部位，克服侥幸心理、麻痹思想和厌战情绪，开展安全隐患动态排查，采取措施消除安全隐患，确保不发生次生灾害。坚持“一企一策”原则，督促指导煤炭、电力、天然气等能源企业开展安全隐患排查整治，在确保安全的前提下有序复工复产、保障能源供应。市县两级检查生产经营单位1.2万家次，排查一般隐患1.1万条，重大隐患3条，约谈警示4家，责令停产整顿21家，责令限期整改670家。

【统筹强化基础工作】 2021年，临汾市做好卫生防疫，紧盯灾后饮用水应急监测、传染病防控，统筹市、县、乡三级医疗机构，派驻医疗队巡诊，保障群众基本医疗卫生服务需求，消杀面积151.25万平方米，监测处置疑似传染病22例，严防“大灾之后有大疫”。按照“民生优先、救急先行、统筹兼顾、标本兼职、远近结合、巩固提升”的原则，谋划重建项目354个，计划投资55.17亿元，开工项目253个，恢复、建成项目120个。严肃工作纪律，健全完善资金、物资审批审核、调拨使用、公开公示有关制度，纪委监委、审计等部门全程参与灾后重建工作，严防违规违纪行为发生。（郭晓芳）

外事工作

【概况】 2021年，临汾市政府外事办履行全市外事工作主体责任，贯彻落实省委外事工作委员会2021年工作要点，谋划2021年全市对外工作，研究制定外事工作要点，具体安排部署全市外事工作。5月31日，由市委外事工作委员会主任闫晨曦主持召开市委外事工作委员会全体会议，安排部署全市外事工作任务，审议通过《市委外事工作委员会2021年工作要点》。6月21日，召开全市外事工作会议，推进全市外事工作。

【友城建设】 2021年，临汾市与南非克里斯哈尼市和津巴布韦维多利亚瀑布城缔结国际友好城市关系。受疫情影响，市政府外事办创新交流方式，增加与国外友好城市之间的线上互动，为经济发展创造机遇，经多次沟通，达成与南非克里斯哈尼市加强农业合作的意向。拓宽渠道，涵养友城资源。通过现有的外事资源，寻找海外联系人，在美国、加拿大、德国、南非、津巴布韦、菲律宾、斯里兰卡、澳大利亚等11个国家建立15位海外联系人。

【涉外管理】 2021年，临汾市政府外事办对参加“一带一路”中德（侯马）货运经贸及运力洽谈会、寻根三晋活动、新华社在永和县采访拍摄及五洲传播出版社在临汾市进行《骑行中国》拍摄的四批次外籍人员做好登记备案工作，掌握其基本信息，指导做好涉外疫情管理，协调配合有关部门处理外籍人员在临汾市期间的有关需求。

【因公出国管理】 2021年，临汾市政府外事办报批市中心医院8名医护人员参加省卫健委组织的赴多哥执行国家援外医疗任务的相关审核材料，确保成行。

【涉外疫情防控】 2021年，临汾市政府外事办常态化做好在临汾市外籍人员和境外返临人员摸排工作。开通在临汾市外籍人员新型冠状病毒肺炎24小时英文咨询求助电话。掌握外国专家、留学生及外教的思想及生活情况，开展走访慰问工作，向外籍人员表达市委、市政府的关心。

【涉外宣传】 2021年7月10日，临汾市政府外事办组织尧都区、翼城县、侯马市、襄汾县、吉县、蒲县及乡宁县一行23人，参加“2021中国人民对外友好协会友好日”活动，通过民间艺术、特色美食与文艺表演等形式，展示临汾市丰富的非遗文化及特色美食，为民间艺术及美食走向世界舞台搭建平台，促进文化融合。

【涉外安全】 2021年春节期间，临汾市电视台及其各个宣传平台播放“非必要非紧急不出国”公益宣传片，向公众发出倡议介绍，尽量减少流动，做好自我防护。市政府外事办拓展工作思路，践行“外事为民”理念，对拟出国人员进行预防性领事保护宣讲，将集中宣传和日常宣传相结合，对个别人员进行发放宣传单，一对一宣讲，联合市公安局出入境支队和市国家安全局对36名出国务工人员进行集中培训，增强境外安全防范意识。6月22日，与山西师范大学国际处联合举办“领保知识进校园”活动，山西师范大学国际处负责人及200余名师生参加活动。在省外事办涉外管理处的指导下，处理涉及临汾市的4起涉外事件。

【教育培训】 2021年，临汾市外事办组织全市涉外干部参加山西省外事办组织的培训一次。12月，举办全市外事干部能力提升培训班，邀请省外事办涉外管理处处长、一级调研员岳剑耀授课。

【对外交流合作】 2021年，临汾市政府外事办与美国犹他州开展交流合作，与犹青联盟建设项目管理长效协调机制，成立山西（临汾）—犹他健康管理培训与交流协调中心（简称健康中心），12月17日举行揭牌仪式；临汾职业技术学院与美国犹他大学商学院签署合作意向书；临汾市与犹他州签署三年合作计划。 （王海燕）

2021年7月10日，临汾市参加“2021中国人民对外友好协会友好日”活动 （市政府外事办公室供图）

台港澳事务

【概况】 2021年，临汾市人民政府台港澳事务办公室学习习近平对台工作重要论述、习近平对港澳工作重要论述和习近平总书记视察山西重要讲话重要指示精神，履行全市台港澳工作主体责任，根据党中央对台方针政策、省第十二次党代会精神和市第五次党代会“1355”战略部署，落实新时代对台工作、港澳工作要求，做好临台各领域交流、对台招商引资、涉台宣传教育等工作，服务临汾经济社会发展、维护改革发展稳定。

【台胞接待】 2021年，临汾市人民政府台港澳事务办公室接待太原市台湾同胞投资企业协会（简称台业协）、台创园集团、晋台婚姻家庭故乡行参访团以及广东、江苏等地的台胞台商，接待工作受到台胞和省台办的好评，对促进两岸文化交流、增进两岸同胞民族认同，维护两岸和平发展大局具有很大的影响。

【临台交流】 2021年，临汾市人民政府台港澳事务办公室发挥临汾市独特文化优势，扩大临台交流三大品牌影响力。通过“尧都民间祭拜尧帝大典”等活动，邀请台胞参加线上线下活动，提升尧文化的品牌影响力。依托黄河壶口景区，挖掘“母亲河”“民族魂”“华人老家”的文化内涵，形成“黄河文化”品牌。依托洪洞大槐树景区、临汾博物馆、晋国博物馆、陶寺遗址、丁村民俗博物馆打造“根祖文化”，形成以中国之根、民族之根、华人老家为文化内涵的两岸交流品牌。

【台商、台胞服务】 2021年，临汾市人民政府台港澳事务办公室帮助台胞李嘉珍解决冬季供暖问题；帮助台胞黄泰英、许忠玄、曾义雄换发申领台胞证；在知情自愿的基础上组织在临汾市台胞集中接种新冠疫苗；协助台胞孔文博之女办理结婚登记、婚姻公证事宜；帮助台胞黄泰英解决申请廉租房、配偶就业等问题。坚持定期慰问在临汾市台企、台胞，保持对台胞的感召力和影响力，重要活动，台胞、台商都能够积极配合参与。

【对台经贸】 2021年，临汾市人民政府台港澳事务办公室起草《临汾市促进临台经济文化交流合作具体措施》。为贯彻落实国台办“惠台31条”和“惠台26条”，服务全市“1355”战略部署，经市政府同意后，起草惠台政策，并在征求相关单位意见的基础上进行修改。组织参加“台商台青走晋来”活动。6月，由原常务副市长潘海燕带队，组织侯马市、临汾经济开发区参加山西省在上海市举办的“长三角地区项目推介会暨‘台商台青走晋来’活动启动仪式”。启动仪式上，侯马市原市长黄晓君，临汾经济开发区党工委书记、管委会主任元福明分别作推介发言。在国台办、省台办的支持下，潘海燕、黄晓君到上海旺旺集团总部进行考察，并与集团领导就侯马旺旺下一步生产发展等有关事宜进行沟通，旺旺集团主席蔡衍明明确表示，在侯马再投资建设两个厂，实现“一厂变三厂”。邀请台商到临考察投资，促进临台经贸交流。太原台企协聚集十几个项目，并在临汾市租赁了办公场所，筹备设立台商产业园。先后邀请山西佳德孵化基地董事长宋言镛，太原台企协副会长傅夏燕，台创园集团、香港汉魂集团董事局主席李伶博士等多名台商到临汾市洽谈项目。

【台胞捐赠】 2021年，台资企业旺旺集团向临汾市第三人民医院捐赠50箱价值13500元的水神消毒液，为医院消杀工作提供帮助；10月12日，旺旺集团向临汾市捐赠100万元食品物资，太原市台企协21名台商向临汾市捐款6.8万元，用于灾后重建。

【对台宣传】 2021年，临汾市人民政府台港澳事务办公室利用“山西临汾·尧王故里”网站进行宣传，在该网站更新各类信息200多条，刊发和更新介绍临汾市风俗人情、旅游资源、主要物产、历史文化、投资环境、招商项目等内容的各类资料30余篇。

【对台交流基地建设】 2021年，临汾市人民政府台港澳事务办公室指导各县（市、区）开展对台交流基地建设，协助黄河壶口瀑布景区、乡宁云丘山景区申报省级“对台交流基地”；在临汾博物馆、曲沃晋国博物馆、临汾市丁村民宿博物馆设立市级“对台交流基地”。

【教育培训】 2021年，临汾市人民政府台港澳事务办公室组织临汾市对台工作干部参加省台办组织培训班一期；12月，举办全市台港澳干部能力提升培训班，邀请省委台办二级巡视员宋英民到临汾市授课。（王海燕）

行政审批管理

【概况】 2021年，临汾市行政审批服务管理局围绕“扮靓三个之窗、打造六型机关、奏响五个号角”的“365”工作目标，完成各项工作任务。全年，全局承担的行政审批事项共办理28663件，公共服务事项办理261646件。

【“一枚印章管审批”改革】 2021年，临汾市行政审批服务管理局打造“一件事一次办”集成服务套餐。推出“我要开药店”等“一件事”集成服务套餐183项，办理“一件事”2270余件。在2021第十一届数据智能应用典范金铃奖峰会暨政务服务第三方评估成果发布研讨会上，临汾市行政审批服务管理局“一窗受理”服务案例荣获2021年度“智能服务典范”奖。

推进“五减”专项行动。审批总环节由原923个减少至567个，压减率38.5%；申报材料总数由2157个减少至1380个，压减率36%；审批时限由2876个工作日减少至1239个工作日，压减率56.9%。

落实证明事项告知承诺制。出台《临汾市全面推行证明事项告知承诺制工作实施方案》，推行容缺受理、承诺办理。

加强专家库和中介库的建设。行政审批专家库入库1737人，涵盖21个大类、323个小类。行政审批中介服务机构库共入库330家，涵盖45类中介服务机构。

建立审批与监管协调联动机制。协调住建部门将2项未划转事项纳入政务服务大厅进行办理，协调税务部门将不动产涉税业务整链条整合至政务服务大厅办理；强化与监管部门信息推送。通过纸质文件、OA系统、电子邮箱等方式向监管部门推送审批信息15302条，其中网上推送6177条。

推进审批服务提档升级。建成并使用电子证照、电子印章系统，市本级归集证照70类151416条信息，县级归集证照93类147625条信息。

推行“一窗受理”服务新模式。将涉及审批局9个科室的201项事项纳入无差别一窗受理窗口办理，压缩窗口14个，缩减率35%。咨询引导12076人次，受理业务12567件。

推行“证照分离”改革工作。印发《临汾市“证照分离”改革实施方案》，建立临汾市“证照分离”改革全覆盖事项清单，其中直接取消审批6项，审批改为备案2项，实行告知承诺22项，优化审批服务78项。通过四类服务方式惠及企业15983户。

创新推行行业综合许可改革。制定《临汾市推行行业综合许可改革实施方案》，将行业经营涉及的多项行政许可整合为一张载明相关许可信息的行业综合许可证，实现“一业一证”“一证覆盖”，首批选择餐饮、药店等10个行业，实行“一单告知、一表申请、一窗受理、一同核查、一并办理、一证准营”审批服务模式。12月31日，为山西旺龙大药房连锁有限公司颁发全市首张“行业综合许可证”。

推进政务服务标准化3.0建设。将市县两级行政审批系统标准化工作人员纳入委员会范畴。整理国家标准、地方标准、岗位标准及管理标准，完成1项市级地方标准《临汾市审批服务现场勘验操作规程》和2项省级地标《政务服务便民热线管理规范》《政务服务便民热线服务规范》的立项工作。

【优化营商环境】 2021年，临汾市推进“六最”营商环境领导小组，下设18个专项小组，由分管副市长任组长，分别负责18个一级评价指标。建立“1+18”营商环境政策体系。制定《临汾市持续优化营商环境实施意见》，形成“1+18”144条措施的优化营商环境政策体系。

强化督查、巡察工作。配合省优化营商环境第六督导组一行赴各县（市、区）督导。配合市委营商环境第四专项巡察组对临汾市行政审批服务管理局开展营商环境专项巡察。对市直12家营商环境牵头单位进行专项督查。对各县（市、区）政府和市级营商环境责任单位开展营商环境专项督查。

强化营商环境宣传培训。召开临汾市营商环境新闻发布会。以二维码形式编制《临汾市优化营商环境“九个一”惠企便民服务手册》。举办21期全市系统能力提升培训班，参训人员3500余人次。召开营商环境指标解读会，解读营商环境考核指标，查漏补缺，整改落实。召开企业座谈会，分批次与多领域100余家企业面对面听取企业诉求、宣讲惠企政策、解决实际问题。

落实“四办”服务机制。推行“领办、代办、专办＋一网通办”四办服务机制，编制公布流程图，变“企业跑腿”为“政府主动服务”。对接59个城建重点项目，办结项目手续29个，总投资32.9亿元。

提升企业登记便利度。推行“一人审核制”，在材料齐全的情况下，实现即时办结，业务办理时间最快20分钟内完成，营业执照立等可取，全市为新设立企业免费刻制公章服务，每年可为企业节省开办成本近500万元。

完成向开发区赋权工作。出台《临汾市人民政府关于向临汾经济开发区管委会赋予省级41项、市级699项经济管理权的通知》等3个文件，完成向全市各开发区赋予

2021年，临汾市行政审批服务管理局自助服务区
（市行政审批服务管理局供图）

省、市级经济管理权事宜。向临汾市、尧都区等11个赋予全市各开发区（示范区）省市经济管理权2833项，其中，省级217项，市级2616项，实现应赋尽赋。

推进工程建设项目审批制度改革。组织召开工程建设项目审批制度改革工作推进会，制定下发《关于进一步加强落实临汾市工程建设项目审批制度改革工作的通知》。开展工程建设项目“体外循环”和“隐形审批”问题专项整治。制定印发《临汾市深化工程建设项目审批制度改革2021年工作要点》。

【数字政府建设】 2021年，临汾市行政审批服务管理局协调市委编办完成市数字政府服务中心职能调整，形成“一局一公司一中心”政务信息管理运营架构。出台《临汾市政务信息化项目建设应用管理办法》《临汾市政务云管理办法》。通过市级政务信息资源共享数据交换平台编制全市政务信息资源共享数据目录3829条（市本级1024条，县市区2805条），其中，371条目录完成数据挂接，挂接数据994万余条。省平台上报目录1009条，资源项216项。推进全市“互联网+监管”工作。以市政府办公室特急明电印发《关于进一步加强“互联网+监管”工作的通知》，明确任务要求、工作责任，建立周通报机制，每周一对各监管单位的监管行为数据报送情况进行通报，通报17次，市、县两级监管数据明显提升。全市监管业务数据报送数为531566条，监管行为报送数为457635条，监管行为数据覆盖度为78%。

【公共资源交易】 2021年，临汾市级政府采购及建设工程施工类等公共资源交易实现全流程电子化，全年完成1956个项目交易，总成交额181.38亿元，节约总额0.67亿元。其中，工程建设项目707项，成交额111.19亿元；政府采购项目1176项，成交额27.68亿元；土地使用权出让31宗，成交额32.16亿元；国有产权42宗，成交额10.35亿元。

【“一条热线管便民”】 2021年，临汾市行政审批服务管理局推进全市政务服务热线归并整合。制定下发《临汾市“12345”政务服务便民热线整合归并实施方案》，对全市35条政务服务便民热线进行整合归并。按整体并入、双号并行、设分中心三种方式进行整合。全年受理诉求319955件，较2020年上升35%，为企服务1000余件，回访率99.96%，群众满意率96.94%。提升“好差评”评价应用效能。定期对17个县（市、区）政务服务“好差评”数据进行随机抽查。建立政务服务“好差评”电话回访长效机制，每月对市本级和各县（市、区）局业务办件进行民意调查回访，回访4958件。全年通过山西省政务服务网“好差评”系统获取企业群众评价4373219件，好评率100%。（任　辉）

·政务服务·

【“五减”改革】 2021年，临汾市政务服务中心强化便民举措，推进“五减”行动，在减事项、减时限、减环节、减要件、减证明上下功夫，优化办事流程，缩短办件时限，方便群众。不动产窗口精简不动产抵押业务所需材料，推行使用《不动产抵押标准合同表》，方便群众办事。将办理不动产转移业务由原来跑多家单位办理变为一窗受理，将新房交税业务完全纳入政务服务大厅的服务清单，群众只跑一次腿，在政务大厅就可以一次性办理，方便群众。不动产窗口将查封登记等4个事项由法定30个工作日压减为即办；国有建设用地使用转移登记等4个事项由法定30个工作日压减为3个工作日；国有建设用地使用首次登记、国有建设用地使用权及房屋所有权首次登记2个事项由法定30个工作日压减为5个工作日；抵押权变更登记等11个事项由法定30个工作日压减为1个工作日。公安局窗口将技防系统工程竣工验收、枪支弹药携运许可、民用枪支（弹药）配购证核发许可、枪支弹药运输许可4个事项由法定20个工作日压减为10个工作日；集会游行示威许可由法定5个工作日压减为3个工作日；第一类、第二类易制毒化学品运输许可法定10个工作日压减为4个工作日。指导不动产登记窗口开展不动产上门办证服务，设立不动产登记便民移动站，到多个小区集中办理首次转移登记便民服务。

【落实“四个零”工作制度】 2021年，临汾市政务服务中心贯彻以人民为中心的发展理念，提升服务效能。坚持推进“四个零”工作制度。坚持服务过程“零障碍”。坚持主动服务、前置服务、体验服务、智慧服务、微笑服务，梳理精简办事指南、制作办事流程，开展绿色通道服务。全体人员以科室为单位，在政务大厅轮流值班，开展“我为群众办实事”常态化服务，做到有问必答，有疑必解，帮助群众解决在办事过程中遇到的实际困难。坚持服务方式“零距离”。利用政务服务一体机、征信自助打印机、房产证明打印机、自助打印复印机等自助终端设备，打造智慧政务服务平台。办理业务261646件，自助打印有房无房证明79548件，自助打印征信次数27589件，即办总量259841件，即办率高99.3%。坚持服务事项“零积压”。执行“服务承诺”和“限时办结”制度，强化窗口人员职业道德教育，树立“延时服务”的自觉和“群众满意”的目标导向，下班时只要有未办结业务，坚持加班加点，自觉服务好群众再休息。坚持服务效能“零投诉”。执行“一次性告知”和“首问负责制”。贴近群众，询问群众诉求，实行首问负责制，做到“有问必答，有疑必解”，打通服务群众“最后一公里”上的难点、堵点和痛点。与窗口派出单位联合制定请销假制度，严格窗口人员管理，探索开展上门服务，强化窗口人员职业道德。

【勘验工作】 2021年，临汾市政务服务中心建立勘验廉洁自律承诺制和勘验管理台账，完成日常勘验工作。接到勘验工单后，第一时间去现场勘验，压紧办件时间，提高办事效率；提供网上远程勘验服务，实现“零跑腿”“不见面”“云上办”，企业网上申报，及时办理，当天看、当天验、当天办，从9月8日到年底，接受勘验404件，视频勘验299件，视频勘验率74%，做到主动服务，让群众少跑腿。

【信息化建设】 2021年，临汾市政务服务中心方便群众办事，推行智慧政务服务，对政务大厅的无线网络进行改造，升级为免费的无延迟高速无线网络，打造Wi-Fi全覆盖政务大厅；设立10台信息发布屏和一套信息发布系统，实时更新各类政策信息，方便群众阅览、查询；配备指示路牌，为群众提供方便；更新更换大厅复印机，提高复印速度，减少群众等待，免费打印复印次数139512次；建设钉钉软件的中心组织架构，实现考勤管理规范化；上线全市首家室内3D导航系统，群众只需简单点击，即可清楚找到办事窗口的位置和路线，实时导航，轻松到达，解决群众找窗口的困惑。

·公共资源交易·

【概况】 2021年，临汾市公共资源交易中心遵循“公开透明、公平竞争、公正诚信和廉洁高效”的原则，坚持不懈落实深化公共资源交易改革各项工作任务，推进项目交易提质增效，强化项目交易风险防控，增强平台制度建设，确保全市公共资源交易工作规范有序开展。

【解决投标保证金退缴问题】 2021年4月，临汾市公共资源交易中心列出问题清单，就全流程电子化交易运行后出现的保证金退缴问题，与两家负责退交保证金的服务银行就相关问题召开对接会，讨论保证金退缴过程中存在的问题，提出了解决办法。4月底，经过与两家银行的努力，反馈的问题全部按时解决。保证金退还工作进行良好，保障投标人的正常交易。

【全流程电子化交易】 2021年1月1日，临汾市公共资源交易中心将所有政府采购项目、建设工程施工类项目均实现全流程电子化交易，12月，剩余的交通、水利等项目的电子化交易工作全部完成。电子化交易系统运行良好，未出现一起技术事故。

【信息化建设】 2021年，临汾市公共资源交易中心优化交易服务平台。根据临汾市财政局关于印发《临汾市政府采购项目开评标现场组织实施办法》的通知，安排工作人员负责核实进入开评标区域的人员信息，与备案书信息不符的相关人员不得进入开评标区域。交易中心负责开评标区域的运行服务工作。具体要求为：负责交易中心区域内、开评标现场外的秩序维护和后勤保障；对确需离开开评标现场的人员由交易中心正式在编工作人员全程陪同，在《开标现场工作人员出入登记表》或《评标现场人员出入登记表》签字；每个政府采购项目评标结束后，交易中心负责给代理机构提供该项目的开评标现场音视频资料。

医疗保障

【概况】 2021年，临汾市医疗保障局以人民健康为中心，以信息化建设为抓手，以精细化管理为重要手段，以支付方式改革及打击欺诈骗保为有效途径，巩固医疗保障脱贫攻坚成果，持续开展带量采购，减轻参保群众就医负担，完成医疗保障各项工作，保持医疗保险基金平稳健康运行。

【疫情防控】 2021年，临汾市医疗保障局优化构建临汾市医疗保障局疫情防控工作机制，确保定点医疗机构不因医保总额预算管理规定影响患者救治。落实上级部门关于医保资金和财政共同负担新冠肺炎疫苗接种接种费用的部署，保障新冠疫苗“应接尽接，免费接种”。根据省局《关于进一步降低新型冠状病毒核算检测价格和费用的通知》要求，个人核酸检测费用降低至30元/人，团体检测费用降低至10元/人，减轻群众的核酸检测负担。

【医疗保障脱贫攻坚】 2021年，临汾市医疗保障局落实医保帮扶政策，巩固医疗保障脱贫攻坚成果。按照省、市脱贫攻坚领导小组关于开展“两不愁三保障”问题排查整改工作的决策部署和省局的统一安排，研究制定《临汾市医疗保障局医保帮扶政策落实情况排查整改工作方案》，督促指导各县（市、区）医保部门落实文件要求，确保建档立卡贫困患者病有所医。统筹发挥基本医保、大病保险、医疗救助三重保障制度综合梯次减负功能，确保不出现因病致贫返贫情况。2021年，全市建档立卡贫困人口住院待遇享受4.28万人次，医疗总费用3.71亿元，综合保障率92.21%。解决建档立卡贫困患者“看病难、看病贵”的问题。

【医保支付方式改革】 2021年，临汾市医疗保障局推进DRG国家试点，按照“顶层设计、模拟测试、实际付费”总体思路，通过建立“五机制”即综合协调机制，多层级调研评估机制，日追踪、周例会、月总结机制，多层级沟通机制，第三方技术支持机制，2021年启动实际付费。实际付费启用以来，患者例均费用降低、医院绩效管理水平提升、医保基金可持续能力加强，达到患者、医院、医保三方共赢的效果。7月8日和11月25日，两次接受国家医疗保障局DRG调研评估，评估结果均为优秀，12月9日被国家医保局确定为全国18个示范市之一。

【减轻群众就医费用负担】 2021年，临汾市医疗保障局健全落实待遇保障政策，落实45种城乡居民门诊慢性病病种及准入（退出）标准。印发《关于统一全市城乡居民门诊慢性病管理服务工作的通知》，规范统一城乡居民基本医疗保险门诊慢性病病种范围及准入（退出）标准，将原有的42种慢性病病种并入全省统一的45种慢性病病种，统一政策执行标准，全年全市门诊慢性病待遇享受人次139.19万人次。印发《临汾市医疗保障局关于开展2020年度商业保险机构承办城乡医疗救助工作考核的通知》，考核第三方商保承办机构，规范商业保险服务行为，确保医疗救助工作持续、健康发展，确保困难群众待遇落实、救助到位，确保城乡医疗救助资金合理使用。委托第三方对2019年民政部门移交以来至2020年底临汾市医疗救助“一站式”即时结算项目进行专项审计。2021年，全市门诊慢性病待遇享受人次139.19万人次，医疗总费用4.04亿元，统筹基金支付的费用2.84亿元。与市财政局、市卫健委联合转发《关于转发〈关于印发深化城乡居民高血压、糖尿病门诊用药保障和健康管理专项行动计划的通知〉的通知》，自2021年3月1日“两病”门诊用药保障机制年度起付标准由60元/年降低为30元/年。全年全市城乡居民高血压门诊用药待遇享受人数6.9万人次。糖尿病门诊用药待遇享受人数1.4万人次。提升长期护理保险水平，减轻失能人员家庭负担。提升商保机构承办长期护理保险的服务水平，促进长护险健康有序运行，维护失能人员待遇权益，印发《临汾市商业保险机构承办长期护理保险工作考核暂行办法（试行）》。全年全市长期护理保险累计受理并通过评估3969人，其中选择居家护理3853人、选择护理机构护理116人、因病情好转终止服务的147人，支出3679.84万元。

【药品耗材集中带量采购】 2021年，临汾市医疗保障局落实国家、省各项药品集中带量采购中选结果。落地第四批和第五批国家组织药品、陕西联盟、“六省二区”和“八省二区”省际联盟等药品集中带量采购中选结果，277个中选品种，涵盖心血管、糖尿病、消化系统、神经系统等领域的常用药品，以及抗肿瘤药等重大疾病用药。落实国家、省各项高值耗材集中带量采购。落地国家组织冠脉支架、“六省二区”省际联盟冠脉扩张球囊和山西省医用耗材（疝补片、医用胶片、吻合器）等集中带量采购中选结果，共计162个中选品种，涵盖冠脉支架、人工晶体、冠脉球囊、人工晶体、疝补片和医用胶片等产品。落实市域联盟低值耗材集中带量采购。完成国家组织第一批、第二批集采药品结余留用资金测算和审核确认工作，拨付医疗机构结余留用资金1261万元，激励医疗机构合理使用降价药品，促进带量采购可持续推进。国家、省、市带量采购中选产品降价平均达50%以上，一年可节约药品耗材费用超过1亿元，降低参保群众用药负担。

【医保基金监管】 2021年，临汾市医疗保障局学习贯彻落实《医疗保障基金使用监督管理条例》。4月，开展打击欺诈骗保宣传月系列活动，对《医疗保障基金使用监督管理条例》进行宣传；强化对全市基金监管人员的培训，聘请专家就《医疗保障基金使用监督管理条例》、行政处罚法等内容进行辅导，培训400余人次。组织医保方面的专家编写《定点医疗机构违规行为汇编（第一辑）》，明确定点医疗机构违规表现形式，供全市医保部门及定点医疗机构学习参考。以案促改，就国家局曝光的乡宁县刘某某冒名就医案，开展专题警示教育，筑牢思想防线，营造“不能骗、不敢骗、不想骗”的社会氛围。

【日常基金监管】 2021年，临汾市医疗保障局按照全覆盖检查、交叉检查、抽查复查压茬进行的方式开展日常基金监管。5月初，各县（市、区）医保局组织开展本统筹区内定点医药机构的检查工作，对“假病人”“假病情”“假票据”进行专项整治。在各县（市、区）自查的基础上，进行线上筛查和现场抽查，对9个县（市、区）进行实地检查。7月至9月，各县（市、区）进行全覆盖检查及自查自纠工作，全覆盖检查率95%以上。市医保局联合第三方商保机构，采取“四不两直”方式，进行全覆盖检查后的抽查复查，保护好人民群众的“健康钱”“救命钱”。2021年全市检查定点医药机构4124家，处理违规1447家，暂停医保服务24家，解除协议11家，拒付/追回资金607家，约谈941家，限期整改492家，公开曝光52家。扣除基金本金3788.27万元，违约金1575.5万元，其他1万元，共计5364.77万元。参保人员违法违规4例，其中移交司法机关2人，其他3人，追回2.95万元，举报奖励1件，奖励金额600万元。

【基金监管】 2021年，临汾市医疗保障局完善智能监控机制，推进事前智能监控建设工作。探索推行以远程监管、移动监管、预警防控、大数据分析为特征的非现场监管，提升监管精细化、智能化水平。在局机关建立智能监控调度室，抽调专人对两定机构使用医保基金进行大数据分析，对全市“医疗机构”稽核检查，对存在疑点的两定机构进行研判，对不合理诊疗费用予以拒付，实现对医疗服务行为的事中监控预警和事后责任追溯。全市智能审核系统扣款121.2万元，处理医保医师违规94人次，涉及72人。

【门诊费用跨省异地直接结算】 2021年，临汾市医疗保障局在国家医保信息平台上传成功41家普通门诊费用跨省直接结算定点医疗机构，督促相关两定机构完成申请、接口改造、自测等工作，实现每个县（市、区）至少开通一家医疗机构，实现普通门诊费用跨省直接结算。推进门诊慢特病相关治疗费用跨省直接结算工作，基本实现全市参保职工和居民门诊慢特病相关治疗费用异地直接结算。

【信息化建设】 2021年，临汾市医疗保障局按照管理办法的要求，基本完成骨干网建设任务，为参保人员提供医保服务。除按病种结算中有1种处于国家待终审状态外，其余14项编码贯标均完成。10月8—9日，省医保项目组赴临汾实地查看临汾市人民医院、临汾市第二人民医院，中心端、药店的编码贯标工作，通过省级初步验收。全市两定机构完成接口改造工作，进行接口改造联调测试。医保业务系统厂商完成第三轮数据迁移工作，开展数据校验、数据上云等工作。开展“医保选择云闪付”专项宣传活动、定期通报、鼓励参保群众下载“国家医保服务平台”App等方式推动医保电子凭证激活应用工作。同教育局联合印发《致学生家长激活医保“码”的一封信》，截至年底，全市医保电子凭证激活246.21万人，占全市参保人数的63.51%，完成省局既定的年底60%以上的激活目标。 （李　浩）

信访工作

【概况】 2021年，临汾市信访局以信访问题“控新治旧”为抓手，以“集中治理重复信访、化解信访积案”专项工作为重点，创新机制、深化改革，维护群众合法权益、化解信访突出矛盾，解决一大批事关群众切身利益的实事、大事、难事，取得全省信访工作2021年度考核第一名的优秀成绩。

【专项工作案件化解】 2021年，临汾市把中央信访联席办在全国范围内开展的“集中治理重复信访、化解信访积案”专项工作作为重要政治任务，作为党史学习教育“我为群众办实事”实践活动的重要载体加强督办、强力推进，确保工作实效。领导带头高位推动。市委书记闫晨曦、市长李云峰带头包联难案积案，推动信访事项化解。市四大班子领导各自按照包联县（市、区），对未化解和倒流信访事项进行包案，加快案件化解进度。督查督办强力推动。在电话督办、发函督办、会议督办、实地督办、约谈督办等方式的基础上，对信访问题突出、工作进展缓慢的给予重点挂牌督办。由市级领导包联督导、推进，要求“一把手”负总责，一案一专班，逐案逐事过，做到“案结事了，息诉息访”。深入基层实地推动。局领导带队组成督导工作组，开展实地督导。与县（市、区）党委、政府主要负责人和分管领导，就交办案件共同分析研判，会商研究措施，推动案件化解。建立《信访要情专报》《重要信访情况月报》机制，把未化解和倒流案件，以上述两种形式报市委、市政府领导及各县（市、区）、市直单位主要领导，推动问题解决。截至年底，中央信访联席办交办临汾市第一批重复信访事项915件，已化解901件，未化解14件，实际化解率98.47%，化解率全省第一。

【落实领导接访制、包案制】 2021年，临汾市委、市政府树立“发展是第一要务，稳定是第一责任”的意识，坚持重要会议强调信访，中心工作不忘信访，重大决策考虑信访，将信访工作纳入年度责任目标考核的重要内容。市委书记闫晨曦半年时间内对信访工作作出12次专题批示，包联艺鑫花园小区不动产证办理、尧都区化肥厂职工安置信访事项，接待来访群众，推动化解进程。市委副书记、市长李云峰经常性督导责任单位落实信访事项化解责任，包联秀水城信访事项，使全市信访领域内的老大难问题步入彻底化解的良性轨道。分管领导履行职责抓信访，分析研究形势，指导推动工作，协调解决群众反映的突出问题。其他市级党政领导落实接访制、包案制，督办包联信访事项，形成常态化的接访包案，促进了问题解决。

2021年8月9日上午，市委书记闫晨曦在市委信访接待室接待信访群众，督办包联案件，切实帮助群众解决遇到的困难和问题

（市信访局供图）

【信访改革】 2021年初，临汾市信访局突出“零上访”创建和信访问题“控新治旧”两大重心，深化信访工作流程再造和信访系统干部队伍管理两项改革，落实化解信访突出问题、解决群众实际困难、依法管理上访行为三项任务，抓好信访积案化解、网上信访规范、访调对接发力、现场接访通畅五项工作。提出“三步走”工作目标：第一步，抓基础、强制度，通过优化再造流程、完善制度文件、加强队伍建设等，为工作提升提供保障；第二步，抓重点、强业务，聚焦体现工作质效、网上信访规范化建设等重点，实现争先进位，为工作提升奠定基础；第三步，抓根本、强基层，推动县、乡两级做实做细做好工作，使信访问题“出在当地、访在属地、化在本地”，实现信访工作标本兼治、全面提升的目标。

【信访基础业务规范化建设】 2021年，临汾市狠抓信访基础业务规范化建设，制定《临汾市信访事项网上办理工作规程细则（试行）》，印发《临汾市信访基础业务标准流程》，从登记录入、受理办理、评价回访等方面进行统一、规范。在日常工作中，坚持“日清零、周研判、月通报”的工作制度，督促规范及时高质办理信访事项。在提高及时受理率、按期答复率方面，落实“日盯办”机制，由专人实时盯网。在提升群众满意度方面，利用“灭红灯系统”，建立国家局纳入满意度评价工作台账，每日盯办“灭红灯”。全年下发满意度提醒函10余次，涉及100余件信访事项，组织回访，提升群众满意度。群众对信访事项办理满意度持续上升，国家信访局登记信访事项一次性化解率达89.13%；信访部门及时受理率为99.95%，有权处理责任单位及时受理率为99.99%，按期答复率为99.98%；重复信访率下降至32.03%，降幅明显。（侯武杰）

发展研究

【概况】 2021年，临汾市人民政府发展研究中心以“立临汾潮头、预发展变化、发研究先声”为使命，开展好课题研究，办好媒体刊物，抓好智库建设，开创临汾地方智库建设新局面。

【服务中心工作】 2021年，临汾市人民政府发展研究中心参与2021年《政府工作报告》、市委经济工作会议报告、市委第五次党代会报告等重大材料的起草工作。整理编辑中心“十三五”以来历年的调研报告，汇编成集推出《智库报告》两册，为建党100周年献礼。根据市政府主要领导批示，分析“双控”“两高”“双碳”对全市产业发展影响，形成《“双控”“两高”“双碳”政策环境下临汾产业发展对策研究》。围绕省十二次党代会对临汾市的新定位新部署新要求，组建专门课题组，进行研究，形成《关于建设黄河流域绿色崛起转型样板城市战略思路研究》《关于打造晋陕豫黄河金三角区域中心城市战略思路研究》。

【调查研究】 2021年，临汾市人民政府发展研究中心同洪洞县政府、洪洞经济技术开发区、华东政法大学商学院等机构签订战略合作协议，调查研究联动化、共享化、合作化模式。解决中心赴县（市、区）开展调查研究的对接工作，同市政府办公室对接协调，以市政府办公室名义向各县（市、区）政府办公室及各开发区管委会办公室发文，汇总各县（市、区）及开发区联络信息，从机制上解决开展县级调查研究的对接工作。

【发挥智库作用】 2021年，临汾市人民政府发展研究中心参与临汾“十四五”规划、临汾经济开发区“十四五”规划、《临汾省域副中心城市发展战略规划（2020—2035）》等规划的编制工作。班子成员多次围绕市委经济工作会议和市“两会”，党史学习教育宣讲、习近平总书记“七一”重要讲话、市委第五次党代会精神等主题接受媒体采访，进行深度解读。

【打造媒体品牌】 2021年，临汾市人民政府发展研究中心打造决策咨询“直通车”，编发《决策要参》24期、《临汾发展研究》12期、《洪洞县域经济发展》2期，发送微信公众号各类信息20余篇，扩大在市县各级部门影响，提升围绕中心、服务大局的能力和水平。

【交流合作】 2021年，临汾市人民政府发展研究中心加强外联建设，同省内外兄弟部门、科研院所等单位建立合作机制，加强智库交流。中心主要领导带队前往上海市，同华东政法大学商学院就共建新型智库开展交流合作，签订合作协议，聘请高校专家学者作为中心智库专家，充实市级地方智库智力资源。（陈彬彬）

政协临汾市委员会

综 述

【概况】 2021年，临汾市各级政协和政协委员把习近平新时代中国特色社会主义思想作为统揽政协工作的总纲，全年开展中心组学习12次，举办哈尔滨工业大学、中山大学两期“委员履职能力提升培训班”，坚持在市委领导下开展工作，坚持在市委领导下谋划、推动工作，重大事项、重要问题向市委请示报告，召开党组会议12次，研究政协常委会和机关建设中的重大问题。就做好省委政协工作专项督查工作、重要协商计划落实、政协全体会议筹备工作等重大事项向市委书面请示报告工作11次，履行政治协商、民主监督、参政议政职能，为全市改革发展稳定做出贡献。市政协党组在省政协系统党的建设工作经验交流会作典型发言，在《山西政协报》编撰刊发《切实构建“三个体系”，推动全面从严治党主体责任落细落实》署名文章。

【协商工作】 2021年，临汾市政协常委会把党的领导贯穿到政协政治协商、民主监督、参政议政的全过程。在广泛征集协商课题的基础上，确定5方面34项重点履职工作，将“推进文旅产业融合发展”“加快我市‘特’‘优’农业发展，叫响区域公用品牌”“加快建设中医药强市”3个课题作为常委会议和专题议政会协商内容，将养老保险事业健康发展、招才引智工作作为界别和对口协商内容，将陶寺国家考古遗址公园、黄河板块旅游发展综合项目等10件提案作为提案办理协商的重点课题，做到协商课题扣中心、接地气。

【民主监督】 2021年，临汾市政协常委会聚焦社会关注的“靓城提质”“平安临汾”“体教融合”“加强宗教人才培养”等内容，协同参加全国政协副主席马彪、刘奇葆、高云龙带队的“黄河流域生态文明建设”“不可移动文物综合管理利用”“推动金融与制造业协同发展”“三北防护林建设”等13项专题调研视察任务，改进监督方式，拓宽监督渠道，提高监督成效，推进市委、市政府决策部署贯彻落实。

【参政议政】 2021年，临汾市政协常委会立案的提案203件全部落实，满意和基本满意率达到100%。完成330余万字的《临汾政协志》，填补了市政协志书的空白。在省政协媒体刊发典型介绍和新闻20篇，编发公众号信息190期，为市政协依法履职营造良好社会舆论氛围。全年收集社情民意信息稿件1040篇，报送省政协337条（篇），省政协报全国政协36条（篇），社情民意信息工作在全省政协系统位列第四位。

【凝聚共识】 2021年，临汾市政协常委会加强同各民主党派、工商联、无党派人士和各人民团体的联系与合作，召开座谈会，征求对政协工作的意见建议。开展“委员之家”活动，上门走访基层委员，调研委员企业，慰问民族宗教界委员，在加强沟通、密切联系、听取意见、了解呼声的过程中不断增进共识。（黄韦衡）

常委会会议

【市政协四届二十一次常委会议】 2021年2月21日上午，市政协召开二十一次常委会议，决定临汾市政协四届六次会议于2月22—24日召开。市政协主席张建平、副主席杨安虎分别主持开幕式、闭幕式。市政协副主席杨忠华、程明温、王阿家、蔡志强及秘书长陈振华出席会议。临汾市委办公室、临汾市政府办公室、临汾市委组织部有关负责人列席会议。会议听取临汾市委办公室、市政府办公室关于临汾市政协四届五次会议以来办理提案情况的通报；协商讨论政府工作报告（征求意见稿）及临汾市中级人民法院、临汾市人民检察院工作报告（征求意见稿）等报告；审议通过政协第四届临汾市委员会常务委员会工作报告和关于临汾市政协四届五次会议以来提案工作情况的报告，推举报告人。会议协商讨论了政协临汾市委员会2021年度协商工作计划（征求意见稿），审议通过关于召开政协第四届临汾市委员会第六次会议的决定，审议通过政协第四届临汾市委员会第六次会议议程（草案）、日程，秘书长、副秘书长名单，逐日执行主席名单、列席人员范围及名额、分组办法及召集人名单、编组名单。会议听取临汾市委组织部有关负责人所作的有关人事事项的说明，表决通过人事事项。

【市政协四届二十二次常委会议】 2021年2月23日下午，市政协召开二十二次常委会议。会议审议通过政协第四届临汾市委员会第六次会议选举办法（草案）和选举工作总监票人、监票人、总计票人名单（草案），决定提交市政协四届六次会议第四次全体会议通过。会议审议通过政协第四届临汾市委员会副主席候选人名单，决定提交市政协四届六次会议第四次全体会议进行选举。会议审议通过关于政协第四届临汾市委员会常务委员会工作报告的决议（草案）；审议通过政协第四届临汾市委员会常务委员会关于四届五次会议以来提案工作情况报告的决议（草案）；审议通过政协第四届临汾市委员会第六次会议政治决议（草案），决定提交市政协四届六次会议第五次全体会议进行表决。

【市政协四届二十三次常委会议】 2021年6月2—3日，市政协召开四届二十三次常委会议。潘海燕代表临汾市政府通报了全市文旅产业融合发展工作情况；贾二元作《关于加快推进我市文旅产业融合发展的建议报告（讨论稿）》的说明；6位常委、委员围绕推进全市文旅产业融合发展进行大会议政发言。会议经过分组讨论、小组代表发言后，审议通过《关于加快推进我市文旅产业融合发展的建议报告》；通过人事事项。

【市政协四届二十四次常委会议】 2021年12月7—8日，市政协召开四届二十四次常委会议。张潞萍代表临汾市政府通报临汾市“特”“优”农业发展，叫响农产品区域公用品牌工作情况；王金龙作《关于加快临汾市“特”“优”农业发展叫响农产品区域公用品牌的建议报告（讨论稿）》的说明；6位常委、委员、农业企业代表站在不同角度，围绕加快全市“特”“优”农业发展，叫响农产品区域公用品牌进行大会议政发言。会议经过分组讨论、小组代表发言后，表决通过《关于加快我市“特”“优”农业发展叫响农产品区域公用品牌的建议报告》。（黄韦衡）

四届六次会议

【会议情况】 2021年2月22日上午，临汾市政协四届六次会议在天鹅大酒店开幕。张建平代表政协第四届临汾市委员会常务委员会向大会作工作报告。杨忠华代表政协第四届临汾市委员会常务委员作提案工作报告。2月22日下午，政协第四届临汾市委员会第六次会议举行第二次全体会议，进行大会议政发言。征集委员议政发言材料83篇，精选64篇汇编成册。9位市政协委员在大会上进行议政发言。2月22日晚，政协第四届临汾市委员会第六次会议举行第三次全体会议。市委常委、组织部长袁振旭作关于政协第四届临汾市委员会副主席候选人名单（草案）的说明。2月23日下午，市政协四届六次会议举行第四次全体会议，补选政协第四届临汾市委员会副主席。会议通过政协第四届临汾市委员会第六次会议选举办法和选举大会的总监票人、监票人、总计票人名单。按照大会《选举办法》规定，政协第四届临汾市委员会副主席实行等额选举。会议选举贾二元、王金龙为政协第四届临汾市委员会副主席，完成人事选举事项。2月24日下午，市政协四届六次会议举行第五次全体会议，通过了工作报告决议、提案工作报告决议和政治决议。会议通过关于政协第四届临汾市委员会常务委员会工作报告的决议；通过政协第四届临汾市委员会常务委员会关于四届五次会议以来提案工作情况报告的决议；通过政协第四届临汾市委员会第六次会议政治决议。

【会议决议】

1. 中国人民政治协商会议第四届临汾市委员会第六次会议关于常务委员会工作报告的决议（2021年2月24日政协第四届临汾市委员会第六次会议通过）。

2. 中国人民政治协商会议第四届临汾市委员会第六次会议关于

四届五次会议以来提案工作情况报告的决议（2021年2月24日政协第四届临汾市委员会第六次会议通过）。

3. 中国人民政治协商会议第四届临汾市委员会第六次会议政治决议（2021年2月24日政协第四届临汾市委员会第六次会议通过）。

专委会工作

【提案委员会工作】 2021年，临汾市政协提案委员会起草完成了四届五次会议以来的提案工作情况报告及决议、四届六次全会提案截止时间的决定以及征集和审查情况的通报等；拟定印发了四届六次会议提案征集通知和参考选题、关于优秀提案、办理提案先进单位和先进工作者的通报、关于召开提案交办会议的通知、认真做好重点提案的筛选和主席会议情况说明以及办理重点提案的函等；起草完成了提案审查会、交办会的主持词和领导讲话；编制了四届六次会议提案目录、意见目录和重点提案目录等；组织了四届六次全会的提案审查会、交办会和重点提案联合督办视察；起草完成了开展各类调研的通知。围绕市委、市政府的中心工作和群众关注的热点、焦点、难点问题，指导委员开展多渠道、深层次的调研，加强对提案征集工作的指导，充分调动了委员运用提案参政议政的积极性。四届六次会议共收到提案277件（其中集体提案81件，委员提案196件），经过严格审查，立案203件，立案率73.3%。对未予立案的74件提案，作为委员来信转送有关部门参考或转为社情民意处理。全年组织委员撰写反映社情民意信息19篇，市政协采用17篇，其中报省政协8篇，省政协采用报送全国政协采用1篇。

【经济和人口资源环境委员会工作】 2021年，临汾市政协经济和人口资源环境委员会深入开展现代物流、服务贸易、招商引资、创新生态调研和协商议政等工作。全年就加快城市建设步伐、市区城建重点工程项目等开展监督性视察调研。为解决突出环境问题，坚持全民共治、源头防治，专委会开展实地调研，形成了关于《临汾市大气污染综合治理》的调研报告。围绕“推动我省黄河流域生态环境保护与高质量发展”进行市、县二级协同调研，在深入调研、多方征求意见的基础上，永和县、吉县分别形成《推动我省黄河流域生态保护和高质量发展》调研报告并上报省政协。同省政协就临汾市促进服务贸易创新发展工作开展联动专题调研，形成《促进服务贸易创新发展调研报告》并上报省政协经济委。完成省政协十八次常委会协商议题《推动现代物流高质量发展》，专委会形成《临汾市推动现代物流高质量发展调研报告》并上报省政协经济委。2021年，委员撰写提案23篇，其中立案6篇，重点提案2篇，作为意见处理的11篇。撰写社情民意31篇。

【农业和农村委员会工作】 2021年，临汾市政协农业和农村委员会根据《政协临汾市委员会2021年度协商工作计划》安排，将“加快我市‘特’‘优’农业发展叫响区域公用品牌”作为四届二十四次常委会协商课题，成为当年专题协商的两大重点课题之一。组织委员采取市县联动的方式，到吉县、隰县、安泽县、曲沃县等县开展专题协商活动。实地调研、听取汇报后，6名委员分别从不同领域、角度、环节，就制度机制、品牌振兴、宣传营销、消费需求、科技创新、公用品牌建设等方面进行发言和交流，并向市委、市政府报送了《关于加快推进全市“特”“优”农业发展、叫响区域公用品牌的建议报告》，提出了4个方面的问题和5条意见建议，为市委、市政府科学决策提供有价值的参考。配合省政协完成“打造优质小麦，推动全省小麦产业提质升级”重点提案督办开展视察调研工作。配合省政协，与涉农职能部门联系座谈，收集相关资料，形成《临汾市建立健全农业社会化服务体系的调研报告》《临汾市智慧农机发展的调研报告》《临汾市政协关于“培育壮大龙头企业，加快推动农产品十大产业集群高质量发展”的调研报告》三篇调研报告并上报省政协。全年共反映提案8件；报送社情民意信息24篇。

【教科卫体委员会工作】 2021年，临汾市政协教科卫体委员会就推进“体教融合”进行监督性视察调研，到临汾市五一路学校、临汾市第一实验中学、临汾市体育运动学校、临汾市第三中学校实地调研，对各学校突出各自优势、深化体教融合发展情况进行深入的了解，常委、委员们就如何认真贯彻落实习近平总书记关于体育强国建设的重要指示和《关于深化体教融合促进青少年健康发展的意见》，从体育教师队伍建设、夯实体育基础、发挥项目优势、创新教学模式等方面提出了许多有价值的建议意见。围绕“加快推进临汾市中医药事业发展”开展协商议政。部分常委、委员到侯马市新田乡国医馆、山西旺龙药业集团有限公司、曲沃县中医医院、曲村镇中心卫生院、翼城县中医医院、里砦镇卫生院、感军村卫生室等地进行实地观摩和现场调研，并召开协商议政会。配合省政协开展“深化疾病预防控制体系改革”专题调研视察，配合全国政协开展“送体育下基层惠民生”活动暨“促进体教深度融合”专题调研。全年采取多种办法提高提案和社情民意的数量、质量。四届六次全会上，共提交提案36件，立案25件。利用微信便捷快速的优势，通过在微信群里连续不断地提点、督促委员，激发委员和特邀信息员撰写信息的主观能动性，截至2021年底，共征集社情民意信息33篇。

【社会法制委员会工作】 2021年，临汾市政协社会法制委员会就促进全市养老保险事业健康发展开展对口协商，详细了解养老保险窗口办理流程，召开对口协商会议，听取市政府有关工作情况的汇报，为委员知情明政、履职建言搭建平台。市政协委员席润民反映的《关于加强企业退休职工人事档案管理的建议》被省政协采用。围绕“平安临汾”建设，组织委员到尧都区矛盾纠纷多元化解中心、尧都区机关干部心灵驿站、市公安交警支队指挥中心开展专项监督性视察。详细了解基层矛盾纠纷化解、道路交通整治等平安建设相关工作情况。配合省政协完成“完善山西省养老服务体系”专题临汾调研。全年参加市委政法委、市中级人民法院、检察院、公安局、司法局等单位召开的征求意见会、开放日活动16次。参加市中级人民法院减刑、假释、重大刑事案件、在社会上有影响的行政案件的旁听庭审10余次。在政法队伍教育整顿工作中，先后11次选派23名政协委员参加了教育整顿座谈会，提出意见建议15条，充分发表了群众呼声。对尧都区、洪洞县两个县（区）受灾情况及灾后恢复、安置情况进行督查检查，掌握了房屋倒损、农作物受灾、道路桥梁毁损等受灾情况的详实第一手数据，为市政府制定防灾减灾救助方案提供了参考依据。

【民族宗教和港澳台侨联络委员会工作】 2021年，临汾市政协民族宗教和港澳台侨联络委员会结合专委会的工作特色，就发挥港澳台侨优势、促进招才引智工作开展专项调研、对口协商。调研组到山西古登堡人力资源开发有限公司、山西海易水泵快捷服务有限公司、临汾桂莆木业有限公司，听取企业汇报，了解人才引进工作情况，并召开对口协商座谈会。围绕坚持与时俱进，加强宗教人才培养工作这一主题，调研组到临汾市基督教三自爱国运动委员会、尧都区净土寺、尧都区海云寺，给各宗教团体宣导党的十九届六中全会精神，并通过听取汇报、实地查看等方式了解各宗教团体对党的宗教政策执行落地的情况，就发现的问题和存在的困难提出具体要求和指导性建议。

【文化文史和学习委员会工作】 2021年，临汾市政协文化文史和学习委员会编辑出版市政协机关刊物《临汾政协》，增强社会各界对政协履行政治协商、民主监督、参政议政三大职能的了解，树立政协形象，扩大政协社会影响。启动了《临汾地名录》的征集编纂工作，该书将宝贵的地名文化汇集起来，交代清楚每一个地名的“前世今生”，使地名文化上有渊源，下有传承，既是对外打开一扇临汾的文化窗口，又是对内沉淀出的“乡愁文化”记忆，初稿已基本完成。6月，《临汾市政协志》编辑出版，330余万字，对临汾市政协近20年、各县（市、区）政协70余年来的履职工作概况进行了全面回顾纪实，成为展示临汾市、县两级政协履职的“百科全书”。围绕推进文旅融合发展这一重大课题，牵头组织开展了常委会议专题协商活动。采取市县政协联动方式，到襄汾县、安泽县、长治市、晋城市等县市扎实深入地开展了专题调研，形成调研报告31份，议政建言材料6份。就“黄河流域生态文明建设”“历史文化传承与保护”配合全国政协开展了2次调研视察；就“沿黄旅游精品线路建设推介”“沿黄文旅融合配套服务设施建设”配合省政协开展了对口协商会专题调研视察，并形成了《吉县沿黄文旅配套服务设施建设调研报告》，作为“样本”供沿黄4市22县（市、区）协同开展调研、形成调研报告参考。

（黄韦衡）

纪检　监察

纪检监察工作

【概况】 2021年，在山西省纪委监委和市委领导下，临汾市纪委完成换届任务、实现工作贯通，坚持党史学习教育、“争先、进位、崛起”解放思想大讨论与推动各项具体工作提质增效紧密结合，与建设高素质专业化干部队伍紧密结合，以史为鉴、守正创新，把严的主基调贯穿正风肃纪反腐全过程，体现在“惩、治、防”各方面，全市纪检监察工作高质量发展取得新成效。

【政治监督】 2021年，临汾市纪检监察机关突出强化政治监督，增强“两个维护”的自觉。市纪委常委会把党史学习教育贯穿全年工作，深入学习中共十九届五中、六中全会精神，深刻领会习近平总书记关于党的自我革命战略思想，强化捍卫“两个确立”、做到“两个维护”的政治自觉。协助市委制定《关于加强政治监督的实施办法》，做实做细政治监督。聚焦党中央重大决策部署和习近平总书记视察山西重要讲话重要指示精神落实情况，强化监督检查，发现并纠正问题1066个。把严明党的政治纪律和政治规矩作为促进领导干部立身做事之本，从严监督执纪，查处存在违反政治纪律行为的43人。聚焦巩固拓展脱贫攻坚成果同乡村振兴有效衔接，开展过渡期专项监督，查处问题237起，批评教育帮助和处理323人。聚焦疫情防控责任落实，建立疫情防控常态化监督机制，紧盯冷链物流、重点场所等关键环节开展监督，查处问题58起，批评教育帮助和处理82人。聚焦市县乡村换届工作，紧盯“十个严禁”换届纪律执行情况，开展6轮专项监督检查，查处违反换届纪律问题125起，批评教育帮助和处理114人。聚焦“大棚房”问题整治，对涉及襄汾县沁馨园问题的13名党员领导干部严肃追责问责，举一反三，印发十条举措，在全市范围深入开展专项清理整治“回头看”，坚决防止“大棚房”问题反弹回潮。聚焦打好大气污染防治攻坚战，开展量化问责，严肃查处失职失责党员领导干部40人，厚植高质量发展生态底色。聚焦灾后恢复重建工作，开展专项监督检查，督促救灾物资发放到位，推动全市15946户因灾受损房屋提前竣工，实现春节前受灾群众全部入住目标。聚焦落实管党治党政治责任，协助市委制定年度任务安排，开展专项检查，实施精准问责，党内问责161人。

【一体推进不敢腐、不能腐、不想腐】 2021年，临汾市纪委监委坚持不敢腐、不能腐、不想腐一体推进，治理腐败效能进一步彰显。协助市委制定《关于一体推进不敢腐不能腐不想腐的实施办法》，推动惩治震慑、制度约束、提高觉悟同步发力。加大惩治力度保持高压态势。全市纪检监察机关立案3095件、结案3065件，党纪政务处分3096人、留置99人、移送审查起诉95人。突出对领导干部违纪违法问题的查处，定期听取县（市、区）纪委监委“关键少数”问题线索情况汇报，处分县处级干部75人、乡科级干部546人。查处市投资集团董事长狄某、市残疾人联合会理事长郑某、古县经济技术开发区管委会副主任吕某、曲沃中学原校长郭某等一批严重违纪违法案件，公开曝光58案74人；在高压震慑下，有23人向纪检监察机关主动投案，349人主动交代问题。聚焦重点领域强化深挖彻查。协助省纪委监委查办地方金融系统“6·3”专案，立案查处19人，追赃挽损10.61亿元。协同开展政法队伍教育整顿，对问题线索逐件过筛、循线深挖，处理处分政法干警789人，留置35人，移送审查起诉25人；配合省纪委监委查处市公安局原副局长李某系列案件，严肃查处市公安局副局长、市人民检察院二级调研员张某、尧都区人民法院副院长罗某等严重违纪违法案件。深化以案促改提升治理效能。针对审查调查中发现的突出问题，向有关单位提出纪检监察建议29份，同步推进堵塞漏洞、防控风险等工作。抓好处分决定执行，在宣布处分决定时同步进行教育谈话，督促所在单位落实“一清单五回执”。对1429人进行回访教育，帮助受处理处分干部卸下思想包袱、唤回干事初心。协助市委制发《关于加强领导干部廉政警示教育的通知》，分领域分行业开展警示教育，制作警示教育片《歧路》《为了公平正义》，汇编严重违纪违法干部《忏悔录》，坚持用身边事教育身边人，推动警示教育常态化。

【作风建设】 2021年，临汾市纪委监委驰而不息纠治“四风”，巩固作风建设成果。研判全市“四风”问题新表现，精准施治，常抓不懈，坚决防反弹回潮、防隐形变异、防疲劳厌战，一体推进惩治腐败和纠治“四风”。常态化开展针对性监督，一个节点一个节点坚守，一个问题一个问题解决，保持纠治“四风”的恒心韧劲和高度自觉。紧盯表态多调门高、行动少落实差，不担当不作为、推诿扯皮敷衍塞责，“层层加码”加重基层负担等行为，查处形式主义、官僚主义问题164起，批评教育帮助和处理289人；紧盯违规吃喝等易发多发老问题和“化整为零”操办婚丧喜庆等改头换面新动向，查处享乐主义、奢靡之风问题374起，批评教育帮助和处理597人。用好部门联动协作机制，推动财政、审计、公安、交警、税务等重点部门发挥职能优势，形成合力纠治“四风”的工作格局。注重运用信息化、大数据等技术手段，发挥“随手拍”“一键通”作用，调动群众监督积极性，从群众反映中发现端倪、掌握实情，织密监督网络。加大通报曝光力度，点名道姓通报曝光典型案件7批28起32人。完善作风建设长效机制，分析“四风”问题在不同层级、不同区域、不同领域的具体表现和成因，督促相关单位健全制度规范，深化系统治理。用好纪委监委网站和“清廉临汾”微信公众号，强化政策解读和教育引导，重要节日向全市县处级以上领导干部发送廉政提醒短信，督促党员干部严守廉洁纪律，带头弘扬好传统好作风。

【日常监督】 2021年，临汾市纪委监委聚焦监督基本职责，提升日常监督质效。紧紧盯住关键人、重点事，创新方法，精准执纪，监督治理效能提升。开展政治生态研判，更新市管干部廉政档案，完善领导干部政治画像。全市纪检监察机关接受信访举报9225件次，全面加强受理处置工作，信访监督基础性作用充分发挥；抓好涉纪重复访事项办理，落实省市县三级领导包案，集中处理重复检举控告90件，中央纪委国家监委、省纪委监委、省信访联席办推送的信访事项全部办结。协助市委制定《关于加强对“一把手”和领导班子监督的实施办法》，出台协助党委落实的具体举措，加强对“关键少数”、重点岗位人员的监督，主动约谈2002人次。针对监督对象苗头性、倾向性问题，谈话提醒466人次。通过监督检查，发现违纪违法问题线索1360件，提出纪检监察建议154份。严把廉政审查关，回复党风廉政意见87320人次。其中提出暂缓或否定性意见946人次。把握政策策略，全市纪检监察机关运用监督执纪“四种形态”，批评教育帮助和处理8799人次，第一、二、三、四种形态分别占比64.4%、29.3%、3.1%、3.2%。落实“三个区分开来”要求，对蓄意谋私和因公差错区别处理，用监督加压，用信任加力，对敢于担当的干部坚决撑腰鼓劲，为受到不实举报的30人、1家单位澄清正名，树立干事创业的良好导向。

【专项整治】 2021年，临汾市纪委监委维护群众利益，扩大专项整治成果。结合“我为群众办实事”实践活动，健全完善损害群众利益问题治理机制，推动解决群众“急难愁盼”问题。开展民生领域专项整治。紧盯群众反映强烈的突出问题，查处教育医疗、养老社保、生态环保、食品药品安全等民生领域腐败和作风问题2339个，批评教育帮助和处理3382人，查处涉黑涉恶腐败及“保护伞”66人。加大安全生产领域监督执纪力度，查处安全生产责任事故案件37件，批评教育帮助和处理176人。推进房屋产权登记确权颁证清零行动，转移登记完成13.45万套，完成率66.5%，超额完成年度目标任务。推进重点领域专项治理。开展粮食购销领域腐败问题专项整治，见人见事、清仓除蛀，立案79人，留置9人，处分14人。开展供销系统专项治理，靶向发力、精准施治，立案186人，留置5人，处分166人。开展能源领域反腐败专项行动，立案18人，处分18人。开展市投资集团债权债务清欠清收专项行动，实行“一企一策、一笔一策”，收回资金9.12亿元。开展党政领导干部违规入股企业问题专项清理、党员领导干部利用开发区资源谋取私利问题专项整治、领导干部岗位调动带上自己家乡工程队问题专项整治、党政机关信息化项目建设领域突出问题专项整治等工作。

【深化纪检监察体制改革】 2021年，临汾市纪委监委拓展改革成果，释放制度优势的治理效能。制定年度纪检监察体制改革要点，一体深化“三项改革”。加强党对反腐败工作的集中统一领导。严格执行向同级党委请示报告制度，报请市委审核批准事项99项。健全完善市委反腐败领导小组运行规则，协助市委定期召开领导小组会议，研究部署做好市投资集团清欠清收、强化办案协作配合机制、常态化开展扫黑除恶斗争等重要工作。拓展派驻机构改革成果。做好市级派驻机构改革后续工作，推动有形覆盖向有效覆盖转变，开展“室组”“组组”联动监督和“室组地”联合办案，市纪委监委派驻纪检监察组立案114件、结案111件，党纪政务处分116人，同比分别增长60.6%、58.6%、31.8%，派驻监督“探头”作用有效发挥。推进规范化法治化正规化建设。开展“基层基础建设年”活动，实施基础设施、队伍素质、工作效能和案件质量“四个提升”工程。制定统筹衔接纪律监督、监察监督、派驻监督、巡察监督责任清单，推动“四项监督”贯通协同。出台做实做细基层监督工作措施意见，规范监督的对象、内容和措施，夯实基层监督。开展依规依纪依法安全文明办案专题教育活动，突出强化办案安全和提高案件质量，健全办案安全五项制度，开展安全培训，加强全域监管，牢牢守住安全底线；对十九大以来全市查办的5052起案件进行质量评查，确保案件办理程序规范、质量过硬。

市纪委全会

【市纪委四届六次全会】 2021年2月8日，中共临汾市纪委四届六次全体会议召开，市委书记董一兵出席会议并作重要讲话。市领导李云峰、黄巍、陈小洪、张建平、潘海燕、袁振旭、李朝旗、郭行杰、王渊、郝忠祥、王彬、陈纲出席会议。市委常委、市纪委书记、市监委主任曹晓亮主持会议并作工作报告。市委常委，市人大常委会、市政府、市政协负责同志，市法、检两长；市纪委委员、市监委委员；市直各单位主要负责同志；非市纪委委员的县（市、区）纪委书记在市主会场参加会议。市纪委监委各派驻、派出纪检机构和条管单位的纪检机构主要负责同志；市委巡察办副县级以上干部；市纪委机关各部门主要负责同志；各县（市、区）委常委，人大常委会、政府、政协负责同志，法、检两长；纪委监委领导班子成员；乡镇（街道）、县直各单位主要负责同志在市分会场和各县（市、区）分会场参加会议。

【市纪委四届七次全会】 2021年9月22日，市纪委四届七次全体会议召开。市纪委常委会主持，市委常委、市纪委书记、市监委主任曹晓亮代表市纪委常委会就四届市纪委向市第五次党代会的工作报告起草情况作了说明。

会议审议并通过四届市纪委工作报告（讨论稿）及《中国共产党临汾市第四届纪律检查委员会第七次全体会议决议》，同意将工作报告（讨论稿）提请市委四届十一次全体会议审议。

会议指出，过去的五年，全市各级纪检监察机关和纪检监察干部在省纪委监委和市委的坚强领导

2021年2月8日，中共临汾市纪委四届六次全体会议召开

（临汾市纪委监委供图）

下，履职尽责，勇于攻坚克难，全市纪检监察工作高质量发展取得新成效。

会议强调，市第五次党代会即将召开，大会将确定临汾市未来五年的奋斗目标，选举产生新一届市委和市纪委领导班子。全市各级纪检监察机关和广大纪检监察干部要以高度的政治责任感学习贯彻党代会精神，在省市纪委监委的领导下恪尽职守，勇于担当，积极进取，把全面从严治党、党风廉政建设和反腐败斗争持续引向深入，为临汾市在全方位推进高质量发展中走在全省第一方阵、奋力谱写全面建设社会主义现代化国家临汾篇章做出新贡献。

【市纪委五届一次全会】 2021年9月28日下午，中共临汾市第五届纪律检查委员会召开第一次全体会议，33名市纪委委员出席会议。会议选举产生新一届市纪委领导班子。

会议强调，做好新一届市纪委各项工作，要强化政治建设，永葆忠诚本色。要带头加强政治建设，保证党对纪检监察工作的全面领导、绝对领导；要发挥政治导向作用，扛牢扛实“两个维护”的特殊使命和重大责任，把政治标准和政治要求融入纪检监察工作全过程、各方面；要突出强化政治监督，围绕贯彻落实习近平总书记视察山西重要讲话重要指示精神、实施“十四五”规划、市第五次党代会确定的“1355”战略等中心工作开展监督检查，推动党中央、省委、市委重大决策部署落地生根。要强化能力建设，练就过硬本领。要提高依纪依法履职能力，加强党章党规党纪和宪法法律法规的学习，引深依规依纪依法安全文明办案专题教育活动；提高思想政治工作能力，把思想政治工作贯穿监督执纪执法全过程；提高调查研究能力，在调查研究中了解问题所在、群众所盼，科学谋划、精准施策。要强化斗争精神，勇于担当作为。要认清斗争形势，继续保持高压态势，以坚决的惩治对腐败行为形成震慑；要坚定斗争意志，敢于直面矛盾、敢于较真碰硬，聚焦关键少数，坚决查处违规违纪违法问题；要增强斗争本领，推进全面从严治党向纵深发展。要强化宗旨意识，坚守人民立场。要推动巩固拓展脱贫攻坚成果同乡村振兴有效衔接，开展过渡期专项监督；要把解决群众“急难愁盼”问题作为重中之重，让人民群众感受到正风反腐的力度和亲民为民的温度；要推动全面从严治党向基层延伸，深化基层监督，全力打通“最后一公里”，确保党中央决策部署一贯到底、执行有力。要强化严管严治，淬炼纪检铁军。要自觉接受监督，带头守规守纪守法，做到自身正、自身净、自身硬；要严管厚爱结合，用监督加压，加强常态化教育监督管理，用信任加力，激发纪检监察干部干事创业的积极性和内生动力；要清除害群之马，坚持刀刃向内、自我净化，严防“灯下黑”，打造忠诚干净担当的纪检监察铁军。

（临汾市纪委监委供稿）

民主党派

中国国民党革命委员会临汾市委

【自身建设】 2021年，中国国民党革命委员会临汾市委（简称民革临汾市委员会）深入学习贯彻习近平总书记关于加强和改进统一战线工作的重要思想和习近平总书记视察山西重要讲话重要指示，开展“不忘合作初心，继续携手前进——庆祝中国共产党成产100周年”活动主题征文、短视频、党史朗诵、“风雨同舟”书画展览、文艺会演等。编发《临汾民革》，宣传民革履行职能、自身建设成果。《文化下乡到景区》《“家校共育”关心青少年儿童健康成长》《两岸一家亲，新春送祝福》《又是一年新春至，在读墨香吉祥送》等多篇稿件被民革中央网站及《团结报》刊登。严把党员“入口关”，抓好高层次人才发展工作，发展党员5人、研究生1人。推进“党员之家”建设，全市有7个基层组织已经建立或者正在筹建党员之家，襄汾总支、曲沃支部、洪洞支完成挂牌。基层级组织完成换届工作。

【建言献策】 2021年，民革临汾市委员会在市政协四届六次会议上，向大会提交集体提案18件，个人提案30件，大会发言材料6篇。其中，李云岗在省政协十二届四次会议上提交的《将老年服务中心纳入居民小区建设规划的建议》被山西省政协评为重点提案。市委会提交的《关于筹备申报将陶寺遗址列入世界遗产名录的建议》被市政协作为重点督办提案；个人6篇提案被市政协评为优秀提案；社情民意信息被全国、省市政协、民革省委采用20多条，其中，刘平安反映的《当前在全国人口普查中存在的问题与建议》《关于纪念辛亥革命系列活动中充分发挥民革组织作用的建议》被全国政协采用。市委会反映的《关于促进晋陕豫黄河金三角协同发展的建议》、马春丽反映的《药师管理亟待规范》被省政协采用。

【重点调研】 2021年，民革临汾市委员会抓住事关全市经济社会发展的战略性、全局性、前瞻性问题开展调研，围绕脱贫攻坚、文化旅游、招商引资、生态环境保护、美丽乡村建设、民生改善等山西重大课题，开展专项调研，形成调研报告5篇。尧都区委专题调研红色旅游基地，撰写的《关于保护、开发和利用“徐向前临汾攻坚战指挥部”红色革命遗址的建议》受到区委、区政府的高度重视。

【开展“走基层、送温暖”活动】

2021年，民革临汾市委员会在扶贫点浮山县北韩乡大户垣村，开展“不忘合作初心，助力脱贫攻坚”扶贫慰问活动。在第58个“学雷锋纪念日”之际，市委会联合各党派机关前往尧都区刘村镇惠民社会敬老院献爱开展“学雷锋·爱老敬老送温暖”志愿活动；针对山西省多地遭遇特大洪灾的实际，市委会响应市委统战部“防讯救灾工作”的具体举措，组织全市党员自行捐款1.8万元。

【建党100周年系列活动】 2021年，民革临汾市委员会组织党员15人，在襄汾县陶寺乡云合村参加义务植树；协助民革曲沃支部举办“画说党史”教育下一代图片展进校园活动，选取不同历史阶段所描绘的艺术作品，如国画、油画、版画等，以画为体，以史为魂，编排制作成“画说党史”展示中国共产党从诞生、发展到壮大的不平凡历程；联合民革侯马支部与侯马市音乐家协会举办“追寻·庆祝中国共产党成立一百周年系列音乐会”，邀请山西师范大学临汾学院资深钢琴教授卢保平举办钢琴教学讲座，邀请于歌阳举办钢琴独奏音乐会；民革中央组织的庆祝中国共产党成立100周年暨第二届“风雨同舟”民革全国书画作品展中，临汾市党员王泽锋、刘玉虎书画作品被复评入选。

【“同心·博爱”品牌社会服务】 2021年，民革临汾市委员会协同民革桂林市委员会赴隰县玉露香梨标准化生产基地、对玉露香梨使用“超悬浮碳酸钙水果防护剂”后的实验情况进行实地考察，邀请农业技术专家为当地水果种植户讲解使用“超悬浮碳酸钙水果防护剂”新技术的具体操作流程。让农民通过新技术提升农产品品质，用科技助推乡村振兴，用科技助推乡村实业、用科技使农民减低成本、增加收入，得到更多实惠；市委会发挥民革中山书画院平台作用，书画院携手襄汾县硬笔书法协会举办第五届教师硬笔书法大赛，携手民革襄汾总支、民革洪洞支部、民革曲沃支部书法家为群众义务书写春联1000余副；书画院王哲峰、殷建文、梁华昌参加民革省委会书画工作推进会暨“香凝如故”全国美术作品展创作交流会，选送优秀作品10幅，到10余所学校开展书法教育讲座；各基层组织开展支教助教、法律服务、送医下乡惠民活动，尧都区委开展形式多样的普法、法律咨询服务，洪洞支部开展“学党史办实事”下乡义诊活动”，五防安全进校园日常生活防拐骗”活动，曲沃支部到农村中小学开展支教助教活动，举办“家校共育”关心青少年儿童健康成长家长课堂；侯马支部与音协联合举办6县市歌声嘹亮，唱祖国歌手大赛；霍州支部到社区开展科普宣传。

【祖统工作】 2021年，民革临汾市委员会贯彻习近平总书记关于对台工作的重要论述和中共中央对台决策部署，推进祖国和平统一工作。举办“两岸一家亲·新春送祝福”活动。连续第七年开展“两岸一家亲·新春送祝福”活动，民革襄汾总支、洪洞支部、曲沃支部党员现场书写春联、剪纸，举办装箱仪式寄往台湾。促进两岸同胞的文化交流。发挥诗词的美育、德育功能，展现祖国大好河山、风土人情，促进两岸同胞心灵契合为宗旨，“两岸情”诗社原创诗词楹联作品600余首，编辑《两岸情诗选》。

（吴丽丽）

中国民主同盟临汾市委

【概况】 2021年，中国民主同盟临汾市委（简称民盟临汾市委）组织盟员观看庆祝中国共产党成立100周年大会直播实况；参加盟省委“党史、盟史”培训班、市政协综合能力提升专题培训班；与民盟山西师范大学委员会共同举办“党史、盟史”专题培训会。在襄汾县举办“学党史、学盟史”——纪念邱文选先生诞辰100周年座谈会。开辟学党史、盟史专栏，定期推送庆祝中国共产党成立100周年、民盟成立80周年相关文章、作品150余篇。开展“我与民盟”为主题的征文和短视频的征集活动，盟员邱海琴的散文《祖孙三代人，不解民盟缘》被盟省委采用；民盟尧都区委六中支部《同心筑梦新时代，凝心聚力奏华章》、民盟临汾市职业技术学院支部《风雨同舟八十年》两个视频作品被盟省委采用。

民盟临汾市委员会荣获民盟中央“脱贫攻坚先进集体”荣誉称号、民盟山西省委“参政议政优秀成果奖”、市政协“反映社情民意信息工作先进单位”。民盟襄汾总支荣获民盟中央“思想政治建设和宣传工作先进集体”表彰，杨海岩、华珍等52名盟员分别受到中央、省、市表彰（其中47名为盟市委表彰，3名为盟省委表彰，2名为中央表彰）。

【参政议政】 2021年，民盟临汾市委员会在市“两会”期间，提交集体提案19件。其中，15件被立案采纳，4件被采纳为意见建议信；提交大会发言30篇，22篇被列为大会书面发言材料。委员个人提案25篇被立案采纳。优秀社情民意信息6篇，优秀提案6篇，1篇被市政协确定为重点督办提案。全年收到提案和社情民意等意见建议195篇。盟省委采用20篇，省政协采用6篇，报送全国政协3篇，省政协转送其他部门1篇，报送省政协49篇，市政协采用47篇，统战部《直言简讯》采用2篇。

【调查研究】 2021年，民盟临汾市委员会到县底镇清乐院村，围绕助力乡村振兴、促进樱桃产业发展进行调研，开展“助力乡村振兴”调研活动；协助盟省委开展“巩固、拓展脱贫攻坚成果实践中的社会保障能力提升研究”课题调研，了解脱贫攻坚实践中农村社会保险、社会救助、社会福利的实施标准、覆盖率，巩固、拓展脱贫攻坚成果实践中的提升社会保障能力面临的挑战。利用盟员优势，多次选派骨干盟员参加市政协文旅融合发展学习考察活动、文旅融合高质量发展联合督办调研活动，临汾市政法队伍教育整顿座谈会，市委第五次党代会报告征求意见座谈会，盟中央、盟省委党史学习教育现场教学及文旅调研活动。

【社会服务】 2021年，民盟临汾市委员会拓展社会服务新领域。盟市委社会服务领域涉及教育、医疗、科技、社区等各个方面，各专委会利用自身特点，开展一系列活动。为高一学生举办书法公益讲座；举办“筑梦新时代争做好少年”教育专题讲座；面向高三学生开展“心理调适”讲座；以关注儿童成长和幼儿教育为切入点，开展“尊师志学崇文尚德”开笔破蒙礼活动；到社区开展“书香三八”书法讲座。开展“学党史、学盟史、办实事——科技助学进校园”活动，为永固乡北众小学、襄陵镇中心小学校、景毛乡景毛小学校现场捐赠总价值近30万元的三台理光HQ9000印刷一体机。民盟临汾市委收到盟中央、盟省委、盟市委向重庆特园的民盟历史陈列馆扩充升级捐款倡议书后，38个基层支部、1个经济专委会、1个霍州小组近500名盟员募捐资金5.22万元。222名盟员自发为山西防汛捐款4.57万元。民盟尧都区委、襄汾总支、一中支部、妇女工作委员会等基层盟组织开展社会服务18次。

【机关建设】 2021年，民盟临汾市委员会发展盟员19名，其中在读博士1人、硕士研究生3人、本科15人，医卫界6人，教育界8人，科技界2人，文化界1人，经济界1人，政府机关界1人。定期编发《简报》83期，盟市委创新利用微信公众平台不定期发送盟内重要活动、消息以及盟员优秀作品。3月推送视频《医者仁心》，获团结报团结网2021年一季度全国民盟市级组织微信十大热文第3名；全国民主党派市级组织3月“热文展播”第11名。 （陈　贝）

中国民主建国会临汾市委

【学习教育】 2021年，中国民主建国会临汾市委（简称民建临汾市委员会）采取走出去、请进来的方式，搞培训促交流。学习习近平新时代中国特色社会主义思想、习近平总书记视察山西时重要讲话精神、在纪念中国人民志愿军抗美援朝出国作战70周年大会上的重要讲话精神、在庆祝中国共产党成立100周年大会上的重要讲话精神等。开展中共党史学习教育，并结合中共党史学习教育，开展了自主创新动作——“讲政治、讲大局、讲纪律”的“三讲”主题教育。在重庆西南大学举办“中共党史、民建会史专题培训班”。

在民建山西省委会举办的“庆祝中国共产党成立100周年”主题征文中，会员赵玉亮获得一等奖，张敏之、张佳薇、田清华获得二等奖，赵富萍获得三等奖；在民建山西省委会举办的“庆祝中国共产党成立100周年”主题演讲比赛中，会员杨弘代表民建临汾市委员会参加比赛，获得三等奖；机关干部席悦代表民建山西省委会参加全省统一战线中共党史知识竞赛，获得三等奖。

【奉献爱心】 2021年，民建临汾市委员会组织尧都区委会、市直二总支、三总支会员企业慰问解放路高架桥一线工人，送去防暑降温用品；市直二总支、三总支及侯马市基层委员会每年一度的爱心服务高考等特色品牌活动等。

【参政议政】 2021年，民建临汾市委员会提交政协大会提案议案15篇，《关于推进临汾沿黄文旅融合高质量发展的建议》《开发区建设应抓好产业链布局》2篇提案被市政协确定为重点提案。提交社情民意、直言简讯55篇，其中，《民爆物品“直供直销”中存在的问题不容忽视》被山西省、临汾市主要领导批示。市委会组织会内骨干围绕营商环境建设、开发区建设、社区养老等专题开展系列调研，向党委政府提供有益的参考。

【助力招商引资】 2021年，民建临汾市委员会副主委芦为民牵头引进江苏特建技术股份有限公司，落户临汾市洪洞县经济技术开发区，投资开发电力运营项目。项目总投资约2亿元，项目投产达效后，预计年产值1.5亿元，税收3000万元，可提供500个就业岗位。2021年，会员企业临汾市乾邦农业科技有限公司总经理刘志忠牵头引进浙江正泰新能源开发有限公司，在尧都区县底镇开发小型屋顶分布式光伏电站1000余座，总投资约1亿元。项目实施后可带动1000余户农户致富，预计可帮助农户创收4000余万元。

【助力防灾减灾】 2021年，山西省连续强降雨，引发洪涝灾害，民建临汾市委员会迅速响应民建山西省委会、中共临汾市委、市政府救灾减灾工作部署，在民建山西省委会的协调帮助下，为大宁县受灾地区争取到民建中央中华思源工程扶贫基金会与支付宝公益爱心网友捐赠的价值约10万元的生活用品物资；市委会班子与机关干部第一时间捐款支持减灾救灾；各基层组织均参与救灾工作，市委会副主委、洪洞县基层委员会主委芦为民向洪洞县民政局捐款10万元救灾款；尧都区委会副主委高炎向尧都区县底镇捐赠1万余元救灾物资，会员李民建向襄汾县捐赠污水泵、钢板等价值8200元物资，会员薛芳向大宁县红十字会、蒲县慈善协会合计捐赠2万元；市直三总支副主委苏莉轶心系灾情，带领企业及员工捐款1万余元；侯马市基层委员会会员和会员企业捐助现金2.6万元和价值53万元的救灾物资；市直二总支组建救灾志愿者工作队，将价值2万余元的救灾物资送到尧都区县底镇受灾群众手中，为他们搭建好行军床、帐篷等。

【自身建设】 2021年，民建临汾市委员会加强班子建设，通过领导班子建设带动整体队伍建设。召开9次主委会，2次全委会，2次民主生活会，3次中心组学习会。加强自身建设，提高基层支部的战斗力，开展“五有支部”创建活动，从支部场所建设、制度建设、活动规范等方面做出明确要求。抓好后备干部培养，选拔推荐80后年轻干部。全市7个基层（地方）委员会、32个基层支部全部完成换届。严格入会把关，规定入会积极分子至少半年的预备考察期。对申请入会的积极分子，市委会领导带队走访了解其实际情况，会员培养发展步入正轨，会员结构、素质不断提高。2021年全年发展会员16人，发展率1.9%。（成三强）

中国民主促进会临汾市委

【概况】 2021年，中国民主促进会临汾市委（简称民进临汾市委员会）加强政治建设、推行安全责任制、履行参政党职能，被民进中央评为民进全国社情民意信息工作先进集体、民进全国脱贫攻坚民主监督工作先进集体，获民进全国社会服务暨脱贫攻坚工作优秀成果奖；被民进省委会评为社会服务先进集体，获民进山西省委参政议政先进集体二等奖。1名会员被民进中央授予“民进全国社会服务暨脱贫攻坚工作先进个人”荣誉称号；4名会员荣获“民进山西省委会脱贫攻坚标兵”称号，11名会员被省委会评为社会服务先进个人，1名会员被省委会评为2020年度信息工作先进个人。

【思想建设】 2021年，民进临汾市委员会开展“六史”学习教育，举办系列活动。开展“同心跟党走、共创新伟业”主题征文，选派人员参加临汾统一战线“学党史、明方向、跟党走”知识竞赛并获一等奖，举办“在正道上行——庆祝中国共产党成立100周年民进开明书画联展”，选送书画作品参加民进省委和市委统战部举办的“庆祝建党100周年”主题书画展，组织收看庆祝中国共产党成立100周年大会直播。

【自身建设】 2021年，民进临汾市委员会开展“走基层、访会情、听建议”活动，到侯马市、尧都区、霍州市及市直部分单位走访调研。开展星级基层组织创建工作，与运城民进开展互检互查工作，4个支部被山西省委会授予“五星级基层组织”称号。开展“送荣誉到基层”活动，包联领导分别赴尧都区、侯马市等地为“五星级支部”授牌。按程序发展22名新会员。全市基层支部全部完成换届。

【社会服务】 2021年，民进临汾市委员会搞好传统服务项目，创新开展社会服务工作，推介临汾文化和特色产业。举办“写春联迎新春送祝福”活动，走访慰问老会员和贫困户，开展学雷锋志愿服务活动，参加临汾红丝带学校“反歧视午餐日活动”，邀请上海民进企业家会员赴安泽县就连翘产业进行考察洽谈，邀请专家在向阳学校举办规范字进校园活动，举办重阳节茶话会，为困难会员申请帮扶资金。

山西省洪灾发生后，市委会发动会员捐款捐物，通过山西省红十字会、山西省慈善总会、临汾市慈善总会、临汾市财政局专用账户以及定向捐赠等方式，捐款捐物价值73050元，其中捐款43050元、捐物价值30000元。会员自发带头组织募捐，为汾西县募集抗灾善款20余万元。市委会通过民进省委会向民进中央开明基金会申请资金15万元，定向捐助汾西县南庄村，支持灾后重建。

【参政议政】 2021年，民进临汾市委员会创新参政调研的方式方法，实行调研前置座谈，增强调研工作的针对性和实效性。两会期间，市委会提交10篇团体提案、4篇团体发言，在议政大会上作题为《强力推进文旅融合为我市转型出雏形提供有力支撑》的发言。担任市人大代表、政协委员的25名会员提交个人议案、提案40余件。组织召开反映社情民意信息主题年工作推进会，举办“履职能力建设”培训班。全年收转会员反映的社情民意信息101条。其中，报送全国政协2条，报送省政协11条，省委会采用11篇。开展“走基层、献良策、比贡献”活动，围绕地名管理、文旅融合、规范字新式教程研发、中药材产业发展等重点选题，开展调研活动，撰写调研报告8篇。开展2项重点课题调研，分别是山西省物流业标准化建设和社区养老模式向多样化发展。组织召开“知临汾、懂临汾、兴临汾”开门取经会。组织人员就全市地方管理工作情况赴市民政局开展调研。市委会向中共临汾市委提交的《解放思想，创新我市人才培养模式》的专题建议，得到市委书记闫晨曦的重要批示；向市政府提交的《让街道名字成为体现临汾文化的一张名片》的专题建议，得到市委副书记、市长李云峰的重要批示。

（王　芳）

九三学社临汾市委

【概况】 2021年，九三学社临汾市委员会学习贯彻中共十九大、十九届历次全会精神，以习近平新时代中国特色社会主义思想为指导，贯彻落实习近平同志“四新三好”要求，履行参政党市级组织职能，“九临合作”被中共中央统战部评为“社会服务优秀成果”，荣获九三学社山西省委“议政成果贡献奖”。

【思想政治建设】 2021年，九三学社临汾市委员会开展党史社史教育主题活动，召开“纪念九三学社创建76周年”社员培训会，邀请市委党校教授崔正龙就习近平总书记“七一”重要讲话精神作专题辅导；在中共临汾市委党校举办“学习贯彻中国共产党十九届六中全会精神暨履职能力提升培训班”，组织骨干社员进行为期2天的集中培训；开展“懂临汾、知临汾、兴临汾”主题活动，组织骨干社员赴安泽县红色教育基地接受党史教育；组织社员集中参与社中央组织的“庆祝建党100周年中共党史学习教育暨知识竞赛”，邀请市委统战部副部长陈逢新作党史教育专题讲座；参加临汾市统一战线“同心颂党恩、携手新征程”主题书画摄影作品展，收集线上书画作品12幅，线下作品4幅；参加市委统战部举办的“学党史、明方向、跟党走”知识竞赛；承办九三学社全国机关规范化建设工作培训班，就办文、办会、档案、保密等工作进行培训；联合市科协、市卫健委举办“中国科学家精神宣讲暨党史学习教育专题宣讲会”，邀请中国科学家讲师团成员、复旦大学副教授颜志渊作宣讲报告。

【参政议政】 2021年，九三学社临汾市委员会提升参政议政核心能力，在市政协四届六次会议上，提交团体议政发言3篇，个人议政发言2篇，其中，王全武代表社市委作题为《优化我市营商环境，强化政府导向作用》的大会发言；张重辉作了题为《打造一流创新生态，蓄积更多硬核力量》的大会发言。提交团体提案15篇，团体提案《我市应加大乡村河道生态整治力度》《我市应加快完善3岁以下公共幼托服务体系》，赵强个人提案《我市创建文明城市应治理噪音扰民现象》被评为优秀提案。赵素丽被评为“办理提案先进工作者”。全年向市政协、市委统战部提交4篇调研报告，相关意见建议被用作重要决策参考；向社省委、市政协、市委统战部报送社情民意信息30余篇，被社省委采用15篇，被市政协采用6篇。

【组织建设】 2021年，九三学社临汾市委员会以加强领导班子建设和代表人士队伍建设为重点，筹备换届工作；指导社尧都区委、8个直属支社完成换届，将临纺支社更名为东城支社。全年发展社员12人，其中，研究生学历7人，大学学历4人，截至2021年底，全市有社员262人。

【社会服务】 2021年，九三学社临汾市委员会拓展和深化“九临”合作，争取九三学社中央支持，开展九三学社中央医卫专家临汾行活动；配合九三学社山西省委，在乡宁县举行“九临合作”医疗服务能力提升项目签约仪式，促成山西省人民医院消化内科主任、国务院特殊津贴专家王俊平对乡宁县人民医院帮扶；配合九三学社山西省直支社完成乡宁县人民医院义诊工作。开展“亮康行动”，在安泽县举办启动仪式，全年为112例贫困户实施免费白内障手术，“亮康行动”承办方临汾侨联眼科医院被中共山西省委、省政府授予“全省脱贫攻坚先进集体”称号。临汾暴发严重洪涝灾害后，社员参与全市抗洪救灾，募捐善款15余万元。

（郭　强）

群众团体

临汾市总工会

【概况】 2021年，临汾市总工会围绕全市中心工作，服务经济建设、服务职工群众点，维护职工合法权益，促进社会和谐稳定，加强工会自身建设，提高综合能力，将党委、政府和职工群众最关注的问题作为工作切入点，发挥好党联系职工群众的桥梁和纽带作用，在推动全市经济建设和社会和谐稳定中发挥作用。临汾市总工会获得国家级节约型机关、全国城市困难职工解困脱困重要贡献集体、全国工会系统法治宣传先进集体、全国工会财务工作先进单位、全国安康杯职工安全应急技能知识竞赛优秀组织单位、山西省文明单位"、全省安全知识竞赛优秀组织奖、山西省第七届职工职业大赛优秀组织奖、全省职工党史知识竞赛团体一等奖等20多项荣誉。

【"党的创新理论宣讲"】 2021年，临汾市总工会在全市建立25个党史和党的创新理论宣讲站，用习近平新时代中国特色社会主义思想武装广大工会干部和职工群众头脑，受教育职工5000余人次。在全市范围内开展"三送三进"活动，市总工会组织文艺慰问演出团队赴生产一线企业进行慰问演出23场。

【庆祝建党100周年系列宣传活动】 2021年，临汾市总工会开展"云端观影"活动，观看反映晋商精神的本土电影《风雨日升昌》，扫码观看人数5万余人次；开展"中国梦·劳动美——永远跟党走、奋进新征程"主题活动，主题征文大赛征集作品220篇，8篇在山西省获奖；举办职工书法美术摄影大赛，征集作品300余件，18幅作品在全省获奖；开展"网聚职工正能量，争做中国好网民"系列作品征集、"职业健康达人"短视频征集、"新时代最美劳动者"宣传选树、全市职工篮球联赛等活动。

【劳模品牌】 2021年，临汾市总工会学习贯彻全国劳动模范和先进工作者表彰大会精神，做好全国、省、市三级"五一"评选表彰工作，组织召开全市"五一"劳动奖表彰大会。开展"劳模宣传年"活动，利用《山西工人报》《临汾日报》微信公众平台等媒体宣传劳模事迹，拍摄制作《劳模访谈》节目10期，在临汾新闻栏目和微信公众平台播出；开展劳模工匠事迹演讲视频展播大赛，展播历时5个月，播出15期45件作品，网络阅读量52.18万人次，分享量31.7万次，总投票数达25.78万票。

【社会主义劳动竞赛】 2021年，临汾市总工会举办全市职工职业技能大赛和烹饪烹调、教师教学、供水供热和建筑等行业技能竞赛，依托家庭服务业协会开展家政培训，举办培训班10期，培训各类家政从业人员500人，激发职工比学赶超、干事创业的积极性，提升职工技能。

【"五小六化"活动】 2021年，临汾市总工会深化"五小六化"活动。活动覆盖企业1460家，覆盖职工32万人，收集竞赛成果10大类1281项、提质成果项目638项，选树示范企事业单位120个，创建职工（劳模）技能大师创新工作室63个，优先推荐上报优秀项目150个，45个项目获省级奖项。

【创建一流工会组织】 2021年，临汾市总工会聚焦"新技术、新业态、新模式"领域，安排实施工会组建专项行动，推进两新组织建会和"八大群体"入会工作，全年实现新组建工会组织194家，新发展会员10487人。深化"夯基、规范、活力、智慧"四项行动，"夯基固本、创新提升"，健全乡镇、村（社区）和企业小三级工会建设，推动基层工会落实“三双”、“四权”和“会员评家”活动，创建“六有工会”和“模范职工之家”，激发各级工会基层组织的活力。开展“工会改革创新深化年”活动，探索产业工会建设，发挥教育、卫生等5个系统工会的作用；创新落实工会代表常任制和兼挂职主席工作立项机制，推进乡镇（街道）工会配备专职工作人员；加强“三基”建设，完善市总机关及所属单位岗位职责和人员设置工作，促进改革方案落实到位；抓好工会干部培训工作，推进干部队伍素质进提升，全年培训1.1万余人次。推进“智慧工会”建设，完成19个县（市、区）和市直单位工会系统人员操作培训，实名制信息录入会员5万余人。推进工人文化宫优化改造工作，打造布局合理、设施完善、功能健全、富有新时代特色的职工文化活动中心。

【创建服务职工群众品牌】 2021年，临汾市总工会打造法律维权品牌。开展“三八维权主题月”、“12·4”国家宪法日等活动，实施“尊法守法·携手筑梦”服务农民工公益法律服务行动，推动落实工会劳动法律监督“一函两书”制度，提升工会法律援助维权服务能力。推进工资集体协商。落实省总实施集体协商“稳就业促发展构和谐”三年行动计划，建会企业集体协商覆盖率保持在92%以上，促进常态化疫情防控中劳动关系的和谐稳定。关注职工劳动保护。在全市1950家企业、6845个班组、49.5万名职工中开展以“强意识、查隐患、促发展、保安全”为主题的“安康杯”竞赛活动，实现参赛企业生产安全事故和职业危害事件起数、伤亡人数“双下降”。开展职业病防治法宣传、“安全生产月”和“安全生产咨询日”、煤矿井口群众安全工作站提质等活动。提高职工生活品质。坚持“春送岗位”“夏送清凉”“金秋助学”“冬送温暖”、大病互助、“妈咪小屋”、心理咨询等传统服务品牌，抓好“爱心驿站”、会员普惠、关爱女职工等工作。开展“庆祝建党100周年”普惠活动，发放1万份大礼包；举办“会聚良缘、恋上人才”婚恋交流活动，全市200多名青年职工参加；在巩固提升原有“爱心驿站”基础上，新建20个高标准的“爱心驿站”，全市“爱心驿站”达到119个。 （张　娟）

2021年，临汾市职工职业技能大赛钳工赛场　　（市总工会供图）

共青团临汾市委

【青少年主题教育】 2021年，共青团临汾市委紧扣“学党史、强信念、跟党走”活动主题，在团组织中开展“七个一”系列活动，在少先队组织中开展“五个一”系列活动。出台《临汾市共青团基层组织主题团日实施规范（试行）》，以团支部为基本单元，突出“三会两制一课”作用，规范基本流程，统一团课讲稿，全市5849个团支部、16万名团员青年积极参与。全市约1.25万名个少先队中队通过主题队会等形式开展党史学习，覆盖少先队员30万人。7月初，召开兼职团干部表彰大会暨“学党史强信念跟党走”学习交流大会。注重网上团课学习，“青年大学习”覆盖团员青年20万人。开设“学党史跟党走”“百年党史·青年学”和“红领巾心向党”专栏，发布党史学习教育动态及党史学习知识150期；在“临汾共青团”新浪官方微博和“青春临汾”抖音官方号同步发布党史学习知识，浏览量100万人次。

【艺术化形式开展活动】 2021年，共青团临汾市委组织清明节期间开展“缅怀革命先烈、传承优良传统”红色教育活动。举办“百年风华正青春”——“五四”青年节致敬建党百年音乐情景剧和“唱支山歌给党听”户外青年音乐会。“六一”儿童节举办“讴歌百年、红领巾心向党”少先队风采展示活动。“青年奋斗者说、少年追梦者说”竞演讲述活动市级、县级全部完成。临汾青年讲师团开展宣讲47场，录制以“中国共产党人的精神谱系”为主题的“云宣讲”视频课程并在网络播出。举办“喜迎建党百年”绘画书法作品征集展览活动，评选优秀书画作品200幅进行展览。

【讲述身边的红色故事】 2021年，共青团临汾市委联合市教育局、市广播电视台拍摄制作5期“党史教育红色行”系列节目，在临汾一套《第一粒扣子》栏目播出，组织少先队员走进临汾各地红色教育基地开展研学实践，打造青少年党史学习教育“行走的课堂”。联合市文明办在临汾市8个革命纪念馆、爱国主义教育基地开展青年讲解员评选，设置青年讲解岗。开展青联委员“学党史强信念跟党走”系列活动，邀请市委讲师团贾成奎老师讲党课，拍摄红歌MV，参观彭真故居纪念馆和秦家大院红色革命场馆。指导乡宁团委原创多个红色体验剧目，获山西省特等奖。古县和山东费县两地少先队员用书信传递的方式，分享“太岳精神”“沂蒙精神”和党史故事，交流学习心得。霍州市、洪洞县团委开展“红色街舞进校园”公益活动。

【青春建功新时代】 2021年，共青团临汾市委成立青年突击队91支，组织青年志愿者参与疫情防控4864人，实施援鄂医护人员“关爱八条”行动。完成定点帮扶脱贫摘帽任务，临汾3家社会组织被评为团中央易地扶贫搬迁安置社区优秀项目；开展农村青年电商培训，培训农村创业青年260人；获团省委颁发的2021年“振兴杯”山西青年职业技能大赛优秀组织奖；向中国青年创业就业基金会争取了180万元的青年创业资金，建设全省首家青年创业基地（乡村振兴工作站），成立青年创业“一站式”服务基地，资助支持一批青年创业项目围绕服务青年实际需求。举办第八届“创青春”临汾青年创新创业大赛，开展青创大讲堂，推荐10个优秀项目参加省赛，获省级创业大赛一等奖项目1个、二等奖项目1个、三等奖项目2个；承办省市青联委员助力临汾转型高质量发展活动，推动青年企业家与招商部门开展项目对接。与组织部门对接，探索建立临汾籍在外优秀学子工作站；实施“青春兴晋”返家乡暑期社会实践活动，市、县两级团委提供300多个实践岗位。开展“青春靓城、文明手牵手”“青春靓城、乐动临汾”“争做文明守护员同心共建文明城”、少先队员“云争章”、交通秩序志愿服务等活动，拍摄“文明手牵手”MV，绘制“文明手抄报”，举办“文明先锋行”示范性主题团（队）日，举办街景音乐会20场。筹集社会各界捐赠物资价值66万元，第一时间协调设置2个救灾物资中转库，做好物资登记，了解各地物资需求，对接山西省青少年发展基金会协调救灾物资，接收10余批次物资，通过团市委协调周转接收的物资有2000多万元，交市政府统一调配。

2021年6月1日，乡宁县少先队举办儿童体验剧展演活动
（共青团临汾市委供图）

【团基层组织建设】 2021年，共青团临汾市委落实团员发展“十步法九严禁”和档案管理“两表两书一证”要求，全市团青比控制在22%，“学社衔接”率97.3%，“升学衔接”率99.9%。开展基层团组织覆盖“百日清零”工作；全市209个城镇社区全部建立团组织；出台《关于加强新形势下非公有制经济组织和社会组织党建带团建工作的通知》，新建非公企业和社会组织团组织172个。完成“一专一站两联系”工作，团市委全会设置4个专门委员会，17个县

（市、区）全部建立团代表联络站和“两联”工作机构；成立广奇创业园区团支部、临汾街舞行业协会团支部等5个“团建联盟”。在安泽县太岳军区旧址挂牌设“临汾市团员干部教育培训基地”，举办“基层团干部能力提升培训班”，各县（市、区）普遍开展以乡镇团干部为主体的培训；按照“拓宽来源渠道、专挂兼相结合”的思路，招募兼职团干30名。推进县乡村三级团组织换届工作。联合市委组织部印发《关于进一步做好全市县、乡、村三级团组织换届工作的指导意见》，将团组织换届工作纳入党建工作考核，制定《临汾市村级团组织换届选举工作指导流程》，印发《关于规范县级团组织换届呈报审批程序的工作提醒》，对换届提出具体要求和指导。17个县（市、区）完成县乡两级团组织换届任务，村级团组织换届于12月底完成。推进基层团组织建设，夯实学校团组织基础。加强非公企业和社会组织团建；规范团员发展和管理，将45名违法犯罪团员开除团籍。新建“青年之家”58家，筹备成立“临汾青年之家服务联盟”，引导“青年之家”向街道社区报到，探索“社区点单、团组织下单、辖区青年之家接单”的参与基层治理工作模式。推动省团校临汾国防教育学院（青年奥运体育训练基地）挂牌，在临汾开设射击射箭运动中心，发挥共青团实践育人优势，有效整合各方资源开展青少年国防教育和理想信念教育培训。

【新时代少先队工作】 2021年，共青团临汾市委推动市级层面出台《关于全面加强新时代少先队工作的实施细则》。强化思想引领，在全市各级少先队组织开展“红领巾心向党”主题中队会、组织习近平总书记“七一”重要讲话精神学习活动，覆盖全市880所中小学校、9077个中队、30余万名少先队员。举办“讴歌百年红领巾心向党”少先队风采展示活动，组织全体少先队员观看全国少工委“请党放心，强国有我”主题云队课。组建临汾市红领巾巡讲团，市级巡讲29次，县级红领巾巡讲团巡讲57次。召开县级少工委集中换届动员部署会，学习贯彻《中共中央关于全面加强新时代少先队工作的意见》、山西省委《关于全面加强新时代少先队工作的实施方案》和团省委对县级少工委集中换届工作的相关要求，下发《关于做好县级少工委换届工作的通知》，17个县（市、区）少工委全部完成换届。印发《关于推进全市少先队基层组织与学校少工委“双清零”工作的通知》，全市中小学（含民办）全部建立少先队组织、建立学校少工委。协调各方将中小学少先队大队辅导员纳入班主任津贴实施范围。联合市教育局下发《关于评选临汾市少先队先进集体和优秀个人的通知》，评选出25个先进学校、25个红旗大队、30个优秀少先队中队、90名优秀少先队员、60名优秀少先队辅导员、20名优秀少先队工作者。筹备建立30家临汾市少先队校外实践基地，丰富少年儿童课后生活，服务少年儿童健康成长，推动构建少先队社会化工作体系。12月中旬统一授牌。

【联系服务青年】 2021年，共青团临汾市委争取省青基会“臻心计划”项目，为永和县青少年提供心理咨询、心理辅导、放松减压等服务，联系爱心企业向永和县困境青少年捐赠价值10万元的学习用品、生活物资和体育器材。市、县两级团委开展爱心助学活动，争取各方资金支持，扩大活动受益面。全市17个县（市、区）捐助学生274名，捐助总金额104万元。市级“希望工程圆梦行动”捐助35名困难家庭大学生，每人5000元，共计17.5万元。与中国银行临汾市分行签署战略合作协议，在服务大学生就业、提供创业贷款等方面提供支持。在17个县级地区各建立1个青少年零犯罪零受害试点社区（村），为青少年营造安全良好的成长环境；“青少年权益维护巡回讲堂”在15个县（市、区）申报的试点单位开展宣讲，共计24.5个课时。17个县（市、区）和市直学校普遍设立“守护青春”法治广播；开展社会调查15次、维权救助7起、举办亲职教育4场，为40名涉罪未成年人开展帮教矫治工作，为涉罪未成年人提供合适成年人到场的服务30次。团市委和市人民检察院被列为全国未成年人检察工作社会支持体系示范建设单位。召开新修订未成年人保护法、预防未成年人犯罪法视频学习会，邀请上海社会科学院法学研究所所长姚建龙教授培训指导。举办2场大型青年交友联谊活动，通过活动为全市优秀单身青年男女搭建婚恋交友平台，200多名单身青年参与，36名青年男女成功牵手。通过计划让农村困难青年“零学费、读大学、半工读、稳就业”，高中或同等学力通过面试即可入学天津理工大学工业设计专业，设立教育保障金及多项教育补助政策，减轻家庭经济负担。为临汾市7名农村青年提供学习就业的机会。联合中国光华科技基金会，向全市7个县、29所学校，捐助价值87万元书籍，用于“希望小屋”的建设。

【县域共青团改革】 2021年，共青团临汾市委确定霍州市为改革试点以后，团市委和霍州市委就试点工作进行多次研究讨论，制定改革方案，成立由霍州市委书记任组长的改革领导小组，召开霍州市县域共青团基层组织改革综合试点工作推进会。通过换届，霍州团市委6名专挂兼团委班子配齐配强，新增内设机构青年创业就业部并发挥作用。建立“团代表联络站”，制定完成“两联”工作机制和委员履职评价机制。制定下发《霍州市中学生积分入团实施细则（试行）》，通过运用“智慧团建”系统，团员管理基本实现信息化、规范化。将团建队建考核纳入党建考核，与巡察办联合下发《霍州市基层党组织党建带团建巡察细则》。与组织部门沟通将团建经费纳入党建经费整体计划。负责人进入教育督导机构，共青团、少先队工作纳入教育评价和教育督导机制中。

【青年创业基地（乡村振兴工作站）】 2021年，共青团临汾市委与中国青年创业就业基金会沟通，争取180万元的青年创业资金，建设全省首家青年创业“一站式”服务基地，资助支持一批青年创业项目，支持大学生创新创业，通过金融、科技、资源对接、项目合作、社会化服务、政策宣讲等方式，帮助农村创业青年、创业团队发展壮大，为返乡创业青年提供创业发展综合服务。

【举办音乐会情景剧】 2021年，共青团临汾市委举办“百年风华正青春”——“五四”青年节致敬建党百年音乐情景剧音乐会。采用音、诗、舞、画、频综合艺术创作的形式，展示中国青年满怀坚定信仰、饱含赤子之心，投身党领导的革命、建设、改革伟大事业的百年青春风华，用艺术化的方式让团员青年重温百年党史，教育引导青年厚植爱党爱国爱社会主义的情感。

临汾市妇女联合会

【概况】 2021年，临汾市妇女联合会围绕全方位推动高质量发展目标要求，立足引领服务联系职能，发挥桥梁纽带作用，推动各项工作取得新成效、迈上新台阶。市妇联获中宣部、司法部、全国普法办授予的“全国依法治理创建活动先进单位”称号，获国家机关事务管理局、中共中央直属机关事务管理局、国家发改委、财政部授予的全国第一批“节约型机关”称号，家庭亲子阅读工作经验在《山西日报》《中国妇运》刊登，妇女信访工作在《中国妇女报》发表，妇女维权、儿童关爱等工作得到全国妇联、省妇联的肯定和推广。

【妇女思想政治引领】 2021年，临汾市妇女联合会带动各级妇联干部学原文悟真谛，发扬优良学风，开展党史学习教育专题研讨11次、集中学习28次，坚定历史自信，汲取奋进力量。传承红色基因，开展“巾帼心向党·奋斗新征程”党史学习知识竞赛，8.1万人次参与。开展“我为妇女群众办实事”实践活动16次。举办“四个一”主题宣传活动。围绕庆祝建党100周年，组织全市71个市直妇委会、17个县（市、区）妇联、2818个村（社区）妇女之家，同场表演《没有共产党就没有新中国》，同做《中国范儿》健身操，同诵红色家书。举办“美丽临汾·美丽相约”公益联谊活动。组织全市机关、企事业单位的100名男女青年人才参加，为高质量发展提供人才支撑。实施基层妇联领头雁培训计划，确保县乡两级妇联正副主席全员参训、应训尽训。推荐表彰“三八红旗手（集体）”“巾帼文明岗（建功标兵）”等各类先进典型71个。其中，获全国妇联“维护妇女儿童权益先进集体”、全国妇联“最美家庭”、全国妇联系统“先进集体”等表彰10个。组织新时代优秀女性进基层进企业进校园举办先进事迹宣讲报告会。

【创业创新巾帼行动】 2021年，临汾市妇女联合会举办全市高质量转型发展妇女骨干培训班，分沿黄、沿汾、沿太岳3期，培训女创业致富带头人、环境保护女性从业人员、女职工创新工作室领头人等115人，推动妇女在经济社会发展实践中壮筋骨、长才干。联合市人社局举办“技能圆梦想就业有‘位’来”招聘大会，4575名妇女应聘，2267人达成就业意向。紧跟新职业发展形势，集中培训1000名“她美好·整理收纳师”，树立了全市家政服务妇女品牌。

【乡村振兴巾帼行动】 2021年，临汾市妇女联合会举办“我为群众办实事”妇女手工技能太平绣球培训班和“乡村振兴·巾帼行动”新品技术培训班，157名妇女参训，帮助妇女提升技能、增收致富。组织全市优秀妇女手工企业参加全省妇女手工创业创新大赛，3家企业获奖。帮助妇女解决燃眉之急，为50名农村患病妇女申请50万元“两癌”专项救助金，为38名困境妇女申请7.6万元“紫气东来·幸福启航”公益救助金。开展“清洁家园·巾帼行动”志愿服务活动，为常态化疫情防控营造良好卫生环境。

【防汛减灾巾帼行动】 2021年，临汾市妇女联合会组织各级妇联干部、妇联执委排查地质灾害隐患，重点针对孤寡老人、留守儿童、困难妇女的居住情况逐一排查，做好转移避险思想工作。动员妇女投入到淤泥清扫、秋粮抢收、秩序维持等生产自救活动中，为灾后重建、恢复生产生活秩序注入巾帼力量。落实全国妇联、省妇联等上级部门捐赠的总价值338.18万元的救灾物资，归入市防汛救灾指挥部统一调配。

【交通秩序整治】 2021年，临汾市妇女联合会设计推出“文明交通临汾她美好”宣传包3600个，发放《“文明交通平安出行”倡议书》2.16万份。开展“文明交通·安全出行”活动，劝阻交通违法行为3.2万人次，为巾帼志愿者点赞3.34万人次。召开“文明交通·临汾她美好”专题座谈会，举办“女性文化学堂”文明礼仪培训34期，培训妇女2405人次。开展“三争三好·文明交通”进家庭进校园活动，推广红绿灯手势操，覆盖2.6万个家庭，达到“教育一个学生、影响一个家庭、辐射整个社会”的目的。

【建设好家庭】 2021年，临汾市妇女联合会坚持做好“家”字文章，在全市培树百户“最美家庭”、百户“绿色家庭”，10户入选全省“三晋最美家庭”，10户入选全省“绿色家庭”，3户入选全国“最美家庭”。联合市广播电视台推出《第一粒扣子》专题片40期。开展“争做好母亲、争当好女性、争创好家庭”系列活动，举办“5·15”国际家庭日专题讲座和“我爱我家·我爱妈妈·我爱美丽临汾”亲子故事分享会，弘扬社会主义家庭文明新风尚。承办全国妇联、中国妇基会、省妇联“家校平安”公益项目，向市第一中心学校等赠送3548套安全教育物资，举办安全教育活动300场次，受益家长、儿童达20余万人次。

【涵养好家教】 2021年，临汾市妇女联合会培育家庭教育特色基地，在侯马彭真故居、丁村民俗博物馆等打造10个家风家教宣教基地，涵养家风家教建设的活水源。开展“我身边的榜样”少儿图文作品征集活动，全市173幅作品参加全国大赛，荣获一等奖4个（包揽我省一等奖全部奖项）、其他奖项13个（占全省获奖总数一半以上），引导少年儿童汲取榜样力量、点亮初心明灯。承办省妇联“4·23”世界读书日2021家庭亲子阅读主题活动，为尧都区河底联校赠送图书130套、书包300个、读书卡2350张等亲子阅读物资。《山西日报》进行了专题报道，《中国妇运》刊发《临汾市妇联：扩大活动覆盖面，助推亲子阅读走进农村百姓家》。

【传承好家风】 2021年，临汾市妇女联合会开展“少年儿童心向党·光荣临汾人”暨“颂党恩·传家风”主题活动，让“光荣的临汾旅”精神绽放新时代光芒。“六一”期间，牵头组织市四大班子主要负责人看望慰问市幼儿园、解放路小学的少年儿童，向孩子们赠送5万元节日礼物。联合市卫健委、市中心医院开展儿童先心病免费救治活动，全市每年约有400余例先心病患儿，1例治疗费用约为6万元，筛查出103例，为14名患儿成功手术。开展“把爱带回家”寒暑假儿童关爱服务活动，联合第二书房推出600堂线上好课，联合市体育局推出线上家庭亲子健身操，全国妇联官方公众号“女性之声”两次报道。

【妇女权益维护】 2021年，临汾市妇女联合会深化“建设法治临汾·巾帼在行动”活动，启动妇联系统“八五”普法工作，举办普法讲座325场，法治文化活动192场，面对面咨询370次，服务妇女群众4.1万人次。开展“三八”维权月活动，联合市公安局、市人民检察院、市中院、市司法局、市律师协会等五部门开展“三八”维权服务暨《山西省家庭暴力预防和处置办法》宣传活动，为“平安临汾”建设奠定坚实法治基础。举办全市妇女维权干部培训班，对接妇女群众需求，提升妇联干部维权服务能力水平。成立巾帼维权志愿服务队，由市公安局、市人民检察院、市中院、市司法局、市交警队等专业人员组成，市领导向65名巾帼维权志愿者颁发聘书，妇女群众享受到更多法律援助、心理疏导、家庭关系调适等专业化服务，做好妇女儿童维权服务工作。联合市政法委、市公安局、市人民检察院、市中院、市司法局出台《临汾市婚姻家庭矛盾纠纷“五色”分级预警处置工作方案》，建立和运用“五色”分级预警机制，推动将婚姻家庭纠纷排查工作纳入“全科网格”事项。2021年，化解婚姻家庭矛盾纠纷143起，做到早发现、早调处、早控制、早解决，优化全市妇女儿童发展环境。

【妇联组织建设】 2021年，临汾市妇女联合会推动将妇联工作纳入全市目标责任考核指标，在有党组织的地方率先建立妇女组织，全市村（社区）、乡镇（街道）妇联执委全部配备到位，破解县级妇联改革瓶颈和难点。出台《临汾市妇联关于进一步加强全市机关、企事业单位妇女组织建设的意见》，推动理顺机构改革后机关、企事业单位妇女组织932个，推进“四新”领域妇联组织建设，构建“上面千条线、下面一张网、身边一个家”的基层妇联组织建设格局。延伸组织链条，推动在自然村、社区居民楼栋的最基层建有妇女小组13110个（新建90个），发挥着疫情防控、防汛救灾、创业就业、乡村振兴、社会治理等重要作用。突出示范带动，在5个“破难行动”试点县打造10个示范“妇女之家”，推进“七有”建设。完成全市妇女进村“两委”和妇联换届工作任务，实现全部村“两委”中有妇女委员、全部村妇联主席进村“两委”的目标。贯彻落实新时代党的建设总要求，以党的政治建设为统领，把管党治党工作与妇联中心工作同部署、同落实、同考核。（卫丽丽）

文学艺术界联合会

【概况】 2021年，临汾市文联围绕党史学习教育，坚持以人民为中心的创作导向，讲好“奋斗百年路”的感人故事，描绘“启航新征程”的宏伟蓝图，团结引导全市文艺工作者，为临汾市推进高质量发展，夺取“十四五”转型出雏形开局新胜利，提供坚强的思想保证和精神力量，为推动临汾文艺事业的繁荣发展做出贡献。

【庆祝中国共产党成立100周年主题活动】 2021年3月，临汾市文联组织以“我们的城市”为主题的摄影作品展，展示“靓城提质”三大行动成果。6月中旬，“奋斗百年路·启航新征程”文学作品征文活动收到作品224篇，评选出一等奖3篇、二等奖5篇、三等奖8篇、优秀奖15篇。6月25日，“红色记忆”书画展开幕，186幅作品参展。6月30日，“临汾这百年”（辉煌成就）纪实主题摄影展开幕，通过“沧海桑田”“岁月如歌”“辉煌成就”3个版块，从老百姓的衣食住行、生产生活入手，精选近500幅（组）各个历史时期的新老照片和生活影像。12月25日，“我们的新时代”临汾市2022年迎春美术展开幕，展出优秀书法作品211幅、美术作品129幅。

【文艺志愿者服务活动】 2021年1月，临汾市文联与市书协主办“庆祝建党一百周年2021迎春网络楹联书法作品展”，通过网络把寓意幸福、吉祥、美好的春联送给临汾人民。2月，组织“送温暖·献爱心”送春联活动，将春联与福字献给防疫一线的工作人员及基层群众，共送出春联上万副。3—6月，为践行“我为群众办实事”，市文联联合中国人像摄影学会志愿者二大队开展“温暖乡村行·同心摄影进万家”志愿服务活动，为全市各地的农村文明家庭、道德模范等捐赠物品，免费为各类道德建设先进典型和中老年夫妻拍摄结婚纪念照，拍摄4105对夫妻，发放1700套驼绒被。9月30日，市文联组织文艺志愿者走进霍州市北环路街道邢家泉村，“以蓝天为幕布，以大地为舞台”，向当地群众传达临汾市第五次党代会精神，讲好党的故事、讲明党的政策，向百姓传递党的声音和关怀。10月13日，市文联和尧都区中心敬老院里的老人共迎重阳节，现场为老人们送去书画作品和画册等。11—12月，市文联响应党史学习教育“我为群众办实事”的号召，宣传中共十九届六中全会精神、省市党代会精神，成立数十支“文艺轻骑兵”小分队，前往隰县、霍州市，用曲艺、戏曲、歌舞、书画等群众喜闻乐见的文艺形式，宣讲党的政策，为群众送文化、送艺术、送精神食粮，助力乡村振兴，助力生态文明建设。

【对外文艺交流新格局】 2021年3月27日，临汾市文联与珠海市文联共同举办临汾·珠海摄影联展，促进南北文化交流，宣传临汾旅游文化，推动党史学习教育活动见实效。7月27—28日，市文联召开长篇历史小说《大唐布衣郇谟传》作品研讨会，发挥文学作品现实图景、历史展现、正面价值观引导的优势，挖掘历史名人郇谟在临汾的遗迹及轶事。9月12—15日，由中国电视艺术家协会主办、山西省文联和临汾市文联共同承办的第十四届中国·扬州旅游电视周优秀作品推选会议召开，推动临汾文旅产业高质量发展，扩大临汾的知名度。10月12日，组织开展山西·江苏（无锡）曲艺交流临汾演出专场，弘扬优秀传统文化，巩固南北曲艺交流平台。

【职业行风建设】 2021年8月30日，临汾市文联响应中国文联发出的《修身守正立心铸魂——致广大文艺工作者倡议书》，组织县市文联和协会工作人员及知名文艺家代表进行学习，召开“修身守正立心铸魂”行业作风建设座谈会，号召文艺工作者签署倡议书，践行“立业先立德、为艺先为人”，提醒自己做德艺双馨的艺术家，遵守法律法规，坚持以人民为中心的创作导向，发挥文艺工作者的引领作用，创造更好地社会导向。9月，市文联成立职业道德和行风建设建设委员会，加强行风建设，引领临汾市文艺工作者坚守修身守正的文艺初心，站稳人民立场、坚持德艺兼修、勇担职责使命，用文艺作品立心铸魂，用精湛的作品弘扬中国精神、凝聚中国力量，坚决与违法违规、失德失范行为和不良风气斗争。（梁潇云）

科学技术协会

【概况】 2021年，临汾市科学技术协会获山西省农业农村厅、省总工会、省科协联合颁发的第五届三晋新农人创业创新竞赛优秀组织奖，省科协、省教育厅等7部门联合颁发的第三十五届山西省青少年科技创新大赛机器人竞赛项目优秀组织单位，山西省科协“第十六届山西省宋庆龄少年儿童发明奖优秀组织单位奖”“山西省金桥工程优秀组织单位”“2021年度创响山西系列推选活动优秀组织奖”，中国科协“2021年全国科普日优秀组织单位”等荣誉。

【科普惠农】 2021年，临汾市科学技术协会深化基层科普行动，助力乡村振兴。在霍州市召开山西省科协科普助力乡村振兴推进会，聚力找准科普助力乡村振兴的切入点结合点，发挥示范引领效应，提高农村社会化科普服务水平。

【科普进校园】 2021年，临汾市科学技术协会在“世界环境日”活动期间，联合市生态环境局组织生态环境保护专家走进山西师范大学现代文理学院，举办生态环保科普知识进校园专题讲座；在市第一中心学校举办“大手拉小手，主题宣讲进校园”活动，邀请山西师大宣讲团开展主题教育宣讲，传唱革命史、汲取正能量、弘扬主旋律，市科协捐赠3套青少年机器人竞赛套装、2套青少年科学调查体验活动套装。在三元小学开展防震应急疏散演练活动，联合尧都区减灾办的科普人员为学生解讲防震减灾知识。

【科普进社区】 2021年，临汾市科学技术协会利用“三下乡”“防灾减灾”“科技周”“世界环境日”等节点，组织科普活动，向基层群众送去科普知识，提升全民科学素质。联合多家单位开展“防灾减灾”宣传活动，发放宣传图册1000余份，科普宣传品300余个；临汾市抗癌协会开展百姓健康讲堂、现场咨询义诊、基层医师指导、视频科普宣教等多项活动；联合多家单位在亚特兰广场开展2021年全国科普日进社区科普宣传活动，现场发放科普书籍、科普手册、护眼挂图等资料5000余册，发放各类科普纪念品2000个；联合市气象学会在浮山县天坛镇十里laboratory村开展科普宣传活动，向村民发放气象服务宣传材料，赠送科普书籍，指导农民抓住晴好天气，抢收抢种。

【青少年创新大赛】 2021年，临汾市科学技术协会开展临汾市第36届青少年科技创新大赛活动，全市10个县（市、区）80余所学生10000余名学生参加；组织参加第20届山西省青少年机器人竞赛，第三小学等25支代表队52名选手参加了比赛，获得一等奖1个、二等奖8个、三等奖13个；组织参加第16届山西省宋庆龄少年儿童发明奖比赛活动，获得一等奖5项、二等奖4项、三等奖9项；邀请临汾学院高级工程师张学、中国青少年机器人竞赛裁判刘建、机器人工程专业梁泽栋等一批经验丰富、专业能力强的讲师授课，开展青少年科技骨干教师培训活动，全市9个县（市、区）30余所学校100余名老师参加。

【食品安全科普教育“四进”活动】 2021年，临汾市科学技术协会邀请山西省科协首席科学传播专家、山西大学博士生导师崔晋龙教授举办食品安全科普讲座活动，市食安委相关成员单位以及机关单位、学校食堂、企业、大中型饭店共计百余家单位参加活动。

【流动科技馆巡展】 2021年，临汾市科学技术协会组织开展流动科技馆巡展活动。在洪洞县、古县、蒲县、翼城县、市规划展览馆开展流动科技馆巡展活动，历时6个月，参观人数达3万人。

【网络知识竞赛】 2021年，临汾市科学技术协会组织参加山西省全民科学素质网络知识竞赛。参赛人数5万余人，全省排名第四，襄汾县科协获得（县级）最佳组织奖。

【开办《科普中国》栏目】 2021年，临汾市科学技术协会利用主流媒体开办《科普中国》栏目。在临汾电视台科教频道开办《科普中国》栏目，全年播放52期。

【全国科普日活动】 2021年，临汾市科学技术协会举办临汾市2021年全国科普日启动仪式，市委常委、统战部部长郝忠祥出席活动并讲话，相关部门领导和市县科技工作者代表80余人参加。全国科普日期间，到襄汾县、曲沃县、霍州市、乡宁县开展4次科普直播活动，线上围观人数达85万人；建立“临汾科普视频号”和“临汾科普抖音号”，抖音平台“临汾全国科普日”话题热度35.8万人次；向临汾红丝带学校赠送创客教育套装、综合型科普图书、科普教育基地畅通卡等设备和图书，邀请心理咨询师协会开展团体心理辅导活动；举办图书捐赠、漂流活动，为10所学校捐赠230套科普图书；开展创客教育科学讲堂、心肺复苏和海姆立克急救技能培训、青少年近视防控科普、团体心理辅导等等科普进校园系列活动；举办最美科技工作者风采展和青少年科幻绘画展；开展线上科技馆展览活动。

【基层科普行动】 2021年，临汾市科学技术协会举荐蒲县第一批被认定为“2021—2025年度全国科普示范县”；霍州市和翼城县入选第二批“2021—2025年度全国科普示范县”创建名单；古县古树生态农业科技发展有限公司农村科普示范基地等7个基地被认定为“山西省农村科普示范基地”；蒲县马铃薯科普惠农中心服务站等6家单位被省科协评为星级服务站；襄汾县青少年学生校外活动中心等10家单位被省科协新认定为“2021—2025山西省科普教育基地”；临汾市规划展览馆等11个山西省科普教育基地通过2021年度重新认定审核。全市有省级科普教育基地25个、市级科普教育基地22个，形成较为健全的科普教育示范体系。2021年全市申报基层科普行动计划项目13个，其中争取中央财政项目资金54万元、争取省级财政项目资金34万元。

【创新驱动发展】 2021年，临汾市科学技术协会促进科技经济融合，针对原定点帮扶村，封山育林畜牧业难以发展的现状，市科协投资3万元引入“金牧粮草”项目，解决牧草紧缺现状。开展“科创中国”临汾试点工作。举荐侯马经济开发区、曲沃县为“科创中国”山西试点城市（园区），多次组织专家举行技术对接会。组织参加“三晋新农人”竞赛，7个项目获奖。其中二等奖2个、三等奖3个、优秀奖2个；组织参加山西省“金桥项目”工程评审活动，由山西焦化集团顶装配型炼焦技术研究获二等奖，曲沃县葡萄协会葡萄节本增效综合管理项目获三等奖，山西焦化集团焦化工业循环水除垢新技术应用获三等奖，曲沃县知名品牌协会羊肉冻干技术应用项目获优秀奖目；组织参加山西省创新方法大赛，中石油煤层气有限公司临汾分公司煤层气井燃发电机进气补偿装置的设计与应用获得中国创新方法大赛山西赛区竞赛——“华阳杯”山西省创新方法大赛三等奖；组织参加“五小竞赛”活动；组织参加全国大众创业万众创新“创响山西”系列推选活动。

2021年，第七届临汾市青少年机器人竞赛，孩子们参加机器人足球赛现场　　（临汾市科协供图）

【深化智汇临汾行动】 2021年，临汾市科学技术协会举办“科普惠农助力乡村振兴”中药材产业发展论坛。邀请山西农业大学牛颜冰和王玉庆教授，现场解决襄汾中药材产业发展过程中存在的问题，为襄汾中药材产业做规划指导，并搭建开放融通的技术交流平台。组织开展全市优秀智库成果遴选活动。面向全市各行业科技工作者征集优秀论文、调研报告85篇，向省科协推荐12篇。引进柔性人才工作取得新突破。分别在山西玉浆堂蜂业科技有限公司和乡宁焦煤集团台头煤焦有限责任公司成立两个省级学会服务站；在临汾今正元医院推动建立郑日男博士工作站。引智入临协作发展。发挥桥梁纽带作用，组织协调“科创赋能智汇三晋”大湾区科技人才工作站与市中心医院临床医学研究中心牵手合作，举办双方合作项目洽谈会。建立“临科智库”平台。按照“小中心、大外围”模式，搭建开放对话智库平台，为科技工作者提供政策咨询、智库成果展示、建言献策渠道等服务。推动全国青少年人工智能特色单位创建。举荐山西师大实验小学、临汾市五一路学校被评选为“全国青少年人工智能特色单位”。

【搭建学术交流平台】 2021年，临汾市科学技术协会在培训交流中促进技术进步。市抗癌协会召开临汾市抗癌协会第一届第二次理事会议暨学术会议，各县（市、区）医疗机构相关人员近100人参加。市超声影像工程学会召开腹部超声专题培训会，各县（市、区）医疗机构相关人员120余人参加。市超声影像工程学会邀请北京大学第三医院专家团队就超声新技术在临床实践的应用开展学术交流，来自各县（市）及乡镇医院的120余人参加。市气象学会组织会员参加各种学术交流活动。其中，2021年山西省气象学会年会论文交流，提交论文81篇，19篇被收录于《2021年山西省气象学会年会论文集》；参加2021年全国农业气象交流，提交论文9篇；参加山西省气象学学会组织的“三维时空杯”科普创作大赛，推荐2篇文章、2个视频参赛。市心理卫生协会举办为期3天的元式催眠第三期初阶班培训；联合知名品牌“和谐方舟”开展线下心理沙盘《沙探》体验专场课程。市护理学会举办全市护理质量与安全管理培训班，来自全市二级以上医疗机构的护理管理人员300余人参加培训；举办山西省护理管理人员岗位培训提高班，对全省护理管理人员进行为期3天的系统培训；举办全市第二届肿瘤护理学术会，市直医疗单位、乡镇医院、厂矿医院200余名肿瘤护理专业骨干参加；举办全市精神卫生护理专业委员会第二届年会，全市200余名精神卫生专业护理人员参加。

【团结协作引领】 2021年，临汾市科学技术协会把“团结引领”作为科协工作的统领，掌握临汾科技工作者状况。完成临汾市科技工作者状况调查报告。在临汾影剧院、临汾一中举办2场中国科学家精神宣讲暨党史学习教育专题宣讲报告会，来自医疗、教育系统的科技工作者1000余人参加。开展“最美科技工作者”选树活动。10名科技工作者被遴选为2021年“临汾十佳最美科技工作者”，35名科技工作者被遴选为2021年“临汾最美科技工作者”。在《临汾日报》推出专刊，扩大“全国科技工作者日”的社会影响。“全国科技工作者日”期间，市科协领导班子成员走访慰问3名优秀科技工作者代表。

（李 莹）

工商业联合会

【思想政治建设】 2021年，临汾市工商业联合会把学习贯彻《中国共产党统一战线工作条例》《关于加强新时代民营经济统战工作的意见》与学习领会省党代会及全省民营企业家座谈会精神，特别是省委书记林武重要讲话要求结合起来，引导民营经济人士学党史、听党话、感党恩、跟党走。向全市民营经济人士、商会组织发出“学党史、启新程、开新局”倡议。到临汾市家具商会、江苏商会、河南商会和正杰电气、纳海鸣建材等商会、企业调研，开展党史学习教育宣讲。召开企业家代表座谈会，开展“学党史·办实事·解难题”调研活动。成立市人民检察院派驻工商联检察联络室，组织开展企业行之华翔行——创新发展理念、企业行之三水能源行——援企稳岗在行动等活动。举办民营经济代表人士素质提升培训班，学习党的十九届六中全会精神、党史、省市党代会精神。组织县（市、区）工商联、市直商协会、相关民营企业参加临汾统一战线庆祝中国共产党成立100周年“同心颂党恩、携手新征程”线上书画、摄影、短视频作品展和临汾统一战线“同心跟党走、共创新伟业”主题征文活动。组织临汾百强企业开展“庆祝中国共产党成立100周年——百企千屏万人红歌荟”演唱活动。

【灾后救援】 2021年9月，临汾市遭遇了大范围的降雨灾害后，市工商业联合会做好减灾救灾工作，向非公经济人士发出倡议，号召民营企业、商会根据实际情况，协助当地政府开展救援工作，为灾民提供免费食宿；发扬中华民族“一方有难、八方支援”的优良传统，履行社会责任，为各方受灾群众捐款捐物；发挥示范带头作用，激励和引导更广泛的爱心人士参与到救灾减灾工作中，帮助受灾群众重建家园。联合会支部党员干部捐款1700元，组织民营企业捐款捐物1.28亿元。接受并分发外省市民营企业、商会向临汾市捐赠的米面油、棉衣、棉被、帐篷等物资，支持帮助受灾群众转移安置、生活救助、恢复重建。

【推动“以商招商”】 2021年，临汾市工商业联合会联合市促进外来投资局，组织召开2021年临汾市企业家代表座谈会，企业家代表对临汾市招商引资、招才引智提出意见和建议。组织外埠商会及企业家参加洪洞县举办的“华夏根祖圣地·幸福老家洪洞”2021年招商引资项目推介会。参加2021“贤商大会”，与上海市奉贤区工商联结为友好商会，促进两地企业家交流沟通。在上海市松江区召开临沪两地民营企业对接圆桌会议，推动临沪两地企业在科技、信息方面开展深度合作，把长三角企业发达的科学技术运用到全市企业的转型升级上来。

【“万企兴万村”临汾行动启动大会】 2021年，临汾市工商业联合会召开“万企兴万村”临汾行动启动大会。市委常委、统战部部长郝忠祥出席会议并讲话。会议总结全市民营企业家在脱贫攻坚行动中发挥重要作用。号召全市民营企业家弘扬优秀企业家精神，发挥在“百企帮百村”行动中涌现出来的精气神，参与到“万企兴万村”临汾行动中来，立足临汾市实际，打造“万企兴万村”临汾行动品牌，强化协调机制，促进“万企兴万村”临汾行动细化落实。

【企业行之华翔行——创新发展理念活动】 2021年，临汾市工商业联合会坚持服务兴会，推动民营经济高质量发展。联合会号召全市民营企业学习华翔集团的成功经验，找差距、寻路径，比、学、赶，使企业发展壮大。加强对民营企业的引领，调动民营企业的积极性、主动性，落实政策，优化营商环境，提升服务质量，加大支持力度，助力全市民营企业跑出高质量转型发展加速度。

【优化营商环境】 2021年，临汾市工商业联合会建立政府与企业双向沟通常态机制，畅通民企诉求表达渠道，帮助企业解决问题，优化营商环境，促进民营经济高质量发展。定期召开政企对接座谈会，加深政企感情，提高沟通温度。出台《临汾市工商联服务民营企业政企对接沟通工作方案》。6月起，定期编印《民企之声》4期，向企业推送中央、省、市关于支持服务民营经济发展的政策，征集企业诉求并向市委、市政府及市直相关职能部门反映，帮助民营企业解决困难和问题。帮助山西永鑫煤焦化有限责任公司解决不法分子阻挠工程施工的问题，帮助华翔集团和光大焦化解决合同方面的疑问，帮助山西三水能源股份有限公司解决企业技术人才职称评定的问题等。

【推动企业提质升级】 2021年，临汾市晋南钢铁、建邦集团2家民营企业入选“全国民营企业500强”，万鑫达、华翔等11家企业入选“2021山西省民营企业100强”，企业数量及规模再创新高，奖励资金280万元已经市政府主要

2021年，临汾市工商业联合会号召全市民营企业学习华翔集团的成功经验。图为参观学习照片　　（市工商业联合会供图）

领导批示同意，推进落实。临汾市工商业联合会与山西股权交易中心签署战略合作协议，是全省工商联系统首家与股权交易中心开展合作，为临汾市民营企业进军资本市场奠定基础，引导民营企业依法合规经营，通过规范的股份制改造，进军资本市场，拓宽民企融资渠道，降低企业融资成本。邀请牛油果私董会为中小微企业负责人授课，就如何构建企业文化，体现核心价值，建立良好团队，完善企业制度，提高公司效益等方面，进行讲解。举办2021年临汾市民营企业家“信用临汾”高级研修班，邀请专家讲解“信用经济”的基本原理，帮助会员领会“诚信晋商”的思想精髓。与临汾市建设银行就山西兴荣供应链有限公司贷款事宜联合召开专题座谈会。发挥平台作用，实现信息共享，让政府、金融机构与民营企业对接，为企业提供一对一的服务。

【法律服务】 2021年，临汾市工商业联合会引导民营企业提升法律综合素质。成立市人民检察院派驻市工商联检察联络室，聘任护航民企特约监督员；结合开展“法治体检”“法律三进”“我为群众办实事”等活动，为民营企业提供法律服务；与市司法局沟通，搭建律师服务民营企业新平台，组织动员全市律师事务所与市工商联所属商会、县级工商联建立联系合作机制；指导市河北商会、市电动车行业协会成立人民调解委员会；向市人民检察院发送3份请求核实的函，维护企业合法权益。

【“四好”商会建设】 2021年，临汾市工商业联合会建立市直商协会台账，提升“四好”商会自身建设水平。指导成立临汾市电动车行业协会、临汾市照明电器家居行业协会，促进相关行业的规范发展，搭建政府与企业之间沟通的桥梁，维护行业声誉，强化行业自律。联合市司法局在临汾市电动车行业协会开展“送法入企护航发展”主题宣传活动。配合市非公党工委到山西兴民林业考察非公党建基地建设，丰富非公党建工作举措。加强所属商会党建工作，以党建促会建，引导商会在思想政治引导、创新经济服务、搭建法律服务平台、引导会员履行社会责任等方面发挥作用。

【全国“五好”县级工商联创建】 2021年，临汾市工商业联合会推进“五好”县级工商联创建工作，开展县级工商联“一个设立五个有”调研，对县级工商联工作中存在的困难和问题提出具体的解决措施。指导县级工商联完成民营企业及民营企业家人才库填报工作；组织市、县工商联书记主席参加全省工商联干部专业化能力提升培训。曲沃县工商联、襄汾县工商联等10家县级工商联被确认为2020—2021年度全国“五好”县级工商联。

归国华侨联合会

【概况】 2021年，临汾市侨联贯彻落实省市党代会精神，履行职责，深化侨联改革，涵养侨务资源，发挥侨界力量，服务全市高质量转型发展，团结凝聚归侨侨眷和海外侨胞建功“十四五”、奋进新征程、共圆中国梦。

【建党百年系列活动】 2021年，临汾市侨联参加中国侨联“追梦中华百年赤子心”全球华人华侨短视频作品征集活动，全市统一战线“学党史明方向跟党走”知识竞赛、“同心跟党走共创新伟业”主题征文、“同心颂党因携手新征程”书画作品征集、“忆百年征程看今日华夏”短视频系列活动；组织机关全体人员及退休老同志，各县（市、区）侨联，市侨联业务指导单位蒙联会、侨商联合会和海外留学归国人员创新创业协会筹备组人员，观看习近平总书记在庆祝中国共产党成立100周年大会上的重要讲话现场直播、“永远跟党走”庆祝中国共产党成立100周年文艺会演《伟大征程》，临汾市庆祝中国共产党成立100周年文艺演出“百年恰是风华正茂”、中国共产党临汾市历史“奋斗百年路、启航新征程”主题展览、“临汾这百年·辉煌成就”纪实摄影展、临汾市“红色记忆”书画作品展、向阳西路“七一”主题灯光秀、鼓楼广场党旗、“临汾”打卡墙、音乐演出等。

【2021海内外侨胞“寻根三晋”活动】 2021年，临汾市侨联通过“请进来”“走出去”等方式，加强联络联谊。贯彻落实市委对侨联工作的决策部署，坚持“文化搭台，经济唱戏”，4月3—5日，经市侨联接洽、省侨联在洪洞县、侯马市、曲沃县主办2021海内外侨胞“寻根三晋”活动。省侨联党组书记、主席王维卿出席活动并讲话。加拿大福建总商会永久主席、中加福建侨商会会长林金龙，美国中华总商会常务理事蒂莫斯·梁，美国江苏商会会长、昆山市侨商会会长

张赛虎等40余名海内外侨胞参加相关活动。海内外侨胞考察团参加洪洞县第三十一届洪洞大槐树文化节暨招商引资推介会、寻根祭祖大典，侯马市招商引资推介会，到山西汤荣机械制造有限公司、山西旺龙药业集团、德康元公司走访调研，实地察看企业生产运营情况。

【建立海外联系点】 2021年，临汾市侨联利用2021海内外侨胞“寻根三晋”活动，通过福建总商会，在加拿大多伦多建立海外联系点；通过江苏籍华人张赛虎先生，依托江苏商会，在美国建立海外联系点；通过山西临汾籍华人马超，在德国哈雷建立海外联系点。开展海内外联络联谊。在俄罗斯侨眷乔锦标百岁生日之际，赴太原为老人贺“寿”，通过其孙乔翔鹏（俄罗斯山西商会会长），在莫斯科建立海外联系点；通过意大利罗维戈华侨华人商会首任会长胡春鹏与临汾市洽谈开办国际食品日用品销售等业务的机会，在意大利罗维弋建立海外联系点。

【招商引资】 2021年，临汾市侨联发挥侨联组织人才荟萃、智力密集、联系广泛的独特优势，招商引资。李鑫是市侨联2020年建立的海外联系点（日本）负责人，是山西省侨联青年委员会委员、日本埼玉县日中友好协会经济委员会委员，主要从事医疗医美类旅游业、康养产业。4月25—26日，市侨联、市外事办与李某就临汾市与日本缔结友好城市、大中小学之间建立友好关系、民间书画交流、劳务输出、日语培训、康养小镇建设、制造业技术引进等进行洽谈。李鑫到涉侨企业山西登堡人力资源一站式出国平台进行深度对接。市侨联介绍山西湖北商会会长、山西开元耐火材料有限公司董事长段劲州一行5人，到洪洞县政府就居然之家投资集团和新宏基建设集团在洪洞县投资建设新零售商业综合体，与洪洞县委副书记、县长李俊平，县委常委、政府副县长冯定国，以及县政府办、自然资源局、商务局等部门负责人进行意向性洽谈，实地考察。双方就投资建设新零售商业综合体所需面积、所处地域，以及投资、税收、就业等交换意见。

【夏令营活动】 2021年，临汾市侨联承接“亲情中华，云游三晋”山西临汾襄汾网上夏令营，来自西班牙2个班的127名华裔青少年通过网上夏令营，到襄汾县林乡四季庄园、唐人居晋作家具有限公司、丁村民俗馆、襄汾光大焦化有限公司花园式厂区，学习中华故事，了解中华文化，云游襄汾，了解襄汾，宣传襄汾，加深他们对中华文化的兴趣和热爱，增进对祖国的了解认知，增强对中华文化和中华民族的认同，扩大临汾文化在海外的知名度和影响力。

【引才引智】 2021年5月24日，临汾市侨联经山西省侨联海外联谊部介绍，日本归侨、广州大学副教授李双龙到临汾市，与市侨联洽谈引才引智等有关事宜。李双龙在山西师范大学作题为“如何做有趣的量化与社会科学研究选题、写作与发表”的讲座。

【搭建新平台】 2021年9月22日，临汾市侨联在市委党校召开市侨商联合会、海外留学归国人员创新创业协会成立大会。省侨联副主席、秘书长陈蕾出席大会，省侨商联合会会长李德志，省侨联副主席、省海外留学归国人员创新创业协会会长武强分别为市侨商联合会、市海外留学归国人员创新创业协会授会员单位牌匾。

【“助力乡村振兴特色侨产品”征集宣传】 2021年，临汾市侨联履行“服务经济发展、依法维护侨益、拓展海外联谊、积极参政议政、弘扬中华文化、参与社会建设”职能，探索服务经济发展的新载体、新方式、新途径，推进巩固拓展脱贫攻坚同乡村振兴有效衔接，在全市侨联系统开展“助力乡村振兴特色侨产品”征集宣传推介工作。7月5日，“助力乡村振兴特色侨产品”通过临汾市侨联微信公众号宣传推介，宣传推介12期13种。分别是：翼城县西阎镇醉氧香菇，襄汾县太平绣球，霍州鸣梦老粗布三件套，侯马山西药茶、赤焰辣椒，襄汾尧京加气葡萄汁，尧都区海易水泵，襄汾玉米皮草编系列产品，吉县人祖山黄芩茶、连翘茶、五色酒、泥人，襄汾子羽葫芦画。扩大“特色侨产品”的影响和产销量，有的产品从“养在深闺无人知”到走出深山、进入超市，有的甚至走出了国门；给涉侨经济组织、涉侨群众个人和家庭增加收入，带动产业发展，助推乡村振兴；服务经济发展，拓展海外联谊。

【“我为群众办实事”活动】 2021年，临汾市侨联把开展“察民情、访民意”作为“我为群众办实事”活动的一部分，深入察访，及时发现、分析和解决问题。到尧都区侨联、临汾桂莆木业有限公司、山西安军无人机有限公司、山西海易水泵快捷服务有限公司以及市侨联法律顾问委员会、蒙联会、侨商会、海外留学归国人员创新创业协会等地，听取讲解、座谈交流、实地参观。开展新侨创新创业示范基地清理整顿和创建工作，对全市16家原有新侨创新创业示范基地逐家摸底，对翼城县恒谊混凝土有限公司等2家不符合条件的基地进行清理。重新申报2家。开展临汾市“侨胞之家”示范创建工作，在全市侨联系统开展“侨胞之家”示范创建活动，以示范促创建，鼓励支持“侨胞之家”向“学习型、创新型、服务型、规范型、和谐型”组织发展。蒲县、吉县、古登堡人力资源开发有限公司3家“侨胞之家”获市级示范“侨胞之家”。开展中国华侨国际文化交流基地创建工作，到翼城县西阎镇“历法之源”文化交流中心、山西唐人居古典家具文化有限公司、乡宁戎子酒庄3家申报中国华侨国际文化交流基地，对项目建设管理、接待服务、文化特色等情况进行了解，提出具体指导性的意见和建议，与省侨联沟通争取支持并邀请省侨联经科部现场指导。5月20日，举办“侨看临汾新变化”活动，组织部分归侨、侨眷、留学生代表36人到曲沃县石桥堡、晋国博物馆、临汾规划展览馆参观学习。建立涉侨纠纷调解室、普法宣传角。利用春节、端午等节日，看望慰问生活困难归侨侨眷、有影响的侨界人士、侨联老领导、老干部、老党员，把党和政府的温暖送到侨胞手上。

【全市侨务干部素质能力提升培训班开班】 2021年11月29日至12月1日，临汾市侨联、市侨办联合在市委党校举办全市侨务干部素质能力提升培训班，各县（市、区）委统战部分管侨务工作的负责人、侨联负责人40余人参加为期3天的培训。市委统战部主持日常工作的副部长、市工商联党组书记任吉龙作开班动员讲话，市委党校常务副校长焦宏文致欢迎词，市侨联党组书记梁秋菊主持开班仪式。市侨联主席、市第三人民医院院长刁士琦，市侨联党组成员、副主席孙治荣，市委统战部二科科长郑雪琳出席。（李　婷）

红十字会

【参与防洪救灾】 2021年9月以来，山西省连续遭受强降雨侵袭，多地出现内涝、地质灾害、洪水等灾情。灾情发生后，临汾市红十字会根据市防汛救灾指挥部的安排，呼吁社会各界行动起来，为防汛救灾捐款，公布捐款账号。截至11月30日，市本级红十字会接收捐款123.94万元，省会下拨救灾资金12737万元，第一时间下拨给11个县（市、区）红十字会。募捐情况分批次进行公示。

【县级红十字会体制理顺】 2021年，临汾市红十字会加强组织建设，全市17个县（市、区）红十字会管理体制全部理顺，县级红十字会理顺率100%。市红十字会专职副会长张贵虎赴霍州市、汾西县、襄汾县红十字会进行专题调研、督导，霍州市、汾西县、吉县、乡宁县、隰县、安泽县配备新任专职副会长。

【应急知识普及】 2021年，临汾市红十字会根据《山西省红十字会2021年中央专项彩票公益金“红十字关爱生命健康教育项目”实施方案》要求，承担应急救护员培训任务2100人次，普及任务1.5万人次。尧都区、洪洞县、安泽县、襄汾县、翼城县、大宁县、浮山县、汾西县、蒲县红十字会各完成200人次的急救员培训任务，霍州市、曲沃县、古县红十字会各完成100人次的急救员培训任务。市红十字会完成1.5万人次的普及培训宣传任务。从3月到12月，在全市范围内对公安、学校、社区、景区、企业等部门进行红十字救护员的培训和急救知识普及。全市上下培训初级救护员2610人，超额完成省会下达2100人的培训任务，完成率124%。全市完成普及应急救护知识2.17万人次，超额完成省会下达的1.5万人次的普及任务，完成率145%。

【人体骨髓造血干细胞捐献采集入库工作】 2021年，临汾市红十字会印制捐献骨髓造血干细胞宣传折页3万份，利用“5·8”世界红十字日、“6·14”世界献血者日活动，在临汾繁华地段宣传发放。截至10月底，完成骨髓造血干细胞血样的采集、入库200人份。送达太原市中心血站，完成省红十字会下达的200人份的目标任务。骨髓造血干细胞高分辨采集5人。

【安放自动体外除颤仪】 2021年，临汾市红十字会在全市安放33台安放自动体外除颤仪（AED）。4月以来，市红十字会组织相关工作人员和救护培训专业人士，分期、分批对33个单位的有关人员进行专题培训，讲解AED的使用方法而且讲解、示范胸外按压和人工呼吸等相关的急救知识和技能，培训3400余人次。

【“5·8”世界红十字日大型宣传】 2021年，临汾市红十字会开展红十字博爱周系列活动。活动以“关爱生命、救在身边”为主题，全市各县（市、区）通过电子屏播放、悬挂宣传横幅、摆放展览版面、发放宣传单、设立咨询点和募捐箱等多种方式，对救灾、救助、救护，无偿献血宣传与推动、造血干细胞捐献、人体器官（遗体）捐献等相关知识进行宣传普及。发放《中华人民共和国红十字法》《中华人民共和国献血法》、造血干细胞捐献、预防艾滋病防治知识、人体器官捐献知识等宣传资料5万余份，纪念品2000余份，普及心肺复苏应急救护知识1000余人次。

【人体器官、组织捐献活动】 2021年，临汾市红十字会宣传、组织、劝募捐献人体器官、组织，加强组织机构队伍的建设，加大了人体器官、组织捐献的宣传力度，印制、发放3万余份器官捐献宣传折页。通过微信公众号“中国人体器官捐献”，报名捐献遗体器官的230人。全年完成实体器官捐献12例，获得大器官26个，帮助26人获得新生。

【无偿献血】 2021年，临汾市红十字会组织、号召、动员捐献血液，开展宣传、动员工作，印制宣传折页，通过各种活动开展宣传。“6·14”活动以网络平台为载体，开展宣传动员活动，通过网络报名、线下捐献的形式开展。侯马市、浮山县、汾西县开展主题活动。市县两级红十字全年献血3.45万人次，献血量13.4吨，捐献单采血小板1.23万人次，采集2.37万个治疗量。连续24年自愿无偿献血占临床用血比例达100%，是全国无偿献血先进城市。

【适龄儿童白血病、先心病的筛查、申报、救助工作】 2021年，临汾市红十字会开展白血病、先天性心脏病等疾病的筛查、登记、申报、救助工作，服务0~18周岁儿童。加大宣传力度，扩大知晓群体，筛选、筛查，迅速登记、申报。全年筛查、筛送白血病儿童60人，先心病儿童8人。登记审核有关材料72份。救助符合条件的白血病儿童24名，救助金额78万元。救助先心病儿童1名，救助金额3万元。

（张红斌）

法　治

政法委及综治工作

【概况】　2021年，临汾市政法委机关统筹发展和安全、疫情防控和维护稳定各项任务，深入贯彻习近平法治思想，全面落实中央和省委、市委部署要求，为全方位推进高质量发展创造良好的政治社会环境。安泽县获得“平安中国建设示范县”，蝉联“长安杯”，是山西省唯一蝉联“长安杯”的县；尧都区三元社区获“平安中国建设先进集体”称号，是全国受表彰的3个社区之一；市中级人民法院法官田亚欣被中央政法委评选为“双百政法英模”。

【维护安全稳定】　2021年，临汾市政法委机关依法查处境内外涉政治谣言有害信息案（事）件39起，确保意识形态领域安全。临汾市以“护城河”工程、“雷达工程”为抓手，处置预警信息35.6万余条，破获各类刑事案件5290起，抓获犯罪嫌疑人4728人，较上年分别上升59.8%、72.4%；全市“民转刑”命案实现三年连降。开展常态化扫黑除恶斗争，新打掉涉黑涉恶犯罪团伙7个。2021年，临汾市被评为全省扫黑除恶专项斗争先进市，“4·30”专案组被评为全国扫黑除恶专项斗争先进集体。组织开展“三大领域”专项打击整治行动，全市电信网络诈骗犯罪破案、抓获犯罪嫌疑人较上年分别上升533.3%、661.7%，立案和财产损失分别连续9个月、7个月大幅下降，遏制电信网络诈骗高发态势。省委平安办交办的7个领域19类56项涉稳疑难复杂问题，化解率92.7%。

【社会治理】　2021年，临汾市政法委机关提升社会治理效能，出台《关于进一步深化网格化服务管理的实施方案》，推动“全科网格”全覆盖，实现“多网合一、一网统筹”。全市网格员上报有效事件40.18万余件，处置率99.75%，位列全省第2。综治视联网实现互联互通，推进综治中心实体化运行。推进市域社会治理现代化，在“全面建”的基础上突出“重点创”，在防范化解网络安全风险上攻坚突破。加强矛盾纠纷多元预防化解，健全完善一站式多元解纷和诉讼服务体系，“诉服、多元解纷等考核指标被评为全省一类。探索基层社会治理新路子，在全市推广安泽县“说事议事厅”和星级积分管理办法。翼城县打造出小巷总理、网格之家、五老说事、百姓议事堂、乡贤议事会等具有地域特色的“说事议事”载体，形成具有临汾特色的亮点经验。出台政法机关服务保障高质量发展十条措施，建立联企服务机制，深化“端正执法司法理念、改进执法司法作风”专项活动。实现政法系统联企服务全员化，建立涉企案件“绿色通道”，推进国有“僵尸企业”出清。开展涉农商行执行工作专项执法检查，全市法院执结率和执行到位率位列全省第一。

【体制改革】　2021年，临汾市政法委机关统筹推进新型执法司法权运行机制落地，打造明责、履责、考责、追责工作闭环，打通司法体制改革“最后一公里”。落实新时代加强检察机关法律监督工作实施意见，推进认罪认罚从宽制度适用，刑事案件“案一件比”控制在1.05，低于全省平均水平。健全类案强制检索、法定裁量权行使制度，开展公安执法监督管理机制改革，深化律师、公证、司法鉴定、社区矫正制度改革，推进跨部门大数据办案平台和“辅助办案系统”应用，形成权责统一、监管有效、保障有力的执法司法责任体系。压实党政主要负责人推进法治建设第一责任人责任，实施法治督察考核。对422件重大行政决策和行政规范性文件进行合法性审核。推进行政执法体制改革，浮山县综合行政执法改革经验为全省人口小县行政执法改革提供样板。深化法治政府建设示范创建活动，古县被省委依法治省办命名为全省法治政府建设示范县，浮山县提升政务服务效能、汾西县法治宣传教育被省委依法治省办命名为全省法治政府建设示范项目。推进行政复议体制改革，在全省第一个完成市、县两级改革任务。实施“八五”普法规划，全国民主法治示范村（社区）创建、省级民主法治示范村（社区）创建数量居全省第一。

公 安

【概况】 2021年，临汾市公安局坚持以习近平总书记视察山西重要讲话重要指示精神和关于加强新时代公安工作的重要论述重要训词为统领，把握“对党忠诚、服务人民、执法公正、纪律严明”总要求，围绕建党100周年安保维稳工作主线和推动公安工作高质量发展主题，紧密结合党史学习教育，开展公安队伍教育整顿，统筹抓好防风险、保安全、护稳定、战疫情、促发展各项工作，使人民群众获得感、幸福感、安全感更加充实、更有保障、更可持续。

【维护社会安定】 2021年，临汾市公安局紧盯影响庆祝建党100周年安全稳定的重大风险，建立台账、闭环管理，抓好源头治理和重点稳控。推动承办的948件走访件、信访件全部按期办结，237件疑难复杂信访案件、386起涉法涉诉信访案件、59起重复信访事项，全部攻坚化解；开展“三零”单位创建，打造“网上枫桥公安派出所+网下枫桥经验”的新型社区警务，开展“万名民警进万家”活动，推广“荀安守护联盟”“四员五老”“老何说事”等矛盾调解品牌，排查化解邻里及婚姻家庭矛盾纠纷2065起，全市“零案件”村、社区、宗教场所、事业单位、企业单位创建率分别达到80.23%、62.37%、99.71%、99.25%、99.46%，做到“矛盾不上交、平安不出事、服务不缺位”。

【保障人民安宁】 2021年，临汾市公安局以常态化扫黑除恶为牵引，依法严厉打击整治“黑拐枪”“盗抢骗”“黄赌毒”“食药环”和自然资源领域黑恶犯罪等各类违法犯罪活动，强化命案攻坚和追逃工作力度，探索建立打击犯罪新机制，维护人民群众生命财产安全。破获各类刑事案件5290起，抓获犯罪嫌疑人4728人，同比分别上升59.8%、72.4%，缉捕逃犯763人，现行命案20起（同比下降25.9%）全部告破，破获命案积案8起；受理各类治安案件13618起，同比下降23.3%。打掉黑恶势力犯罪团伙7个，其中黑社会性质组织2个，抓获犯罪嫌疑人105人，“12·19”自然资源领域涉黑案件被全国扫黑办列为督办案件，“4·30”专案组被评为全国扫黑除恶专项斗争先进集体，张勇作为受嘉奖的厅局级干部和先进集体代表受到习近平总书记的亲切会见；成立市级打击文物犯罪专门机构，破获文物犯罪案件69起，抓获犯罪嫌疑人121人，追缴文物2096件；组建市县两级“反诈中心”，破获电信网络诈骗案件1558起，同比上升533.3%，抓获犯罪嫌疑人1470人，挽回群众损失1979万余元，“临汾反诈卫士”注册用户达117万人，成功预警劝阻1764人次，全市电诈案件立案数、财损数分别连续9个月、连续7个月大幅下降。

【治安防控】 2021年，临汾市公安局打造“圈层查控、单元防控、要素管控”社会治理新格局，提升动态环境下社会治安整体防控的立体化、信息化、智能化水平；织密织严圈层查控网络，建成环省智慧检查站、环市治安卡口16个，完成2个高速省际公安检查站双向智慧查控建设；启动战时机制，梯次升级查控勤务，严密人、车、物安全检查。完善公安武警联勤巡逻和快反机制，优化“1、3、5分钟”高效处警圈，组建街面最小作战单元51个，适时启动高等级防控勤务；延伸拓展要素管控触角，利用平台动态列管纳控涉爆、涉毒、扬言报复社会、易肇事肇祸精神障碍患者等18类重点人员1.4万余人，盯办处置平台预警23.4万余条，全量汇聚学校、医院、加油站等8.4万余家行业场所信息，落实动态监管措施，严防重点人员和物品失控漏管。强化公共安全隐患治理，加强枪爆物品、道路交通、公安监所安全隐患大排查大整治，收缴各类枪支256支、子弹30823发、炸药6.3万公斤、雷管10.4万枚；挂牌督办道路交通事故多发点段96处，查处各类交通违法行为99万余起，涉及人员伤亡的道路交通事故起数、受伤人数、直接财产损失数同比下降0.74%、7.04%、16.74%，安泽县公安局交警大队获公安部“成绩突出交警大队”荣誉称号；落实公安监所安全管理和疫情防控措施，市看守所被公安部授予集体一等功。

【创新警务组织指挥模式】 2021年，临汾市公安局以建强联合作战指挥体系为龙头，完善“情指勤舆”一体化实战化运行机制，制定出台《接处警盯办细则》，构建大情报格局，落实指挥盯办模式，规范勤务运行模式，完善舆情发现、人员落查、跟进管控、查删封控、提升应对处置重大突发事件的能力水平。面对新冠疫情，依托一体化实战化运行机制，排查涉疫数据32万条，落查境外入临人员1881人。

【公安大数据建设应用】 2021年，临汾市公安局开展大数据建设和平台应用，推动现代科学技术赋能核心战斗力生成增长。深化公安大数据中心建设，设备总量达到393台，接入资源总量6508种26279亿条，每天新增数据约35亿条。加强基础信息扩容改造，全市309个基层所队网络带宽达到1000兆。深化DNA检验技术及数据库建设应用，助推打拐“团圆”行动有效开展，利用DNA技术助力26个失散家庭团聚，推进文检、声纹等实验室建设，搭建全市刑事技术综合管理及质控系统；市县两级建成电子数据勘查取证实验室14个，网安民警摘得公安部电子数据取证分析个人比武桂冠。

【法治建设】 2021年，临汾市公安局坚持聚焦严格规范公正文明执法要求，推进执法规范化建设，解决执法突出问题。紧盯有案不立、压案不查、降格处理、违规取保候审，以及执法不规范、不文明、服务不到位等问题，制定专项整治方案，实行“一案三查”（查程序、查证据、查结果）、清单管理、专班盯办、建账销号等措施，排查整改各类执法突出问题5146个，长期影响制约公正执法的深层次问题得到根治。

【基层基础工作】 2021年，临汾市公安局树立固本强基战略思想，增强基层实力、激发基层活力、提升基层战斗力。推动警力下沉，派出所民警占县级公安机关警力达40.39%、社区民警占派出所警力达45%。创新基层警务机制，13个派出所实行“一室两队”警务模式，154个派出所实行民警驻村制、巡访制、包片制，收集社情民意，掌握治安动态。强化基层警务保障，完成72个派出所“旱厕”改造、31个派出所危房改造和11个派出所“两房两室一食堂”建设，推进难以改造和强降雨受灾危房搬迁重建工作。

【公安“放管服”改革】 2021年，临汾市公安局开展“我为群众办实事”实践活动，设立61个党员先锋岗，做好户籍、出入境、车驾管等高频服务事项，组织开展“五分钟达标”实操培训、“微笑服务”窗口选树等活动，优化政务服务水平，解决人民群众“急难愁盼”，“两个通办”办理业务986万件，做到“只进一个门，业务全办结”。组织局机关青年志愿服务队到田间地头开展帮助受灾群众抢收秋粮活动，《人民公安报》《山西法制报》分别刊发图文进行报道。

【锻造公安铁军】 2021年，临汾市公安局坚持全面从严管党治警。常态化开展全警理想信念和对党忠诚教育，巩固拓展党史学习教育和队伍教育整顿成果，狠抓党风廉政建设和队伍建设。抓实暖警爱警，健全常态化实战练兵机制，培训民辅警8.7万人次，荣获全省公安巡特警技战术比武3个科目团体第一和全省公安刑事技术技能大赛团体一等奖；完成2125名辅警招聘工作；向特困民警和因公牺牲民警家属发放慰问金48.4万元；全市有83个先进集体、652名先进个人受到市级以上表彰奖励，其中，1人

2021年1月10日，临汾市公安机关举行“向警旗宣誓”活动庆祝首个中国人民警察节 （市公安局供图）

被授予“全国公安系统二级英雄模范”荣誉称号，5个集体荣立集体二等功，17名民警荣立个人一、二等功。　　（岳华伟　郭艳桃）

·公安交通管理·

【概况】　2021年，临汾市公安局交警支队以习近平新时代中国特色社会主义思想为指导，增强“四个意识”、坚定“四个自信”、做到“两个维护”，认真践行“对党忠诚、服务人民、执法公正、纪律严明”总要求，紧紧围绕庆祝建党百年主题主线，全力降事故保安全保畅通，确保了全市道路交通安全形势整体平稳。

【事故预防“减量控大”】　2021年，临汾市公安局交警支队以道路交通事故分析研判指导交通秩序管理和事故预防工作机制，每日一统计、每周一通报、每月一排名，制度化推进交通事故预防“减量控大”工作，“减量控大”工作山西省位居第二。

2021年，全市查处各类交通违法行为991162起，查处酒后驾驶6937起（饮酒5908起，醉酒1029起），涉牌涉证24160起（无证15132起），客车超员793起，货车超载4458起，行人、非机动车违法行为39849起，违法停车266297起，摩托车未戴头盔10144起。全市公安交通管理部门处理涉及人员伤亡的道路交通事故2010起，造成421人死亡，1954人受伤，直接财产损失2349236元。与2020年同期相比，事故起数减少15起、下降0.74%，死亡人数增加62人、上升17.27%，受伤人数减少148人、下降7.04%，直接财产损失减少47.22万元、下降16.74%。

【源头管理】　2021年，临汾市公安局交警支队每月量化工作任务，对重点车辆重点监管，做好隐患清零工作；对重点企业进行排查梳理、比对核查，督促企业开展违法清零；利用“一村一辅警”平台将存在逾期未检验等安全隐患重点车辆的信息通过交通安全微信群通知到车主、驾驶人，请村委会及群众监督车主消除安全隐患。全年排查交通事故多发点段及严重安全隐患路段96处。其中，事故多发点段47处、严重安全隐患路段49处。96处隐患路段全部挂牌督办（省级1处，市级5处，县级90处），全部整改。9月，因强降雨天气导致道路塌方等严重交通安全隐患42处，全部整改，整改率100%。

【示范公路创建】　2021年，临汾市将国道108、209线和省道232线（临夏线）作为交通安全文明示范路创建目标路段，推进“一灯一带”建设，全市新增信号灯371处、完成率147.22%，新增减速带745处、完成率156.51%；实施“两客一危一货一校”轨迹化管理工作。

【借鉴外地经验】　2021年10月18日，临汾市政府副秘书长王小华带领支队33人赴太原市就辅警队伍管理、情指舆一体化、交通设施管理、交通勤务组织4方面工作进行考察学习。改革警务机制，把原来城区道路3个大队改设为6个，职能由原来的“管道路”转变为“管社区”，实现由“线”向“面”的升级管控。

【城市交通管理】　2021年，临汾市公安局交警支队以“三严”整治为抓手，推进“一盔一带”安全守护行动工作。支队抽调机关80%的警力下沉一线，使用自主研发的“临汾交通安全在线教育平台小程序”，全天候开展交通安全劝导工作，促使市区道路电动车和摩托车头盔佩戴率由8月初的不足10%上升到90%以上，位居山西省第一。“小程序”在13个县（市、区）推广使用。

【农村固本强基】　2021年，临汾市公安局交警支队推行农村交通安全分类管理机制，根据近3年以来农村地区发生伤亡事故的原因特点，结合农村机动车保有量，将全市2112个行政村分为4类实施管理。一类村：死亡人数为3人（含）以上，共2个；二类村：死亡人数为1人至2人，共151个；三类村：发生伤人事故的，共421个；其他为四类村，共1538个。要求一类村每月至少进村巡逻执法、警示教育宣传4次，二类村每月至少进村3次，三类村每月至少进村2次，四类村每月至少进村1次。对农用车实行“户籍化”管理，建立基础台账。对全市农用车进行全方位摸排，掌握有牌、无牌农用车基本情况，依法依规实现三个一批。即：对于达到报废年限的依法强制清理报废一批，对于新购车辆依法强制登记注册上户一批，年限不够报废时限且无法注册上户的，自行备案一批。创新宣传形式，强化教育引导。在全市实施“辅警驻村”工作机制，建立“一台三书两通报”工作法。“一台”，建立曝光台，对典型事故、违法案例进行曝光。“三书”，县（市、区）政府与乡镇（居委会），乡镇（居委会）与村（社区），村（社区）与个人分别签订道路交通安全责任书；个人签订交通安全承诺书；交警部门向农村地区发出自觉遵守道路交通安全法律法规，不酒后驾驶，驾驶农用车、三轮车不违法载人的倡议书。“两通报”，支队每周通报各县（市、区）农用车“户籍化”管理工作和整治情况；大队每周向各乡镇通报农用车违法查处和交通事故情况。截至年底，签订责任书1.32万份、承诺书4.35万份，发放倡议书6万余份，为三轮车喷涂“禁止违法载人”字样2.68万辆。

【“我为群众办实事”】 2021年，临汾市有453202人成功申领电子驾驶证，全市车驾管窗口增加老年人绿色通道或专门窗口19个，开通老年人免费代办业务。为残疾人、孕妇、老年人及业务团体，办理业务1893次笔；全市开通网上车管服务，让数据处理交管业务，让群众少跑腿或者不跑腿就能办理业务，提升群众满意度；推出“7×24小时不打烊服务超市”，解决群众“上班时间没空办，休息时间无处办”的问题；实现事故各方当事人通过互联网服务平台网页、“交管12123”手机App等在线实时查询事故处理进度和结果，畅通事故处理告知服务渠道，提高事故处理公开透明度和群众满意度；加大社会救助基金垫付力度，全市垫付道路交通事故伤亡人员抢救费419笔、丧葬费45笔、一次性困难救助5万元1笔，总计金额950.73万元。

【电动自行车立法】 2021年，临汾市公安局交警支队根据省、市关于推进电动自行车管理立法工作安排及临汾市电动自行车管理现状，拟订《临汾市电动自行车管理条例（草案）》，并于2021年8月27日、9月29日经临汾市第四届人民代表大会常务委员会第五十一次会议、山西省第十三届人民代表大会常务委员会第三十一次会议通过，自2022年1月1日实施。

【交通安全宣传教育】 2021年，临汾市公安局交警支队把“临汾交通广播电台”设在交警支队指挥中心，全年开播交通安全专场40余次；组建临汾公安交警新媒体中心，深化交通安全宣传教育；将“一村一辅警”中的辅警人员微信加入该村村民群，全市组建交通安全微信群2112个，每日推送事故案例。截至年底，推送120余起案例，可以实现每日覆盖群众150余万人次；支队针对电动自行车群体，外来务工人员群体，中小学生、幼儿群体及老年人群体的特点，开展针对性宣传教育。

（赵　敏）

检　察

【概况】 2021年，临汾市人民检察院发挥职能作用，服务全市中心工作，贯彻落实党中央关于全面依法治国的重大决策部署，扛起满足新时代人民群众更高需求、维护社会公平正义的法治责任，强化法律监督主责主业，推动检察工作自身高质量发展。

【平安建设】 2021年，临汾市人民检察院推进平安临汾建设，依法严惩故意杀人、绑架、强奸等严重暴力犯罪，提起公诉344件467人。完成扫黑除恶专项斗争各项任务，市人民检察院和检察长马红彬分别被全国扫黑办评为先进集体和先进个人。常态化开展扫黑除恶专项斗争，坚持打击力度不减、工作标准不降。防范化解社会稳定风险，受理群众信访950件，做到件件有回复。清理化解重点信访案件22件。

【优化营商环境】 2021年，临汾市人民检察院打击破坏社会主义市场经济秩序犯罪，监督公安机关立案12件，撤案24件，纠正影响非公经济发展案件2件，依法妥善清理涉民营企业刑事诉讼“挂案”28件。严厉打击侵犯企业家人身权利、财产权利和企业知识产权犯罪，批捕涉企犯罪39人，起诉31人。依法对主观恶性不大、犯罪情节轻微的15名涉罪民营企业家及工作人员从宽处理。深化与工商联的沟通协作机制，实现市县两级院派驻工商联检察联络室全覆盖。

【助推社会治理现代化】 2021年，临汾市人民检察院推进认罪认罚从宽制度适用，办理认罪认罚案件4419人；刑事案件“案—件比”控制在1.06，低于全省平均水平；探索检察建议案件化办理，发出检察建议676份，实现“办理一案，教育一片，治理一方”的效果。贯彻“少捕慎诉慎押”的司法理念，部署开展“践行司法为民理念，办好群众身边小案”专项活动，依法用足用好不捕不诉权，化解矛盾纠纷，减少社会对抗，实现案结事了人和。办理危险驾驶、民事纠纷引起的刑事案件等各类小案2004件2294人，依法对82人作出不批准逮捕决定，对545人作出不起诉决定。

【助力生态环境保护】 2021年，

临汾市人民检察院发挥四大检察职能，突出打击污染环境、破坏资源等违法犯罪行为，依法监督公安机关立案4件，监督行政机关移送涉嫌犯罪3件，批捕16人。加大生态环境和资源保护领域公益诉讼案件的办理力度，立案245件，磋商86件，发出检察建议163件，挽回或复垦耕地、林地1.71公顷，关停或整治污染企业8家，助力全市打赢污染防治攻坚战。

【刑事检察】 2021年，临汾市人民检察院加强刑事立案监督和侦查活动监督，监督公安机关立案125件，撤案69件，纠正漏捕57人，纠正漏诉105人，纠正侦查活动违法214件次。加强刑事审判监督，纠正刑事审判活动违法67件次，提出抗诉44件。加强刑事执行监督，依法开展羁押必要性审查232人，纠正刑事执行活动违法303件，纠正监外执行活动282人，财产刑执行不当211件。

【民事行政检察】 2021年，临汾市人民检察院贯彻精准监督理念，办理行政争议实质性化解29件，提请抗诉20件，提出抗诉9件；提出再审检察建议6件；审判监督发出检察建议77件，执行监督发出检察建议89件，发现虚假诉讼线索3件，移送司法人员违法违纪线索1件。依法支持起诉129件，帮助197名农民工追讨各类薪资203万余元。

【公益诉讼检察】 2021年，临汾市人民检察院立案办理公益诉讼案件835件，办理磋商案件234件，办理刑事附带民事公益诉讼案件39件，发出诉前检察建议360件，行政机关到期回复率为100%。全市清理河道垃圾2.4万吨，拆除河道违法建筑物（构筑物）7处，修复窨井盖639个，保护文物28处，保护烈士纪念设施15处，帮助19位老人解决赡养问题，协调有关部门完善建成充电桩120组。指导办理的岳北军分区驻地旧址行政公益诉讼案被高检院和退役军人事务部联合评为典型案例，指导办理治理襄汾河道“梗塞”案和尧都区制售假药支付3倍赔偿案。

【职务犯罪惩治】 2021年，临汾市人民检察院加强与监委的沟通协调，实现办案提前介入全覆盖。受理职务犯罪案件105件116人，起诉80件96人。其中，厅局级10件10人，县处级18件18人。依法办理“9·27”太重集团专案13件13人，“6·3”农信系统专案21件21人。依法立案侦查司法工作人员职务犯罪8件9人。

法 院

【概况】 2021年，临汾市中级人民法院全面贯彻落实中央、省委、市委决策部署，认真履职、担当作为，完成各项目标任务，为临汾全方位推动高质量发展提供司法服务和保障。全市法院受理各类案件5.76万件，审执结5.67万件，结案率98.4%；其中，市中院受理各类案件6361件，审执结6271件，结案率98.6%。市中院审判、执行、诉服质效约束性指标量化得分全省排名第二。

【打击刑事犯罪】 2021年，临汾市县两级法院受理刑事一审案件3519件，刑事二审案件541件，其中，被告人被判处五年以上有期徒刑798人，重刑率19.7%。依法严厉打击故意杀人、故意伤害、强奸、抢劫、盗窃等侵害公民人身和财产安全的犯罪行为，维护社会稳定。常态化开展扫黑除恶斗争，依法审结秦志洲黑社会性质组织犯罪案件，对15名黑社会性质组织成员依法判处刑罚，有力打击黑恶势力犯罪。配合市监委完善监察与刑事司法衔接机制，全市法院依法审结贪污、贿赂、渎职等一审案件73件、二审23件，保持惩治腐败犯罪的高压态势。落实认罪认罚从宽制度，把打击犯罪同保障人权、追求效率同实现公正、执法目的同执法形式有机统一，实现最佳的政治效果、法律效果、社会效果。发挥少年审判庭参与社会综治的作用，依法严惩侵害未成年人犯罪，开展社会观护、心理疏导、校园普法宣传等工作，关爱保护未成年人健康成长。

【加强民生权益保障】 2021年，临汾市中级人民法院依法妥善审理教育、医疗、就业、住房、社保等涉及民生案件，维护人民群众最关心最现实的利益，让人民群众更加安居乐业。把密切联系群众、深入体察民情、增进群众感情作为经常性、基础性工作，拓展司法便民惠民利民措施，提升人民群众对司法的满意度。坚持调判结合、调解优先，追求案结事了，提升服判息诉率。2021年，全市法院受理民事案件3.53万件，审结3.30万件，结案率93.51%；市中院受理民事案件4233件，审结3859件，结案率91.16%。

【创优法治化营商环境】 2021年，临汾市中级人民法院践行“法治是最好的营商环境”理念，落实省委、市委关于优化营商环境的部署要求，依法服务保障各类市场主体健康发展。加强对民营企业合法权益的平等司法保护，全市法院依法审结破坏社会主义市场经济秩序犯罪案件367件，审结行政许可、行政登记、行政处罚类案件310件，纠正违法干预和侵害企业自主经营权行为。加强府院联动，推进“僵尸企业”出清，依法审结7户企业破产案件，依规核销破产企业欠缴的养老保险数亿元。开展法院对接走访企业活动，党组书记到山西光宇半导体照明股份有限公司等企业进行走访调研，掌握企业司法需求。将涉企纠纷司法解释和案例汇编成册送法入企，提升企业抵御风险能力。

【生态环境司法保护】 2021年，临汾市中级人民法院围绕服务打好蓝天、碧水、净土保卫战，设立环境资源审判庭，在洪洞县、安泽县、曲沃县等法院设立环境资源派出法庭，实行环境资源刑事、民事、行政“三合一”审判。探索对重大环境纠纷案件在环境污染破坏地公开开庭审理，依法审结环境污染、盗伐滥伐、非法采矿等犯罪案件47件，保障黄河流域生态保护和高质量发展战略实施。张小建等11人在陶寺遗址盗掘古墓葬案，2021年入选全国法院环境资源十大典型案例。

【打造家事审判临汾品牌】 2021年，临汾市中级人民法院探索家事审判方式改革，吸收心理咨询师作为特约调解员参与家事案件审理全过程，中院家事审判庭被市妇联确立为“家庭、家风、家教宣传教育基地”。2021年，全市法院审结一审家事案件5934件，调撤率58.78%。中院审结二审家事案件256件，调撤率42.19%。在家事案件审理过程中，注重修复受损的家庭关系，做到解决案件“法结”，解开群众“心结”，化解家庭矛盾。中院《读“心”断案——解锁家事审判新模式》在省高院微信平台刊登。

【行政审判助力法治政府建设】 2021年，临汾市中级人民法院支持行政机关依法行政，保障市委重大决策部署、重点工程项目有序推进。审理涉农村集体土地征收、城市房屋拆迁等案件，支持行政机关依法履职。2021年，全市法院受理各类行政案件906件，审结825件，结案率91.06%。其中，市中院受理行政案件342件，审结316件，结案率92.4%，督促行政机关依法、依约、诚信履行行政协议，维护人民群众合法权益，1起案件入选最高院《行政执法与行政审判》典型案例，3起案件入选山西行政审判十大典型案例，为类案审理提供“临汾样板”。

【执行工作】 2021年，临汾市中级人民法院聚焦执行领域群众“急难愁盼”的问题，开展“夏日利剑”“秋季攻坚”“三晋执行护民生”专项行动，对涉民生、涉党政机关、涉企业、涉金融等重点领域的未结案件进行拉网式排查，清理一批久拖未结案件，执结涉民生案件1228件，执行到位金额4400万元。开展执行款滞留、深度清理、“双清零”专项活动，召开2次全市法院执行案款集中发放大会，现场发放执行案款1.86亿元，涉及案件771件，领取案款当事人740人，全市法院执行案款实现专款专用，未认领到案不明款全部“清零”目标，做到应发尽发、应领尽领，把执行工作的“最后一公里”走好走实。狠抓涉城投集团金融风险案件集中执行，依法进入执行程序案件44件，执行到位资金2.14亿元，维护市域金融稳定。2021年，全市法院执行到位金额87亿元，执结率98.77%，执行到位率65.7%，执结

2021年12月，依法审理秦某某黑社会性质组织犯罪案件
（市中级人民法院供图）

率、执行到位率均位列全省第一。

司法行政

【概况】 2021年，临汾市司法局强化政治引领，发挥职能，推进依法治市，维护社会稳定，服务保障高质量发展。国家法律职业资格考试组织实施、法律援助、乡村治理示范创建、智慧矫正中心创建等工作进入全国第一方阵。行政复议与应诉、社区矫正“一局一中心”试点、民主法治示范村创建等工作进入全省第一方阵。市司法局被司法部表彰为全国司法行政机关国家统一法律职业资格考试工作表现突出单位。市法律援助中心被司法部表彰为全国司法行政系统“法援惠民生扶贫奔小康”品牌活动表现突出单位。

【法治建设第一责任人制度】 2021年，临汾市司法局召开市委全面依法治市委员会第四次会议；制定临汾市党政主要负责人履行推进法治建设第一责任人职责2021年度工作清单，组织对全市17个县（市、区）和76个市直单位党政主要负责人年度年终述法与党政主要负责人履行推进法治建设第一责任人职责进行专项考核；组织开展2021年度全面依法治市督察；推动将学习宣传贯彻习近平法治思想纳入市委、市政府理论学习中心组学习计划和全市干部教育总体规划、年度培训计划，开展了学习习近平法治思想“七进”活动。

【立法和合法性审核】 2021年，临汾市司法局配合市人大常委会开展立法工作，对列入年度立法计划的《临汾市电动自行车管理条例》《临汾市国家湿地公园保护条例》两部地方性法规进行合法性审核，经省人大常委会批准公布；加强重大行政决策合法性审查和行政规范性文件合法性审核工作，全年对422件政府文件进行合法性审核，从源头上预防重大行政决策失误和违法文件出台。

【法治政府建设】 2021年，临汾市司法局推进行政执法体制改革，浮山县综合行政执法改革经验为全省人口小县行政执法改革提供样板；深化法治政府建设示范创建活动，古县被省委依法治省办命名为全省法治政府建设示范地区，浮山县、汾西县被命名为全省法治政府建设示范项目；推进行政复议体制改革，市、县两级按期完成改革任务。

【法治社会建设】 2021年，临汾市司法局组织开展“12·4”国家宪法日和宪法宣传周系列活动，开通运行“宪法主题”公交车；印发实施《关于在全市开展法治宣传教育的第八个五年规划（2021—2025年）》；开展法治乡村建设，全市有“全国民主法治示范村（社区）”17个，省级民主法治示范村（社区）40个，创建数量居全省第一；开展“乡村振兴法治同行”活动，“一镇三村”（安泽县府城镇、襄汾县邓庄镇涧沟村、吉县屯里镇太度村、蒲县山中乡山中村）被确定为第二批全国乡村治理示范乡镇、村；组织实施“法律明白人”培养工程，培养“法律明白人”8583名，完成全年注册任务的123.5%，平均每村3名“法律明白人”；推进法治文化阵地建设，全市17个县（市、区）建立法治宣传教育基地39个，其中，省级命名的法治宣传教育基地3个，实现县级法治宣传教育基地“全覆盖”，村（社区）法治文化宣传栏（长廊）“全覆盖”；推广翼城普法经验，乡宁县司法局拍摄的普法短剧《毒诫》获第五届平安山西“三微”比赛暨优秀政法文化作品评选活动优秀作品奖；积极组织参加全国普法办举办的“习近平总书记在中央全面依法治国工作会议上的讲话学习专项答题活动”和“4·15”有奖竞答活动，市司法局两次获得全国普法办授予的优秀组织奖。

【法律供给】 2021年，临汾市司法局开展联企服务，推动民营企业服务保障机制化、常态化。市司法局党组实行班子成员分别对口联系一家民营企业制度，每月定期上门开展法治体检、法律服务、法治宣传系列活动，为民营企业健康发展提供法治助力；组织开展“万所联万会”活动，全市64家律师事务所常态化对口包联74家民营企业、商会开展法治体检和法律服务活动。推动民营企业服务保障特色化、品牌化。开展“送法入企护航发展”主题宣传活动，市、县两级司法局深入民营企业71家，召开座谈会12次，举办法治讲座13场，现场法律咨询53场；组织开展公益法律服务专项活动，51家律师事务所352名律师组成法律服务团48个，为157家企业提供“法治体检”和公益法律服务。加强公共法律服务，组织开展公共法律服务全力服务转型出雏形提质增效专项活动；组织实施“免费法律咨询和特殊群体法律援助惠民工程”；开展“推进服务业提质增效”专项行动，动员值班律师、公证员、司法鉴定人、仲裁员开展法律服务进服务业集聚区、进产业集聚区、进商圈专项行动，为人民群众、民营企业提供免费法律咨询48648人次。

【平安临汾建设】 2021年，临汾市司法局开展庆祝建党100周年安保维稳行动和安全稳定大排查大整治专项活动。加强社区矫正工作。侯马市、曲沃县创建司法部第一批“智慧矫正中心”，尧都区、侯马市开展山西省社区矫正“一局一中心”试点，社区矫正“春雨工程”“新苗工程”“星光工程”3大工程推动社区矫正工作社会化体系；加强人民调解工作，组织开展“调解七进服务三零”专项活动，排查矛盾纠纷6243次，调解8779件，排查化解重点领域矛盾纠纷，强化源头预防。推进司法所建设。全市157个司法所全部建成远程视频会见室，司法所远程视频会见系统开通运行，实现服刑、戒毒人员与家属“云会面”，创新服刑戒毒人员帮扶教育形式，维护监所稳定。

（刘晓敏）

仲　裁

【概况】 2021年，临汾仲裁委员会坚持以习近平新时代中国特色社会主义思想为指导，坚持党对仲裁工作的绝对领导，贯彻中共中央办公厅、国务院办公厅《关于完善仲裁制度提高仲裁公信力的若干意见》，坚持“独立、公正、专业、高效”地仲裁各类民商事纠纷，维护市场经济秩序和当事人的合法权益。

【仲裁业务】 2021年，临汾仲裁委员会立足为市场主体服务，办好传统业务，拓展仲裁服务新渠道，在金融、保险、医患、土地、房产、租赁、建设工程、股权转让等领域的合同和财产权益纠纷方面，主动融入、主动作为，妥善处理个案，化解社会矛盾，助力基层社会治理，把仲裁为民、便民、利民的宗旨落细落实。全年受理案件80件，涉案标的额2.73亿元，案件的快速结案率94.4%，自动履行率72.25%，调解和解率55.6%。

【换届工作】 2011年5月，临汾市政府组建临汾仲裁委员会，2012年10月，在省司法厅进行备案登记，市仲裁委员会正式设立。3月13日第一届委员会换届；第二届委员会由1名主任、2名副主任、8名委员组成，主任、副主任是专职，委员均是兼职。仲裁委员会下设秘书处和纪律监察、仲裁员职业道德、调解、专家咨询4个专门委员会，确保决策、执行、监督职能落到实处，仲裁独立性、专业性更加鲜明。

【仲裁队伍建设】 2021年，临汾仲裁委员会面向社会公开选聘仲裁员220人，主要由业务精通的法学教授、资深法官、高级律师、行业专家组成。其中，山西省内114人（临汾84人、太原29人、运城1人），省外106人（主要来自北京和上海）；律师195人，法官15人，法学教授8人，其他（高级职称）2人；换届后新聘141人，续聘79人。选聘工作坚持公开透明、优中选优的原则，新聘任仲裁秘书3名，现有仲裁秘书5人，均是法学本科以上学历，其中一人通过法律职业资格考试。特聘案件审查专家1名，负责仲裁文书审查工作，把好裁决核阅关，确保优质高效审理好每一宗案件。与中国政法大学联系，邀请中国仲裁法学研究会秘书长陈建博士，中国社科院大学博导、民法研究室主任谢鸿飞，通过线上授课的方式，对全体仲裁工作人员和仲裁员进行仲裁实务、仲裁员职业道德及民法典合同编等内容的培训。

【仲裁宣传推广】 2021年，临汾仲裁委员会坚持发展为根本遵循，在仲裁法律制度宣传、案源拓展上下功夫。利用网站、公众号等宣传平台之余，年内在《山西法制报》《临汾日报》刊登多篇反映临汾仲裁委发展成就的报道。与工商联、银行业协会、律师事务所等单位，加强沟通，争取各单位支持和共同做好仲裁法律制度的宣传、推广和实施工作，提高仲裁宣传的效果。加强与企业法务部和法律顾问的联系，探索运用仲裁方式解决纠纷的可能性，扩大和规范合同中仲裁条款的约定率。与中国农业银行临汾分行进行接洽座谈，撰写运用仲裁方式解决金融纠纷的调研报告，探索运用仲裁手段解决借款合同纠纷。

（焦　瑞）

军事

临汾军分区

【概况】 2021年，临汾军分区深入贯彻习近平强军思想，突出政治领航和使命牵引，强化问题导向和法治思维，坚持稳中求进、持续固强补弱、立起一流标准、狠抓工作落实，推动部队全面建设高质量发展。军分区被军委国防动员部表彰为“军事训练先进单位”。

【思想政治建设】 2021年，临汾军分区开展“寻找民兵英模，致敬奋斗者”系列学习实践活动，会同市委宣传部组织电视演讲比赛，在临汾市电视台播放并通过新媒体推送；联合工商银行临汾分行赴曲沃县石桥堡红色教育基地开展主题党日活动，组织观看《守岛人》《长津湖》等红色影片，增强党史学习教育参与度和影响力。抓好信息服务和新闻宣传，全年在《军队情况摘报》刊用1条、国防动员部刊用18条、中部战区刊用7条、省军区刊用61条，信息服务工作位列省军区第2名，在新华社、中央电视台、《中国国防报》等中央媒体刊播稿件48篇，军分区被省军区表彰为新闻宣传工作先进单位。

【战备训练】 2021年，临汾军分区以应对制衡强敌为牵引，深化实案实备，滚动修订“一总十三分”应急预案，完成全区防卫目标普查和作战数据整编，撰写的重要目标防卫作战理论研究纳入省军区成果汇编。开展“固网—2021”行动，完成市县两级高清视频会议系统和应急机动指挥系统升级改造，夯实备战基础。坚持按纲施训、以战领训，组织民兵信息网络攻防分队参加省军区“太行—2021A”实兵演练。组织新任职专武（民兵）干部集训比武，采取划片分批轮训方法完成基干民兵共同基础训练。采取“小专业集中训、一县训一专业”方法完成专业训练。按照“四实”模式开展课题训练，实兵拉动考评民兵分队，提升训练质效。全员落实军事职业教育，完成省军区赋予的“组织指挥抗洪抢险救援行动”微课制作任务，组织学生军训。军分区被军委国防动员部表彰为全省唯一的“军事训练先进单位”。

【国防动员准备】 2021年，临汾军分区以联合作战需求为牵引，采取“对口一线采集、多方印证核实、纵横比对核准”的方法，采集核准7类3.6万余条基础潜力数据，完成军委国防动员部民用危化品重大危险源专项统计调查和中部战区国防动员重点潜力核查。担负省军区民兵新质力量形成战斗力试点任务，研究探索民兵新质力量形成战斗力的内在机理和特点规律，总结的“七个一”经验成果被全省推广，受到省军区和市委领导高度评价。

【基层基础建设】 2021年，临汾军分区贯彻军委基层建设会议精神，深入一线搞调研、摸实情、传帮带，建立为基层办实事清单，明确的8个方面实事全部兑现。抓好党组织规范化建设，指导各单位对照整改落实。树立公平公正用人导向，推动山区县与平川县人武部领导交流。组织全区管理岗位文职人员集中培训，安排文职人员到机关对口代培。加强部队管控，贯穿全年开展安全大检查和百日安全活动，对全区“四个秩序”进行检查验收、量化评比。接受军委国防动员部明察暗访和省军区安全督导检查，撰写的管法创新研究文章获军委国防动员部三等奖。

【干部骨干集训考核】 2021年5—6月，临汾军分区依托霍州市人武部集中组织全区专武干部和民兵干部集训，完成军事理论、识图用图、教学法、轻武器实弹射击、组织指挥和军事体育的学习考核；6—8月，指导完成全区基干民兵共同基础和应急分队专业集训；8

月，完成测绘导航、核生化救援、油料保障、工程抢修、气象水文等分队专业训练；11月，组织军分区首长机关年度军事体育训练考核。12月初，军分区考核组按照《军事训练大纲》内容对基层单位的现役（文职）人员进行考核。

【民兵新质力量试点任务】 2021年，临汾军分区担负民兵新质力量形成战斗力试点任务。按照“立足现有、以战领建，着眼发展、深挖潜力，突出重点、系统规范”的思路，围绕“建、训、用、管、保”等重点环节，研究民兵新质力量形成战斗力的内在机理和特点规律，为全省民兵新质力量标准化、规范化、实战化建设提供了可资参考借鉴和复制推广“七个一”（即：一批拳头力量、一套标准规范、一组阵地样板、一套行动战法、一套训练教材、一套经验做法、一部教学示范）典型经验成果。

【征兵工作】 2021年，临汾军分区克服兵役机关单打独斗、军事机关“一头热”现象，从建立健全制度入手，坚持政府“一把手”主抓的组织领导机制，兵役机关、卫生、公安、教育、基层武装部、高校征兵工作站等职能部门，定职责、定岗位、定标准，保证每项任务分工明确、责权清晰，确保征兵工作稳步推进。结合征集政策的4个变点做好宣传发动工作，提出“把握一个重点、突出‘两类’优先、多征毕业生、准确把握年龄标准”的具体要求。做到驻地所有高校、高中（含职高、中专、技校）及毕业生全覆盖；利用春节、八一前后时间，聚焦重点征集对象，对征兵宣传工作再部署、再发动。组织“一年两征”，完成新兵和直招士官征集任务，各项指标均创历史新高。邀请临汾籍网红“最美坦克车长”刘姝杉与大学生交流，交流情况在中央电视台军事频道进行报道。

【“寻找民兵英模，致敬奋斗者”活动】 2021年，临汾军分区在全市开展“寻找民兵英模，致敬奋斗者”系列实践活动。通过“学习党史军史、请民兵英模宣讲、讲述民兵英模故事、新老民兵互帮结对”等方法，深入挖掘、学习、宣传民兵英模故事。10月28日，会同市委宣传部组织电视演讲比赛，并将演讲比赛文稿、视频编辑成册下发全区，供各单位学习教育使用。

【重要时间节点做好国防教育宣传】 2021年“五四”青年节前夕，临汾军分区会同市委宣传部拟制下发临汾市《关于组织开展“永远跟党走”群众性国防教育活动的通知》，督导各单位抓好落实；“八一建军节”前，邀请军事科学院教授姜春良围绕《国际战略形势变化与中美俄的战略博弈》内容，为全市处以上领导进行国防专题授课。指导基层各单位组织开展“军事日”等活动；“第21个全民国防教育日”期间，全区围绕“迈向强国新征程、军民共筑强军梦”宣传主题，组织国防教育进广场、进社区、进学校，开展兵役法、国防教育图片等宣传教育；国庆节，组织中小学生、各界群众举行升国旗仪式。

【扶贫帮困活动】 2021年，临汾军分区投入10万余元用于消费帮扶，帮助销售农副产品22万余元，带动帮扶村集体增收50余万元；组织民兵参加森林灭火、抗洪抢险、灾后恢复重建和卫生防疫工作等。进入10月以来，驻地遭遇持续强降雨，多地发生严重洪涝和次生地质灾害，部分群众生命财产受到损失。军分区发动部队官兵开展捐赠救助活动，10月20日，派出工作组赴隰县寨子乡峪里村送去灾民急需的生活必须品和救灾物质。

【文职人员培训及考察】 2021年9月，临汾军分区依托霍州人武部，利用5天时间组织全区文职人员集中培训，军分区主要领导、机关处领导及部分人武部主官授课。9月下旬，军分区考核组完成全区招考文职人员预选对象的政治考核和综合考察。

【迎接扶贫调研】 2021年3月4—6日，军委政治工作部群众工作局局长肖安水带领军委扶贫检查调研组一行4人，在省军区副政委刘兴安陪同下，前往隰县检查调研分区部队扶贫工作。

【新闻报道】 2021年，临汾军分区围绕战备训练、征兵工作、党史学习教育等工作，在各类媒体刊播稿件60余篇。其中，中央电视台32条、中国国防报4篇，其他中央媒体12篇，省级媒体8篇。

（赵欣欣　张建亮　张少波　骆新新　宋泉　霍肖肖）

武警临汾支队

【概况】 2021年，武警临汾支队打造文化工作“一队一品”，建好用好军史场馆，探索展开“四聘”

活动，与地方文旅部门、师大文理学院、驻地律师协会签订共建协议，利用地方优质资源强化部队内涵积蓄。立足大庆之年和应对强敌斗争背景，释放“智慧磐石”建设成果效能，紧盯“四勤”“四上”固定勤务工作重点，开展执勤隐患治理和勤务鉴定，滚动排查治理软硬隐患34处，组织出所就医、武装押解等临时任务，常态开展武装巡逻勤务，守牢33年执勤无事故底线。参与处置山火扑救、抗洪抢险和武装逮捕行动，完成建党百年大庆活动期间安保和环陕“护城河”公安检查站警戒设卡等63起各类任务，全程安全顺利。以支队党委确定的20件实事为牵引，开展“我为群众办实事”活动，纠治“五多”、解决“五难”（吃水难、用电难、洗澡难、取暖难、如厕难），慰问困难党员24人，发放困难救助金2.2万元，解决8名官兵子女入学问题，协调解决5起官兵家庭涉法事宜。挖掘培树先进典型，5人被总队评为“六好”，执勤四中队被总队表彰为先进党支部并荣立集体三等功，薛晟被武警部队表彰为“四有”优秀个人和“优秀共产党员”。

【参加侯马汾河褚村段抗洪抢险救援任务】 2021年10月以来，汾河上游泄洪，加之连日降雨，河内水流量剧增。10月7日2时30分许，侯马市张村街道办事处汾河褚村段因排碱渠阀门损坏导致洪水倒灌，受灾面积466.67公顷。接到情况通报后，执勤三大队侯马中队启动应急预案，报请支队批准后，出动官兵参与抗洪抢险救援任务，历经7个小时奋战，装填800余袋沙土，协助当地政府成功控制险情。

【参加大宁县山体滑坡救援任务】 2021年9月30日，大宁县昕水镇世红加油站西侧50米520国道位置发生山体滑坡，一辆车辆被埋、两名群众被困。9时10分，临汾支队大宁中队巡逻组官兵巡逻途中发现情况，前去处置，成功救出被困群众，挖出被埋车辆。

【参加大宁县“4·29”逮捕行动】 2021年4月28日，大宁县昕水镇小冯村永红农资部发生一起故意伤害致死刑事案件。4月29日，支队启动响应机制，经请示总队同意后，前指带任务分队赴大宁县担负武装逮捕任务。由于任务地区属于山区，加之风力较大，低矮灌木较多，犯罪嫌疑人冯某某熟悉地形，给追捕工作带来诸多不便。支队长张振坡合理部署任务，在搜排过程中，结合现地条件，将参战官兵编为封控组、观察组、搜排组、火力组，按照“分组划片、卡口封控，制高观察、多点巡视，梯队排查、一线平推”的战法，对犯罪嫌疑人可能藏匿的地域进行搜索。政治委员李明关注任务进展，加强任务中政治工作作用发挥，强化官兵“首战用我、用我必胜”的战斗精神。参战官兵服从指挥，灵活运用战术战法，发扬敢打必胜的战斗状态，用好用活“八个到现场”“八个基本方法”，发挥政治工作服务保证效能，搞好思想发动，提振官兵士气；各级指挥员科学指挥，官兵不畏艰险，对冯某某居住地进行搜索，面对犯罪嫌疑人，全体官兵无所畏惧，连续奋战，向人民群众展示了威武之师、文明之师的良好形象。

【联勤武装巡逻勤务】 2021年，根据上级工作安排和统一部署，在元旦、春节、“两会”、国庆、十九届六中全会等时期，临汾支队出动兵力和车辆，联合公安民警在临汾市主城区重点区域以及下辖各县市实施联勤武装巡逻，维护临汾地区社会安定。

【奖励与荣誉】 2021年，武警山西总队临汾支队执勤三大队执勤四中队，主要担负山西省曲沃监狱看押勤务。中队官兵牢记全心全意为人民服务的宗旨，践行“听党指挥、能打胜仗、作风优良”的强军目标，投身驻地建设，部队取得长足进步。1996年7月，完成曲沃县高显镇特大抗洪抢险任务，被曲沃县人民政府记集体二等功一次。2007年7月，完成曲沃下裴乡特大洪水抢险任务，被总队政治部表彰为“山西省防汛抗洪先进集体”。中队党支部在支队、大队党委的领导下，贯彻落实三级党委扩大会议精神，在按纲抓建上下功夫，坚持从难从严要求，狠抓制度落实，高标准高质量完成上级赋予的任务。2021年2月，中队参加支队组织的队列、战场救护网上会操，均取得第一名。7月，中队在支队组织的“永远跟党走”歌咏比赛中取得第一名。8月，在支队庆祝建军94周年暨军地文化共建共享试点成果展演中，参演的“应急棍术”荣获优秀节目奖。全年完成“2·19”曲沃县窑院村、“6·6”侯马市周边地域、“6·12”曲沃县任庄村山林火灾扑救任务，得到驻地政府的赞扬。

人民防空

【概况】 2021年，临汾市人民防空办公室围绕“战时防空、平时服务、应急支援”职能使命和临汾人防“123”工作思路（即一政：政治建设；二本：基本指挥所、防空基本案；三主业：宣传教育、行政执法、训练演练）攻坚克难，推进人防工作全面高质量发展。

【依法行政】 2021年，临汾市人民防空办公室把依法决策作为依法履职、依法管理的首要要求，完善《党组议事决策规则》，主要领导履行第一责任人职责，班子成员带头学法用法，利用党组会、中心组学习，组织班子成员学习习近平法治思想及人防法律法规。以法治思维和方式规范内部管理，制定《临汾市人民防空办公室行政执法管理办法（试行）》《临汾市人民防空办公室行政执法用语规范》《临汾市人民防空办公室行政执法（行政处罚）文书示范文本》等相关执法制度；修订事中事后监管工作方案。落实政府法律顾问制度，发挥法律顾问作用，参与解决，为行政执法、行政复议等工作提供支撑，为人防系统在法治框架内运转筑起法律防线。

【训练演练】 2021年，临汾市人民防空办公室依托军地教育资源，组织机关干部进行专业化能力提升培训，打造素质过硬、业务精湛、作风优良的人防干部队伍。组织机关、17个县（市、区）人防办业务骨干，开展“人防机动指挥所开设、警报建设”业务培训和“军事训练周”活动；按照重点培养一批无人机驾驶操作技术骨干要求，8月，组织业务骨干进行为期1个月的无人机驾驶操作技术专题培训。完成临汾军分区组织的临汾市民兵新质力量形成战斗力“8·13”演练训练科目“9·18”全市人防警报统一试鸣活动。按照国家人防办重要经济目标分级分类防护研讨暨分类防护试点任务部署会安排，协调临汾军分区、市发改委、市委编办、市统计局等有关部门，完善全市重要经济目标基础数据采集入库工作，完成全市重要经济目标目录编制工作，夯实战备基础。

【安全责任制】 2021年，临汾市人民防空办公室利用“双随机、一公开”“互联网+监管”等手段，对市区在建人防工程按照质量监督有关要求落实过程监督，实现质量监督全覆盖，提升人防工程建设质量。按照《山西省人民防空工程维护和使用管理办法》《人民防空工程维护管理检查评定四项标准》等要求，对已竣工备案的人防工程实行分类分级监管。落实人防安全生产监管责任。按规定要求修订完善《临汾市人防工程突发事件应急预案》。围绕安全管理主体责任、属地责任落实及安全隐患排查情况，定期开展人防工程安全隐患排查的督导工作，落实安全隐患监督检查常态化、隐患治理经常化、检查验收制度化，确保人防工程安全生产无事故。（张清龙）

经济管理

发展和改革

【重大战略落实】 2021年，临汾市发展和改革委员会牵头制定临汾市“十四五”规划《纲要》，与国省对接，黄河古贤水利枢纽、陶寺国家考古遗址公园等8项重点工程列入国家规划，方略保税物流中心、韩城—河津—侯马高速铁路、壶口瀑布生态旅游区等26项重点工程列入全省规划。组织编制《临汾市黄河流域生态保护和高质量发展规划（2021—2035）》，向国省推介重大项目，黄河国家文化公园（临汾段）、晋西太德塬固沟保塬等重大项目纳入国家黄河流域生态保护和高质量发展规划。创造性提出在建设黄河流域绿色崛起转型样板城市方面，创建10个示范样板、在打造晋陕豫黄河金三角区域中心城市方面，创建10个区域中心的“双十”路径，得到市委、市政府认可，纳入市委经济工作会议报告的总体要求，上升为全市上下推动“双城”建设的指导路径。

【项目建设】 2021年，临汾市发展和改革委员会把项目建设作为推动经济发展的首要抓手，开展领导包联、前期手续集中办理等活动，华翔智能制造产业园、晋南钢铁3号高炉、晋南国际农产品物流园等项目加快建设；恒瑞昆60万吨金属智能制造、正大制管等项目竣工投产。全年固定资产投资完成571.5亿元，同比增长12.5%，分别高于全国（4.9%）和全省（8.7%）7.6个和3.8个百分点；产业投资同比增长20.8%，位居全省第一；产业投资占比46.6%，超省定目标2.1个百分点。协调争取专项债券30.6亿元、中央资金4.6亿元，通过政银企对接为重点项目发放贷款108亿元。项目谋划取得重大突破，谋划2022年项目1360个，当年可实施的项目1031个，总投资4191亿元，年度投资907亿元。其中，产业类项目382个，总投资1890.4亿元，年度投资436亿元，申报省重点项目90个，项目个数达到2021年的2.2倍，是历年谋划项目数量最多、体量最大、产业占比最高、质量最好的一年。

【产业发展及平台建设】 2021年，临汾市发展和改革委员会坚持经济高质量发展重在产业转型理念，优化产业结构，加速新旧动能转换。促进服务业提质增效，制订出台服务业行动计划60条、提质进位19条等支持政策，组建八大专班、开展十大行动，推动服务业优存量扩增量提质量。推进煤成气全产业链发展，煤成气储量和产量稳中有增；推进侯马益通储气设施扩建、永和丰百储罐扩建、浮山大型储气设施新建，加快秦晋公司延川—吉县省际联接管道前期手续办理，开展永和县、大宁县建设地下储气库可行性研究，谋划晋南储气调峰中心项目。推动山西智创城11号落地尧都高新区；尧都云商、临汾开发区获评省级现代服务业集聚区；古县核桃全产业融合发展，入围国家级示范园；乡宁紫砂陶小镇、戎子葡萄酒小镇申报全省首批特色小镇。

【重点领域改革】 2021年，临汾市发展和改革委员会深化重点领域改革。能源革命综合改革纵深推进，全市煤炭先进产能占比78.9%，新能源发电装机占比20.8%，优化能源供给结构；山西华翔、安泽永鑫、光大焦化、大地华基等企业绿色转型走在全省前列。国有粮食企业改革取得阶段性进展，10户市属国有粮食企业，3户完成公司制改革，3户完成公司注销，4户进入破产程序。推进信用体系建设，信用信息归集2300万条以上，在11个领域实施信用分级分类监管。落实价格改革政策，取消一般工商业用电和大工业用电目录销售电价，推动工商业用户进入电力市场购电；落实水价改革政策，推动建立非居民用水超定额累进加价制度；完善景区、停车场等收费制定和管理。完成国家、省安排的农本调查工作，做好重要商品和服务价格定价成本监审。推进要素市场化配置改革和试点示范，落实市场准入负面清单制度。

【品牌建设】 2021年，临汾市发展和改革委员会加强品牌建设，强化指导帮扶，推动洪洞县跻身山西省首批省级新型智慧城市试点县；乡宁县和吉县被评为全省农村物流创新模式试点县；临汾经济开发区烯谷能源申报全省首批“新能源+储能”试点示范项目；襄汾县获“山西小麦粉加工第一县”称号，家和高筋小麦粉被授予2021年度“中国好粮油”产品称号；吉县人祖山小米、蒲县实美小米、侯马市当家小麦粉被授予2021年度“山西好粮油”产品称号。

【区域交流合作】 2021年，临汾市发展和改革委员会发挥轮值市作用，深化黄河金三角区域合作。组织召开第八届黄河金三角投资合作交流大会、民营经济恳谈会等系列活动，总签约项目167个，总投资1467亿元。联合开展黄河湿地动植物资源调查、排污口信息完善、入黄支流综合治理，落实汾渭平原大气污染防治方案，加强生态共保共治。推进韩河侯晋城际铁路、聊邯长西延至临汾高铁等项目前期工作，开工建设襄汾曲沃侯马新绛108国道改线、临汾至浮山高速公路等工程，增强区域通达性。推动建立重大承接项目促进服务机制，推进园区产业提升与工业领域深度合作，打造“朝华山、拜关公、观壶口、问道函谷关”精品旅游线路，举办大河文明旅游论坛，产业合作打开新局面。深化关中平原城市群合作，与关中平原13市联合签署政务服务“跨省通办”合作协议。

【生态文明建设】 2021年，临汾市发展和改革委员会坚持对标“双碳”要求，推动绿色低碳循环发展。建立“双碳”工作机构，山西省“碳达峰碳中和”研究院临汾分院注册落地，启动全市碳达峰碳中和前期工作。遏制“两高”项目盲目发展，全面排查、分类处置临汾市“两高”项目。加强大宗固废综合利用基地建设。实施“三大板块”垃圾焚烧发电项目，推动垃圾资源化利用。成立领导小组，制定实施方案，推动塑料污染治理工作，引导绿色低碳生活方式。

【粮食和物资储备】 2021年，临汾市发展和改革委员会巩固夯实粮食和物资储备保障基础。推进临汾市粮食仓储物流园区项目建设。修订市级储备粮管理和轮换两个管理办法，修订印发市级粮食和物资储备两个应急预案，提升依法管粮水平。开展储粮安全和安全生产大检查，组织完成省市两级储备粮轮换工作，省市储备粮数量真实，安全宜存。推进晋沃公司山体隐患等安全隐患治理。启动2021年猪肉储备收储工作，发挥应急和调控作用。

【民生工程】 2021年，临汾市发展和改革委员会抓实重点民生工作，保障和改善民生。做好抗灾救灾工作，保障应急物资供应，争取灾后重建资金支持，协调推进有关项目建设。做好保供工作，加强天然气合同签订履约监管，提前落实3.66亿立方米民生用气合同；压实政府3天、城燃企业5%储气责任，确保采暖季之前储气责任和储备能力落实；制定全市天然气应急预案、压非保民方案、工业企业压减名单等，形成24小时信息监测和报送系统，确保全市群众温暖过冬。优化公共服务供给，编制完成《临汾市“十四五”公共服务和社会保障事业规划》《黄河国家文化公园（临汾段）保护建设规划》。推进市人民医院省级区域医疗中心项目，陶寺博物馆项目开工，临汾职业技术学院产教融合实训基地项目前期工作加快推进。推进以工代赈，实施以工代赈项目12个，带动低收入群众就业增收。完成采煤沉陷区搬迁安置，11个县（市、区）16587户全面收官。加强对口援疆，牵头组织有关部门通过项目援疆、人才援疆、文化援疆等方式，深化对口援疆工作，推广“一对一”精准援疆模式。 （王　健）

国有资产管理

【概况】 2021年，临汾市国资委贯彻国省关于国资国企改革发展的决策部署和有关要求，聚焦“国资国企改革发展高质量推进、稳居全省第一方阵”工作目标，以务实举措推动各项政策落实和任务落地。按照山西省三年行动方案及临汾市2021—2022年国企改革行动方案要求，加大统筹协调、督促指导工作力度，推动各项改革政策落实和任务落地，国企改革总体工作完成率达到95.1%。

【公司制改革】 2021年，临汾市国资委分级分类推进全民所有制企业改制为有限责任公司或股份有限公司，对不符合结构调整方向、难以实现高质量转型发展的企业，进行市场化出清或国有资本退出。市属需进行公司制改革的企业共33户，全部完成24户，其余9户尚未完成工商变更或注销。

【“僵尸企业”处置】 2021年，临汾市国资委研究制定《关于做好市属“僵尸企业”处置过程中职工安置和社会保险工作的意见》《关于加快推进市属国有“僵尸企业”处置工作的通知》等文件，指导市县“僵尸企业”处置工作。处置过程中，对企业处置方式进行分类，企业资产变现能够覆盖改革成本的进行清算注销；资不抵债、不能清算注销的全部以破产方式进行处置；对于无资产、无债权债务，只有人员的企业，在妥善安置人员的基础上，采取简易注销的办法进行处置。市委、市政府对人员安置、资金保障作专门研究，职工安置采取优惠政策，解除劳动关系和发放生活补助两种办法；资金来源主要是出让国有划拨土地收入和变现企业资产收入。市级“僵尸企业”共45户，国资委所属企业全部完成处置，其他企业主管部门余10户加快完成资产处置、职工安置等相关工作。

【清理退出其他一般竞争性企业】 2021年，临汾市国资委要求一般性竞争领域企业，所有主营业务不突出、企业规模小、长期靠租赁收入维持的企业，以退为主，改到位改彻底，不留后遗症。市级符合一般竞争性退出企业59户，通过清算注销、划转合并、改制等方式退出43户（含部分僵尸企业），完成率73%。

【解决历史遗留问题】 2021年，临汾市国资委对剥离国企办社会职能进行梳理，建立工作台账，进行逐个销号清零。全市涉及职工家属区“三供一业”维修改造的企业86家，涉及居民9.8万户，维修改造总体完成率98.66%。其中，央企43家，维修改造完成率100%；省企30家，维修改造完成率97.85%，未完成的为自筹资金未到位的4户企业和纳入城市综合体的1户企业；市企11家，将与企业改革统筹推进；县企2家，维修改造完成率100%。省属企业财政补助资金清算完成。清算结束后，仍需拨付资金15154.71万元，将退回资金8451.48万元。

教育、医疗、市政、社区剥离情况。全市辖区内国有企业办教育机构23个、办医疗机构16个、市政职能17个、社区职能15个，教育机构、医疗机构、社区职能全部完成剥离，市政职能余5个进行实质性移交。

国企退休人员社会化管理。2020年底前，全市国有企业退休人员社会化管理涉及企业211户，涉及移交退休人员81095人全部完成社会化管理，通过财政部山西监管局和省财政厅、省国资委审核，收到中央拨付补助资金6039万元。2021年，实际接收2330人，形成长效机制。

【经营性国有资产集中统一监管】 2021年，临汾市政府印发《关于授权市国资委对改革完成后保留的市属国有企业履行出资人职责的通知》，要求改革完成后保留企业全部移交市国资委统一监管。《临汾市国企改革行动方案（2021—2022年）》中再次明确要完成实质性移交。市级需统一监管的企业30户，实质性完成17户。监管的国有企业资产占其他经营性国有资产总额的99.46%。

【“六定”改革】 2021年，临汾市国资委推进新划转至国资委的9户企业，根据企业实际情况，对8户企业的“六定”改革实施方案进行批复，其中临汾城区污水处理有限公司为协议托管企业，不纳入此次“六定”改革。

【国有企业资产统计】 2021年，临汾市国资委完成2020年度国有企业资产统计企业报表。按照省国资委《关于2020年度地市企业国有资产统计及报表编制工作的通知》要求，经过督促和指导，4月底完成2020年度全市企业国有资产统计报表工作。

【国有企业财务快报】 2021年，临汾市国资委完成全年市属16户国有企业财务快报工作。每月上旬将临汾投资集团、临汾染化（集团）公司、临汾市静态交通设施管理有限公司、临汾市自来水公司、临汾市污水处理厂、临汾宏通工交公司、临汾市热力有限公司、临汾市农机公司，及新划转到国资委的8户企业的财务报表进行汇总并上报山西省国资委。对于每月的财务快报，结合企业的经营业绩目标值，做到跟踪分析，及时提醒，对快报数据环比有重大变化的企业，向企业了解数据变化原因。

【核定经营业绩目标值】 2021年，临汾市国资委核定2021年度经营业绩目标值。根据《临汾市市属国有企业负责人经营业绩考核办法》规定，对所监管10户企业经营业绩进行实际考察摸底和分析测算，结合企业实际分别审核2020年企业经营业绩目标值。针对不同类别的企业，结合企业实际情况，在考核营业情况的同时增加企业个性化可量化的考核指标。

【工资总额备案管理】 2021年，临汾市国资委完成全年工资总额备案管理。根据《临汾市市属企业工资总额管理办法》规定，督促所监管企业全部将工资总额上报备案，为下一步理顺工资决策机制和绩效考核打下基础。

【产权登记管理】 2021年，临汾市国资委动态把握分布状况。印发了《关于做好山西省国资委〈关于做好2020年度企业国有产权登记数据汇总分析工作的通知〉的通知》，组织市、县两级按期完成产权登记年检工作，按时向省国资委报送《产权登记数据汇总分析报告》。

【国有资本收益管理】 2021年，临汾市国资委加强市属国有企业国有资本收益管理，维护国有资产所有者权益。印发《关于调整市属国有独资企业年度净利润上交比例的通知》，依据新规对所监管的企业及时收缴企业国有资本收益。组织所监管企业按时上缴企业国有资本收益53.85万元。

【防范化解债务风险】 2021年，临汾市国资委加强企业负债约束，防范化解债务风险。根据《临汾市打好防范化解重大金融风险攻坚战实施方案》的要求，制定印发《关于加强国有企业资产负债约束的实施方案》。方案明确规定，要通过国有企业负债端管理考核，加强国有企业负债率和负债规模双管控，提高国有企业发展韧性。

【支持企业正常融资】 2021年，临汾市国资委履行出资人职责，支持企业正常融资。根据企业申请，对临汾市投资集团有限公司申请注册发行短期融资券、申请公开发行公司债券、银行续贷、企业拆借等融资行为进行审核并及时批复，对山西临汾染化（集团）有限责任公司增资扩股进行审核并报市政府研究，支持企业正常经营的融资需求。

【化解临投集团金融风险】 2021年，临汾市国资委成立临投集团化解金融风险工作组，组织起草《临投集团重组整合工作责任清单》，明确临投集团重组整合22项目标任务、牵头及配合单位、完成时限等。组织召开重组整合工作周调度会，协调帮助解决工作中存在的困难和问题，推动临投集团重组工作开展。

【完善监督机制】 2021年，临汾市国资委规范市属企业违规经营投资与重大决策问题线索查处工作和市属企业责任追究报告工作，制定《临汾市市属企业违规经营投资与重大决策问题线索查处工作指引》《临汾市市属企业违规经营投资与重大决策责任追究工作报告办法》；完善国有资产监管体制，推动企业实现高质量转型发展，制定《临汾市市属企业国资监管提示函工作规则》《临汾市市属企业国资监督通报工作规则》《临汾市市属企业国资监管责任约谈工作规则》。上述5个文件对全市国有资产监督流程进行规范，为国有资产监督提供方法依据。执行国资管理规定，统计梳理市、县两级国有企业（不含金融类企业）管理相关情况，向市政府提交《市国资委关于企业国有资产管理情况报告》。

【规范国有企业党组织设置】 2021年，临汾市国资委结合国资国企改革，理顺企业党组织隶属关系，对2020年以来调整至国资委监管的11户企业党组织隶属关系进行统一划转，确保国企党建有效开展。围绕“健全基本组织、建强基本队伍、开展基本活动、落实基本制度、强化基本保障”的目标，指导基层党组织开展自查深入查摆问题，加强国有企业基层党组织规范化标准化建设。推进国有企业退休党员社会化管理工作，将退休人员中党员党组织关系转入相应街道和社区党组织，跟进做好党组织转接和有关服务工作。

【扶持优势企业】 2021年，临汾市国资委对市场前景好、竞争力强的优势企业，以高质量发展为牵引，引导扶持做大做优做强。以染化集团为例，鼓励支持企业改进工艺、提升设备水平，提高市场占有率。

【完成改革“资金池”的建立】 2021年，临汾市根据“率先推动土地存量大、集中连片企业改革，盘活国有企业划拨用地，尽快变现建立市本级改革资金池，统筹推进、滚动实施”的思路，统一收回市场化退出企业占用的国有划拨土地，按照规定程序挂牌出让，形成收入，建立改革“资金池”，统筹用于解决市场化退出企业职工安置和解决历史遗留问题。市政府安排规划和自然资源局、财政局、国资委对可开发利用的34公顷国有企业划拨土地进行现场勘查，进行初步估值，可变现13.97亿元，基本能满足改革资金的需要。有2户企业（市建筑公司、侯马纺织厂）完成划拨土地的挂牌出让，收入3.2亿元。

【市场化退出】 2021年，临汾市国资委牵头进行企业取得突破性进展。国资委牵头推动的28户退出市场国有企业，19户实现工商注销，7户完成破产终结，1户安置职工，1户涉诉待法院裁定。针对7户破产终结的企业，市政府统筹市本级可用财力，垫付1.3亿元，解决多年来想解决而未解决的问题。完成1461名在册职工的妥善安置，解决2152名退休职工遗留问题，核销2.4亿元欠缴养老保险，有效缓解了企业职工生活困难，妥善解决到龄无法退休、医保因欠费无法报销等问题，盘活国有划拨土地26.96公顷，为其他企业的改革奠定改革资金基础。（张子杰）

规划和自然资源管理

【概况】 2021年，临汾市规划和自然资源局聚焦“两统一”职责，高水平保障发展，严起来保护资源，改革牵引保护生态，开创规划和自然资源事业新局面。

【耕地保护】 2021年，临汾市规划和自然资源局加强耕地数量、质量、生态“三位一体”保护，完成市县政府“十三五”耕地保护责任目标履行情况期末考核工作，夯实各级政府耕地保护责任。规范耕地占补平衡，实行补充耕地逐地块落图，公开接受社会监督，确保补充耕地质量。遏制耕地“非农化”、防止“非粮化”，妥善处理存量，遏制新增，对新增问题项目及地块实行挂号、销号管理，加强遏制耕地“非农化”落实的后续监管，坚守全市47.16万公顷耕地红线。

【用地保障】 2021年，临汾市规划和自然资源局改革计划指标管理模式，坚持土地要素跟着项目走，获省级批复用地553公顷，全市供应土地820公顷，保障重点建设项目和转型项目落地见效。坚持建设用地“增存挂钩”机制，清理批而未供土地280公顷，推动产生更多的建设用地计划指标。深化拓展“标准地”改革，加大开发区“标准地”出让力度，探索向生产性服务业延伸，出让标准地31宗240公顷，同时储备标准地433公顷，深化土地市场化配置。

【矿政管理】 2021年，临汾市规划和自然资源局推动煤成气增储上产，开展大宁—吉县区块页岩气资源评价，推进永和县、大宁县、吉县、安泽县“三气”综合开发试点工作。建立绿色矿山常态化管理机制，指导矿山企业按照绿色矿山创建标准进行建设。全市收缴采矿权出让收益21.8亿元。组织指导19个探矿权人和363个采矿权人完成勘查开采信息公示，形成“政府监管、企业自治、社会监督、信用约束”的矿政管理新格局。

【生态治理】 2021年，临汾市规划和自然资源局推进“两山七河一流域”生态保护与修复治理，完成京津冀周边及汾渭平原重点城市废弃露天矿山生态修复项目主体工程，总规模463公顷。完成黄河流域重点地区历史遗留矿山生态修复项目主体工程，总规模313.6公顷。督促有证矿山企业严格履行恢复治理义务，通过实施矿山生态修复治理项目，消除矿山地质环境问题，提升资源供给的规模质量。

【民生保障】 2021年，临汾市规划和自然资源局开展自然资源统一确权登记，完成汾河、沁河等省级河流确权登记。推进第三次全国国土调查，在山西率先通过调查成果验收。提升不动产登记服务质量，推进“互联网+不动产登记”平台建设。启动房屋产权登记确权颁证“清零行动”，全市清零任务20.23万套，完成转移登记13.35万套，完成率66%。提升测绘地理信息服务水平，推进基础测绘更新工作，完成临汾市中心城区基础测绘数据省级汇交工作。做好行政审批服务工作，落实取消下放事项2项，优化审批服务事项13项，“三级联办”平台全面正式运行，实现省、市、县审批事项“全程网办”，优化营商环境。

【规划管控】 2021年，临汾市规划和自然资源局编制市、县两级国土空间总体规划，搭建国土空间规划“一张图”实施监督信息系统，编制完成209个实用性村庄规划，完成国土空间规划城市体检评估。优化规划行政审批制度改革，为42项市区城建重点工程、“20+3”续建项目提供优质服务，保障固定资产投资稳增长，推动社会经济发展。推动城市快速更新，统筹安排新增规划指标，提前布局重大基础设施项目，调整15个民生工程和重点项目地块的控制性详细规划，保障重点项目的空间落位需求。出台

《中心城区建设工程规划许可豁免清单》，对政府部门主导实施的14类改造项目豁免办理工程规划许可手续，改善旧城区人居环境。

【执法监察】 2021年，临汾市规划和自然资源局深化靓城提质“三大行动”，强化城乡规划执法，拆除违法建设1153户，整治面积6.08万平方米，助力靓城提质。按时保质完成“大棚房”整治任务，遏制“大棚房”反弹问题。摸排清查违建别墅问题，确认违建别墅问题3宗，全部拆除复耕。推进农村乱占耕地建房问题摸排整治，摸清问题底数4.99万宗，面积4853.33公顷，通过分步整治、分类处置，拆除204宗4.78公顷，补办手续28宗。打击非法盗采矿产资源行为，部署开展打击非法采矿专项行动，构建县、乡、村“三位一体”执法监管体系，查处非法违法开采38宗，维护自然资源管理秩序持续稳定。

【风险防范】 2021年，临汾市规划和自然资源局加强地质灾害防治工作，完成地质灾害详细调查，建立动态更新数据库。提升市级监测预警和应急指挥平台建设，实现市级地质灾害气象预警全覆盖。建设群专结合监测预警点185处，立体综合专业监测点11处，提高防治水平。针对2021年汛期降水持续时间长、范围广、强度大的严峻考验，对新发现的401处隐患点逐一落实监测措施，实施避险搬迁4824户，实现了大汛之年无大灾。特别是预报“10·6”蒲县昕水湾花苑小区山体崩塌灾害，避免可能造成伤亡事故。省长蓝佛安指出，这是山西省成功应对地质灾害的典型案例。做好森林防火工作，投入使用GPS巡护系统、无人机等设备，全市森林火情当日扑灭率达到98%以上，全市322个进山扫码卡口启用率达到100%，森林火灾受害率稳定控制在0.5‰以内。2021年实现防火特险期内3月和“清明节”无火情的历史记录。

【林业管理】 2021年，临汾市规划和自然资源局开展大规模国土绿化行动，提升生态系统碳汇能力。以国家、省级工程为重点，落实“绿化、彩化、财化”要求，统筹推进，及早动手，提升森林质量，完成全市1.6万公顷营造林任务。提升森林质量，完成3900公顷森林抚育任务。强化林草资源“一张图”管理，加快自然保护地整合优化进程，开展现地调查评估，推进数据矢量化管理，完成电子化落界上图。推进林长制改革，设置市级林长6名，县级林长129名，乡级林长602名，村级林长2974名，国有林场管理单位林长21人，实现“四级林长”全覆盖，压实森林资源保护责任。 （孙寅铖）

财　政

【一般公共预算收入】 2021年，临汾市一般公共预算收入完成159.9亿元，为全年预期目标142.1亿元的112.6%，同比增长18.2%，收入总量位居全省第7，增幅排队位居全省第7。从收入结构看，税收收入完成116亿元，为全年预期目标103.2亿元的112.4%，同比增长25.9%；非税收入完成43.9亿元，为全年预期目标38.9亿元的112.9%，同比增长1.7%。从分县情况看，19个县（市、区）全部完成全年预期目标。

2021年市本级一般公共预算收入完成35.4亿元，为全年预期目标32.3亿元的109.5%，同比增长7.7%。

【一般公共预算支出】 2021年，临汾市一般公共预算支出累计执行411.7亿元，同比下降6.4%，减支28亿元。其中民生支出331.5亿元，占一般公共预算支出的80.5%，同比下降7%。

从民生支出项目看，教育支出59.4亿元，同比增长0.4%，增支0.2亿元；文化体育与传媒支出6.8亿元，同比下降36.2%，减支3.8亿元；社会保障和就业支出82.6亿元，同比增长21.7%，增支14.7亿元；卫生健康支出44.6亿元，同比下降11.8%，减支6亿元；节能环保支出17.5亿元，同比下降19.6%，减支4.3亿元；城乡社区支出40.6亿元，同比下降7.3%，减支3.2亿元；农林水支出42.8亿元，同比下降30.6%，减支18.9亿元；住房保障支出11.4亿元，同比上升27%，增支2.4亿元。

2021年，市本级一般公共预算支出累计执行61.7亿元，同比增长5.6%，增支3.2亿元。

【财政预算执行情况】 2021年，临汾市财政预算执行情况稳中向好，呈现“六个特点”。

收入增幅高。全市一般公共预算收入增长18.2%，超年初预算目标任务13.2个百分点，各县收入全部过亿，各月收入均保持两位数的稳定增长。全市政府性基金收入完成79.7亿元，同比增长33.6%。

争取资金多。紧盯中央、省重大决策和部署，积极研究政策，主动沟通对接，争取政府债券和转移支付增量资金72.6亿元。

“三大”战略支撑力度大。全年足额安排22.4亿元偿还到期债务本息，债务风险总体可控；全市安排支农资金、衔接推进乡村振兴专项补助资金61.6亿元；投入污染防治资金6.7亿元，生态环境治理得到推进。

重点工程投入多。全市各项重点工程投入超过50亿元，靓城提质、中环快速路、解放路道路改造等市政工程有序推进，浮临高速开工建设，“四好农村路”建成608千米，国道341、108、309改线工程进展顺利。

应急保障好。全市投入防汛救灾资金13.4亿元，推动灾后恢复重建各项工作，受灾县市因灾受损农房修缮重建完工率和入住率全部达到100%。

“三保”兜得牢。全市“保基本民生、保工资、保运转”支出265.2亿元，占一般公共预算支出的64.4%，为全市经济社会稳定发展提供了重要保障。

【疫情防控保障】 2021年，临汾市投入资金1.2亿元，用于重大疫情防控救治体系建设、应急物资保障体系建设等支出；投入新冠疫苗接种资金3.7亿元，为全市适龄接种人群提供免费接种服务。

【防汛救灾保障】 2021年，临汾市启动资金快捷拨付程序，建立政府采购“绿色通道”，紧急调拨库款7.2亿元，投入救灾及灾后重建资金5.1亿元，保障防汛救灾资金需求。发挥政府性融资担保作用，为全市418户受灾的小微企业、“三农”主体提供灾后重建专项贷款担保增信，减免担保费，引导银行大幅降低企业融资成本。

【经济平稳发展推动】 落实减税降费政策。根据制度性、结构性减税降费政策，2021年，临汾市新增减税降费超过14亿元。推动项目建设。把重点项目建设作为推动经济发展的重要抓手，投入城市建设资金39.1亿元，投入交通建设项目资金11.8亿元。激发实体经济活力。全市投入数字消费券资金2008万元，提振居民消费热情。成功申报深化民营和小微企业金融服务综合试点城市，获得专项奖励资金4000万元。投入中小企业发展资金6387万元，用于“小升规”、中小企业规范化股份制改造、双创基地建设奖补等。发挥企业应急周转保障资金作用，支持小微企业转贷续贷。通过市属地方金融企业发放委托贷款9600万元，提供融资担保7.8亿元。加强PPP项目建设。新增6个项目列入财政部管理库，涉及投资18.2亿元。

【增收节支】 2021年，临汾市各级财税部门建立信息沟通、数据交流和情况通报联动工作机制，关注入库动态，强化收入征管，确保应收尽收、足额入库。2021年，全市19个县（市、区）全部实现正增长，其中16个县（市、区）增幅达到两位数。抓好组织收入的同时，密切关注中央、省级的重大决策，争取对临汾市的政策和资金支持，全年争取新增债券47.2亿元，转移支付增量资金25.4亿元。在节支措施上，按10%的比例统一压减一般性支出，严控“三公”经费，压减比例22.9%。盘活全市存量资金36.1亿元，优先保障“三保”支出。

【防范化解债务风险】 2021年，临汾市坚持底线思维，严格落实偿债工作机制，足额安排到期债务本息22.4亿元。截至2021年底，全市债务余额453.7亿元，处于466.8亿元的债务限额以下。

【脱贫攻坚成果与乡村振兴有效衔接】 2021年，临汾市印发《市级层面纳入整合试点范围的资金目录》，指导10个脱贫县做好过渡期内涉农资金整合相关工作。全市安排支农资金48.6亿元，衔接推进乡村振兴专项补助资金13亿元，通过市属地方金融企业为1062户三农经营主体提供贷款担保1亿元。

【生态环境治理推进】 2021年，临汾市共投入大气、水、土壤污染防治资金6.7亿元。做好清洁取暖试点收官工作，近三年累计安排清洁取暖补助资金19.6亿元，清洁取暖改造完成180.3万平方米、1.6万户，超额完成市县资金配套目标和改造任务。

【就业优先政策落实】 2021年，临汾市制定就业奖补政策，全市安排资金1.8亿元，支持农村剩余劳动力、大学毕业生、退役军人等重点群体创业就业。

【教育文化事业发展】 2021年，临汾市投入各类教育专项资金12.7亿元，其中，投入1856万元，落实国家义务教育“双减”政策，全面开展中小学生课后服务。全市投入公共文化场馆免费开放、文化惠民、旅游发展奖励及文化遗产传承保护等资金1.9亿元，丰富群众文化生活。

【支持提高医疗卫生服务水平】2021年，临汾市投入资金22.4亿元，基本公共卫生服务项目补助标准由人均74元提高到79元，城乡居民医疗保险财政补助标准达到580元，惠及全市333万名参保城乡居民。

【支持强化社会保障】 2021年，临汾市投入困难群众救助补助资金3.1亿元，实现城乡低保对象保障标准每人每月统一提高20元；投入残疾人补贴资金3203万元，加大兜底线、补短板力度；投入资金8.3亿元，城乡居民基本养老保险参保缴费补助和待遇落实到位。企业养老保险省级统筹管理考核制度全面落实，全年全市企业养老保险考核排名全省第一。投入市属国有企业改革专项资金1.4亿元，完成1461名在册职工的妥善安置，解决2152名退休职工遗留问题，核销2.4亿元欠缴养老保险，破产企业职工生活得到有效保障。

【预算管理改革】 2021年，临汾市合理划分公共文化、应急救援、生态环境等领域市以下政府支出责任，逐步建立起框架清晰、边界明确、权责共担、保障有力的管理机制；推进预算管理一体化建设，对预算项目实施分级管理，制定《临汾市市级预算调剂管理办法（试行）》；组织实施预算绩效管理质量提升年，推进重点环节扩围增效，全年全市开展财政重点绩效评价的项目536个，涉及金额154亿元。

【政府采购制度改革】 2021年，临汾市加快推进“互联网+政府采购”信息化建设，全市电子卖场成交9925笔，总金额1.6亿元。开展政府采购领域备选库、名录库、资格库专项清理，强化对政府采购代理机构监督评价，有效防范采购风险。

【行政事业资产管理改革】 2021年，临汾市出台《临汾市市级公物仓管理暂行办法》，积极盘活行政事业单位闲置资产，探索推进国有资产共享共用机制，提高资产使用效率。

【新闻宣传】 2021年，临汾市财政局共编发《临汾财政信息》111期，被各级报刊媒体采用61条，其中《山西临汾“三点一线”深化预算绩效管理》《山西临汾行政事业性国有资产实行公物仓管理》被《中国财经报》采用，《山西临汾财政加强会计管理不断强化会计队伍建设》《山西临汾财政巩固脱贫攻坚成果有效衔接乡村振兴》《山西临汾财政全力做好防汛救灾财政保障工作》《山西临汾财政采取十项举措扎实开展全市财政系统学习法律法规专题活动》等多篇文章被财政部采用。

（王思懿）

税务

【概况】 2021年，临汾市税务局坚决把落实减税降费政策措施作为重大政治任务，强化部门协同配合，加大宣传解读，确保优惠政策措施直达快享。全年全市落实减税降费政策累计减免各项税费约49.4亿元，同比增长14%，其中减免税收47.6亿元，增长12.9%；减免非税收入1.8亿元，同比增长54%。落实党中央、国务院出台的煤电保供、制造业的中小微企业税费优惠政策，为煤电保供企业“减退缓”税6271.7万元，为制造业中的中小微企业缓税6018万元，有效减轻企业负担、激发市场活力，税收政策稳定经济发展的正向效应全面显现。

【组织收入】 2021年，临汾市税务局坚持组织收入原则，强化收入预测和分析，全市税务系统全年共完成各项收入420.2亿元，同比增长37.1%，增收113.7亿元。其中，税收收入完成290.7亿元，同比增长25.6%。非税收入完成11.3亿元，同比增长47.1%。社保费收入完成118.2亿元，同比增长75.6%。2021年市、县级税收收入完成116.1亿元，同比增长25.9%，增收23.9亿元。

【征收管理】 2021年，临汾市税务局以落实《关于进一步深化税收征管改革的意见》为主线，提升征管质效。推进两办《意见》落实。实施“挂图作战”，开展“讲、学、研、考”系列活动。编制全省首份《县级税务机关涉税事项职责清单》，全程参与省局指挥中心智控平台建设，编写《高频事项操作指引》，为夯实征管基础提供支撑。探索加油站数据管理云平台建设，配合市政府规范成品油行业，推进精诚共治。成立“电子税务局体验师团队”，跟进完善运维机制。

【发票电子化改革】 2021年，临汾市税务局落实一户式管理机制、“网格化”管理方式，做好电子专票管理工作，全市4224户纳税人核定使用增值税电子专用发票，327户纳税人开具7556份发票，涉及总金额23.7亿元；835户纳税人接收19330份发票，涉及总金额36.3亿元。

【汇算清缴所得税】 2021年，临汾市税务局企业所得税汇算清缴4.9万户，入库税款61.7亿元，同比增长38%。建立个税离职人员定期清理机制，实施个税退税审核5个工作日限时办理制度，个人所得税综合所得汇算清缴申报单位1.5万户34.8万人，汇算率超过96%；申报补税2011万元，申请退税6846万元。汇算进度达90%；个税经营所得汇算清缴9872户，申报率达96.37%，完成情况均高于全省平均水平。建立“个人所得税与企业所得税工资总量比对”风险模型，自然人个税异议申诉同比降低29.3%。

【各税费种管理】 2021年，临汾市税务局积极防控成品油、酒类消费税税收风险。车购税风险任务应对考核全省排名第一。健全环保税协作机制。严格执行耕地占用税“先税后证”。推进土地增值税清算工作。做好资源税税源摸底工作。不动产交易办税便利化和存量房评估工作平稳进行。积极参与不动产清零行动，办理增量房契税申报4.7万套次。财行“十税合并”申报工作初见成效，有效减轻办税负担。做好城乡居民补充养老征收工作，全年完成征收任务1.5亿元，缴费人数达40.2万人。为9703人办理退役军人社保费补缴工作。顺利完成5项非税收入征管职责划转。

【税务执法方式】 2021年，临汾市税务局全面落实“三项制度”，促进严格规范公正文明执法。成立“临汾税收法律服务中心”，推动化解涉税争议。审结2件重大税务案件。持续健全税务监管体系。完善增值税发票风险快速反应机制，连续2年未收到总局快反任务。推广风险管理“提醒纠错+精准监管”模式，助力企业良性发展。建立“一户式”风险纳税人清册，逐步实现全税种联动风险分析。应对各级风险任务3059条，入库税款及滞纳金1.5亿元。高质量完成千户集团、省市列名企业风险分析应对任务。对标“项目为王”，解决涉税问题29件，有效助力重点工程建设。打击虚开骗税两年专项行动圆满收官，165户全部结案；严厉打击“三假”及骗取涉疫优惠等涉税违法犯罪行为，移送公安机关35户；向社会公布税收违法“黑名单”20户，加强联合惩戒；积案清理率达87.4%；稽查立案检查328件，全部结案，实现入库收入6183.7万元，其中扫黑除恶案件入库资金1164.3万元。

【税务执法监督】 2021年，临汾市税务局构建全面覆盖、全链防控、全员有责的内部风险防控体系，对7个县局党委书记、局长开展离任经济责任审计，对蒲县、吉县开展税收执法督察和财务审计及专项审计，配合审计署特派办、省局开展相关审计。开展现金税费征缴专项整治。推进政治巡察、综合督查、执法督察有机联动，及时查漏纠偏，推动制度完善。

【营商环境优化】 2021年，临汾市税务局坚持以纳税人缴费人为中心的理念，优化税费服务。服务质效实现提档升级。推广“简事快办”“定制化服务”和网络直播课堂，开展“惠苗政策进万家”百日宣传活动，为6054户小微企业提供“滴灌式”宣传辅导。打造尧都区、襄汾县、洪洞县、蒲县、乡宁县等“示范办税服务厅”试点，带动提升全市办税服务厅服务水平。全系统政务服务“好差评”工作有序推进，满意率达100%。“税邮

2021年12月3日，由临汾市税务局、山西省财政税务专科学校、临汾市律师协会共同发起成立的“临汾税收法律服务中心”在临汾市税务局正式揭牌成立　　　　（市税务局供图）

中心”邮寄发票87万份。“两条热线”高效率办结税费咨询7758个，“两个学堂”高标准举办30余期，促进政策落实。在山西省开展的2020年度省域营商环境评价工作中，临汾市“纳税”指标位居全省第二，在全市各参评单位中名列第一。推进提升纳税人满意度工作，实现“大翻身”。在总局纳税人满意度调查中，襄汾县局在被调查的县区局中排名第1；在省局满意度调查中，临汾市局综合排名第2。纳税信用应用深化拓展。向银保监局推送A、B、M级纳税人45938户，真正发挥纳税信用等级增值效应。全市1514户中小微企业获得“银税互动”贷款17.73亿元。

【税收经济分析】 2021年，临汾市税务局完成税收经济分析报告72篇，13篇被上级和主流媒体采用，反映临汾税务分析能力专题片在总局“学习兴税”平台推广宣传，编印《临汾“十三五”税收经济发展分析汇编》，为市委、市政府决策提供有益参考。

金融监管

·中国人民银行临汾市中心支行·

【货币政策】 2021年，中国人民银行临汾市中心支行（简称人行临汾市中心支行）推动金融机构持续加大信贷投放，用好货币政策工具，参与考核的67.5亿元再贷款再贴现使用率达100%，对25家法人机构实现全覆盖。再贴现业务在全省率先启动以票据为质押品进行DVP结算；推动两项直达政策工具精准落地，截至11月末，累计发放延期支持工具5101.53万元，信用贷款支持计划资金6.71亿元，带动法人机构对到期的51.02亿元普惠小微贷款本金实施延期，发放普惠小微信用贷款16.77亿元，惠及市场主体8176户；推进利率市场化工作，深化LPR管理，引导贷款利率下行，前11个月全市小微企业贷款加权平均利率为6.81%，同比下降0.3个百分点。

【稳企保供支持】 2021年，人行临汾市中心支行打造开展“贷动小生意服务大民生”金融支持个体工商户发展专项活动，推动财政拨付风险补偿金829.5万元；深化“调研+督办+简报+约谈”的“四重”督导机制，“一对一”制定解决方案。截至11月末，全市民营经济贷款余额795.02亿元，较年初增长7.55%，普惠小微贷款余额205.2亿元，较年初增长21.51%，不良贷款7.3%，较年初下降2.05%，完成“量增、价降、面扩、结构优化”的政策目标。

【乡村振兴助力】 2021年，人行临汾市中心支行严格落实“四不摘”（摘帽不摘责任、摘帽不摘政策、摘帽不摘帮扶、摘帽不摘监管）要求，保持金融扶贫政策的延续稳定。强化政策资金支持，引导金融机构扩大对涉农领域的信贷投放，加大对脱贫地区和乡村振兴重点帮扶县的政策资金倾斜力度，积极对接各县防汛救灾资金缺口，优化再贷款再贴现额度配置，迅速向受灾严重的大宁县、蒲县等10个县域划拨再贷款资金5亿元，加大政策资金支持防汛救灾力度。组织金融机构聚焦“一县一特”优化供给，打造“家政式”金融服务，形成襄汾“金融村官”驻村服务、隰县“梨果富民”、曲沃“智慧果蔬”、吉县苹果全产业链托管、蒲县“道德银行”、永和“党群先锋贷”、古县“金融助推核桃+”、大宁县“1+2+3”等特色金融服务模式。围绕林果、蔬菜、中药材等临汾特色产业发展的各个环节，定制利农宝、仓单质押贷、果蔬订单贷、运输贷等20余种信贷产品。

【金融风险防控】 2021年，人行临汾市中心支行通过增资扩股、清收不良、大股东注资等方式，全年推动高风险机构退出6家，确保高风险机构数量由年初7家压降至年底1家，占全省净退出数的三分之一，高风险机构压降数量和压降率均居全省首位。依托各营业网点、示范校、样板村进行全覆盖宣传。入选总行“百年历程存保守护”的主题宣传项目，通过微视频、干板表演等百姓喜闻乐见的方式，营造“存款安全，百姓放心”的金融氛围。存保宣传的相关做法被总行《分支机构动态》采用。

【政务公开服务】 2021年，人行临汾市中心支行推进政务公开，扩大政务公开电子屏投放面，辖区全年公开政务信息700余条，截至11月末，查询政务公开信息36000余人（次），较上年同期增长15%，撰写的工作做法被总行《党建工作信息》、太原中支“政务公开”栏目采用。

【经理国库】 2021年，人行临汾市中心支行提升金融管理水平，普惠金融有“高度”。优化国库服务，承担《山西省“创示范国库树服务品牌”活动实施方案》的制定，以分片划区方式在辖区16个支行进行督导推开，促进国库惠民政策的落地。

【外汇服务】 2021年，人行临汾市中心支行优化外汇服务，开通线上线下渠道，优化行政许可业务流程，明察暗访督导银行，深入涉外企业加强政策宣传，促进外汇便利化政策的有效落实，相关做法在省分局工作会议上进行经验交流。

【征信服务管理】 2021年，人行临汾市中心支行激活农村市场信用资源，推动尧都农商行与持牌征信机构“百行征信”共享涉农信用数据，实现信用数据的深度加工和有效运用，提升信贷发放的精准度，并带动14家法人机构与“百行征信”签订合作协议，推动以市场为主导的农村信用体系建设稳步发展。

【金融监管】 2021年，人行临汾市中心支行组织人员对25家地方法人金融机构进行央行金融机构评级和宏观审慎评估，对14家市级金融机构进行综合评价。对72家义务主体机构的反洗钱评级，建立非法人金融机构反洗钱工作评价机制，增强监管的渗透力。全年开展综合执法检查1次、专项执法检查3次，对涉及违法违规行为的3家金融机构和2名责任人员累计罚款50.3万元，维护法规权威和金融市场秩序。

【金融知识普及教育】 2021年，人行临汾市中心支行深化金融普及教育，创新宣传有“广度”。坚持统筹“会”“报”“网”“微”“屏”（“会”，会议；“报”，纸质报纸；“网”，网络媒体；“微”，微信公众号等新媒体平台；“屏”，政务公开电子屏）。五个维度，依托“传统媒体+新媒体+融媒体”，灵活采用H5、MG动画、微信长图等新媒体，加强宣传力度；聚焦消费者金融素养的提升，制作安全用卡“3·15”宣传微动画和金融知识普及月宣传微视频，均在总行“成方三十二”公众号采用，阅读转发量过万次。

【人民币管理】 2021年，人行临汾市中心支行开展县（市）支行管库员整体移位、第二代货金系统无物流模式试点工作，基于实践编写的《第二代货币发行管理系统无物流模式操作手册》在全省推广；加强反假货币宣传工作，制作的《国家名片的守护者》微电影，被太原中支评选为“优秀作品”，推送至国务院反假货币联席会议办公室，得到总行的肯定和认可，在全省反假货币知识与技能竞赛取得团体第二名的成绩。

【支付结算管理】 2021年，人行临汾市中心支行改善老年人支付困境，适老化银行网点建设标准，推出一批集硬件、文化、健康、支付服务为一体的适老化特色网点，自主研发适配老年人习惯的“简爱版”手机银行，依托农村金融综合服务站创新推出“服务站+助理”模式，相关做法得到总行支付结算司司长温信祥的批示；提升便民服务水平，依托“云闪付App”，与市医保局联合开展“医保选择云闪付”专项宣传活动，在全省率先将“云闪付”推广应用到医疗保障工作中，协助政府完成2000万元电子消费券发放任务，切实稳固“云闪付App”在政府及社会公众中的公信力，云闪付绑卡率在山西省连续11期排名第一，占全市人口的25.93%；深化农村支付环境，创新推出“服务站+扶贫”“服务站+电商”“服务站+社保”模式，建成特色服务站333个，农村支付支持电子商务应用点1083个，满足农村客户基本资金结算需求。

（葛　亮）

·银保监管·

【支持临汾转型发展】 2021年，临汾银保监分局督促引领银行保险机构支持辖区先进制造业和战略新兴产业，大幅增加创新金融服务和中长期资金支持，积极对接支持省市重大战略，优先满足重点建设项目资金需求。截至2021年12月31日，全市银行业金融机构制造业贷款2123户、余额188.2亿元，较年初增加128户、43.31亿元。其中，高技术制造业70户、3.46亿元，中长期贷款余额83.4亿元、占比44.31%。全年累计发放制造业贷款2522户、203.75亿元，累计发放高技术制造业47户、1.44亿元，累计支持转型综改建设企业415个、项目175个，贷款余额134.54亿元。支持重点工程项目186个，贷款余额435.53亿元。

【保险业保障功能发挥】 2021年，临汾市保险业实现原保险保费收入101.62亿元，位居全省第三位，同比增长5.11%。推动辖内保险公司参与长期护理保险经办服务，解决失能人员长期护理保障问题，应对老龄化及人口寿命的增长。截至12月31日，已覆盖69.84万人，基金规模达到3500万元，全年累计为2630人赔付1700万元。妥善应对最强秋汛、旱灾等自然灾害，督促保险公司应赔尽赔、早赔快赔，共计赔付2.21亿元，其中洪涝灾害理赔7600万元。

【普惠金融发展】 2021年，临汾银保监分局印发《2021年临汾银行业和保险业小微企业金融服务工作要点》，指导法人机构单列普惠型小微企业信贷计划，督促辖内银行业金融机构以“两增”为导向，加大小微企业贷款投放力度。组织18家金融机构开展2020年度商业银行小微企业金融服务监管评价，其中评价为二级的14家、三级4家。推动银行机构扩大信用贷款规模，出台《临汾市“信易贷”工作实施方案》，开展全市中小微企业融资需求对接活动，申报并最终推动临汾市当选2021年财政支持深化民营和小微企业金融服务综合改革试点城市。截至12月31日，全口径小微企业贷款余额673.23亿元，较年初增加83.83亿元、增长14.22%。普惠型小微企业贷款余额225.38亿元，较年初增加31.78亿元、增长16.42%，高于各项贷款增速0.47个百分点，有贷款余额的户数45850户，较年初增加4650户，完成“两增”目标。

【乡村振兴助力】 2021年，临汾银保监分局督促辖内银行业金融机构做好过渡期脱贫人口小额信贷工作，落实“包干责任制”，确保应贷尽贷。截至12月31日，辖区银行机构累计发放脱贫人口小额信贷8504户、4.11亿元，完成年度目标任务的141.8%。加强与地方职能部门的沟通，出台《2021年临汾银行业保险业高质量服务全面乡村振兴和农业农村现代化工作要点》，督促银行机构持续改善三农领域金融服务。截至12月31日，全市涉农贷款余额1082.34亿元，较年初增加68.08亿元、增长6.71%。其中，普惠型涉农贷款余额225.34亿元，较年初增加6.21亿元、增长2.83%，辖区县域存贷比50.93%，较年初增加1.7个百分点。

【信用风险防范】 2021年，临汾银保监分局做好流动性、同业等领域及集团客户、房地产等重点企业、行业信用风险监测工作。坚持“五个一批”，充足计提拨备，加大不良资产处置及问责追责力度。截至12月31日，全市银行业金融机构不良贷款余额64.21亿元，较年初减少6.22亿元，不良贷款率3.06%，较年初下降0.76%，不良贷款实现“双降”。

2021年11月1日，临汾银保监分局召开全市脱贫小额信贷（电视电话）推进会议，通报全市脱贫人口小额信贷任务完成情况、逾期情况等 （临汾银保监分局供图）

【改制化险成果】 2021年，临汾银保监分局完成辖内最后1家农信社翼城联社改制农商银行工作，于2021年12月底开业。推进侯马、洪洞、尧都农商银行化险工作，推动政府起草《三家农商银行风险化解实施方案》，确定处置任务和措施。

【保险行业监管】 2021年，临汾银保监分局开展内控合规评价工作，规范保险中介市场，全年清理注销18家中介机构。开展人身险公司乱象治理评估，推进市场乱象治理。联合临汾市市场监督管理局，依法打击以“交通统筹”为名违法经营保险业务行为，维护临汾保险市场秩序和社会稳定。

【房地产集中度管理制度】 2021年，临汾银保监分局印发《临汾银保监分局关于完善辖内法人银行业金融机构房地产贷款集中度监测管理工作的通知》，督促指导银行业法人机构稳妥化解房地产领域金融风险。开展经营用途贷款违规流入房地产领域排查工作，督促相关机构采取有效措施处理违规行为。

【深化改革】 深化法人机构改革。2021年，临汾银保监分局落实银保监会公司治理三年行动方案要求，组织对11家农商银行开展公司治理评估。深化开展股东股权及关联交易专项整治，下发规范意见，建立问题台账。推动公司治理准则落地实施，开展董、监事履职评价，督促依法合规履职。开展覆盖全辖25家机构的绩效薪酬追索扣回执行情况监管排查工作。

深化车险综合改革。召开推进会议，印发《关于停止使用商业车险条款和费率监管措施实施细则》，规范车险监管措施实施程序，推动车险高质量发展，2021年辖内车险保费收入下降3.3%，赔付支出增长5.82%，车均保费下降10.14%。

加快拓展农业保险覆盖面。制定辖内政策性农业保险经办机构遴选实施方案，明确评审指标，严把经办机构资质审批，经评定，参加遴选的10家机构中有6家获得政策性农险经办资格，比上年增加2家。全市农业保险保障金额达162亿元，同比增长24.62%，提质扩面成效明显。（王国梁）

审　计

【概况】　2021年，临汾市审计局计划完成审计项目67个，实际组织完成审计项目76个，超额完成项目9个，查出问题631个，查出管理不规范和违规资金21.11亿元，提出审计建议179条；促进上缴财政资金3580万元，追缴养老保险、医疗保险资金7404.5万元，核减政府项目投资3.44亿元，移送处理事项239件。其中移送纪检部门案件线索190件。促进完善制度29个。连续6年在山西省审计机关工作目标考核中被评为优秀单位；临汾民航机场复航改造工程竣工决算审计项目被评为2021年度全省优秀审计项目。全年提交审计信息138篇，被批示、采用33篇。

【重大政策跟踪审计】　2021年，临汾市审计局重点对襄汾县、曲沃县、洪洞县、古县4个县中央直达资金、就业补助、失业保险资金管理分配使用情况进行跟踪审计，查出未及时分配下拨资金、项目建设缓慢、违规扩大支出范围、稳岗返还政策落实不到位等问题29个，追回就业见习补贴、培训补贴、失业保险等资金38.63万元，归还原资金渠道112.67万元。

【财政预（决）算审计】　2021年上半年，临汾市审计局对市财政及16个市直单位2020年预算执行情况进行审计，对7所医院、2所学校2019年财务收支情况进行审计，查出预算编制不严谨、收入支出不规范、资产管理不严格和会计核算不合规等23方面80个问题。下半年，对襄汾县、古县、永和县3个县开展财政决算审计，查出财政收入征收管理不规范、虚列财政支出等问题48个，移送问题线索和处理事项18件，提出审计建议39条。

【经济责任审计】　2021年，临汾市审计局完成对襄汾县原县委书记、3名县长、11名市直单位领导干部、1名县公安局长、1名交警大队长、2名县审计局长的审计任务，对襄汾县原书记、古县原县长开展自然资源资产离任审计，查出贯彻国家政策不到位、决策不科学、推进区域经济社会发展指标未完成、遵守国家法律法规不严格等问题78个，提出严格落实国家政策、加快推进经济发展、规范经济决策管理、加强自然资源资产监管等建议70条。

【政府投资项目审计】　2021年，临汾市审计局根据临汾市政府安排，全年完成市图书馆、城北过河供热管网、城南过河供热管网、市射击飞碟靶场等10个项目的竣工决算审计，报送工程总投资30.08亿元，审定金额26.64亿元，核减政府投资3.44亿元。

【社保基金审计】　2021年1—3月，临汾市审计局根据山西省审计厅安排，对临汾市2020年养老保险基金和医疗保险基金进行审计，查出截留养老保险、重点对象未参保、拖欠养老保险、部分劳务派遣公司未向劳务派遣人员交纳保险、违规向定点医疗机构支付不合规费用、违规向不符合条件人员支付医保费、重复报销异地就医费用等问题25个，追缴养老保险、医疗保险资金7404.5万元，移送纪检部门问题线索6件。

【信用社资产质量审计调查】　2021年，临汾市审计局根据山西省审计厅安排，对石楼县农村信用联社2018—2020年的资产质量情况进行审计调查，查出改制资金缺口大、信贷资产差、报表不实、虚增利润、违规发放贷款、贷款核销不规范、授信额度超过规定等问题15个，提出加快化解风险进程、准确划分贷款形态、进一步催收不良贷款和完善风险管理责任体系审计建议4条。

【耕地保护资金和土地出让金审计】　2021年8—11月，临汾市审计局对临汾市本级及17个县（市、区）2019—2020年耕地保护资金使用情况和土地出让金进行专项审计，查出非农建设占用耕地和基本农田、基本农田非粮化、在限制和禁止建设区规划建设用地、高标准农田建设配套资金不到位，以及欠缴、挤占挪用、坐收坐支土地出让金等问题85个，移送处理事项14件。

【防汛救灾资金和物资跟踪审计】 2021年，临汾市审计局根据省委、省政府，市委、市政府部署，组织市、县审计机关对临汾市防汛救灾资金和物资进行跟踪审计。重点审计财政、住建、民政等政府机构和单位225个，红十字会等慈善组织29个。查出资金支出进度缓慢、捐赠物资未及时登记入账等问题，促进拨付防汛救灾财政资金6683.51万元、捐赠资金1614.28万元，支付已竣工农房重建修缮工程款8589.23万元、检测机构农房鉴定费253.81万元，落实古县因灾受损农房重建修缮资金缺口116.32万元，蒲县支付定向捐赠资金0.8万元，追回财政救灾资金0.09万元；推动尧都区8处水利设施水毁修复工程开工，尧都区、浮山县和大宁县12处水利设施水毁修复工程竣工。

【扶贫审计】 2021年上半年，临汾市审计局根据省审计厅统一部署，对吕梁市兴县易地扶贫搬迁政策落实和资金使用情况进行审计，查出易地扶贫搬迁专项资金管理不规范、企业扶贫周转金到期未收回、拖欠中小企业项目款等问题15个；下半年，对长治市武乡县、壶关县2个县的高标准农田建设资金和易地扶贫搬迁资金项目及后续扶持情况进行审计，查出高标准农田未建立项目库、已建成高标准农田“非粮化”、违规占用高标准农田土地、专项资金闲置、后续产业扶持不到位等问题77个，移送处理事项16件。

【其他专项审计】 2021年，临汾市审计局粮食购销企业专项审计，查出公款私存、签订虚假合同套取资金、违规发放补助、虚假轮换储备粮等问题线索182个；市直党政机关政务信息化项目专项审计，查出建设程序不规范、漏报项目、多计项目价款、偷漏税款等7方面26个问题，审计期间追回财政资金36.23万元、追缴税款303.48万元；市人力资源和社会保障局专项资金审计，查出虚报套取见习补贴、培训补贴、应急稳岗补贴等问题，涉及22人11.69万元，全部追回；市恒利安液化石油气有限公司财务收支审计，查出该公司前任经理、书记、副经理和公司出纳涉嫌账外经营、私分利润、偷逃税款等问题，相关问题线索报送市纪委监委。

（田惠敏　茹　江）

2021年6月，临汾市审计局在壶关扶贫车间调查异地搬迁群众务工就业情况　（市审计局供图）

统　计

·统计管理·

【概况】 2021年，临汾市统计局以高质量统计服务高质量发展，为全市经济社会提供服务保障。临汾统计在全省市级统计业务工作综合考核中获优秀等次，临汾市统计局被山西省第七次全国人口普查领导小组办公室、山西省统计局联合授予“成绩突出集体”称号，被省脱贫攻坚普查领导小组办公室授予“成绩突出集体”称号。局机关党委被山西省委授予“先进基层党组织”称号。

【“三进三提升”活动品牌】 2021年，临汾市统计局面对经济下行压力和严峻发展环境，开展“进部门，提升统计服务质量；进基层，提升统计业务水平；进企业，提升统计数据质量”三进三提升活动，构建党委领导、政府主导、部门协同、企业支持、公众参与的“大统计”格局。部门间协作进一步顺畅，强化基层统计力量，规范企业统计流程。“三进三提升”经验做法被省统计局、国家统计局介绍推广，被《临汾日报》跟进报道，同时被《学习强国》刊发。“全市统计基层基础规范化提升年”工作相关经验被《中国信息报》刊发宣传。

【部门协作】 2021年，临汾市统计局针对部门联动不够，信息不对等的情况，主要负责人带领不同领域专业人员，赴住建、商务、工信等19个部门进行对接交流，宣讲统计方法制度、统计法律法规，探讨统计业务，建立长效机制，促进部门协作和信息共享。协调省局工业统计骨干为全市工信系统人员进行授课，应邀选派农业、投资、工业、贸易等专业负责人为全市农业农村、工信、商务等系统人员进行统计业务辅导培训15次，促进全市各级各部门都能够适应统计方法制度，熟知统计法律法规，做到依法统计、应统尽统。

【统计业务进基层】 2021年，为临汾市统计局确定的“全市统计基层基础规范化提升年”。市统计局制定专门方案，9月在侯马召开工作推进会。11月底前，班子成员带队进行基层基础规范化提升督导和统计工作调研，对17个县（市、区）、30个乡镇、39家企业进行成效检验。通过抽查。17个县（市、区）统计局、12个乡镇均达到“优秀”等次，联网直报单位优秀率近90%，统计工作基本实现由村到乡、由乡到县、由县到市的衔接和贯通。在基层统计机构负责人大换届情况下，组织召开全市统计局长业务培训，帮助其适应角色、熟悉岗位。选派经验丰富的局领导、业务宣讲骨干等赴党校培训班、各县（市、区）进行统计法和统计业务知识宣讲，满足基层党政领导、相关部门经济决策需求。坚持开门办统计，统计开放日，通过邀请社会各界代表座谈、发放宣传资料、设立宣传展板等，宣传统计相关知识和法律法规，增进社会各界对统计工作和统计数据的认知理解，提高公众的支持与配合度。

【提升统计数据质量】 2021年，临汾市统计局结合不同节点的工作重点，赴17个县（市、区）重点企业进行调研指导，赴襄汾县、乡宁县、吉县、蒲县4个包联县开展“入企入园入区”指导服务，听取基层和企业的意见建议，从统计角度帮助其解决实际困难，形成作情况报告。每月组织各领域专业人员赴重点企业进行数据质量核查，2021年各领域专业人员赴300多个重点企业进行统计业务指导和数据质量核查，做实基层数据。

【统计法治】 2021年，临汾市统计局践行统计法治理念，成立法治建设工作领导小组，明确班子成员及职能科室在防范和惩治统计造假、弄虚作假工作中的责任。注重法治能力提升，贯彻落实习近平总书记关于统计工作的重要指示批示精神，学习《关于更加有效发挥统计监督职能作用的意见》《山西省统计条例》相关文件精神，发挥统计法治在规范统计秩序、涵养统计生态、提高数据质量方面的重要作用。

【统计法治宣传】 2021年，临汾市统计局结合“三进三提升”“双随机”执法检查、统计法进党校等活动，班子成员带头走进党校和部门，到县（市、区）和企业宣讲统计法律法规。用好微信公众号、统计开放日等平台和节点，开展《山西省统计条例》等宣传。在11个县区举行《条例》实施启动仪式，组织2800多人参与山西省统计法律法规知识竞赛，被评为先进单位。发放1.5万余件普法物品，制作4个普法视频和多个小漫画。临汾局在全市第五届普法短剧、微视频、微动漫评比中获“优秀组织奖”，选送的2个作品分别获“微动漫三等奖”“微视频优秀奖”。

【统计监督】 2021年，临汾市统计局强化统计执法力度，贯彻落实《纪检监察监督与统计监督联动工作办法（试行）》《山西省统计局防范和惩治统计造假弄虚作假约谈办法（试行）》精神，推进党内法规和统计法律纪法衔接。聚焦经济发展、目标考核和社会民生重点领域统计指标，联合市场监管局等组织4次、覆盖278个统计调查对象的执法检查。全年全市统计系统查处统计违法行为30起，对其中27起予以警告处罚，3起予以警告并罚款，形成工作合力，确保源头统计数据质量。

【企业入库入统】 2021年，临汾市统计局聚焦达规达限企业入库纳统工作，摸排培育入统后备库，跟踪落实。会同有关部门开展达规达限企业摸底调查，加大宣传培训指导力度。以市政府名义下发《关于做好全市企业入库纳统工作的通知》。定期利用税务、行政审批、住建等部门行政记录，对全市1084家企业进行筛查，反馈给部门和各县（市、区），推动入库纳统工作。组织人员到基层宣传统计法律法规，明确企业入库责任；创新“只报一次”服务模式，指导、全程跟进、定期培训，推动入库工作提质增效。建立“准四上”企业监测储备库，指导各有关部门开展摸排梳理，掌握企业生产经营情况，将监测情况全部反馈到基层逐一落实，确保应统尽统。监测的69家单位全部入库；4家非常规天然气跨省分支机构视同法人单位纳入统计范围。2021年规上企业入库398家。

【统计服务】 2021年，临汾市统计局以统计“数库”“智库”并重建设为着力点，突出统计服务由“事后发现”向“事前预警”转变。围绕高质量发展考核、能耗双控、开发区发展等全市中心工作，监测预警、建言献策。全年按月编印《临汾经济运行监测》《临汾经济运行监测报告》各11期、双月编印《临汾统计资讯》6期，向市委、市政府主要领导、分管领导和市直相关部门提供高质量发展综合绩效考核监测报告10期，节能降耗监测预警报告3期。针对全市工业、能耗、服务业等发展情况，纂写《工业价格指数对规上工业增速及GDP增速的影响专题报告》《推动全市工业、服务业经济发展的情况报告》《临汾市碳达峰碳中和实现路径探索》等专题分析报告30余篇，一些重大判断、基本观点和政策建议被吸收采纳并转化为决策依据。以需求为导向，发布《临汾市2020年国民经济和社会发展统计公报》及相关解读，编印出版《临汾市情概览2020》《临汾统计年鉴2021》，组织编写临汾市“十三五”经济社会发展成就系列分析报告13篇，反映临汾经济社会发展成就。利用统计内外网、市政府门户网、微信微博等平台发布统计数据，强化宣传力度。2021年，临汾局信息被国家局网采用23篇，省局内外网采用761篇，市政府政务信息采用32篇，得分居全省统计系统第一，市直A类部门第一。“临汾统计在线”微信公众号综合影响力10月在全国统计调查系统348个微信公众号第九名。

2021年6月，临汾市统计局组织相关人员到翼城县、曲沃县开展经济形势调研和入企服务 （市统计局图）

【县域发展研判】 2021年，临汾市统计局聚焦短板强分析。创新制定重点县（市、区）月度分析研判会议制度，召开5次县（市、区）经济分析研判会，梳理反馈县（市、区）经济运行中存在的突出问题，探讨强弱补短等有效举措，把握全市及各县（市、区）经济发展走势。监测研走势。完善《临汾市2021年县级GDP统一核算方案》，对全市县级GDP进行季度统一核算，实现各县（市、区）总数与全市基本衔接，分行业总量和加权增速与全市基本衔接。按月对全市以及各县（市、区）GDP、服务业及主要行业增加值进行预测，提前预判分析经济发展趋势，提出相关建议，发挥好统计监测预警职能。调研指导解难题。主要负责人、班子成员多次带队赴各县（市、区）调研重点企业生产经营情况，向当地党委政府反馈经济运行的突出问题，做好业务指导并提出工作建议，赴重点县调研指导节能降耗、农业产值计算等工作。下半年以来，全市经济运行稳中有升，主要指标在全省排名不断前移；万元GDP能耗由增转降，逐步向好。

【重点领域方法制度改革】 2021年，临汾市统计局制定《水果典型调查方案》，为准确核算农林牧渔业总产值和一产增加值提供高效服务。开展知识产权产品投资统计和建筑业小微企业样本扩大工作。完善《临汾市2021年县级GDP统一核算方案》，修订17个县（市、区）2020年季度GDP数据，为2021年季度GDP统一核算奠定基础。探究临汾实现碳达峰目标的可行路径及建议对策，纂写《临汾市碳达峰碳中和实现路径探索》专题分析。

【人口普查后续工作】 2021年，临汾市统计局按照国家、省普查工作流程和步骤，按节点完成人口普查各项任务，为市县党委政府有针对性地制定人口相关战略和政策、促进人口长期均衡发展提供统计信息支持。6月4日，市统计局、市第七次全国人口普查领导小组办公室联合在《临汾日报》发布《临汾市第七次全国人口普查公报》，指导17个县（市、区）在规定时限内陆续发布普查公报，标志着全市第七次全国人口普查工作取得重要阶段性成果。普查结果显示，截至2020年11月1日0时，全市常住人口为397.65万人，其中，男性人口为200.19万人，女性人口为197.46万人。组织各县（市、区）围绕人口普查各个环节进行梳理和总结，完成相关分析的撰写工作，挑选出10篇优秀文章报送省人普办。完成国家、省普查成绩突出集体和个人推荐上报工作。临汾市2个集体和2名个人获得国家表彰，60个集体和108名个人获得省级表彰。向省人普办报送“我与人口普查”优秀征文12篇、“图说人口普查”摄影作品20幅。（任晓霞）

·统计调查·

【概况】 2021年，国家统计局临汾调查队围绕全省统计调查工作会议部署，市委、市政府中心工作，以及服务地方经济社会发展目标任务，立足新发展阶段，贯彻新发展理念，围绕构建新发展格局和高质量发展主题，推进各项工作，搞准搞实统计调查数据，发挥统计调查职能优势，推进统计调查服务，推动统计调查工作高质量发展取得新成效。

【山西省调查队系统基层基础工作现场推进会暨培训会】 2021年，国家统计局临汾调查队贯彻落实《国家统计局关于进一步加强统计基层基础建设的意见》和山西调查总队关于全面提升“双基”规范化标准化建设水平的部署要求，以组织体系完善、队伍素质优良、统计行为规范、技术手段先进、保障条件完善为目标，推动基层基础建设跃上新台阶。5月18—19日，全省调查队系统基层基础工作现场推进会暨培训会在临汾召开，国家统计局统计设计管理司一级巡视员龙玲出席会议并讲话，山西调查总队党组书记、总队长王忠华就提升“双基”建设水平进行部署，临汾市人民政府副市长张翔出席会议并致辞，总队领导王润拴、顾向红、景伟、孙洪娟、张国栋出席会议。会议现场观摩临汾市县队800余册基层基础工作台账资料和19个专项工作微视频，临汾调查队“双基”工作经验在全省系统推广。

【粮食畜牧业统计调查】 2021年，国家统计局临汾调查队承担17个县（市、区）粮食畜牧业统计调查任务。将党建与党史学习教育有关要求融入粮食畜牧业统计调查工作中，打造“调查一线党旗红，农业调查数据实”党建品牌，聚焦“我为群众办实事”等实践活动，推进党建与业务融合，破解制约镇、村统计调查工作效能提高的问题，确保国家统计局关于粮食畜牧业统计调查部署落实落地。对标山西调查总队《业务规范化标准》，制定专业规范化标准实施办法、流程图，设立时间表、推进图，形成风险防控措施表、权力运行流程图，规范数据生产全流程。执行山西调查总队数据质量评估办法，严格审核、科学评估、严格核定，建立五级联审机制，成立数据评估小组，建立与农业部门、畜牧部门沟通会商机制和数据信息共享机制，对数据进行评估分析，确保农业农村调查数据质量。全年完成年报和定期报表上报工作，开展6次重点形势调研，为市委、市政府提供调查报告17篇，课题1篇。3篇经验交流被山西调查总队和国家统计局网站刊发。

【农作物面积遥感测量】 2021年，国家统计局临汾调查队对国家定点的5个县（区）开展农作物面积遥感测量实地调查，协调推进尧都区、洪洞县、襄汾县3个产粮大县粮食生产调查和农业生产形势调研等工作。市县两级国家调查队主要负责人向政府领导专题汇报，争取经费和人力保障，明确分管领导，指定专人负责。到5个县（区）对业务骨干开展培训，指导遥感业务，解决PDA对地遥感测量中遇到的实际问题，规范数据保存和传输。全年完成5个县（区）55个村、165个样方、6000余个地块秋冬播、春播和夏播面积的遥感测量数据采集与图像审核、上报工作。

【主要畜禽抽样调查】 2021年，国家统计局临汾调查队承担14个县（洪洞、乡宁、安泽3个国家队直报山西调查总队）136家大型畜禽养殖场（户）调查任务。严格国家调查方法制度落实，结合基础工作、执法检查、形势调研等，每季度抽取重点场户开展入访督导，夯实调查基础，落实落细入户调查长效机制。联合畜牧部门开展大型名录库摸底工作，采取集中培训与线上“微课堂”相结合方式，通过“以会代训”、搭建QQ群和微信平台等方式，开展经常性、针对性的培训交流，实现培训常态化和调查对象培训全覆盖。利用国调资讯公众号、QQ微信工作群、业务培训会、入企调研、结对共建等方式，“线上+线下”多维度宣传统计法律法规，坚持逢会必讲法，入企必宣法，提高调查员依法统计意识。通过规范台账落户、实施专业数据质量检查等，把调查数据做细、做实，全年完成4个季度数据上报工作。

【城乡住户一体化调查】 2021年，国家统计局临汾调查队执行国家调查方案，落实山西调查总队下发的《住户类调查工作规范化标准》，细化工作方案，加强对辅助调查员的考核管理，对市区记账户开展地毯式回访，严把数据采集、录入、汇总、审核和评估等关口，对源头数据质量进行把控；组织实施全市城乡住户调查指导、检查等工作，对全市17个县（市、区）开展居民收支调查基础工作和数据质量检查，规范数据生产过程管理，提高临汾住户调查数据质量；根据全国会议精神及总队电子记账要求，采取措施，对电子记账经费、设备、网络环境等支持，推进住户调查电子记账工作，电子记账开户率提高。截至2021年底，全市17个县（市、区）1880户记账户中，电子记账率达78.4%。其中，6个国家调查县电子记账率达89.2%；11个地方调查县电子记账率74.9%，超额完成总队住户调查电子记账率50%、国家调查队系统70%、地方统计局系统40%目标任务。全年完成市区13个城乡调查点130户居民收支调查任务、6个调查点60户农民工监测调查任务、4个调查点55户农民工市民化动态进程监测调查任务和17户网购监测调查任务。

【劳动力调查】 2021年，临汾市劳动力调查样本在3月扩样前29个调查点，涉及尧都区、洪洞县、安泽县、乡宁县、襄汾县、隰县6个县（区），每月调查总户数为464户，其中，国家统计局临汾调查队承担尧都区9个调查点144户的直接调查任务，指导其余5个县的调查工作及报表审核工作。扩样后承担全市除永和县外的16个县（市、区）、83个调查点、1328户的月度劳动力调查工作，新样本自3月开始轮入，每月轮入三分之一，5月全部轮入，6月旧样本退出调查。2021年，临汾调查队贯彻落实国家方法制度及山西调查总队《山西省劳动力调查工作规范化标准》要求，严格工作流程，规范数据生产过程管理，把控调查环节，强化陪访督导，全年实现16个县（市、区）陪访督导全覆盖，促进劳动力调查工作规范化。加强数据审核查询，反馈核实问题，加大电话回访抽查力度，提升数据质量。建立调查员队伍，加强业务培训。全市16个县（市、区）选聘51名劳动力调查专项公益岗，85名辅助调查员。全年集中开展2次业务培训，确保培训全覆盖。年末对16个县（市、区）劳动力调查工作进行考核评比，对成绩突出的单位进行表彰。

【居民消费价格调查】 2021年，国家统计局临汾调查队执行国家方法制度及山西调查总队《流通和消费价格调查工作规范化标准》要求，夯实基层基础工作规范化，提高数据质量。落实国家方法制度、总队规范化标准和市队规范化标准实施办法等制度。坚持三定一直、同质可比、实际成交、实事求是的采价工作原则直接调查。坚持后台审核、抽查和季度评估机制。执行《辅助调查员管理办法》和《辅助调查员考核奖惩办法》。认真登记入点、抽查、更换、查询等10类台账。捕捉市场动态和价格焦点相关信息，加强主要食品等价格的动态监测，按月向市政府提供居民消费价格指数情况报告。全年完成全市280个采价点，1021个规格品的月度跟踪调查任务。

【工业生产者价格调查】 2021年，国家统计局临汾调查队执行国家统计方法制度及山西调查总队《工业生产者价格调查工作规范化标准》要求，推进统计调查工作制度化、规范化，不断提升数据质量。强化流程管控，建立《工业生产者价格调查工作流程图》，严把数据入口关、审核关，确保数据真实准确。采取“线上+线下”“专业+法治”培训方式，提升统计人员业务能力和法治意识，做到调查对象培训全覆盖。通过“党建+专业”结对共建活动、入企回访、数据自查及执法检查等方式，对25家样本企业进行回访，8家企业进行执法检查，完成全市110家工业生产者价格样本企业调查任务。

【采购经理调查】 2021年，国家统计局临汾调查队执行国家采购经理调查制度和国家统计局山西调查总队《采购经理调查工作规范化标准》按照“同行业、同规模”要求，深入调查样本企业开展一对一核实，夯实调查样本基础。采购经理调查2021年有样本企业64家，通过强化企业统计基础工作、统计执法检查、季度回访、现场培训等“四结合”措施，全年对全部样本企业开展基础工作自查，对18家企业开展数据质量面访核查，抽取7家重点企业开展统计执法检查，保障采购经理调查数据质量。

【服务零售结构调查】 2021年，国家统计局临汾调查队抽中样本企业22家，调查方式是调查员对所有样本单位逐一上门访问，现场核实现场填报，确保数据质量，采用双人录入，使用国家统计局统一数据处理平台进行审核，完成调查上报工作。

【统计法治建设】 2021年，国家统计局临汾调查队贯彻落实《中央关于深化统计管理体制改革提高统计数据真实性的意见》《统计违纪违法责任人处分处理建议办法》《防范和惩治统计造假弄虚作假督查工作规定》《关于更加有效发挥统计监督职能作用的意见》要求，结合《临汾统计调查系统统计法治宣传教育“八五”规划》，健全完善6项统计法治制度，开展普法宣传和统计执法活动，推进依法统计，提高统计调查数据质量，维护政府统计公信力。结合重大时间节点，利用宣传咨询台、新闻报道、系列主题微信、短信等形式向社会公众开展大规模集中普法活动。9月20日举办以“赓续红色血脉，奋进统计未来”为主题的第十二届“中国统计开放日”活动。12月4日、8日在尧贤街广场设立统计法治宣传咨询台，发放统计法、统计法实施条例、民法典、宪法等系列十问答普法宣传册3000余份，宣传资料袋2000余个。针对调查对象，采取“业务+法治”模式，结合回访、调研、检查、培训和年报会等，下发《企业统计信用管理办法》《统计法律事务告知书》和依法统计宣传海报等，实现法律责任告知全覆盖。开展市县联动执法，实施统计数据质量和基础工作检查与执法检查联动机制以及市县队执法检查“双向”联动机制，全年检查20家企业，其中，给予警告1家企业，责令改正2家企业。

【服务经济运行】 2021年，国家统计局临汾调查队发挥国家调查队“快、精、准”“轻骑兵”优势，统筹做好统计调查数据生产分析、经济社会发展情况研判预警等各项工作，开展信息收集和专题研究，完成一批数据精准、反映及时、情况翔实的经济社会发展成效和民生诉求调研分析报告，为各级政府做出宏观决策提供科学依据和智力支撑。做好主要统计调查指标动态监测和信息发布。按季开展主要调查数据评估和经济形势分析，全年按月、按季、按年向市委、市政府及相关部门等提供统计调查数据4400余笔，定期通过《临汾经济运行监测》《统计公报》《临汾国调资讯》微信公众号等刊物和媒体向全社会发布各类调查信息，满足各级政府和社会公众对统计调查数据信息的需求。围绕市委、市政府“1355”战略和国家、省、市约稿开展专题调研。2021年，受国家局，省委、省政府和市委、市政府委托，围绕经济社会发展热点、焦点组织开展快速调查、紧急调研和专题调研90余次，形成建党百年系列报告、“十三五”发展成就系列报告、涉疫涉灾紧急调研报告等针对性强、关注度高的专项调研报告90余篇。加大重点调查和课题研究，挖掘、预警研判经济发展趋势和规律，反映经济社会转型发展和党中央各项方针政策落实成果，2021年，组织完成8项课题和重点调查报告。打造一网（临汾统计调查信息网）、两刊（《临汾调查》双月刊、临汾调查专报）、一号（临汾国调资讯微信公众号）服务品牌。全年向市委、市政府报送《临汾调查专报》22期，编印《临汾调查》双月刊6期，推送《临汾国调资讯》微信公众号120期156条，微信公众号在全国统计系统地市排名连续进入前50。其中，8月位列全国统计调查系统第12位。全年发布各类调查信息149条，调查报告154篇。其中，山西总队采用134篇（条）、省委省政府采用49篇（条）、国家局采用65篇（条）、国家两办采用21篇（条）。信息工作在全省考核中位居优秀等次。（王　磊）

市场监督管理

【维护市场秩序】 2021年，临汾市市场监督管理局提级调整由分管副市长为召集人的联席会议组成。印发《关于开展妨碍统一市场和公平竞争政策措施清理工作的通知》，市、县（市、区）各级政府、成员单位遵循“谁制定，谁清理”的原则，对妨碍统一市场和公平竞争的各种规定和做法“应废尽废，应改尽改”，保障各类市场主体平等参与竞争。梳理文件4782件，保留4609件，修改15件，废止158件。开展粮食、化肥、烟酒茶以及教育、医疗、停车、明码标价等领域专项整治，加强对超市、农贸批发、药店等单位的价格监管，做好重大节日和疫情防控期间米面油肉蛋菜奶等重要民生食品、口罩等防疫用品价格稳定。优化营商环境，推进减税降费，在全市开展“治理涉企收费减轻企业负担”专项行动，对31家中介机构、46个行业协会商会、85家交通物流企业、61家商业银行、19个供水企业、21家供电企业、14家供气企业、13家集中供暖企业进行检查，查处涉嫌违法案件17起，罚款141万元。推动各项降费政策落到实处，减轻企业负担，增强市场主体活力。从8月底开始，市局成立12个检查组，在临汾经济开发区和17个县（市、区）对涉及民生领域“铁拳”行动的重点产品、“两品一械”经营使用环节、反不正当竞争等开展了行政执法交叉检查，检查出案件线索967个。全市系统出动执法人员8397人次，查处违法案件1403起，罚没款974.82万元。“12315”投诉举报中心登记、解答、分流、转办消费者咨询投诉举报28818件，为消费者挽回经济损失近220.76万元。

【疫情防控】 2021年，临汾市市场监督管理局保持疫情常态化防控，落实退热、止咳、双抗药品哨点监测与“一退两抗”药品实名登记销售。加强新冠病毒检测试剂、医用口罩等“五大类”疫情防控医疗器械的监管。为疫情防控提供标准支撑,为医疗机构提供计量服务，为重点单位提供特种设备和餐饮食品安全保障，支持和服务疫情防控大局。实施进口冷链食品总仓管理，按要求建立进口冷链食品追溯管理平台，做好常态化疫情防控工作。

【食品安全监管】 2021年，临汾市市场监督管理局组织全市食品安全监管人员开展食品生产经营日常监督检查，开展农村假冒伪劣食品整治行动和放心食品超市自我承诺活动，开展隐患排查治理。排查食品生产企业268家，食品小作坊508家，发现问题168个，其中现场整改93个，限期整改50个，存在的问题均已整改。抓好重点时段学校食品安全监管，加强春季开学前后食品安全的监督检查，对学校食堂、校外供餐单位、学校周边餐饮服务提供者实行全覆盖监督检查。宣传贯彻《山西省预防和制止餐饮浪费规定》。组织本地企业参加第12届中国中部投资贸易博览会，帮助全市食品生产企业的特色产品走出临汾走向全省以及全国，带动企业拓宽销路获得收益。开展“2021年全国食品安全宣传周（临汾）活动”，成立临汾市食品安全委员会；印发《临汾市深化改革加强食品安全工作实施方案》；召开全市食品安全工作推进会；以临汾市人民政府文件向省食品安全委员会上报《关于2020年食品安全工作评议考核结果通报问题整改情况的报告》。截至12月6日，全市食品安全监督抽检完成21254批次，其中食用农产品抽检完成1.09万批次。

【药品安全监管】 2021年，临汾市市场监督管理局成立药品安全和高质量发展委员会，明确各成员单位的职能分工，推进临汾市医药产业高质量发展。加强零售药店、疫苗配送与使用单位、医疗机构药品质量日常监管，开展疫苗、中药饮片、集采中选品种、含兴奋剂等特殊药品经营专项整治。全市范围内组织开展“我为群众办实事”实践活动暨药品安全风险隐患排查“百日行动”。加强对医疗器械生产经营使用环节的安全隐患排查，开展第一类医疗器械生产企业产品备案清理规范工作、组织开展无菌和植入性医疗器专项检查、“清网”行动专项整治、非法经营装饰性彩色平光隐形眼镜专项整治行动、医疗美容专项整治“五个专项”的监督检查。强化对化妆品经营企业的日常监督、开展儿童（含婴幼儿）化妆品专项整治。2021年，药品抽检完成500批次，医疗器械抽检完成35批次，化妆品抽样工作按月推进抽样完成50批次。

【特种设备安全监管】 2021年，临汾市市场监督管理局推进电梯改革，在全市范围内启动改进电梯维护保养模式和电梯检验检测方式改革试点工作，强化保险作用，提升电梯责任保险覆盖率，加大监督检查和宣传力度，确保区域内电梯应检必检。在全市开展电梯鼓式制动器、起重机械限位装置、易燃易爆物品和市场监管领域燃气安全专项隐患排查整治工作。6月7日，围绕“落实安全责任，推动安全发展”主题，在乡宁县云丘山景区举办客运索道应急救援演练，提高突发应急事件处置能力。在迎接建党100周年前，派出16个小组赴各县进行调研排查。

【产品质量安全监管】 2021年，临汾市市场监督管理局开展以水泥、建筑用钢筋、电线电缆重点的农村自建房用建筑材料质量专项整治工作。出动执法人员995人次，检查钢铁企业151家、水泥生产销售企业139家，检查电线电缆生产、销售企业167家，检查装饰材料销售企业38家，发现严重质量问题有12个，58个轻微问题责令企业整改完毕。抽检钢材、水泥、电线电缆等建筑装饰材料64批次，全市建材装饰材料质量违法案件立案12起，结案7起，行政处罚42.13万元，没收产品137.41吨。完成环保工作任务，开展柴油货车污染治理专项行动，全市抽检车用汽油939批次、车用柴油646批次、车用尿素259批次；全市在生产企业抽检型煤41批次、在民用散煤销售点抽检民用散煤1055批次、抽检民用散用户260批次。

【优化市场主体】 2021年，临汾市有在业市场主体29.19万户，其中，企业7.84万户、个体户20.29万户，农民专业合作社1.06万户。截至2021年6月30日，全市应参加2020年度公示的企业6.4万户，已参加年报公示企业6.24万户，企业年报率达到97.53%。与18个市直各成员单位制定部门联合双随机计划，推动部门联合“双随机，一公开”监管工作常态化。全年全市开展“双随机、一公开”监管工作抽查756起，检查市场主体7352户，实现监管工作常态化、全覆盖。探索“七要素”（安全、培训、履责、技术、制度、文化、守法）融入法，参与培养民营企业家，优化营商环境，促进非公经济健康发展和非公经济人士健康成长。非公党建工作在全省非公企业党组织书记暨党建工作业务骨干示范培训班上进行经验交流，被国家市场监管总局通报表彰为“全国‘小个专’党建工作表现突出集体”。临汾非公党建经验做法被国家市场监管总局《市场监督管理半月刊》刊载。

【优化市场营商环境】 2021年，临汾市市场监督管理局深化“放管服效”改革。调整完善商事制度改革领导小组，探索建立审管无缝衔接、加强事中事后监管的办法措施，确保履职到位、监管到位。依托全省网络交易监测系统，推进网络交易监管。屏蔽、删除无效网站网址，维护网络交易环境，开展反不正当竞争执法和反垄断配合工作，打击混淆、虚假宣传等不正当竞争违法行为，维护公平竞争市场环境。创新广告监管模式。对监测调查发现的严重虚假违法广告行为实施行政处罚；对违法广告行为轻微的，采取批评教育、告诫、引导、行政约谈等柔性执法。查处医疗、“两品一械”、房地产等重点违法广告行为。

【质量建设】 2021年，临汾市市场监督管理局印发《2021年全市质量发展工作要点》，贯彻落实山西省质量基础设施“一站式服务”工作。协调市政府召开“质量月”活动暨质量工作考核部署会议，启动“质量月”主题宣传活动，组织开展“3·15”计量消费维权宣传和“5·20”世界计量日宣传，实施质量提升行动。通过对医疗机构、大型商场、集贸市场、眼镜制配单位、加气站等场所的计量监管，规范市场计量秩序，提升主办者和经营者守法、诚信、自律经营的法律意识。以认证服务为抓手，推动小微企业高质量发展。开展“小微企业质量体系认证提升行动”，全市有认证证书获证组织631家，证书1474张。推动全市养老、银行、物业等服务业的规范化发展，临汾市尧都区正元养老院获得全省第一张四星级养老机构服务认证证书，全市150个银行服务网点获得银行营业网点服务认证证书。

【标准化建设】 2021年，临汾市市场监督管理局督促指导2个国家级、5个省级标准化试点开展2021年标准化建设工作。指导戎子酒庄、尧京葡萄酒有限公司、隰县好乐佳3家农产品加工企业开展标准化良好行为创建。推动临汾市尧都区正元养老院成为国家级养老服务标准化试点单位。征集临汾市地方标准和临汾市市级标准化试点项目，5月底下达第一批市级地方标准制修订计划13项；报送省级标准化试点项目8个。

【知识产权创新和保护】 2021年，临汾市市场监督管理局严格地理标志保护，深化地理标志管理改革，按照《国家地理标志产品保护示范区建设管理办法》指导吉县市场监管局开展2021年国家地理标志产品保护示范区申报工作。制定临汾市知识产权强市建设行动方案，提高知识产权的创造质量、运用效益、保护效果、管理能力和服务水平。开展全市“知识产权服务万里行”活动。全市商标申请件数5138件，获准注册5171件，有效注册商标2.13万件；全市专利获得授权1664件，全市有效发明专利拥有量539件。

【品牌建设】 2021年，临汾市市场监督管理局推进“临汾优品”区域公共品牌建设，以市政府名义出台《关于建设品牌强市的实施意见》，加快质量强市战略实施。实现政府推动、部门联动，市场化运作、社会化服务的品牌建设模式，确保公信力、影响力、引导力。

（张志敏）

海关管理

【概况】 2021年，临汾海关以“五关”建设为主线，以“精品海关”建设“巩固年”工作为抓手，贯彻落实总署、太原海关党委决策部署，统筹新冠肺炎疫情防控和服务经济发展任务，全年受理报关单1092票，同比增长27.4%；检验检疫出入境货物338批，下降31.4%，货值1.65亿元，下降18.4%；签发各类原产地证书1840份；实有备案企业338家，增长9%。2021年临汾市实现外贸进出口总值30.7亿元人民币，同比增长56.8%，较全省增速高出8.5个百分点。其中，出口29.7亿元，增长72.1%；进口1亿元，下降56.7%。临汾市进出口值在全省11个市中排名第7名，与2020年同期持平。

2021年，临汾海关统计岗、会计岗、综合业务岗等9个岗位获太原海关“精品岗位”命名，办公室、查检科、综合业务科获“精品科室”命名，临汾海关荣获太原海关精品海关建设先进集体，“奋楫者先”被评为海关总署党建培育品牌和太原关区党建示范品牌，临汾海关连续获评省级文明单位和省直文明标兵单位。

【业务领域改革】 2021年，临汾海关推广“两步申报”和“两段准入”等业务领域改革，实施提前申报、电子支付、无纸化证单等措施，提升办事效率，“单一窗口”主要业务应用率达100%，保障疫情后辖区的两趟中欧班列发行，发运总货值约1500万美元。与临汾市商务局、税务局、外汇局、市场监督管理局等多部门分头签订相关合作机制7个，推动信息共享，加强沟通协调。印发《临汾海关进一步推进优化口岸营商环境、服务临汾构建对外开放“新高地”的通知》，会同临汾市市场监督管理局、金融办、发改委与12家重点企业进行座谈，做好RCEP政策宣讲。

【依法监管】 2021年，临汾海关落实谁执法、谁普法要求，组织开展普法进社区、进学校、进企业宣传活动，营造良好执法环境。组织开展“国门绿盾2021”和“清风”行动，加强对进出境货物及运输工具的监管和检疫查验，防范外来有害生物入侵和重大动植物疫情传播；完成吉县、隰县等5个县区100个监测点有害生物监测布控工作。

【科技应用】 2021年，临汾海关加大对信息化技术的投入，提升信息化应用水平，围绕HLS2017、内控子系统、协同平台建设、单兵设备的实操应用等开展能力提升活动。内控系统实有维护建立科室节点125个，覆盖执法及非执法领域。助力海关实验室平台作用发挥，检测能力2400余项，为隶属关最强。全年完成6383批次4.2万项检测任务，为服务辖区食品质量安全、助力疫情防控、保障老百姓“餐桌上的安全”展现海关作为。

（刘亚群）

农业农村

农村工作

【概况】 2021年，临汾市农业农村局聚焦“产业兴旺、生态宜居、乡风文明、治理有效、生活富裕”总要求，稳定增加农民收入，推进产业振兴、农产品精深加工、乡村建设、农村改革、乡村治理等重点工作，乡村振兴取得成效，带动全市农业农村工作呈现稳中加固、稳中向好的发展态势。2021年，临汾市一产固定资产投资完成24.47亿元，同比增长10.2%；一产增加值完成151.2亿元，同比增长8%；农村居民人均可支配收入完成1.53万元，同比增长11%，增速高于城镇居民人均可支配收入。

【农村改革】 2021年，临汾市农业农村局推进农村集体产权制度改革，全市3157个农村集体经济组织全部成立，完成登记赋码，颁发集体经济登记证书，办理银行开户，颁发股权证书，集体经济组织具备管理集体资产、发展集体经济的职能。其中，成立股份合作社2895个，占总数的91.7%；成立经济合作社262个，占总数的8.3%。改革时点量化资产总额62.57亿元。6月，代表山西省迎接农业农村部第三方督促评估。推进农业生产托管，2021年安排试点面积4.25万公顷，已经完成3.71万公顷（跨年度项目）。推荐永和县“搭建智慧服务平台发展农业循环经济”农业生产托管案例入选全国农业社会化服务典型案例。

【农村人居环境整治】 2021年，临汾市农业农村局统筹推进农村人居环境整治，推进农村改厕和“六乱”整治，成立“六乱”整治工作领导组，下发工作方案，3次召开现场推进会，全市“六乱”整治工作铺开，成效明显。完成投资1.9亿元，群众投劳21.74万人次，在交通沿线、村庄街巷、田间地头、农户庭院等各重点区域拆除违章和废弃建筑1.84万处，整理线缆“蜘蛛网”1.37万处，清理各类垃圾58.27万吨，全市有1854个行政村达到整治标准，占到总数的87.78%。农村基本消除乱搭乱建、乱堆乱放、乱倒乱排的“六乱”现象，达到“五有五无四实现”目标。全年完成改厕任务5.17万座，完成目标任务5.15万座的100.4%。开展农村厕所问题摸排整改工作，排查2013年以来各级财政支持改造的农村厕所33.42万座，发现问题户厕9607座，整改8439座，列入长期整改1168座，整改率100%。 （要 敏）

农业产业化

【概况】 2021年，临汾市农业农村局出台《临汾市关于全面推进乡村振兴实现一产高质量高速度发展加快农业农村现代化的实施方案》《关于推进农业高质量高速度发展“四做三增一考核”政策措施》等政策，从生产基地、链条延伸、品牌培育等方面加大政策扶持力度，培育壮大龙头企业，逐步建立健全特色鲜明、结构合理、链条完整的农产品精深加工体系，推动农产品加工业精细化、特色化、功能化发展。2021年，全市农产品加工业销售收入达187.16亿元，同比增长23.13%；年销售收入500万元以上农产品加工企业销售收入达133.65亿元，同比增长18.2%。全市农业十大产业集群（含菜品、花卉尚品）产值111.36亿元，同比增长147.47%。

【农产品加工销售】 2021年，临汾市农业农村局加大政策扶持力度，培育壮大龙头企业，推进十大产业集群发展，促进产业融合互动、市场有效对接。推荐山西琪尔康翅果生物制品有限公司入选国家级龙头企业；全市国家级农产品加工龙头企业2家；新认定省级龙头企业33家，全市省级龙头企业70家。

（要　敏）

种植业

【粮食生产】　2021年，临汾市农业农村局履行粮食安全政治责任，统筹推进稳面积、稳产量、稳政策各项措施，推进有机旱作农业发展，建设2个有机旱作农业科研示范基地、7个有机旱作生产基地，启动实施浮山县、翼城县谷子良种繁育基地建设项目和晋南驴畜禽遗传资源保护与利用项目，引领带动现代种业发展，翼城县“珍珠玉米”入选全国十大优异种质资源。落实防汛抗旱各项工作举措，克服灾情影响，保障粮食安全。全市粮食作物播种面积50.12万公顷，总产量21.11亿公斤。其中，夏粮面积20.11万公顷，与上年基本持平，总产量8.57亿公斤，增加4.46%；秋粮面积30.01万公顷，比上年增加0.06万公顷，总产量12.54亿公斤，减少4%。翼城唐兴镇东关村高产示范田平均产12462.6公斤/公顷，新创山西省小麦单产纪录。

【特色产业】　2021年，临汾市农业农村局推进沿黄梨果、沿汾蔬菜、太岳中药材（药茶）等“三大产业园区”建设，引领带动水果、蔬菜、中药材、生猪等产业扩规模、提质量。共计新建改建设施蔬菜114.13公顷，新发展露地蔬菜5253公顷；新发展水果1600公顷，改造老果园6005公顷，新发展中药材14347公顷。

【品牌创建】　2021年，临汾市农业农村局开展农产品品牌创建工作，全市8个农产品品牌入选晋字号“特”“优”品牌目录库。全市有10个省级功能农产品品牌，5个市级区域公用品牌；认证绿色食品130个、有机农产品（中绿华夏认证）7个，地理标志农产品（农业农村部认证）27个，“圳品”产品11个，申报“圳品基地”4个。举办“临汾优选”杯抖音短视频大赛、端午直播带游带货及丰收节系列活动，以隰县玉露香梨、吉县苹果、安泽连翘为主打产品，展示推介“临汾优选”品牌，拓宽销售渠道，全市通过网络销售特优农产品1.31亿元，带动线下销售11.2亿元。授权34家企业40种农旅产品使用“临汾优选”区域公用品牌。“临汾优选”在“2021中国品牌·区域农业形象品牌影响力指数”百强榜上位居第55位。　（要　敏）

畜　牧

【畜产品供给稳定】　2021年，临汾市畜牧发展中心按照统计数据，全市肉、蛋、奶产量分别为14.99万吨、11.8万吨、4.9万吨，基本满足全市畜产品需求。生猪存栏93.1万头、同比增长29.4%，完成山西省下达年度任务的117.6%；出栏139万头，同比增长41.8%，完成省下达任务的128.9%，比全省平均增速高0.1个百分点；生猪稳产保供任务超额完成。牛存栏9.4万头，出栏4.4万头，同比分别增长15.5%、11.8%。羊存栏83.8万只、出栏40.5万只，同比分别增长7.4%、28.7%。家禽存栏1853万只，出栏2010万只，同比分别增长22.3%、14.9%。牛羊禽生产快速增长。

【重大动物疫病防控】　2021年，临汾市畜牧发展中心做好规模养殖场程序免疫和散养户春秋两季集中免疫，高致病性禽流感、口蹄疫、小反刍兽疫等重大动物疫病应免尽免，免疫密度达到100%。加强兽医实验室建设，17个县（市、区）开展省级二级实验室续展考核验收工作，13个县兽医实验室考核通过，并领取了证书。建立“3·20”集中消毒灭源活动长效机制。3月20日，全市举行集中消毒灭源活动启动仪式，1月、7月、10月，各县（市、区）对辖区内的重点区域和重点环节进行消毒灭源，确保消毒工作经常化、规范化、制度化。10月强降雨引发洪涝灾害后，组织受灾区域养殖场户、屠宰场、畜禽交易市场等进行集中消毒。发放消毒液100余吨。针对个别地区发生人感染炭疽疑似病例，召开全市加强畜间炭疽防控工作电视电话会议，安排部署畜间炭疽病的防控。在全市8个县10个企业开展“先打后补”工作，推进重大动物疫病免疫服务社会化。全市没有发生区域性重大动物疫情。

【畜禽遗传资源普查】　2021年，临汾市畜牧发展中心普查出14个畜（禽）种（其中，9个传统畜禽，猪、普通牛、绵羊、山羊、马、驴、兔、鸡、鸽；5个特种畜禽，梅花鹿、火鸡、珍珠鸡、绿头鸭、鸵鸟）46个品种，录入数据779条，普查出群体数量285640头（只、匹、羽），能繁母畜30452头（只、匹、羽），公畜2300头（只、匹、羽）。蜂资源8个品种。新发现资源4个品种，其中，洪洞奶山羊933只，分布于洪洞县境内各乡镇，襄汾马仅在襄汾县古城镇北侯村内发现一匹，侯马市发现少量本地土鸡和本地绵羊。

【草业工作】 2021年，临汾市种植各类饲草0.79万公顷，其中青贮玉米0.66万公顷，苜蓿0.05万公顷，其他饲草0.08万公顷。2021年粮改饲任务为收贮0.4万公顷优质饲草，收贮面积0.38万公顷，收贮饲草13.11万吨，其中青贮玉米12.75万吨、其他饲草0.36万吨。由于强降雨天气原因，隰县、大宁将粮改饲资金整合使用，其余12个县市全部完成。

【畜牧产业安全发展】 2021年，临汾市畜牧发展中心落实“管行业必须管安全，管业务必须管安全，管生产经营必须管安全”的安全责任要求，明确涉牧企业安全主体责任重点任务，推进涉牧企业实现“一企一清单一张图”的安全管理模式。在“五一”、国庆等重要时间节点开展安全生产检查，检查企业268家，督促企业整改隐患问题102个。开展畜产品质量安全抽检。2021年，完成部、省级农产品质量安全检测219个批次抽样任务，抽检合格率为99.5%。市检查生鲜乳收购站21次，生鲜乳运输车6次，配合第三方生鲜乳抽样11批次，没有检出违禁添加物。

【技术服务】 2021年，临汾市畜牧发展中心在河西牧场启动牧草种植和动物防疫检疫技术研究及实践应用项目，成立临汾市畜牧发展中心实验基地，利用河西牧场原有基础设施，对办公场所和职工宿舍进行修缮，建成养殖圈舍，引进洪洞奶山羊20余只，开展奶山羊养殖和防疫技术研究，提高从业人员专业技能。参与省厅“专家团队、项目工队、营销战队”三队服务，中心中级职称和部分年轻技术骨干近20人入编三队，开展下乡技术服务40余次，宣传畜牧业政策法规，解决养殖户发展问题。

【绿色发展】 2021年，临汾市畜禽养殖废弃物资源化利用率89%，规模养殖场设施装备配套率99.4%，大型规模养殖场配套率100%。襄汾县山西襄汇生物科技有限公司（病死动物无害化处理公司）正式运行。洪洞县、襄汾县开展病死动物无害化处理对接会，启动建设区域性病死动物无害化处理收储体系。

农业机械

【概况】 2021年，临汾市农机发展中心扶强扶优农机服务组织，加大农机服务体制机制改革创新力度，补齐农机化发展短板，提升农机化服务水平，满足农业“特”“优”战略机械化需求，树立农机新形象，打造农机新品牌，农机购置补贴工作高质量实施，农业机械化向“两全两高”高水平迈进，提升农机社会化服务水平，推进机械化有机旱作农业，农机安全生产形势持续稳定，完成各项农机化工作任务，全市农机总动力231.7万千瓦，主要农作物综合机械化率77.8%（高出全省平均水平近4个百分点），小麦、玉米综合机械化率分别达到95.98%、83.29%，农业机械化发展迈向现代化、智能化。

【农机化装备】 2021年，临汾市围绕“适当扩大补贴范围，全部敞开补贴”的方针，实施农机购置补贴，使用农机购置补贴资金4376.34万元，补贴机具5626台，惠及4328户农户。临汾市拖拉机保有量54246台，其中，大中型拖拉机保有量大幅提升，达到18313台，约占总保有量的三分之一。拖拉机配套农机具达到10万部以上，配套比达到1：2。小麦、玉米联合收割机分别达到3067台、3611台，马铃薯收获机达到901台，农产品初加工作业机械达到5469台。畜牧、薯类、小杂粮、农产品加工、设施农业等方面的装备增加明显，智能化、复式和绿色作业机具需求量日益增多，农机装备数量增长，装备结构优化。

【农机化生产】 2021年，临汾市发挥农机化在农业生产中的主力军作用，抢抓农时，组织开展“春耕”“三夏”“三秋”等重要农时的农机化生产，完成机耕、机播、机收任务，主要农作物综合机械化率达到77.8%，机耕、机播、机收率分别达到83.45%、81.08%、66.96%，保障全年粮食丰产丰收。“三夏”期间，在全市推行“一车一队一岗”党员服务活动，组建57辆党员示范车、11支党员服务队、21个党员先锋岗，开展扶危帮困、技术服务、信息咨询等服务，为713户困难群众减免作业费3万余元，打通为民服务“最后一公里”。全市完成小麦收获面积19.49万公顷（其中机收小麦面积19.10万公顷），复播玉米11.15万公顷（其中机播玉米面积11.13万公顷），小麦机收率达98%以上，玉米机播率达99.8%。确保夏粮颗粒归仓，推行机收减损，开展人工智能联合收割机增效减损检测实验，承担全国粮食机收减损山西赛区大比武活动，推动机收作业精细高效、提质减损。“三秋”期间，临汾市遭受连续强降雨，农田积水严重，农业受灾严重，全体党员分赴生产一线，指导农机户改装机具，帮助农户开展抢种抢收，改造轮胎换双轮91台，轮式改履带式35台，争取财政资金200余万元用于机具改装补助，为保证小麦播种争取宝贵时间，解决常规机具无法下地作业的难题。

【机械化有机旱作农业】 2021年，临汾市完成农机深松整地作业面积4.94万公顷。为深松作业机械加装农机作业网络监控终端设备，通过市级智慧农机云平台能对农机作业情况进行实时监测，实现农机作业信息的可视化和数字化管理，信息化监测面积达2.65万公顷，推进农机深松整地作业补助项目实现信息化监测全覆盖，增强深松智能监管水平和能力。完成秸秆机械化还田面积32.34万公顷，完成秸秆机械化加工转化量35.29万吨。

【农机技术推广】 2021年，临汾市“两全两高”农业机械化向高水平迈进。开展农机化综合示范县项目；洪洞县被评为全国第六批率先基本实现主要农作物生产全程机械化示范县；建立丘陵山区农机化技术综合应用示范区；举办无人机植保飞防演示培训会，成立“临汾市无人机联盟”，实现共享市场、交流技术、集团作战。在丘陵山区农机化技术综合应用、果园产业、设施农业和农产品初加工业机械化等方面建成多个示范基地，解决植保作业中的很多实际难题；引进牵引式免耕精量全层（四层）多功能智能播种机和人工智能联合收获机，把智能农机新技术应用到农机作业中。全年，组织新技术、新机具现场会13次，完成农产品加工新装备、新技术培训859人，建设农机新技术推广示范点4个，建成农业机械化技术集成示范基地2个。在农产品加工机械化发展方面，发展新型、高效、节能农副产品加工机械数量1646台（套），建成高标准农产品产后处理及初加工装备技术示范点3个。通过建设示范基地、开展试验测试、组织培训演示，推动农作物生产各个环节机械化及农业各个领域机械化应用，带动了全市农业机械化全程全面、高质高效发展。

2021年“三夏”期间，农业机械正在紧张作业，确保粮食归仓

（市农机发展中心供图）

【社会化服务】 2021年，临汾市农机发展中心提升农机社会化服务能力和水平，开展政银合作、政企合作和政校合作，推动全市农机化工作提质升级。与多家金融机构开展政银合作，缓解农机服务组织融资难融资贵问题，探索出银行出资—保险担保—稳控风险—规模采购—降本增效—合作共赢的运行模式，通过政银合作有效降低贷款利率0.8~1.2个百分点，全年为208户农机服务组织贷款3387万余元。在中国银行山西省分行召开2021年度中银创新奖评审会上，临汾市“政银合作”农机贷款项目荣获“2021年度山西省中银产品创新奖一等奖”。通过与石油部门开展政企合作，加油站便利店内增售农用物资，农机服务组织和农民在农机燃油和农资购买等方面享受到优惠和便利，实现农机加油、农资购买“一站式”服务。与临汾职业技术学院开展政校合作，促进农机人才向职业化、现代化转型，农机社会化服务组织向专业化、规模化发展。通过临汾市农机化信息网宣传“全程机械化+综合农事”典型案例，引领农机作业服务主体建设成为“全程机械化+综合农事”服务中心，打造“一站式”为农服务综合平台。翼城县益农农机专业合作社理事长王述民被评选为2021年

“最美农机合作社理事长”，在全国农机化导报上进行事迹宣传。2021年，临汾市升级智慧农机云平台，完善农机社会化服务组织管理系统，经优中选优，全市选出62家合作社作为重点扶持对象，在金融、人才、技术、管理等方面开展重点扶持，为62家合作社分配农机社会化服务组织管理系统专用账号和密码，方便其自主完善合作社人财物、土地流转托管、机具调度等方面信息，加强对农机合作社工作指导和监督管理，帮助农机经营主体发展壮大。

【农机化培训】 2021年，临汾市农机发展中心培训农机合作社带头人580人、农机操作手490人。9月，临汾市选派10名优秀农机手参加山西省第六届农机操作手暨第二届无人植保机培训技能大赛，获得山西省无人植保机大赛第一名和第五名的优异成绩。临汾市农业机械发展中心被山西省农机中心和山西省农林水工会委员会授予“最佳组织奖”。

【农机安全管理】 2021年，临汾市农机发展中心在“春耕”“三夏”“三秋”等农机作业高峰期，对全市农机安全生产工作进行安排部署，严防农机事故发生；开展农机安全隐患排查整治、玉米收获机质量调查、对各县（市、区）安全责任落实情况进行督导检查，保障全市农机安全生产形势稳定，县级农机部门利用重要农时、日常下乡、农机集中检审验等有利时机，走村入户开展农机安全生产教育，提醒农机手安全操作，将安全生产知识送到田间地头，杜绝农机安全事故发生。临汾市协助山西省农机中心承办2021年全国农机安全生产宣传咨询日活动，洪洞县被评为全国平安农机示范县。

【农机化信息宣传】 2021年，临汾市农机发展中心组建临汾市农机化信息宣传员队伍，构建市县两级宣传网络，全年报送农机化信息400余条，其中60余条农机化工作信息在中央、省、市等平台发布，其中两篇信息荣获2020—2021年度山西农机化信息网“十佳好信息”表彰，中心被省农机中心评为2020—2021年度山西农机化信息网信息宣传工作先进单位；开通“临汾农机”抖音账号，制作推出短视频50余条，提升农机宣传工作的渗透力、引导力和传播影响力。

（张靖琳）

干部驻村帮扶

【概况】 2021年，临汾市以巩固脱贫成果全面推进乡村振兴，围绕驻村第一书记和工作队责任、政策、工作“三落实”情况，强化帮扶成效，完成帮扶工作各项目标任务。

【推动帮扶工作】 2021年，临汾市加强对驻村帮扶干部的管理，根据中共山西省委办公厅《〈关于向重点乡村持续选派驻村第一书记和工作队的实施意见〉的通知》，市、县两级均成立干部驻村工作领导小组，成员单位由组织部门、农办、农业农村部门、乡村振兴部门、财政部门等组成，组织部部长担任组长，分管乡村振兴工作的领导同志担任副组长，统筹管理驻村帮扶干部。市驻村办抽调5人专人专责抓帮扶，其他各县（市、区）根据地方实际情况设立驻村办，配备2名以上专职工作人员。

【帮扶业务培训】 2021年，临汾市巩固拓展脱贫攻坚成果、全面推进乡村振兴新形势新任务，将业务培训作为提升干部驻村帮扶能力的重要举措，各县（市、区）干部帮扶办、乡村振兴局牵头编制《××县驻村第一书记和工作队员工作手册》，明确驻村工作的目标任务、政策措施和职责要求等内容，绘制干部驻村帮扶“施工图”作为驻村干部必备工具书。通过“市级示范，县乡覆盖”的办法，分期分批对驻村第一书记和工作队开展密集专题培训，重点开设基层党建、乡村振兴政策解读、特色产业发展、提升农村治理水平、为民办事服务等课程。市级部门组织工作队专题培训会，县级干部帮扶办每月组织工作队开展1次政策培训。全市对各级选派的929支驻村（乡镇）工作队、2868名驻村工作队员、708名驻村第一书记进行全员轮训，实现培训全覆盖。

【驻村监督管理】 2021年，临汾市从严选派驻村干部，根据山西省委组织部、山西省扶贫开发办公室《关于做好驻村第一书记和工作队选派工作的通知》，通过个人自荐、单位推荐、择优选拔的方式，以“选得准、下得去、融得进、干得好”为目标，依据“四个原则”（“坚持‘硬抽人、抽硬人’的原则，坚持选派人数与单位编制数、领导干部职数挂钩的原则，坚持大体稳定、个别调整的原则，坚持有序衔接、平稳过渡的原则”对选派驻村第一书记和工作队进行安排部署）。从严制定管理办法，针对巩固拓展脱贫攻坚成果同乡村振兴有效衔接起步之年驻村帮扶干部管理职责不清的问题，市委组织部联合乡村振兴局专门研究印发《临汾市驻村第一书记和工作队选派管理考核办法》，厘清县乡党委、派出单位的管理责任，再次明确驻村第一书记和工作队（驻乡镇工作队）的职责任务。通过干部驻村帮扶信息管理系统每天对驻村干部的签到和日志上传情况进行检查，对没有按时签到、上传日志及签到地点异常的驻村人员，根据属地管理原则，督促各县（市、区）对被通报干部严肃问责处理。市、县两级暗访通报165次，其中，市级暗访通报5次，约谈3家帮扶单位，通报驻村干部105人，召回2人。县级暗访通报160次，约谈37家帮扶单位，通报驻村干部219人，召回6人。

【巩固脱贫成果】 2021年，临汾市各级帮扶单位集中力量、集中资源，团结带领群众接续奋斗，谱写乡村振兴新篇章。1月以来，中央省市县四级帮扶单位投入帮扶资金1.09亿元，引进帮扶资金1.26亿元，实施万元以上项目681个；助消帮扶村农产品金额6007.49万元；帮助务工就业人数17516人。其中，中央驻晋定点帮扶单位直接投入帮扶资金金额1708万元，引进帮扶资金金额867.6万元，实施万元以上项目32个，助销帮扶村农产品金额565.7万元；帮助务工就业人数160人。省直帮扶单位直接投入帮扶资金金额2092万元，引进帮扶资金金额2908万元，实施万元以上项目67个，助销帮扶村农产品金额728.3万元；帮助务工就业人数1284人。市县帮扶单位帮扶单位直接投入帮扶资金金额7191.52万元，引进帮扶资金金额8820万元，实施万元以上项目582个，助消帮扶村农产品金额4713万元；帮助务工就业人数16072人。中央驻晋定点帮扶单位发挥示范引领作用和部门行业优势，加大投入力度。中国证券投资基金业协会开展行业救灾倡议，引入4家基金公司帮扶资金351.68万元用于灾后重建、乡村振兴等事业。利用行业专业知识优势，与保险公司谈判协调，为受灾农田合理提高理赔标准，合计为全县受灾群众多争取赔付资金56万元；创新消费扶贫模式，动员16家机构通过采购农产品、认养梨树等方式消费扶贫78万元。

【为农惠农】 2021年，临汾市激发群众内生动力，实现帮扶力量与群众需求精准对接，激发群众内生动力，凝聚社会各界帮扶合力，加强对爱心超市的规范管理，采取“社会化募集、菜单式需求、积分制考核、常态化发放”的方式，让群众得到看得见、摸得着的实惠，推动形成良好家风、文明乡风、淳朴民风。全市爱心超市622个，脱贫村覆盖率100%，发放物资金额656972.36万元，累计受益167771人次，全部运行正常。

【激励干部担当作为】 2021年，临汾市推动驻村第一书记和工作队开展日常帮扶工作，落实巩固拓展脱贫攻坚成果同乡村振兴有效衔接各项任务。根据中共山西省委办公厅印发的《关于向重点乡村持续选派驻村第一书记和工作队的实施意见的通知》，市县两级为驻村干部安排工作经费1632.57万元。落实好驻村干部任职期间的驻村补助，印发《关于落实全市驻村第一书记和工作队员驻村补助的通知》，明确市、县两级驻村干部补助发放标准，市直单位选派的驻村第一书记和工作队员驻村补助按照市级出差补助标准执行120元/人/天，县直单位选派的驻村第一书记和工作队员驻村补助按照县级出差补助标准执行。驻村帮扶干部意外伤害保额由30万元提高到50万元，意外医疗保额从3万元提高到5万元，意外医疗免赔额降为0，免赔按100%赔付，疾病身故观察期从90天缩短到30天，解决驻村干部及家属的后顾之忧。

【灾后帮扶工作】 2021年9月以来，临汾市多地遭受严重的雨涝灾害，给人民群众的生命财产和农业生产安全造成严重影响。全市快速响应并先后出台《关于组织驻村第一书记和工作队积极参与防汛抢险救灾工作的通知》《关于报送近期防汛工作落实情况的通知》《关于在防汛救灾中充分发挥第一书记和工作队驻村帮扶作用的通知》，督促驻村第一书记和工作队逐村逐户摸排住房损毁、饮水安全等“两不愁三保障”问题和农作物及畜禽损失、财产损失等情况，做到不漏一户、不落一人。对脱贫户、监测户及因灾计划纳入监测户的受灾情况进行研判，分类建立台账，明确帮扶责任人，按照“一户一策、缺什么补什么、急事急办、特事特办”的原则，制定帮扶措施，做到底数清、情况明、责任实。截至11月底，全市各级驻村干部凝心聚力排查风险隐患20020个，协调解决20020个，实现全部问题扫尾清零。

（路丹阳）

水 利

【概况】 2021年，临汾市水利局贯彻习近平视察山西重要讲话重要指示精神，践行“黄河流域生态保护和高质量发展”战略和市委“1355”工作思路，落实中央水利基建投资29.95亿元，完成投资2.82亿万元，完成比例95.7%，中央水利资金完成率居全省第一方阵，获评全国水利扶贫先进集体、山西省脱贫攻坚普查成绩突出集体。

【考核指标完成情况】 2021年，临汾市用水总量7.18亿立方米，控制在省级要求范围9.93亿立方米以内。推进小流域综合治理、黄土高原塬面保护、淤地坝除险加固等水土保持重点项目达到时序进度要求，完成治理水土流失面积516.67平方公里，占年度任务512平方公里的101.91%。“河长制”进一步落实，“河长+检察长”协作衔接机制全面建立，运用“分办、交办、通报、督办”制度，推动涉河问题处理解决。2021年，各级河长巡河4.8万余次，协调处理涉河问题820个。强降雨期间，各县巡河员坚持不间断巡查责任河段，对水漫桥实施警戒，对道路进行封堵，守护车辆及群众安全，为全市安全度汛做出重要贡献。水利部发表文章——《山西临汾：巡河员迎“汛”而上保安澜》。完成农业水价综合改革4.51万公顷年度任务。配合推进黄河古贤水利枢纽前期工作，工程建设征地移民安置规划大纲通过水利部、晋陕两省批复，配合古贤筹建办完成临汾市四县因脱贫攻坚新增实物摸底工作，参与水利部水规总院组织的工程建设征地和移民安置规划报告审核会议。引沁入汾浮山供水工程具备通水条件；浮山臣南河、隰县南峪、尧都区仙洞沟、蒲县刁口和汾西北掌等五座水库工程主体完成进入尾工阶段。乡宁县宋家沟水库除险加固工程开工。汾河廊道建设4个在建项目年内完成投资2.87亿元，完成投资8.93亿元；9个新开工项目有7个完成可研批复；引沁入汾尧都专线水质提升工程开工建设，年内完成投资500万元；兰河安泽县段河、义亭河大宁县段道治理工程完成投资5630万元。

【重点项目和重点工作】 2021年，临汾市农村供水工程“互联网+监管”建设全面实施。通过加装村级智能水表、与省级监测平台联网的方式，实现对村级农村集中式供水工程的远程监管。全年投入资金2446.02万元，安装村级智能水表4692块。尧都区神刘灌区续建配套和节水改造工程已完工，完成中央资金1270万元。通过开展河湖“清四乱”大起底大排查大整治专项行动，排查整改问题145处。实施淤地坝除险加固、小流域综合治理、塬面保护、坡耕地综合治理、新建淤地坝等水土保持重点工程，计划完成投资19425万元，其中中央水利发展资金7449万元，中央预算内投资11976万元，截至12月底，完成中央水利发展资金投资7339.93万元，完成率99.73%；中央预算内投资项目，完成投资10005万元，占总投资任务的83.54%。增强水旱灾害防御能力。贯彻防灾减灾救灾新理念，落实防汛责任制，制定完善防汛预案，开展防汛检查，采取有效措施，应对强降雨过程，在2021年历史罕见的秋汛中，通过采取启动应急响应、巡查检查、会商研判、预警预报、技术指导、水库拦峰等措施，守住“水库淤地坝不溃坝、主要河流堤防不决口、重要设施不受冲击、不因水利工程损毁造成人员伤亡”的水旱灾害防御底线。

（畅安曼）

·临汾市引沁入汾和汾西灌区水利服务管理·

【供水管理】 2021年，汾西灌区引水1.49亿立方米，农业用水1.27亿立方米，灌溉面积35万亩75.71万亩次；非农用水0.32亿立方米。引沁方面从和川水库引水0.4亿立方米，其中，向洪洞调水1200万立方米、向尧都区涝河水库调水700万立方米（其中工业供水600万立方米）、向汾河生态供水2100万立方米。各项指标均完成年初制定的目标任务，为全市经济社会发展提供水利支撑。以洪洞中心为示范点成立“职工+农民”专业保浇服务队，解决老百姓浇地用时长、秩序差的问题，为保障粮食生产、实现乡村振兴战略打下基础。非农供水方面，立足自身设施条件和资源优势，按照“一企一策”管理模式，拓展供水市场，提高服务质量，实现社会效益和经济效益“双提高”。农业水价综合改革方面，完成中央投资597万元，新建和改建标准量水设施217处，为斗口水量精准计量打下基础。

【工程建设】 2021年，临汾市引沁入汾和汾西灌区水利服务管理中心完成2020年度续建配套与节水改造骨干工程，完成中央预算内投资529万元，主要建设内容为：新增渠道量水设施36处、流速仪和水位尺10套；改建位于七一渠桩号73+455处的薛村三桥1座，改建干河南桥1座；改建七一渠5+840至6+619段，长度为779米。

【工程管理】 2021年，临汾市引沁入汾和汾西灌区水利服务管理中心组织专业应急抢险队，筹资200余万元，对被强降雨造成损坏的水利设施、水毁渠道进行修复，有效减少农田受灾面积2万余亩；发挥助理河长职责，与相关市、县（区）河长办对接，明确职责，加大巡查力度；解决龙祠村排污渠渗漏问题，修复泉源周边的坍塌围墙。全年安全生产零事故。

（孙亚丹）

·浍河灌溉管理·

【经营情况】 2021年，山西黄河禹门口水务集团有限公司浍河灌溉管理分公司（以下简称浍河分公司）完成经营目标任务，完成供水2261.59万立方米。在工业供水方面，首次实现向曲沃工业园区企业直接供水的目标。在农业供水方面，重点抓库区用水管理。根据水库蓄水情况，严格落实习近平总书记“四水四定”讲话精神，严格控制超计划用水。

【水库防汛】 2021年，浍河分公司在水库防汛上做到6个到位。责任方案落实到位。汛前落实水库安全“五个责任人”名单上报、报纸公示、网络和专题培训，修订完善2021年浍河水库防汛抢险应急预案、汛期调度运用计划、大坝安全管理应急预案等，报临汾市防汛抗旱指挥部办公室。物资储备落实到位。储备防汛编织袋15万条、抢险备防石3400立方米，穿坝建筑物专用备防石120立方米，自备冲锋舟两艘，备用50千瓦发电机一台等。抢险队伍落实到位。组建防汛抢险队伍650人，全部登记造册备案。汛情联络落实到位。对指挥部成员、各成员单位及水库上下游联系方式，加入汛情水文监测平台，实现汛情信息互通，时时掌握。应急演练落实到位。编制浍河水库防汛演练脚本，组织完成2021年水库防汛抢险演练，检验应急预案的实战性能。值班值守和工程巡查落实到位。组建公司主要领导兼任带班领导，两名班子成员、安全与防汛科、库区管理站、公安科负责人为值班组长，水库全体人员参加防汛值班队伍，做到人在岗，能判断，会处置。

9月，山西省遭遇恶劣天气，持续降雨过程使浍河水库防汛形势异常严峻。9月26日，水库上游洪水流量达到368.8立方米/秒。公司启动水库防汛应急预案。在水库水位达到汛限水位480米时，及时启闸泄洪，发挥水库拦洪错峰的作用，最大限度保护水库大坝安全和人民群众生命财产安全。

【水库管理】 2021年，浍河分公司落实工程巡查常态化，加强日常管理，推行管理维护制度化。加强水库落实水位、库容、降雨量、绕渗、浊度、基渗和浸润线等统计分析工作，提升工程观测水平。经万家寨水控集团考核组复核和省水利厅考核组交叉考核，浍河水库运行管理工作最终赋分883分，达到省二级水库管理标准。

【工程项目】 2021年，浍河分公司完成全年水库维修养护与建设管理项目100万元。项目于2021年9月10日开工，12月10日完工，为补齐水库工程短板，提高工程管理水平，改善水库环境面貌奠定基础。

【“我为群众办实事”】 2021年，浍河分公司组织实施了卫村滩地节水改造，铺设管道1000米，配套管件98套，改善灌溉面积500亩，解决水库下游群众浇地难的问题。为水库购买了电动三轮车和电动喷雾器，解决水库员工运送物资困难和施工作业危险的问题。

（贾俊华）

2021年，浍河管理分公司组织浍河水库防汛演练
（市浍河分公司供图）

乡村振兴

【概况】 2021年，临汾市乡村振兴局把巩固拓展脱贫攻坚成果同乡村振兴有效衔接摆在“三农”工作的重要位置，以巩固成果为基础、有效衔接为依托、防止规模性返贫为底线，分类指导，精准施策，多措并举，统筹推进，各项重点工作都取得明显成效，全市脱贫基础更加巩固，攻坚成效更可持续，乡村振兴更有底气。

【巩固衔接】 2021年，临汾市委、市政府坚持高站位部署推进，在巩固拓展中全方位搞好衔接，实现脱贫攻坚向乡村振兴平稳过渡，落实“中央统筹、省负总责、市县乡抓落实”的工作机制，坚持四级书记抓乡村振兴，用脱贫攻坚的力度、作风和标准推进乡村振兴。在全省率先成立全市巩固拓展脱贫攻坚成果同乡村振兴有效衔接领导小组，市委书记闫晨曦，市委副书记、市长李云峰担任“双组长”。研究制定《临汾市巩固拓展脱贫攻坚成果有效衔接乡村振兴的实施方案》《关于全面推进乡村振兴实现一产高质量高速度发展加快农业农村现代化的实施方案》，编制“十四五”巩固拓展脱贫攻坚成果同乡村振兴有效衔接规划，将巩固拓展脱贫攻坚成果重大工程项目纳入“十四五”相关专项规划。借鉴沿用脱贫攻坚一系列体制机制，把脱贫攻坚周例会调整为巩固拓展脱贫攻坚成果同乡村振兴有效衔接月例会，市级跟踪问效，每月制定指导要点，对县（市、区）例会情况排队通报，研究解决一批政策落实、项目推进中的困难问题。加大重点工作督办催办力度，向各县（市、区）、市直有关部门下发催办函100余期，靶向推进问题整改。按照机构队伍总体稳定、机构职能调整优化的要求，一体谋划、一体推进市县两级扶贫机构调整。市级及17个县（市、区）乡村振兴局全部重组挂牌。

【应对灾情】 2021年，临汾市乡村振兴局面对罕见严重洪涝灾情，成立灾后恢复重建工作专班，下设10个工作组，专门设立防止因灾致贫返贫工作组，在全省率先出台应对洪涝灾情防止因灾致贫返贫“10条措施”。多轮次、全方位、拉网式进村入户摸底排查，全市新纳入重点监测对象469户1198人，全部录入全国防止返贫监测信息系统。为受灾群众发放临时救助资金219万元。加快受损房屋修缮重建，确保春节前全部搬进新居。加强饮水安全保障，全市688处受损农村供水设施全部修复完成。建立理赔“绿色通道”，发放农业、畜牧业等理赔金230万元。用好“防返贫”险，到年底保险公司将足额补齐受灾脱贫人口6000元防返贫监测线差额。9月底，与太平洋保险公司签订协议，拓宽“防返贫”险范围，提高理赔额度。太平洋保险公司向临汾市捐赠抗汛救灾农村工作人员风险保险2000万元。优先修复特色种养、光伏电站等产业设施，对受灾的71家扶贫车间、合作社、龙头企业，每家分别补贴5万元、10万元、20万元。加大职业培训补贴力度，开发公益岗位，促进脱贫劳动力稳岗就业。加大金融扶持力度，协调尧都农商行小额信贷10亿元，满足受灾脱贫户、监测户需求。11月9—11日，国家乡村振兴局组织《人民日报》、中央广播电视总台、《农民日报》、《中国乡村振兴》杂志社、《南方都市报》、《南方周末》6家中央媒体采访团，到安泽县、隰县开展“巩固拓展脱贫攻坚成果，防止因灾因疫返贫致贫”集中采访活动。央视农业农村频道中国三农报道栏目播出《山西临汾：强兜底授技能防止返贫》《山西安泽：给补贴重建房受灾农户“过暖冬”》，报道临汾市防止因灾致贫返贫的做法。

【动态监测帮扶】 2021年，临汾市乡村振兴局落实动态监测帮扶机制，采取农户自主申报、干部走访排查、部门筛查预警、信访舆情研判“四种方法”，经过全面集中排查和五次动态调整，全市防返贫监测“三类户”共计5826户14840人，其中脱贫不稳定户1652户4186人、边缘易致贫户815户2010人、突发严重困难户3359户8644人。跟踪“三类户”收支变化、“两不愁三保障”、饮水安全巩固等情况，完善机制，精准帮扶，坚决守住不发生规模性返贫的底线。全市“三类户”消除风险3600户9441人，未解除风险需重点监测的为2226户5399人（包括因灾新纳入重点监测对象469户1198人）。安泽县发挥“一码清”大数据平台作用，建立“一村一码”功能，综合运用多种监测预警方法，健全完善防止返贫监测和帮扶机制，对易致贫返贫人口分类管理、分级防控，一对一开展结对帮扶。

【“三保障”和饮水安全】 2021年，临汾市乡村振兴局把“三保障”和饮水安全作为重中之重，落实行业主管部门责任，开展排查，查缺补漏防止问题反弹，巩固提升脱贫成果。全市排查义务教育阶段学校1041所，排查义务教育阶段在校生数29.62万人，义务教育阶段适龄儿童少年无失学辍学现象，巩固控辍保学成果。全市排查健康扶贫领域问题44个，全部整改完成。对符合参保资助政策的脱贫人口全部给予全额资助，符合慢性病待遇保障范围的脱贫人口均纳入保障范围，防范因病返贫致贫风险。建立农村脱贫人口住房安全动态监测机制，全市未存在相关问题。山西省下达临汾市农村危房改造任务250户（涉及霍州市、襄汾县、曲沃县、翼城县、蒲县、隰县、大宁县7个县），全部完工。全市排查出饮水安全方面26个问题，整改完成21个，11月底前全部整改完成。建立农村饮水安全问题常态化排查整改机制，提高农村供水保障水平。

【易地搬迁后续扶持】 2021年，临汾市乡村振兴局聚焦全市345个集中安置区、4.96万名搬迁群众，狠抓产业就业后续扶持，集中安置区配套产业发展项目实现全覆盖，脱贫搬迁户实现至少有1人就业的目标。督促指导项目县完善基础设施配套、提升公共服务能力、加强基层组织治理水平，确保搬迁群众“稳得住、有就业、逐步能致富”。在汾西县、大宁县、隰县、永和县4个800人以上的易地搬迁安置点建立起就业服务工作站并投入使用，举办专项、日常招聘活动40余场，帮助458名脱贫劳动力实现就地就近就业。隰县龙泉镇上留村抓帮扶建产业，动员搬迁户发展药材、辣椒、小杂粮、养兔、养鸡等特色种植养殖产业，发展梨果业9户，就近务工10户，技能培训9户，落实低保政策5户，公益岗位4户，户均2~3个后续帮扶措施，确保有产业、能致富。开展易地搬迁质量安全排查、产业就业保障两个专项行动，会同市直有关部门开展集中督查。下发《关于切实做好易地扶贫搬迁安置点消防工作的通知》《关于切实做好易地搬迁安置区地质灾害防治工作的紧急通知》，从根本上防范化解易地搬迁工作各环节的风险。

【“特”“优”战略】 2021年，临汾市乡村振兴局按照“产业化、专业化、现代化”的思路，做大做强西山高质量梨果、平川高品质蔬菜、东山高标准中药材（药茶）等三大特色优势产业，10个脱贫县新发展水果1240公顷，改造老果园1133公顷，分别占全市新发展水果1613公顷的76.9%、改造老果园2120公顷的53.5%；新发展中药2567公顷，占全市新发展面积6067公顷的42.3%；新发展露地蔬菜2487公顷，占全市新发展面积4987公顷的49.87%；脱贫县生猪存出栏增幅较大，新建存栏超过万头的猪场15个以上。新认定脱贫县省级龙头企业14家，占全市新认定33家的42.8%。古县核桃产业融合发展示范园、安泽小飞田园综合体、吉县屯里农业产业聚集区、乡宁戎子农旅研学基地、永和“民宿+红色+黄河”游等发展势头强劲，产业功能、带农联农优势明显，脱贫地区特色产业保持良好发展态势。隰县推进梨果产业振兴发展，以打造300亿级中国玉露香梨集散地和全国果业基地县为目标，加快国家现代农业产业园建设，投资22亿元启动“五大中心、十大体系”建设，玉露香梨品牌价值达到87.43亿元，规模、产量均位居全国第一。拓展消费帮扶渠道，组织全市农特产品参加中国国际消费品博览会、第七届中国（山西）特色农产品交易博览会等会展活动，临汾“特”“优”农产品在全国大型展销活动精彩亮相，促进产品销售。举办“临汾优选”杯短视频抖音大赛、直播带游带货等促销活动，助推脱贫地区农特产品线上线下销售。全市通过网络销售优质农产品1.12亿元，带动线下销售7.92亿元。管好用好850座村级光伏电站，累计收益1.06亿元，惠及脱贫人口2.56万人，光伏公益岗位就业1.3万余人，增加了脱贫群众和村集体的经济收入。

【调整帮扶力量】 2021年，临汾市乡村振兴局对驻村第一书记和工作队进行优化调整，全市各级选派918支驻村（乡镇）工作队、2169名驻村工作队员、694名驻村第一书记经过任前培训，全部奔赴乡村振兴一线开展帮扶。提升帮扶干部实战能力，开展乡村振兴主题培训，将巩固脱贫成果、推动乡村振兴有关内容纳入市县党校培训课程，2021年集中培训党员领导干部1200余人次；市级举办各类培训班5期，培训市换届督导组成员、乡镇党委书记、各县（市、区）分管副部长、民政局长、第一书记和驻村工作队员560余人。5月16—22日，市乡村振兴局与市委组织部在浙江大学联合举办全市乡村振兴干部专业化能力提升培训班。落实驻村帮扶有关制度，利用全市干部驻村帮扶信息管理系统，加强日常监督管理，确保驻村干部按照“五天四夜”要求，全脱产开展帮扶工作。抓党建促乡村振兴，对特别软弱涣散的10个村整建制从机关事业单位选派干部到村任职。157个软弱涣散村党组织全部整顿转化。翼城县隆化镇实行“党员先锋365”红色代办服务，帮助农户办理政策咨询、代购代缴、申请申报等事项，打通服务群众“最后一公里”，助力“最多跑一次”向村、户级延伸。关心关爱驻村干部，与太平洋产险临汾中心支公司沟通，将全市驻村帮扶干部意外伤害保额从30万元提高到了50万元，意外医疗保额从3万元提高到5万元，意外死亡保额从无增加到10万元。

【脱贫劳动力稳岗就业】 2021年，临汾市乡村振兴局推进“人人持证、技能社会”建设，实施“临汾技工”品牌战略，全市形成襄汾晋襄酥烧饼、浮山厨师、华翔工匠、巧巧柳编、永和好帮手、晋南钢铁工、西山果树工等10余个“临汾技工”系列劳务品牌。通过外出务工输送、就地就近就业、公益岗位吸纳、技能培训提升、扶持创业带动“五个一批”，优先保障脱贫劳动力返岗复工、稳岗就业。全市脱贫劳动力返岗务工10.58万人，达到2020年的103.43%，省外务工人数2.08万人，达到2020年的106.8%。浮山县将“浮山厨师”劳务品牌建设列为全县的三件大事之一，厨师人才1.1万余人，常年在外从厨人员达到6000人以上。打造出“永和好帮手家政”市级扶贫劳务品牌，帮助近800多名脱贫劳动力实现转移就业。

【扶贫资产项目管理】 2021年，临汾市投入衔接推进乡村振兴补助资金13.25亿元，其中中央和省下达7.92亿元，市级财政投入8450万元，比2020年6820万元增长24%，县级财政投入4.49亿元，全市项目库项目总数2250个，总投资32.07亿元，实施项目1459个。市县两级成立资产监管平台，实现对“十三五”期间实施的9011个扶贫项目、形成的68.52亿元扶贫资产的全领域、全覆盖、全过程监管，确保资产保值增值。省下达临汾市脱贫人口小额信贷任务2.9亿元，完成3.6亿元，超额完成7000余万元，完成率达到全年任务的124%。市乡村振兴局与太平洋产险临汾中心支公司签署防返贫险合作框架协议，提高了脱贫群众因灾因病的抗风险能力。各县（市、区）落实防返贫险措施，保险公司为全市脱贫人口和“三类户”购买总保额555.71万元的防返贫保险，发放理赔金43.23万元。

【农村人居环境整治】 2021年，临汾市乡村振兴局坚持县为主体、群众参与、标本兼治、依法治理、因地制宜的原则，聚焦交通沿线、村庄街巷、农户庭院、田间地头等重点区域，开展农村人居环境“六乱”整治百日攻坚专项行动。6月3日、7月13日、9月16—17日，在乡宁县、襄汾县、安泽县3次召开全市农村“六乱”整治、“厕所革命”暨乡村治理现场推进会。全市“六乱”整治投入1.9亿元，群众投劳21.7万人次，清理各类垃圾58.3万吨，全市有1854个行政村达到整治标准，农村基本消除乱搭乱建、乱堆乱放、乱倒乱排“六乱”现象，农村人居环境有巨大改观。开展农村“厕所革命”和问题摸排整改，完成改厕任务2.7万余座，排查出问题厕所8007座，完成整改5710座。各县推进农村“六乱”整治，独具特色。涌现出侯马市推进“六个全覆盖”、搭建“数字乡村”App、实行“一线通”彻底解决线路“蜘蛛网”，襄汾县“五抓四强”模式，安泽县吸引投资8.4亿元实施沁河飞岭村至孔村段综合治理与乡村振兴PPP项目，尧都区投入4000余万元通过政府购买社会服务的方式实现农村“六乱”整治长效管理等好的经验和做法，带动一大批美丽宜居乡村建设。

【问题排查整改】 2021年，临汾市乡村振兴局坚持问题导向，把问题整改贯穿工作全过程，确保各类问题动态清零。针对2020年国考、省考反馈临汾市的问题，梳理出83条问题，截至5月中旬，市直相关部门完成提及验收，所有问题全部整改完成。9月10日，召开巩固拓展脱贫攻坚成果问题排查整改及成效提升动员会，各级各有关部门对照国家和省暗访发现的问题，确保不留死角和盲区。全市排查问题1267条，市县两级出台整改方案，制定责任、问题、整改“三清单”，建立健全10项长效机制，逐项逐条对账销号，坚决整改落实到位。已整改1254条，整改完成率99%。其中，市级问题2条已整改完成；县级问题1265条已整改1252条，需逐步解决的问题13条。

【评估准备工作】 2021年，临汾市乡村振兴局召开全市巩固拓展脱贫攻坚成果有效衔接乡村振兴推进会，对后评估和省考核的各项准备工作进行安排部署。对平川县（市、区）开展“一对一”工作指导，与脱贫县相比，7个平川县（市、区）在巩固拓展脱贫攻坚有效衔接乡村振兴方面的工作基础不够扎实，各级检查发现突出问题较多。市巩固拓展脱贫攻坚成果同乡村振兴有效衔接领导小组从7个脱贫县中抽调骨干力量，组成工作指导组，每组10~12人，自11月3日起对7个平川县（市、区）进行为期一周问题排查整改实地业务指导。11月5日上午，省乡村振兴局考核督查处处长赵俊超在全省第八次政策大讲堂视频培训班上解读了《巩固脱贫成果后评估办法》，市县两级分会场553人参加了培训学习。11月8日，组成3个后评估分片指导工作组。11月9日，市巩固拓展脱贫攻坚成果同乡村振兴有效衔接领导小组办公室印发《关于开展全市巩固拓展脱贫攻坚成果问题排查整改提级验收工作的通知》，安排以“两不愁三保障”部门为主的15个市直成员单位，负责牵头验收13个方面排查问题的整改情况和10项长效机制的建立健全情况。截至11月底，12个市直成员单位完成提级验收。对吉县评估准备工作进行暗访，对发现问题进行现场反馈，提出建议。

【信息宣传】 2021年，临汾市乡村振兴局挖掘先进人物、典型案例、精彩故事，开展信息宣传报道，展示全市巩固脱贫攻坚成果有效衔接乡村振兴的显著成效。在国家、省、市各类媒体刊发稿件1000余篇次，编发市级简报50余期，“临汾乡村振兴”公众号上线。市乡村振兴局党组书记、局长李睿煜撰写的《浅析脱贫攻坚精神在全面推进乡村振兴中的重要作用》《三个层面发力推进乡村振兴》在《中国乡村振兴》杂志（2021年第9期）、《山西日报》（8月31日）刊登。山西省脱贫攻坚总结表彰暨乡村振兴推进大会召开期间，在《山西日报》刊登以《临汾：创新机制促精准 尽锐出战破难题》为题的专版报道。10月15日，《山西农民报》刊登《临汾：绿化美化亮化 提质增效宜居》“六乱”整治特刊。第四个中国农民丰收节期间，全市乡村振兴系统以“庆小康迎接生活新起点”为主题，开展“六大活动”，讲好临汾脱贫故事、展示临汾脱贫成就、憧憬乡村振兴光明前景。全市乡村振兴系统创新宣讲方式，通过微信公众号、抖音、微视频等新媒体，把中央、省委、市委的决策部署宣传到了县乡村，组织基层干部、第一书记、驻村队员等政策宣讲员深入一线、深入群众，宣讲巩固拓展脱贫攻坚成果、全面推进乡村振兴政策。全市开展“政策讲堂”60余次，政策宣讲80余次，参加人数6000余人。

工 业

工业和信息化

【概况】 2021年，临汾市工业经济运行呈现高质量、高速度发展态势。从“量”上看，全市工业增加值历史上首次突破900亿元，全年完成945.7亿元，同比增长12%，增速为2013年以来的新高；全市新入规工业企业114户，净增104户，总量达到623户；规模以上工业企业完成工业增加值占全市GDP比重达到46.7%；全年完成工业投资228.2亿元，同比增长19.1%，增速高于全省13.8个百分点，全省排名第2。工业技改投资完成102亿元，同比增长27%，全省排名第4。从“质”上看，战略性新兴产业完成增加值44.6亿元，同比增长56.7%，全省排名第2，高技术制造业增加值完成2.8亿元，同比增长18.2%，新兴产业逐步成为转型发展新引擎；全市规模以上工业企业实现营业收入2997亿元，增长43.7%；工业企业利润329.4亿元，增长131%。

【优势产业集约内涵发展】 2021年，临汾市钢铁、焦化等传统优势产业实现品质化、集聚化、高端化发展。山西通才工贸有限公司1×1280立方米高炉建成投产，晋南钢铁集团3号1860立方米高炉及配套项目完工投产，全市钢铁先进产能占比70%，排名全省第2，优特钢占比达到15%以上，产品结构优化，装备水平提升。围绕2021年省政府工作报告提出的“临汾千亿级钢铁铸造产业集聚区”发展目标，调整产业布局，集聚区内企业突破33户，产值突破500亿元，形成钢铁上下游产业链条紧密衔接的、在全省具有引领作用的钢铁产业集聚区。通过“退城入园”“退川入谷”，推进焦化产业布局优化，打造太岳板块焦化产业绿色发展区。围绕新规划布局的8个大机焦项目（涉及产能1319万吨），调度掌握和协调解决项目推进中的遇到的困难，加快项目建设步伐，古县盛隆泰达、宏源新能源和安泽蔺鑫3个在建项目复工。翼城闽光、浮山万鑫达等剩余5个拟建项目全部取得省工信厅“两高”项目预审意见，获得省级支持。

【新兴产业集聚规模发展】 2021年，临汾市装备制造、新材料、医药大健康等产业蓬勃发展、势头良好。装备制造业做优基础产业，梳理完成全市铸造产能公告申报工作，为全市98户企业申报610余万吨铸造产能，在全省率先开展铸造产能置换工作，襄汾诚荣铸造产能置换项目资料被列为全省模板。支持临汾经济开发区、尧都区、襄汾县、洪洞县、翼城县、侯马市、蒲县和霍州市8大装备板块建设，2021年推动落地建设翼城短流程新材料产业园、临开埠瑞联特、霍州创唯重工、蒲县中兴等一批项目，侯马正大制管二期、华翔智能制造产业园（一期）等项目投产达效。2021年装备制造业实现工业增加值28.4亿元，同比增长47.7%。扶持发展新型金属材料、碳基新材料，统筹发展无机非金属材料、前沿新材料。恒瑞昆年产60万吨金属材料智能制造项目的投产，填补了山西省没有高端焊接材料的空白；博利士纳米材料有限公司蓝宝石衬底抛光液，提高抛光速率及产品平整度，全国市场占有率10%；春雷铜材研发的高强高导高性能铜铬锆板带材，畅销全国，市场占有率45%。以道地中成药为特色、以专利特效药为拳头、以新药、仿制药研发为重点，以安泽连翘、临汾地黄等晋南“道地中药材”种植区发展壮大为契机，打造特色中成药加工生产体系，推进科技创新和技术改造，扶持企业壮大规模、创优品牌、赢得市场。2021年医药大健康行业完成增加值2.4亿元，同比增长12.3%。

【“两化”融合】 2021年，临汾

市加快5G网络基础设施建设，截至2021年底，全市5G基站达3443个，开通3274个，实现重点区域连续覆盖和稳定服务。推动5G融合应用，形成一批典型5G应用场景。晋南钢铁5G+工业互联网项目被工信部评为物联网优秀案例（全省唯一）；华翔集团5G+智能制造项目在压缩机零部件生产车间运用5G技术，实现装卸、运送无人化；永鑫焦化5G+智能焦化项目通过5G巡检机器人对高危环境进行实时数据采集和自动分析并进行预警；台头煤矿5G智能综采工作面入选2021全国5G+工业互联网典型应用。推进两化融合贯标评定，2021年东鑫机械铸造有限公司获得国家级两化融合贯标评定，全市获得两化融合贯标评定企业累计达到8家。推进智能制造试点示范，2021年襄汾万鑫达、曲沃沃能化工、襄汾云鹏药业、侯马东鑫、安泽永鑫5户企业申报省级智能制造试点示范企业和省级智能制造试点企业，企业智能化发展取得新成效。

【入企入园入区服务】 2021年，临汾市工信局研究制定《临汾市开展入企入园入区服务工作方案》，牵头组织市直相关单位成立5个入企入园入区服务工作组，多次到17个县（市、区）的246户企业（项目）调研服务，收集需要市级协调解决的问题108个，其中95个问题已解决并得到企业的认可销号。推进促发展、降成本、提质效，开展“送金融进企业”活动，全年为15户企业协调流动资金11.56亿元；落实用能优惠政策，降低企业运行成本。组织对规上、规下战略性新兴产业企业用电需求进行摸底和申报工作，帮助46户战略性新兴产业企业享受优惠电价。

【企业技术研发】 2021年，临汾市开展规上工业企业研发活动全覆盖上水平工作，加快打造创新生态，开展有机构、有项目、有账户、有资金、有科研人员“五有”研发活动，增强企业创新能力和核心竞争力。加快创新平台建设，聚焦产业发展需求和关键技术研发，支持规上工业企业建设企业技术中心、重点实验室等，加速国家、省、市三级企业技术中心体系建设。2021年认定市级企业技术中心12户，晋南钢铁、通才工贸等7户企业认定省级技术中心，全市国、省、市三级企业技术中心达到110户，创新体系逐步完善。推广节能技术，强化绿色发展理念，突出资源节约和环境保护，以示范试点为抓手，创建绿色示范园区、绿色工厂，培育绿色产品，加大以清洁生产为重点的绿色改造力度，加快建立高效、清洁、低碳、循环的绿色制造体系。临开华翔、安泽永鑫、侯马建邦、襄汾中升、洪洞山水水泥5户企业被工信部认定为绿色工厂，临汾经济开发区、侯马经济开发区被工信部确定为国家级绿色园区。

【国资国企发展】 2021年，临汾市国资委牵头推动的28户退出市场国有企业，19户实现工商注销，7户完成破产终结，1户安置职工，1户涉诉待法院裁定。针对7户破产终结的企业，市政府统筹市本级可用财力，垫付1.3亿元，解决多年来想解决而未解决的问题。安置1461名在册职工，解决2152名退休职工遗留问题，核销2.4亿元欠缴养老保险，缓解企业职工生活困难问题，解决职工到龄无法退休、医保欠费无法报销等问题。盘活国有划拨土地36.96公顷，利用土地出让收入建立“资金池”。各县（市、区）僵尸企业达到省定处置标准，公司制改革完成92%，统一监管完成87%。市县两级国资国企工作同步取得新突破。（张子杰）

能源工业

【煤矿智能化建设】 2021年，国家智能化示范煤矿中煤华晋王家岭煤业，完成智能化综放工作面等27个子系统的建设，达到序时进度。临汾市推动70个采掘工作面开展智能化建设，完成总任务的100%。其中，已建成21个，进入实施阶段49个。

【煤炭先进产能】 2021年，临汾市75座生产矿井中，一级标准化矿井31座，产能4550万吨/年；特级安全高效矿井50座，产能6240万吨/年。全市先进产能矿井55座，先进产能6770万吨/年，先进产能占比78.9%，超前完成先进产能占比达到75%的任务目标。

【停缓建煤矿开工建设】 2021年，临汾市能源局帮助协调解决制约开工的困难和问题，推动复工建设，5座停缓建煤矿已全部实现开工，完成任务目标，为临汾经济发展注入新动能。

【重大项目手续办理】 2021年，临汾市能源局通过市县矿三级合力推进，国家核准建设项目霍州煤电谭坪煤矿，已取得采矿许可证，基本具备开工建设条件，一期建设规模400万吨/年，投资总概算56.6亿元，建设工期60个月。

【煤矿绿色开采建设】 2021年，临汾市能源局因地制宜，推广不同区域、不同开采条件适宜的绿色开采技术，提高煤炭清洁开发利用水平。全市有13座煤矿完成绿色开采建设，其中充填开采1座，煤与瓦斯共采2座，无煤柱开采10座，绿色开采走在全省前列。

【新能源装机占比提升】 2021年，霍州市、乡宁县整县屋顶分布式光伏开发列入国家试点；蒲县抽水蓄能项目纳入国家“十四五”重点实施项目；取得18个装机容量200万千瓦风电、光伏发电项目指标。建成投运乡宁恒华3万千瓦分散式风电、隰县云畅1.5万千瓦分散式风电、洪洞国耀兆林1×3万千瓦生物质热电联产3个新能源项目，完成山西长益晟能源有限公司1#发电机组淘汰关停处置。新能源发电装机容量占比达到22.74%。

【煤成气产量】 2021年，临汾市能源局制定全市非常规天然气增产计划，推动新建、续建项目建设，全年产量达到18.19亿立方米。紧盯2021年煤层气（煤矿瓦斯）抽采利用目标，狠抓工作落实，全年瓦斯抽采达到1.38亿立方米，完成率106.72%，利用达到0.37亿立方米，完成率104.29%，两项指标均完成省能源局下达的目标任务。

【能耗双控目标管控】 2021年，临汾市能源局面对能耗强度一季度全省倒数第一、上半年全省倒数第二的形势，到基层督导检查，制定“五项制度”，细化目标任务，压实主体责任，严控企业用能，对超总量指标严重的企业，实行最严厉的限产停产措施，管住重点县、重点行业、重点企业。三季度扭转能耗强度不降反增的被动局面，同比下降3.2%，全省排名第6。四季度紧抓能耗增速、电耗增速、工业增加值能耗增速三项指标，支撑全年能耗强度下降3.9%目标任务的完成。

【两高项目处置】 2021年，临汾市能源局对13个在建、拟建“两高”项目进行分类处置。其中，6个在建项目能评手续全部整改，7个拟建项目经省政府同意后加快整改制定《固定资产投资项目“能耗”双控目标影响意见办事指南》，保障低能耗高产值项目的用能指标。

【国企改革】 2021年，临汾市能源局按照《临汾市国企改革行动方案（2021—2022年）》要求，将4户破产企业交于法院全部受理，批复破产清算机构人员，成立留守处，制定工作制度，召开第一次债权人会议，破产改制进入深水区。4户正常经营企业，暂时维持现行管理体制不变。国企改革工作依法依规、推进有序。

【清洁取暖】 2021年，临汾市能源局实现平川县（市、区）海拔600米以下重点区域清洁取暖全覆盖，确定138.93万平方米、12498户年度目标任务。截至10月底，全市完成改造180.29万平方米、16158户，完成率分别为130%、129%，超额完成目标任务。在国家四部门开展的北方地区冬季清洁取暖中期和三年终期现场绩效评价中，两次得分均位列全省第一。

【煤炭经济贡献】 2021年，临汾市全社会原煤产量8427万吨，同比增长13.5%，增长率位列全省第4名；全社会精煤产量4192万吨，同比增长9.7%。规上原煤产量8074.5万吨，同比增长9.3%，增长率位列全省第6名；规上精煤产量4033万吨，同比增长9.9%。煤炭采选业工业增加值完成660亿元、占第二产业比重69.9%，较2020年分别增加了290亿元、6.8个百分点。

【“获得电力”服务】 2021年，临汾市能源局印发《全面提升“获得电力”服务水平持续优化用电营商环境工作方案》，建立工作协调机制，出台办电优化政策，减少办电环节、压缩办电时间、降低办电成本、提升服务质量，为“获得电力”指标评价提供支持，优化电力营商环境。

【散煤治理】 2021年，临汾市能源局按照“便民、就近、优选、环保”的要求，设置洁净煤供应点96个，洁净煤入户19.26万吨，入户率121%，完成供应任务。对全市“一城三区”等重点区域开展散煤复燃专项晨查，将“禁煤区”禁燃、禁烧的政治责任传导至县、乡、村三级，防范散煤复燃现象，为全市大气污染防治工作做出贡献。

（丁恬静）

电力工业

【概况】 2021年，国网临汾供电公司供电面积2.03万平方公里，担负着全市165.66万客户的供电任务。全年完成电网发展总投资11.49亿元；售电量191.83亿千瓦时，同比增长6.02%；资产总额73.04亿元；综合线损率2.55%，同比降低0.38%；客户满意率96.07%，山西省第一。

2021年，公司荣获国网公司援豫抗洪抢险保供电突击队、省公司服务脱贫攻坚先进单位等荣誉，公司职工刘小元荣获国网工匠，2人分别荣获山西省脱贫攻坚和国网公司脱贫攻坚先进个人，1个集体首次荣获国际质量管理小组大会成果最高奖项，2个集体荣获省公司服务脱贫攻坚表彰。

【电网规模】 2021年，国网临汾供电公司所辖区域及电网特点：临汾主网以北部霍州、西部孟门、南部临汾3座500千伏站为支撑，16座220千伏站沿汾河形成南北2个220千伏双环网，6座220千伏站分布两山形成东西2个220千伏双环网，构成三角四环主干网架。供电区域覆盖1区2市14县，是山西县级电网最多的市级电网。平川7县市由16座220千伏站供电，其中尧都区、洪洞县区域220千伏站较多。东部山区3县由3座220千伏站供电。西部山区7县由3座220千伏站供电，其中永和县、隰县、汾西县无220千伏站。

变电站规模。2021年，临汾电网现有500千伏变电站3座，主变18台，容量5000兆瓦安；220千伏变电站34座，主变73台，容量1.04万兆瓦安（其中主网22座/46台/7890兆瓦安，用户12座/27台/2503兆瓦安（乡宁、宏阳钢铁、恒德、博通、大西跃进、魏景、杜坪牵引站、中南辛堡、曹城、肖家沟、北韩、府城牵引站）；110千伏变电站112座，主变223台，容量8966.5兆瓦安（主网58座/117台/4859.5兆瓦安，用户54座/106台/4107兆瓦安，其中地电11座/22台/864.5兆瓦安）；35千伏变电站177座，主变328台，容量2995.01兆瓦安（主网77座（其中开关站1座）/151台/1582.1兆瓦安，用户100座/177台/1412.91兆瓦安）；10千伏开关站41座（主网38座，用户3座）。

2021年7月22日，国网临汾供电公司举行驰援河南出征仪式
（国网临汾供电公司供图）

输电线路规模。220千伏线路80条/1910公里、电缆1.19公里；（220千伏双环网通过220千伏国网长治供电公司霍兴线、东乐双回、国网运城供电公司汾绛双回、紫新线、公司汾闻线、古新双回与国网长治供电公司、国网运城供电公司电网联络。）110千伏线路135条/1615.44公里、电缆8.09公里；35千伏线路165条/1503公里、电缆15.4公里。用户：220千伏线路8条/100.3公里；110千伏线路88条/1101.52公里；35千伏线路169条/1395.31公里。

配电规模。10千伏公用配电线路795条，6千伏公用线路5条，共计800条，长度总计1.52万公里，其中架空线路1.4万公里，架空绝缘化率44.1%，电缆线路1105.7公里，电缆化率7.3%；10千伏开关站36座；公用配变1.76万台，容量4388.1兆瓦安；柱上开关2523台；用户160.5万户，户均容量2.7千瓦安，其中县域户均容量2.6千瓦安。

城市配网10千伏线路210条，长度1253.公里，联络率74.8%，N–1通过率61.9%。其中，电缆750.1公里，电缆化率59.8%，架空线路503.5公里，架空线路绝缘化率75.3%；10千伏开关站23座；公用配变1571台，容量797兆瓦安；柱上开关481台；用户22.43万户，户均容量3.6千瓦安。

地区发电企业个数及总装机容量：临汾电网总装机7277.68兆瓦，其中，集中式光伏18座、容量379.4兆瓦，风电9座、容量501.8兆瓦，生物质电厂7座、容量107兆瓦，水电1座、容量2.5兆瓦，低压分布式光伏2.46万座、容量604.58兆瓦。

省调电厂17座（兆光、霍州、浍滨、汾泽、河西、佳盛、尚佳、盈风岭、和鑫、锦风岭、美能、亿武、双字坪、扶摇、金桥沟、程野、金马），装机容量5476.8兆瓦；地调小电厂52座（含正信、荣昌、惠民、天惠、金惠、合众、泽宇、华得宇、旭泉、同福、汤荣、润发、瑞业光伏，恒华、云畅风电）、县调小电厂1座（畅银电厂），装机容量1196.3兆瓦。其中，火电（燃煤+尾气余热+瓦斯）30座，容量882.4兆瓦；光伏13座，容量159.4兆瓦；风电2座，容量45兆瓦；其他（生物质+水电）8座，容量109.5兆瓦。

临汾电网接入500千伏系统电厂2座（兆光、霍州电厂），机组4台，容量2400兆瓦，接入220千伏系统电厂机组5座（兆光、浍滨、汾泽、河西电厂、扶摇风电、金桥沟风电），机组8台，容量2549.9兆瓦；接入110千伏系统19座(含盈风岭、锦风岭、双字坪、程野、金马风电、和鑫光伏），35台，容量1111.4兆瓦；接入35千伏系统25座（含佳盛、尚佳、美能、亿武、正信、天惠、金惠、合众、泽宇光伏，恒华、云畅风电），33台，容量502.5兆瓦；接入10千伏以下系统19座（含荣昌、惠民、华得宇、旭泉、同福、汤荣、润发、瑞业光伏），23台，容量109.3兆瓦。

【电网建设】 2021年，国网临汾供电公司电网基建投资2.23亿元，全年基建工程31项，按里程碑计划应开工14项，实际投产11项，实现电网建设投运率目标100%完成。完成工程结算8项，无遗留未结算项目。配合省公司直管工程方面，完成陕湖±800千伏直流特高压工程按国网里程碑计划完成境内杆塔占地、通道清理、房屋拆迁、收资结算工作；完成临汾西500千伏输变电廊道清理及消防手续办理等属地工作。建立“业主监理一体化”的新型管理模式，形成“线上线下、双向互动”管控模式，驻队监理第一时间反馈问题125项，消除隐患68项，治理通病31项，制止违章26项。将项目管理人员按照专业领域进行细分，组成土建、电气、线路三个专业管理团队，在工程实施的不同阶段，由相应专业团队主导推进工程建设。推进“安全专项整治三年行动”，开展各类检查80余次，发现并整改各类违章184项，通报16人次，约谈单位3家；落实施工班组备案准入制，开展人员“六统一”专项检查，排查入场施工人员237人次，督促24人补充完善相关资料，确保现场人员全部合格；将国网公司严重违章清单内容分解到各施工工序，指导监理针对不同工序，开展专项整治，通过“实拍、时传、实查、时改”，实现69项安全违章通病的有效防治。项目经理安全员到岗到位224人次，查找安全隐患，堵住管理盲点；破解工程推进难题，全年领导干部下现场190余次。4项基建工程通过省公司达标投产检查，达标率100%。洪洞南至岭北线路工程，得到国网检查组的高度肯定。古县220千伏输变电工程，填补临汾东山主网空白，解决古县单电源供电问题，保障高耗能企业退川入山用电需求。洪洞南、古县220千伏变电站取得用地批复，鸿安站取得建设工程规划许可证。古县220千伏变电站投产前取得消防证。曲沃城东110千伏变电站取得消防备案。

保障挖潜项目“按需投产”。坚持以客户为中心，优化压缩停电切改时间，以保障电网安全稳定运行为前提，压缩临供时间，优化施工单位组织力量，做到“两压缩一保障”。辛置站负荷导接用时3天，保障临供期间可靠性。贾得站选择在负荷较低的2月底进行负荷切改和临供，实现8月大负荷到来前投产目标。为实现保供目标，京安35千伏变电站1#主变提前安装投运。投产挖潜项目6项，平均每项节约工期1个月。

【队伍建设】 2021年，国网临汾供电公司25人入选省公司工匠计划精英人才，参与培训选拔；组织开展变电检修、电缆运检、电能计量等11个专业工匠人才选拔，选出11名市级工匠、11名县级工匠、29名后备工匠；开展变电运维、变电检修、输电线路巡视、二次检修、10千伏配网带电作业、营销现场安全等专业市县一体化专业现场帮扶培训93次，跟班实操300余人次。

【经营管理】 2021年，国网临汾供电公司营售电量完成191.83亿千瓦时，同比提高6.02%；市内含各项代征到户均价完成489.95元/千千瓦时，同比提高9.59元/千千瓦时；受理用电申请507.7万千伏安，同比增长96.7%；完成报装接电226.29万千伏安，同比增长9.53%；减容、销户容量33.77万千伏安，同比增长4.64%；净增接电容量192.51万千伏安，同比增长10.43%。10千伏及以上高压客户业扩报装接电完成896户，平均接电时长50.11天。

2021年，“网上国网”绑定客户突破百万人；客户投诉同比减少97件，降幅达80%，公司实现5个月度零投诉；翼城县、隰县、大宁县、永和县、吉县5个县分公司实现年度零投诉（全省零投诉县分公司中占比25%），大宁县、古县2个县公司实现千日营销零投诉；客户满意率96.1%，全省第一；专业工作考核完成情况位列全省第一。

强化经营管理夯基提效，推进计量表计的轮换，2021年轮换台区2231个，超额完成37万只表计轮换。狠抓台区线损压降，台区线损率“破4进3”，挽回电量损失约2619万千瓦时。实现计量资产全寿命周期管理，规范拆回资产的回收管理，明确丢失赔付流程，保证账卡物一致，赔付丢失资产850只共计3.8万元，检定合格拆回资产4万只，节约成本831万元。

全省首家提前完成堵漏增收任务，查处893件，挽回1900万元。推进“一县一标杆”供电所建设，完成7个供电所标准化配置，拆除41个营业厅封闭柜台玻璃，18个营业厅实现省侧统一发布更新信息公示。

【安全生产】 2021年，国网临汾供电公司推动安全生产专项整治三年行动，66条林区线路本体缺陷、私搭乱建、线下超高树木三类隐患基本消除，完成16站33变主设备火灾隐患治理，5个重点领域199项隐患有效治理，81项安全巡查问题见底清零。落实“四个管住”要求，检修月历安排计划548项，同比减少46.7%。完成29家外包单位3552人安全准入考试、安全资信报备和资质审查。规范低压工作票执行标准，编制配网作业“五必须、五禁止”和林区作业安全要点。组建安全管控中心，各类现场关键环节和作业过程监控实现全覆盖。开展反违章专题培训2149人次。明确应急响应流程，建立安监部牵头预警，各专业协同会商研判、各单位具体落实的安全应急联动机制，全年发布预警25次，开展汛期应急处置9次。调整优化市、县两级应急基干队伍15支236人，应急抢修队伍21支686人，增强应急核心能力。

【电力运行与电力市场】 2021年，国网临汾供电公司电网挖潜效果显著。建立调度布置作业、各专业完成作业机制，从网架结构、设备问题、运行经济性三方面发掘现有电网运行问题52项，制定主变轮换、以旧代新等挖潜项目102项。2021年落地14项，解决电网问题10项。完成110千伏3站3变、35千伏7站10变轮换，解决尧都东城区负荷高峰期供电能力不足和隰县区域光伏上网受限问题。投运220千伏相如站，结束古县区域无220千伏电源支撑历史，110千伏岳阳站、金堆站供电半径缩短51%，明姜站最大负载率由85%降至66%。编制检修月历。以主网不影响配网、配网不影响用户为原则，安排检修计划268项，同比减少68%，停电客户减少48%，从源头管控风险。滨河站10千伏母线检修期间，实现负荷“零损失”。辛置、贾得站增容期间，实现变电站全停、负荷全转，避免20兆瓦负荷停电6个月。

抓住电力市场开拓机遇，编制《电力用户增值服务项目推介书》，推动能效服务与业扩报装、现场走访等传统营销业务融合，与临汾华夏商贸城、亿安达仓储物流园等8个项目在光伏、售电等方面达成合作意向。承担《临汾市新能源汽车充电基础设施“十四五”专项规划》编写任务，完成规划编制、征求意见及评审，报送市政府审核。分析预测电力供需形势，制定有序用电方案并促请政府及时印发，针对出现的电力缺口，启动需

2021年4月9日，国网临汾供电公司检修人员在10千伏张村线春检现场进行消缺（国网临汾供电公司供图）

求侧管理，全年启动IV级响应6次、III级响应12次，最大错避峰负荷39.4万千瓦，涉及钢铁、焦化、铸造等7大类127户电力用户，走访183家工业企业。12月，公司落实燃煤电价市场化改革，10.7万余户一般工商业代理购电工作按期完成。

【负荷管控有序平稳】 2021年，国网临汾供电公司应对全国电力供需紧张局势，落实“三稳三不准”要求，修编“两个序位”，强化电力指标管控，引导用户错避峰18次，最大错避峰负荷38.4万千瓦，坚守“限电不拉闸”“限电不限民用”的红线。

【数字电网建设】 2021年，国网临汾供电公司设备状态监控平台深化应用。完成80站视频监控、28站轨道机器人接入，发现并协同处置都岭Ⅰ、Ⅱ线、罗刘Ⅱ线线下火情等隐患17次，轨道机器人辅助事故研判36次，减少设备异常时间144小时。在国网侯马市供电公司、国网临汾市尧都区供电公司、城区供电中心完成配网调度管理系统网络化下令试点建设，下令、回令时间平均缩短80%，避免现场“等令”，减少业务拥堵。该项目荣获省公司管理创新成果一等奖。

【三道防线巩固】 2021年，国网临汾供电公司滨河站投入10千伏近区0秒保护，减少故障电流对主设备冲击。完成52套反措升级，开展35千伏主变保护装置专项核查，整改5站9变主变出口矩阵错误。校核、规范13座电铁牵引站25条供电线路定值，重新下发定值单12份，提升装置灵敏度。

【电力网络安防】 2021年，国网临汾供电公司封堵物理端口578个、逻辑端口36个，消除电力监控系统违规外联隐患。开展新入网9站36台设备漏洞扫描，发现并修补漏洞32项，杜绝新投设备“带病并网”。完成22座220千伏站一平面设备改造，调度数据网设备国产化率100%。

【配网管理】 2021年，国网临汾供电公司配网自动化故障定位更准确、隔离范围更小，2021年故障研判98次，全线平均停运时长较上年缩短32分钟。完成101对不同源线路“双校核”论证，遥控配电开关55次，合环倒负荷54次，减少配变停电797台次。完成385条10千伏线路环网柜与分支分段开关定值调整，2021年度分支分段开关动作跳闸433条次，主干线跳闸率降低33.96%，减少负荷损失209.7兆瓦。

【农电工作】 2021年，国网临汾供电公司完成4.5亿元的配网工程投资建设任务，120项里程碑项目清理任务全部完成，完善清洁取暖工作机制，配套工程按期高标准完成，压减业扩配套工程节点时限，全年完成60项业扩配套项目建设任务，保证客户用电需求。

筹措产业捐赠扶贫资金63万元，推进3项产业帮扶项目（大宁县而吉村购置果园开沟施肥一体机项目、坦达村果袋加工和果园施肥项目、霍州市张望村玉米秸秆颗粒饲料加工项目）；完成爱心购、食堂采购等消费扶贫66万元；推广光伏结算支付流程、光伏扶贫电站运行维护流程，确保全市1.24万户分布式光伏用户及时收益，低保五保户退费累计退补1383.7万元。建立市、县、所三级全能型星级供电所建设机制，应用星级乡镇供电所评价程序，实时跟踪各县公司供电所的检查整改情况，实现供电所星级建设由“评前”到“超前”转变，2021年申报1个五星级供电所、3个供电所升级为四星级供电所；开展“一县一标杆”供电所活动，制定创建标准，建立动态考评体系，创建14个管理强、指标优的标杆供电所；优化供电所网格化组织设置，强化“网格长”责任制，建立网格绩效考核机制，提升属地化管理质效。以国网侯马市供电公司为试点，构建城乡电力服务指标体系，完成省公司“城乡电力服务差异指数研究”课题；结合国网翼城县供电公司、国网隰县供电公司实际情况，试点开展供电所优化整合工作，化解三个不均衡（服务范围大小不均衡、人员配置不均衡、人均工作量不均衡）的矛盾，实现三个有利于（有利于优化人员配置，有利于规范资料管理，有利于管理指标提升）；制定营销四类现场分级管控要求，推行营销安全“线上、线下”双线工作模式，筑牢营销安全管理根基。对接属地政府，建立“一县一特色”乡村电气化项目储备库14项，投入资金进行线路改造和公变增容，2021年底已助力7个项目投运。（隰县现代农业产业示范区、大宁太古村果脆加工厂、汾西县浩仁农牧有限公司等）

【科技与信息化】 2021年，国网临汾供电公司完成1项科技项目（基于AI和电力大数据的变电站综自信息智能检验系统的研究）、

4项群众性创新项目（新型量程可调节式温度变送器、业绩考核评价体系、综合计划全过程管控分析技术研究平台、全行业用电量自动分析智能化管理平台）和3项科技骨干创新项目（用于跌落式熔断器的快速短接工具、研制新型防雨推车、全生命周期业务与数据融合平台）的研发；完成2021年科技项目、群众性创新项目储备11项，其中《基于智慧负荷的配电网不平衡治理措施研究》为省公司“揭榜挂帅”项目。发策部张晏铭入选“国网公司第三届技术标准专业工作组成员”。国网侯马市供电公司入选2022年电力企业“标准化良好行为企业”试点单位。截至2021年12月底，公司拥有专利186项，其中海外专利1项、发明专利27项、外观专利9项；申请专利28项，其中发明专利20项；授权专利25项，其中发明专利3项。申请软件著作权2项。发表EI检索论文1篇，中文核心检索论文1篇。2021年，公司共获得省公司级及以上科技奖励8项，其中省部级奖项1项（“真空灭弧室真空度的检测方法”获山西省科技进步三等奖）。获得省公司科技奖6项，其中参与的“多能融合高弹性负荷并网分层预测、协同规划与集群调控关键技术及应用”获省公司科技进步奖一等奖，“一种断路器空压机构加热器的检查系统及方法”发明专利获得省公司专利一等奖，“配电网降损关键技术研究及深化应用”获省公司技术发明三等奖，“基于价值流分析的电网工程精益质量控制技术研究”“无线调压器”和参与的“基于状态感知的开关柜内部缺陷检测技术及应用”获省公司科技进步三等奖，“基于微电网的双向智能充放电装置的研制与应用”获临汾市市长创新奖二等奖。

【企业内质外形建设】 2021年，国网临汾供电公司创优质服务，改善电力营商环境。开展“1+9”优化营商环境专项提升，围绕“三指定、乱收费、优环境”开展重点治理，完成基层单位专项评估，发现并整改各类问题782户3214条。优化停送电机制，发挥业扩会商会作用，严格业扩工单同步受理、配套工程实时录入、验收送电紧密衔接，理顺营销流程管理机制，受理容量同比增加96.7%。打通小微企业配套项目落地阻滞，合并审批职责，减少审批环节，缩短审批时间，平均接电总时长压减28.4%，实现接入1577户配套投资电源145个台区，为客户节约投资3641.6万元。创新“免审批、承诺制”，为1635户居民充电桩提供一证办理服务，免收客户申请资料4905份。创新综合能源服务，融合分布式屋顶光伏、储能蓄热（供冷）及新能源充电桩，打造洪洞县新丽都装饰城分布式光热蓄放一体化运维管控项目，签约合作15年，实现长期稳定收益。推广“网上国网”新装、增容、更名等14项业务全部线上办理；试点开展“配网业扩工程一体化系统”，在全省率先开展低压客户供电方案现场答复；实施“阳光业扩”服务；构建“便利化、透明化、标准化、规范化”的“阳光业扩”服务模式。为提升营销人员综合素质及服务行为，完成对基层单位3期40人次营销轮岗轮训。

面对河南雨灾，公司援豫电力抢修突击队第一时间奔赴河南受灾一线，抢修保电，连续奋战11天，恢复14个台区7000余户居民生产生活用电。

针对山西汛情，公司开展防汛抢险保电，4074名党员干部坚持“水进电停人退、水退电通人进”，修复倒杆597基，变台92处，线路68.1公里，为10个县150处安置点提供电力保障，恢复4984个台区、25.07万户供电任务。 （曹莎莎）

中小微工业

【概况】 2021年，临汾市民营经济发展促进中心开展“我为群众办实事”实践活动，推进各项工作，“小升规”培育工作目标完成率全省排名第四；国家级专精特新“小巨人”认定数量全省排名第三；股份制改造企业数量全省排名第五；信息宣传工作位列全省第一。全市民营经济和中小微企业发展保持良好发展态势。

【统筹协调】 2021年3月25日，临汾市民营经济发展促进中心组织20家成员单位召开全市促进中小微企业发展工作领导小组会议，建立长效工作机制。成立3个包联县（市区）工作组，建立工作专班，常态化协调帮助企业解决困难和问题。加强对疫情影响、汛灾影响、拖欠民营企业欠款三类企业的关注，提供支援和帮助。对3年来国家、省、市发布的5个方面32条关于中小微民营企业发展的政策措施意见进行整理汇编，及时发放。加大政策宣传力度，开展“6·27”中小微企业日宣传活动、公众号发布法规政策专题解读、入企服务发放资料汇编等多种方式，扩大宣传范围，提高企业政策知晓率、获得感和满意度。

【活动交流】 2021年，临汾市民营经济发展促进中心拓展拓宽服务方式和渠道，提高全社会对中小企业的关注度。4月20日，对“专精特新”企业进行集中授牌，开展“适应内循环经济为主战略、促进中小企业高质量发展”政策解读活动。5月7日，举办全市“新基建、新动能、新教育——数字化赋能中小微企业高质量发展培训会”。5月31日，举办临汾市民营企业家“信用经济”高级研修班。6月25日，举办市县第五个“中小微企业日”宣传活动。7月20日，举办第二届临汾网易杯2021年“创客中国”临汾市中小企业创业创新大赛暨创新创业人才交流会。12月8日，配合省局在侯马市举办“新任县乡干部对接专场活动”和入企服务。

【“小升规”培育】 2021年，临汾市申请入库企业133户（其中小升规111户、新开业10户、分立注册10户、转专业2户）、退库企业12户、净增121户，超额完成省、市确定的目标任务。

【“专精特新”培育】 2021年，临汾市新认定省级“专精特新”企业17户、省级专精特新“小巨人”企业6户、国家级专精特新“小巨人”企业7户。全市培育省级“专精特新”企业79户、省级专精特新“小巨人”企业14户、国家级专精特新“小巨人”企业10户。

【拓宽融资渠道】 2021年，临汾市民营经济发展促进中心打通金融服务实体经济的堵点和痛点，联合金融机构组建金融专家服务团队，开展“四上”企业精准服务活动。建立政银企保合作交流和中小微企业客户推介机制，向各银行金融机构推介融资需求企业393户，帮助企业获得融资支持和专项资金3.2亿元。按照“规改股、股上市”发展路径，22家中小企业完成中小企业股份制改造，全市上市挂牌后备资源库企业104户（其中完成股改84户）。

【营造“双创”氛围】 2021年，临汾市民营经济发展促进中心加强创业创新工作，网易尧都双创园、隰县电商孵化基地被评为2021年省级小微企业创业创新基地，乡宁双创基地被评为2021年省级小微企业创业创新示范基地。临汾经济开发区和尧都高新技术产业开发区被认定为全省第二批省级大中小企业融通型创新创业特色载体，侯马市被列为首批6个创建全省高质量发展示范县。全市培育10个省级小微企业创业创新基地、1个省级双创示范基地和3个省级大中小企业融通型创业创新特色载体。新认定临汾市辰佳科技有限公司为省级中小企业公共服务示范平台，全市认定省级公共服务示范平台9家。

【人才培训】 2021年，临汾市民营经济发展促进中心围绕进园区、进双创基地、进高校，送专家、送政策、送服务开展“三进三送”活动，覆盖1200余家企业。组织89名企业董事长（总经理）分别参加全省股改培训以及北京大学、清华大学、上海交通大学、华中科技大学、浙江大学高质量发展研修班和乡村振兴培训班。加强专业技术人员职称评审工作，评审建筑、电气、市政、道路、机械等12个专业中初级工程师313人和234人，32名技术人员通过高级职称评审。培育具有市场意识、创新理念、开放视野、“工匠”精神的企业家和职工队伍。（雷临鸽）

城镇集体工业

【概况】 临汾市城镇集体工业联合社（以下简称市城联社），承担着对全市各县（市、区）基层城联社及其成员企业进行“指导、维护、监督、协调、服务”的职能。全市城联社系统共有16个基层城联社（2010年，侯马市城联社被撤销并入该市供销社），62个成员企业（其中，市直企业9个）、1个事业单位（资产经营中心），企业职工总人数4391人（离退休1944人）。成员企业从事的主要产业有涉农产业、工美产业、地产开发、机械制造、工艺印刷、物贸流通等，涵盖一、二、三产业领域。2021年，市城联社系统企业实现工业总产值（现价）41580万元，工业增加值11742万元，完成产品销售收入28363万元，利税5063万元，完成各项经济指标。

【引进果品标准化分拣包装项目】 2021年，市城联社支持帮助指导直属广鑫农业科技股份有限公司落实省、市乡村振兴战略，2021年完成投资1300万元，建设4000平方米果品标准化包装车间、引进德国果品分拣包装生产线项目。截至年底，车间钢架厂房建设、厂房地面硬化、德国果品分拣包装线准备等前期工作完成。

【三合锅炉公司转型发展电梯安装产业】 2021年，市城联社帮助市三合锅炉制造有限公司转型发展，开展既有住宅加装电梯业务，企业更名为临汾市三合电梯安装有限公司，全年公司累计垫资317万元，完成安装电梯42台，完成产值1260万元。

【古县建立首个博士工作站】 2021年，市城联社帮助指导古县城联社完成核桃加工龙头企业古县古树食品有限公司年产500吨核桃深加工项目公司的前期建设及运营，已研发生产即食休闲类、功能食品类、古树原果类三大系列39种产品。中国农科院在古县古树食品有限公司建立了古县建县以来首个博士工作站，博士工作站的成立是落实中央人才战略的具体举措，是推进省校合作工作、共建12大基地的重要成果。该博士工作站有研发人员20余名，其中博士2名、硕士8名，坚持“增强产业创新、注重人才培养、服务转型升级、实现合作共赢”的理念，把脉古县农产品加工未来发展方向，建立长效实际合作机制，针对核桃等古县特色资源，系统开展加工品种适宜性、加工品质调控等研究，形成系列新型健康加工食品、加工资源综合利用关键技术。

2021年，中国农科院古县古树食品有限公司博士工作站揭牌
（市城镇集体工业联合社供图）

【工艺美术人才培养】 2021年，市城联社坚持创新发展理念，挖掘传统手工技艺和产品，发展工艺美术事业。为全市工艺美术从业者解决职称评审难、认定难的问题，市城联社加强工艺美术人才培育、工艺美术初中级职称、省市级工艺美术大师的申报、评审工作，牵头组建临汾市2021年度工艺美术系列初、中级专业技术职务评审委员会，评审通过27名工艺美术师、50名助理工艺美术师，为发展传统手工业、工艺美术事业和产业提供人才支撑。 （李　斌）

煤炭运销

【机构】 2021年，山西煤炭运销集团临汾有限公司根据山西省煤炭企业整合重组部署，于2020年10月由原晋能集团划转到晋能控股集团；2021年4月，由晋能控股集团划转至山西焦煤集团，由山西焦煤集团二级公司汾西矿业集团代管。

【安全环保工作】 2021年，山西煤炭运销集团临汾有限公司把环保和安全放在同等重要位置，制定对标杜邦安全管理体系实施方案，修订“三违认定”及处罚办法等13项安全管理制度，制定了千分制考核办法和安全监察专员管理办法。五座生产矿井接入山西焦煤能源云信息平台，开展岗位作业流程标准化和现场文明施工动态达标，四通成为继金辛达、昊兴塬之后的三座国家一级安全生产标准化矿井，三座自有选煤厂通过山西省安全生产一级标准化选煤厂验收。推进三年专项行动，推进整治重点难点和突出问题36项。开展“一保两迎”“百日安全会战”等活动，逐矿蹲点式检查会诊，对重大风险隐患实行提级管控，对四通顶板支护、东瑞瓦斯管理等薄弱环节派驻人员现场盯守指导。组织顶板、机电运输、防治水、废弃井筒、危化品和燃气、危旧房屋、环保等方面的专项检查，累计检查732矿次，排查隐患4460条，责令停产整顿6矿次，做检查10人次，行政处分2人次。与焦煤集团能源云环保信息平台对接，将生态环保工作纳入科学化发展轨道。金辛达取得产能提升环评批复，昊兴塬取得煤矸石综合利用生态恢复项目环境影响报告书批复，5座生产矿井均取得射线装置项目环境影响报告表批复，在金辛达、昊兴塬煤业启动煤矸石充填开采可行性研究。东瑞煤业矿井水

处理站获得山西焦煤“标准化污水厂”称号。

【煤炭产业提质增效】 2021年，山西煤炭运销集团临汾有限公司坚持“抓生产重在抓准备”，优化采掘衔接，严格正规循环作业，实施精益化成本管控，实现产量与效益“双提升”。同富新、四通煤炭产量创历史新高，东瑞当年投产当年盈利。建成昊兴塬、金辛达、东瑞3座薄煤层智能化工作面，东瑞薄煤层智能化工作面通过省能源局中级评定，焦煤集团薄煤层智能化工作面现场推进会在东瑞召开。金辛达被焦煤集团命名为“薄煤层智能化开采标杆矿井”。实施“精煤战略”，同富新、东瑞与3座外部选煤厂签订委托加工协议，生产矿井原煤全部入洗，确保产品质量稳定，煤炭销售管理全部纳入焦煤集团“六统一”销售管理体系，所属煤矿煤炭产品通过“焦煤在线”上网竞价销售。结合市场布局动态调整运输方式，优化公铁两路运力，推进煤海润集装箱铁路发运。

【经营管理】 2021年，山西煤炭运销集团临汾有限公司对97项管理制度进行修订完善，推进经理层成员任期制和契约化管理工作。开展止损挽损专项行动，加快处置低效、无效资产，配合山西正华实业集团完成了王庄煤矿关闭退出相关工作；金山、和盛、宏兴3座代管矿井移交太原煤气化，巨富园、同富元、同晟达3座矿井关闭退出产能盘活资金6000余万元。全年收集“五小”竞赛成果37项，评选27项优秀成果上报汾西矿业；3项上报山西省五小优秀成果。组织参加临汾市第二届“平阳工匠”选拔活动，6人获“金牌工人”称号。金辛达、四通、昊兴塬3个煤矿职工（劳模）创新工作室筹建完成。四通煤业与太原理工安全与应急管理工程学院共建的“高校科技成果转化基地”揭牌运行。

【项目建设】 2021年，山西煤炭运销集团临汾有限公司强化建设项目安全、质量、投资、进度控制“四到位”，瞄准重要节点，实施挂图作战，严格督促考核，严格奖惩激励，东瑞煤业如期通过竣工验收，完成生产要素公示，成为划转焦煤集团矿井中第一座竣工验收矿井。成立昊锦塬工作专班，每月三次现场办公，专业部室人员驻矿指导，全年完成进尺2486米，完成年度项目投资3.01亿元，完成矿土安质量认证47项。金塬达完成安全专篇二次变更批复和开工报告延期手续批复、备案及公示；金裕达完成“四合一报告”的公示公告和高山水池工程质量认证。

（陈叔华）

商贸服务业

综 述

【国内贸易】 2021年，临汾市商务局探索推进重要产品追溯体系市级平台建设，加强生活必需品在节日和疫情期间市场保供工作，确立80家保供骨干企业，加强产销对接。强化市场监测，市场信息报送率和及时报送率均为100%，市场监测工作名列全省第三。临汾市商务局开展电子商务进农村，完善电子商务公共服务体系，优化工业品下乡网络，拓宽农产品进城渠道。2个县（乡宁县、浮山县）获批为全国电子商务进农村综合示范县。8个县市获批示范县，获国家资金支持1.5亿元，投入使用6个县级电子商务服务中心，累计网络零售额9.79亿元，累计培训8367人次。开展消费促进月、双品购物节等系列活动，“临材临用、临材晋用”专场对接活动；“网上年货节”带动商品销售额342万元，全年网络零售额完成29.8亿元；发放数字消费券2000万元，直接拉动消费1.18亿元；春节期间，向全市14360名困难群众发放“爱心消费券”1436万元。

2021年，临汾市社会消费品零售总额756.47亿元，同比增长15.2%。按销售单位所在地分，城镇631.72亿元，同比增长14.4%，乡村124.75亿元，同比增长19.3%。按消费形态分，餐饮收入75.9亿元，同比增长25.7%，商品零售680.57亿元，同比增长14.2%。居民消费价格指数为101.2（以上年价格为100）。

2021年，占比5.3%的粮油食品类8.4亿元，比上年的6.3亿元增长33%；占比7.2%的服装鞋帽针纺织品类11.46亿元，比上年的9.8亿

2021年临汾市电子商务进农村综合示范县数据汇总表

表12

序号	示范地区	收件数量（个）	发件数量（个）	县级物流中心数量（个）	投入使用的县级电子商务服务中心数量（个）	累计网络零售额（万元）	网购累计金额（万元）	培训人数（人次）
1	侯马市	168561447	22220380	1	1	31626	51521	0
2	隰 县	1465473	1190805	1	1	34438.27	26665.91	5595
3	汾西县	3438271	593115	1	1	6715.01	45381.56	0
4	吉 县	6148333	3742098	1	1	15332.84	31931.66	331
5	大宁县	1607598	336852	1	1	3869.17	16285.86	1349
6	永和县	2115956	646960	1	1	5513.67	24781.97	785
7	浮山县	1232500	40702	0	0	60	1520	0
8	乡宁县	1662718	600262	0	0	364.85	435.18	307
		186232296	29371174	6	6	97919.81	198523.14	8367

2021年临汾市社会消费品零售总额一览表

表13 单位：万元、%

地 市	总 量	比2020年增长
临汾市	7564700.8	15.2
尧都区	2911530.5	11.8
曲沃县	326049.9	15.0
翼城县	431037.1	14.6
襄汾县	649163.2	18.6
洪洞县	850523.3	16.5
古 县	133699.5	22.4
安泽县	124137.6	19.1
浮山县	153076.6	19.2
吉 县	101598.0	16.3
乡宁县	246372.1	18.9
大宁县	65114.9	19.3
隰 县	123169.1	22.0
永和县	76582.0	18.7
蒲 县	107103.3	22.5
汾西县	180466.2	22.8
侯马市	705466.6	16.2
霍州市	379610.9	16.4

元增长16.9%；占比2.4%的家用电器和音像器材类3.86亿元，比上年的3.07亿元增长25.7%；占比26.2%的石油及制品类41.9亿元，比上年的36.75亿元增长14.01%；占比31.9%的汽车类51.1亿元，比上年的40.2亿元增长27%；占比6.67%的中西药品类10.68亿元，比上年的8.9亿元增长20%；占比1.06%的家具类1.7亿元，比上年的1.68亿元增长1.2%；占比3.6%的烟酒类5.73亿元，比上年的4.27亿元增长34.19%；占比1.3%的日用品类2.1亿元，比上年的1.5亿元增长40%；占比0.4%的化妆品类0.7亿元，比上年的0.57亿元增长22.8%；占比1.9%的金银珠宝类3.03亿元，比上年的2.04亿元增长48.5%。

【流通业发展】 2021年，临汾市商务局推进品牌建设。建设家政服务业信用体系，提升“尧乡姐妹”“华夏中青”区域特色劳务品牌知名度，1人获省职业技能大赛一等奖；开展优质餐饮评选、特色美食

2021年，临汾市商务局组织相关人员抽查商贸企业疫情防控和安全生产工作 （市商务局供图）

推介、品质餐饮创建、连锁餐饮创建“四大活动”，打造区域特色品牌，推行“光盘再行动”，倡导公勺公筷“文明食尚”，全年新增餐饮经营主体1500余家，三晋老田、岳师傅剪刀面获全省面食产业影响力品牌，免费培训从业人员2500名，5人被评为全省餐饮功勋人物；组织本土产品参加进博会、消博会及山西品牌丝路行、中华行等展会，推介优势产品和本土品牌。推动电商发展。用电商新媒体打通产品销售渠道。1个县（隰县）被认定为山西省农村电商强县，15个乡镇（侯马市新田乡、凤城乡，大宁县太古镇、曲峨镇，汾西县勍香镇、对竹镇，吉县壶口镇，永和县坡头乡、桑壁镇，隰县午城镇、城南乡，浮山县张庄镇、响水河镇，乡宁县昌宁镇、枣岭乡）认定为电商强镇；3家企业（山西拓客来电子商务有限公司、山西誉远融艺文化发展有限公司、侯马新兴纺织城创业服务中心）被确定为全省电商直播基地。促成北美明珠新天地与万达广场、五洲国际与王府井商区的合作，启动财神楼和铝锅巷商业街区建设，打造全市域商业地标。

【对外贸易】 2021年，临汾市商务局做大做强优势企业。对华翔、华德、鸿晋、建邦等优势企业，加强“一对一”服务，稳住对外贸易基本盘。全市进出口额超千万元的企业有12家，其中，亿元以上3家。新增长点培育壮大。实施外贸主体培育三年行动计划，加快襄汾鸿锐达、古县鸿晋等外向型新项目建设，烯谷能源、中贝锂电池投产运营。优化商品结构。扭转单一以机电产品为主的出口商品结构，形成塑胶、机电、农副产品多元化的对外贸易发展格局。进出口总额

2021年临汾市进出口商品总值统计表

表14

单位：万元

地　市	进出口绝对额	进出口增速比	出口绝对额	出口增速比	进口绝对额	进口增速比
临汾市	297222	72.10%	10020.9	-56.78%	307242.92	56.85%
尧都区	70914	79.43%	82.6	33061.18%	70996.61	79.64%
侯马市	12798.78	-0.46%	6753.98	-67.99%	19552.76	-42.42%
洪洞县	59439.03	66.26%	10.46	-97.12%	59449.49	64.61%
曲沃县	2235.67	-31.52%	0	-100.00%	2235.67	-33.15%
翼城县	3986.38	88.65%	18.11		4004.48	89.50%
隰　县	203.84	37.62%	0		203.84	37.62%
霍州市	63.5	-39.63%	0		63.5	-39.63%
乡宁县	0	-100.00%	70.59	-41.81%	70.59	-42.60%
蒲　县	6.61	-79.12%	0		6.61	-79.12%
安泽县	387.04	161.56%	0		387.04	161.56%
汾西县	1477.9	364.73%	0		1477.9	364.73%
浮山县	572.42	26.67%	0		572.42	26.67%
大宁县	140675.15	83.40%	928.15	-22.57%	141603.3	81.77%
古　县	38.9	-60.58%	0		38.9	-60.58%
永和县	13.69		0		13.69	
襄汾县	4409.17	293.53%	2156.97	566.23%	6566.14	354.66%
吉　县	0	-100.00%	0		0	-100.00%

30.72亿元，比上年的19.59亿元增长56.85%。出口总额29.72亿元，比上年的17.27亿元增长72.1%。进口总额1亿元，比上年的2.32亿元下降56.78%。

全市有进出口实绩的外贸企业52家。其中，尧都区13家、侯马市12家、洪洞县4家、曲沃县1家、翼城县2家、隰县1家、霍州市3家、乡宁县1家、蒲县1家、安泽县1家、汾西县1家、浮山县2家、大宁县1家、襄汾县7家、古县1家、永和县1家。

【开发区建设】 2021年，临汾市11家开发区固定资产投资完成142.93亿元，同比增长98%，高出全市增速85.5个百分点，占全市比重25%。9家工业类开发区工业投资完成108.8亿元，增长43.7%，高出省、市增速36.1和25.7个百分点，占全市比重53.9%；规上工业增加值完成230.9亿元，增长23.8%，高出省、市增速10.8和11.8个百分点，占全市比重27%。与全省同步开展“三个一批”活动4次，涉及项目223个，总投资930.9亿元。向11个开发区赋予经济管理权2833项（省级217项、市级2616项）。63个项目实行“承诺制”办理；出让标准地27宗、206.23公顷；配备全代办人员98人。

（鲁婷婷）

餐饮服务

【概况】 2021年，临汾市餐饮行业收入53.4亿元，增长30.3%，基本与2019年持平，说明2021年餐饮行业逐步走出疫情阴霾，恢复到疫情前的发展水平，实现“十四五”良好开局。

【“好食堂”烹饪行业职工职业技能竞赛】 2021年5月24—26日，临汾市餐饮服务促进中心推荐3家餐饮行业优秀团餐代表参与由市总工会组织的山西“好食堂”烹饪行业职工职业技能竞赛。

【餐饮品牌建设】 2021年，临汾市餐饮服务促进中心强化行业标准化建设，推动行业规范化、标准化发展，打造临汾“面食品牌”，提高临汾面食品牌的知名度。4月27—28日，组织参与CCTV-10《我爱发明》栏目组拍摄临汾市青年企业家发明全自动凉面皮机械的活动。挖掘中华优秀面食文化，搭建面食产业交流与合作平台，10月，组织部分优秀面食企业骨干到大同参加第二届世界面食产业发展峰会。

【参与山西省烹饪餐饮饭店行业协会换届选举】 2021年5月24—26日，临汾市餐饮服务促进中心组织推荐餐饮行业参与山西省烹饪餐饮饭店行业协会换届选举，推荐贾兴旺为副会长，张建栋为副秘书长，理事单位6名（天鹅大酒店、陶唐会馆、平阳大排档、三晋老田、小王府大馅饺子、杨军餐饮），餐饮功勋人物5名（刘耀鸿、岳更生、刘纹纹、贾兴旺、张建栋）。

（李　刚）

家政服务

【概况】 临汾市家庭服务业协会成立于2015年2月，是由临汾市民政局批准、由市商务局、市家庭服务业联席会议办公室、市民政局、市总工会、市妇联等国家有关部门进行业务指导的具有社会团体法人资格的非营利性社团组织机构。协会有常务理事单位7家，理事单位21家，会员单位及个体会员100余家，主要从事养老护理、母婴护理、综合家务及家庭延伸服务等与家庭生活相关服务。

【加强技能培训促进精准就业】 2021年，临汾市家庭服务业协会召开第一届一次常务理事会议。会议研究并确定全市会员单位中有资质的临汾市精工职业培训学校、临汾市经纬职业培训学校两个机构承担2021年度家政服务业专项培训任务。2021年10月15日至2021年12月7日，培训39期，1757人，完成年度任务的87%，就业率达到30%，分布在尧都区、临汾经济开发区、翼城县、洪洞县、襄汾县等。落实市总工会“临汾家政”技能培训促就业行动相关工作目标任务，以下岗失业人员、农民工、困难职工、困难职工家属等就业群体为重点，落实培训任务，拓宽就业渠道，开展2021年度全市技能培训促就业行动，协会与工会联合会共同组织、共同运作，开设家政服务员培训班10期，培训下岗失业人员、农民工、困难职工、困难职工家属等就业群体500人，学员培训合格率100%，推荐就业率48%，就业人数240余人。

【专项培训团队建设】 2021年，临汾市家庭服务业协会贯彻落实市委、市政府《临汾市新发展阶段深化“人人持证、技能社会”建设推进“临汾技工”品牌提质增效实施方案》精神和《临汾市商务局职业技能提升培训实施方案》文件精神，成立临汾市家政服务业家政服务员专项培训推进工作领导小组及“家政专项培训巡讲培训师”团队。成立“临汾市家政服务专项培训巡查组”负责巡查全市家政服务专项及培训巡查工作。

【工资集体协商推动】 2021年，临汾市家庭服务业协会召开2021—2022年度临汾市家政服务行业工资集体协商大会。参会人员有职工方15人，企业方15人，企业方首席代表与职工方首席代表各自代表利益双方就业务经理、保洁员、家务员、养老护理员、护工、月嫂、育儿嫂、家电清洗、收纳整理等11个企业工种，根据岗位、职称、熟练程度的不同，分别进行岗位工资的定资商讨，初步制定出相关服务工资标准。民主协商讨论会根据劳动法、劳动合同法、工资集体协商试行办法等法律法规规定，围绕企业员工工资集体协商共决机制、工资正常增长机制和工资支付保障机制的建立而筹备召开，使家政服务公司获得一定收益，合理保障服务业职工的工资收入水平，达到企业与用工双赢。

【技能竞赛】 2021年，临汾市家庭服务业协会经各会员单位选送出代表临汾市养老护理员、育婴员两个参赛队6名队员参加山西省第三届职业技能大赛。其中，山西尧乡姐妹服务集团有限公司职工孔晶晶荣获育婴员大赛一等奖。

【全省首家家政服务员入户培训实操基地】 2021年，山西尧乡姐妹服务集团建成全省首家家政服务员入户培训实操基地。功能区域有家务服务员实操区域、家庭照护员实操区域、母婴护理员实操区域、育婴员实操区域、整理收纳师实操区域、护工实操区域、养老护理员实操区域、家庭餐制作实操区域、保洁员实操区域等，可一次容纳50人进行实操培训，已投入使用。

【2020年度家庭服务业专项调查】 2021年，根据人社部办公厅《关于开展2021年度家庭服务业调查的通知》文件精神。人力资源和社会保障部在全国72个家庭服务业体系建设中心城市和家政服务业提质扩容“领跑者”行动重点推进城市（区）中选择36个城市组织开展2021年度家庭服务业调查。临汾市作为全国家庭服务业统计调查36家城市之一，开展家庭服务业专项调查。通过家庭服务业调查工作，了解掌握市区家庭服务业发展情况，研究建立家庭服务业统计指标体系，规范统计标准、统计制度和调查方法，探索利用现代信息技术手段采集、处理有关数据等统计工作方法。

【家政服务从业人员居家上门服务卡管理办法制定】 2021年，临汾市家庭服务业协会规范全市家政服务业、完善居家上门服务制度、加强家政服务从业人员诚信服务卡（暨居家上门服务卡）管理工作、结合临汾市家政服务业实际情况，经过6个月的认证、调研、结合国家、省区域情况对临汾市家政服务员居家上门服务卡的申领、使用、挂失、补办、注销及恢复等管理行动，制定一套完整的临汾市家政服务从业人员居家上门服务卡管理办法。

【提质增效】 2021年，临汾市家庭服务业协会配合市委、市政府《临汾市新发展阶段化“人人持证，技能社会”建设推进“临汾技工”品牌提质增效实施方案》精神，6月，举办家政专项技能讲师师资培训班2期，60余人获得第三方评估职业技能等级认定三级证书，走上家政专项技能培训师讲台。经考核认定所取得的职业技能等级证书均可在人社部职业技能管理中心全国联网查询系统上查询，持证人员纳入国家技能人才统计范围，享受国家职业资格证书同等效力。

【临汾市家庭服务业公共就业服务中心】 2021年，临汾市家庭服务业协会贯彻落实家庭服务业就业和人才相关政策，推动就业和人才总量稳定增长，批准成立临汾市家庭服务业公共就业服务中心，推动公共就业服务中心就业政策，建立就业精准扶贫，困难群体就业援助，农民工返乡创业帮扶机制，推动行业公共就业和人才服务标准化、信息化、一体化。

【学习交流】 2021年，由山西省家庭服务业协会主办的家政行业“学习交流、创新发展三晋行”活动在临汾经济开发区举办。活动邀请临汾市发展和改革委员会社会服务发展科科长高力武、临汾市民政局社团管理科科长张海波、临汾市总工会副主席张宏杰、临汾市妇女联合会发展部部长田荔、江苏斑马软件技术有限公司CEO张霞等人出席。临汾市家政服务行业协会会长郝怡智就“临汾市家政服务行业发展现状”进行剖析。江苏斑马软件技术有限公司CEO张霞、廊坊市优宝家政服务有限公司创始人李元利、太原市贝亲好家政服务有限公司李爱红、山西樱子管家服务有限公司创始人端木英芳、江苏斑马软件技术有限公司山西区域经理孙绪胜分别从家政企业管理和战略规划、特色经营模式、优秀经验方法等方面和与会者进行交流和探讨。

（郝怡智）

招商引资

【概况】 2021年，临汾市促进外来投资局1—12月签约项目126个，总投资912.64亿元，完成省定签约任务819亿元的111.43%；开工项目122个，开工率96.83%；新开工项目计划投资额完成427.64亿元，完成目标计划投资额230亿元的185.93%；固定资产投资项目资金到位额108.17亿元，完成省定任务79亿元的136.92%；非固定资产投资项目资金到位额15.65亿元，完成目标金额12亿元的130.42%，全省综合排名第五，比2020年前移6个名次。

【招商引资基础工作】 2021年，临汾市促进外来投资局成立临汾市招商引资工作领导小组，由市政府分管领导担任组长，负责全市招商引资工作重大事项的研究、决策、督办与考核。制定出台《临汾市招商引资奖励办法（试行）》，由市级财政每年设立3000万元专项资金、县（市、区）与市管开发区配套一定比例资金，对招商引资工作年度考核前6名县市区（包括市管开发区）、中介、投资企业等进行奖励。建立《市长专报》、全市招商引资工作双周例会两项机制，动态反映各县（市、区）、市管开发区“一把手”招商力度，跟进项目存在的困难，协调解决企业诉求和问题。全年编印市长专报40期，召开双周例会21次。选派5名干部分别到省政府驻天津、上海、广州办事处进行为期一年跟班学习。派驻期间，对接企业、收集投资信息、宣传临汾市投资环境，对接100余家企业和商协会，协助组织部分企业到有关县区实地考察。其中，上海晋隆、上海清美、盒马鲜生、上海山西特优农产品精品街与隰县、吉县果品企业达成采购意向，签订合同。构建全球招商引资信息网络。印发《临汾市招商引资与招才引智大使聘任办法（试行）》《临汾市招商引资与招才引智工作联络处管理办法（试行）》，择优聘任德国山西商会、柬埔寨山西商会、异地临汾商会、山西异地商会、北京大学等25位“双招双引”大使、对应设立25家“双招双引”工作联络处。

【研究型招商】 2021年，临汾市促进外来投资局与市规划和自然资源局对接，了解全市项目建设土地利用现状，摸清全市土地规划、储备、利用及用地流程等情况，立足现有批而未供土地的产业定位，联合开展“存量土地”招商工作；编印《省领导谈招商资料汇编》《招商引资案例选编》等资料；梳理各县（市、区）、开发区（产业集聚区）要素比较优势，剖析近年来签约项目未开工原因，对症施策；立足“双碳”背景，与山西碳中和研究院、山西绿融低碳研究院等专业机构开展合作，研究“双碳”规划、运用及落地，普及碳知识。

【专业化招商】 2021年，临汾市促进外来投资局组织全市促投系统工作人员参加投资山西大讲堂专题讲座和全省投促系统新时代产业发展专题培训、邀请国防大学教授金一南少将讲授战略性思维、系统性思考，邀请合肥市投资促进局领导讲授资本招商及具体案例，邀请省市场监管局和省商务厅领导讲授外商投资法，加强招商队伍专业化、高素质建设，提升专业化水平能力。探索与社会第三方机构开展委托招商，推进与上海东方龙、中产集团、谷川联行等专业化招商机构的合作，发挥中介机构专业化、信息化的资源优势，开展专业化招商。

【以企招企以商招商】 2021年，临汾市促进外来投资局围绕全市重点产业方向，选择全市56家规上企业作为第一批试点单位，发挥企业自身熟悉全产业链优势，支持并引导华翔集团等链主企业延链补链、以商招商。坚持“有求必应、无事不扰”原则，优化“三无”“三可”营商环境，全过程为企业提供高效便捷贴心服务，协调解决所遇到的问题和困难，畅通企业健康发展通道，形成企业上下游产业集聚的良好发展态势。

【市县联合招商】 2021年，临汾市促进外来投资局统筹市直相关部门和各县（市、区）、开发区（产业集聚区）招商部门形成合力，加大生产要素保障，加强与开发区（产业集聚区）联动，把开发区作为招引项目落地第一承接地，形成领导带头、部门协同、全员参与的“一盘棋”招商大格局。参与指导县区举办招商推介活动，邀请省级商会、校友会等负责人参加，匹配投资项目信息和资源。吉县、乡宁县、洪洞县、隰县、曲沃县、蒲县、永和县、古县、侯马市、霍州市等县（市、区）举办招商引资活动11场，签约项目109个，总投资502亿元；组织县区招商部门参加进博会、中博会、厦洽会、农博会等展会活动，开展小分队招商。

【社团招商】 2021年，临汾市促进外来投资局依托商协会、校友会资源开展招商引资活动，邀请省贸促会、北大校友会及部分省级异地商会到临汾市投资考察、参加招商活动；面向重点商会、校友会聘请“双招双引”大使，链接国内外项目信息、对接投融资平台；组织召开全省青联委员助力临汾转型高质量发展项目对接会、临汾市与山西省青年企业家项目对接座谈会；指导成立上海、西安、成都等异地临汾商会，推进重庆临汾商会成立工作。

【临汾籍在外人士招商】 2021年，临汾市促进外来投资局挖掘临汾一中、山西师范大学等本地学校毕业生资源，联合市委人才办建立临汾籍在外优秀人才名录库，编印《临汾市在外人才及各级商会通讯录》，成为市县两级链接项目信息的重要招商人脉；利用节假日与部分旅外乡贤、重点客商企业家开展视频对接座谈，通过发送短信开展节日拜会、问候，增强内外联动性与互动粘性；依托临汾在外人才主动挖掘符合临汾市产业发展方向的投资信息、合作项目，助推招商引资与招才引智工作，力争“大强优好”项目签约落地临汾。

【搭建招商引资平台】 2021年，临汾市促进外来投资局借力国家及省级展会平台，展示临汾市资源产品，宣传推介投资发展机遇，挖掘对接客商资源，收集合作信息，开展项目对接，扩大对外影响力。第十二届中博会期间，组织举办“2021山西·临汾装备制造产业与文旅产业合作对接会”，共签约项目12个、总投资额157.77亿元。北京服贸会期间，拜访对接中国航天科技集团十二院，洽谈航天科技馆等项目；与中关村绿色科技扶贫创新联盟对接，在区域经济合作、产业扶贫、招商引资方面进行合作。借助厦门投洽会平台，组织部分企业参展，推介“临汾优选”品牌；组织部分县区与福建的企业开展项目对接，在新能源、康养、人力资源、企业上市辅导等方面达成合作意向；赴厦门大学开展对接，宣传临汾市发展优势，收集校友信息，围绕文旅产业合作进行深度交流。在太谷农博会期间，东方希望集团与霍州市政府签约年出栏12.5万头商品猪育肥养殖项目，总投资20亿元。在青洽会期间，与青海省山西商会在信息共享、项目招引和区域合作等方面加强合作。在中国（太原）铝业周期间，参加铝用辅料市场专题研讨会、中国国际铝业大会、泛太平洋铝业高峰论坛等会议，为铝产业发展提供招商方向。上海进博会期间，组织市直有关部门及县区考察对接小i机器人、月星集团环球港、中庚集团、森兰科技等企业，洽谈投资项目合作。其中，蒲县与中庚环境技术公司签订10万套新能源设备项目投资协议，总投资12亿元；吉县与东方电气集团签署新能源综合制氢全产业链项目，总投资35.8亿元。

【小分队对接考察项目】 2021年，临汾市促进外来投资局组织产业招商小分队赴上海、天津、湖北黄石、江苏南京和徐州、浙江杭州、福建厦门等地考察对接项目；借助省政府驻外机构人脉资源优势，联合省政府驻广办（省珠三角招商局）召开项目对接视频会议，组织部分县区与珠三角地区20余家企业进行精准对接，涉及现代装备制造业、文化旅游业、现代服务业、现代农业、战略性新兴产业等多个方面；联合省政府驻沪办（省长三角招商局）组织召开“沪企走山西之临汾行”投资促进合作交流座谈会议，带领长三角部门企业赴相关县区实地考察对接。经过对接，曲沃县与广州乐和食品集团股

2021山西·临汾装备制造产业与文旅产业合作对接会在太原召开
（市促进外来投资局供图）

份有限公司签订投资1.2亿元的战略合作协议；吉县与传化物流集团有限公司签订投资1.25亿元的现代智慧物流产业园项目。

【校友招商引才基地】 2021年，临汾市促进外来投资局制定《临汾市促进外来投资局校友招商引才基地专项工作方案》，建立高校校友企业家信息库、搭建合作交流平台、设立开发区校友招商引才特色园区，加强双方资源共享和宣传力度。与浙江大学计算机学院、厦门大学电影学院建立合作关系。搭建招商引才合作交流平台。充实完善高校校友企业家信息库；聘请毕业于北京大学、厦门大学、武汉大学等重点高校7位校友为临汾市“双招双引”大使，在其所在的企业、社团设立“双招双引”工作联络处。尧都区与太原理工大学，曲沃县分别与中国传媒大学、山西农业大学、太原师范学院，曲沃经济技术开发区与北京大学校友会，襄汾县与上海大学，隰县与太原工业学院，翼城县与厦门大学电影学院，古县与山西大学，汾西县与深圳市简单管理学院等签订校友招商引才基地合作协议。

【营商软环境优化】 2021年，临汾市促进外来投资局按照省政府打造“三无”“三可”营商环境的目标要求，在软环境上下硬功夫，构建“爱商、敬商、亲商、安商、富商”的亲清政商关系，组织召开全市民营企业家座谈会，听取民营企业家对招商引资工作的意见建议，了解企业发展过程中遇到的问题、困难，解决本地企业家“感觉受歧视，心里不平衡”的问题；组织召开临汾市酒店业负责人座谈会，解决酒店温馨服务的问题；组织召开全市金融银行机构负责人座谈会，匹配资金供需信息，畅通投融资绿色通道，为招商引资项目提供全过程跟踪服务，解决“融资难、融资贵”的问题。

【企业难题解决】 2021年，临汾市促进外来投资局到尧都区、侯马市、霍州市、安泽县、洪洞县、隰县、浮山县等县（市、区）及临汾经济开发区调研考察，到华翔集团、粤丰环保、华汉云极信创中心、临汾优选、乡宁紫砂小镇、中海沃邦天然气公司、中信机电项目、岳康生物、永鑫焦化、飞虹科技等几十家重点企业（项目）开展入企精准帮扶指导，畅通沟通渠道，发现问题，听取意见建议。面对飞虹微纳米科技公司延伸产业链缺少资金的问题，帮助对接“双招双引”大使，搭建投融资平台，为企业融资1.7亿元；通过协调省文物局，帮助粤丰公司加快办理地下文物勘探手续，节约时间成本。

【创新宣传】 2021年，临汾市促进外来投资局完善更新《史诗临汾新画卷》招商引资宣传片；录播沙画祝福视频《2021让心回家》；完成招商引资对外宣传主题歌《寻梦临汾》简谱、五线谱制作；制作市促进外来投资局表情包；支持山西省新生代企业家创新发展商会在临汾成立“山西第一影视有限公司”，加大对临汾历史资源和影视作品的挖掘。

【讲好临汾故事】 2021年，临汾市促进外来投资局在“中国根·黄河魂·悦生活”“所有的旅行都是出发，到了临汾咱是回家”既有品牌的基础上，挖掘“大槐树下，华人老家”情感品牌纽带，站在“跳出山西看临汾”的视角，宣传营销临汾，讲好投资临汾故事，提炼总结出“临汾=美+好+生+活”的画面感宣传思路，即“美=美城、美文、美环境，好=好听、好看、好味道，生=生机、生势、生未来，活=活学、活用、活发展”，将市委、市政府决策部署、资源优势、要素禀赋、发展机遇等融入其中，简单直接，明了易记。

【“投资临汾”微信公众号】 2021年，临汾市促进外来投资局按照“投资临汾第一站”定位，公众号包括消息、视频、服务3个版块。消息板块主要是反映招商工作动态；视频板块刊登各县区招商宣传片；服务板块体现各县区基本情况、优惠政策、招商项目、服务机构、投资成本等内容；动态补充完善丰富有关内容，打造投资临汾宣介服务第一窗口。

供销合作

【概况】 2021年，临汾市供销合作社联合社落实安全生产责任。坚持“党政同责、一岗双责、齐抓共管、失职追责”，坚决防范化解重大安全风险。完善安全监督检查制度，明确安全责任体系，召开安全生产专题工作会，汲取各类事故教训，定期分析研判安全生产形势，研究解决安全生产突出问题，关键时期进行安全生产隐患排查整改，开展“安全生产月”系列活动，全年全系统无安全事故发生。以“零信访”为方向标，按照“谁主管、谁负责”的原则，做到守土有责、守土尽责，确保系统大局稳定，全年汇报集中治理重复信访、化解信访积案3件。

【规范治理】　2021年，临汾市供销合作社联合社梳理各县（市、区）供销社监事会组织机构建设情况，推进解决市、县两级供销社监事会组织机构不健全、监事会主任长期缺位、监事会办事机构虚设及工作人员不足的问题。推进联合社治理机制改革，规范行业指导工作内容，出台《供销合作社综合业绩考核办法》，完善对县级社的考核机制和评价反馈机制。聚焦供销系统长期存在的制度不完善、自我约束不强、监管不到位、廉政风险易发等问题，出台《关于加强全面从严治社工作的实施方案》。

【为农服务】　2021年，临汾市供销合作社联合社巩固提升，强化为农服务功能。全市供销系统经济发展稳中有进、整体向好。2021年，全系统购进总额完成74.54亿元，同比增长4.26%；社有企业累计完成营业总收入11.31亿元，同比增长6.86%；社有企业实现利润1448.5万元，同比增长10.14%。基层服务组织体系持续巩固。强化基层组织合作经济属性，加强四社建设，改造提升基层社12个。拓展农业社会化服务内容。建设惠农服务中心、新型庄稼医院，充实服务内容，拓宽服务广度和深度，引导农户科学施肥、用药，推动农资销售与技术指导、生产作业等服务相结合，土地托管、代耕代种等多样化服务逐步推广，新建11个惠农服务中心，新建7个庄稼医院，新增土地托管面积8300公顷。提升农村电商仓储物流运营水平，推进仓储及冷链物流项目，加快仓储物流基础设施建设，霍州市凹凸团团电子商务有限公司改造提升冷链物流基地项目、襄汾县隆昌化肥经销有限公司改造提升区域性仓储物流中心项目均完成。

【重大项目】　2021年，临汾市供销合作社联合社争取2021年度省级培育壮大工程专项资金308万元，扶持襄汾县、翼城县、古县、乡宁县、安泽县5个县4个基层组织体系建设项目、5个农业社会化服务体系建设项目、3个农村现代流通体系建设项目。发展曲沃“三位一体”综合合作试点，成立县级农合联1个、乡级农合联7个，实现乡镇全覆盖，农合联统筹安排，搭建平台，助农惠农。　（刘学敏）

2021年，临汾市供销合作社联合社工作人员在基层社进行农业指导
（市供销合作社联合社供图）

石油营销

· 中石化临汾分公司 ·

【概况】　2021年，中石化临汾分公司面对新冠疫情持续反复、油价低位震荡、市场消费不畅、不公平竞争激烈、安全环保压力剧增等多重因素叠加的严峻形势，坚持“目标导向”和“价值导向”相统一，拓市场，优网络，强管理，控风险，抓改革，保稳定，扭转经营被动局面，全年安全环保平稳运行。

【企地融合】　2021年，中石化临汾分公司形成成品油市场监管长效机制，营造公平市场竞争环境，配合市政府成立成品油市场监管专项整治工作组，在全市范围内开展成品油市场专项整治工作，净化市场环境，维护市场秩序；发挥国企示范引领作用，在全市范围内安装使用“涉税数据管理云平台”。与政府沟通，向政府争取支持“消费券”活动，通过在“零售通用消费券”商户中增加设有便利店、超市的加油站，在支付方式中增加“加油山西”App结算方式，带动油品、非油品销售。

【经营工作】　2021年，中石化临汾分公司零售上关注国际原油走势，抓住春耕夏收灌桶、临汾市“涉税数据管理云平台”推广实施、省、市政府消费券发放等有利因素，拉动成品油消费，带动汽油销售。

【直分销工作】 2021年，中石化临汾分公司直分销工作采取“一抢二争三挖”措施，开展市场调研，强化对客户经理联量考核激励，督促客户经理开展客户走访，借“石化油你”平台增进客企关系，借“油非互促”开展油、气、非综合营销，拓市场稳效益。

【非油品工作】 2021年，中石化临汾分公司调整非油品业务销售结构，培育“亮点”，组织开展核心商品专项竞赛，基础品类同比略增；加快门店升级改造，提升基础管理水平；协调推进新业务快速发展，发展汽服项目16座，覆盖11个县区公司，投放泵岛堆头广告项目；贯穿全年开展年货节、易享节、易积分、品鉴会、水饮节、电器内购等特色营销。

【处置屯里镇东芦新村火灾】 2021年3月9日，屯里镇东芦新村发生火灾，距着火源50米处是一片4S店停车场，大火随时可能蔓延过去，数百辆新车将毁于一旦。屯里安监站向毗邻的东芦油库请求支援并拨打火警电话，油库值班主任接警后组织油库消防力量，出动消防车赶赴现场，进入战斗状态。经过消防队员们两个小时的奋力扑救，大火彻底被扑灭，火灾没有造成人员伤亡。

【志愿服务】 2021年，中石化临汾分公司组织机关各科部室开展“捐衣献爱”募集衣物献爱心活动，为贫困地区捐赠衣物。参加募集活动的30余人，募集衣物300余件。临汾市公司志愿者到下靳村老八路张新春老人家进行慰问。张新春老人曾参加过抗日战争和解放战争，荣获二等英雄奖章、解放西北纪念章、华北解放纪念章及纪念抗日战争胜利60周年“革命功臣”牌匾等，受到国家和政府的嘉奖和表彰。志愿者给老战士送上米、面、油等慰问品。

【“爱跑”品牌汽油上市发布会】 2021年，中石化临汾分公司在路东加油站举行“爱跑”品牌汽油上市发布会，省公司副总经济师杨俐清，临汾市商务局局长白岗峰，尧都区常委、统战部部长汤晓燕，以及有关职能部门领导出席启动仪式。临汾电视台、《临汾日报》社等媒体记者参加发布会，通过临汾石油官方抖音号和员工钉钉群进行同步线上直播。为确保“爱跑”品牌汽油进入临汾市场，在临汾电台、电视台及市内广告大屏循环播放中国石化“爱跑”汽油宣传广告。在站内张贴海报，发放宣传折页，利用滚动屏、音响、朋友圈、客户群，宣传“爱跑”品牌汽油的动能优势和环保优势，抓好销售时机，引领市场，点燃销售旺季。

【服务夏收】 2021年，中石化临汾分公司提前准备，做好三夏用油的统配、保供、惠农工作。在全区选取12座加油站作为“支农”用油点，开辟夏收农机用油绿色通道，确保夏收农机具优先供应，对所有参与夏收、复播的农机具实行随到随加，做到“计量准确、质量合格、价格合理、安全快捷”。在夏收期间县公司管理团队深入一线，靠前指挥，帮助加油站解决问题，当好加油站的“后勤员”。制定“夏收保供应急预案”，做到成员分工明确，责任到人，在用油高峰期，帮助加油站做好加油现场环境秩序的维持及特殊情况的应急处理。在“支农”加油站设置支农惠农服务台，为农机用户免费提供绿豆汤、冰糖、藿香正气水等防暑降温物资和车辆加水、临时休息、开水供应、应急药品、维修工具等服务，为农户及司机提供便利。

【保障农机用油需求】 2021年，中石化临汾分公司通过与农机服务中心沟通联系、调研走访等方式，掌握农户用油需求量。在全区选定农机保供站30座，为农户开通绿色加油通道，保障24小时优先提供油品。公司根据收集用油需求数据，制定油品配送方案、优化运输路线，建立健全机关业务部门与加油站沟通机制，畅通信息渠道，通过加油站上报用油量，保障农机保供站和大站、要站的柴油供应。增加油罐配送车次，加大接卸力度，确保农户用上“及时油”。在全区30座农机用油保供站，设置支农惠农服务台，为农机用户免费提供车辆加水、临时休息、开水供应、应急药品、方便工具等服务。在部分加油站挂牌价的基础上，推出农机用油优惠价，通过介绍油品、非油品互促活动，满足农机用户需求。

·中石油临汾分公司·

【概况】 2021年，中石油临汾分公司坚持“量效兼顾、以效为先”经营思路，围绕年初确定的各项任务目标，把握市场走势，根据政策变动，以零售为核心，深挖客户潜力，夯实发展基础，强化市场意识、创新意识，提升服务能力和营销水平，结合临汾市场变化，灵活调整营销策略，应对竞争，各项工作取得一定成绩。

【提升销售质量】 2021年，中石油临汾分公司夯实客户基础，拓展卡客户，加强客户开发，推进市场大调查、客户大开发和华北客户联动开发工作。坚持量效平衡运作，坚持精准营销，打造超级会员日、周末到中国石油加油等品牌，实现量效良性互动。协调用好政府资源，参与省市两级政府“礼享生活，晋情消费”活动；用好三方资源，推进银行、保险等三方资源共享。强化烟草精品店打造，新建烟草精品店5座，强化烟草等级管理；开展复合肥销售，组织召开化肥现场会议7场；上线洗车业务。

【工程建设】 2021年，中石油临汾分公司完成襄汾桥西加油站防渗改造工程、38座地下水监测井项目、37座三次油气排放回收装置工程、侯马油库深度评估隐患改造工程等项目。梳理论证加油站，推进LNG新项目建设。完成暴雨灾后抢险项目、加油站形象提升项目、侯马油库深度评估整改等专项维修工程，确保库站平稳运行。

【升级管理】 2021年，中石油临汾分公司组织开展两级联动综合实战应急演练、应急器材使用培训2次，对机关及库站员工现场进行应急器材使用方法培训，开展现场跑冒油、灭火演练等实战操作，进行安全生产月宣传、安保防恐隐患大排查、安全知识答题等活动，提升员工安全应急能力。整改电气、仪器仪表、防爆区域接地跨接等问题，强化基础管理。组织油气回收、QHSE、全员安全教育等培训，组织安全资格证取换证培训及复训，确保管理人员持证上岗，提升员工安全生产意识和能力。发布预警信息，督促库站落实防控措施，组织防疫物资采购及调配，发放消毒液、额温枪、医用PVC手套等各类防疫物资，实现全员“零感染”。组织加油站员工对新安装的三次油气回收设施进行培训，使员工了解基本原理、操作规程及监控仪表的使用；督促库站每日巡检环保设施设备，按规程进行接卸油操作；协调油气回收系统检测，对发现的问题进行维修整改，确保环保设施的良好运行。抽测加油枪付出量，迎接省市市场监督管理局抽样，针对特殊节气及敏感时段组织质量抽检，油品数质量全部合格。

【重点领域管理】 2021年，中石油临汾分公司强化开口销售，强化服务管理，加强服务培训，加油站按日开展交接班培训，提升服务水平。参与临汾市政府治理非法加油站、规范成品油行业监督专项行动，推广实施加油站数据管理云平台项目，推进税务实地监管。开展大型油气储存基地风险评估工作，得到政府的高度肯定。开展岗位练兵。侯马油库协助处置家电仓库起火事件，展现央企的社会责任和担当。

烟草专卖

【概况】 2021年，临汾市烟草专卖局（公司）实施以“三个层面、三个完全、三个一流”为内核的高质量发展战略规划，经济运行实现预期目标，整体工作取得突破。2021年，全市销售卷烟15.28万箱，同比增长0.48%；实现税利11.32亿元，同比增长5.09%；全市烟叶种植面积353.33公顷，收购烟叶805吨。

【经济运行】 2021年，临汾市烟草专卖局（公司）把保持经济平稳运行和良好市场状态摆在优先位置，统筹兼顾量的合理增长和质的稳步提升，确保经济运行处于合理区间。以精准营销为突破口，优化品规布局、挖掘品牌价值、提高供给效率，提升品牌培育工作质量。探索零售终端“软实力”提升途径，在尧都区召开现场推进会，在全市推广其终端建设经验。强化旅游终端建设布局，统筹推进文明吸烟环境建设，完成对乡宁云丘山、曲沃晋国博物馆吸烟亭建设和验收工作。

【法治烟草建设】 2021年，临汾市烟草专卖局（公司）推动严格监管，实施“八五”普法规划，加强普法宣传、法规培训、执法监督、法律服务及管理制度废改立等工作，防范法律风险。强化协作机制保障，严打涉烟物流寄递，完成2起国标三级网络案件。强化违法大户监管，加大电子烟监管力度，清理整顿不符合持证条件零售户，首次联合公安机关公开发布征集涉烟违法犯罪线索的通告。全年查处案件1260起，其中真烟803起、假烟399起、走私烟58起；查获重大案件179起；捣毁非法窝点197个；向公安移送案件4起。坚持“内管监控、专卖管控、营销调控、多方参与”的思路，健全专卖内管长效机制。加强审计监督，严格审计程序和现场管理，加强过程控制和跟踪评估，转化审计成果。健全采购管理实施办法，注重源头管理，加强严格监管，提升规范管理水平。

【释放发展动能】 2021年，临汾市烟草专卖局（公司）优化政务服务，推动行政许可网上办理，落实合理布局规划，强化许可证后续监管，实现行政许可审批瘦身提速，推动“放管服”改革取得实效。推进卷烟营销市场化取向改革。健全营销队伍综合培训体系，推动“专业化”客户经理队伍和“职业化”零售客户队伍建设，适应数字化转型趋势，整合工商优势资源，完善营销领域全岗位、全流程、全体系的数字化运营模式。探索搭建临汾烟草综合管理信息平台，完成车辆管理、会议管理等模块的开发设计。落实山西省局信创工程工作任务，优化全市系统核心网络安全布局，加强网络安全重保和应急演练，确保各信息系统安全、稳定、可靠运行。增强科技创新活力和效果。两个QC成果分获全省优秀质量管理小组成果发布会一等奖和三等奖。《可提高作业效率的伸缩链板机》在国家知识产权局申报专利成功，填补临汾烟草专利成果的空白。

【对标管理】 2021年，临汾市烟草专卖局（公司）推动企业治理开创新局面，提升企业治理体系和治理能力。在“全员找问题”活动基础上，通过外出学习取经、研究制定方案，按照省局分层分类对标工作要求，结合实际优化调整思路和流程，探索建立覆盖市县两个层级，涵盖营销管理、专卖管理、物流管理、综合管理四个维度的“双层四维”对标体系，在全市系统推进对标管理工作，基本达到“观念更新、思想先行”的阶段性目标，加强烟叶管理，拓展安全管理深度。

（王慧娟）

盐业专营

【概况】 2021年，临汾盐业分公司经营业务遇到极大困难，通过保供应、作公益、搞服务、办实事，调整食盐结构、巩固食盐市场，全年销售食盐6724吨、工业盐1783吨，维护市场稳定、确保群众需要。

【“调结构”促进食盐经营】 2021年，临汾盐业分公司转变人民群众消费理念、提高生活质量和品位、维护身体健康，调整食盐结构，面向市场终端推出“晋盐”系列产品的高端盐品，主要品种有“富硒盐”“富硒海藻盐”“莫顿”系列盐品、“低钠盐”“天然海盐”“螺旋藻盐”“竹盐”等。扩大高端盐品辐射面。

【采样、体检服务】 2021年，临汾盐业分公司配合尧都区疾控部门，到5个乡镇，采集500名学生和孕妇的尿样及日常食用碘盐，进行体检及甲状腺功能检查。

【“食盐安全示范区”创建】 2021年，临汾盐业分公司配合尧都区相关部门在各街道、社区和各乡镇、村开展“食盐安全示范区”创建工作和“我为百姓办实事，食盐安全保健康”活动，向社区居民、乡村村民发放宣传资料、进行食盐健康宣传、送“晋盐”上门。惠及14个乡镇、7个办事处、数十万群众，为800多户“五保户”赠送了一年的食盐量。

【营销活动开展】 2021年，临汾盐业分公司与超市、牛奶经营商等团体联合开展抽奖、赠送等活动；在超市旗下分店开展“富硒海藻盐”“莫顿盐”系列产品买赠促销活动；到县（市、区）、乡（镇）、村、超市、集市、门店等，通过摆摊设点、播放流动语音、发放宣传材料等进行广泛宣传，开展营销活动，丰富销售模式，提升“晋盐”知名度、认可度、销售量和盐企形象。

【宣传工作】 2021年，临汾盐业分公司通过微信、网络、美篇、标语、公众号、电子屏、宣传车、宣传彩页等多种形式进行广泛宣传，在各个重要节点及创建“食盐安全示范区”等活动中到广场、街道、社区、乡镇、村庄、超市、商场、集市、商户、店铺及消费者、“五保户”家中，宣传食品安全法、食品卫生法、食盐专营办法等涉盐法律法规及“三减三健”、科学补碘、健康用盐等知识，增强了费者的法律意识和法治观念，提高对假冒劣质食盐和违法经营行为及其危害性的了解和认识。

【市场经营秩序管理】 2021年，临汾盐业分公司与政府市场监管等部门配合、协作，当好市场管理“吹哨人”，对各大商户盐品来源、渠道、品种等情况进行调查登记，配合有关部门稳定市场秩序、维护人民群众“舌尖上的安全”。

（戴　雪）

信息服务业

通信服务

·电信业务·

【概况】 2021年，临汾市电信公司以客户为中心、坚持推进5G网络建设和云网融合、强化科技创新和维护网络安全，为加快临汾的信息化建设提供支撑。2021年，临汾市电信公司推进围绕客户需求、聚焦机会空间、强化产品服务体系、探索创新产品服务新驱动4条发展新路径，保持了企业的稳定发展。业务收入增幅9.1%，增幅行业第一，份额提升0.32%，达到10.54%；宽带用户净增2.4万户，到达24.5万户，同比增幅39.3%；移动用户净增4.7万户，到达48.2万户，同比增幅19.7%；流量服务大幅提升，户均流量从9.4G提升到10G；5G用户大幅增长，5G用户渗透率达到45.6%；给予客户需求的产品进一步优化，全屋Wi-Fi渗透率达34%；

【应急通信保障】 2021年，面对新冠疫情的严重冲击，临汾电信发挥中国电信信息通信服务优势，主动对接客户，用心做好客户服务。面对因暴雨引发山洪、滑坡等自然灾害，临汾电信公司迅速启动防汛应急响应机制，组织抢修人员争分夺秒，奋战在抗灾一线，力求最快为用户恢复通信。汛情期间，临汾电信所包联的2个行政村、15个自然村多处山体滑坡、房屋倒塌、道路塌陷、交通中断、大片农田被毁，村民的生命财产安全受到严重威胁。电信公司驻村工作队的队员们第一时间投身防汛抢险工作，用实际行动践行了“人民电信为人民”和“哪里有灾情，电信人就冲锋在哪里”的誓言。

2021年，临汾市电信公司工作人员在抢修网络设施，力求最快恢复通信 （市电信公司供图）

【网络建设】 2021年，临汾市电信公司推进网络建设，4G基站总量达到2867个。强化对市区、县城、乡镇、重点农村无线网络的连续覆盖，市区、县城覆盖率分别达到了98.72%和97.76%，重点高速覆盖率达到了98.67%、大西高铁覆盖率达到99.34%，网络覆盖率和服务能力稳步提升。接入网端口建设完成3.53万（覆盖用户数7.06万户）端口，端口建设完成率110.6%，城市宽带覆盖率由95.3%提升到96.4%。千兆光宽升级完成12.07万端口，临汾所有县（市、区）的城市区域均可接入千兆光宽业务。

【5G网络】 2021年，临汾市电信公司完成了临汾市区及洪洞县、襄汾县、曲沃县、侯马市等重点县

城的连续覆盖和其他县城核心区域的覆盖。截至2021年12月底，已开通5G室外基站1122个。积极推动政企需求对接，建设5G基站，推动智慧矿山、智能制造、智慧城市等领域的5G业务应用。

【云网融合和数字化转型】 2021年，临汾市电信公司基于5G核心网的云架构，持续加快云网融合进程。落实集团公司“云改数转”战略要求，自上而下按照“一张网、一朵云、一个系统、一套流程”，推进云、网、系统深度融合，加快推进云网融合和数字化转型，围绕服务提质、存量提值、转型提速，推进企业高质量发展。打造数字化平台，构建云网融合的基础设施，构建丰富的应用生态，赋能千行百业，承载临汾市广大客户信息化需求，支撑客户转型升级。在集团公司开展的云网运营能力和客户感知双提升专项行动竞赛中，获优秀团队奖。

【服务提升】 2021年，临汾市电信公司以提升客户满意度为目标，坚持问题导向，完善服务流程，实施服务监督；优化倒三角支撑，提升服务能力；围绕客户感知，开展专项服务活动。

通过营业厅触点服务、智慧家庭工程师触点服务检查、用户反馈等多途径发现问题，前后端联动，协同解决。2021年，营业厅服务用户测评满意度97.97%，较2020年提升1.55%；智慧家庭工程师用户测评满意度99.8%，较2020年提升0.4%；全年用户越级申诉压降33%。2021年，临汾市电信分公司新建渠道104家，累计渠道494家，有效从源头上解决了用户办理难、服务难的问题。

·联合通信·

【移动市场】 2021年，中国联合网络通信有限公司临汾市分公司（简称临汾联通分公司）围绕5G大联接，推进5G品牌引领。5G引领全业务发展增速和发展质量行业领先，人人联接的市场地位稳中有升，人物、物物联接市场地位取得明显突破，端网业服协同达到行业领先水平。强调“扩规模、提价值、优体验”同步，深化以客户体验为中心的端网业深度协同推进，以“5G三换”核心工作为抓手，提升终端销售触点的5G端网业匹配率。全维度、分层级、强基础加速实现全量5G化。截至2021年12月，5G渗透率31.9%，5G登网率60.1%。

【宽带市场】 2021年，临汾联通分公司聚焦“宽带三提”工作部署，做好“光衰整治、装维服务规范化”等基础管理工作提高新入网用户网关匹配、加快存量不匹配网关更换、加快FTTH低速率用户提速，提高宽带端网业协同。重点突围“千兆覆盖、光衰整治、装维服务规范化”等基础管理工作，加大三千兆产品宣传，借助“千兆品质冬奥信赖”的形象，展开“全民大提速，服务到万家”体验；组织开展宽带端口实占率提升专项行动，进行营销活动跟进赋能，以千兆体验撬动用户转化，效益价值双向提升；全方位构建“平台+网+X”业务体系，加强存量不匹配网关更换、加快FTTH低速率提值，打造差异化服务能力；全面提升“智慧家庭工程师”专业与服务能力，以装维服务切入营销，下沉社区、业务宣传及服务口碑，做到“速、质、值”三维再提升。截至2021年12月，500兆以上宽带占比12.14%、光衰达标率98.06%、移宽融合渗透率76.78%、宽带净增份额24.4%。

【政企业务】 2021年，临汾联通分公司深入拓展5G+行业融合，在助力产业数字化转型发展方面，与多个垂直行业的10余家客户和合作伙伴开展5G创新合作，培育晋南5G+工业互联网、乡宁焦煤集团5G+智能矿山、吉县壶口智慧旅游、政务云等诸多省、市级乃至全国重点信息化项目。晋南钢铁集团5G+工业互联网，为省内钢铁领域智能制造项目提供了示范，作为全省唯一项目入选工信部“全国44项移动物联网应用优秀案例”；乡宁焦煤集团作为全国首个井下5G智能综采工作面标杆，开创了全省乃至全国煤矿智能化综采的先河；以“旅游平台+自研产品”差异化技术和服务，为打造壶口AAAAA景区提供了强有力的网络、信息化支撑保障；构建行业生态，与晋南钢铁集团合作成立“5G创新联合实验室”，研发5G天车防撞、客运无人驾驶等新应用，致力于推动钢铁行业先进产能提升、智能化转型。

【网络能力提升】 2021年，临汾联通分公司新建光缆1948皮长公里，累计到达7.3万皮长公里；新建互联网出口带宽200G，互联网出口带宽到达1440G；新建IDC能力200G，IDC到达1940G；新建物理基站1181个，物理基站数量到达4514个；5G基站建设885个，累计到达1282个，实现了全市县城区以

2021年7月6日，临汾联通与晋南钢铁5G+战略合作签约仪式
（市联通分公司供图）

上区域5G网络连续覆盖。移动网用户日均流量增加38TB，整网日均流量达到491TB；移动网4G人口覆盖率达到93%，5G人口覆盖率由21.96%提高到43%。新建FTTH宽带端口52722线，FTTH宽带端口累计到达1087398线；新增千兆FTTH宽带端口90880线，千兆FTTH宽带端口累计到达134912线。

【服务提升】 2021年，临汾联通分公司以“我为群众办实事”为载体，多角度、多方向、各专业通力解决客户“急难愁盼”问题；以“银发无忧智慧助老”为主题，聚焦老年人、残障人士等信息障碍群体的通信使用需求，向特殊群体提供有温度、有担当的服务；践行“以人民为中心”的发展思想，开展“倾听客户心声”活动，聚焦客户感知痛点和难点问题，从客户的视角发现问题，推动专业协同；启动源头治理，采用重拳整治，推动问题治本解决；启动两网提升行动，成立六大专班，重点聚焦强基固本，服务领先，打造公司高品质服务新优势。

·移动通信·

【概况】 2021年，临汾移动分公司全方位迈向高质量发展新阶段，公司收入规模实现突破，全年通服收入同比增幅6.2%，实现“两连增”；收入结构进一步调优，政企增量收入贡献超50%，HBN收入占比达到36.8%；客户发展持续保持稳固优势，公司通信用户份额到达66.1%，持续保持全省第一。

【移动市场】 2021年，临汾移动分公司强化主动发展拓新增，精细运营控离网，持续稳固移动用户规模；探索打造“3+X”5G运营体系，量质并重实现5G发展领先目标；分层分级精细化运营，持续优化用户结构，提升用户价值。

【宽带市场】 2021年，临汾移动分公司家庭市场规模再上新台阶，持续开展宽带覆盖攻坚行动。价值运营新突破，丰富“1+2+N”智慧家庭产品体系，深化融合营销服务理念，落地“平安乡村”70个。产品服务更丰富，打造“真千兆”宽带口碑，率先在全省打造121个千兆精品示范小区。

【集团市场】 2021年，临汾移动分公司集客市场实现跨越式发展。增收能力进提升，DICT收入贡献占比46.2%；“双引擎”牵引能力升级，移动云收入同比提升81%；5G专网项目带动DICT项目签约3000余万元。行业市场领先优势扩大，中标人民医院云平台、华翔5G+智慧工厂等65个大项目，区域中标量占比73%，中标金额占比55%。基础产品市场地位夯实，专线“压舱石”作用提升，收入同比增幅7.3%。成员市场经营稳固，集团V网用户渗透率55.5%，全省最高。

【新兴市场】 2021年，临汾移动分公司精准匹配、融合营销，扩大重点产品及权益用户规模，提高新兴产品价值贡献。发展个人云市场，全渠道、多触点开展运营，做大活跃用户规模，培养用户使用习惯。打造品类全、体验优的权益产品体系，引入本地头部商户，为用户提供便捷办理、自由选择的一站式服务，构建本地差异化服务优势。

【网络能力】 2021年，临汾移动分公司加快新基建步伐，坚持多频协同、网业联动，新增超1600个5G基站，5G基站总数达2240个，实现乡镇级以上区域全覆盖，重要场景、热点农村领先覆盖。开展网络提速提质，启动“客户满意度工程”“双近行动”，打造极简网络，新增4G基站400余个。巩固无

线网基础，通过“清障行动”，推进隐患整治处理，异常基站整治率94%，全省第二，退服率0.23%，全省最低。（韩腾飞）

邮政服务

·邮政业务与管理·

【概况】 中国邮政集团有限公司临汾市分公司（简称临汾市邮政公司），下辖17个县（市、区）分公司，机关设5个综合职能部门、3个市场经营部门、4个经营支撑部门、1个直属单位。2021年，全市共有邮政网点227个。其中，普遍服务局所198个（含空白乡镇局所），市趟邮路18条，县乡邮路32条，乡邮投递里程单程长度达17825公里。城市道段总数227条，农村道段总数196条，其中，农村汽车道段94条。全市建制村共计2112处，其中，自提点1351处，村邮站197处。从城区到乡村实现了用邮全覆盖，通邮率达100%。

【新媒体矩阵搭建】 2021年，临汾市邮政公司结合主流推广平台，建立以“微信群+公众号+抖音”为核心的“1+4+1”新媒体矩阵，全矩阵累计粉丝28.46万人，全年共发布作品1047篇，制作电子海报117个，H5宣传链接50余个。成立线上营销团队，四大专业直播全覆盖，借助热点开展全板块直播，共开展直播105次。其中，代理金融专场直播1次，观看人数2904人，达成订单605件；寄递业务专场直播75次，累计造包3万余件；渠道平台专场直播29次，其中，化肥专场10次；集邮文传专场直播1次，观看人数1831人。

【提升能力投入】 2021年，临汾市邮政公司金融能力建设得到加强，全年配置软装家具115件，公众教育屏32块，对第一批25个网点完成厅堂软装改造，改善网点环境，增强用户体验。全年配置LED橱窗屏26块，提高网点宣传力度，增强影响力。全年购置CRS设备3台、智能机POS机400台，减轻网点柜面业务压力。完成吉县广场营业所迁址改造工程；寄递能力投入力度加大，改造县域封发场地6处，优化设置农村道段197条。新购电动三轮车37辆，租赁新能源投递汽车11辆，新配备热敏打印机126台。为尧都区、襄汾县、洪洞县投入小件分拣机3台，用设备升级推进营揽能力进一步释放。

【网络运营水平提升】 2021年，临汾市邮政公司优化处理中心场地和设施建设，实施乡邮道段“私车公助”，多方式组织市内、同城网络，协调解决运能缺口，提升网络运营水平。7个县分处理中心完成场地改造，配备了集包笼、九宫格等设备，安装了二级伸缩皮带机、简易小件自动分拣机、龙门架自动扫描设备；出台《关于印发〈临汾邮政投递车辆“私车公助”管理办法（试行）〉的通知》文件，结合“三网”优化实施方案，选择合适的单位推进“私车公助”，已覆盖9个县分公司共计56辆汽车；通过调整市（县）趟干线、同城干线、串行部站、合并邮路等运邮方式，实行“定制运输”管理等措施加快邮件时限；中秋、国庆期间疏运隰县、汾西县、吉县3个县分玉露香、苹果邮件17.75万件；“双十一”旺季生产期间，全市共处理各类邮件415.57万件（袋），较上年增长47.1%。

【政企协同】 2021年，临汾市邮政公司积极与地方政府进行接洽，共计与市县领导对接工作10余次，强化政企优势互补，推进政企共创双赢。扩大战略合作范围，与国华公司、大家人寿保险公司及地方部队整合资源，开展合作。和本地8家国企单位进行对接，洽谈业务。加强权益引入，与临汾竹林大药房、荣耀公司、生龙商业等开展全面异业合作，共建权益，推进多赢。同时政发挥社区市场线上高效、线下方便的优势，创新“微信群+抖音同城服务号+网点活动转化”模式，引入异业联盟优质资源，打造“客户星权益”产品包，为客户提供深度高质量服务。

【乡村振兴助力】 2021年，临汾市邮政公司组建市分公司农村事业部，明确了以三级物流体系建设为主线、统筹推进农村邮政全面发展的战略方向，打造“网点+站点”运营模式、试水农产品产业链合作模式、开展农村特色权益活动等方式多措并举，助力乡村振兴。实行“网点+站点”管理模式，叠加便民服务、积分兑换、金融转介等功能，打造综合便民服务站，力争为更多的农户提供更加便捷、更加全面的邮政服务。全市全面推广建设1191个综合便民服务站，88个综合便民服务站开展炒店活动。开展农村特色权益活动，开展农技大讲堂30余场，为2300户农民提供了免费的农技知识，为1.2万余农户提供邮政化肥。

【邮政星权益服务上线】 2021年，临汾市邮政公司在服务好现有中老年客群的基础上，打造“邮政星权益，社区好邻居”服务品牌。组建同城营销中心项目组，以邮政线上线下在寄递、物流、金融、私域流量等多方面的资源优势为基础，依托同城配送网络和“网点+站点”自提网络，开展本地衣食住行等生活必需品和礼仪礼品等的销售和配送，打造“抖音同城服务号”项目，瞄准社区客群，提供周边服务权益；重点打造“U·阅读”教育引流、“花·U”鲜花同城配项目，以中青年客群为主，建立社区一体化生态圈，为客户提供更加全面的邮政星权益服务。

【政务帮办代办服务】 11月，汾西县分公司与县行政审批局深化合作，在达成邮政服务点进驻县政务大厅合作协议后，双方又达成了邮政帮办代办合作协议。根据协议，汾西县分公司在所辖8个邮政网点开办“政务帮办代办”服务，让邮政网点成为百姓家门口的政务服务点。此项服务开办后，汾西县的百姓，特别是乡镇、村百姓可在家门口体验快捷的政务服务。他们只需通过邮政网点提交政务事务相关审批资料和信息，由邮政网点信息终端传送至县审批服务中心，经审核通过后，形成正式批复证件，由邮政投递员第一时间投递到百姓手中，真正实现了“信息多跑路，百姓少跑腿”的目标。

【病历档案寄递】 8月，临汾市邮政公司积极与临汾市人民医院开展合作，面向看病群众推出了病历档案预约寄递服务。在市人民医院看病的患者本人或家属，只要办理病历档案预约寄递业务，就可以享受到“在家中收取病历档案”便利服务。临汾市邮政公司安排专职人员进驻临汾市人民医院，在医院内向就医的市民宣传推荐病历档案预约寄递服务。过去医院的患者需要在出院20天以后到医院窗口申请复印病历，现在患者通过手机微信小程序或现场办理相关手续，复印好的病历就可由邮政的投递员直接送到家中。此项服务，为患者节省了时间，免去往返奔波之苦，更缓解了医院窗口排队现象，实现了医邮双方为患者‘零距离’优质服务。截至2021年底，已有近900名患者享受了临汾市分推出的病历档案预约寄递服务。

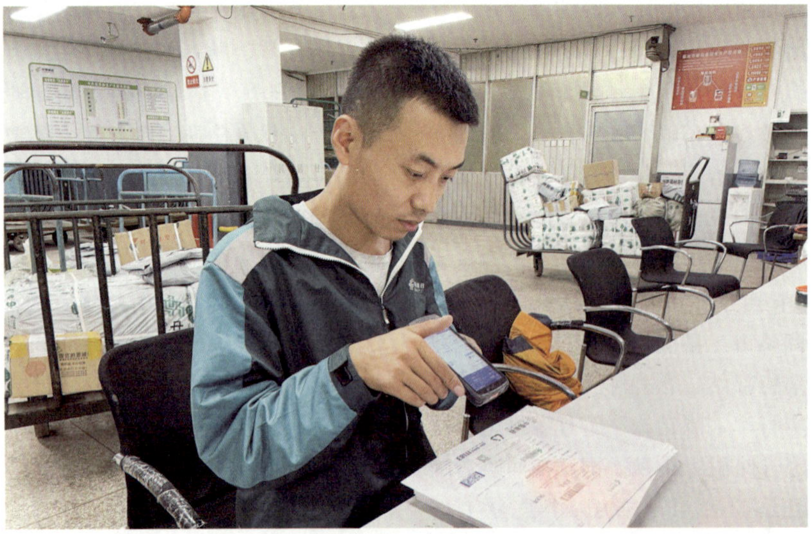

2021年，临汾市邮政公司与临汾市人民医院合作推出病历档案线上预约寄递服务。图为工作人员处理病历邮件

（市邮政公司供图）

【主题邮展进校园】 2021年，汾西县分公司、襄汾县分公司分别组织举办了“永远跟党走，方寸忆征程”主题邮展进校园活动，让青少年们以丰富多彩的形式学习和了解邮票文化与历史文化。10月26日，汾西县分公司联合县委宣传部、县教育科技局、共青团汾西县委在汾西县第一小学启动“永远跟党走，方寸忆征程”集邮进校园主题邮展系列活动。邮展活动陆续在汾西县8所中小学校开展，宣传集邮文化，观展学生达到1.2万人。11月19日，襄汾县分公司在第二小学校举办“永远跟党走、方寸忆征程”红色主题邮展进校园活动。在邮展活动中，全校从二年级到六年级近2000名学生参观邮品展览，并聆听了邮票的诞生及发行知识，对邮票知识有了初步的了解，并对邮票产生了浓厚的兴趣。

【政邮合作证照免费邮寄送达】 2021年12月16日，临汾市邮政公司与尧都区行政审批局举行尧都区政务服务大厅便民邮寄服务签约暨启动仪式，签约仪式的成功举行标志尧都区政务服务大厅正式开通“证照EMS免费邮寄送达”服务。便民免费邮寄服务点设在政务服务大厅一楼商事登记窗口，企业和群众到尧都区行政审批局办理业务，对无法当场获取的证照证件和批复结果等，可按照自愿的原则选择“免费

2021年，汾西县邮政分公司举办“永远跟党走，方寸忆征程”主题邮展进校园活动。图为邮政工作人员为学生讲解邮票文化

（市邮政公司供图）

邮寄送达”服务。政邮双方充分发挥各自资源优势，打通政务服务“最后一公里”，在实现“最多跑一次”的同时，实现领证“不用跑”，全面提升政务效能，便民利民服务更进一步。（贺芸琪）

·快递业务与管理·

【邮政业概况】 2021年，临汾市邮政行业业务收入（不包括邮政储蓄银行直接营业收入）累计完成10.63亿元，同比增长22.02%；业务总量累计完成10.58亿元，同比增长25.86%。其中，快递业务量累计完成4058.26万件，同比增长25.91%；业务收入累计完成6.37亿元，同比增长37.48%。

全市邮政普遍服务网点198个，全部为自办网点、营投分离；村邮站746个，乡镇网点覆盖率、建制村直接通邮率、县级城市党报当日见报率均为100%。许可快递企业35家，分支机构168家，快递末端网点795个。“快递进村”覆盖率达到91.7%，建制村快递服务保持全覆盖。县级以上仓储配送、分拨中心22个，县域共同分拣中心11处，快递公共服务站31处。基本建成覆盖城乡、便捷高效的邮政快递服务网络。

【深度融入地方】 2021年，临汾市邮政业安全中心顺利组建，邮政管理工作纳入地方目标责任考核体系，邮政业事权和支出责任改革划分政策顺利落地。市长李云峰就贯彻国务院办公厅《关于加快农村寄递物流体系建设的意见》专题批示“要重视我市农村物流体系建设，各相关部门要抓好工作落实”。

市政府办公室发文将邮政快递设施纳入全市城镇老旧小区改造攻坚行动方案。“快递进村”等多项内容纳入全市商业经济提质和推进服务业提质增效行动计划。

【行业高质量发展】 2021年，临汾市邮政管理局依托市快递协会整合邮政快递业资源，在前期签订邮快合作框架协议基础上，加强“邮快合作”，代投邮件快件10.8万件。积极建设邮政综合服务平台，全市警邮、税邮政邮合作保持市县全覆盖。邮政企业“一市一品”项目带动农特产品销售1071万元，带动农户增收677.31万元。打造迎乐食品、太平米醋等6个一体化样板示范点。全市电子运单使用率，电商快件不再二次包装率，邮政快递营业场所、处理场所包装废弃物回收装置覆盖率均达到100%，可循环快递包装箱（盒）使用量达到4800余个。建成3个市级绿色分拨中心和102个绿色营业网点。

【市场行为规范】 2021年，临汾市邮政管理局统筹执法力量，线上线下结合开展行政执法。按照省局部署试点抓好“绿盾”工程联网工作，邮政企业152个网点，快递企业市级分拨中心全部接入，共852个摄像头，在线率达96.2%。明确全员视频巡检责任，安全中心与市场监管科专人负责日常巡检，及时处理违规作业事件。

【快递市场专项治理】 2021年，临汾市邮政管理局聚焦经营合法化和服务规范化开展经营资质和经营行为清理规范专项行动，督促60个末端网点完成备案，杜绝不“按址面交”、抛扔快件、暴力分拣等行为。印发《邮件快件处理场所安全管理规范化提升行动方案》和《关于进一步抓好邮件快件处理场所“四不”问题整治工作的通知》，收回作业场地安全整治承诺书51份。

全年出动执法检查348人次，下达责令整改通知书69份，行政处罚23起，处罚金额16.37万元。

【寄递渠道安全生产】 2021年，

临汾市邮政管理局推进过机安检持证上岗和双人轮岗，持证人员达到84人。印发安全生产风险分级管控和隐患排查治理工作指南，主要品牌分拨中心全部制定“红橙黄蓝”四色标识风险图，开展隐患自查。联合公安、国安、市场监管等部门开展寄递渠道禁毒、反恐、打非治违、涉枪涉爆整治等工作。在重要节点、重大节日，深入邮政、快递企业开展“四不两直”检查，旺季期间全员进行线上视频巡检，保障寄递渠道安全稳定畅通。

（史　强）

无线电管理

【概况】 2021年，临汾市无线电管理局监测站有固定监测站3个、小型站23个（包括民航小型站5个）移动站2个、可搬移站2个、便携式监测设备3个；实际开展无线电监测工作的固定监测站3个、小型站23个、移动站2个、便携式监测设备1个。

截至2021年10月底，按照省监测中心下发的各个季度的监测任务，临汾站利用3个B级站和18个小型站及5个航空小型站进行38045小时的监测工作，对GNSS频段和民航地空通信频段进行监测、无人机频率专项监测、对重要航路进行监测。

【重点频率保护专项工作】 2021年，临汾市无线电管理局对临汾市市容监察支队、临汾民航机场、临汾仁和居物业服务有限公司、山西煤炭运销工作等单位的150余台对讲机设备进行了核查。

7月31日，对建邦公司上门进行检测。此次检测包含了6个部门共计检测49部模拟对讲手持台。8月9日，对山西焦化集团有限公司开展了无线电通信发射设备检测工作及电磁环境测试工作。此次检测包含了焦化公司的4个部门共计检测31部模拟及数字对讲手持台。

8月12—20日，为了全面摸清广播电视台站实际情况，对临汾市所辖16个县（市、区）的广播电视台站设备进行了人机见面及检测。核实广播电视台站频率许可、台站执照、主要技术参数等基本情况。此次检查了16家广电单位，共计检查50部广播电视设备：其中实际测试41部电视、广播设备。经核查，全市所有广电部门临汾市广电无88.9MHz与95.1MHz频率批文，安泽县融媒体中心由于历史原因无正式频率批文，襄汾县无调频广播频率批文。

【服务广播电台】 2021年5月19日，翼城县融媒体中心设置的调频广播电台申请尽快办理迁移台址和电台执照手续。翌日，频率台站管理科相关人员，带上设台申批资料等手续前往翼城县融媒体中心现场办公。按照设台申批流程和手续，当天颁发了电台执照。

6月25日，浮山县融媒体中心完成台站迁址工作，并向市局提出了台站变更申请。为保障浮山县广播电视在“七一”期间正常播出，市局立即派出小组前往浮山广电新台址进行电磁监测，现场办公进行台站变更相关工作，并对浮山广电迁址进行了验收。

【服务5G建设】 6月21日，临汾市无线电管理局联合市公安局调研三大运营公司。调研中首先对了解5G基站和微波链路的建设、分布和使用情况，以及基站近期受到干扰情况，告知运营商有干扰及时上报，管理局将认真履行职能，全力给予排查，更好地维护三大运营公司无线电通信设备运行畅通。临汾市无线电管理局、临汾市公安局和三大运营公司就有效遏制电信网络新型违法犯罪活动高发态势，建立工作联系机制，签订《防范电信网络新型违法犯罪承诺书》。10月，先后两次协助临汾市公安局反欺诈中心，对位于霍州市辛置镇的GOIP进行了摸排，其作案周期较短最终消失。

【年度频占费收取工作】 2021年，临汾市无线电管理局向38家单位发起频占费征收工作，汇缴38家完成所有频占费收取工作，共计收取20.23万元。

【频率台站管理】 2021年，山西三维华邦集团有限公司报停1部固定台，山西方略保税物流中心有限公司报停6部对讲机；同期，临汾市无线电管理局对襄汾县星原集团进行了监测，发现其有移动对讲设备，遂进行了整改，已纳入管理。完成频率审批与台站设置工作，共计办理80台移动对讲设备。

【各类考试保障】 2021年，临汾市无线电管理局共参加各类考试共计50次，共派出工作人员580人次、车辆126车次、设备323套次，工作时长424小时。为确保高考、公务员考试等重大考试期间电磁环境安全，早谋划早部署，在考前均安排了对考点周边环境进行监测，对辖区内无线电销售设备市场进行检查。

【黑广播查处】 2021年，临汾市无线电管理局共查处黑广播5起。在洪洞县刘家垣镇东义村附近基站上查处一起频率为94.8兆赫“黑广播”，后与铁塔公司联系，在工作人员的帮助下对塔顶的“黑广播”设备依法进行拆除，对设备进行了暂扣。发现频率为88.5兆赫广播在兜售“保和一号”保健品，经核实查证确认该广播为非法广播信号后依法对该“黑广播”进行拆除，对设备进行了暂扣。“两节”期间，工作人员对辖区内电磁环境进行实时监测，在洪洞县万安镇康家坡村一处基站上发现频率为94.8兆赫“黑广播”，并依法进行查处。在乡宁县西交口乡南营村附近一处基站上发现频率为91.8兆赫“黑广播”在兜售“保和一号”保健品，随后依法对其进行拆除暂扣。通过移动监测车和手持监测设备逼近定位，查处一起频率为106.5兆赫仅夜间播放的“黑广播”。

【执法检查】 2021年，临汾市无线电管理局共开展执法检查9次，共检查企业15家，个体工商户17家。针对违法行为立案查处6起，罚没违法设备2套，罚款15000元。积极与市市场监督管理局进行沟通，6月19—22日，开展了专项执法检查活动，共计检查企业3家，个体工商户4家，下达责令改正通知书3起，3家销售穿越机公司及时在网上进行了销售备案。

对2021年以来辖区内生产、销售无线电发射设备监督检查情况进行汇总报送。

在销售备案工作方面，2021年共审核通过销售备案主体5家，其中企业3家、个体工商户2家。

【无线电干扰排查】 2021年，临汾市无线电管理局排查干扰5起。市局排查部分学校屏蔽器高频次、高强度使用对移动通信信号产生的干扰，明确要求其在使用过程中从屏蔽设备性能要求、使用时间、使用范围上进行加强管理。市局监测人员在监测中发现翼城国营林场频率为82.1兆赫广播播放“森林防火”方面的内容，经对比分析发现该频率并未登记及备案，执法人员随后对其下达了责改的法律文书，要求其按时进行整改。尧都区明珠金港商场电梯视频回传设备在移动5G频段有杂散信号并对5G基站存在干扰，后经积极协调，及时进行处理。隰县融媒体中心89.9兆赫的广播杂散信对民航造成干扰，工作人员立即采取有效措施，消除干扰隐患，保障民航重要业务无线电的安全畅通无阻。洪洞玉峰实验学校开启干扰器造成移动5G频段干扰，经对该校设备进行调整及功率降低，干扰问题得到解决。

（纪　昀）

文物　旅游

物质文化遗产

【概况】　2021年，临汾市有不可移动文物8300余处，其中全国重点文物保护单位54处，省级文物保护单位96处，市级文物保护单位30处，文物藏品41.95万件（套），被列入世界文化遗产预备名录1处（丁村民宅），中国历史文化名镇3个，中国历史文化名村6个，中国传统村落47个。临汾市推进文物保护利用，推进文物保护单位“两权分离”改革，开展“文明守望工程”，谋划文物保护利用储备项目35个，一批文物得到有效保护和合理利用。

【陶寺遗址博物馆建设项目】
2021年，陶寺遗址博物馆项目总投资2.75亿元，建设项目包括出土文物展示区、设备用房、保护研究用房、游客服务中心及陈列布展工程、安防技防工程、基础设施配套工程、停车场等。

【重点文物项目实施】　2021年，临汾市共申请国拨资金2596.7万元、省拨资金1356万元，列入市级文保专项经费1500万元，实施临汾市侯马晋国遗址台神宫殿遗址保护加固、侯马市西台神台骀庙修缮工程、临汾市博物馆“巍巍如天”陶寺遗址考古成果精华展、临汾城墙科委巷抢险工程等项目。

【“红色”文物项目推动】　2021年，临汾市文化和旅游局设立革命文物与文物科技科，负责全市革命文物管理工作。全年共投入14.43万元完成隰县决死二纵队司令部义泉村旧址西厢房屋面防护棚工程、红军东征永和纪念馆碑林围挡等零星项目工程和红军东征永和纪念馆顶部维修改造工程。开展小李村太岳行署旧址保护工程项目和红军东征永和纪念馆（毛泽东故居）提档升级项目。　（石茜华）

旅游管理与服务

【概况】　2021年，临汾市有景区景点56处，A级景区29处，其中，国家AAAAA级旅游景区2处，国家AAAA级旅游景区14处，A级景区数量位居全省前列。2021年1—12月，全市8个重点景区（尧庙—华门、壶口瀑布、洪洞大槐树、广胜寺、云丘山、人祖山、龙澍峪、晋国博物馆）共接待游客236.01万人次，门票收入7567.45万元。

【全域旅游创建】　2021年，《临汾市全域旅游发展规划》正式编印；14个县级全域旅游规划编制已完成；曲沃县、襄汾县、乡宁县、尧都区国家全域旅游示范区创建工作顺利通过省级验收；吉县国家全域旅游示范区创建工作通过省级复核。截至年底，临汾市通过国家验收的县1个，通过省级验收的县6个，通过省级验收的创建单位总数位居全省第一。

【壶口景区创建AAAAA级景区】
2020年12月，壶口景区通过文旅部AAAAA级景区景观质量评审。景区项目建设需征地拆迁的4.5万多平方米全部完成，所有手续基本办结，总投资16亿元的游客中心、数智中心、生活中心及其他项目已具备开工条件。由于三大中心在AAAAA验收前难以投入使用，启动了备选方案，对现游客中心和停车场进行改造。AAAAA创建相关工作已进入最后冲刺阶段。临汾市成立工作专班，工作人员常驻景区现场指导，确保创建成功。

【AAAA旅游景区创建】　2021年，临汾市AAAA创建工作进展有序。永和乾坤湾和襄汾荷花小镇作为AAAA创建单位于9月27日通过省级初验；尧都区尧陵按照AAAA级旅游景区标准，加大创建工作力度。

【服务品牌建设】　2021年，临汾市文旅局印发《关于推进回家·悦生活服务品牌创建活动的实施方案》，锚定《回家悦生活服务品牌质量要求》标准，对标一流，在全市文旅行业深入推进“回家·悦生活”服务品牌创建活动，创建第二批“回家·悦生活”服务品牌示范单位17家，第三批“回家·悦生活”服务品牌示范单位36家。持续宣传临汾回家服务品牌和回家文化，大力传承、发展和展示临汾的服务特色、文化魅力。

【文旅宣传效应扩大】　2021年，临汾市加强与凤凰网、高和传媒、同程OTA合作，正式上线同程文旅临汾旗舰店，拍摄制作临汾市文旅宣传片，春节前夕全网宣传营销，持续提升临汾文旅品牌影响力。

全市形成“高铁列车电视网络+全媒体矩阵传播”的大宣传视角全覆盖。春节前夕，日本籍纪录片导演竹内亮执导的《乘着高铁游中国》覆盖全国主要高铁干线33条，站点534个，城市300个，日播20000频次。打出高铁新媒体矩阵+国内系列传播媒体+国外系列传播媒体推广宣传组合拳，全网综合阅读量2亿人次。

围绕《好听！回家！》《回家过年》《回家！熊召政老师开讲啦！》等系列宣传片，以媒体视角见证临汾文旅发展，以创新表达展现临汾文旅特色，以社会化营销讲好临汾故事，叫响了“中国根·黄河魂”文旅品牌，“所有的旅行都是出发，到了临汾咱是回家”宣传口号家喻户晓，临汾文旅品牌的形象持续跃升。　　（石茜华）

旅游景区开发建设

【概况】　2021年，临汾市文旅局完善“三横·三纵”六条优质线路，永和黄河乾坤湾、襄汾荷花小镇、襄汾丁陶风情街分别成功创建国家AAAA、AAAA、AAA级旅游景区，尧帝陵景区通过省级AAAA级旅游景区初评。2021年5月，市文旅局被省委组织部授予“山西省首批党员教育示范基地”。11月，石桥堡红色旅游景区入选第一批省级红色文化遗址名录。

【重点项目进展】　2021年，临汾市围绕黄河、根祖、太岳三个板块，统筹疫情防控和全市文旅项目复工复产工作，重点推进8个文旅项目建设，分别为临汾市黄河板块旅游发展综合项目、乡宁县云丘山风景名胜区开发建设项目、翼城县河上公德山景区开发项目、乡宁戎子酒庄葡萄酒生活方式旅游度假目的地项目、研学基地+美丽乡村+人居环境改善项目、安泽县特色药茶小镇项目、乡宁县紫砂小镇（紫砂紫陶产业园区）项目、陶寺遗址公园及陶寺遗址博物馆建设工程项目。8个项目总投资219.68亿元，年度计划完成投资23.09亿元。受疫情影响，截至年底，累计完成投资14.18亿元，占年度计划完成投资的61.41%，8个文旅项目开工7个，开工率87.5%。全市国家A级景区达到29家，壶口瀑布景区国家AAAAA级旅游景区创建工作有序开展，于2021年底达到验收标准。

【景区简介】

石桥堡红色旅游景区　石桥堡村在抗日战争时期是中共曲沃特别委员会、牺盟曲沃中心区、中共曲沃地下县委所在地，是晋南各县通往中共中央北方局的联络总站，拥有县委旧址、抗战小学、抗战地道等历史遗迹。2021年11月，入选第一批省级红色文化遗址名录。

石桥堡红色旅游景区以石桥堡村为依托，总占地面积20余公顷，实行全村域建设、全村域打造，形成了以曲沃老县委旧址为核心，涵盖教育培训区、综合演出区、拓展训练区三大功能区的总体格局。基地依托丰富的红色文化资源、成熟的县委党校教学体系和完善的基础设施，在全省有一定的影响力和知名度，先后被评为中国美丽休闲乡村、全国民主法治示范村、山西省爱国主义教育基地、山西省国防教育示范村、山西省乡村旅游示范村、临汾市党员教育基地、临汾市社会主义核心价值观示范点。2021年5月，被省委组织部授予“山西省首批党员教育示范基地”称号。

景区深入挖掘石桥堡独特的红色资源，自主研发了品牌特色课程——大型场景体验式党史培训课程《百年恰是风华正茂》赢得广泛赞誉，有力提升了党员教育培训的吸引力和感染力。

曲沃县诗经山水景区　曲沃县诗经山水景区为AAA级景区，总占地面积466.67公顷，建筑面积25.33公顷。景区以水系为脉，诗经文化为魂，地处中条山余脉，即绛山。绛山山势险峻，绝壁如削，绛山北麓与浍河南岸之间，文化遗迹星罗棋布，自然景观自东向西依次展开，构成一幅风光旖旎的山水画卷。

景区内有沃源小镇、龙岩山寺、忠义园林、水打石磨、烈士陵园、牡丹游园、水上乐园、花溪龙潭、沸泉碧波、青玉高峡、绛山晚照、龙泉山庄、世外莲园、诗经故里、千年银杏、银杏广场、廊桥遗梦、宋城遗迹、林下浅滩、千亩莲池、林溪叠水、演艺舞台、观景台、诗经文化展示馆、曹端纪念馆、乡村文化记忆馆、扇鼓傩戏展示馆、荷塘土屋、绛山书院、诗经山水、无邪园、德孝园、荷花仙子、唐风广场、古堡探幽、天河湖畔等，还有全国重点文物保护单位——龙泉古刹、2700多年的银杏树和曲沃古八景之一——沃泉飞瀑。

曲沃县磨盘岭休闲农业观光园 曲沃县磨盘岭休闲农业观光园区总占地面积200公顷，其中建筑面积66.67公顷（其中停车场占地0.5万平方米），绿化面积33.33公顷，道路面积20公顷，大棚种植面积53.33公顷，果园面积40公顷，是集晋国民俗民情展示、田园风光展示、地方风味餐饮、生态休闲农业观光为一体的多功能综合性园区。总体分为特色观赏休闲区、岭上游览采摘区、民风民俗风情街、休闲疗养度假区四大发展格局。磨盘岭休闲农业观光园区依托史村镇，以自然与人文的结合展示为主线，主题鲜明，特色突出。游览以晋国民俗风情和历史文化为脉络，以史造物，以景托史，为游客呈现出千载年间晋文化的传承。

为了能够真实、形象地展示古晋国文化的各种民俗风貌，磨盘岭休闲农业观光园区在规划时依据真实历史资料对建筑及风格进行设计。在建设及保护方面，园区投入专项资金，聘请专业人员有针对性的进行仿古建筑的建设，对有代表性的装饰物、建筑等文化古物进行还原，并进行定期维护，以确保原汁原味地展示给游客。

【精品线路】

三横：

1.霍永红色旅游线路

行大运—观署衙—拜师家—（住隰县，品玉露香，品三春液，赠送小西天门票）—游东征村（东征村举办培训、研学）—走乾坤—到梁家河。

2.亲子考古两日游

陶寺遗址（参考内容：观象台·农耕文化·二十四节气·最早中国）—丁村（一村两国保·十万年前的人类繁衍地）吃丁家宴—住云丘山（古村落·茶马古道·冰洞）—戎子酒庄（酿酒基地、品酒及酒庄文化）—壶口（克难坡）（其中陶寺遗址和丁村可任选其一）。

3.研学三日游

尧陵（祭尧·民无能名）—尧庙·华门（示范基地）—东岳庙（食宿）—小西天—人祖山（食宿）—壶口—克难坡。

三纵：

1.中线——行大运·游临汾精品三日游

霍州署—广胜寺—苏三—大槐树—（食宿临汾）尧庙—市博—丁村—（食宿曲沃）晋博—彭真故居。

2.东线——夏养山西·休闲度假太岳五日游

七里峪—古县云顶小镇（太岳山老爷顶）食宿—飞岭乡村旅游、荀子文化园（食宿）—浮山东陈古村落、印象田园、浮山凤凰山庄（三选一）—国家级田园综合体（襄汾荷花园食宿）—朝阳沟（或一个曲沃A级景区、AAA级乡村旅游示范村）（曲沃食宿）—佛爷山景区（或翼城古城景区）。

3.西线——黄河风情三日游

壶口—戎子酒庄—云丘山（食宿）—大槐树。

尧文化旅游线路：尧庙、华门—仙洞沟—尧陵—襄汾陶寺遗址。

晋文化旅游线路：临汾市博物馆—曲沃晋国博物馆—曲沃太子滩—晋园—浍河春秋晋国城—侯马晋国古都博物馆。

根祖文化旅游线路：洪洞大槐树—尧庙、华门—襄汾丁村遗址—襄汾；陶寺遗址—吉县人祖山—县柿子滩遗址。

黄河文化旅游线路：永和乾坤湾、红军东征纪念馆—大宁马斗关—吉县壶口瀑布、克难坡—乡宁师家滩—乡宁云丘山。

红色文化旅游线路：永和红军东征纪念馆—隰县晋西革命纪念馆—洪洞红军八路军纪念馆—临汾烈士陵园—侯马彭真故居。

民俗文化旅游线路：汾西师家沟—襄汾丁村民居—汾城古镇—乡宁塔尔坡、康家坪（云丘山）。

文物精品旅游路线：霍州署—洪洞大槐树—洪洞广胜寺—铁佛寺—襄汾陶寺遗址、丁村遗址—曲沃晋国博物馆—侯马晋国遗址。

（石茜华）

金融业

综 述

【概况】 2021年，临汾市金融办深入贯彻落实《临汾市推进经济提质进位若干措施》，以推进金融业提质增效作为一切工作的出发点和落脚点，专班推进存贷款、贷款、保费收入、证券交易额等4项主要指标，完成了全年目标任务。截至12月末，全市存款余额3333.57亿元，同比增速9.25%，各项贷款余额2048.25亿元，同比增速13.08%。其中，小微企业贷款余额447.65亿元，较年初增长33.3亿元，增速8.04%。

【政银企对接】 2021年，临汾市金融办建立3+3+N政银企对接机制，即金融办、人行、银保监+发改委、工信局、中小企业发展中心+全市金融机构的政银企服务机制，为全市重点企业、重点项目建立信息对接平台。梳理汇总了50个重点项目、100余家中小微企业和22家重点“四上企业”，共计252亿元融资需求，并向银行机构精准推介，累计达成贷款意向600亿元，完成投放150亿元。创新银企对接模式，在“临汾金融”微信公众号搭建线上政银企对接平台，提升对接效率，增强对接的精准性。争取省级政策支持，市领导带队集中拜访省金融办、人民银行太原市中心支行等监管部门和山西金控集团、工行山西省分行、建行山西省分行等驻晋金融机构，争取驻晋金融机构对临汾市的金融支持，累计推动中行、工行、农信、光大等8家省级银行与市政府达成战略合作协议，确定“十四五”期间为临汾市新增1350亿元信贷支持，全力支持临汾市经济高质量发展和省域副中心城市建设。

【企业上市服务】 2021年，临汾市金融办推进企业在多层次资本市场挂牌上市作为拓宽企业融资渠道的重要举措，通过财政奖励、搭建平台、开展培训等一系列措施，取得了积极成效。主板方面，2020年华翔集团成功在上海交易所正式上市，完成IPO融资4.16亿元，实现临汾本土企业在主板上市零的突破。2021年，推动华翔集团通过资本市场实现快速发展，完成2021年第一期股权激励计划，向符合条件的251名员工激励对象授予1100万股限制性股票，募集资金6110万元；推动企业并购发展，完成对晋源实业100%股权收购；支持企业上市再融资，启动8亿元可转换债券发行工作，专项用于机加工拓产升级和铸造产线智能化升级项目，截至年底，已获得中国证监会发审会审核通过。新三板方面，益通股份、三水能源、光宇股份在新三板挂牌，益通股份积极申报精选层，力争通过转板实现在北交所上市；山西股权交易中心方面，遴选全市专精特新中小微企业纳入2021年重点培育计划，推动20家企业在山西股权交易中心挂牌交易，帮助企业建立现代企业管理制度，实现健康快速发展。

【民营和小微企业信贷】 2021年，临汾市金融办用足、用活、用好“临汾市企业资金链应急周转保障资金”，将应急周转资金总规模提升至3.3亿元，市级资金总规模位居全省第一。全年共支持户企业转贷续贷85笔，投放金额31.8亿元，累计支持中小微企业转贷续贷充分发挥了财政资金“杠杆”助企作用。组织对2020年、2021年在山西股权交易中心“晋兴板”挂牌的36家中小微企业给予一次性10万元奖励，对华翔集团给予一次性50万元奖励。成功申报全国财政支持深化民营和小微企业金融服务综合改革试点城市，争取国家资金4000万元专项用于政府性担保公司资本金补充工作，提升了全市服务民营小微企业的能力和水平。开展银行业小微企业贷款风险补偿工作，为全市国有、股份制和地方法人机构提供风险补偿资金820万元，撬动全市小微企业贷款增长18.39亿元，增幅4.44%，全市小微企业贷款余额达到432.74亿元。

【防范非法集资宣传教育活动】 2021年，临汾市金融办开展非法集资集中宣传月活动，对金融系统开展《防范和处置非法集资条例》集中培训，提高全民风险防范意识；依托社会综治网格机制，在尧都区试点将防范非法集资工作纳入社会综治“一张网”管理，发挥社会治理基础单元的作用，监测关口前移，工作重心下沉，深入落实乡镇（街道）、村（社区）属地责任，形成市级、县区、乡镇（街道）、村（社区）、网格员四级监管合力；根据《防范和处置非法集资条例》和省局的相关规定，由市政府明确市金融办为防范和处置非法集资牵头部门，印发《关于公示第三批市级行政执法主体的通知》，在《临汾日报》、临汾电视台公示了金融办执法主体资格，并完成全体公务人员执法资格考试；全面接入山西省非法集资监测预警大数据平台，覆盖全市16959家企业的风险监测，开通“临汾金融”公众号线上举报平台，加快补齐信息化监测预警短板，实现监测预警信息化、平台化，提高预警的针对性和有效性。制定《临汾市非法集资举报奖励办法》、畅通19个县（市、区）的非法集资举报电话，调动广大人民群众积极参与防范和打击非法集资行动，营造了群防群治的社会氛围。

【化解重点领域风险】 2021年，临汾市金融办按照市委、市政府“止损、清欠、化债、发展”的八字方针，推进临投集团改革化险，化解债务122亿元，守住不发生金融风险底线；推动翼城农商行完成改制，实现全市农商行100%改制的目标任务；开展清收农信社不良贷款专项行动，11月末，累计清收处置各类不良资产140.6亿元，完成全年目标任务的95.24%。

【地方金融领域风险排查】 2021年，临汾市金融办对全市“三类公司”按季度开展风险排查，确保全市地方金融领域风险能够早识别、早发现、早预警、早处置，及时消除隐患，维护金融和社会稳定大局。全年共取消小额贷款公司试点资格企业1家，典当行5家。

【地方金融机构监管分类评级及年审工作】 2021年，临汾市金融办联合市地方金融协会和第三方审计机构，对全市60家地方类金融机构开展现场检查、监管评级及年审工作。全市17家小额贷款公司中，A级1家，B级5家，C级7家，D级4家；全市22家融资担保公司中，A级5家，B级10家，C级5家，D级2家；全市参与年审的7家典当企业全部为B级。

【专项业务培训】 2021年，临汾市金融办召开全市融资担保行业监管与发展培训会、地方金融领域知识培训会、全市典当行业发展培训会，邀请行业专家、机构高管等为全市各县地方金融监管部门工作人员及机构从业人员进行培训，提高县级监管水平，有效落实属地监管责任。

【融资担保公司换证】 2021年，临汾市23家融资性担保公司全部完成融资性担保业务经营许可证的换证工作，换证机构数量为全省第一。

【融资担保体系建设】 2021年，临汾市金融办形成以市融资担保公司为龙头，发挥资本、人才、风险管理、业务经营、品牌等方面的优势，以股权和分保、联保业务为纽带，带动全市各县级融资担保公司加大支农支小力度，并以联动开展“总对总”业务模式为抓手，带动蒲县、曲沃县、翼城县等县域累计支持小微企业及“三农”经营主体1500余户，累计担保金额达7亿元以上，累计降低企业融资成本500万元以上。 （王　平）

银行业

·中国工商银行临汾分行·

【概况】 2021年，中国工商银行临汾分行围绕全市重点工程、重点项目、重点客户，聚焦国家战略、服务实体经济、落实普惠金融，坚持国有和民营双线服务，担当金融“输血者”角色。全年各项贷款累计投放107亿元，当年净增36亿元，贷款余额突破200亿元，达到221.7亿元，贷存比67.4%，较全市金融机构平均水平高出12.4个百分点，较年初提升5.1个百分点，其中当年净增贷存比高达120%。贷款规模和增量均居四大行第一，贷款余额增速达30%。

系统内实现提级晋位，各项贷款净增额和增幅全省双第二，余额系统贡献由6.2%提升到6.74%，普惠贷款增量、规模实现双翻番，贷款总规模进入全省先进行列。2021年度绩效合约考评位列全省第三，机构考评等级优秀，是全省获此殊荣的三家分行之一。

【经营状况分析】 2021年，中国工商银行临汾分行各项贷款总余额突破200亿元，年末达到221.7亿元，位居四大行同业首位，在全省系统内排第4。各项存款余额突破300亿元，年末达328.9亿元。截至年末，贷存比高达67.4%，是四大行中最高的，较四行平均水平高17.1个百分点（全市金融机构平均水平54.98%）。全年贷款增速高达19.23%，远高于10.1%的存款增速。服务162.9万个人客户和1.26万对公客户。

从结构看，贷款余额221.7亿元，其中个人贷款84.8亿元，公司贷款136.9亿元，其中公司贷款占到四大行总额的近四成，个人贷款自2019年以来一直保持市场增量第一，特别是在全市场房贷规模紧缩的情况下，支撑了临汾市场（四大行）四成的个人按揭。存款余额328.9亿元，其中个人存款252.6亿元，对公存款76.3亿元，较排名第一的建行分别少31亿元和27.9亿元。总体看是较为典型的资产强负债弱结构特征，个人类存款差距主要集中在代发项目上，对公性存款差距主要体现在财政性存款。

信用风险方面，贷款不良率0.31%，保持在合理区间，较全省平均低0.54个百分点，提升2个位次，拨备覆盖率368.69%，经营家底更为厚实。

【全市重点建设规划助力】 2021年，中国工商银行临汾分行创新融资方式，支持重点项目建设，将交通、能源、城市基础设施建设作为信贷发展的主动力和压舱石。

交通板块。联合行外行内5家银行，共同向长临高速项目投放贷款82.4亿元，支持通车运营；上半年，向隰吉高速项目投放贷款30亿元，成为该项目融资最大银行。2019年至2021年底，在基础设施建设领域投放贷款130.8亿元，帮助安泽县、浮山县、大宁县、隰县、吉县等边远县域的高速公路实现了互联互通，全力支持落后地区脱贫攻坚和乡村振兴工作。

能源板块。支持霍州煤电、山西焦化等重点企业转型升级，争取总省行的支持，克服行业限制等不利因素，新冠疫情期间，为支持企业复工扩产，通过融资租赁的模式，先后向霍州煤电新建千万吨煤矿项目提供资金24.38亿元。重点支持2021年临汾市14项国企和优质民企新入库的风电、光伏保障性发电并网项目。关注华润集团、格盟集团等优质质企业新能源项目，总投资70亿元的华电蒲县抽水蓄能项目和华翔集团联合特变电工100万千瓦光伏发电项目的立项进展。

城市基建板块。联合湖南省工行共同向山西沃丰大宁—吉县天然气管道项目融资4.5亿元，服务公用设施建设，保障居民生产生活，共同打造宜居宜业品质区。正在上报市本级财政支持的引沁入汾尧都专线水质提升工程和临汾市龙祠水源净水厂改扩建工程2个PPP项目，全力支持在城市基础设施和公共设施领域在建项目及补短板重点项目融资需求。支持星河湾、保利集团等在临项目建设，临汾保利“时光印象”项目贷款已审批通过，进入放款阶段。

【高新产业发展助力】 2021年，中国工商银行临汾分行聚焦战略性新兴产业，优先扶持优质企业和优质项目，并结合产业发展周期特点加大中长期贷款投放。争取政策，紧跟临汾对新兴工业园和产业园等产业集群的布局方向，支持民营先进制造代表发展，跟进科技产业园、新材料科技园等项目建设和资产并购融资支持，以核心企业优化供应链授信条件，辐射带动上下游产业链客户。累计为临汾华翔集团授信6亿元，为山西焦化发放流动资金贷款1亿元，为临汾市优秀民营龙头企业山西建邦集团发放流动资金贷款近20亿元，签发银行承兑汇票10多亿元，融资同业占比达到21.28%，成为其最大融资银行，真正发挥了国有大行率先支持民营经济的引领作用。

【传统产业转型升级助力】 2021年，中国工商银行临汾分行聚焦传统产业实施能源革命和技术创新，发挥金融+科技两大优势为传统产业赋能。发挥金融科技领域的优势，探索金融智能叠加到智慧园区建设的新模式，为传统企业打造绿色工业园蹚新路、开新局。积极支持宏源集团总投资100亿元的黄河旅游板块项目建设，密切关注壶口和乾坤湾项目建设进展，积极支持已建成国家AAAAA级旅游景区洪洞大槐树二期工程项目、AAAAA级旅游景区乡宁云丘山项目的资金需求。

【小微企业助力】 2021年，中国工商银行临汾分行聚焦新材料、新制造产业集群特点，按“一园一品一方案”的总体思路，打通多纬度数据通道，依托总行客户筛选、额度测算、风险监测的统一模型，实现对小微制造企业的精准画像、批量融资、线上办理。其中经营快贷、税务贷、国担快贷等专属产品由于实现了免担保、免抵押、低利率和随借随还，成为破解小微企业融资难融资贵问题的有效路径。围绕“民生改善”“先进制造”“现代农业”等重点产业及领域，与龙头企业共同推进产融结合发展模式，为产业链上下游企业技术革新、产品升级和市场拓展提供资金支持。发挥自身在科技、风控、资金等方面优势，将普惠贷款利率保持在市场较低水平，确保减费让利政策落实到位，推动小微企业综合融资成本进一步下降。截至年底，共服务制造业小微企业574户，融资余额4.17亿元。

【全国首家创新推出乡村治理星级积分管理平台项目】 2021年，中国工商银行临汾分行以“乡风文明、治理有效”为切入点，配合政府共同构建支农、便农、惠农的“一体化”综合金融服务网络，通过数字化金融创新赋能，在临汾市创新试点推出“乡村治理星级积分管理”平台项目，通过搭建系统平台和构建应用场景，为临汾市强化治理体系建设，提升治理能力提供金融助力。以“融e购”电商平台为支撑，开发网上商城App、小程序，搭建“临汾优选”网上商城，助力打造“临汾优选”区域公用品牌，提升“吉县苹果”“隰县玉露香梨”“安泽连翘药茶”等知名品牌价值。积分管理平台与“临汾优选”线上商城互通联动，使积分可在“临汾优选”电商平台全域使用，“临汾优选”成为集线上线下为一体的区域农旅产品销售综合性平台，使平台成为宣传临汾市农旅产品、展示临汾农旅产品特色的阵地，为当地农旅商户提供新的广阔的市场空间和销售渠道。该项目得到各级政府的认可和重点推进，初步打造了金融服务乡村振兴的“工行模式”。

【全省首家创新推出汇聚工银、礼享生活金融物联网服务场景】 2021年，中国工商银行临汾分行通过搭建线上线下一体化的积分兑换服务体系，实现场景驱动金融、金融驱动实物，对C端个人客户和B端商贸客户两端做供应连接、场景驱动、服务延伸，对个人客户从工银e生活、工银融e行两个线上渠道，积分兑换服务中心（固定+巡回）、积分智能自助兑换服务机两个线下渠道，随时随心随地尽享积分兑换增值服务，线上兑换模式下物品直寄到手、服务直达客户，其中对私银客户特别推出“财富私享”特色积分，对商贸客户提供了新的商域平台，涉及法律、理财、融资等普惠金融服务场景。

【全市独家承接教培云项目】 2021年，中国工商银行临汾分行认真落实国家关于规范校外教育培训市场的精神和“双减”工作要求，积极探索数字化、市场化背景下教育培训机构的有效监管模式，协助教育部门建立“互联网+监管”新途径，保障学生家长权益，在全辖打造教培机构监管平台—“教培云”平台，实现17个区县校外培训机构监管全覆盖，以信息化助力政府实现对校外教育培训市场的智慧监管和健康发展，有效预防“退费难”“卷钱跑路”等问题发生。

【全市独家上线“一案一账号”项目】 2021年，中国工商银行临汾分行聚焦政法机关案款管理改革进程，紧密结合案款管理政策导向，致力于提升执行公信力和保障当事人合法权益，在全辖19家法院成功实施法院执行案款“一案一账号”项目，通过系统创新解决了各级法院长期以来案件管理难、执行难的问题，提升了司法管理和服务效率。

【地方特色产业扶持】 2021年，中国工商银行临汾分行针对吉县苹果产业，多次邀请省分行普惠部专家来行开展调研，经过反复与政府、村委、农户、果商交流沟通，创新推出兴农贷——苹果贷，为农户提供单户不超过5万元的经营快贷（个人）业务，该业务已于9月获得省行批复，累计实现两批次客户导入，已有多户农户提款，陆续已收集资料待导入客户70多户。烟叶贷场景已报批省分行待批，具有地方特色的大棚贷、光伏贷、种子贷等产品也在设计当中。

【与政府合作强化】 2021年，中国工商银行临汾分行主动拓宽乡村振兴领域，1月，与市农业农村局签订《金融服务乡村振兴框架协议》合作协议。8月，市委、市政府在安泽县举办全市乡村振兴现场会，作为唯一参会银行，专项安排工行乡村振兴“兴农通”业务推广，当月与洪洞县委、县政府签订合作协议。10月，省分行与临汾市政府签订《战略合作框架协议》，标志着与政府合作实现了新跨越。

【智慧场景建设】 2021年，中国工商银行临汾分行继云丘山智慧景区项目成功运营，又上线了人祖山智慧景区，通过提供票务、餐饮、酒店、停车、大数据、会员服务等综合配套服务的一揽子解决方案，提升景区管理效率，拓宽获客渠道。转变“不贷款、无合作”的服务理念，主动挖掘客户需求，切准煤焦铁企业在双碳环境下致力打造绿色环保工业园的背景，提出配套打造智慧园区的方案，得到客户积极响应。已成功上线安泽永鑫集团智慧园区项目，实现了故障维修、信访投诉等非金融功能，通知公告、调查问卷功能已开发完毕。

·中国农业银行临汾分行·

【概况】 2021年，中国农业银行临汾分行（简称农行临汾分行）坚持以市场为首，“稳字当头、稳中求进”工作总基调，取得“党建提级、业务提效、风控提质、发展提速”的进步。截至2021年末，全行各项存款余额321.5亿元，较年初净增24.6亿元；日均余额306.2亿元，较年初净增25.5亿元，同比多增11.9亿元。其中，个人存款余额253.2亿元，较年初净增21.9亿元，日均余额241亿元，较年初净增29.6亿元，同比多增7.4亿元；对公存款余额68.3亿元，较年初净增2.7亿元，同比多增6.8亿元，日均余额65.2亿元，同比多增4.5亿元。同业存款余额1.5亿元，较年初净增1.1亿元，同比多增2.2亿元。全行各项存款保持稳步增长的良好态势。

【信贷结构改善】 2021年末，农行临汾分行各项贷款余额140亿元，较年初增加19.3亿元，同比多增14.7亿元，县域贷款存量占比57.61%，增量占比35.04%。其中，公司类贷款余额78.2亿元，较年初增加5.7亿元，同比多增3.5亿元；个人类贷款余额61.7亿元，较年初增加13.6亿元，同比多增5.31亿元，个贷存量、增量分别占到全行各项贷款存量、增量的44.09%和70.49%；个贷增量占比提升8.5%，较同期提升1个位次；贴现余额6.3亿元，较年初增加5.82亿元。全行信贷资产规模不断扩大，结构持续优化。

【营销为主】 2021年末，农行临汾分行“五轮驱动”贷款余额56.76亿元，占各项贷款的40.55%，增量17亿元，占贷款增量的88.26%，任务完成率全省农行排名第一。其中，个人住房贷款完成118.39%；“惠农e贷”完成76.71%；信用卡专项分期完成87.49%；普惠小微贷款和个人生产经营贷款也取得较好成绩。尧都支行“五轮驱动”综合完成率位居全省第一。

【服务“三农”】 2021年末，农行临汾分行惠农卡有效客户46.5万户，较年初净增0.4万户；惠农卡存款余额15.64亿元，较年初增加2.54亿元；卡均存款达到1920.03元，较年初增加328.57元。全行县域各项贷款余额80.66亿元，较年初增加6.78亿元，增幅9.17%，其中，县域对公贷款（含贴现）余额48.94亿元，县域个人贷款余额31.72亿元，较年初增加8.19亿元，完成全年计划的117%。涉农贷款余额48亿元，较年初增加8.98亿元，完成全年计划的136.06%。全行农户信息建档行政村1286个、有效建档户2.09万户，分别较年初增加行政村667个、建档户4068户。

【数字化转型】 2021年末，农行临汾分行互联网高频场景726个，较年初净增660个，完成全年计划的434%。其中，智慧校园6个、智慧党费48个、智慧食堂20个、信用卡场景582个。互联网场景高频客户数2.4万户，较年初净增1.9万户，完成全年计划的397%。信用卡消费额突破100亿元。推进助农兴农工作，全行兴农商城累计消费额达93.7万元，带动客户数达3.9万户。

【客户业务】 2021年末，农行临汾分行个人有效客户131.1万户，较年初新增12.2万户。其中，私行月达标客户259户，较年初新增47户；贵宾客户7.3万户，较年初新增9133户。对公折效客户5866户，较年初新增634户，完成计划的115%。其中，新增机构客户327户，包括财政社保类账户16户、村级账户231户（含村委会账户131户、村级集体经济组织账户92户、专业合作社8户）、学校类账户10户。信用卡客户28.35万户，当年新增2.2万户。掌银客户达89.93万户，当年净增12.92万户；掌银月活客户达39.94万户，当年净增12.22万户；掌银客户增量份额、月活客户份额、月活客户增量份额均居四行第一。

【中间业务】 2021年末，农行临汾分行实现中间业务收入（含卡分期）14847万元，同比多增1019万元，完成全年计划的96.55%。其中，信用卡类中收（含卡分期）8045万元，占54.19%；个金类中收5195万元，占34.99%；公司类中收1244万元，占8.38%；个贷类中收249万元，占1.68%；机构类中收113万元，占0.76%。全行中间业务增收空间逐步扩大，增收能力显著增强。

【经营效益】 2021年末，农行临汾分行实现营业收入7.1亿元，同比多增5109万元，完成全年计划的100.28%。实现拨备前利润3.7亿元，同比多增4801万元，完成全年计划的102.93%；拨备后利润（账面）3.8亿元，同比多增2.2亿元，完成全年计划的138.37%；净利润（账面）2.8亿元，同比多增1.7亿元，完成全年计划的138.03%。全行经营效益类考核指标无论从绝对值还是计划完成率都创近年来最好水平。

【风险管控】 2021年末，农行临汾分行对25名网点运营主管、9名网点负责人进行到期轮岗，对52名重点关注人员实行岗位限制，对全行所有人员开展外调、走访和司法摸排。召开4次风险管理与内部控制会议,对相关支行的不良贷款形成原因及后续风险处置措施进行分析，并下发12期不良贷款提示函。组织2次反洗钱培训，坚守4×4运营风控体系，公开选拔上收4名运营监管经理。（吴云峰）

· 中国建设银行临汾分行 ·

【概况】 2021年，中国建设银行临汾分行（简称建行临汾分行）一般性存款日均余额362.3亿元，日均新增44.76亿元，均为四行第一。时点余额387.5亿元，时点新增42.68亿元。各项贷款余额193.39亿元，新增39.25亿元。不良贷款率较年初下降0.17个百分点，逾期率较年初下降0.24个百分点。不良率、逾期率实现“双降”。2021年，建行临汾分行鼓楼支行党支部被山西省委评选为建党100周年唯一表彰的“两优一先”金融单位，并获2021年总行党建工作先进单位荣誉称号；侯马支行行长乔煜获2021年总行“优秀党务工作者”称号；鼓楼支行党建工作入选《山西省分行基层党组织党史学习教育工作典型经验选编》。

【乡村振兴综合服务平台】 2021年，建行临汾分行以“裕农通”为抓手，打造“乡村振兴综合服务平台”，在全市农村地区布放“裕农通”普惠金融服务点。与蒲县政府合作打造“道德银行”平台，建立村镇信用评分体系。通过“抓项目、强营销”，加大对重点存量合作项目的支持力度，同时重点项目授信工作。

【信贷投放】 2021年，建行临汾分行信贷投放创“三个新高”：新增投放历史新高，对公非贴贷款全年新增投放四行第一，为吕临能化、远天风电、粤丰环保和平阳重工等8户大中型客户新增投放贷款23亿元，完成全年计划任务（13亿元）的179.62%；累计投放历史新高，对公非贴贷款累计投放突破30亿元；有效储备历史新高，有效储备项目15个，储备金额突破20亿元。

【住房租赁业务】 2021年，建行临汾分行加快住房租赁平台、公租房系统的推广应用，提高住房租赁业务发展速度。认真总结经验教训，科学调整战术打法，以拓客为抓手，以上量为目标，全员发力，开展普惠金融各项业务攻坚活动，客户、贷款、同业市场份额占比等主要指标争先进位，提升明显。运用总行神算子平台为全行网络金融客户营销、活动策划实施等提供依据，指导全行网点开展数字化营销。

【重点民生领域服务】 2021年，建行临汾分行为临汾市人民医院、临汾市中心医院、襄汾县人民医院授信3亿元。支持制造业发展，为山西平阳重工机械授信2亿元、山西平阳煤机装备授信1亿元、翼城飞翔铸管授信0.6亿元。推进G108、临浮高速、临汾染化、粤丰环保科技垃圾发电、蒲县远天风电、侯马正大制管等重点项目授信工作。通过开展“一县一医一授信”活动，推动年内实现全辖所有二甲以上医院授信全覆盖。

【省市重点项目建设支持】 2021年，建行临汾分行为隰吉、离隰、黎霍、长临等省市重点项目授信超70亿元，为平阳重工、平阳煤机和山焦股份等重点制造业项目授信11.2亿元，为临汾市人民医院、临汾市中心医院、襄汾县人民医院等民生领域项目授信3.65亿元。

【国企和民营企业发展支持】 2021年，建行临汾分行为霍州煤电授信超60亿元、山西焦化授信7.9亿元、乡宁焦煤授信3.1亿元、临汾煤运授信1.2亿元。为蒲县宏源煤业授信6亿元、山西建邦授信6.5亿元、侯马华翔授信0.75亿元。

【服务小微企业支持】 2021年，建行临汾分行积极践行“全岗位营销、全流程管理、全条线协同”的“三全”发展模式，提升统筹工作效率，向精细管理要效益。对普惠条线营销人员定岗定制，加强队伍建设和考核管理，发挥普惠专员“营销传帮带+业务合规员”作用，以对公、对私客户经理为普惠团队业务骨干，带动网点全岗位人员，做到“人人会营销、户户有人管”。全行已开业的36个网点普惠金融业务均已破零，普惠业务实现网点全覆盖。网点开办率达到100%。截至2021年末，全辖普惠金融小企业条线贷款余额6.21亿元，比年初新增3.43亿元，增速123.13%。“小微快贷”贷款余额7.02亿元，较年初新增4.95亿元，增长率239.78%；客户数1051户，较年初新增422户，小微企业信贷客户达1037户，全年实现新增401户，增速达63%，创历史最好水平。

【转型业务实现新发展】 1.网络供应链跨越发展。2021年，建行临汾分行累计投放资金突破10亿元，融资余额8亿元，较年初新增5.5亿元，完成全年计划任务（3亿元）的177.3%；供应链普惠融资余额1.08亿元，较年初新增0.82亿元；平台活跃交易客户数55户，完成全年计划（50户）的110%。2.“民工惠”业务成效显著。“民工惠”业务累计投放资金突破5亿元，服务农民工人次13万人次。3.B端赋能纵深推进，企业智能撮合平台注册客户数达1245户，当年新增682户，增长率121%，活跃客户数131户。

【星级网点建设】 2021年，建行临汾分行开展网点柜面基础等级规范管理。从总体要求、组织管理、评级标准、申报及验收、动态管理、结果应用六方面安排部署了网点基础等级管理工作，对辖区内符合二级和规范化验收条资格的27个网点进行了验收，对上年度已取得柜面基础等级管理规范化的10个网点，评定筛选出7个网点升级为柜面基础等级管理二级单位；对上年度未取得柜面基础等级资格的，评定筛选出12个网升级为柜面基础等级管理规范化单位。

【深化数字化经营】 2021年，建行临汾分行以企业微信为抓手，作为移动版OC，深耕私域流量客户群的维护与经营。依托“晋社区”平台，开展“优惠来临”活动，时点支行晋社区累计获客5400余户；大额存单销售2000万元；商户新增40余户，商户活跃度大幅提升。开展晋社区“出海”活动，与赛克电动自行车公司继续开展深度合作，“会员互通”项目已上报省分行，待双方技术人员对接完成后即可上线。自主研发“惠享来临”微信客户直营（权益回馈）小程序，精准触达目标客户，在优化客户体验的同时满足客户需求。

【民生缴费场景建设】 2021年，建行临汾分行与临汾市自来水公司合作开展代收水费业务，填补建行悦生活民生缴费类项目空白，并实现自来水公司微信公众号收费使用建行微信通道。“超腾智慧服务”App对接建行微信支付，实现超腾热力集团下辖的临汾蒲县、吉县、浮山县、翼城县，运城闻喜县和吕梁交口市共计6个县域使用建行微信支付通道线上缴纳暖气费的功能。

为浮山中学开通悦生活云服务代收餐费，解决在校4000多名学生的在线缴纳伙食费的业务需求，极大的方便了学生家长。为精华中学开通支付宝刷脸业务，实现了教职工刷脸签到签退、学生刷脸支付就餐、家长实时掌握孩子吃饭情况的业务功能，很好的满足客户需求。

通过接口对接实现山西恒阳热力与霍州热力通过建行悦生活、微信公众号渠道收取热力费。完成侯马亿众热力本地特色迁移悦生活云平台，在原有手机银行缴费的基础上，增开微信支付功能，并将建行微信公众号缴费链接加载至亿众热力微信公众号。依托善融商务平台，助力乡村振兴战略，通过善融商务共计产生扶贫交易额2.8亿元，位列全省系统第一。

【提升反洗钱能力】 2021年，建行临汾分行通过多培训、广宣传、频督导等方式，夯实反洗钱工作基础。全年通过线上、线下方式共组织开展培训6次，组织外部宣传4次。企业网站增设《反洗钱专栏》，供广大员工交流学习，每月编写《反洗钱简报》，被省分行采纳5篇、总行采纳2篇。针对客户身份信息完善情况，每月进行通报分析，定期召集相关部门分析、查找问题，有效推进了客户信息的完善工作。

【员工行为管理体系搭建】 2021年，建行临汾分行加快构建“网格化+智能化”的员工行为管理体系，强化利益共享、责任共担。全行共建立线上网格60个，建立与网格相匹配的电子合规档案，强化合规激励约束，保障网格化管理机制有效运行，员工违规数字化发现能力大幅提升。

【新金融行动】 2021年，建行临汾分行住房租赁全面深化，普惠金融落地见效。推动金融科技赋能，紧抓民生缴费场景建设，代收水费、热力费等业务取得新突破。落实乡村振兴战略，蒲县“道德银行”乡村信用系统已完成注册6311户，覆盖行政村27个。在翼城县首发上线农业生产托管服务平台并成功发放首笔贷款41.8万元。通过善融商务平台产生扶贫交易额2.8亿元，位列全省系统前茅。

【绿色产业和传统产业绿色改造】 2021年，建行临汾分行重点支持绿色清洁能源项目，促进节能降耗减排。为大唐发电、远天风电和粤丰环保等绿色清洁能源项目授信9.34亿元，为山西盾安新能源风电项目授信4.5亿元。

【公益活动】 2021年10月，全省发生暴雨汛情后，建行临汾分行迅速行动，通过暂免手续费、开辟“绿色通道”、提供“善担贷”产品等金融措施，对受汛情影响小微企业及个体工商户提供金融支持。党员领导干部带头，积极参加公益活动，组织全员为临汾暴雨受灾县域群众捐款719笔，累计金额19.56万元。（张永亮）

·中国银行临汾市分行·

【概况】 2021年，中国银行临汾市分行（简称中行临汾市分行）聚焦省域副中心城市建设，持续为“六稳”“六保”注入金融动力。截至2021年末，人民币各项日均（含表内）存款257.06亿元，较年初净增34.92亿元，人民币各项贷款余额152.63亿元，较年初净增19.31亿元；实现营业收入6.13亿元，同比增加0.63亿元，增幅11.55%，实现拨前利润4.32亿元，同比增加0.57亿元，增幅15.12%，实现净利润3亿元，同比增加1.05亿元，增幅54.57%。

【新兴产业】 2021年，中行临汾市分行积极对接临汾市经济发展规划，拓展全市重点项目，寻找业务机遇。将临汾市规划三街项目建设确定为2021年重点支持项目，为该客户批复信用总量5亿元，全年根据项目工程建设需求投放贷款18250万元；跟进营销临汾市政府重点项目临汾市委党校搬迁项目，并安排专人负责项目申报，最终为该项目批复授信1亿元；以省重点产业和重点项目为落脚点，结合中行临汾市分行授信政策，支持传统制造业转型升级高质量发展。截至年末，累计为制造业大公司客户提供信贷支持3.95亿元，其中为山西华翔集团投放贷款8460万元、山西焦化股份有限公司投放贷款3.1亿元。储备山西正大制管授信项目2亿元，该项目已完成授信资料整理及报告编写等前期工作，并向省分行发起项目申报。

【绿色经济发展】 2021年，中行临汾市分行加强绿色理念传导，在全行营造绿色发展氛围，将绿色低碳理念融入管理与经营活动每个环节，包括组织架构、公司治理、业务拓展、产品体系、风险管理、企业文化、信息披露、日常生活。成立绿色金融发展领导小组，全面做好统筹、指导、协调绿色金融的发展工作。通过全面调研临汾企业清单，利用人行的碳减排支持工具贷款和煤炭清洁能源高效利用贷款两项工具，积极贯彻国家碳达峰、碳中和工作部署，加强授信结构调整，支持传统高碳排放企业转型升级，加强9大棕色行业余额管控，并依据国家碳达峰的行动方案有序规划。截至2021年末，中行临汾市分行绿色金融贷款余额为8.31亿元，对公绿色贷款占比为7.83%。明确“绿色金融”的政策要求和市场准入标准，将环保标准与信贷风险管理要求有机结合起来，实行环保“一票否决制”，落实到客户调查、贷款营销、授信、项目评估、信贷审查、贷后管理等环节，从源头上防范企业和建设项目因环保要求发生变化带来的信贷风险。

【中小微企业服务】 2021年，中行临汾市分行主动对接小微企业，发展普惠金融，拓展金融服务的深度和广度。通过机制建设、产品设计与创新发展，为小微企业发展注入金融动力；通过强化组织领导，完善制度机制，积极破题、协调聚力、培厚内功，为小微企业提供强大支持，全方位提高实体经济服务质效。在以往线下产品的基础上，及时推出“中银企E贷—银税贷”“中银企E贷—信用贷”“中银企E贷—抵押贷”线上信贷产品，为民营小微企业提供有速度、有密度、有温度的普惠金融服务，全年共为1079户普惠金融重点领域小微企业客户提供授信支持，当年累计投放15.83亿元。

【乡村振兴助力】 2021年，中行临汾市分行在2021年度基层机构考核中专门设置“扶贫与乡村振兴”指标，主要考核人民银行口径涉农贷，考核分值较上年度提升分值，按季通报绩效考核情况，做好政策宣导和业务管理，助力涉农金融改革。加强不良贷款容忍度差异化考核，加强涉农信贷的贷后管理，避免信贷资金被挪用。控制对农村地区“两高一剩”行业、房地产等领域信贷投放，严禁新增地方政府隐形债务，对于出现的不良贷款及时通过催收、核销、转让等多种渠道化解。截至2021年末，涉农贷款余额40.7亿元。

【养老特色服务】 2021年，中行临汾市分行开展养老特色网点建设，辖属洪洞支行营业部通过“老有所养、老有所学、老有所乐、老有所医、老有所尊”五个维度，打造“颐乐中行·常青洪洞”特色服务品牌，在大厅内配备养生茶台茶具、血糖血压检测仪、便民医药箱、轮椅、老电影展播设备、长者专属服务区等尊老适老硬件设施；网点员工都是老年服务志愿者，分别组成“尊老队”“敬老队”“爱老队”，全身心服务于老年客户。先后组织开展元宵节猜灯谜活动、学雷锋纪念日活动、银发客户服务暨妇女节主题活动、“舞出青春·唱响芳华·中行相伴”养老网点建设活动、“挚爱母亲感恩有你”母亲节主题活动，长期开展的活动有关爱老年人口腔健康公益行，每月养老金代发日系列活动，免费检测血压、血糖，防电信诈骗培训，老年人聚集地宣传等。

【跨境金融】 2021年，中行临汾市分行重视发挥外汇专业，开展各类外汇金融知识讲座，用心用情服务跨境客户。辖属市分行营业部于10月29日组织开展外汇线上讲座，讲解客户在进行国际汇款及办理结售汇业务时的问题答疑及注意事项，介绍了外币现钞与现汇的区别及特点，针对留学生常见的退汇问题进行了详细解读，获得了跨境客户的一致好评。

【智能场景搭建】 2021年，中行临汾市分行通过手机银行搭建多种场景，助力临汾平阳中学学生实现线上缴费功能，“一卡通”线上充值作为一项惠民工程，开通业务办理绿色通道，分别设立专用的智能柜台、人工柜台、移动柜台上门服务，全方位高效地服务于“一卡通”客户，为学校6000余名学生的校园金融服务保驾护航；作为医保征收代理银行，中行临汾市分行利用手机银行搭建医保缴费场景，贯彻落实国家惠民政策，主动作为，全面配合，为客户提供便捷、高效的缴费服务。对在营业大厅排队等待的缴医保客户，帮助其完成电子社保卡激活、“一心一意”活动的参与、手机银行交话费等多项手机银行业务，使客户在缴费同时，了解多项中行手机银行的便捷业务。

2021年，中行临汾市分行开展养老特色网点建设活动
（中行临汾市分行供图）

【案件化解】 2021年，中行临汾市分行开展“内控合规管理建设年”活动，有效推进内控案防长效机制建设。通过强化内控合规“双基”管理，推进市分行全面内控案防管理建设，实现内控案防管理目标。全年共成功堵截案件14起，较上年增加6起，堵截金额68.6万元，较上年增加64.33万元；全年反洗钱条线上报可疑交易线索109条，经省分行分析、甄别后，采纳52条线索，其中3条线索按要求报送当地人民银行。

【驻村帮扶】 2021年，中行临汾市分行驻村帮扶工作队按照永和县乡村振兴局《关于做好当前驻村帮扶工作的通知》文件精神，结合当地实际，开展一系列为群众办实事活动，进村入户熟悉、掌握村情民意，重点对全村的脱贫户和重点监测户接续开展关注和帮扶，先后联系全辖各县市支行开展“消费帮扶”，采购南瓜、苹果、小米、葵花油等永和特色农副产品共计3.5万余元，有效助推当地村民增收致富，对巩固脱贫攻坚成果起到积极作用。 （林泽峰）

·中国农业发展银行临汾市分行·

【概况】 2021年，中国农业发展银行临汾市分行（简称农发行临汾市分行）紧扣临汾经济社会发展主题，发挥农业政策性银行“当先导、补短板、逆周期”作用，全年累计发放贷款16.06亿元，统筹支持全市巩固脱贫攻坚成果、乡村振兴和经济社会发展。

【粮棉油收储支持】 2021年，农发行临汾市分行把粮食信贷业务作为全行工作的重中之重，立足临汾粮食产销平衡区的实际，积极发放夏秋粮收购贷款，维护粮食市场稳定和农民利益。全年审批投放各类粮棉油类贷款2.25亿元，确保增储、轮换等粮食调控政策有效落地和夏秋粮收购的顺利进行。

【农村产业振兴服务】 2021年，农发行临汾市分行发挥政策性银行优势，聚焦全市10个脱贫摘帽县、易地扶贫搬迁后续发展、巩固“两不愁三保障”三个“重点”，做好政策、制度、产品、工作、机制“五个衔接”，做好脱贫地区、脱贫人口的信贷支持和金融服务。年内累计投放贫困村提升工程贷款7300万元，投放各类帮扶贷款4.99亿元，支持贫困地区易地扶贫搬迁、产业网络扶贫、道路饮水医疗、生猪产业链等项目建设。

【基础设施建设助力】 2021年，农发行临汾市分行加大对黄河流域生态环境建设与保护、城乡一体化、农村人居环境改善、物流、林业、水利、旅游、交通、棚改等“三农”重点领域和薄弱环节的支持力度，加快推进PPP模式、公司自营模式、特许经营模式项目的办贷进度，助力打造农业强、农村美、农民富的乡村振兴“临汾样板”。审批6.73亿元支持安泽县沁河流域飞岭村至孔村PPP项目，2.4亿元支持隰县现代农业产业示范区农副产品加工园建设项目，3亿元支持翼城县241国道改线和“四好农村路”建设，1亿元支持侯马市污水处理项目建设。

【区域协调发展支持】 2021年，农发行临汾市分行抓住临汾市“建设黄河流域绿色崛起转型样板城市、打造晋陕豫黄河金三角区域中心城市”的契机，融资融智融力，发挥政策性金融优势，加大对市政基础设施、生态保护、黄河流域治理、采煤沉陷区治理等项目支持力度，年内实现G108线襄汾—曲沃—侯马过境改线工程审批11.2亿元，投放2.14亿元。

【普惠小微支持】 2021年，农发行临汾市分行支持小微企业融资需求，推进“百行进万企”融资对接活动，有效降本增效，提升惠企温度。与市融资担保公司合作，解决民企融资担保难题，全年累放普惠小微贷款3305.39万元，落实小微企业减费让利政策，全年共减免收费17.95万元；通过优惠利率向企业让利共73.15万元，多措并举解决小微企业“融资难”“融资贵”问题。

【绿色信贷】 2021年，农发行临汾市分行将绿色信贷作为重要战略，加大对绿色经济、低碳经济、循环经济的支持，根据国家生态文明建设和供给侧结构性改革总体部署、环保法律法规、产业政策、行业准入标准等规定以及履行农业发展银行服务“三农”的政策性职能，制定并实施差异化、动态的绿色信贷政策，明确绿色信贷支持方向和重点领域，为绿色信贷产品的研发、推广和业务审批建立“绿色”通道。截至2021年末，全行绿色信贷涉及16个项目，余额14.63亿元，有效促进临汾经济发展和生态文明建设。

【渠道建设】 2021年，农发行临汾市分行践行“以客户为中心”的服务理念，加强渠道服务建设，拓宽渠道服务路径，提升渠道服务质

2021年，农发行临汾市分行支持贷款项目——霍州市全民健身中心建设 （农发行临汾市分行供图）

效。上线网银对账、电子回单功能和凭证无纸化项目，提升网银便捷性和易用性；落实银企直连专项改造要求，完成系统专项改造上线，提高精细化管理水平，提升客户满意度。做好全辖系统的管理运行工作，加强开机关机、查询查复、错汇退汇、支票影像截留等操作管理，做到措施到位、落实到位、责任到位。聚焦规范化，全面推行“一个银行”标准落地，推选规范管理示范行，全方位提升全市系统柜面服务质量。

【消费者权益保护】 2021年，农发行临汾市分行累计开展“3·15”消费者权益保护日、防范非法集资宣传月、金融知识进万家、国家安全日等各项宣传活动5次，通过流动宣传台、发放宣传资料、播放宣传视频等方式及一对一耐心细致的金融知识宣传，有效提升社会公众的金融风险意识，推动金融行业的健康规范发展。 （常英哲）

·中国邮政储蓄银行临汾市分行·

【概况】 2021年，中国邮政储蓄银行临汾市分行（简称邮储银行临汾市分行）坚持服务实体经济，以客户为中心，打造线上和线下互联互通、融合并进的金融服务体系，为广大客户提供优质、便捷、高效的综合化金融服务。截至年底，第一产业各项贷款结余6.44亿元，较年初增加0.95亿元，增幅17.37%；第二产业各项贷款结余42.78亿元，较年初增加12.54亿元，增幅41.47%；第三产业各项贷款17.95亿元，较年初增加8.84亿元，增幅97%。2021年发放个人消费贷款32868笔，金额11.55亿元，贷款结余19.83亿元。

【重点项目支持】 2021年，邮储银行临汾市分行金融助力全市重点项目、重点工程。积极推进黎霍高速项目、隰吉高速项目、保利天汇住宅小区项目、乡宁风电项目等114亿元。

【产品创新助力小微】 2021年，邮储银行临汾市分行打造银政、银担、银保等服务平台，破解企业融资难、融资贵、融资慢的“死结”。减费让利，累计投放普惠型小微企业贷款6074万户、14.23亿元；为保民生、促就业，累计向个体工商户及小微企业主投放信贷资金4950笔、2.27亿元；累计投放创业担保贷款5笔、1000万元；扶持新能源出租车更换项目，累计发放车主快贷425笔、4076.28万元；助力打赢蓝天保卫战，创新产品，成功发放“污水贷”5300万元，“燃气贷”9100万元，垃圾处理贷款715万元，为环保类企业解忧纾困。推广线上贷款业务，累计发放小微易贷4亿元，让小企业主足不出户享受快捷便利的线上金融服务。

【脱贫地区乡村振兴支持】 2021年，邮储银行临汾市分行支持贫困地区有市场前景的特色产业，坚持“一县一业、一村一品”，通过挖掘新模式、新路径，积极拓宽业务领域。支持特色产业核心企业及其上下游主体，分类做好已脱贫人口的金融服务，防止已脱贫人口返贫，助力巩固拓展脱贫攻坚成果同乡村振兴有效衔接。截至2021年底，发放脱贫人口小额贷款1317笔、6489万元；对乡村振兴重点产业发放贷款10235笔、88104.1万元；通过手机银行、网上银行，客户可享受到结算、代发、保险、理财等“一揽子”综合金融服务，发放“乡村振兴主题卡”27862张。

【“绿色”银行打造】 2021年，邮储银行临汾市分行开展2次绿色银行建设专项培训。绿色贷款、绿色融资项目已支持5个，其中风力发电项目1个；民生垃圾综合处理项目1个、污水处理项目2个、供热节能项目1个。年末，绿色产业贷款余额2.62亿元。严格落实授信政策，以绿色信贷和授信政策为指引，精准营销符合条件的目标客户，认真开展环境和社会风险的尽职调查，对各类环保不过关的业务、客户与项目实行“零容忍”政策，坚持不营销、不受理、不审查、不审批、不放款。高度关注“两高一剩”、低端制造业、商贸流通等敏感性行业的风险情况，关注客户多元化投资及过度融资风险。

·中国交通银行临汾分行·

【概况】 2021年，中国交通银行临汾分行设有5个部门，分别为综合管理部、风险与授信管理部、财务与营运管理部、公司业务部、个金业务部；四个综合支行，分别为营业部、鼓楼广场支行、东城支行、新百汇支行。截至年末，外币资产总额为52.62亿元，人民币各项贷款余额为31.85亿元；负债总额为51.31亿元，人民币各项存款余额为46.5亿元；经营利润完成9138.85万元；人民币不良贷款余额占比0.05%，全部为个贷。荣获2020年度人民银行金融消费权益保护评价A+级、2021年度临汾银行业宣传工作优秀单位、2020年度征信合规和信息安全考核评级A级、2020年支付系统参与者分类评价A+级、2020年度反洗钱分类评级结果A级、2020年度临汾市五四红旗团支部等多项荣誉。

【乡村振兴助力】 2021年，中国交通银行临汾分行将乡村振兴列入考核中，制定并实施《关于成立交通银行临汾分行乡村振兴工作专班的通知》《关于明确交通银行临汾分行乡村振兴部门职能的通知》等制度，严格执行上级行2021年普惠贷款利率优惠政策，支持普惠、小微、涉农、民营等重点贷款业务发展。截至年末，普惠两增贷款余额1.7亿元，增量0.66亿元，进度完成率106.97%，远超监管要求；涉农贷款余额为12.23亿元，较年初增加1.99亿元。助力乡村振兴，为定点帮扶村胡峰村捐赠资金98000元，主要用于路面硬化、桥梁加固和围墙修缮等灾后重建项目。

【服务实体】 截至2021年末，中国交通银行临汾分行对公贷款余额23.87亿元，较年初增加6.05亿元，增幅33.95%，其中新落地项目投放5.72亿；民营企业新放贷款4.15亿元，乡村振兴贷款增量1.99亿元，绿色信贷增量1029万元，制造业贷款增量2.91亿元。通过普惠E贷等线上贷款业务，克服无县域网点的困难，为县域20余户小微企业发放贷款2766.1万元，有效解决小微企业融资难、审批慢、融资贵等问题。

【绿色信贷】 2021年，中国交通银行临汾分行建立绿色信贷企业审查审批投放绿色通道，创新绿色投行业务，支持优质企业发行绿色金融债券和绿色资产支持证券等，满足企业在环保节能技术推广服务、大气污染防治、清洁能源、绿色建筑等领域的资金需求。截至12月末，绿色信贷共4笔，余额2322.84万元，较年初增加1828.79万元，增幅370%。（朱晶晶）

·临汾信用联社审计中心·

【概况】 2021年，山西省信用联社临汾审计中心（简称临汾农信）在提升内部管理水平和金融服务质效的基础上，紧扣“回归”与“转型”两个环节、两项重点，有效发挥“地方金融主力军”重要作用。截至2021年末，全市农商行资产总额达2229.21亿元，各项存款余额1397.07亿元，占全市金融机构的41.31%；各项贷款余额达1003.65亿元，占全市金融机构的47.89%，其中支持本地“三农”、小微企业、实体经济和脱贫攻坚的贷款投放量占到全市金融机构的85.35%，全年纳税总额达9.1亿元。

【小微企业服务】 2021年6月28日，临汾市政府性融资担保体系建设暨“总对总”批量担保业务推进会举行，全市各农商行与16个县（市、区）融资担保公司现场签约，锁定代偿上限、实行“见贷即保”，有效解决“三农”、小微企业担保难、融资贵等问题，为全市乡村振兴、“六稳六保”、转型综改提供了金融支撑。

【金融科技赋能乡村振兴】 2021年，临汾农信依托全面授信数字化信贷平台，为全市农户、个体工商户累计授信超10亿元，该平台的使用，使信贷支农支小模式发生了巨大的变化：授信时间由原来最少需要24小时缩短到半个小时以内，由原来的往返数次转变为“一次办结”，由原来在专门场所办理转变为上门办理，由原来的三级审批转变为当场授信，提高了农信社的办贷效率，提升了广大群众的满意度，为金融助力乡村振兴发挥了极大地作用。

【全面整村授信】 2021年，临汾农信开展“百村示范、千村推进”信用工程，实施网格化推进，主动上门与农户、商户以及各类经济组织逐一对接，推动全辖实现“三个全覆盖”，即符合条件的客户授信全覆盖、有资金需求的用信全覆盖、基础金融服务全覆盖。特别是襄汾县、曲沃县、大宁县等农商行与县委组织部对接，从各网点选派党员骨干，作为驻乡驻村“金融挂职干部”深度参与到乡村振兴工作之中，贴近群众提供服务，受到广大农民一致好评。截至2021年末，全市被临汾农信评级授信的达33.75万户，农户授信覆盖面为55.18%，用信户数为13.13万户，农户用信覆盖面为38.9%。

【数字普惠金融发展】 2021年，临汾农信在晋享生活App成功上线临汾社保卡“平阳一卡通”服务平台，深度参与“临汾云”智慧城市建设，构建了以社保、民生、金融“三大板块”为支撑的业务体系，推动惠农惠民补贴发放、医保及养老保险缴纳、日常缴费、储蓄理财等服务的“一卡一键办理”。与临汾市文旅局合作，开展“缴社保保民生，惠旅游，文旅权益团购”惠民活动，有效提振文化旅游，激活消费市场潜力。

【政银合作】 2021年12月7—8日，省联社党委书记、理事长王亚深入临汾农信开展调研指导工作。期间，与临汾市委书记闫晨曦，市委副书记、市长李云峰，临汾市委副书记、洪洞县委书记黄巍，侯马市委书记吴勇等地方党政领导分别进行座谈，围绕协同推进农信社改革化险和提质增效、更好服务实体经济、坚决守住不发生系统性区域性金融风险底线、以金融高质量发展推动全省高质量发展等内容，充分交换意见。

【市领导关怀】 2021年12月9日，临汾市委书记闫晨曦到省联社临汾审计中心、尧都农商银行调研，并主持召开深化地方金融企业改革化险提质增效座谈会，围绕临汾农信改制化险及支持实体经济等情况，进行深入地探讨。

【产业帮扶】 2021年，临汾农信加强与市金融办、市农业农村局对接沟通，拟定《关于强化农村中小银行机构金融支持乡村振兴的实施方案》，围绕市委“沿黄梨果、沿汾蔬菜、太岳中药材”的产业规划，倾力农业“特”“优”战略，支持包括吉县超正果业、隰县广鑫梨业、乡宁县戎子酒庄、古县江波药材在内的专业大户、家庭农场、农民合作社、农业龙头企业等农村新型经营主体达130户、贷款余额9.57亿元。

【重点项目扶持】 2021年，临汾农信对省、市、县重点工程项目实施名单制管理，组建专职团队，逐户上门了解融资意向、资金需求，精准对接服务，先后支持山西建邦集团铸造有限公司等传统制造企业改造升级，支持山西飞虹微纳米光电科技有限公司等高科技制造企业扩大规模，支持山西盛泰源特种材料科技公司等现代装备制造企业提高产能，支持包括安泽县的永鑫焦化、曲沃县的山西晋南钢铁集团、蒲县的宏源煤业、乡宁县的云丘山旅游开发公司等企业在内的省、市、县重点项目105个，贷款余额达100.72亿元。协调全省农信系统为市投资集团、市热力公司等解决融资缺口39.64亿元，维护了市政民生稳定。

2021年，临汾农信客户经理深入田间地头利用移动平板为农户上门授信　　（临汾农信供图）

【信贷规模发展】 2021年，全市农商行各项贷款余额突破1000亿元，标志着临汾农信信贷规模再上新台阶，整体经营水平实现新突破，服务地方实体经济发展的资金实力、金融服务能力实现新跨越，“地方金融主力军”的作用得到彰显。

【改制化险】 2021年12月30日，山西翼城农村商业银行股份有限公司正式挂牌开业，标志着临汾农信已全面完成辖内16家农信机构的改制工作，实现“全域改制”的历史性突破。　　（景　黎）

·兴业银行临汾分行·

【概况】 2021年，兴业银行临汾分行立足临汾实际，积极应对挑战，不断拓展业务，多渠道进行营销，努力拓展市场，提升了全行整体竞争实力。截至12月末，各项存款余额为70.28亿元。其中，对公存款余额48.38亿元，储蓄存款21.78亿元；各项贷款余额49.61亿元，其中，企业贷款余额37.37亿元，个人贷款余额10.71亿元。

【企业开户新成果】 2021年，兴业银行临汾分行成为行内辖区唯一一家国库集中支付代理银行，首次上线23家单位45个账户，截至年底，上线共计33个单位65个账户，累计支付流量达8亿元以上；成为唯一开立养老收入、支出账户。1—11月养老发放金累计进款超30亿元，每月提前3~5天营销进款，月进款2.4亿~4.3亿元；成为行内辖区唯一一家开立法院破产清算账户的银行，已开立2户，储备3个；土地收储、招拍挂类的国土交易中心、土储账户均在本行开立账户；批量开立工会类，截至11月末，共开立工会账户18个，均有工会资金代缴；成为全省唯一开立两户并保留使用的待报解账户，且使用量较大，截至11月末，累计入账笔数2945笔，金额3954万元，出账笔数1170笔，金额3899万元，双向累计交易笔数为4115笔，累计交易金额7853万元。

【普惠金融】 2021年，兴业银行临汾分行紧跟总行、分行普惠金融工作思路，统一思想，迅速行动，制定了专项劳动竞赛活动方案，并取得了一定的效果。截至12月末，普惠贷款余额较2020年新增0.84亿元，贷款余额户数39户，投放余额为2.38亿元。

【客户建设】 2021年，兴业银行临汾分行企金部对所有客户进行了重点分析。在存量的客户上，按照客户层级计算出差距，列示客户已配置的产品和最易完成的产品，确保存量客户有序提升和产品配置；在新增的客户上，从开户起，将所有可能配置的产品全部进行一一跟进和提示，确保网银、财富拓客、电子缴纳等基础产品配置和层级达标。

【绿色金融】 2021年，兴业银行临汾分行积极发展绿色金融。绿色信贷方面优先支持水资源利用和保护行业、城市燃气行业、节能行业、高端及智能装备制造业，同时加强高耗能、高排放行业的信贷风险管理，从严控制产能严重过剩行业新增授信。产能过剩行业贷款除应符合一般性授信要求外，企业在生产工艺、能源消耗、污染物排放、安全生产等方面应符合绿色信贷标准。

截至12月末，绿色金融融资规模余额新增6.65亿元；绿色贷款融资规模余额新增2.83亿元；绿色金融客户净新增17户，总体考评完成情况良好。

【资产业务规范化流程化】 2021年，兴业银行临汾分行加强资产业务全流程管理，每周组织召开专题会议，对资产业务进行梳理，规范流程，提高效率。通过高层对接和持续跟进，准入路桥一手房按揭项目，做好与21世纪房屋中介的合作，推进二手房贷款业务。要求各经营机构高度重视个人二手住房按揭贷款业务的拓展营销工作，零售分管行长为主要负责人，安排专业经办人员驻点营销，跟进业务落地。零售管理部配合维护机构主动上门沟通，了解需求，做好营销维护工作，特别是排名靠前、市场份额较大的中介公司以及开发商各经营机构重点投入，重点维护，抢抓签单量，确保本行签单份额。

【服务实体经济】 2021年，兴业银行临汾分行坚持服务实体经济，给予临汾市尧兴嘉业城市建设管理有限公司项目贷款3.76亿元，专项用于“尧都区文化艺术文化中心PPP项目”建设，尧都区文化艺术文化中心PPP项目是临汾市重大公益性文化产业示范基地、尧都区的重点项目，为满足社会的发展和人民群众日益增加的精神文化需求。

【渠道建设】 2021年，兴业银行临汾分行为加强和改进老年人群客户的金融服务工作，保障老年群体作为金融消费者的合法权益，提升银行服务水平，对老年人金融服务开通绿色服务通道，特事特办，保证老年群体业务办理顺畅。针对老年人这种易上当受骗群体，在客户要求转账时，要求相关工作人员要时刻提高警惕，认真询问转账用途及对方身份。积极推进“兴公益”惠民服务工程，将辖内各网点变身便民服务站，为环卫工人、快递员、外卖员等劳动者提供多项便民服务。便民服务区内配备了专属休息区、饮水机、应急医药箱、工具箱、简易工具、无线网络、免洗洗手液、暖宝宝、充电设备、文具用品、针线包、雨具、纸杯等便民物品，并有厅堂人员专门负责维护“惠民驿站”的服务设施和日常接待，让广大劳动群众有地方取暖、有地方喝水、有地方歇脚，打造百姓的贴心银行。

·中国光大银行临汾分行·

【概况】 2021年，光大银行临汾分行围绕“打造一流财富管理银行”战略目标，发展普惠金融，助力脱贫攻坚，提升服务水平，加强金融服务宣传，贯彻新发展理念，构建新发展格局，坚持稳中求进，聚焦管理提升，助力服务实体经济。

截至12月末，光大银行临汾分行资产总额45.39亿元，较年初增加6.84亿元，上升17.74个百分点；负债总额44.98亿元，较年初增加6.7亿元；所有者权益总额4.07亿元，较年初增加1.11亿元，上升37.64个百分点。一般存款余额43.75亿元，较年初新增7.61亿元；一般存款年日均39.11亿元，较年初新增2.86亿元。

【信贷投放】 2021年，光大银行临汾分行个贷投放11727.8万元。其中，二手房投放213笔、8642.8万元；经营性物业投放1笔、3000万元；助业房抵快贷1笔、55万元；扶贫贷款3笔、15万元；存单质押贷款1笔、15万元。

【税收】 2021年，光大银行临汾分行共上缴税金329.14万元，较2020年同期增加84.56万元，同比增长34.58%。其中，增值税293.55万元、附加税34.73万元、印花税0.86万元。

【不良贷款】 截至2021年12月末，光大银行临汾分行不良贷款余额95.5万元，较年初33.81万元增加61.69万元，主要原因是新增二手房不良贷款2笔。

【一、二、三产业及绿色信贷支持】 截至2021年12月末，光大银行临汾分行授信余额21.46亿元，较2020年同期增加29.69%。其中，第二产业21.02亿元，较2020年同期增加4.95亿元，增幅31.62%；第三产业授信余额0.44亿元，较2020年同期减少0.25亿元，增幅-36%。绿色信贷余额1000万元，较2020年同期持平。

小微企业贷款余额（不含贴现）5257.84万元，较年初减少3017.17万元；1000万元以下的普惠贷款余额（不含贴现）2369.94万元，较年初减少1649.19万元，增长率低于各项贷款增长率。1000万元以下普惠小微企业贷款客户206户，较年初下降273户。全年新增小型微型企业“首贷户”数量1户。小微企业贷款加权平均利率5.65%，较年初下降31BP。

【盈利情况】 截至2021年12月末，光大银行临汾分行实现利润总额2079.54万元，较2020年同期增加1114.84万元，增幅115.56%。其中，利息净收入5895.78万元，较2020年同期增加1480.3万元，增幅33.53%；投资收益0，较2020年同期没有变化；中间业务收入158.83万元，较2020年同期减少17.82万元，降幅10.09%；营业支出3965.05万元，较2020年同期增加348.66万元，增幅9.64%。

【减费让利】 2021年，光大银行临汾分行严格执行监管部门和总行各项要求，严格遵照银监局合规收费、以质定价、公开透明、减费让利的规定，最大限度减免对小微企业的服务收费，争取做到“能不收的尽量不收、能少收的尽量少收”。原有免收项目增加为9项，分别为资信证明费、顾问咨询费、委托贷款手续费、银团贷款费、敞口承诺费、投行综合服务、保兑仓/商通赢手续费、贸金业务额度管理、贸金顾问咨询费。在原有免收项目基础上增加票据业务、账户服务、银行卡业务、结算类业务、电子银行业务收费项目优惠。降低了小微企业的综合融资成本，真正做到为小微企业减费让利，切实履行社会责任。

【脱贫攻坚支持】 2021年，光大银行临汾分行向定点帮扶乡村浮山县张庄镇东郭坡村选派了驻村工作队、第一书记，组建了14名由分行党员干部参与的帮扶责任人队伍，为巩固脱贫攻坚成果实现乡村振兴提供强有力的人员和组织保障。帮助村支部规范党的“三会一课”制度运行，每月定期召开党日活动，加强党组织建设；推动扶贫村疫情防护，将长住村的300余名村民分批分次接到县城指定疫苗接种点进行疫苗注射，保障人民群众生命安全；9月雨灾期间，逐户排查摸底，帮助16户住房存在隐患的村民转移到安全地点，争取政策帮助房屋受灾严重的5户村民进行灾后重建，确保住房无忧；支持特色产业发展，发展壮大养猪户32户，养猪规模1400余头，养羊户10余户，规模300余只，发展中药材种植，连翘种植户38户，9.6公顷，丰产后亩均收入4000余元，柴胡种植户5户，规模2.67公顷，特色种养殖成为增收的主要抓手；加强劳务输出，指导114户138人外出务工，实现“一人就业、全家脱贫”，务工收入成为老百姓发家致富的主要来源。金融支持乡村振兴，为尧都区乔李镇3户脱贫户发放15万元扶贫小额信贷、支持发展养殖、种植等产业，增加脱贫户的收入。

【先进能源改革煤炭企业支持】 2021年，光大银行临汾分行针对煤炭行业在山西省的支柱性、战略性地位，对于产能先进、产品有竞争力有市场的煤炭骨干企业，积极给予信贷支持。截至2021年末，支持包括霍州煤电有限责任公司、大同煤矿临汾宏大矿业股份有限公司、山西煤炭运销集团临汾有限公司等优质煤炭企业，合计综合授信29.6亿元。对深化供给侧结构性改革，提升供给质量，推进临汾转型发展起到积极作用。

【临汾市重点项目贷款支持】 2021年，光大银行临汾分行对临汾市及山西省转型综改建设和重点项目贷款在政策和审批制度上给予大力支持，鼓励参与综改建设及重点项目的融资服务。为临汾市保障性安居工程投资有限公司下的两个公租房项目合计授信9.57亿元，两个项目分别为临汾市和尧都区重点推进的改进民生工程，截至2021年末，该项目授信余额1250万元。

【“云缴费”平台】 2021年，光大银行临汾分行用科技打通服务群众“最后一公里”。“云缴费”作为光大银行线上服务“名品”，可以使老百姓足不出户就可以轻松便捷缴纳水、电、气、暖、社保等各种日常缴费。截至12月末，临汾市城乡居民通过光大“云缴费”平台完成的社保缴纳交易达806万笔、累计金额24.5亿元。

【医药卫生企业发展支持】 2021年，光大银行临汾分行为国药集团临汾有限公司、国药控股集团临汾有限公司、临汾九州通医药有限公司、国药控股（临汾）医疗科技有限公司等多家医药卫生企业提供授信共计1亿元，为临汾市医疗健康事业发展贡献力量。

【乡村振兴支持】 2021年，光大银行临汾分行将金融助力“三农”发展作为工作重点方向，截至年末，涉农贷款余额105232万元，较年初增加47981万元，增长率83.8%，比各项贷款增速高55%。2019—2021年，累计发放扶贫/脱贫人口小额贷款915万元，第一时间完成临汾市政府下达的任务。

【渠道建设】 2021年，光大银行临汾分行在业务方面，做到了四个“抓好”。坚持以存款增长为核心，在客户指标、绿色存款和优化结构上下功夫。

抓好稳存增存。对霍州煤电、临汾煤运、中信机电、同煤宏大等重点核心企业，实施一户一策方案，积极争取存款配比，打牢存款基础。营销普惠贴现、对公理财、票据池等业务，发展了光大气源、平阳重工、华翔集团等优质结算客户，实现了存款高质量增长。对公存款平均执行利率由1.74%下降至1.43%，存款成本下降31BP。

抓好有效户增长。把提升对公有效户作为当年战略工作来抓，坚持主动营销、扎实落地。截至11月末，实现有效户净增105户，连续三个季度太原分行排名第一。

抓好机构业务落地。先后争取到市、区两级财政社保资金存放资格(光大银行临汾分行为尧都区唯一具备社保资金存放资格的股份制银行），落地社保资金绿色存款1.3亿元；开立了市国土资源交易账户，累计进款4.8亿元；新增培训学校类机构客户60余户，沉淀近6000万元绿色存款；被市商务局指定为唯一对外劳务合作企业保证金存放银行，落地辖区所有对外劳务合作企业保证金在本行存放；被市综合检测中心确立为唯一缴费银行，月缴费金额300余万元。

抓好结构优化。在重点落地省内核心煤炭企业的同时，加大非煤业务营销。一批省内“专精特新”民营企业即将落地。加大项目储备，1亿元以上授信项目储备9个，授信金额69亿元，负债项目储备2个，总金额2亿元。通过优结构、强储备，对公业务初步形成煤炭行业、制造业、医药流通、交通运输、城镇化建设等多板块良性发展的结构。

【资产管理规模带动】 2021年，光大银行临汾分行针对总行配置的优势产品，组织重点宣传、重点销售，强化销售对资产的带动。截至11月末，自营转型理财规模达到16亿元，较年初增加6.9亿元，完成全年任务185%；代理私募产品单季销售1亿元，位列太原分行第一，实现代理业务中收498万元，任务完成率达110%。

【零售业务】 2021年，光大银行临汾分行确立了以“1+2+5”为主线的零售经营思路，即以KPI为导向，以存款、AUM增长为核心，以薪资代发、云缴费、个贷、信用卡、优势产品为五大抓手，全面规划和抓好零售业务发展。截至11月末，储蓄存款日均系统内排名第四、九资新增系统内排名第二；个贷投放1.1亿元，实现非银保贷投放首次突破亿元大关，个贷余额净增3500万元。

【客群建设】 2021年，光大银行临汾分行坚持“四轮驱动”，多途径批量获客。采取“请进来、走出去”措施，组织进企业、进社区、进校园、进医院、进市场等营销，开展客户活动230余场，通过公私联动、项目带动，引入零售存款8000万元；引入百人代发3户，储备千人以上代发1户。导入信用卡客户，高端信用卡发卡417张，全年任务完成率131%，中端卡发卡1771张，完成全年任务101%，系统内排名第二，信用卡清算笔数231.85万笔，在临汾信用卡市场占比14.94%，清算额121.2亿元，市场占比16.38%，清算笔数和金额均稳居临汾同业市场第一。

·中信银行临汾分行·

【服务实体经济】 2021年，中信银行临汾分行坚持以最佳综合金融服务助力全市产业转型和结构调整，支持实体经济发展。全年共为73户企业累计提供融资65.12亿元。结合区域授信政策，主动对接辖内装备制造业、城市基础设施建设、医疗卫生、文化等领域重点企业和重点项目，成功获批5个重点项目,获批金额11.3361亿元，助推实体经济发展。

【小微企业发展助力】 2021年，中信银行临汾分行为解决小微企业无抵押、无担保的融资难题，针对小微企业专门出台了十项小微企业产品管理办法，简化小微企业贷款业务申报流程和手续，制定普惠型小微企业授信后管理手册和尽职免责相关管理办法，建立普惠金融内训师队伍，强化普惠金融政策和产品培训，将普惠型小微企业贷款指标纳入综合绩效考核，考核权重占比达到11.8%；给予小微企业贷款考核利润补贴最低50BPs的内部补贴政策。通过产品研发、审批流程、尽职免责、绩效考核、内部资源配置等，完善普惠金融内部考核和激励约束机制，全面提升普惠金融服务能力。全年中信银行临汾分行积极创新金融产品，累计为42户小微企业投放信贷资金4.57亿元，全部为首贷户。其中，为46户普惠型小微企业累计发放流动资金贷款6555.75万元。

【乡村振兴支持】 2021年，中信银行临汾分行围绕临汾市优化农业产业布局和农业产业化经营目标，积极探索创新信贷模式，通过现有授信政策加大对“三农”有效支持，提升“三农”金融服务水平。截至12月末，21户涉农企业贷款余额11.63亿元。其中，19户涉农企业流动资金贷款余额4.41亿元，2户涉农企业固定资产贷款2.62亿元，1户涉农企业票据贴现余额4.6亿元。

【渠道建设】 2021年，中信银行7.0版App主打“温情主题”的设计理念，全力推动金融科技应用再深入、客户体验再提升。基于用户的生活场景进行情感化和模块化设计，为用户提供贴心的金融和生活服务。结合客户对服务专业度的要求，除标准版本之外，中信银行还推出出国金融版、幸福+版、私行版、小微版、英文版等更多专业的服务版本。以金融为本，以科技为器，以客户为尊，中信银行提升服务品质，将金融服务变得更加普惠、更具温度。

【获评“千佳”网点】 2021年，中信银行临汾分行营业部荣获“千佳示范单位”称号，山西省银行业协会领导专程进行授牌，并对评选工作给予高度评价。该项荣誉在临汾金融系统内是唯一一家获评，是继获得“中国银行业文明规范服务五星级示范网点”称号后又一突破。临汾分行营业部在厅堂布局和硬件设施的日趋完善下，业务规模和客户数得到稳步增长，管理资产日益扩大，客户规模进一步夯实。

【案防管理】 2021年，中信银行临汾分行建立完善案防工作机制，通过开展合规培训和警示教育、强化重点领域案件风险排查、加强员工行为排查和管控，发挥三道防线的作用。按季召开案防分析会，总结不足，立行立改，强化员工案防意识，增强案防履职能力，促使全员坚守合规底线。组织各业务管理部门，针对信贷类业务、票据业务、柜台和会计结算业务、理财业务等重点领域开展排查。

【绿色金融发展助推】 2021年，中信银行临汾分行认真贯彻落实落实绿色金融相关产业政策和监管要求，开展绿色信贷业务，成功为1户企业投放绿色贷款1.62亿元，全部为固定资产贷款。

【精准脱贫助力】 2021年，中信银行临汾分行认真落实山西省和临汾市产业扶贫和金融扶贫推进会议部署，持续完善金融扶贫工作机制，创新服务模式，准确对接全市特色产业发展规划，加大扶贫信贷投入。通过创新服务方式，深入企业、社区、周边县市广泛宣传，拓宽扶贫帮扶受益面，增强扶贫效果。引导信贷投放向贫困群众和贫困地区倾斜，以优势农业产业为扶持重点，扶贫龙头企业，以龙头企业为契机带动其他企业良性发展。

（梁玉鑫）

证　券

【概况】 2021年，山西证券股份有限公司临汾分公司（山西证券临汾分公司）收入较2020年同期增长2.74%，AUM资产较2020年同期增长27.64%，产品AUM资产较2020年同期增长30.4%，全方位提升综合财富管理能力。

【提升金融服务能力】 2021年，山西证券临汾分公司将提升财富管理业务能力和规模放在首要位置，结合自身优势，制定适合自己的发展方向，在辖区内形成财富品牌优势。创立金管家服务体系，下设股票管家服务模块与基金管家服务模块。股票管家服务，为客户提供的股票池，包含市场热点、选股思路、配置策略，工具软件中包含特色指标、热点筛选、仓位建议，资讯服务专业及时、特色鲜明，让资讯直接触达客户。以综合信息的深度加工作为增值服务的核心，为客户提供市场趋势研判、大势跟踪、行业分析等一揽子服务。基金管家服务，通过优中选优，实现投资者资产的保值增值，新发基金多维度筛选，让配置更灵活，根据客户风险偏好，做好客户适当性管理工作，对客户形成多元化、多维度的客户资产配置服务，使客户资产保值增值。

【投资者教育及培训】 2021年，山西证券临汾分公司参与证监局、证券业协会和交易所组织的宣传活动，包括“3·15”投资者保护活动、网络安全宣传活动、防范非法证券咨询活动、“高质量发展的上交所股票市场”投教活动、“警惕团伙作案，勿入证券期货投资圈套——投资者教育进社区”投教活动等，将客户适当性管理工作落到实处。

【服务实体经济】 2021年，山西证券临汾分公司在机构业务方面，围绕公司转型和省内发展战略，利用专业人才和资源优势助力企业融资、融智，实现投资、投行、投研的联动，全方位支持区域经济发展；结合省政府发布《山西省推进企业上市“倍增”计划》，对辖区四上企业、专精特新企业进行摸排走访，挖掘业务机会，构建重点培育企业，加快企业向资本市场迈进步伐。

针对大商所企风计划推出的猪肉价格保险，与侯马农业局联合举办期货猪肉价格保险培训，并对辖区生猪养殖大户进行走访，引导企业、农户通过期货加保险功能规避市场波动风险，实现风险转移。联系辖区煤炭、焦化龙头企业参与焦煤、焦炭交割库申报，帮助企业进行风险管理与理财规划，服务实体经济。

【合规风控及反洗钱工作】 2021年，山西证券临汾分公司强化在业务与管理过程中的风险防范、监督和检查，建立和完善风险控制的长效机制，保证分公司各项业务合规有序地开展。在加强合规管理、严控经营风险基础上，修订科学、合理的考核管理办法，规范各项业务操作程序，加强员工合规知识培训，强化员工合规风控意识。在客户适当性管理方面，参与各类投资者教育宣传，把客户适当性管理工作落到实处。反洗钱工作中，强化各营业部反洗钱教育宣传、客户身份识别、大额交易和可疑交易监测分析等工作。在2020年人民银行反洗钱分类评级中，临汾分公司被评为AA级、侯马营业部被评为A级、霍州营业部被评为A级。

保　险

【概况】 2021年，临汾市共有43家保险机构，其中产险公司22家、寿险公司21家。全市保险公司保费收入101.81亿元，同比增长5.11%。其中，产险公司保费收入24.17亿元，同比增长4.59%；寿险公司保费收入77.64亿元，同比增长2.25%。截至2021年12月，全市保险公司赔付支出28.7亿元，同比增长4.6%。其中，产险业务赔款14.73亿元，同比增长12.76%；寿险给付13.97亿元，同比增长-2.86%。

【财产险市场运行情况】

保费收入情况。2021年，全市实现保费收入24.17亿元，同比增长4.59%；承保保额为38826.61亿元，同比增长91.69%；承保数量588.08万件，同比增长30.23%。全年全市车险保费收入15.56亿元，同比增长-3.3%。交强险保费收入5.6亿元，同比增长-0.13%。商业险保费收入9.96亿元，同比增长-4.99%。全年全市非车险保费收入10.42亿元，同比增长21.74%。非车险市场有8个险种保费收入同比实现正增长，同比增幅前三位的为家庭财产保险、货物运输保险和意外险。

赔付支出情况。2021年全市财险公司已决金额共计145781.69万，同比上升10.11%。其中，车险已决金额为92587.66万元，同比上升14.47%；财产险已决金额为28965.88万元，同比上升66.4%。

经营情况分析。行业综合成本率为96.65%，较2020年下降0.32个百分点；行业车险综合成本率为94.26%，较2020年上升3.51个百分点。行业综合赔付率为62.47%，较2020年上半年下降1.27个百分点；行业车险综合赔付率为56.7%，较2020上半年上升3.56个百分点。行业综合费用率为28.69%，较2020年下降5.5个百分点；行业车险综合费用率为30.47%，较2020年下降7.09个百分点。

农业保险经营情况。全市农

业保险保费收入25859.46万元，较上年同期增长18.51%，全市农业保险综合赔付率97.63%，较2020年同期上升3.9%，综合成本率111.25%，较2020年同期下降5.52%，承保利润亏损1936.79万元，较2020年同期亏损减少168.53万元。

【人身险市场运行情况】 2021年，全市人身险公司累计保费收入77.64亿元，同比增长5.26%，累计业务支出13.97亿元，同比增长-2.87%，累计从业人员14831人，同比减少11435人。

机构发展情况。2021年，全市共有人身险公司21家，包括1家健康险公司，2家养老险公司。较2020年，合众人寿四级机构减少1家。

人力发展情况。2021年，全市人身险公司从业人员14831人，较同期减少11435人。其中，个险人力14209人，较同期减少11463人；银保人力388人，较同期增加17人；团险人力234人，较同期增加11人。

总保费收入情况。2021年，人身险市场实现总保费收入77.64亿元，同比增长5.26%。2021年市场份额5%以上的公司有5家，分别是中国人寿、平安寿险、太保寿险、新华人寿、太平人寿，这5家公司占据人身险的市场份额达61%以上。总保费收入10亿元以上的公司有2家，1亿到10亿元的公司有14家，1亿元以下的公司有5家。21家公司总保费收入同比正增长的有12家，同比负增长的有9家。增长最快的公司是合众人寿，增长达482.24%，增长最慢的公司是百年人寿，负增长为17.79%。

产品业务保费情况。2021年，传统产品保费收入共计34.05亿元，同比增长10.95%，占总保费收入的43.86%，业务结构占比上涨2.25个百分点；新型产品保费收入共计26.24亿元，同比负增长0.96%，占总保费收入的33.8%，业务结构占比下跌2.12个百分点；健康险保费收入共计16.24亿元，同比增长5.72%，占总保费收入的20.92%，业务结构占比上涨0.09个百分点；意外险保费收入共计1.1亿元，同比负增长8.91%，占总保费收入的1.42%，业务结构占比下跌0.22个百分点。

渠道业务保费情况。2021年，个人业务保费收入共计50.01亿元，同比下降6.98%，占总保费收入的64.42%，市场份额下跌了8.47个百分点；银保业务保费收入共计21.73亿元，同比增长51.69%，占总保费收入的27.99%，市场份额上涨了8.57个百分点；团体业务保费收入共计1.85亿元，同比上升6.44%，占总保费收入的2.39%，市场份额上升0.03个百分点；其他渠道保费收入共计4.04亿元，同比增长2.92%，占总保费收入的5.21%，市场份额下降了0.11个百分点。

各县（市、区）保费收入情况。2021年，17个县（市、区）中有6个保费收入实现正增长，11个县（市、区）保费收入同比出现负增长。保费收入同比增幅前三位的为尧都区、洪洞县、蒲县。

给付、赔付情况。2021年，全市累计业务支出13.97亿元，同比下降2.87%。其中，年金给付3.05亿元，同比下降0.23%；满期给付4.22亿元，同比下降21.78%；死伤医疗给付支出3.06亿元，同比增加9.08%；累计赔款支出3.64亿元，同比增长16.45%。

退保情况。2021年，全市累计退保11.43亿元，同比增长55.52%。退保同比上升的公司有15家，同比下降的公司有4家，泰康养老和平安养老无退保情况。退保同比超过100%的公司有8家，分别为泰康人寿、农银人寿、英大人寿、阳光人寿、富德生命、国华人寿、中信保诚、百年人寿。

【防范化解金融风险】 2021年，临汾市保险纠纷人民调解委员会共调解案件134起。其中，财险2起，涉案金额2.61万元，处理金额2.2万元；寿险132起，涉案金额2409.12万元，处理金额616.59万元。134起案件全部调解成功，调解成功率100%。协会创新建立了全省首个流动调解室，以进农村、进医院等形式，为因行动不便、交通不利等无法到调委会的消费者提供上门调解服务。2021年流动调解室共调解案件7起，涉案金额32.09万元，处理金额20.04万元。临汾市保险投诉率逐年下降，客户满意度不断提高。（毕　晶）

交通运输

公路建设与管理

【项目谋划】 2021年，山西省公路局临汾分局（简称临汾市公路分局）树立高质量发展理念，重点从国省道规划调整、过境路、薄弱路改造提档等方面推动项目储备和实施，积极推进路网结构优化升级。全年确定“十四五”项目58项，纳入交通部“十四五”规划6项，列入国土空间控制规划项目20项，其中已开工建设项目4项，已开展前期工作项目38项，累计建设里程2115公里，匡算投资508亿元。

【前期运作项目】 2021年，临汾市公路分局把项目建设作为经济工作的第一支撑，建立项目前期工作专班，做好项目前期工作。2021年完成前期运作项目有3项，均按PPP项目模式推进。

国道108线襄汾—曲沃—侯马过境公路改线工程，路线全长67.68公里，总投资为37.87亿元。项目公司、施工单位人员、设备已基本就位，具备开工条件；襄汾县、曲沃县已发布征地预公告，用地界放线、开挖红线沟槽已完成，土地分类登记以及地上附着物登记已启动；文物勘探工作已完成。

国道108线霍州—襄汾过境改线工程，路线全长96.27公里，估算投资为54.32亿元。已完成工可报告初审，线位方案已确定。计划2022年6月批复立项，2023年开工建设。

国道309线曲亭至峪里段改建工程，路线全长53.19公里，估算投资为35.66亿元。已完成工可报告初审，线位方案已确定。计划2022年6月批复立项，2023年开工建设。

【监管项目】 2021年，临汾市公路分局推行现代工程“五化”管理，加强过程控制和现场管理，使工程质量、安全、进度始终处于良好受控状态。2021年监管的在建项目有3项。

古县县政府实施的国道341线李子坪至梗壁（沁源古县界至洪洞108国道）公路改建工程，建设里程54.52公里，总投资38.61亿元。该项目于2020年12月开工，计划2023年完工。省局要求2021年完成投资11亿元，全年完成投资11.06亿元，超额完成年度任务。

浮山县政府实施的国道241线北王乡至县城段改线工程，建设里程5.44公里，总投资4.85亿元，其中车购税1.3亿元，已全部到位。该项目于2019年开工，计划2022年完工。省局要求2021年保底完成投资1.7亿元，实际完成1.76亿元，全年超额完成保底投资任务。

翼城县政府实施国道241线翼城县城过境公路改线工程，建设里程3.94公里，总投资8777万元，其中车购税3178万元，已全部到位。该项目于2020年开工，计划2021年10月交工通车。项目因县自筹资金未到位，影响征地拆迁工作，除桥梁工程外，路基工程尚未开工。该工程累计完成投资2291万元，占总投资的26.1%。

【公路日常养护】 2021年，临汾市公路分局坚持以稳路况为目标，践行全寿命周期成本理念，分析研判检测数据，合理分配保养经费，科学制定养护对策，保持优良路存量，确保中修和预防性养护起到明显效果。截至年底，共完成坑槽处治10.3万平方米、处治沉陷2.8万平方米、刷油10.1万平方米、灌缝80.6万米、贴缝9.3万米、车辙1.2万平方米；整修路基边坡3.4万平方公里、整修绿化平台3.2万平方公里、清理边沟151.3万米、完成标线施划5.1万平方米;完成栽（补）植行道树552棵、修剪行道树8万棵、种植冬青1500株、种植草坪6310平方米、修剪草坪178.4万平方米；出动清扫车1640台班、水车1721台班、养护车辆1.9万台班、养护人员14.7万人次，完成道路清扫8.3万平方公里、清理垃圾4.2万立方米、清洗路面8.8万平方公里、洒水抑尘9931公里、清洗护栏5549公里，清洗隔离墙9.75万米，清洗防眩网13.3万平方米。

【养护工程实施情况】 2021年，临汾市公路分局共有养护工程5项。国道341线车家坡至岔口段李家腰隧道机电完善工程，已完工；国道309线一道河桥等6座危旧桥改造工程，主体工程已完成；临汾境内桥梁三类安全防护设施改造工程，招标工作已完成，计划于2022年3月开工建设，5月完工；临汾境内国省干线公路隧道提质升级专项工程已完工；国省干线公路限速标志调整工程已完工。全年共完成投资2443万元。

【桥隧管护】 2021年，临汾市公路分局开展桥隧数据大清底和隧道安全提质专项行动，严格落实管理制度，实现一桥（隧）一档，实施桥隧提档升级，确保技术状况稳定。危桥改造完成后，一二类桥梁达396座，占养护桥梁总数（428座）的92.5%。

【规范治超费收管理】 2021年，临汾市公路分局严格落实超限检测工作制度和通行费收费标准，为广大群众提供优质温馨服务。全年检测货运车辆695.9万辆，查处非法超限超载车辆312辆，卸载3268.97吨，超载率0.004%，低于0.2%的控制上限，治理效果明显。

【襄汾段辖内抢险】 2021年7月14日，受连续强降雨及大风影响，襄汾段辖内多处路段树木倒塌、断枝落于道路中间，给过往车辆通行造成极大安全隐患。险情发生后，该段立即启动应急预案，迅速组织4支应急抢险队伍赶赴现场，在隐患路段设置安全警示标志，调集装载机、挖机、电锯等设备快速进行清理。此次抢险，共出动抢险人员30余人，应急抢险设备7台，经过数小时连续奋战，路面安全隐患全面排除。

【郭晓军一行在临汾检查公路抢通保通和灾毁恢复重建工作】 2021年10月9—11日，省公路局副局长郭晓军带领计划处、养路处及相关专家到临汾分局辖区干线公路水毁灾害抢通保通一线检查指导工作。郭晓军一行先后深入水毁灾害严重的国道209线段、国道309线、国道520线等进行了现场察看。郭晓军强调，在水毁抢通保通和恢复重建工作中，要树牢“人民至上、生命至上”理念，对于发生的水毁，要根据水毁类型、灾毁大小，分类施策，统一上报，高效高质实施专项处治，对国道520线、国道309线、省道248线、省道326线等15处公路阻断、短期难以恢复的路段，要实施好交通管制，确保行人、行车安全；做到高频巡查、全面排查，多措并举消除隐患。加大养护巡查频次，分类处治隐患路段，能修快修，应封尽封；实施安全评估，科学组织抢修，严防次生灾害发生。水毁路段恢复交通前，要进行安全评估，确保恢复通行路段安全；严格做好抢险、保通、恢复过程中人员和机械的安全管控工作，确保作业人员不受伤、机械不受损，坚决避免各类次生灾害和衍生事故发生；强化警戒意识，补充应急物资，做到在大汛大灾发生时，物资储备充足、调配高效、发放及时；坚持科学决策，进行统筹考虑，高质量做好灾毁恢复。

铁路机务管理

【概况】 侯马北机务段处于南同蒲、侯月线、侯阎线交汇枢纽位置，分为两个段区，本段位于侯马市北站街386号，占地面积27.33公顷；介休段区位于介休市绵山南街91号，占地面积13公顷。现有机车301台，其中，配属机车261台，DF4B型（调）19台、DF4B型（客）3台、DF7型19台、DF8B型16台、SS4型72台、HXD2型130台、HXN5B型2台，入助机车40台（HXD2C型40台）。担当南同蒲线太原北至孟塬间、侯阎线侯马北至韩城间、侯月线侯马北至嘉峰间、介西线介休至阳泉曲间、孝柳线孝西至东槽间、瓦日线瓦塘至长子南间货运任务。担当临汾至侯马间8849/8850次通勤客车。担当27站（段）33台调车作业任务。总运营里程2481.1公里。有机械动力设备587台，承担DF4、DF7、DF8B型机车中修，HXD2型机车C4修，DF4、DF7、DF8B、SS4型机车小辅修，HXD2C、HXD2、HXN5B型机车C1-C3修，轨道起重机的小修，承担全局GC-270、GY-360型轨道车和DA12、DAS、DA11、QGC-16、QGC-25、TY-5、JW-4、JW-4G、DA7B型接触网作业车年修，以及TY-5、DA12型接触网作业车大修的检修任务。

截至2021年12月31日，流动资产4747.82万元，固定资产净值

194431.34万元。

【主要指标完成情况】

2021年侯马北机务段运输任务和效率指标完成情况一览表

表15

项目	单位	实际完成	同比增长（%）
总走行公里	千机公里	55155	109.4
总重吨公里	百万吨公里	116413	110.8
日车公里	公里/台日	554	104.9
技术速度	公里/小时	52	98.1
日产量	万吨公里/台日	153.4	103.6
平均总重	吨	3440	99.6

【安全生产】 2021年，侯马北机务段深化标准化规范化建设，修订事故追责、故障考核等五项重要制度，健全347项管理制度和41项技术规章，开展“五项达标”、月度安全质量专项考评，兑现奖励2537万元，高质量承办全局机务系统现场会。成立“重载办”和“标准办”，细化职责分工，明确工作要求，提升专业管理能力。完善各级干部岗位职责和工作标准，细化行管干部日、周、月工作清单，动态修订生产岗位作业指导书，压紧压实安全责任。坚持“防避抢”，以雨为令、积极抢险，经受住山西50年一遇水害考验，机务段荣获国铁集团防洪救灾先进集体。消灭一般D类及以上责任事故，截至2021年12月31日，安全生产3886天，胜利实现第十个安全年。

【机车设备质量】 2021年，侯马北机务段坚持数量与质量并重，修订工艺范围111项、作业指导书77项，适应现场需求。整合生产班组，调整中修作业流程，理顺生产组织。重抓修程机车复检、零公里、首趟闭环管控，紧盯机破、临修、重复提票问题分析，专题通报348期，提升源头质量。推进春检、秋整、防寒，完成专项整治16项，消除质量隐患8100多个。“全路刘玉奎劳模创新工作室”立项攻关11个技术难题，改造23类配件，完成14项加装改造，技防、物防作用更加明显。精准兑现修程计划，日供机车比上年增加14台，最高202台，满足了不同时期运输需求，高质量完成电煤运输政治任务。全年完成机车大修67台、中修26台、小辅修637台，轨道车年修227台，发生机车设备故障25件，机破率控制在0.6件/百万公里。

【经营管理】 2021年，侯马北机务段加强全面预算管理，抓实“四个清单”，细化5个科目24条节支措施，完成节支114.7万元、超额8.1%。深化修程修制改革，机车大修减少1台，轮对差异化镟修133台次，形成和谐机车主断路器等42个项目自主修能力。推进劳动组织改革，实施班组整合、班制调整、工作量核定，节约岗位65个，减少通用工种432人。深化物资供应改革，压缩库存785.4万元，配件“送货上门”32900余件，废旧物资回收处置390余万元，“物料超市”促进检修作业效率提升29%。

【科教工作】 2021年，侯马北机务段坚持科技强段、人才兴段，荣获集团公司合理化建议和技术改进成果奖3个、全国铁路青年科技创新奖1项。开展全员大背规、大比武，深化“敬畏规章、执行标准、夯实基础”专项教育，脱产培训68期、2592人，“三新”培训1241人，班组长培训114人，新职司机“回炉”培训220人，适应性培训48916人次，提职培训911人次，上半年提职司机理论考试91.1%的通过率创建段以来最好成绩。持续加强管理人员培训教育，赴外培训24人、集中培训231人次、网络培训140人次，专项考试12期、1841人次。培养选拔高技能、高层次人才，28人获技师、高级技师资格，17人取得高级、中级职称，培养集团公司首席技师、专业人才、太铁工匠7人。

【职工生活】 2021年，侯马北机务段推进电动车充电棚、候车亭、净水工程等104件“我为群众办实事”项目，职代会确定的11件好事实事全部完成。推进单身公寓、食堂、派班室环境整治及设施更新，生产生活条件进一步改善。实行“6S”统一化，室外厕所“星级化”，卧具“一客一换”的公寓“宾馆化”、单身“公寓化”管理，打造“公园化”段区，职场环境焕然一新。实施班组长绩效考核，倾斜咨询员、调度员、技教员等重点岗位绩效分配，分系统开展专项劳动竞赛，职工人均收入比上年增长7.05%。关注职工健康，疫苗接种率99.18%，加强针累计接种3100余人，健康体检4379人。深化人文关怀“九种慰问”，开展寒冬送温暖、酷暑送清凉、节日送关怀，走访慰问职工11000人次，助医助困助学1300余人190余万元。职工幸福感、获得感明显增强。

（冯少伟）

铁路车务管理

【概况】 侯马车务段位于太原局集团公司南部，地处临汾、运城、晋城三地辖区，管辖南同蒲线、侯月线、侯阎线、大西高铁和礼垣支线的58个车站。管内营业里程811公里，有4个车站与邻局衔接，侯月线端氏站与郑州局集团公司衔接，南同蒲线风陵渡站、侯阎线禹门口站、大西高铁永济北站与西安局集团公司衔接。

管内58个车站按等级分为4个一等站、12个二等站、20个三等站、22个四等站；按业务性质分为14个客货运站、8个客运站、21个货运站、15个不办理客货业务的车站。

【主要运输生产指标完成情况】 2021年，侯马车务段践行人民铁路为人民的宗旨，推动“铁路+文化旅游”，加强营销宣传推介，扩大客运市场份额，改善旅客服务设施，提高温馨服务水平。全年旅客发送1139万人、同比增加115.5万人；客运收入9.8亿元，同比增收1.6亿元。把“两坚守两实现”、电煤保供运输作为政治任务，推进网格化营销、实行项目制管理、紧盯协议户运输，特别是“散改集”成效明显，入箱货源同比增幅49%。面对市场不稳等诸多因素，拜访政府、走访企业、寻访新户，全年货运量完成4315.5万吨，同比增运199.2万吨。枢纽日均办理19882车，同比增加161车；全段周时完成1.29天，同比压缩0.15天。

【安全生产】 2021年，侯马车务段深推铁路沿线环境综合治理，清理危树1694棵、灌木1.1万平方米，整治漂浮物48站3.2万平方米。抓“四类”风险防控、用“六查”聚焦现场、以“八控”强化落标，车务段代表集团公司在北京特派办安全双重预防机制现场会上作了交流发言。运用安全“四预”信息平台应急处置信息879件，快奖、重奖、公开奖安全有功人员188万元，确保运输安全持续稳定，胜利实现第五个安全年。

【经营管理】 2021年，侯马车务段树立“增运增收是硬道理”的理念，落实货运承运清算，加强客运检票验票，定期开展收入稽查，实现增收与增量同步，全年运输总收入完成73.5亿元，超收入预算指标3.6亿元。按照“保安全、控直接、降间管、压过度、强激励”要求，促进业财深度融合，严控动态预算落地，压缩生产支出，兑现了节支171万元的既定目标。

【劳动改革】 2021年，侯马车务段对照国企改革三年行动方案，撤并岗位23个、节约用工69人，劳服公司70名路派职工返回主业。全年学技练功3.6万人次，推出136项小改小革，9项荣获省级、局级优秀成果。创新“学习强段”App答题，利用远程主播室、手机微课堂、钉钉群直播共举办58期培训班，调度车间李云飞荣获太铁工匠，运城站段晓军等4人被评为全局首席技师。

【科技教育】 2021年，侯马车务段坚持“产学研用”相结合，推进“智慧侯车”建设，围绕保安全、提效率、增效益，全力做好研发立项、技术攻关、成果转化，形成鼓励创新、创业、创造的新机制。以“学规章、承标准、夯基础、提技能”全员竞赛活动为载体，利用远程主播室、手机微课堂、钉钉群直播举办37期网络培训，全年学规讲规2.5万人次、学技练功3.7万人

2021年，侯马车务段全力保障电煤运输

（侯马北车务段供图）

次。参加集团公司技能竞赛取得16个前三名，收获客运、货装、行车团体亚军。推出136项小改小革成果、奖励17.2万元，4项合理化建议获得集团公司三等奖。2项合理化建议获得集团公司四等奖。获得集团公司优秀质量管理小组成果一等奖2项，二等奖4项，获得山西省省优成果三等奖5项。

（葛丽章）

·临汾火车站·

【概况】 2021年，临汾火车站践行人民铁路为人民的宗旨，推动“铁路+文化旅游”，加强营销宣传推介，扩大客运市场份额，改善旅客服务设施，提高温馨服务水平。全年旅客发送48万人次，客票收入3402万元；截至2021年12月31日18时，临汾火车站胜利实现安全生产4516天。

【常态化疫情防控】 2021年，临汾火车站按照“内防扩散、外防输入”的防控策略，立足铁路运输特点，密切盯控风险地区，切断铁路传播途径，实现旅客“零传播”。严控铁路内部防病，配足防疫物资，跟进疑似发热职工、家属及安检人员的留观隔离和核酸检测，实现了内部“零感染”。加强路地联防联控，确保了防疫物资的及时挂运和送达。

【从严管控】 2021年，临汾火车站认真落实安全双重预防机制，科学研判人身动态风险、行车源头风险、客运过程风险、货运结果风险，集中排查风险项点、逐项明确风险等级、细化制定风险对策、推进隐患治理。紧扣防错办、防溜逸、防撞轧、防超载、防漏乘、防路外等关键，加大蹲坑暗查、模拟检查、视频抽查、回放倒查的力度，严肃查处惯性违章违纪，加强重点时期安全管控，确保运输生产持续稳定。

【改善职场环境】 2021年，临汾火车站按照“少花钱、多办事”的思路，遵循“实用适用、适度超前、梯次推进、动态完善”的原则，打造“安全、现代、绿色、内实、外美”的工作生活环境，整治了车站职工宿舍楼，安装了4台热水器，增加了伙食费预算，解决了车站房屋漏雨和水电路老化等一批“大问题”，让每一位基层职工切实感受到上级领导的关心和关爱，职工的幸福指数持续提高。

（庞大敦）

2021年，临汾火车站工作人员开展日常隐患排查

（临汾火车站供图）

·临汾西站·

【概况】 临汾西站是侯马车务段管辖下的二等客运站，站中心里程K509+138，设到发线5条；设基本站台和岛式站台各1座；站台上均设风雨棚各1座，车站设旅客地道2座。设大型养路机械停留线1条，工务轨道车库线、接触网作业车库线各1条，抢修列车停留线1条，车站西安北方向设折返线，安全线1条。

设有6个人工售票窗口、10台自动售取票机、14台进出站闸机，综控、消防设施各一套。2021年，新冠肺炎疫情防控期间，客流量锐减，部分办客动车组列车阶段性停运，日均办理动车组列车50余对，日发送旅客4000余人，到达旅客4000余人；完成旅客发送272.49万人，完成年计划98.%；进款收入23600万元，完成年计划的111%。临汾西站党总支被授予2021年中国铁路太原局集团公司“先进基层党组织”称号。

【常态化新冠肺炎疫情防控】 2021年，面对新冠肺炎疫情不断“点状暴发”的严峻态势，临汾西站全体干部职工众志成城，连同临汾市卫建委、交通局、临汾市人民医院、刘村镇人民医院、市文明办志愿服务联合会等单位一起，共同做好候车室、售票室等办公和服务旅客场所彻底消杀以及进、出站口全天候测温、验码、核酸检测工作，落实属地管控要求，牢牢守住临汾关口，有效控制和减低疫情传播扩散风险，保障了人民群众生命安全和身体健康。

【创新“尧都新旅”服务品牌】2021年，临汾西站推进车站、班组、岗位标准化规范化建设，以开展“提高作业标准、提高作业质量”竞赛活动为契机，采取通道管理抓好“两门”、旅客组织抓好“两口”，推行“五不计较”和“六个体现”、岗位“六个标准化”建设等做法，创新“尧都新旅”服务品牌内涵，实现服务人员行为规范、服务设施动态达标、服务环境和谐温馨，服务质量稳步提升。

【防洪应急处置】 2021年9月22—30日，山西中南部迎来15轮强降雨，临汾多地发生洪涝灾害，覆盖车务段管内全境，管内发生水漫线路、边坡溜塌、枕木悬空，南同蒲、侯阎、侯月3条线不同区段相继发生断道、封锁、慢行，隐患不断，险情不断。汛情发生后，面对来自全国各地的旅客积聚在临汾火车站急需疏散等严峻形势，临汾西站全体干部职工利用连夜加开的动车组列车，不分昼夜做好票务改签、退票、进站验票、安检查危、宣传引导、组织乘降等一条龙服务，圆满完成紧急疏散旅客任务，确保人民生命财产与铁路运输安全。

【突发事件应急处置】 2021年9月21日15：03分集团公司列车调度员通知临汾西站10号、12号道岔故障，二站台四道无法接发列车，改由一站台三道接发。站长武春原接到通知后，面对中秋小长假返程客流大，列车运行密度紧的实际，快速组织车站干部职工启动应急预案，积极应对。

此时，G628次（15：08到，15：11开）已检票放行169名旅客至二站台候乘，车站采取电梯反向、站台宣传、专人引导等方式，在短短7分钟内将169名旅客从二站台有序引导至一站台，保证了169名旅客顺利乘车。联系集团公司综控更改电子显示屏，安排专人在候车室内对旅客安抚解释、宣传引导，对后续D2520次158名、G4280次198名旅客也顺利地在一站台三道办理了接发车作业。待二站台道岔恢复后，又陆续组织D2508次（16：23到/26开）、D9228次（16：34始发）、D2524次（16：39到/41开）三趟密集到达列车的接发。临汾西站在此次应急处置过程中，采取重点岗位加岗、关键环节卡控的措施，在检票口宣传、闸机处压流、地道内组织、站台上防护、通过趟车梯次放行、站台两侧防护的组织方案，安全顺畅组织1411名旅客顺利乘车。

【两会期间进京列车二次安检】2021年，进京旅客在二次安检时，旅客需要再次排队绕安检设备进行重新安检，因旅客人数密集到站，如D2002次每日1000余人，加上验票车票到站、查验查验7日内核酸检查报告，时间紧、任务重。为此，车站进一步强化进京旅客二次安检硬、软件措施，形成一次、二次安检一条龙一次完成。具体为：除在进站口保证原有的一套安检设备进行一次安检外，车站在候车室绕上行进站闸机通道口增设移动硬围栏，另开辟一条通道；在通道入口处另增设一套安检设备，增加安检能力；将原安检人员分为两队，一队在进站入口处安检，另一队另增设一套安检设备处进行安检；遇进京列车需要二次安检时，车站从班组临时抽调客运人员、车站值班干部、车务段加岗人员，增强客运组织队伍，加强宣传引导组织；车站采取提前上岗、提前查验、提前安检、组织旅客提前排队、提前查验行程码、提前测温的有效措施，杜绝了进京旅客再次排队的问题，防止了拥挤、漏检、误乘现象发生，确保了旅客出行畅通无阻。

【“四个一”服务】 2021年，临汾西站让重点旅客全流程享受专业化、链接式服务，使旅客在旅途中全面感受客运品牌高品质的服务，打造“温馨服务”品牌。配置“爱心服务卡”，使老、幼、病、残、孕等重点旅客乘车时，得到重点帮扶；开通“爱心专线”，全程接力服务重点旅客，受理重点旅客出行需求；配备“服务器械”，配有轮椅、担架等辅助器械，从进站、乘车、出站全流程享受专人帮扶、专用辅助器械、站车无缝交接链接式服务；开辟重点旅客侯车区，加强重点旅客候车区管理，对老幼病残孕重点旅客从购票、进站、候车、乘车等环节的服务需求出发，细化服务内容，保证重点旅客优先购票、优先候车、优先乘车，构建重点旅客全流程、链接式服务体系。

【设立遗失物品库】 2021年，临汾西站针对车站遗失物品多的问题，车站专门设立一间房屋做为遗失物品库。将遗失物品的流程和制度进行明示，对每日的遗失物品按月分层进行登记、贴标、入库，便于对遗失物品的管理和交接。

【反恐防暴展示】 2021年，临汾西站针对旅客流动性大、人员情况复杂的实际情况，与公安系统进行不定期的反恐防暴的演练，以保证遇有突发事件时能及时形成联动机制，将不法行为进行制止。

（何富平）

临汾尧都机场

【概况】 2021年，临汾尧都机场先后开通22条航线，通达24座城市，实现北京、武汉、上海、杭州、天津、南京、厦门、合肥、长沙、昆明等10座城市“每天一班”。对所有航线时刻进行优化改造，把“红眼时刻”变为“黄金时刻”，通达性进一步增强，从最初仅有的“北上广”扩展到“长三角”“珠三角”“云贵川”“鄂赣湘”“东三省”，基本覆盖国内主要省会城市和区域重点城市。2021年，临汾机场完成运输起降8197架次，同比上年增长30%，完成旅客吞吐量78.3万人次，同比上年增长37%，完成货邮吞吐量233吨，同比上年增长75%，旅客吞吐量增速位居全省第一，全省机场排名第4位，全国248座机场排名106位，较上年进步7位。

【提质增效】 2021年，临汾尧都机场按照“不断优化航线网络，不断降低航班补贴”的原则，北京、武汉、广州、杭州、深圳、长沙、南宁、昆明、长春、贵阳等航线补贴金额均多次实现不同程度的降低，其中上海、深圳、海口、三亚等航线补贴模式实现由保底变定补；北京、杭州、广州等保底模式航线和天津、厦门、南昌等定补模式航线的补贴金额均实现逐年递减，全年压降航线补贴资金共计4000余万元。

【体制改革】 2021年，根据省、市一体化改革部署，临汾尧都机场明确为市管企业，彻底结束了“一套人马，两块牌子”政企不分的运营模式，运营体制机制发生了质的变化，机场逐步走向企业化、规范化管理轨道，全体干部职工精神风貌、工作作风都有较大改观。公司持续释放改革红利，重点对薪酬管理体系、薪资结构等方面进行梳理，拟定出适应现代企业发展需求，与行业特点、安全责任、发展速度、劳动付出相匹配的薪酬、绩效改革方案，进一步激发企业的内生动力。

【疫情防控】 2021年，临汾尧都机场认真贯彻落实中央、省市及民航上级单位各项疫情防控要求，及时研判疫情形势，动态调整防控措施，采取核酸检测和信息推送相结合的方式，共排查风险区来临旅客1918名，点对点闭环转运271名境外返临旅客；高效处理突发风险区与非涉疫航班的分流保障，第一时间熔断中高风险地区航班，全年航班取消率达23%。机场全年共投入防疫资金50余万元，建立6个体温监测点、5个旅客查验点、4个临时隔离室、2个核酸检测站、2个物资储备库。常态化开展全员健康管理，完善机场疫情防控体系，每日2次体温健康检测，每周2次核酸检测，完成400余人新冠疫苗接种。

（白雪洁）

交通运输管理

【概况】 2021年，临汾市交通运输局推进重点交通项目，农村公路管养全面提升，客运管理水平提高，行业专项治理成效显著，安全生产形势保持稳定。在全省交通运输系统年度考核中排名第一。

【交通重点项目推进】 2021年，全市完成交通固定资产投资89.14亿元，超额完成72亿元，高速公路及连接线项目完成投资53亿元、国省道项目完成投资12.9亿元、“四好农村路”及黄河一号旅游公路完成投资22.4亿元，水毁道路抢通投资8398万元。隰吉高速、黎霍高速公路加快建设，浮临高速公路于12月21日正式开工建设，洪大、浮沁、安沁高速公路前期工作加快推进；国道341线李子坪至梗壁公路改建项目、国道108线襄汾—曲沃—侯马等过境公路改线项目有序推进，国道341永和过境公路、国道309安泽过境公路、国道520蒲县过境公路等17个项目前期工作推进；全年完成“四好农村路”608公里，水毁受阻农村公路355条全部抢通。完成黄河一号旅游公路122公里，其中主线完成90公里。

【农村公路管养】 2021年，临汾市交通运输局深入推进农村公路管理养护体制改革，压实各县（市、区）政府的农村公路管理养护主体责任，督导养护资金落实，全市农村公路基本建立了以公共财政投入为主的资金保障机制，农村公路列养率达到100%，优良中等路率达到92%。17个县（市、区）全部建立“路长制”，形成政府主导、部门协同、上下联动、运转高效的工作格局。实施“人人持证、技能社会”全民技能提升工程，对全市3664名农村公路养护工进行轮训，全面提升农村公路养护的专业化、精细化水平。安装路长公示牌2519块，其中县道179块、乡道503块、村道1837块。

【客运管理】 2021年，临汾市交通运输局加快推进国家“公交都市”创建，编制《城市公共交通规划》，聘请交通运输部公路院专家团队对临汾市“公交都市”创建工作进行指导，完成31项创建指标中的23项。全市新增51辆纯电动公交车，提升了公交服务能力。出租汽车行业改革稳步推进，研究制定了以实际产权人“携车入股”的股份制经营方式分阶段推进改革方案。完善“95128”出租汽车电召平台，服务已拓展到14个县（市、区）。

【交通行业环境治理】 2021年，临汾市交通运输局开展柴油车污染治理，全年共开展行动61次，出动执法人员504人次，执法车辆106辆次，检测车辆4351辆，对14辆不合格车辆进行了依法处理。

【推进清洁运输】 2021年，临汾市交通运输局推进国三及以下中重型柴油货车淘汰工作，全年完成淘汰2991辆，超额完成2811辆的目标任务，全市年货运量150万吨以上工业企业公路运输车辆全部达到国五以上标准。

【四大专项行动】 2021年，临汾市交通运输局先后开展客运市场秩序整治、路域环境整治、交通运输重点行业领域违法犯罪和突出问题打击整治、治理非法超限超载车辆四大专项行动，全年查处非法营运行为222起，罚款131万余元，清理暂扣违规共享单车3600余辆；查处路政违法案件4起，清理非法占道经营行为50起，收取路产赔补费49835元；修复路肩3.6万立方米，维护公路安全设施616处，修补坑槽12万平方米，规范标志标线365处，清理非公路标志标牌421块；查处非法超限超载车辆330辆，卸载货物3358.7吨，处罚源头企业18家，罚款46万元，全市超限超载率控制在0.2%以内。

2021年11月18日，国道108襄汾—曲沃—侯马过境改线工程PPP项目奠基仪式 （市交通运输局供图）

【现代物流体系初步形成】 2021年，临汾市交通运输局发展互联网物流平台经济，协调泛城控股有限公司入驻尧都高新区，做好“孵化器”。引进山西聚鑫物云科技有限公司，有效防止物流企业本地营运、外地开票、税收外流。扶持兴荣飕云、物运行科技和中晋辉创科技三家本地网络货运平台公司发展壮大。推进“公转铁”工作，全市完成铁路发运量2541万吨，超额完成市政府下达的2500万吨的目标。

【交通运输安全生产整治】 2021年，临汾市交通运输局开展交通运输安全生产专项整治三年行动、“零事故”单位创建和预防道路交通事故“减量控大”工作。全年共清退危货运输企业8家，安全约谈17家；查处违规施工69处，下发责令改正通知书11份。修订完善《临汾市城市公共交通突发事件应急预案》等3个专项预案和《临汾市公路交通突发事件应急预案》等5个部门预案。完善道路旅客运输、道路货物运输、道路危险货物运输3支市级应急保障队伍，组织开展3次应急演练。开展安全督导检查55次，累计出动人员300余人次，检查道路（水路）运输企业150余家，共排查安全隐患35个，现场整改33个，限期整改2家，整改率达100%。联合交警、卫健部门在全市62个交通场站建立检测点，严格查验“两码”，把好第一道关口，全年共出动交通、交警、卫健等部门人员2.15万人次，排查车辆58.7万辆次，劝返车辆29352辆次，排查人员78.8万人次，移交转运人员52人。

【道路客运市场】 2021年，临汾市春运期间共投入客运车辆1.85万车次，运送旅客23.01万人，未发生一起重特大事故；配合完成道路运输客车“三检合一”工作；完成20家企业，共计580部客车年度审验工作；加强动态监管，对日常监管中发现的涉及超速驾驶、疲劳驾驶、逾期未审验等问题的60辆客车限停整改。

【货运（危货）管理】 2021年，临汾市交通运输局加强对全市物流企业的安全管理，严密防范、严厉打击涉及寄递物流领域的违法犯罪活动，从源头上杜绝毒品、违禁品运输，确保寄递物流领域安全稳定；协助市局做好临汾市国三及以下排放标准营运中型和重型柴油货车淘汰工作；全年共淘汰危货车辆32辆，按计划全部淘汰完成；协助市局推进农村客货邮融合发展，完善农村物流三级节点建设，做到县有中心、乡有站、村有点；加强危货运输管理，完成全市54家危货运输企业2020年度质量信誉考核。

【货车非法改装专项整治】 2021年，临汾市交通运输局围绕“规范整治‘5类重点货车’的生产改装行为”，排查汽车维修企业1360家，确定重点监控的大中型货车维修企业220家；强化维修环保管控，取缔露天、敞开式或不按市政府大气办要求完成烤漆房改造汽修喷涂作业164家，339家维修企业烤漆房完成“活性炭吸附+光催化氧化脱附组合废气净化”系统改造；完成道路运输车辆达标管理“双随机一公开”检查任务及其2020年全市维修企业质量信誉考核工作。

【驾培市场管理】 2021年，临汾市交通运输局继续配合推进“放管服”工作措施落实；配合做好道路货物运输驾驶员从业资格考试制度改革工作；做好出租车驾驶员年度继续教育监管检查；组织实施驾培机构质量信誉考核工作；配合推进道路运输驾驶员“跨省通办”“全省通办”工作。针对资料完善的11所驾培机构进行现场核验备案。开通了11所驾培机构货车驾驶员报名、培训权限和39名结业考核员权限。

【公交都市创建】 2021年，临汾市交通运输局遵循以“公交为主体、出租汽车为补充、公共自行车为延伸”的公共交通绿色出行理念，全力推进公交都市创建；科学编制《城市公共交通总体规划》；积极布局调整公交线网，新购置35辆纯电动新能源公交车，在原有29条公交线路的基础上，进行线网调整；新开通108路公交车，方便沿线群众出行；实施互联网+智能化服务，同交通运输部全国交通一卡通相衔接，实现了互联互通。

【出租汽车电动化】 2021年，临汾市交通运输局累计更新纯电动出租车2488辆。全市出租汽车新增、更新新能源车达100%；全面推进出租汽车行业改革，研究制定了以实际产权人“携车入股”的股份制经营方式分阶段推进改革的方案；强化“95128”出租汽车电召平台管理，督促平台对传统巡游出租汽车加快升级改造，增加网约功能及电话约车功能，成立了全省首家“95128”爱心车队，实现提档升级；2021年，“95128”手机App服务及平台接听电话约车共计24.13人次，全省排名第一；强化网约出租车企业审核，严把准入关，截至年底，全市共许可网约车平台17家，注册车辆82辆；保持巡游、网约出租汽车行业稳定。

【船舶检验工作】 2021年，临汾市交通运输局坚持“谁检验、谁签字、谁负责”的原则，对无船名牌、质量低下、手续不全、消防救生设备配备不足，质量不符合要求的船舶，一律停发船检证书，从源头消除安全隐患，确保船舶适航。强化水污染防治工作，设立水上垃圾接收点9处、油污回收点6处，全面完成船舶垃圾接收点、船舶油污回收点建设任务。

【获奖情况】 2021年，临汾市交通运输局被省委、省政府授予“山西省脱贫攻坚先进集体”称号，被省人社厅和省交通运输厅评为“山西省交通运输系统先进集体”，被临汾市总工会、市人力资源和社会保障局授予“五一劳动奖状”。永和县黄河一号旅游公路南庄—阁底段被交通运输部评为全国“十大最美农村路”之一，临汾公交“诚信微笑巴士”被交通运输部评为“全国优秀文化品牌”，蒲县被交通运输部、财政部确定为深化农村公路管理养护体制改革试点县，永和县被省交通运输厅、财政厅、农业农村厅、乡村振兴局联合命名为2021年度“四好农村路”省级示范县。

（张玉勤　庞燕东）

高速公路

【概况】 山西省高速公路综合行政执法总队临汾支队（简称临汾支队）组建于2021年9月，是在原山西省临汾交通运输执法局机构框架基础上，整体转变职能组建成立的。单位性质为省交通运输厅直属的自收自支事业单位，正处级建制。负责本辖区高速公路路政（含治超）执法工作；承担高速公路超限运输、涉路施工许可的现场勘验、核查工作，监督指导高速公路超限检测工作；负责本辖区高速公路运政执法工作；负责本辖区高速公路建设、养护工程质量安全监督执法工作；参与交通工程质量安全事故和投诉举报的调查处理工作；承担信息化建设与管理工作；承担安全生产、应急值守和应急处置工作。

【“上路执法”启动】 2021年9月2日，临汾支队正式挂牌成立。12月3日，8个大队集中统一举行揭牌仪式，科室、大队临时负责人及组成人员调整整合全部到位。对8个大队的管辖路段里程起止点进行合理划分，并与毗邻连接的晋中、长治、晋城、运城支队进行实地勘定边界。12月6日，参加全省组织的“上路执法”仪式，标志着顺利实现“年内上路执法”工作目标提速推进。

【突出问题专项整治行动】 2021年5月19日，部署全局高速公路综合执法领域突出问题专项整治行动。细化整治项目18项；制定了“我为群众办实事”等6个具体实施清单；对18个基层单位全方位全覆盖督导检查；7次组织集中学习习近平总书记关于依法治国重要论述；落实“我为群众办实事”活动33项；走进27家运输企业开展大走访大调研，收集意见建议55条；4次开展“以案释法”；2次在线观看“旁听庭审”；3次向总队专题汇报；2次接受省厅、总队的专项检查，编发简报专报55篇，制定执法内业管理制度22项，对梳理汇总的6类、19项问题已全面整改销号，专项整治行动取得阶段性成果。

2021年9月2日，山西省高速公路综合行政执法队临汾支队正式挂牌成立　　（综合行政执法临汾支队供图）

【消防安全专题讲座暨消防演练】 2021年6月22日，临汾支队开展第20个“安全生产月”消防安全专题讲座暨消防演练。邀请政安消防教官席延俊开展了安全防范培训和消防应急演练，为基层单位购置配齐消防器材专柜，更新完善消防器材设备。

【“路政宣传月”活动】 2021年5月21日，临汾支队安排部署开展“路政宣传月”活动。印制宣传单6万份、宣传漫画3000册，宣传板面27块。组织“5·26”统一集中宣传日，深入30个点位开展宣传。宣传覆盖高速公路沿线单位、学校、集市、运输企业、在建工地，强化高速公路法律法规的政策解读，展示了新的形象，营造了社会共治的良好氛围。

【法治建设水平提升】 2021年，临汾支队4次组织领导干部集中学法；开展“12·4”国家宪法宣传日活动；组织4批37名执法人员参加省总队执法资格培训；全员参加交通在线“山西交通运输执法系列讲座”专题培训，6次参加司法厅举办的执法大讲堂；交通运输模拟练习系统参与率100%；89名执法人员顺利通过司法厅考试取得行政执法证，执法人员的综合素质和履职能力得到大幅提升。

·临汾南高速管理公司·

【概况】 2021年，临汾南高速公路管理有限公司（简称临汾南公司）管辖临汾至吉县（G22）、吉县至河津（G59）、长治至临汾（G22）3条路段，共计279.5公里高速公路的经营管理任务。主线共有桥梁359座、隧道28座，其中特大桥6座、特长隧道4座。

公司设9个部室、4个直属单位（后勤中心、信息监控中心、机电维护中心、路政大队）。下设30个基层单位，其中有14个收费站（南辛店收费站、光华收费站、乡宁收费站、吉县收费站、壶口景区收费站、乡宁西收费站、西交口收费站、河津北收费站、临汾南收费站、临汾东收费站、曲亭收费站、古县收费站、安泽收费站、黄花岭收费站）、5个路产维护站（光华路产维护站、吉县路产维护站、乡宁路产维护站、古县路产维护站、黄花岭路产维护站）、6个隧道管理站（松卜岭隧道管理站、乡宁隧道管理站、吉县隧道管理站、乡宁西隧道管理站、西交口隧道管理站、黄花岭隧道管理站）、5个路政中队（路政一中队、路政二中队、路政三中队、路政四中队、路政五中队）。

【通行费收入】 2021年，临汾南公司通行费累计收入10.73亿元，完成本年征收任务8.3亿元的129.26%。通行费收入总额较2020年同期相比增长50.08%。其中，临吉段通行费收入2.54亿元，比2020年同期增加59.64%；吉河段通行费收入1.41亿元，比2020年同期增加45.26%；长临段通行费收入6.78亿元，比2020年同期增加47.78%。其他各项收费指标均达到行业标准。

【养护管理】 2021年，临汾南公司所辖路段总里程达279.55公里，根据《2021年临汾南公司所辖高速公路路面技术状况检测评定分析报告》，公司所辖临吉段MQI值为96，PQI值为95.9；吉河段MQI值为97，PQI值为96；长临段MQI值为96，PQI值为94.4；桥隧技术状况良好，一、二类桥梁比例100%，三类及以上隧道比例100%。各项指标基本达到行业标准。高度重视路域环境整治，稳步推进全线7个互通、2个枢纽的原生态绿色走廊建设，高质量打造56公里标准化示范路，全段路容路貌持续改善。持续推广“六新”技术应用，引进就地热再生、抗凝冰精表处和TFC技术，高效完成路面病害处治及预防性养护工程。

【路政治超】 2021年，临汾南公司路政大队共处理各类路产赔付案件230起，收回路赔款321.65万元。路政案件发现率、查处率、结案率均达到98%以上。各超限检测站共检测车流量320.84万余辆，超限超载率控制在0.1%以下。有效维护路产路权，全面提高治超检测速度和放行速度。

【信息服务】 2021年，临汾南公司通过对内建设“智慧高速管理系统”，对外构建与属地交通、交管、电台等部门的信息协同机制，全面提升对突发事件的应急救援效能。全年累计接听电话68120次，发布路况信息10779次，发布交通管制信息570次、道路施工信息912次，处置交通事故信息291次、救援服务信息812次。日常例行信息和定期运行分析报告报送率100%，信息录入业务系统正确。车辆救援信息和服务投诉受理率100%，处置率100%。

【科技创新】 2021年，临汾南公司推进QC及“五小”创新活动，深度提炼“五小”创新工作亮点和经验，提升公司科技创新和应用能力。坚持高位统筹、高标定位、高效推进，加强同交科集团开展深度合作，试点应用桥梁防撞墙马蹄部位防腐处治技术、桥梁伸缩缝混凝土快速修补料、CPC卡管理机等“六新”技术，推进“养护工程科技示范路工程”“公路健康检测科

2021年9月3日，临汾南高速公司的“特重交通沥青铺面材料及病害预警技术研究”课题获得中国公路建设行业协会科技进步二等奖　　（临汾南高速公司供图）

技示范工程”等科技项目落地实施，提升经营管理的科技含量和智慧含量，实现以科技创新引领高质量发展。其中，特重交通沥青铺面材料及病害预警技术研究获得部级科技进步二等奖；降低隧道电能消耗、提高治超车道车牌抓拍率等10项成果荣获省级“优秀质量管理小组”奖项，2项成果获得省级“质量信得过班组”奖项。

【文化建设】 2021年，临汾南公司成功打造“怡路同行·畅美临南”文化品牌，并荣获中交企协“交通运输优秀文化品牌”称号、省级“安全文化建设示范企业”称号；加大培育“一支部一品牌、一单位一特色”文化氛围，支部子文化品牌“众星捧月”，“劲鼓铸魂”“古槐香”“鲁班”“劲松”等子品牌亮点纷呈、交相辉映。乡宁西隧管站党支部荣获“全国交通运输文化建设优秀单位”称号，乡宁路产维护站荣获“交通运输安全文化建设优秀单位”和“交通运输廉政文化建设优秀单位”称号。

·临汾北高速管理公司·

【概况】 2021年，临汾北高速管理公司是山西交通控股集团有限公司（以下简称交控集团）出资组建的专业化管理公司，是交控集团发挥存量资产集合优势、改革政府还贷高速公路经营体制的积极探索和优化国有资本配置、创新管理模式的有益实践，为交控集团公益性资产的受托管理企业。

临汾北高速管理公司于2020年4月2日正式成立，担负着临汾至侯马段、霍永高速公路东段、霍永高速公路西段、霍永西二期、临汾环城等路段的运营管理任务，管养里程共计239.29公里。公司在集团2021年度安全生产工作目标管理考核中被评为优秀单位，荣获交控集团2021年度“安全生产先进企业”称号。

【收费治超管理】 2021年，临汾北高速管理公司征收通行费71914.78万元，通行费及时足额解缴率100%，收费系统完好率99%，收费站各类设施完好率99%，文明礼仪、文明用语、微笑服务标准达标率100%，收费投诉事件受理率和处置率达100%。全年匝道治超检测点检测车辆365.51万辆，其中超限车辆6277辆次，超限率0.17%。

【道路养护管理】 2021年，临汾北高速管理公司路面坑槽发现率、修复率100%，裂缝处治率＞95%，交安设施修复率100%，养护机械设备利用率100%。标准化路段建设里程占总里程≥35.9%。养护工程计划项目执行率100%。

【路政清障管理】 2021年，临汾北高速管理公司处理路赔案件188起，清障430次，办理超限运输许可证1764次。路政案件发现率达100%，路政案件结案率达100%，建筑红线控制率达100%。路赔款及时足额上解率达100%，清障救援完成率达100%，财政电子票据系统使用率达100%。投诉事件受理率和处置率达100%。涉路施工审批率达100%。

【信息监控管理】 2021年，临汾北高速管理公司接听客服电话53732次，其中“12122”电话7828次、热线电话32397次、ETC客服电话13507次。上报政务信息48次，提供救援服务621次，利用可变情报板发布信息1203次，填报TIMS系统交通事件2435次，交通部路网监测与应急处置中心平台填报交通信息298次。

【改革深化】 2021年，临汾北高速管理公司印发《临汾北公司国企

2021年，临汾北高速公司工作人员24小值班值守，向社会公众提供路况信息、“12122”紧急救援、ETC人工座席咨询等服务

（临汾北高速公司供图）

改革三年行动实施方案》和《国企改革三年行动工作任务清单》，成立以主要领导为组长，分管领导为副组长，相关部室负责人为成员的深化改革三年行动领导小组，全面负责深化改革三年行动的决策部署和统筹推进工作。公司改革任务清单内的44项改革任务，已完成41项，占总体改革任务的93.2%，达到集团的工作要求。

【专项提升工程】 2021年，临汾北高速管理公司根据集团要求制定《专项提升工程工作方案》，成立领导组和9个工作组，认真贯彻"小业主、大监理"管理理念，积极组织实施。截至2021年12月31日，独柱墩桥梁安全运行提升工程、入口治超防丢轴堵漏工程等10项工程已保质保量完成。

【开通运营】 2021年，临汾北高速管理公司隰县东收费站于12月9日正式通车运营，作为霍永高速连接蒲县、隰县的重要交通枢纽，完善了区域高速公路路网结构，有效缓解了周边人民群众出行困难，为助力沿线区域经济社会发展起到至关重要的推动作用。

【"百站示范、千站提升"行动】 2021年，临汾北高速管理公司制定实施方案和任务清单，采取主要领导全面抓、分管领导具体抓、职能部室协同抓的方式，各基层站区选定创优主题，齐抓共管予以扎实开展。截至2021年12月31日，公司已向集团申报重点打造的5个"五强+"基层站点，并配合集团完成考核认定工作。

【高速公路畅通行动】 2021年，临汾北高速管理公司与临汾南高速管理公司、高速交警、陕西延延分公司、临汾市气象局召开信息共享联席会，实现高速公路信息共享互通。开展路面病害处置，提升清障救援效率，加强联网收费和系统维护，认真做好机电设备日常巡检保养，及时向司乘人员发布交通管制信息、路况阻断信息等，有效开展车辆疏导分流工作，全面保障高速公路安全畅通。

【联网收费稽核专项工作】 2021年，临汾北高速管理公司专项行动中采取超常举措织密追逃堵漏"防护网"，去存量、控增量，推动实现数据精准筛查全覆盖、逃漏费车辆通行费全额追缴，专项行动稽核总量51058辆，完成进度100%，共追缴省内外通行费175507元。百日清零行动中深入开展历史数据排查，确保逃漏费车辆全部进入追缴名单，实现历史数据排查全面清零。

【路域环境工作】 2021年，临汾北高速管理公司建设美丽山西、优化路域环境亮点纷呈。探索路段保洁承包模式。对排查出的辖区护网内外"五堆"进行全部清理。以"车在中景走、人在画中行"为目标，打造具有地域特色的原生态绿色走廊，在汾西收费站外广场建设"千年古邑、绿塬汾西"公园。按照"坑槽修复不过夜、安全设施不隔天"的恢复要求，及时对损坏的护栏、坑槽进行修补。在临侯段K738—K740公里处打造2公里标准化示范路段，路域环境治理专项工作得到社会认可。

【安全生产】 2021年，临汾北高速管理公司开展安全生产专项整治三年行动，推进隐患信息化建设和《高速公路养护作业安全立体布防系统》示范项目建设，常态化开展安全教育培训，采购WPS国产办公软件245套，Win10企业版操作系统85套，实现公司企业操作系统、办公软件正版覆盖率达100%。有序推进新冠疫苗接种工作。

（吴彩贤）

城乡建设与管理

住房和城乡建设

【概况】 2021年，临汾市完成房地产投资122亿元，同比增长8.8%，商品房销售面积307.63万平方米，同比增长19%；全市累计完成建筑业产值154.5亿元，同比增长16.6%；建筑业增加值达61.1亿元。

【房地产市场发展】 2021年，临汾市建立房地产市场运行信息联络机制、联席会议制度，对房地产市场各项指标定期分析调度；完善房地产开发项目库，紧盯重点企业、重大项目，开展项目调度，鼓励支持房地产企业加大优惠和促销力度，引导住房需求入市；开展入企服务，成立房地产行业入企服务领导小组，组织召开座谈会，了解企业运行的困难和问题，实施精准对接服务；引导、鼓励房地产企业改变经营模式，盘活库存的商品房，改建为租赁住房，推进住房租赁经营活动，共筹集租赁住房房源5008套。

【住房保障工作】 2021年，临汾市老城区内脏乱差的棚户区住房改造开工131套，完成率131%；棚户区住房改造（续建工程）基本建成4093套，完成率165.5%；城镇保障性安居工程完成投资7.3亿元，完成率162.2%；城镇住房保障家庭租赁补贴发放3474户，完成率129.5%。

【老旧小区改造和既有住宅加装电梯】 2021年，临汾市开工99个老旧小区，按照省住建厅时序要求按期完成开工任务，开工全省排名第一，完工38个；累计完成投资1.42亿元。全市完成加装电梯34部，提前超额完成省厅下达目标任务，完成率为147.83%，全省排名第一。

【建筑施工扬尘污染治理】 2021年，临汾市住房和城乡建设局开展安全生产春季复工大检查、监督执法检查、建筑工地扬尘治理专项整治、全市建筑施工扬尘治理“百日攻坚”专项整治等专项行动，先后在6月、9月、11月召开全市建筑施工扬尘治理现场观摩会等3场现场会，组织2次现场宣传活动，制定《临汾市建筑施工扬尘污染防治量化处置工作细则》，源头减少扬尘污染。实行“日常巡查、月检查通报、重点抽查、联合排查”相结合的动态监管机制，全面强化市区工地扬尘防控“一盘棋、一张网、一标准、一名单”机制。在抓好47个市直监管项目建筑工地扬尘治理的同时，指导全市302个建筑施工工地抓好“十个必须”“六个禁止”扬尘治理措施落实，推进建筑施工扬尘治理标准化、规范化建设。截至2021年底，全市共开展扬尘检查1953次，查处建筑工地扬尘治理案件65起，共处罚金272万元。

【农村生活垃圾治理】 2021年，临汾市共计建成固定、移动式中转站171座，共配备垃圾收集车辆5250台，配套大型机动车及压缩车149辆，各县（市、区）已建有生活垃圾卫生填埋场。全市2112个行政村中，全部具备垃圾转运能力，覆盖比例已达100%；5819个自然村，覆盖5733个，覆盖率达到98.5%。

【建制镇污水处理设施建设】 2021年，省定的27个建设任务全部开工，开工率为100%。浮山县响水河镇，尧都区尧庙镇、乔李镇，洪洞县曲亭镇，襄汾县邓庄镇、襄陵镇、赵康镇，翼城县隆化镇，曲沃县里村镇、史村镇、高显镇，乡宁县光华镇等12个已完工，完工率为44.4%；浮山县响水河镇，尧都区尧庙镇、乔李镇，襄汾县邓庄镇、襄陵镇、赵康镇，曲沃县里村镇、史村镇、高显镇，翼城县隆化镇等10个已通水运行或试运行。

【市区重点工程项目】 2021年，临汾市住房和城乡建设局围绕市委、市政府“交通体系完善、精品街道营造、配套设施完善”的目标，市区启动实施42项重点城建项目。已开工实施18项，分别为迎春街南延道路工程、体育街南延道路工程、中大街南延道路工程、水塔游园建设项目、解放路改造建设及外立面整治工程、鼓楼西街上跨中大街立交桥配套工程、第二中心学校建设项目、水塔棚户区改造项目、动物园迁建工程、环境产业园项目、五一路快速通道项目、河汾一路跨铁路桥梁、环城南路与鼓楼南大街三岔口改造工程、北城壕棚户区改造工程、第二中心学校配套道路工程，规划三街（北段）、山西电子科技学院新校区、河汾一路跨汾河桥梁。已基本完工5项，分别是迎春街南延道路工程、体育街南延道路工程、中大街南延道路工程、水塔游园建设项目和鼓楼西街上跨中大街立交桥配套工程。其余项目均全部启动前期手续办理工作。

【加大传统村落保护和历史文化名镇名村力度】 2021年，曲沃县作为开展乡村建设评价试点工作县，积极对接太原理工大学乡村建设评价工作专家，先后召开工作协调会、乡村建设评价工作培训会，曲沃县乡村建设评价工作已于10月底全面完成。洪洞县广胜寺镇广胜社区、乡宁县昌宁镇南阁社区作为“完整农村社区”试点，制定组织管理制度，加强环境管理、绿地建设与管护等工作，积极推进“完整农村社区”试点工作。翼城县、曲沃县入选传统村落保护试点，分别获得1500万元和1000万元省级资金补助。截至年底，两县均已编制传统村落集中连片保护规划，并录入中国传统村落数字博物馆申报系统。曲沃县结合传统村落集中连片保护利用项目，选定北董乡南林交村鸽子楼和里村镇石滩村关帝庙修复等两个项目作为抢救性、复建性保护对象；乡宁县选定关王庙乡安汾村、后庄村、上川村古村落保护改造项目，其中安汾村古村落观音庙、马王庙、土地庙、坡池已修复完成，已进行天地庙修复。后庄村古村落重建修复已完成。上川村古村落进行房屋修缮。汾西县师家沟村、下团柏村，霍州市贾村、退沙村、库拨村入选数字博物馆建设，分别获得5万元省级奖补资金。相关信息已经录入中国传统村落数字博物馆申报系统，并完成数字博物馆的建设工作。汾西县团柏乡下团柏村，乡宁县关王庙乡安汾村、后庄村、上川村2019年入选中央支持保护改造项目，分别获得300万元中央奖补资金。

2021年7月25日，中大街南延道路通车
（市住房和城乡建设局供图）

2021年10月21日，临汾市区水塔游园开园迎客
（市住房和城乡建设局供图）

【建筑工程质量】 2021年，临汾市住房和城乡建设局做好工程质量监督执法检查。直接进行工程质量监督监督的在建项目67项，总面积181.3万平方米，造价522174.2万

元。其中新注册26项，89.6万平方米，271790万元。2021年度竣工工程2项，24.16万平方米，44976.8万元。结合春季复工专项检查，对市直管项目各方责任主体质量行为、工程质量控制资料、工程结构实体质量、建筑节能质量和工程质量常见问题治理落实情况进行了专项监督执法检查。检查共发现质量问题227个，下发质量整改通知书15份。开展质量月活动。开展了以“深入实施质量提升行动、大力推进质量强市建设”为主题的“质量月”活动。通过开展工程建设质量主题宣讲、质量管理手册宣贯、住宅工程质量管理标准化示范工程创建、市直工程质量监督执法检查等活动，巩固和深化工程质量提升行动成果，深入推进工程质量管理标准化工作，工程质量常见问题得到治理，建设单位工程质量首要责任和各参建主体质量责任得到落实。对工程质量违法违规行为进行处置。结合日常监督工作，开展了工程质量监督检查，对未组织竣工验收投入使用的项目进行了排查，全市摸排共发现未竣工验收擅自投入使用项目142个，建立了台账，已经对11个项目出具了认定报告，督促建设单位尽快前往审批部门办理竣工验收备案手续；对131个不具备竣工验收条件的项目，就相关情况对建设单位进行了告知，督促建设单位尽快完善有关资料。

【住建领域安全生产】 2021年，临汾市住房和城乡建设局围绕落实工程安全责任、提升建筑安全意识、严格责任落实、推进建筑工程安全标准化工作稳步发展等方面，开展安全生产检查，结合安全监督计划，做到每月进行一次全覆盖安全检查。与各专项整治工作相结合，以危大工程、起重机械、有限空间作业、防高坠等内容为重点，采取全年无间断排查、无间断治理方式，消除现场安全隐患，达到安全监管常态化管理。2021年，全市共开展检查2202次，累计检查项目302个，发现一般安全隐患8275条，重大安全隐患54条，已全部完成整改。全市累计下达限期整改795份，停工整改88份，共计罚款74.36万元。全年度全市未发生建筑施工生产安全责任事故。

【城乡房屋安全隐患排查整治】 2021年，临汾市住房和城乡建设局共计排查2020年以来。农村房屋76.08万户，城市房屋11.77万幢。农村房屋共排查发现存在安全隐患风险房屋7940户，对排查发现存在安全隐患的房屋全部进行了安全鉴定，其中鉴定为C、D级房屋5949户。截至2021年12月24日，全市所有排查初判存在安全隐患的农村房屋全部整治完成，整治率100%；城市房屋初判存在安全隐患的数量为1289幢，已排查城市房屋中需要鉴定的房屋数量为864幢，已鉴定477幢，全市安全隐患房屋完成整治524幢，C、D级隐患已整治151幢。

【建筑节能与科技创新开展】 2021年，临汾市新开工房屋建筑131个，建筑面积342.05万平方米，建筑节能标准执行率100%；全市装配式建筑项目45个，建筑面积62.99万平方米，装配式建筑占新建建筑面积比例为18.42%；全市建筑验收阶段项目91个，建筑面积182.73万平方米，设计阶段执行绿色建筑标准项目56个，建筑面积142.38万平方米，执行绿色建筑面积比例为78%。

【农村住房重建修缮】 2021年，因灾受损农村住房重建修缮工作自10月15日全面启动，临汾市住房和城乡建设局负责牵头抓总，强化台账管理，实施“一户一档”工作制度，采取“六个一批”的建造方式，强化过程监管，保障质量安

2021年，霍州市冯南垣村受灾农户全部搬迁入住安全住房
（市住房和城乡建设局供图）

全。12月21日，全市15946户重建修缮任务全部竣工，12月31日前全部搬迁入住，提前实现省委、省政府确定的春节前让受灾群众全部入住安全住房的目标。

【抗震消防设计审查验收工作】2021年，临汾市共开展地震安评单位（机构）评价项目备案16份，地震安全性评价报告（结果）7份，办结建设工程抗震设防要求审核12项；截至年底，全市受理消防设计审查项目138件，其中133个项目出具了合格意见书，5个项目出具了不合格意见书，办结率100%；受理消防验收项目138件，其中，55个项目出具了合格意见书，83个项目出具了不合格意见书，办结率100%；受理消防验收备案项目97个，办结率100%。（王嘉琦）

城市管理

【概况】2021年，临汾市城市管理局开展靓城提质“三大行动”深化提质工作，对城市主次干道进行深化整治提升，创建各具特色的示范街道，市区完成向阳路、中大街、鼓楼南北街、财神楼南北街4条示范街和古城路北片区提质改造工程，建设财神庙文化中心展览馆、打造鼓楼广场“临汾”网红打卡地，塑造特色城市风貌，为临汾人民打造更多高品质休闲空间，新增玉兰园、海棠园、天一园等8处微地形景观，景观式造街、园林式建城，历史古韵与现代气息交相辉映，发展品位与文化内涵互促共进，城市面貌焕然一新，“城市客厅”功能不断完善，城市内涵极大丰富，城市整体形象得到提升。

【城市治理提升】2021年，临汾市区全面推行网格精细化管理，实现城市管理领域网格管理全覆盖。出台《市区精细化管理方案》《市区园林绿化精细化管理办法》《领导分包片区责任制》等一系列制度，将市区划分九大片区，推行三级网格和“四定”管理，实行周例会工作制度，建立督查督办机制，制定标准、压实责任、严格督查、完善机制，形成常态化、长效化管理模式，全市城市精细化管理能力提升。市级城市综合管理服务平台与国家电子政务网平台联网成功。开展欠费清缴行动，探索垃圾费与燃气费、水费、暖气费等联动收费模式，建立“五通报”制度和微信公示机制，生活垃圾处理费征收率为历年之最，达到2948万元，是2020年的1.73倍。

【城市环境整治】2021年，临汾市城市管理局坚持控新治旧，全力整治城市管理顽瘴痼疾，先后开展“一周一巷”整治、精品示范街管控、“非法小广告”专项治理、城市养犬综合整治、交通秩序市容环境严查严管严控整治等行动，开展“六乱”专项治理行动，推动向善向上、和谐有序的城市文明风尚，为市民营造和谐整洁的人居环境。

【项目建设】2021年，临汾市城市管理局聚焦基础设施、民生保障、生态环境、品质提升等，用心储备谋划项目，推进项目落地，补短板，强弱项，为后续发展积蓄新动力。全市市政基础设施投资完成59亿元；市区靓城提质项目完成4项；化解龙祠水源地工程矛盾，日增加供水量1万吨，解决高峰期用水需求；市区旱厕标准化改造完成24座；建设完成市级城市综合管理服务平台，与国家电子政务网平台联网成功；栖隐园项目推进办理用地手续；环卫一体化项目、建筑垃圾资源化利用项目、智慧城管项目形成实施方案。

【重大风险防控】2021年，临汾市城市管理局修订、健全完善各类应急预案，开展安全生产专项整治三年行动，开展城市易涝点整治、有限空间作业等重点领域安全专项整治，全年组织召开全系统安全生产例会12次。尤其是燃气领域安全隐患整治大会战，从9月14日至11月14日，两个月内市区225处燃气管线违章压占全部清零，共拆除72处，改造84处，“两通一不”59处，停气10处；11月8日起，市区非法气瓶清收18537只、置换7688只，全市62587只、置换48822只，石油液化气市场秩序得到规范；公福用户“三强制”及报警器改造顺利推进，全市总户数9396户，“三强制”完成4343户，占46.2%；“两强制”完成7264户，占77.3%。针对全市13家管道燃气企业多年无证运营问题，取得重大突破，其中，取得燃气经营许可证5家，停业整顿1家，托管运营3家，准备拆除1家，筹备审批资料3家。

【生态文明建设】2021年，临汾市城市管理局落实秋冬季大气污染防治攻坚任务。组织开展餐饮油烟治理攻坚行动，对市区内所有单位进行逐一多轮排查，共排查10909家（次），问题整改3292家、督促整改205家、查封餐饮店4家、停业整顿4家，对2家拒不整改的，依法依规严肃处理，并实行挂牌复查，规范了市区3507家排放单位；完成市区渣土清运新能源车辆置换工作和监管平台建设。加强渣土车和施工工地出入口管理；营造绿色生态，建设35个城市绿地、口袋公园，新增绿地面积107.17万平方米，为群众提供更多绿色空间；提升城镇污水处理能力，全市城镇排水管网雨污分流改造完成247.74公里，完成目标任务的100.71%；完成侯马市污水处理厂扩容工程、翼城县第二污水处理厂新建工程；提高机械化清扫作业比重，全市道路机械化湿扫水平稳步提升，市区完成主次干道8轮大清洗，城市道路机械化湿扫率提高到80%。

【综合行政执法】 2021年，临汾市城市管理局制定《临汾市城市管理综合行政执法管理标准（试行）》，梳理出执法事项，全面推进严格执法。全年共办理简易程序案件1305件，一般程序案件138件。严查渣土转运扬尘污染和违法渣土车辆，开展“百日集中整治”行动，当场立案处罚11起，一般程序立案68件。查处建筑市场扬尘污染、未批先建、违法发包案件23件、餐厨排水类4件、环卫垃圾类4件、其他2件。开展城管执法“雷霆行动”，严厉查处了一批燃气领域非法经营黑窝点和气站，共立案37件；查处非法充装液化气窝点48起，查处气站9个，形成严厉打击的高压态势。

【民生事业】 2021年，临汾市城市管理局对事关民生的事加快办理。全力修补路面坑洞，修补沥青路面1336平方米。妥善解决群众反映的各类焦点问题，并化解市信访局转办件24件，处置率100%。全市19座污水处理厂已全部完成一厂一策方案编制，16座污水处理厂完成“事改企”。实施提升营商环境行动计划，深化“放管服”改革，简化建筑垃圾处置费收取、用水用气报装程序，推进“用水用气指标”政务服务好差评系统建设，服务水平提升。开展城市易涝点整治，及时处理暴雨大风天气行道树树枝断裂、树干倒伏问题，保障交通畅通和行人安全。城市供水供气供热、垃圾处理、污水污泥处置、防汛防涝、路灯照明等民生保障能力和服务水平稳步提升。

【执法改革推进】 2021年，临汾市城市管理局推进综合执法体制改革，推进执法标准化规范化建设。规范执法事项，梳理城市管理综合行政执法事项425项；队伍整合归并，上划市容监察支队、尧都区城建监察大队、尧都区市容监察大队人员到位；全面贯彻落实行政执法“三项制度”；健全决策机制，编制规范性审查、重大执法决定、重大决策法制审核等事项流程及规范，组织召开案件评审会、听证会。多措并举，推进执法力量下沉一线，与社区建立联动机制，开展燃气隐患治理、市容市貌管理、餐饮油烟治理和法律法规知识、安全知识宣传，实现服务群众“零距离”。

·园林绿化·

【园林绿化日常管护】 2021年，临汾市园林事业发展中心把整治环境卫生、提升绿化品质、扮靓园林景观作为重点，对标一流谋划、精准定位施策、积极主动作为，全方位提升城市绿化品位。对市区多条街巷补栽绿篱色块86000株，美人蕉、矮牵牛、孔雀草18500株，麦冬75公斤，草坪、白三叶1860平方米，国槐、法桐、金叶女贞球等乔灌木1191株，整形修剪2万余株行道树，对市区所有花草树木、街道绿地、园林设施等进行提质升级，给主要街道的1300余个花钵花箱栽植色彩缤纷的时令花卉46万余株。

2021年，临汾市园林事业发展中心工作人员实施绿化浇水作业
（市城市管理局供图）

【完善园林考核管理体制】 2021年，临汾市园林事业发展中心积极探索转变现有的绿化管养体制，建立科学高效的管养办法。通过制订周滚动计划和总结，明确目标，提高效率，按照绿地品质，划分了绿地等级，制定完善《中心养护标准》和《绿化管养考核制度》，对辖区绿化管养情况进行监督考核，并坚持结果运用，打分排名，将考核成绩作为奖优罚劣的主要依据。

2021年，对靓城提质在建绿化管养和社会化道路管养情况进行监督检查，派出专业化队伍，严格按照标准制度进行跟踪问效，做到检查工作公开化、规范化、标准化、高效化，实现了一周一考核、一月一汇总、一季一兑现，截至12年底，已累计检查通报23次，大大巩固了绿化建设成果。

【标准化体系建设】 2021年，临汾市园林事业发展中心通过委员征集、拟定组成方案、章程、工作细则和计划，顺利完成“临汾市园林绿化标准化技术委员会秘书处”的筹建工作，组织完成《常见园林植物病虫害防治技术规范》和《园林绿化景观基础配置指南》两个技术标准的编辑。

【做好应急防范工作】 2021年，临汾市园林事业发展中心已成功处理多起因狂风暴雨极端天气造成的行道树树枝断裂、树干倒伏等灾害事故。同时，回应群众关切，迅速处理损绿毁绿事件10多起。暴雨期间，市区疾控中心前的几株危树给居民正常生活及疫苗运输构成威胁，此处虽不属于中心管辖范围，但接到市民求助后，中心立即抽调抢险人员帮助排除险情。

【项目审查工作】 2021年，临汾市园林事业发展中心严格按照“三不准”原则，配合上级部门完成对市区内四季花城住宅小区、中共临汾市委党校搬迁以及功臣御苑南区3个项目，绿地面积总计84703.92平方米的绿化方案的技术审核，确保绿地率达到标准要求。

（闫雪娇）

·综合行政执法·

【概况】 2021年，临汾市城市管理综合行政执法队深化城市管理体制改革，加强综合行政执法队伍建设，推进城市管理执法工作，在国庆前夕，督促临街商户、门店悬挂国旗，利用临街电子屏播放国庆宣传标语，营造欢乐祥和的节日氛围。开展“一周一巷”整治、餐饮油烟治理、道路交通市容环卫整治和封号行动、捕狗行动，加大对市区流动摊贩、占道经营、店外堆放、乱停乱放、乱贴乱画的清理整治力度，解决群众“急难愁盼”的问题。

【开展专项治理】 2021年，临汾市城市管理综合行政执法队坚持依法行政和文明执法相结合、集中整治与长效管理相结合的原则，狠抓城市“脏、乱、差”的治理，维护市区道路交通秩序，改善市容市貌环境。全年共立案139件，罚款2638424.2元，当场处罚1825次，罚款417800元，向临街门店下发各类宣传单页5万余份，签订“门前三包”承诺书7000余份。清理及劝阻违停车辆115634辆、张贴违停提示单16867张、先行登记保存非机动车9074辆。清理流动摊4万人次、占道经营、店外堆放20516处、促销活动210人次，清理乱张贴小广告62181张、破旧对联670张、条幅2992条、喷绘面广告308张，清理广告牌、灯箱5745个，清除喷号284处。拆除地锁、地桩238个、路障95个，拆除棚子148个、广告牌灯箱12块。

【城市管理宣传】 2021年，临汾市城市管理综合行政执法队通过新闻媒体、美篇公众号，及时宣传加强城市管理执法的重要意义，报道城市管理执法的相关政策、法规及工作动态，展示城管队伍的良好形象。组织人员入广场开展“液化气规范经营和安全防范”“依法养犬、规范养犬、文明养犬”和“12·4”全国宪法日宣传活动，全年共印发各类宣传资料5万余份，报送信息资料60余篇，城市管理局微信公众号采用了37篇，其他媒体宣传50余篇。

【安全隐患排查】 2021年，临汾市城市管理综合行政执法队畅通群众反映热线。通过随手拍、市长热线等及时解决群众反映的各类问题，把矛盾化解在萌芽状态。对用电用气及机关、各中队办公场所、库房等重点地方的安全情况进行逐一排查，认真抓好整改落实，严防各类事故发生。推进汛期安全防范工作，组建应急防汛队伍，全面开展防汛安全排查，以临战状态抓实抓细防汛备汛工作。

【城市精细化管理】 2021年，临汾市城市管理综合行政执法队整合执法队管理人员，在市区内划定九个精细化管理网格区域，建立三级网格管理机制，落实“分片包干、岗责明晰、责任到人、灵活高效”的管理体制和机制。执法队员采用徒步巡查的方式，每天对责任区域进行执法检查，及时劝导辖区内流动摊贩、占道经营、店外摆放等行为，真正把管理行为前置，提高城市管理水平。

【“一周一巷”整治】 从2021年4月16日开始，临汾市城市管理综合行政执法队联合交警、街道办事处等部门，对市区七中巷、印染巷、王麻子巷、燕尔巷等70条主次干道、小街小巷的占道经营、乱停乱放、乱贴乱画、私搭乱建开展集中清理整治。组织人员深入临街门店发放宣传资料，与店主签订“门前三包”承诺书。加大日常巡查监管力度，发现违法行为及时查处，巩固提升整治成效。

【乱停乱放整治】 2021年，临汾市城市管理综合行政执法队按照《市区交通秩序市容环卫严查严管严控整治行动实施方案》要求，各中队组织人员对市区违法乱停乱放的机动车辆信息进行采集、拍照取证，每日将违法信息上传至交警部门。对机动车占用人行道停放行为加大清理力度，对长时间占路停放且当事人不在现场或拒绝将车驶离的，从严查处电动自行车、电动摩托车违法停车行为，并对乱停放的非机动车予以暂扣，规划设置非机动车停放点487处，并在重点路段的醒目位置设立警示牌，引导市民自觉文明规范停放车辆。

【犬类专项整治】 2021年，临汾市城市管理综合行政执法队组织人员在市区范围内开展了流浪犬集中抓捕行动。对街面流浪犬只进行集中清理收容。对现场群众进行文明养犬宣传教育，提高群众文明规范养犬的自觉性，形成捕捉流浪犬只的良好氛围，所捕捉的犬只全部交由收容中心进行专业处置。

【餐饮油烟治理】 2021年，临汾市城市管理综合行政执法队抽调专门队伍深入市区国控点及周边餐饮经营单位开展拉网式排查，并向门店商户宣传、发放宣传页5000余份。对辖区内餐饮门店的数量、规模、分布以及油烟处置设施和油烟净化器清洗、维护进行全面排查，建立管理台账。提出油烟整改措施，责令店主按要求限期整改到位，依法严查，彻底解决油烟污染问题。

【液化气无证经营整治】 2021年，临汾市城市管理综合行政执法队从规范液化气经营行为入手，组织人员进行全面排查，对无证经营液化气重拳出击，依法查处，全年共查扣液化气钢瓶1910个，立案38起，结案28起，处罚金额64.3万元。

【渣土运输管控】 2021年，临汾市城市管理综合行政执法队对建筑工地出入口和渣土运输车辆进行监管，严防违章现象发生，共查处违法渣土运输案件91件，处罚金额266880元。

·市政公用服务·

【概况】 2021年，临汾市市政公用服务中心共完成市政基础设施建设投资8.2191亿元。其中，规划三街完成2.65亿元、财神楼南北街完成0.3678亿元、数字化城市管理完成0.1028亿元、管线入地完成0.169亿元、鼓楼南北街靓城提质完成1.7亿元、向阳东路靓城提质工程完成0.85亿元、向阳路（鼓楼北大街—平阳北街）完成0.8144亿元、中大街靓城提质工程完成0.83亿元、财神楼南北靓城提质工程完成0.74亿元。共受理热线电话362起，督促修复加固井盖（井箅）633块、盖板2块、侧石12块，疏通下水道堵塞120处，冲洗下水道136座，路面、人行道补坑299处，监管城市道路挖掘175处，综合管沟重点隐患沟段加装消防灭火弹300套，清理雨检井3784座，市区道路集中补坑铺油5312平方米，沥青灌缝3457.3米；对市区705个消防栓进行全面排查、维修，安装消火栓检查井监测终端50个；维修路灯3577盏、亮化873盏，更换灯罩404个、光源237套、光带285米，更换各类线缆7865米、线管507米，完成古城路134套仿古灯光源改造，对鼓楼广场、鼓楼周围等9条道路685基路灯灯杆进行防腐维护；确保市区主干道路灯亮灯率达99%、次干道及小巷达98%、维修及时率达100%、市民投诉回复率100%。

根据《临汾市城市管理局市区交通秩序市容环卫严查严管严控整治行动实施方案》要求，制定《临汾市市政公用服务中心市区道路挖掘、架空线路等公用设施整治实施方案》，对市区体育南北街（解放路—五一路）、青狮南北街（解放路—贡院街）、南北洪家楼（解放路—贡院街）、二招巷（体育街—花果街）、扁担巷（红卫路—贡院街）、印染巷、兵站路、东关架空通信线路及附属设施的整治工作。

为美化广场公园，每日上、

下午对场面进行一次集中保洁，对古城遗址公园治疗绿植病虫害喷药12次、施肥4次，集中修剪清理、外运绿地内枯枝落叶等233车次；对摆摊设点、游商小贩、杂耍卖艺、未经报备开展宣传活动等扰乱公共场所秩序的行为进行治理，配合政府部门和其他单位开展公共宣传活动、社会公益活动11场，规范群众活动秩序，倡导市民错时锻炼、借位锻炼、文明锻炼、和谐锻炼。

【城市水热气供应保障】 2021年，临汾市市政公用服务中心抓好临汾市区水、热、气供应保障工作，给广大市民提供一个祥和的生活环境。

供水服务。新建供水管网6.96公里，改造9.8公里，漏损率6.86%，供水普及率99%。3月，深度水更新改造项目开工建设，通过6个月的建设，完成龙祠、土门两个水厂多介质滤料更新、仪器仪表更换、纳滤膜更新、自控系统优化等任务；6月，龙祠水源净水厂改扩建工程新建DN1000输水管道与原DN700输水管道实现碰头联通，使临汾市区每日新增供水量1万吨，供水能力达到9.9万吨/日，缓解了城市居民用户高峰期用水需求。供水企业每日对龙祠水源、土门水源、龙祠水厂、土门水厂出厂水水质进行9项日常检测，共检测12888项次；对33个管网和管网末梢点供水水质进行7项常规检测，共检测5544项次；对龙祠水源地表水42项，土门地表水24项，土门水源地下水49项按规范进行检测，共检测1380项次；对龙祠水厂、土门水厂和四个管网末梢点生活用水56项指标实施检测，共检测4032项次。企业还对9家央企42个小区完成二次供水设施改造，16家省属企业已完成12家33个小区，实现统建统管，确保出厂水水质综合合格率达100%，管网水水质综合合格率达100%。全年共受理新增用户18329户；受理用户申请195份，勘查208户，验收178户；处理市长热线回复4505项，微信公众号留言回复4875条；共受理抢修热线1493次，其中，DN100以下管道维修1022次，DN100–DN500管道维修149次，DN500以上管道维修16次，抢修及时率达100%，获得广大用户的一致好评。为应对元旦、春节高峰期居民用水需求，企业于12月15日制定《2022年冬季供水高峰期工作实施方案》，利用在线远传压力监控，实时监控供水管网压力、流量数据，并根据市区用水情况，合理调配水源，调整不同时间段压力，通过数字化供水信息平台进行数据分析，优化调度方案，为春节期间高峰期平稳供水提供计划支持。

供热服务。市热力供应有限公司在2021—2022年采暖季到来之前，实施改造工程8处、新建换热站一网支线工程7处、道路配套工程7处，共铺设各类直径管网9340米，新建恒大悦龙台等6座换热站。对4488项设备设施进行检修保养，加装1771块智能锁闭阀。9月1日临汾市区开始启动主管网注水工作，10月28日启动冷态运行，10月30日开始实施供热，共运行换热站304座，供热入网面积2478万平方米，实际用热面积2029万平方米。为提高自动化控制率，新增“供热作战指挥室”，利用云计算、人工智能、物联网等技术，实现与调度中心数据同步共享，实现对市区供热运行情况模拟分析，掌握市区供热动态，可利用数据平台的标准接口，把各市县供热公司数据接入，了解全市供热情况，对供热情况进行分析研判，规划全市供热未来发展方向。

供气服务。临汾燃气有限公司作为市区155平方公里内的授权供气企业，始终以“安全、稳定、供气”为主线，2021年累计向市区供应天然气5200万立方米。为抓好安全生产，企业对标完成31项必要的管理制度，更新修订32项管理制度；开展9次全范围的安全检查活动，共检查各类作业现场、办公地点1509处，累计发现安全问题隐患1194条，化解安全隐患1194条；管理站民用户入户安检125213户，营福用户安检1218户，煤改气入户安检33060户，户内安检入户率81.3%，下隐患告知单1609份。全年天然气漏气抢修414处，阀门保养2358座，户内安检179583户，营福安检2096户，户内处理漏气1368户，完成鼓楼北银苑新村、新亚小区、新欣百货、贡院街18号楼等小区庭院管网改造。为加强安全宣传，共印制发放安全通知、告示、宣传彩页等89759份，发放燃气安全用气手册17898本，营造浓厚的安全文化氛围。

【城市生活污水处理】 2021年，临汾市区业务归口服务的市城区污水处理有限公司、市第二污水处理有限公司、市第三污水处理有限公司累计处理生活污水3686.6万吨，COD消减8987.3吨、氨氮消减1464.05吨、总磷消减113.95吨，绿化浇灌、电厂生产、景区补水共回用中水3003.15万吨、回用率81.46%，利用电厂掺烧、污泥处置中心处置等方式无害化处置污泥27536.57吨，确保市区污水处理企业达标排放、稳定运行，实现污水处理、污泥处置双100%的工作目标。为防范出现黑臭水体，对建成区内的六处水体建立台账，结合水体现状制定监测及排查方案，发放调查问卷，并根据住建部《城市黑臭水体整治工作指南》，对透明度、溶解氧、氧化还原电位、氨氮等指标进行取样化验，通过分析对比，六大水体均不属于黑臭水体，亦无黑臭水体发展迹象。

【危化品专项检查】 2021年，临汾市市政公用服务中心按照《临汾市危险化学品安全生产专项整治三年行动攻坚年实施方案》的通知要求，对北控水质净化有限公司、市第二污水处理有限公司、临汾润宇水务有限公司、市自来水有限公司生产所需盐酸等危化用品的采购、使用、存储、残液处置，应急预案的演练、制度建设、登记台账等内容进行检查。对检查出的问题，均被要求按照“三清单”整改完成。

【开展“安全生产月”活动】 2021年，临汾市市政公用服务中心组织开展2021年度“安全生产月”活动，制定下发《临汾市市政公用服务中心2021年度“安全生产月”活动方案》，成立领导组。6月16日，市政公用服务中心配合市城市管理局在市府街中段小广场举办以“落实安全责任，推动安全发展”为主题的“安全生产月”宣传咨询活动，通过活动向市民宣传安全常识，解答用户咨询，发放各类安全宣传资料，利用展板进行事故案例分析，树立红线意识，提升全民安全素质，有效防范各类事故的发生。经统计，安全生产月活动期间，临汾燃气公司安检民用户12831户，煤改气用户13356户。燃气管线精密巡检550.6公里，常规巡检3834公里，目巡7749.7公里；对重点区域使用精密综合检漏仪进行安检，确保隐患排查工作不留死角。临汾恒利安液化石油气公司按照“安全生产月”活动方案和上级文件要求开展安全大检查，累积排查出隐患17处，当月全部整改完毕。

【燃气专项整治行动】 2021年，临汾市市政公用服务中心为深刻汲取事故教训，9月14日，在城市管理局的组织下，把市区划分为南、北两个“战区”，明确成员单位职责及职责分工，建立清零“数据库”，制定“一户一策”台账，实行一天一报告，经过两个月的奋战，市区225处违章压占燃气管道隐患已全部整改销号，累计拆除压占房屋72处、改造管线84处、“两通一不”59处、停气10处，涉及单位76家，个户149处，压占燃气管道隐患实现全面“清零”。

【安全度汛】 2021年，临汾市区及部分县（市、区）遭遇60年一遇的持续性降水。为确保临汾市区安全度汛，对市区市政设施道路、桥梁、井篦井盖、综合管沟、供水、燃气和污水处理等行业进行防汛工作检查。汛前组织施工单位对城区所有排水管道、暗涵和雨检井进行彻底清淤，共清理雨检井2956座，对汛期发现的排水不畅雨检井进行及时疏通，确保排水设施的运行。

汛前根据上一年度汛期情况，对原储备物资进行检修保养和全面库存明细登记检查，有针对性地对防汛排水抢险物资进行补充和储备，确保“物防”充足和扎实。加大对市区解放路、红卫路、五一路、南外环立交桥泵站设备维护工作，各类防汛抢险物资储备充足，有效盯紧“点防”这个关键。

为应对极端天气，组织市区南城、北城两支巡查队加大巡查密度，6支专业抢险队随时待命。组织中临、市政、供水、照明等8支

2021年7月22日，临汾市市政服务中心支援襄汾县鸡鸣社区防汛抢险工作　　（市城市管理局供图）

专业抢险队于6月10日开展一次防汛应急演练，通过“以演促训，训演结合”的方式，提高各抢险队伍应对汛情的应急反应能力和实战抢险能力，使“人防”落实在首要。7月22日，襄汾县遭遇强对流天气，县城积水严重。根据市城市管理局要求，立即启动防汛预案，组织市自来水有限公司、市照明中心、临汾市政集团股份有限公司、中临建设集团有限公司、市热力供应有限公司等单位和部门，集结装载机等大型机械9台，各类抢险车辆26辆，动力泵站、水泵、小型发电机等设备17台，应急照明灯8套，人员185人，消防管道、铁锹、洋镐、警示墩、雨衣雨鞋等物资若干，奔赴襄汾鸡鸣社区开展防汛处置工作。

汛期结束后，立即组织开展对汛期水毁情况的统计工作，经全面排查，道路排水损失19.03万元；热力设施损失234.68万元，供水设施损失6.6万元，燃气设施损失2.27万元。针对损毁情况，组织人员力量于11月30日前，将辖区内因水毁而造成的各项受损市政设施全部恢复完成。（常志刚）

·环境卫生服务·

【打造环境卫生精品区域品牌】 2021年3月27日起，临汾市环境卫生服务中心对市区精品区域实行“四定”网格化管理和三级网格长责任制，开展常态精细化管理工作，城市精细化管理水平显著提升。4月9日，组建精品区域路面清污管理专业队伍，先后购置31辆人行道快速保洁车辆、10台手推清扫盘、10辆高压清洗车、2辆多功能高压清洗车等专业清污清洗设备，对精品街道进行精细化快速保洁、深度清污作业。截至2021年12月底，累计清理精品区域路面污渍116.44万余处，巩固提升靓城提质效果，使精品区域环境卫生作业达到精品化、精细化、长效化。

【城市垃圾处理费实施联动收费机制】 2021年8月26日，临汾市出台《市区居民户城市生活垃圾处理费和水费联动收费实施方案》，市区居民户生活垃圾处理费和水费实行联动收费；11月15日，印发《关于市区餐饮经营户城市生活垃圾处理费和燃气费联动收费的通知》，市区餐饮经营户城市生活垃圾处理费和燃气费实行联动收费。城市垃圾处理费征收改变了传统收费模式，实施联动收费机制，有效提高了收缴率。

【道路机械化作业车辆置换】 2021年，临汾市环境卫生服务中心投资1630万元，将10辆柴油道路机械作业车辆置换为新能源车辆，使市区道路机械化清扫率达到80%。三年来，累计投资3085.6万元，置换了25辆柴油道路机械作业车辆，置换率达到71%，实现市区道路机械湿扫、机械清洗、机械洒水、机械喷雾“四位一体”新型作业模式。

【小街小巷环境卫生整治】 2021年4月25日至6月27日，按照“整治一条街，整洁一条街，维护一条街”的原则，临汾市环境卫生服务中心对市区90条小街小巷开展“一周一巷”环境卫生整治活动，实行生活垃圾定时定点3次上门收集，常态化清扫保洁。

【城市生活垃圾处理费作出首例行政处罚】 针对市区部分单位、商户拒缴欠缴城市生活垃圾处理费问题，2021年12月14日，临汾市环境卫生服务中心作出首例行政处罚。雅康宠物医院在缴清1152元城市生活垃圾处理费后又上缴行政处罚1000元。行政执法手段的实施，扭转了城市生活垃圾处理费收费多年被动的局面，解决了收费多年顽疾。

【城市垃圾处理费征收】 从2021年

2021年，置换的新能源车辆在市区道路作业
（市城市管理局供图）

5月10日起，临汾市环境卫生服务中心开展市区生活垃圾处理费清零行动，收费金额创历史最高水平，全年共征收城市垃圾处理费5623.33万元。其中，生活垃圾处理费2948.57万元，建筑垃圾处理费2674.76万元。

【环卫工人社会地位提升】 2021年7月22日，临汾市总工会为一线环卫职工捐赠夏季消暑物资。10月24日，市总工会联合山西省总工会举办环卫工人慰问演出并捐款。

2021年，先后有24家房地产公司、民营医院、保险公司、中大型商业公司等爱心企业，为环卫一线职工捐赠四季安全作业服装、防暑防疫等慰问品，或以免费体检等各种方式向环卫工人奉献爱心，环卫工人社会地位得到不断提高。

【立体清洗】 2021年，临汾市环境卫生服务中心在完成市区主次干道八轮大清洗作业的基础上，从11月18日起，在不增加设备、资金投入的情况下，抽调人员承担市区2个国控点200米范围立体清洗工作，对楼体、道路、绿化一日一清洗，楼顶一周一清洗，有效降低扬尘污染。截至2021年12月底，累计出动作业人员4977人次、出动高压清洗车2240余车次，清洗路面3293111平方米，清洗绿化带493143平方米，清洗树木33902棵，清洗重点区域周边单位、小区、门店等外墙面约187470平方米，清洗屋顶约8200平方米。

【城市公厕升级改造】 2021年，临汾市区新建标准化公厕27座，其中，新建公厕3座、改造旱厕24座；全面提升城市标准化公厕服务水平，使城市公厕达到“十净、四通、四无、一整洁”标准。

·城市供水·

【概况】 2021年，临汾市自来水公司重点抓好安全生产、供水管理及促进行业高质量发展工作，实行“水压稳、水质优、保客户、维修快”的服务宗旨。全年，实际完成供水量3150.96万吨，完成销售收入8892.57万元，代收污水处理费2692.32万元，水资源税征收509.3万元，水费回收率99.79%，漏损率6.86%，供水普及率99%，出厂水水质综合合格率达100%，管网水水质综合合格率达100%。

【目标责任完成情况】 推进老旧供水管网改造进度。2021年，完成新建供水管网6.96公里，改造供水管网9.8公里。降低管网漏损，查缺补漏。全年，供水管网漏损率控制在6.86%。根据《关于国有企业职工家属区“三供一业”分离移交工作指导意见》的统一要求，“三供一业”改造中，9家央企42个小区已全部完成改造，16家省属企业已完成12家33个小区，实现了统建统管。有4家因资金未到位尚未开工改造。

开展安全生产专项检查工作，有效防范应对各种突发事件的发生。开展各类安全隐患排查整治，建立问题、整改、责任三清单，积极开展事关供水安全的各项应急演练，采取措施有效防范和遏制事故的发生。

【提升供水能力】 2021年6月，临汾市自来水公司对龙祠水源净水厂改扩建工程新建DN1000输水管道与原DN700输水管道实现了碰头联通，新建输水管道运行平稳，压力正常。新建管线的通水运行，每日可新增供水量1万吨，供水能力达到9.9万吨/日，缓解了城市居民用户高峰期用水需求。同时，原输水管线的停运，也避免了因年久失修承压能力不足导致管道破裂造成次生灾害频发的问题。

12月15日，制定了《2022年冬季供水高峰期工作实施方案》，利用在线远传压力监控，实时监控供水管网压力、流量数据，并根据市区用水情况，合理调配水源，调整不同时间段压力，通过数字化供水信息平台进行数据分析，优化调度方案，为春节期间高峰期平稳供水提供计划支持。

【供水水质达标】 为全面落实疫情防控工作部署要求，确保水质达标，公司做好水源水、出厂水、管网末梢水及制水重要环节中的水质监测，做好水质分析研判，快速、科学指导水厂生产，确保供水水质全面达标。

1—12月，每日对龙祠水源、土门水源、龙祠水厂、土门水厂出厂水水质进行9项日常检测，共检测12888项次；对33个管网和管网末梢点供水水质进行7项常规检测，共检测5544项次；对龙祠水源地表水42项，土门地表水24项，土门水源地下水49项按规范进行检测，共检测1380项次；对龙祠水厂、土门水厂和4个管网末梢点生活用水56项指标实施检测，共检测4032项次。2021年度出厂水质综合合格率为100%，管网水水质综合合格率为100%。

3月，深度水更新改造项目开工建设，通过6个月的建设，完成了龙祠、土门两个水厂多介质滤料更新、仪器仪表更换、纳滤膜更新、自控系统优化等任务。达到原设计水处理能力，有效保障了出厂水水质合格。

【优化营商环境】 2021年，为贯彻落实市委、市政府深化“放管服”改革和优化营商环境决策部署，公司于3月1日起，取消供水报装接入环节各种不合理收费。以打造“六最”营商环境目标，围绕“优化营商环境”，全面实施“获得用水”全过程“客服经理”精准服务。规范服务流程，提高工作效率，达到用户满意、政府放心的要求，全年共完成用户获得用水接入工程51户。

全年，共受理新增用户18329户（其中三供一业17830户，户表改造181户）；受理用户申请195份，勘查208户，验收178户；处理市长热线回复4505项，微信公众号留言回复4875条；共受理抢修热线1493次，其中，DN100以下管道维修1022次，DN100–DN500管道维修149次，DN500以上管道维修16次，抢修及时率达100%，获得广大用户的一致好评。

【政策性亏损】 2021年，由于制水成本逐年递增及原水费的支出，供水成本约3.6元/吨，售水平均单价约3.2元/吨，制水成本与售水价格出现倒挂，公司长期处于亏损经营。特别是3月1日起，清理取消供水报装接入环节收费后，仅接入工程费、到期轮换更换水表费、二次供水维护费3项，每年约增加1150万元运营成本，资金周转将更加困难。

・城市供热・

【概况】 2021年，临汾市热力供应有限公司（简称临汾市热力公司）负责市区集中供热建设和经营，热源由山西大唐和临汾热电提供。公司以产品研发、技术创新、技能培训、节能降耗和精细管理等为工作重点，以“经营秩序化、管理精细化、供热标准化、人员专业化、报告制度化、发展低碳化”为管理目标，提高研发水平、优化供热服务。全年新建一网主管道5269米，配套建设换热站7座。

【推动供热行业标准】 2021年7月16日，山西省土木建筑学会《预制保温球墨铸铁热力管道直埋技术标准》审定会召开，确定规范标准、填补行业空白，并成功申请《球墨铸铁管道试验线监测系统》软件著作权。7月19日，成功举行“创新引领、低碳供热”新技术应用高峰论坛，深化绿色供热改革，推进智慧供暖系统建设。7月30日，CECS中国工程建设标准化协会《分布式供冷供热输配技术规程》难题解决会召开，全力打造高水准供热标杆企业。

【供热安全隐患预防治理】 2021年，临汾市热力公司全面开展拉网式排查整改工作，确保市区供热运行安全稳定。全年完成换热站设施设备及管道检修维护2692项、水电常规检修维护656项、自控仪器仪表检修维护1140项。在非运行期启动“冬病夏治”检修方案，通过加固、改造、更换老旧管网、老旧设备等措施，确保供热设施设备检修保养到位、防患未然。

【应急处置】 2021年，临汾市热力公司为保证供热系统安全正常运行，确保高效应对突发事件的处理能力和供热应急抢险有序进行，最大限度地降低事故危害程度，制定完善的供热系统事故应急预案，明确各部门及成员职责和应急保障程序。11月23日，组织开展采暖期供热应急演练。通过演练，检验了抢修应急物资的保障情况，提高了发生事故时高效应对突发事件的处理

2021年7月19日，临汾市热力公司举办“创新引领、低碳供热”新技术应用高峰论坛 （市热力公司供图）

能力，为采暖季应急抢修工作打下了坚实基础。

【研发提高供热技术稳定性】 2021年，大口径DN1200球墨铸铁管道应用及柔性管系应力分析。为检验和完善全国供热行业首次实施DN1200大口径球墨铸铁供热管道敷设项目的前期研究成果，展现新型热力管道应用的稳定性效果。公司建设大口径、高参数实验平台，获取更充实、可靠的工程实验数据，用于检验和验证球墨铸铁热力管道理论研究成果，为完善后续技术研发方向提供数据支撑。建设试验线工程远程监测示范平台，实现球墨铸铁热力管道工程稳定性效果可视化展示。

【智能化供热及网格化服务】 2021年，临汾市热力公司成功申请市级技术中心。搭建供热智能机组监控系统，通过智能数据分析，设备运行可兼顾高效和节能。搭建微信小程序供热服务平台，实现用户服务、供热缴费、供热报停等业务线上办理。搭建室外温度供热负荷预测系统，成功申请《供热气象负荷预测系统》软件著作权。调度中心创新升级，利用云计算、人工智能、物联网等技术，实现与调度中心数据同步共享，实现对市区供热运行情况模拟分析，掌握市区供热动态。实施供热服务“网格化”，从运行—服务—收费，明确所供住宅小区和单位供热服务人员，实现全天候、全覆盖、零距离的供热服务，确保用户反映供热问题解决在一线，解决在第一时间。

【技能竞赛和考察培训】 2021年，6名优秀职工代表市供热行业参加山西省城市供热、城市供水行业职工职业技能竞赛，荣获竞赛团体第二名。全年接待同行考察30余次：接待首宣建设集团、京能集团、西安热力设计院、河北邯郸新兴铸管公司、赤峰富龙公用（集团）有限责任公司、太原理工大学等考察交流学习。根据培训计划，组织公司全员进行线上、线下专业知识培训14次，从供热行业现状、供热运行、低碳供热、能源结构优化及未来发展方向等方面进行全方位培训，强化员工基础技能及专业素质。（倪　震）

·城市供气·

【概况】 2021年，临汾燃气公司积极组织协调上游气源，满足客户需求。4月1日，公司新屯里门站进入试运行阶段，公司气源结构发生根本性转折，上游气源单位由单一性变为双气源供应；合理调配天然气气源，提升输配能力。根据用气高峰情况，积极协调上游公司争取气量。利用两个门站合理调配，全力挖潜管网的输配能力，基本实现了平衡稳定供气，确保了临汾市和尧都区“两会”期间安全稳定供气；科学预测气量，保障稳定供气。根据往年供气量及燃气客户结构，对高峰期用气量进行科学预测，积极与上游公司沟通协调，制定详细的保供气方案，保证了采暖季天然气稳定供应。全年新增燃气居民用户12873户，发展营福用户139户；截至2021年12月底，居民用户共计213205户，营福用户1245户。

【管线设施维护保养】 2021年，临汾燃气公司按照计划对全市燃气管线及输配设施进行了全面的维护、保养，发现安全隐患及时进行整改，天然气漏气抢修414处，阀门保养2358座，户内安检179583户，营福安检2096户，户内处理漏气1368户，确保了管网安全，保障了市区天然气安全稳定供应。

【实施汾河管桥等老旧管线的改造】 临汾燃气公司马务管桥燃气管线建设期为1992年，截至2021年

2021年，临汾燃气公司组织人员对跨汾河管线进行更换。图为更新后的管线　（市燃气公司供图）

底，已运行29年，管道腐蚀严重。其间，多次发生漏气现象，严重影响城区供气。临汾燃气公司于4月底办理完相关手续，组织对该段管线进行了更换，完成了鼓楼北银苑新村、新亚小区、新欣百货、贡院街18号楼等小区庭院管网改造。

【配合完成市政道路燃气设施改造】 2021年，根据政府道路改造计划，公司积极协调主管部门，完成了市政道路燃气设施改造及前期准备工作，配合政府完成交办的配合拆迁任务。针对临汾市区向阳路、五一路等老旧及铸铁管线腐蚀漏气严重的情况，临汾燃气公司利用市政道路改造的契机，提前制定改造方案，经过精心准备和昼夜施工，完成市政道路配套改造工程，提高了管网安全运行能力。

【开展小营福用户全员营销活动】 2021年，临汾燃气公司通过全员营销的方式，创新“全员跑市场、全员抓市场、全员拓市场”的开发拓展机制，旨在深耕潜在市场、让利小微企业，提高燃气销量、增加企业效益、提高员工收入。小营福用户共计发展小营福意向用户286户，已开工安装139户，送气94户，有效服务了小微企业。

【清除压占燃气管道隐患】 2021年，临汾市区有燃气管道1199公里，燃气用户21万余户，由于时间跨度、材料施工等因素，存在部分安全隐患，尤其是压占燃气管道现象，地处人员密集处形成密闭空间，一旦发生事故，将严重危及群众的生命安全。临汾市委、市政府主要领导高度关注，成立了市区燃气领域风险隐患专项治理领导小组，启动了市区燃气隐患专项整治行动。专项整治行动由市城市管理局牵头，多部门参与。领导小组成立了指挥部，临汾燃气公司董事长董勇和总经理杨建峰任副总指挥，燃气公司抽调公司精兵强将成立工作专班参加专项行动。行动划分为南、北两个“战区”，采取“一点一策”的方式，对燃气压占或侵害安全距离的现象根据现场实际情况，采取拆除建筑、改造线路或先行停气等不同方式处置。经全面排查，市区范围内共有225处压占燃气管道现象，共涉及户数300户，房屋360间，面积1.04万平方米，压占管线3190.5米。经工作专班连续作战，市区225处压占燃气管道隐患中，累计拆除压占房屋72处、改造管线84处、“两通一不”59处、停气10处，压占燃气管道隐患实现全面“清零”。（石凌霄）

房地产

【房地产市场运行】 2021年，临汾市区在建在售房地产开发项目63个，总投资63亿元，同比增长5%；新建商品房预售总面积234.6万平方米，其中住宅207.27万平方米、非住宅26.79万平方米。新建商品房销售总面积262.56万平方米，其中合同草签57.8万平方米、签约27.28万平方米、网签备案177.48万平方米。截至年底，市区商品房累计未销售面积165.28万平方米，其中住宅121.64万平方米、非住宅43.64万平方米。商品房去化周期为7.57个月，其中住宅5.75个月、非住宅68.1个月。2021年度商品房预售资金监管项目49个，监管面积218.93万平方米，监管资金总额176.19亿元；市区新建商品住房交易均价为6409元/平方米，同比增长4.5%，市区房价相对平稳。

【公租房保障工作】 2021年，临汾市对市区571户享受租金补贴的公租房保障家庭发放补贴资金138万元。租金补贴累计保障14193户公租房家庭，合计补贴资金4553万元。全年受理核准新增公租房保障家庭1137户（已分配883户），年度核准5070户。累计享受住房保障政策的家庭8962户，其中5551户享受公租房实物配租保障、571户享受公租房租金补贴保障、2493户享受经济适用房保障、347户享受限价房保障。加强公租房后期运营管理，在漪汾花园小区公租房多层楼梯间和高层电梯间宣挂禁止公租房出租、转租等违规行为的通告牌72块，并组织相关工作人员入户检查使用情况，杜绝转借、转租、空置等违规行为。配合房屋产权登记清零工作，完成合同备案2274套。

【住房租赁市场发展】 2021年，临汾市房地产服务中心组织人员深入市区房地产开发企业、物业服务企业、房地产经纪机构进行逐一摸排，积极宣贯国家和省市有关发展住房租赁市场的政策精神，鼓励市区房地产企业企业开展住房租赁经营活动。完成智慧房产系统与“山西数字房产”——住房租赁综合服务平台并行运行，完成与12家已备案的房地产经纪机构联网，实现了出租房源网上核验、网上签约。落实房屋租赁登记备案制度，将国有划拨土地上房屋租赁行为纳入监管范畴，全面推行《山西省房屋租赁合同》示范文本。全年共完成住房租赁合同备案3492套。加大市区住房租赁中介市场的监管力度。组织市区84家房地产中介机构召开加强市区房地产经纪机构备案规范住房租赁行为会议，并下发《关于进一步加强市区房地产经纪机构备案规范住房租赁行为的通知》，规范市区住房租赁市场秩序。

【物业服务】 2021年，临汾市房地产服务中心积极宣传贯撤《山西省加强和改进住宅物业管理工作三年行动计划（2021—2023年）》，主动进街道入社区，解读最新物业管理政策和当前物业行业发展态势，加快推进构建基层党组织引领，小区业委会、物管会、物业服务企业参与的社会综合治理机制。与市发改（价格）部门沟通协调，做好相关配合工作，推进物业服务收费政府指导价出台。强化物业服务市场监管，规范物业服务市场秩序。全年完成前期物业招投标12个项目。加强物业收费信息公开，组织开展“加大物业收费信息公开力度，让群众明明白白消费活动”活动，共检查147个物业住宅小区。对4家不按规定公示的企业进行通报；推进“无物业”管理小区清零工作，建立市区范围内下辖13个街道办事处、68个社区、741个住宅小区台账，并转发“设区市物业小区服务管理基本标准”，鼓励支持物业服务企业积极参与老旧小区接管工作，在基础条件较差的小区逐步推行专业化、规模化、品牌化的物业管理模式；加大维修资金管理力度。优化资金归集工作流程，前置资金缴存时间节点，确保新建商品房维修资金应缴尽缴，归集率达到100%，杜绝开发建设单位、物业服务企业挪用维修资金的违法行为。全年共归集维修资金1.57亿元，累计金额10.68亿元。创新资金使用监管机制，建立街道（乡镇）、社区共同勘察、监督、鉴证的联合工作制度，保障维修资金的安全使用。全年为19个小区办理维修资金使用划拨手续，累计划拨金额549.8万元。

【规范房地产市场秩序】 2021年，临汾市房地产服务中心加大对市区房地产市场日常巡查检查力度，按照省市统一部署，组织开展了整治规范房地产市场秩序三年行动。对未办理预售许可或办理部分预售的项目，全部在其展销场所张贴了禁售通告，并公示监督举报电话。对新开工的房地产开发项目，及时约谈企业、项目负责人，并由企业负责人出具依法合规预（销）售的承诺书。每月定期通过相关媒体对市区可售楼盘信息进行公示，积极引导购房业主选购手续齐全的商品房。重点对市区存在隐患的56个房地产开发项目、58个物业服务小区整改落实情况进行跟踪督查。全年共对市区18个房地产开发项目、2个中介机构存在的25例违法违规行为进行立案查处，有效规范市区房地产市场秩序。

【直管公房经营管理】 2021年，临汾市房地产服务中心严格按照《市级行政事业单位国有资产出租出借管理暂行办法》有关规定和程序，对市区4.37万平方米直管公房进行招租经营，租金收入严格执行“收支两条线”管理，确保了国有资产的保值增值。全年共收缴租金347万元；认真落实完成营业性直管公房租金减免政策，共减免租金77.09万元；认真落实直管公房安全管理主体责任，开展直管公房安全隐患排查整治。对全部直管公房进行拉网式安全排查，建立了隐患排查治理台账，拉出了隐患问题清单，并逐项落实。印制《消防安全防范知识》2000份，制定《温馨提示》牌匾105块，全年共排查发现安全隐患18处，全部整治完毕。封堵腾空房屋6处，加固维修危旧房屋3处。（郭海强）

生态环境

综　述

【概况】 2021年，临汾市生态环境局围绕“建设黄河流域绿色崛起转型样板城市，打造晋陕豫黄河金三角区域中心城市”核心定位，咬定目标、同心同向、勠力奋进，以铁的决心、铁的担当，扛起生态环境保护主体责任，以铁的举措、铁的手段，推动各项重要举措落实落地，各项环境指标持续向好，全市生态环境质量的持续改善，为人民群众生产生活和全市全方位的高质量发展提供了良好的环境支撑。

【生态环境改善】 2021年，临汾市各项生态环境约束性指标全面完成；环境空气质量连续5年持续改善，改善率排到了全国168个重点城市第24位；二氧化硫（SO_2）年浓度均值控制到了12微克，绝对值和改善率均排到全省前三，再次创出历史佳绩，获得了省厅领导高度赞扬；10—12月秋冬防期间，出现了有记录以来的第一次重污染天气为0的成绩；地表水国考断面水质均达四类以上，创出历史最好水平；安泽县入选生态环境部“第五批国家生态文明建设示范区名单”，蒲县入选生态环境部“第五批‘绿水青山就是金山银山’实践创新基地名单”，为全省当年度创建最多的地市之一；全年全市生态环境领域共立案查处违法行为689件，罚款7772.11万元，立案数量居全省第一、处罚数额居全省第二。

（田文静　韩精华）

生态环境质量

【大气环境质量】 2021年，临汾市区环境空气质量持续改善，综合指数变化率由好到差在全国168个城市排第24名，在全省11个城市中排第5名。

按照《环境空气质量标准》（GB 3095—2012）评价，2021年临汾市区环境空气质量未达到国家二级标准，综合指数为5.32，同比下降12.2%。优良天数为194天，同比增加1天，优良天数比例为53.2%；重污染天数11天，同比减少12天。

六项污染物中，细颗粒物（PM2.5）、可吸入颗粒（PM10）、二氧化硫（SO_2）和二氧化氮（NO_2）平均浓度值分别为53微克/立方米、72微克/立方米、12微克/立方米、34微克/立方米，一氧化碳（CO）日均值第95百分位数为2毫克/立方米，O_3-8h第90百分位数为197微克/立方米。其中，二氧化硫（SO_2）和二氧化氮（NO_2）年均浓度和一氧化碳（CO）日均值第95百分位数平均浓度达到国家二级标准，细颗粒物（PM2.5）、可吸入颗粒（PM10）年均浓度和臭氧（O_3）-8h第90百分位数平均浓度分别超标0.51倍、0.03倍和0.23倍。

2021年，17县（市、区）中，大宁县、蒲县、永和县、乡宁县、隰县空气质量达到国家二级标准，其余12个城市空气质量超标。全市环境空气质量综合指数介于3.39~5.67之间，侯马市最重，大宁县最轻。与2020年相比，17个县（市、区）中除吉县空气质量有所恶化，其余16个县（市、区）环境空气质量均有所好转。

六项污染物中，二氧化硫（SO_2）年均值在8~20微克/立方米之间，17县（市、区）SO_2年均值均达国家二级标准（60微克/立方米）；二氧化氮（NO_2）年均值在14~36微克/立方米，17县（市、区）二氧化氮（NO_2）年均值均达国家二级标准（40微克/立方米）；一氧化碳（CO）日均值第95百分位数浓度范围在0.9~2.7毫克/立方米之间，17县（市、区）一氧化碳（CO）日均值第95百分位数均达国家二级标准（4毫克/立方米）；可吸入颗粒物（PM10）年均值在52~99微克/立方米之间，大宁县、乡宁县、安泽县、蒲县、吉县、浮山县、隰县、汾西县、翼城县、永和县10个县可吸入颗粒（PM10）年均值均达国家二级标准（70微克/立方米），其余7个县（市、区）可吸入颗粒（PM10）年均值均超标；细颗粒物PM2.5年均值在24~53微克/立方米之间，蒲县、隰县、永和县、大宁县、吉县、乡宁县、浮山县、汾西县、安泽县9个县细颗粒物PM2.5年均值均达国家二级标准（35微克/立方米），其余8个县（市、区）均超标；O_3-8h第90百分位数浓度范围在141-197微克/立方米之间，大宁县、蒲县、隰县、永和县、乡宁县、曲沃县6个县O_3-8h第90百分位数均达国家二级标准（160微克/立方米），其余11个县（市、区）O_3-8h第90百分位数均超标。

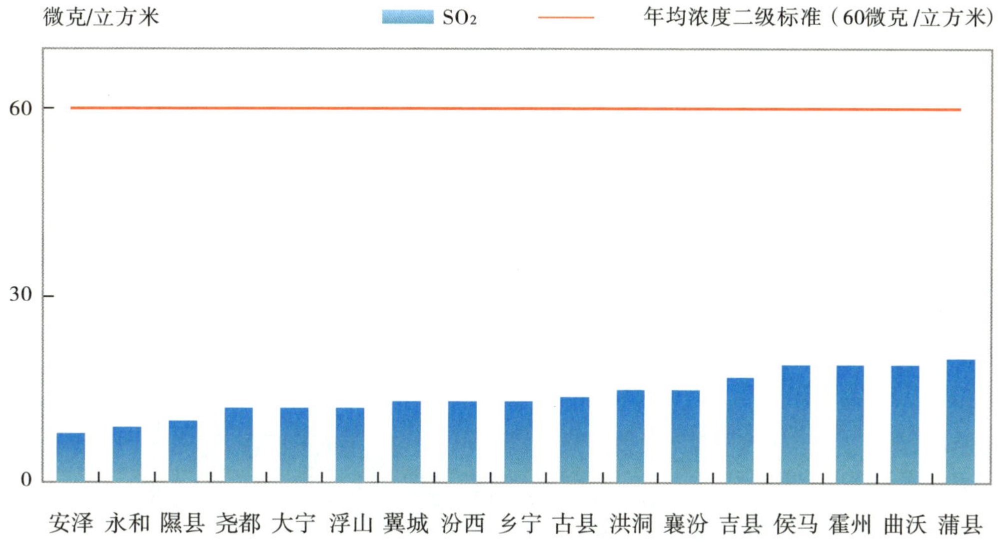

图14 2021年临汾市二氧化硫浓度年均值排序

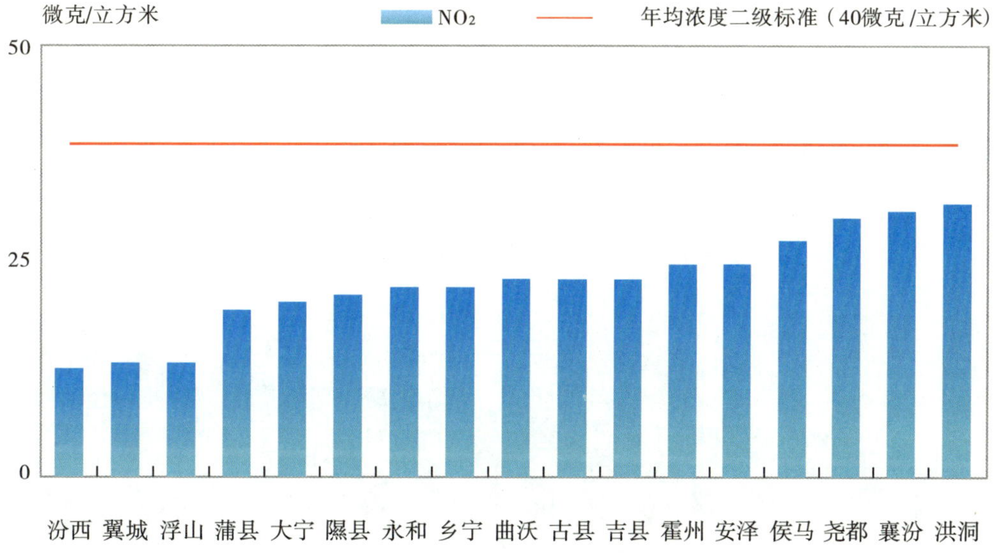

图15 2021年临汾市二氧化氮浓度年均值排序

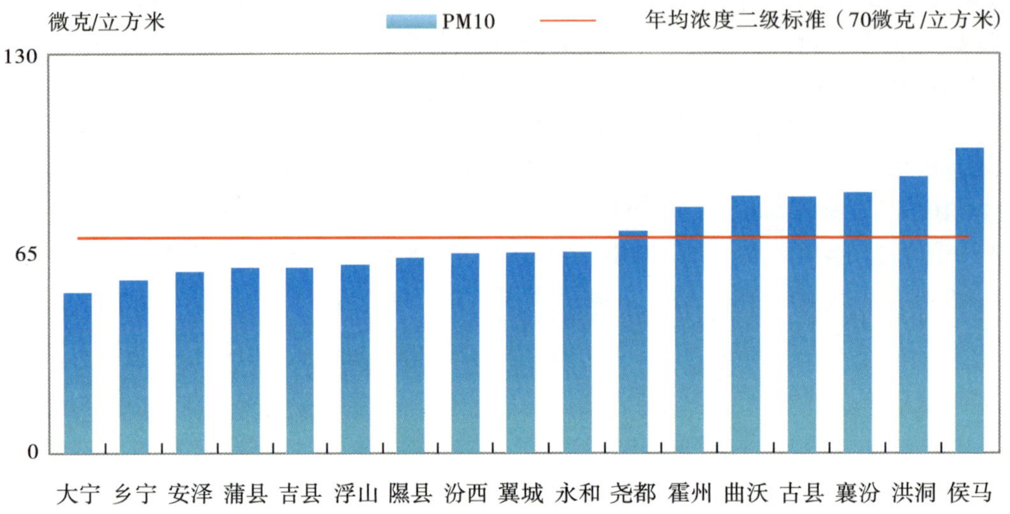

图16 2021年临汾市可吸入颗粒物浓度年均值排序

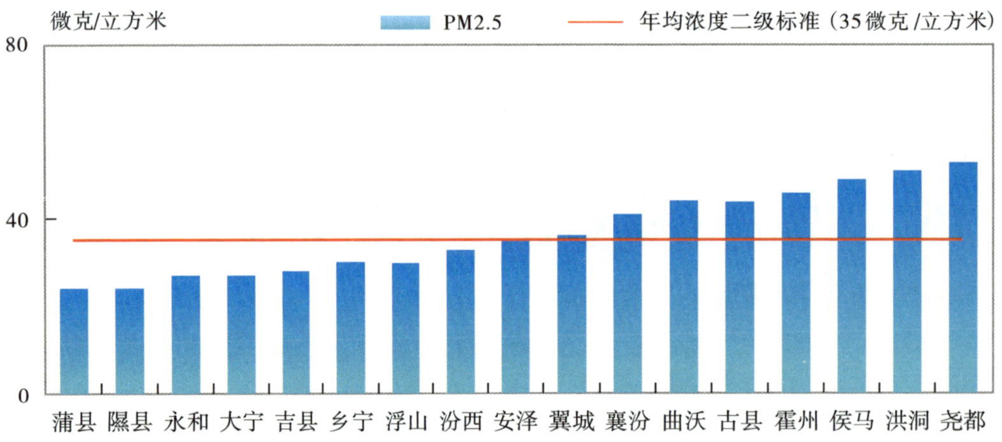

图17 2021年临汾市细颗粒物浓度年均值排序

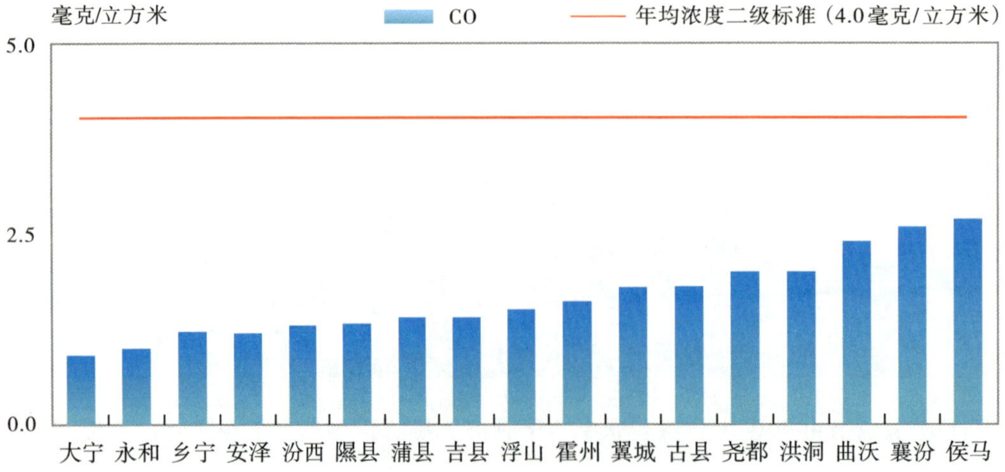

图18 2021年临汾市一氧化碳第95百分位值排序

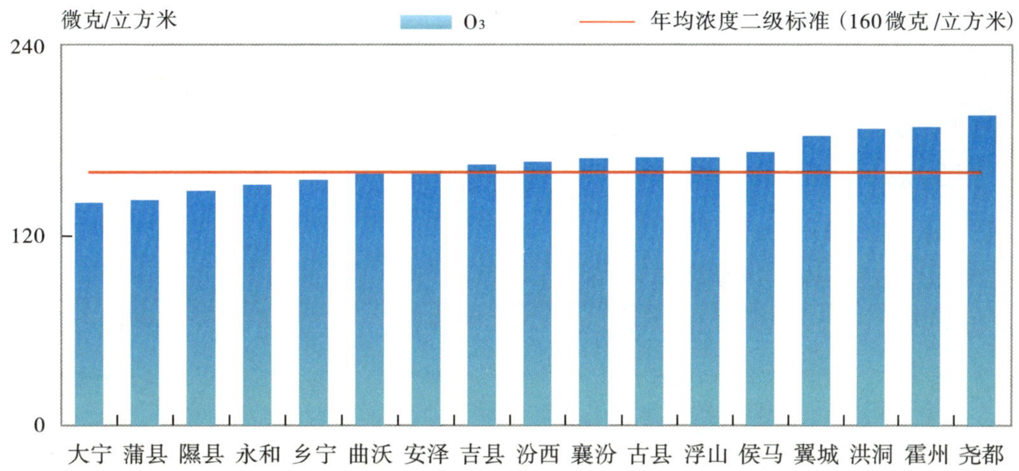

图19 2021年临汾市臭氧第90百分位值排序

按照《环境空气质量标准》（GB3095—2012）评价，2021年临汾市区环境空气一级天气为43天，二级天气为151天，三级天气为126天，四级天气为34天，五级天气为6天，六级天气为5天。优良天数为194天，占比53.2%。

全市17县（市、区）中，优良天数比例在53.2%~90.4%之间。大宁县优良天数最多，达330天；尧都区最少，为194天。

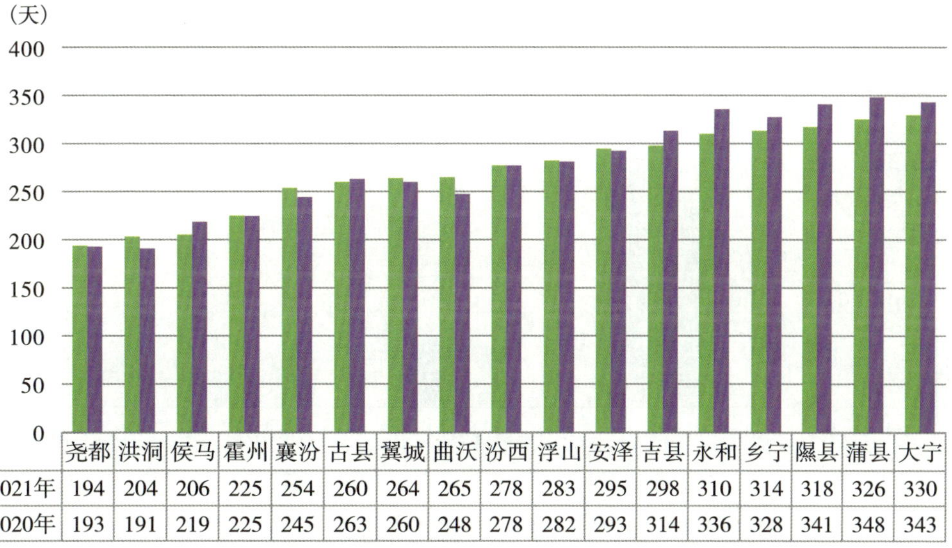

	尧都	洪洞	侯马	霍州	襄汾	古县	翼城	曲沃	汾西	浮山	安泽	吉县	永和	乡宁	隰县	蒲县	大宁
2021年	194	204	206	225	254	260	264	265	278	283	295	298	310	314	318	326	330
2020年	193	191	219	225	245	263	260	248	278	282	293	314	336	328	341	348	343

图20 2021年临汾市环境空气优良天数及同比变化情况

【地表水环境质量】 2021年1—12月，国家考核临汾市的9个断面中，Ⅱ类水质断面2个（黄河壶口、昕水河黑城村），Ⅲ类水质断面2个（鄂河西庄岭、芝河辛庄村），Ⅳ类水质断面5个（汾河下靳桥、汾河上平望、浍河小韩村、涝洰河高河店西、州川河高楼河村），优良水体比例为44.4%，劣Ⅴ类水体比例为0。

2021年临汾市主要河流断面水质评价结果一览表

表16

河流名称	断面名称	水质类别	水质状况
黄河	壶口	Ⅱ类	优
汾河	下靳桥	Ⅳ类	轻度污染
汾河	上平望	Ⅳ类	轻度污染
浍河	小韩村	Ⅳ类	轻度污染
涝洰河	高河店西	Ⅳ类	轻度污染
昕水河	黑城村	Ⅱ类	优
鄂河	西庄岭	Ⅲ类	良
芝河	辛庄村	Ⅲ类	良
州川河	高楼河村	Ⅳ类	轻度污染

汾河临汾段仍属于有机污染，主要污染物为氨氮、化学需氧量（COD）、生化需氧量（BOD5）、高锰酸盐指数、总磷等。与2020年相比，2021年汾河上平望断面氨氮下降幅度为10.1%；化学需氧量（COD）上升幅度为8.7%；生化需氧量（BOD5）下降幅度为10.0%；高锰酸盐指数上升幅度为10.9%；总磷下降幅度为36.4%。

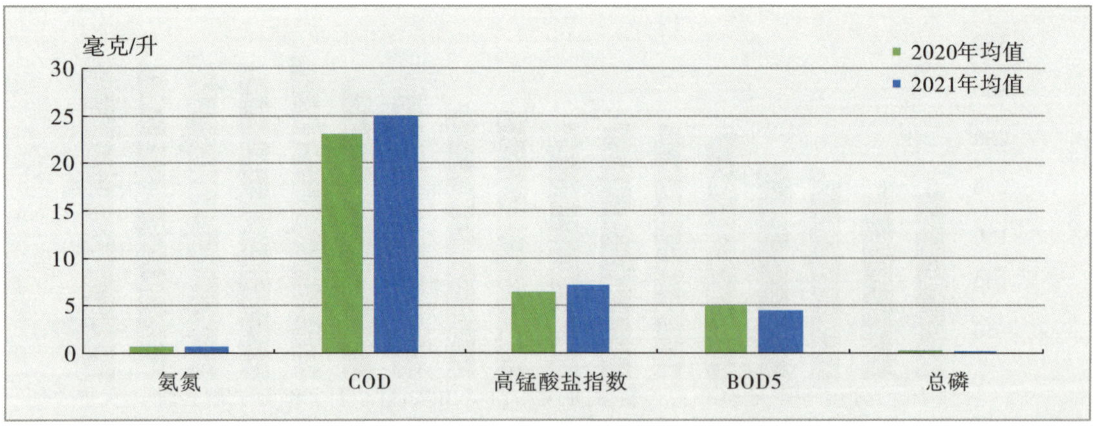

图21 2021年临汾市汾河上平望断面主要污染物变化趋势图

污染减排

【减排目标完成】 2021年，根据山西省生态环境保护委员会办公室《关于印发〈2021年临汾市生态环境有关指标计划〉的函》，明确临汾市2021年氮氧化物重点工程减排量为0.13万吨、挥发性有机物重点工程减排量为0.03万吨。通过对全市焦化、钢铁、水泥、建材等行业重点企业实施结构调整、提标改造、深度治理等工作情况进行调度，并按照2021年减排核算有关要求进行核算。初步核算结果为2021年全市氮氧化物重点工程减排量为0.18万吨、挥发性有机物重点工程减排量为0.56万吨，完成减排

目标。（田文静　韩精华）

污染防治

【产业结构调整】　2021年，优化焦化钢铁企业布局，汾河谷地平川区域焦化企业按照“退城入园、退川入谷”的原则，钢铁企业按照“入园入区，集聚发展”的要求，实施关小上大、转型升级、布局调整。启动产能置换8个大机焦4个大高炉项目建设；洗煤企业专项整治，出台《临汾市煤炭洗选企业标准化建设年实施方案》，对全市煤炭洗选企业进行提升改造，创建一、二、三标准化企业，达到一级煤炭洗选企业标准化管理规范的有12座，达到二级的有32座，达到三级的有33座；“散乱污”企业整治，印发《关于开展“散乱污”企业及高铁高速沿线企业“五堆”问题排查整治专项行动的通知》，按照取缔、搬迁、升级改造等方式，完成35家散乱污企业整治任务。

【工业企业深度治理】　2021年，临汾市在产的16家钢铁企业，14家已完成超低排放改造并通过监测评估；制订印发焦化企业改造计划，纳入2021年计划的2家已完成改造任务；制订印发水泥企业改造计划，要求改造的12家，有8家完成改造任务，其中3家完成复核备案并已公示。开展重点行业工业企业挥发性有机物污染防治自查自纠，整改完成205条问题；配合省里组织的VOCs走航工作，整改完成发现的38个问题；开展大气污染整治百日攻坚，对平川县（市、区）和古县等重点县（市、区）99家重点排污企业进行差异化管控，实现污染物指标下降；对工业企业、施工工地、柴油车辆、汽修、加油、干洗、餐饮等行业全面从严管控，努力减排削峰，缓解臭氧污染。

【推进散煤污染治理】　2021年，临汾市加强清洁取暖改造，自筹资金，完成16158户居民的清洁取暖改造，基本实现平川区域7县（市、区）海拔600米以下区域清洁取暖全覆盖。加强散煤污染管控，科学划定“禁煤区”和“高污染燃料禁燃区”，“禁煤区”管控面积达到3420平方公里，2021年新增“禁煤区”165平方公里。开展燃煤、柴禾、燃煤炉具“三清零”行动，先后清缴散煤5796.3吨，清缴燃煤设施60771台。置换劣质散煤108.6吨，没收886.82吨。

【机动车污染源管控】　实施清洁化运输，全年临汾铁路发运量完成2541.41万吨；30家150万吨以上工矿企业公路运输车辆全部为国五及以上排放标准；完成10辆环卫车清洁能源置换和46辆运钞车国六车辆置换，并将进出市区的236辆渣土车全部更换为电动能源。车辆尾气管控，全市重型柴油货车远程在线监控系统已安装2650套，完成率100%；完成绿色运输示范区技防项目；“天地车人”一体化排放监控平台建设已完成；淘汰741辆国三及以下排放标准营运中重型柴油货车；共检查各类非道路移动机械4415台，其中不符合编码登记、未悬挂机械号牌、排放不合格的非道路移动机械361台，处罚3台。

【保障优良水体断面】　2021年，为确保乡宁县鄂河西庄岭、大宁县昕水河黑城村和永和县芝河辛庄村3个国考断面达优良水质，临汾市生态环境局联合省汾渭办进行现场帮扶，强化城镇污水处理厂冬季稳定运行管控，保障污水处理设施保（提）温措施有效落实，保证生化池水温达到15℃以上。实施污水管网进水溢流口非汛期封堵，强化入河排污口水质达标监管，沿河农村生活污水实现全收集全处理。发挥河长制作用，加大对河道及沿岸畜禽养殖、河道放牧、垃圾乱倾乱倒的监管，严厉打击环境违法排污行为。为进一步确保完成任务目标，要求吉县、隰县人民政府加强对乡宁县鄂河西庄岭村、大宁县昕水河黑城村断面上游排查，严防各类污水偷排、偷倒、超标排放，全力保障国考断面上游水质。

【水源地保护工作】　2021年，临汾市生态环境局印发了《关于抓紧开展2021年集中式饮用水水源环境状况调查评估工作的通知》，全面推进饮用水水源调查评估和整治工作。配合市人大常委会开展饮用水水源地环境保护执法检查，对水源地评估和执法检查中发现的问题，及时通报相关县（市、区）政府。推动不符合现状的水源地保护区的划分、调整工作，全年完成古县、汾西县、永和县城镇集中式饮用水水源保护区的调整划分工作。

【开展汛期水质保稳专项行动】2021年，临汾市生态环境局印发《临汾市保汛期水质稳定专项行动实施方案》，成立5个市级保汛期水质提升专项行动推进组，对各县（市、区）专项行动开展情况实施监督和指导。在临汾市生态环境局的统一调度下，各分局每日坚持强化城镇污水处理厂、工业企业污水处理设施、农村污水处理站运行监管，确保正常运行；全面加强纳管企业排查、监管，严禁未经预处理直接排入城市管网；加强河流全流域排查，严防工业废水、其他污水偷排、偷倒、超标排放；针对问题，强化措施，做好汛期水质管控。发挥水质自动监测站作用，对全市国、省考断面实行“日监测、日分析、日通报”，对超标断面及时进行通报预警，并致函相关县（市、区）政府，实施精准溯源、保证了临汾市汛期水质基本稳定。

【土壤污染防治】 2021年，临汾市生态环境局按照突出重点、因地制宜、经济实用、维护简便的基本原则，完成65个行政村农村生活污水治理工作。其中，建设污水处理设施的有29个行政村，建设纳管型的有31个行政村，采用其他收集方式处理生活污水的有5个行政村。通过农村生活污水治理，改善乡村人居环境。按照国家和省厅的统一安排部署，完成全市38个地块的初步采样调查和临汾市重点行业企业土壤污染状况调查成果集成工作。

【固废危废治理】 2021年，临汾市生态环境局建立健全全市2021年危险废物产生单位和经营单位全口径清单，加强危险废物环境重点监管单位监管。9月，省生态环境厅对临汾市危险废物规范化管理工作进行考核，临汾市得分93.75，评价为“A”；推进煤矸石堆场整治，开展煤矸石堆场“再排查，再整治”工作，规范煤矸石堆场标准，对发现问题的10座煤矸石堆场，已全部整治到位，煤矸石乱堆乱放问题已基本解决；开展全市工业固体废物大排查、大整治。制定并下发《开展全市工业固体废物大排查、大整治工作方案》，对全市447家企业的工业固体废物（含危险废物）综合利用、处置、跨省转移和管理工作进行排查，对发现的问题全部整改到位。

生态环境建设

【创建国家生态文明建设示范县】 2021年，为深入践行习近平生态文明思想，落实全国生态环境保护大会精神，临汾市生态环境局组织安泽县成功申报第五批“国家生态文明建设示范县”。

【创建“绿水青山就是金山银山”实践创新基地】 2021年，临汾市生态环境局在组织蒲县入选第五批“国家生态文明建设示范县”后，2021年又成功组织蒲县申报第五批“绿水青山就是金山银山”实践创新基地，努力探索以生态优先、绿色发展为导向的高质量发展新路子。（田文静　韩精华）

环境监管

【开展专项执法活动】 2021年，临汾市生态环境局执法队组织开展“利剑斩污”专项行动，黄河流域入河排污口排查整治，“散乱污”企业排查，环境风险隐患排查专项整治行动，全市查处违法排污专项执法行动专项行动，加强冬季空气质量保障执法工作专项行动，各项专项执法工作全部按照既定目标要求完成任务。

【执法大练兵】 2021年，临汾市生态环境局执法队按照“全年、全员、全过程练兵”的要求，“突出重点、突出实战、突出创新”，制定出台执法大练兵活动方案。积极组织承办社会监测机构知识竞赛、开展“利剑斩污”实战比武、焦化行业比武练兵，在全省在线视频实战比武中荣获第二名。市综合行政执法队、乡宁分局、曲沃分局、襄汾分局荣获山西省大练兵活动表现突出集体奖，市综合行政执法队贾

2021年10月14日，生态环境部在昆明举行第五批国家生态文明建设示范县和“两山”基地授牌仪式，临汾市安泽县、蒲县获得殊荣
（市生态环境局供图）

鹏、韩军、潘华功，乡宁分局杨希斌，襄汾分局杜俊龙，曲沃分局秦李艳荣获山西省大练兵活动表现突出个人奖。

【落实“双随机”制度】 2021年，临汾市生态环境局严格按照省、市政府要求，在日常执法检查中实行“双随机、一公开”，每月随机抽取执法人员、检查对象，进行随机检查。全年共抽查排污单位185家次，其中重点排污单位85家次，一般排污单位100家次，抽取执法人员370人次，对随机检查中发现的2起环境违法行为，进行了立案查处；联合临汾市城市管理局、临汾市市场监督管理局、临汾市公安局三部门对临汾市城镇污水处理设施污染防治情况、全市生态环境监测机构和机动车尾气排放检验检测机构共同开展部门联合双随机活动，出动执法人员32人（次），抽查企业16家，并将随机抽查结果按要求全部录入平台，通过网络公告公示，增加了执法工作的透明度。

【互联网+监管】 2021年，临汾市生态环境局为深入贯彻落实党中央、国务院关于创新监管方式、推行“互联网+监管”改革要求，根据《关于国家“互联网+监管”系统工作门户试运行的通知》，执法队通过市政府电子政务外网在国家和山西省“互联网+监管”系统每月录入执法监管信息。全年录入监管业务数据423条，监管行为数据覆盖度79.31%，达到国办监管行为数据覆盖度70%的要求，监管数据完成情况在全市34个市直部门中名列第九。

【科技监管】 2021年，临汾市“环保用电监管系统”涉及电力、焦化、钢铁、化工、洗煤、铸造、水泥（含粉磨站）、搅拌站、砖瓦窑、石灰窑等10类重点涉气企业及城镇生活污水处理厂。已安装完成494户，平台共计上线运行494户。其中产污设施数量2393处，污处设施数量1782处，监测点位6234个。全年用电监管系统录入管控方案281套。该系统使用以来，根据监管平台报警信息，核实发现了一批未按规定执行错峰生产和重污染天气预警管控措施的企业，均予以查封处理。在焦化、钢铁、水泥三个行业37户企业安装了工业企业无组织粉尘视频监管系统，系统可实现对明烟、明火、扬尘、秸秆焚烧等污染现象的实时报警，尤其是在春耕、夏收、秋收时，对秸秆焚烧监管起到了威慑作用。各相关分局根据系统推送的报警信息，及时安排执法人员现场核查，对查证属实依法处理。

【案件处罚】 2021年，临汾市生态环境领域共立案582起，处罚7839.01万元；查封扣押104起，拘留移送13起，涉嫌污染犯罪移送案件3起。其中，市本级立案58起，处罚1263.8万元；县级立案524起，处罚6575.21万元。

【扫黑除恶专项工作】 2021年，临汾市生态环境局执法队结合生态环境工作实际，坚持常态化开展生态环境领域扫黑除恶工作，能够做到同业务工作同安排同部署同落实。按照中共临汾市纪律检查委员会《关于做好整治沙霸、矿霸腐败及“保护伞”工作有关事项的通知》要求，对全市所有涉沙涉矿企业开展地毯式排查，经排查临汾市共有沙场企业57家，采石场173家。截至2021年11月，临汾市共对8家沙场厂进行处罚，罚款共计37.7万元；共对20家采石场进行处罚，处罚金额为174.06万元。全市生态环境领域在执法监管和巡查工作中未发现砂霸、矿霸腐败和“保护伞”情形。（田文静　韩精华）

教　育

综　述

【概况】 2021年，临汾市共有各级各类学校1845所。其中，幼儿园857所，小学705所（另有157个小学教学点），普通中学234所（初级中学109所、九年一贯制学校67所、完全中学24所、高级中学25所、十二年一贯制学校9所），中等职业学校40所（职业高中33所、普通中专6所、成人中专1所），特殊教育学校9所。全市各级各类学校在校生总数628549人，教职工总数63873人，其中专任教师50938人。

2021年，全市教育经费总收入达86.11亿元，其中，国家财政性教育经费71.4亿元（一般公共预算安排的教育经费711292万元，政府性基金预算安排的教育经费2605万元，国有及国有控股企业办学中的企业拨款94万元），民办学校中举办者投入4458万元，捐赠收入1743万元，事业收入14.01亿元，其他教育经费收入829万元。

2021年，全市各级各类学校教育经费总支出为88.73亿元，其中工资福利支出56.62亿元，对个人和家庭的补助支出4.97亿元，商品和服务支出16.69亿元，其他资本性支出9.38亿元，基本建设支出0.86亿元，经营支出0.01亿元，其他支出0.21亿元。

【党管教育】 2021年，临汾市教育局坚持党对教育工作的全面领导，以政治建设为统领，以党史学习教育为主线，统筹推进党的建设和教育教学改革，党建引领作用全面发挥。3月，全市1400余所学校，近70万名师生“共升一面旗、同唱一首歌、上好一堂课”，党史教育“点亮”临汾“开学第一课”；7月，“永远跟党走”主题音乐党课，学生用音乐、舞蹈、诗朗诵、情景剧等形式讲述百年党史，近百万人在线观看；“书记、校长进课堂讲党史”、党史学习“双百活动”贯穿全年，1000余场党史教育宣讲，引导青少年学子学党史、知党恩、跟党走，筑牢了理想信念之基，省委党史巡回指导组组长王水成多次对教育工委的党史学习教育提出表扬，并建议在全市乃至全省推广学习。

【教育惠民政策】 2021年，临汾市学前教育资助、义务教育阶段补助、中职等职业学校学生资助、普通高中助学金和免学费、滋蕙计划、深度贫困县个人资助账户项目等共发放资金8546万余元，有72164名学生享受到国家资助。2021年生源地贷款工作顺利开展，发放贷款4.6亿余元，惠及学生62687人，有效保障了家庭经济困难高等教育学生的学费和住宿费。

2021年3月8日，临汾市教育系统党史学习教育“开学第一课”临汾一中活动现场　（市教育局供图）

【疫情防控】 为了做好2021年学校疫情防控工作，临汾市教育局根据《山西省新冠肺炎疫情防控工作领导小组关于进一步严格疫情防控工作的紧急通知》要求，结合市疫情防控实际情况出台10个文件，参加和组织召开疫情防控工作视频和线下会议约30场。组织对17个县（市、区）疫情防控工作全覆盖督查2次、不定期抽查8次，发现并整改问题15个，杜决疫情在校园内发生，确保了65万余名师生正常的教育教学秩序。

【体育运动会】 2021年，临汾市组织举办了近年来规模最大的中小学足球联赛，报名参赛队伍涉及10个县（市、区），34所学校，57支队伍，800多名教练员和运动员。市教育局以“推动普及、促进提高、选拔精英”为导向，以赛促练、以练促赛，搭建市、县、校三级联动、项目丰富、校内校外相结合的青少年体育竞赛平台，与市体育局合作，组织了全市青少年临汾市U系列各类体育赛事。通过比赛使学生有效地掌握了运动技巧，身心得到了有效发展。

【近视眼防控】 2021年，临汾市加大近视眼筛查工作。在尧都区、吉县试点县的基础上，增加了安泽县、乡宁县、侯马市3个试点县。聘请省级专家在临汾市开展儿童青少年屈光流行病防控培训，加大学校师生预防近视的培训力度，全年线上线下共培训3次。开展“近视防控宣传月”“全国爱眼日”主题宣传活动；组织全市师生积极参加全省教育系统“爱眼护眼、从我做起”主题系列评选活动。全市共2万余人次参加，并在全省取得了较好成绩。其中，主题绘画作品幼儿组优秀奖42名，小学组优秀奖22名，校报（刊）设计大赛小学组优秀奖2名，中学组优秀奖4名，优秀指导教师65名。尧都区教科局、翼城县教科局、霍州市教科局、襄汾县第一幼儿园获优秀组织奖。安排省级获奖作品进行全市巡展，临汾市近7万名师生观看优秀作品，社会反响强烈。 （李晓锋）

学前教育

【普惠性幼儿园建设及认定】 2021年，临汾市新建市第三幼儿园等公办园11所，认定普惠性民办幼儿园47所，超额完成省定任务16所。全市公办园在园幼儿占比达56.8%，普惠性幼儿园在园幼儿占比达88.4%，学前三年毛入园率达98.2%，均高于全国全省平均水平。

【规范幼儿园管理】 2021年，临汾市开展乡镇中心幼儿园认定工作，认定霍州市白龙镇中心园等50个乡镇中心幼儿园。落实监管责任，强化专业指导，优化办学条件，规范保教管理，全面提高农村幼儿园教育水平。改革幼儿园招生办法，市直、尧都区共有6所公办幼儿园统一采用摇号派位方式招生，做到公开、公平、公正、透明。临汾市第三幼儿园于2021年9月22日正式开园，开设了3个小班。

（李晓锋）

义务教育

【优化义务教育学校布局】 2021年，临汾市新（改、扩）建临汾一中第一附属学校等义务教育阶段学校21所；新建、改造乡镇寄宿制学校83所；根据省教育厅“通过3年时间，努力使全省80%以上的小学集中在乡镇以上，90%以上的初中集聚在县城”的要求，全市撤并义务教育学校222所（超额完成26所）。

【控辍保学】 2021年，临汾市教育局坚持将控辍保学工作作为巩固拓展“两不愁三保障”的主要内容和乡村振兴的有力抓手，从完善监测机制、加强问题排查，积极“送教上门”、加大政策宣传等方面强化责任落实。全年共排查义务教育阶段学校1141所，排查义务教育阶段在校生数296193人；年底控辍保学专项检查中未发现有失学辍学问题。

【公民办同步招生】 2021年，临汾市教育局出台3个招生文件和4个配套文件，从严执行“十项严禁”，坚决贯彻落实省市招生工作会议精神。全年临汾市小学一年级共招收学生43498名，初中一年级共招收学生40364名，高中一年级共招收学生29070名，整体招生较为平稳。 （李晓锋）

高中教育

【普通高中集团化模式改革】 2021年6月，安泽一中新加入临汾一中教育集团，全市17个县（市、区）的19所公办高中参加了高中集团化改革。各集团学校不断深化高中课堂教学改革，着力突出人才培养模式改革，课堂教学模式改革，教学管理机制与手段改革。通过加强高中教育视导，实施连续稳定的教师跟岗培训、轮训办法，借助互联网拓宽教师培训和信息来源渠道，打开教师视野，提高教师专业素质，集团化办学优势得到充分发挥。全市普通高中教学质量明显提高。

【高考质量】 2021年，临汾市高考参考人数3.4万人，比2020年少4035人。全市二本B以上达线率（包括一本）61.26%，比2020年提高了7.58个百分点；一本达线率21.58%，比2020年提高了3.36个百分点。全市共有13名同学被清华北大录取（隰县一中实现了全市自清北实施国家贫困地区专项计划以来零的突破）。 （李晓锋）

职业教育

【概况】 2021年，临汾市共有38所中等职业学校。其中普通中专4所（含1所民办，山西师大临汾学院2021年取消中等职业教育办学资质），公办职业高中和职业中专学校19所（含临汾市特殊教育学校职高部），民办学校15所（2021年新增一所临汾京师智达职业中学），中等职业学校在校生共26136人。

【招生资质核查】 2021年，临汾市教育局组织核查工作组对辖区内40所中等职业学校（含2所省属中职学校）招生资质进行了全面核查。全市具备中等职业学历教育招生资质的学校有21所；要求16所暂时允许招收中等职业学历教育学生的学校进行限期整改；取消中等职业学历教育招生资质学校1所；剩余2所省属学校招生资质由省教育厅公布。

【专业建设和项目申报】 2021年，临汾市教育局调整全市中职专业设置，为全市5所学校新增职业高中专业9个，省教育厅为2所学校新增职业中专专业3个，专业布局与经济社会发展需求人才契合度不断提高。乡宁县职业中学、襄汾县职教中心、曲沃县中等职业技术学校、临汾人民警察学校4所学校被评为省级高水平中职学校；开展了品牌专业和高水平实训基地建设项目的申报、初审和推荐工作，共推荐10所中等职业学校的15个高水平实训基地项目、9所中等职业学校的15个品牌专业项目。

【职业院校技能大赛】 2021年，临汾市共107名教师、354名学生，参加山西省第十五届职业院校技能大赛，荣获多个奖项。临汾市教育局荣获团体奖三等奖，临汾职业技术学院荣获优秀组织奖、2名优秀裁判员、1名优秀工作者。教学能力比赛获一等奖1个、二等奖3个、三等奖5个；荣获技能大赛中职组一等奖的有9项、二等奖56项、三等奖115项；荣获技能大赛高职组一等奖的有11项、二等奖18项、三等奖40项；业务能力组获一等奖2名（全省共6名），入选省队进行国赛，获二等奖1名、三等奖3名；“最美中职班主任”提名奖2名；班主任能力大赛现场决赛直播最佳人气奖2名。

【“少年工匠心向党 青春奋进新时代”主题教育活动】 为庆祝建党100周年，临汾市启动了“少年工匠心向党 青春奋进新时代”主题教育活动和文明风采活动。全市遴选120件作品参赛，获得省级大赛一等奖12个、二等奖23个，三等奖31个。 （李晓锋）

教师队伍建设

【概况】 2021年，临汾市共有中小学、特教、幼儿园教职工60810人，专任教师48519人。专任教师中，城区14859人、镇区23211人、乡村10449人。各学段教职工人数分别为：特殊教育教职工271人，高中教职工13482人，初中教职工13434人，小学教职工20067人，学前教育教职工13556人。中等职业教育学校教职工3063人，其中普通中专636人、成人中专27人，职业高中2400人。

【师德师风建设】 2021年，全市教育系统开展了为期6个月的师德专题教育，市教育局印发了《中小学有偿补课和教师违规收受礼品礼金问题专项整治工作方案》，专项整治自2021年9月开始，到2022年3月结束，专项整治期间，接到并查实举报件15件；严厉查处师德失范事件，全年接件69件、办结69件、查实32件，警示处理了一批师德不正、行为失范的从教人员，优化了教育教学环境。

【教师培训】 2021年，临汾市教育局全面加强教师培训提升。通过“全员培训”“国培计划”“信息技术2.0”等各类教师继续教育培训，共培训教师4万余人次。信息技术应用能力提升培训项目县翼城县、襄汾县、乡宁县、安泽县培训工作全部完成；组织168名教师参加省市组织的其他培养培训。

【义务教育校长、教师交流和“三区支教”】 2021年，全市符合交流条件的校长(含副校长)392人，实际交流105人，占比26.78%；符合交流条件的教师6552人，实际交流928人，占比14.16%，其中，符合交流条件的优秀骨干教师1321人，实际交流344人，占比26.04%。高标准完成了省定校长教师交流10%、骨干教师交流20%的目标。继续落实“三区”人才支持计划，在平川县和市直学校选派了19名教师对口参加山区县的支教工作。

【“双挂”工程】 2021年，临汾市教育局实施第三、四期“双挂”工程，上挂中小学教师119人，下挂中小学教师1010人，促进基层学校教育教学水平提升。

【教师评优评先】 市级2020—2021学年度“三优”评选活动，共评出优秀班主任100名、优质高效课200节、优秀教研团队60个；共推选41名教师参加省、市组织的各类评优评先活动；“全国优秀教师”称号获得者、汾西县勍香镇九年一贯制学校副校长谷婷婷获选“临汾市十大新闻人物”。

【教师招聘工作】 2021年，全市通过公开招聘，招聘教师734人，“特岗计划”招聘教师277名，安置30名公费师范毕业生。

【教师资格定期注册工作】 2021年，临汾市教育局根据《山西省教育厅关于开展2021年全省中小学和幼儿园教师资格定期注册工作的通知》，组织开展了第二期定期注册，10月底顺利完成，注册合格教师5688人。

【语言文字】 2021年，临汾市完成普通话水平测试2439人。第24届“推普周”以“普通话诵读百年伟业，规范字写时代新篇”为主题，开展了丰富多彩的宣传活动，取得了良好推普宣传效果。市教育局印发《关于实施学前儿童普通话教育“童语同音”计划的通知》，统筹推进“十四五”期间学前儿童普通话教育、幼儿园语言文字达标建设和验收、幼儿园教师普通话培训和测试工作。以“传承中华经典，庆祝建党百年”为主题，组织参加了全国第三届中华经典诵写讲大赛，“诵读中国”参赛作品3个入围、2个获奖。

【励耕计划】 2021年，临汾市教育局根据《山西省教育厅关于开展2021年中央专项彩票公益金教育助学项目励耕计划的通知》，推荐232名贫困教师和9名特困教师参加申报并获得资助，共获得资助资金257万元。（李晓锋）

教育管理

【教育信息化建设】 2021年，临汾市教育局积极推动市级中小学校数字化校园建设工作。全市共申报试点校46所，结合市级数字校园示范校建设标准和要求，首批确定市级示范校23所。5月11—13日，中央电化教育馆在临汾举办“中国梦，行动有我：全国中小学校本德育课程和教育案例征集展播交流研讨会”。来自全国25个省、市、自治区的300余名教育同仁和专家学者参加会议。临汾市教育局在会议组织、安排、接待等方面做了大量的工作，得到了上级领导和参会代表的好评。

【安全能力建设】 2021年，临汾市教育系统按照“政治稳定、机制健全、治安良好、校园和谐、师生满意”的总体目标，对照平安校园创建标准和要求，打造精细化平安校园。进一步压实各县（市、区）教育行政部门监管责任和学校主体责任，年初与各县（市、区）和市直学校签订安全目标管理责任书，先后组织召开18次安全工作会议，印发70余份文件。利用临汾市学校安全教育平台、全国中小学生安全知识网络竞赛等平台，在“全国中小学生安全教育日”、“5·12”防灾减灾日等重要活动节点，采取多种方式，做好消防、地震逃生、防踩踏、防溺水、国家安全、防欺凌与暴力等安全教育。全年组织四次安全隐患检查督查，下发79份学校安全督导检查专项行动督办卡，通过以查促改、边查边改、督查整改的方式，将学校安全隐患消除在萌芽状态，确保学校安全。2021年全市共创建市级平安校园69所、省级平安校园7所。

【网信工作】 2021年，临汾市教育局联合市委网信办等六部门在全市中小学校开展网络安全教育进校园活动。其间，先后3次邀请专家学者就网络安全相关内容进行讲座直播，全市中小学校师生累计观看达142.96万人次。年底对活动中涌现出的18个先进集体单位、40名优秀个人、200名网络安全小卫士进行了表彰。（李晓锋）

教育装备

【书香校园阅读活动】 2021年，临汾市在全国首届书香校园阅读教育教学成果交流活动中喜获骄人成绩。此次活动全国参选案例214个，临汾市教育局参选案例《书香浸润校园、阅读相伴成长》、曲沃乐昌中学参选案例《坚守书香、让生命自觉走得更远》、曲沃实验小学参选案例《一路书香一路芬芳》荣获优秀案例一等奖，尧都区实验小学参选案例《春催桃李竞芳菲》荣获优秀案例二等奖。临汾市教育局获得优秀组织奖。

【自制教具】 2021年，临汾市在山西省中小学优秀自制教具展评会中取得佳绩。共获得一等奖2个、二等奖4个、三等奖4个、优秀奖17个，襄汾县第一小学校马小茜老师荣获“山西省优秀自制教具能手”称号，临汾市教育技术装备管理中心获得优秀团体奖。

（李晓锋）

招生考试

【概况】 2021年，临汾市招生考试中心全年组织实施9类15次考试，参考人数178114人。其中，普通高考33828人（文科12721人、理科21107人），中考50589人，高中学业水平考试28032人，对口升学考试1937人，专升本考试3491人，自学考试4636人（上半年2337人，下半年2299人），成人高考15306人，教师资格面试8008人（2020年笔试通过的考生），教师资格笔试19929人（2021年新报名），研究生考试12358人。

【顺利实现“平安考试”目标】 2021年，临汾市教育局在各类考试组考中，通过采取抓疫情防控，保健康考试；抓关键环节，保安全考试；抓考试治理，保公平考试等有效措施，确保了各类考试安全、平稳、有序；开展“打击销售作弊器材”“净化涉考网络环境”“净化考点周边环境”“打击替考作弊”“清理整顿涉考培训机构和助考中介”5个专项行动，依法对考试环境进行全覆盖式的清理整顿，营造了公平、公正、温馨的考试环境。

【网巡平台及标准化考点建设】 2021年，临汾市招考中心投资近50万元对市级网上巡查平台进行了升级维护，尧都区、襄汾县、霍州市、侯马市、安泽县、大宁县、隰县等县（市、区）投资1900余万元，新建或升级改造部分标准化考点、购置5G多功能信号屏蔽器、金属探测仪，安装作弊防空系统，覆盖考场、考务办公室、保密室、卫生间等区域，有效遏制高科技作弊，有力保障了考试安全。

【招生考试改革推进】 2021年，临汾市普通高中学业水平考试非省统考科目语文、数学、英语三科在全省率先实行全市统一命题、统一考试，更好地避免了各普通高中学校对校考科目的不重视，维护普通高中学业水平考试的公平公正。对中考招生录取批次进行了微调，平阳中学、同盛中学、新华中学、同盛实验中学四所民办高中由原来的第四批次投档调整为第三批次投档，有效控制了“高分滑档”现象，满足了考生“学其所好、录其所愿”的愿望。市招生考试中心首次承担中考体测和普通高考英语机试，两类考试均平稳过渡。

【空军招飞】 2021年，临汾市有7名考生凭借过硬的身体条件、良好的心理素质及优秀的文化成绩，通过严格的初选、复选、定选三级选拔和政审考核，被中国人民解放军航空大学录取，录取数量位居全省第一位。市招考中心荣获2021年度空军招飞先进单位，临汾第三中学、曲沃中学校被评选为空军招飞“优质生源”基地。

【开展“我为群众办实事”活动】 2021年，临汾市教育局针对考生准考证丢失补办事项，设置“公众号”“准考证丢失招领登记”系统，增加补证时间，使考生通过平台可预约补办时间，预知补办所需材料，避免考生“空跑”，为考生提供了更加便捷的服务。针对高考“天价”志愿填报现象，在高考填报志愿期间，由市招生考试中心出资购置普通高考填报志愿软件，在全市普通高中设置11个报考咨询服务点，免费为考生提供高考志愿填报和招生咨询服务。

（李晓锋）

高等教育

【山西师大现代文理学院转设】 2021年，临汾市推进山西师范大学现代文理学院转设工作。新校区约27万平方米已移交校方使用，专任教师676人已按时到位，设施设备、申报资料已准备就绪，转设条件基本达标。

【“双高”建设】 2021年，临汾职业技术学院“双高”标志性成果52个课题（院级30个、省级22个）全部开题，申报的山西省社会经济统计科研课题被批准立项为十项统计学重点课题之一，被省教育厅确定为“高水平专业群”建设单位。

【省校合作】 2021年，临汾市坚持深化“省校合作”战略，与省内外高校共建大学生实习实训基地100个；全市进一步加强省校人才培养、引进、使用等方面的战略合作，与全国80余所一流高校建立优质生源基地12个；在全市优质学校、三甲医院、机关单位等建立31个大学生联合培养基地，培养重点高校在校生680余人。

（李晓锋）

高等院校选介

·山西电子科技学院·

【概况】 山西电子科技学院（筹）是由山西师范大学现代文理学院转设来的省属公办理工类普通本科高校，由省政府领导，省教育厅管理，实行省市共建，全日制在校生规模保持在12000人左右。2021年5月26日，转设工作已通过省高评委专家组考察验收，待教育部高评委专家组考察验收通过后，山西电子科技学院（筹）即转设转型成功。

学院总规划占地面积80.53公顷，校舍面积44万平方米。现在已有61.73公顷土地、23万平方米的建筑完成产权证办理，1.54万平方米的建筑已完成建设，还未办理不动产证。有15.86万平方米建筑在建。

学院以电子信息类学科为特色，工、理、管、文、艺多学科交叉融合，拟设置39个专业，其中工学22个、理学8个、管理学2个、文学1个、艺术学6个。学院现有专任教师676人，包括自有教师258人，退休返聘教师39人，山西师范大学派遣全时教师110人，兼职教师269人。从知识结构看，具有研究生学历的教师563人，占比83.3%；具有副高以上职称教师258人，占比38.2%。

学院现有教学科研仪器设备值达9868.23万元，图书总量68.24万册，教学实验实训室87个，“众创空间”1个，校外实习实训基地28个。2021年，学院与山西华翔集团公司联合申报，成功获批了山西省高等教育“1331工程”项目——金属材料智能成形产业学院。

【校园文化建设】 2021年，山西电子科技学院以贯彻落实“全程育人、全过程育人”为目标，提升青年素质能力，服务青年成长成才。组建19支院级队伍和6支系级队伍共300余人开展2021年暑期“三下乡”社会实践活动；选出9支具有代表性的团队进行事迹汇报；建立“专业梦想+”青年志愿者服务体系，进行志愿服务202次，涉及16889人次；开展19个“校园文化活动月”美育活动项目，营造出温馨和谐、积极向上的校园育人氛围；深化大学生志愿服务西部计划，2021年学院共对接优秀志愿者20人。“相约临汾”选拔优秀青年志愿者助力2021年中国网球巡回赛，志愿服务工作受到临汾电视台等媒体的广泛关注和报道。

【搬迁入住新校区】 2021年，山西电子科技学院成立搬迁领导组、资产清点小组、疫情防控摸排小组、疫情防护知识宣传小组、后勤服务保障小组、线上教学指导小组、开学综合协调督导小组全部运行，职责明确，任务细化。完成新校区10栋楼计1693间宿舍的开荒保洁工作和6874名学生的入住安排工作；累计清扫面积61831平方米；为教师准备了临时休息室，配备了被褥、柜子、脸盆等生活用具，解决了当地老师午休和外地老师的临时休息、住宿问题；参照人才引进相关规定，争取临汾市委、市政府支持，在滨汾花园一次性租赁人才公寓300套，解决了新入职教师的住宿问题。

【教育教学】 2021年，由中国管理科学研究院“中国大学评价”课题组组长武书连主持的“2021中国民办大学和独立学院评价”课题，于2021年3月结题，学院在全国399所民办大学和独立学院综合实力排行榜中列第95位，在升学率排行榜中列第14位。在全国181所独立学院综合实力排行榜中列第28位。硕士研究生升学人数189人，其中，历史系、生物系、化学系和地理系的录取率分别达到24.44%、23.71%、21.8%、18.63%。

学院鼓励和支持师生积极参加各类大赛，初步统计，学院全年共获得各类荣誉264项。其中国家级奖项75项（一等奖18项，二等奖9项，三等奖7项，其他奖项41项）；省级奖项188项（一等奖18项，二等奖49项，三等奖78项，其他奖项43项）。

全年学院共申报9大类48项课题，立项各类教学科研课题42项，申请专利1项，各类项目结项46项；师生发表论文109篇，其中，核心期刊14篇，学生论文44篇；获国家级大学生创新创业训练项目立项4项、省级16项。院长刘世民等获年度省教学成果奖（高等教育）二等奖，中文系学生段炳辰自主研发的“自动擦黑板装置”获国家实用新型专利授权。同时，举办学术报告45场，校外专家主讲14场。

【优先申报电子信息类专业】 2021年，山西电子科技学院主动适应山西省“六新”和14个战略性产业集群发展、临汾市经济社会发展要求，科学设置“十院两部”共39个专业，并抢抓有利时机、紧扣时间节点，围绕电子信息类学科成功申报了6个新专业。

【统筹谋划实验室建设】 2021年，山西电子科技学院整合学院原有实验室资源、临汾市政府和省财政厅出资支持的6000余万元教学仪器设备及企业资助仪器设备等，完成59个实验室建设工作。理科西区交付使用后，新建和搬迁实验室总量将由原来的66个增加到173个（含即将建成的工程创新实训中心的数控实训车间、智能制造实训车间等16个实习实训车间）。

【校企合作】 2021年，山西电子科技学院主动对接市政府、相关企业，已和晋南钢铁集团、平阳重工集团等10余家企业签订校企合作协议，撬动2000万元企业资助用于学校实验室建设、1750万元银行投资用于学校智慧校园建设。与山西华翔集团公司联合申报，成功获批山西省高等教育“1331工程”项目一项，即金属材料智能成形产业学院获批。 （成文鹏　薛建红）

·山西师范大学临汾学院·

【开展“素质提升年”活动】 2021年，山西师范大学临汾学院（简称：临汾学院）结合发展需求和实际，确定2021年为临汾学院“素质提升年”，制定符合实际、切实可行、有操作性、便于考核的实施方案，发挥领导干部带头作用，确保人人置身其中，人人受到教育，人人得到提升。重点关注教师知识水准和授课水平、教师学历职称、教学科研成果质量、管理队伍素质等方面，并将开展情况纳入考核，通过“老带新”“传帮带”等方式，将好做法、好经验进行分享和传播。教师队伍素质和水平明显提升。

【师资水平和教学能力提升】 2021年，临汾学院落实教育部等六部门《关于加强新时代高校教师队伍建设改革的指导意见》，抓实教学管理工作，提升教育教学质量，夯实人才培养基础，筑牢学院发展的根基，特别是加强教师队伍师德师风建设，引发了学院思政建设工作方案，教师队伍思政水平得到提升。推进教学常规管理规范化建设，提升教学质量检测水平，先后组织学生评教、教案检查、师生座谈会、师生赛讲等，加强师生沟通交流，通过点评自评，明确提升方向。2021年，学院专升本报名人数达到1200人，录取778人，录取率达到64.83%。

【产教研实现多元融合】 2021年，临汾学院发挥教学科研在学院教育事业发展中的先导作用，推进学院教育事业的持续健康协调发展，召开第二届教学科研工作大会，对2021年教学科研工作进行了统筹安排。学院新制定完善教学、科研制度4个；10多个青年科研团队陆续进行了开题宣讲；对过去一年师生发表的科研课题、论著进行了奖励；对在学院教学科研工作中表现优秀的40位师生进行了表彰。完善教学科研相互促进、校企合作共同培养的模式，继续深化空中乘务、养老育婴、康复保健、酒店管理等专业的校企合作，推进产教融合，拓展办学资源。

【校园文明创建】 2021年，临汾学院打造学院志愿服务队品牌形象，先后3次被临汾电台、报纸报道。开展“我们的节日”系列活动，推进文明校园、书香校园建设，开展“经典诵读”活动，4月，在“读书日”来临之际邀请临汾市图书馆到校宣传，加强校园文化建设力度。

【师生文体活动】 2021年，临汾学院组织全院青年学生开展了“学党史、强信念、跟党走”暨纪念五四运动102周年主题团日活动。学院举办“不忘初心跟党走，青春筑梦新征程”主题五四表彰大会暨文艺演出活动。举办庆祝“七一”建党一百周年文艺晚会，丰富了师生的文化生活。组织开展涵盖5个项目、1000余名师生参与的校园趣味运动会。部分系部联合举办篮球对抗赛，组织师生参加宣传部、工会等组织的职工篮球赛、足球赛等。

（刘玉龙　申　贤）

·临汾职业技术学院·

【概况】 2021年，临汾职业技术学院统筹新冠肺炎疫情防控和教育教学工作，成功入选省级“双高计划”建设项目，招生就业稳中有升，科学研究硕果累累，产教融合进一步深化，获得国家和山西省各类奖项67项，迈进山西省高职院校第一方阵。

【办学实力增强】 2021年，临汾职业技术学院机电一体化（智能制造）专业群成功入选山西省“双高计划”建设项目，首次参加全国职业教育改革创新成就展，高位展示学院办学成果；首次成功协办全国生物技术职业教育年会，成功承办山西省第十五届职业院校技能大赛护理（中高职）赛项，师生技能大赛获省级以上奖项39项，取得比赛成绩和交流合作双丰收；与美国犹他大学商学院签署“健康管理培训项目”合作意向书，开启国际化合作办学新模式。

【办学规模与师资培养】 2021年，临汾职业技术学院整合宣传资源，拓宽招生渠道，建立生源基地，完成招生3154名，举办毕业生网络双选会，实行领导班子包系包班及就业率日报告制度，就业率达95.38%。强化教师职教能力培训，组织49名教师深入企业实践锻炼，组织300余名教师参加线上教师素质能力提升培训讲座，邀请多名专家教授开展线上线下专业知识讲座，组织举办校内青年教师教学基本功竞赛，参加全省教师教学能力比赛，荣获各类奖项4项，推进岗课赛证融合。段江燕、张会丽教授分别入选国家行指委和教指委委员，食品生物技术教学创新团队荣获山西省职业教育教师教学创新团队。

【政行校企协同发展】 2021年，临汾职业技术学院与临汾开发区、尧都开发区、浮山县等签订战略合作协议，与10余家企业签订校企合作协议，完成高职院校书记院长拜访企业各100家任务；智能制造（产教融合）实训基地建设项目成功立项，争取到8000余万元政府债券资金；超额完成“人人持证技能社会”3352人的取证任务，2021届毕业生技能证持证率超100%，培训新型产业工人260人，助推当地经济社会转型发展。

【附属医院提质增效】 2021年，附属医院全年门诊量24.4万人次，出院量1.5万人次，手术5400余例；优化设置内镜中心、日间手术室，顺利通过胸痛中心、卒中中心评审，广泛运用腔镜、介入治疗等新技术、新项目；积极承担高速口、高铁站等疫情防控检测任务，深入安泽县、隰县开展“千名医师进万家”活动；附属医院两个院区整合优化升级，异地新建项目有序推进，为建设三级综合医院奠定坚实基础。

【专业结构优化】 2021年，临汾职业技术学院主动对接临汾“十四五”产业转型升级新布局，持续优化调整专业结构，撤销4个专业，新增3个专业；完成2个省级骨干专业达标验收。

【教科研成果】 2021年，临汾职业技术学院成功立项省级课题24项，荣获山西省教学成果奖2项，获批临汾市科技局软科学项目2项；发表省级以上论文81篇，其中被北大核心收录5篇，被SCI收录1篇，获批新型实用型专利7项；完成郑荣华博士工作站筹建工作；学生在科研成果上也实现了零的突破，生科系学生获批实用性专利2项、发表论文2篇；荣获“山西省科普教育基地”称号；首次参加全国大学生数学建模竞赛，斩获国家级奖项1项、省级奖项11项；首次参加全国“外研社国才杯”英语大赛演讲比赛荣获省级一等奖。

【学院基础设施建设】 2021年，临汾职业技术学院推进校区建设，将校园扩建所需33.33公顷土地纳入尧都区“十四五”国土空间规划，理顺游泳馆、射击馆租用土地1.87公顷征收手续；投资510余万元征回操场租用土地3.31公顷，投资540余万元维修改造校园建筑，投资70余万元建成标准公共卫生间1座，创建“一站式”学生服务中心，光纤改造电话100余部。

【召开“双高计划”项目建设启动大会】 2021年7月6日，临汾职业技术学院召开“双高计划”项目建设启动大会。临汾市人民政府副市长、市“双高”建设领导组组长闫建国出席大会并讲话，学院党委书记、市“双高”建设领导组副组长傅遵师作部署讲话，学院党委副书记、院长、市“双高”建设领导组副组长段江燕主持会议并与项目负责人签订责任书，市委组织部常务副部长崔山原、市政府副秘书长张林海、市“双高”建设领导组成员单位负责人、校企合作企业代表、学院副科级以上领导干部、专业群建设系部全体教师，共300余人参加会议。

【协办全国生物技术职业教育年会】 2021年10月16—17日，全国生物技术职业教育年会在山西省晋中市举行。受全国生物技术职业教育教学指导委员会邀请，学院首次协办此次全国生物技术职业教育年会。全国生物技术职业教育教学指导委员会主任朱桢、中国科学院院士杨焕明出席会议，学院院长段江燕作为教育部生物技术职业教育教学指导委员会委员出席会议并致辞。

【山西省第十五届职业院校技能大赛举行】 2021年10月22日，山西省第十五届职业院校技能大赛“天堰慧医杯”护理（中高职）赛项在学院举行。大赛由山西省教育厅、山西省人力资源和社会保障厅、山西省总工会、共青团山西省委员会、临汾市人民政府主办，临汾职业技术学院承办，山西省职业技术教育卫生食品药品类专业教学指导委员会、山西省护理学会、天津天堰科技股份有限公司、慧医（天津）教育科技有限公司、上海康仁医学仪器设备有限公司、上海弘联医学科技有限公司、浙江弘德医疗设备有限公司、扬州大海医疗器械有限公司协办。本次大赛吸引来自全省51所中高职院校的73支参赛队伍共220名师生参加。

（解鹏飞）

·临汾开放大学·

【学校名称更改】 2021年，按照教育部和国家开放大学总体部署、山西省人民政府批复，2021年3月学校名称由临汾广播电视大学更名为临汾开放大学，加挂临汾老年开放大学牌子。业务由原来的以远程学历教育为主，变成了学历教育、非学历教育培训以及服务社会项目（社区教育、老年教育和农村干部学历提升工程）三大类业务，形成了“一套人马、三块牌子（临汾开放大学、临汾社区大学、临汾老年开放大学）、一个法人”的管理和运行体制。

【规范教育管理规程】 2021年，按照开放大学赋予的新任务及转型发展的需要，在原有基础上建立和健全教学和管理制度，通过召开教学现场工作会、教学检查活动以及导学服务管理等形式，加强教育管理，治理“三乱”，规范系统办学，促进教学、考试等过程规范化、制度化。

【招生育人规模扩张】 2021年，临汾开放大学突破招生瓶颈，招生育人成果喜人。采取新增站点建立中心工作站、加大招生宣传、寻求新的行业合作伙伴等办法，全年招收开放教育本、专科3551人，农村干部学历提升工程实现了全市全覆盖，累计招收2799名学员。

【组织实施各类考试】 临汾开放大学组织2021春季、秋季期末考试，实现平安考试的目标。全市17个考点总考次66793次，各类学员按期毕业，本科毕业263人，专科1888人，累计毕业2151人。在籍开放教育本科1333人，专科7507人，农村干部学历提升工程本科358人，专科1348人，其他形式的在籍学员2200余人。

【农村干部学历提升工程】 2021年，临汾开放大学开展送教下乡工作，深入全市17个县（市、区）教学点开展党史教育巡讲，惠及农村干部1700余人。推荐农村干部学员参加省双创大赛，获得省级金奖第一名。

【提升科研与教师素质】 2021年，临汾开放大学出台《教师素质提升工程实施方案》等科研工作制度办法，制定教师队伍建设规划，实施“教科研团队建设计划”“中青年教师能力培养提升计划”，开展青年干部提质培优工程。组织农干学员参加“互联网+”大学生创新创业大赛，在第七届中国国际“互联网+”大学生创新创业大赛，取得了山西省职教赛道创意组金奖第一名的成绩，在全国比赛中荣获铜牌。

【社区教育品牌建设提档升级】 2021年，临汾开放大学通过完善师资库建设、加大教学资源建设力度、巩固示范点成果，拓展基地建设，深化社区教育品牌工作。拍摄了《平阳大地上的红色记忆》《书法欣赏》《平水韵系列视频》微课程300集，精选采购了1000个老年教育、家庭教育等网络课程供学习者免费学习，在巩固五个示范教学点基础上，向中国成人教育协会推荐了临汾草编品牌，新增中国银行临汾分行教学示范基地。

【老年教育探索出新模式】 2021年，更名后的开放大学，被赋予了开展老年教育的新功能。在调研基础上，发挥市委老干部局原有的管理优势和临汾开放大学的专业优势，围绕老年教育的教学点设立、老年教育活动普及推广以及利用现有老年大学的机制体制开展老年大学活动，与市委老干部局签署战略合作框架协议，加强全市老年教育工作。（李全晓）

科学技术

科技工作

【概况】 2021年，临汾市科技局编制完成《临汾市“十四五”打造一流创新生态，实施创新驱动、科教兴市、人才强市战略规划》和《临汾市“十四五”新技术发展规划》两个专项规划的送审稿，已通过合法性审查和专家评审。根据省委、省政府《关于加快构建山西省创新生态的指导意见》，制定了《临汾市全面构建创新生态工作方案》。为了深入实施创新驱动发展战略，激发社会自主创新活力，对《临汾市“市长创新奖”奖励办法》进行重新修订，新修订的《临汾市“市长创新奖”奖励办法》已经市政府第130次常务会议审议通过，于12月29日正式印发。

【“星创天地”建设推进】 2021年，临汾市科技局“星创天地”作为农村“大众创业、万众创新”的有效载体，激发了农业农村创新创业活力，优化了农村创新创业环境，推进了全市巩固拓展脱贫攻坚成果同乡村振兴有效衔接工作。2021年，全市新认定省级星创天地4家，分别为戎子酒庄星创天地、山西政拓星创天地、山西省临汾市隰县野里垣农特产品星创天地和汾西县玉露香梨星创天地。

【众创空间建设与认定工作】 2021年，临汾市科技局加强和规范全市众创空间建设，提升运营服务水平和创新发展能力，做好众创空间奖励工作，积极培育省级众创空间，全市共认定省级众创空间4家（新认定2家、重新认定2家）。2021年市级众创空间，采取常年申报、分批评审认定的方式，共认定6家市级众创空间。

【组织企业参加第十届中国创新创业大赛】 2021年，临汾市科技局根据《关于举办第十届中国创新创业大赛山西赛区比赛的通知》要求，广泛动员、积极组织符合条件的企业报名参赛，全市共4家企业获奖，其中一等奖1名、二等奖2名、三等奖1名。临汾博利士纳米科技有限公司获第十届中国创新创业大赛新材料、新能源、新能源汽车、节能环保全国赛“优秀企业”奖。

【深化省校合作】 2021年7月19日，临汾市科技局召开“高校科研平台延伸基地、高校科技成果转化基地”工作推进会，并积极主动与省科技厅相关处室进行对接，推进工作开展。在征集企业技术需求的基础上，主动与高校联系、对接，截至2021年12月底，临汾市已与省内外高校开展“两大基地”签约合作项目有75项（其中平台延伸基地33项、科技成果转化基地42项），涉及能源、环保、生物医药、食品加工、种植、文化等多领域，达成合作意向23项（其中平台延伸基地5项、科技成果转化基地18项）。

【综合绩效考核】 2021年，临汾市科技局将高新技术企业数量纳入各县（市、区）政府目标责任考核体系。健全培育机制，建立高新技术企业培育库。把科技型中小企业入库作为高新技术企业“育苗计划”的有力举措，发展科技型中小企业，以科技型中小企业为基础建立高新技术企业培育库，对入库企业进行分类辅导。截至年底，全市共有127家企业获得入库编号。加强专业培训，提升全市高新技术企业认定工作的质量和水平。落实高企奖励政策，激发企业自主创新活力。已落实市级奖励资金200万元，要求奖金全部用于奖励研发团队，激励企业开展科技研发。

【发挥科技成果转化服务平台专业服务功能】 2021年9月24日，临汾科技成果转化服务平台正式上线，标志着临汾市科技成果转化工作迈出了新的坚实步伐。该平台面向全市服务企业，以技术项目孵化、科技成果转化为目标，汇集、整合省内外科技资源，通过引入需求、整合供给，破解技术成果转移转化过程中“最先一公里”和“最后一公里”的问题。截至12月底，已经举办了4场大型活动，即平台上线仪式、“汇智清华·创享临开”嘉年华系列活动、清华校友三创项目临汾行、创享行双创沙龙（临汾专场），发布科技政策信息1049条，集聚各行业专家导师111人，上传专业服务机构84家，发布科技成果60条，发布技术需求8条，对接高校院所12家。

【市级科技计划项目申报立项工作】 2021年，临汾市级科技计划项目采取常年申报，分批评审立项的组织方式。全市科技计划项目分两批共立项42项，下达科技研发专项资金406万元，其中，重点研发计划项目21项，共292万元；科技成果转化引导专项项目4项，共85万元；软科学研究计划项目17项，共29万元。

【科技创新券实施】 2021年，临汾市科技局贯彻落实《山西省科技创新券实施管理办法》，降低科技型中小微企业创新投入成本，盘活全市科技创新资源，激发全社会创新创业活力。利用好省、市财政资金共同组成创新券专项资金，支持科技型中小微企业利用国家级与省级重点实验室、工程技术研究中心、科技基础条件平台、高等院校、科研院所以及企业等资源开展研发和科技创新活动。发布《关于启动2021年科技创新券工作（第二期）的通知》，组织企业申领使用2021年度创新券，已下达资金25.7万元。

【创新平台建设】 2021年，临汾市科技局重点支持企业与高等院校、科研院所合作共建重点实验室、工程技术研究中心、企业技术中心、院士工作站、博士后流动工作站等研发机构，选择符合国家产业政策、拥有自主知识产权、具有较高的研发组织管理水平和成果转化能力的企业重点培育。全市有3家省级工程技术研究中心、1家省级重点实验室，按照省厅发布的平台基地申报指南，组织山西通才工贸有限公司等3家企业申报省级重点实验室。9月23日，印发了《临汾市重点实验室建设与运行管理办法（试行）》《临汾市工程技术研究中心管理办法（试行）》文件。依据《临汾市工程技术研究中心管理办法（试行）》，已认定临汾市超细晶高强韧钢工程技术研究中心等6家工程技术研究中心为临汾市工程技术研究中心。

【做好外国人来华工作许可“审管联动”】 2021年，临汾市科技局严密防范境外疫情输入与扩散，加强信息核实与统计，掌握在临汾外国专家情况，密切关注行程、健康等情况，要求相关企业、学校报送外籍专家入境人员信息表，严格按时间和要求及时上报市政府外国人到临疫情防控情况统计。9月1日，市行政审批局会同市科技局、市公安局及全市聘用外籍人员工作的13家用人单位的负责人、业务经办人员联合召开临汾市外籍人员来华工作许可“审管联动”工作探讨交流会。截至12月底，全市各企业和学校共13家单位，引进外籍各类人才22人。

【助力乡村振兴】 2021年，临汾市科技局对全市10个山区县的主导产业与特色产业发展科技需求进行了认真梳理和分析，积极与各县（市、区）科技部门共同开展“三区”人才派出单位受援单位精准对接。全市共选派了10个科技特派团，每团15名技术服务专家，其中永和县、大宁县科技特派团分别是17名和16名技术专家，并签订了山西省“三区”人才技术服务三方协议书。153名科技特派员深入全市10个山区县农村基层，开展创新创业、技术指导和培训等工作，及时解决农业关键技术问题和技术需求难题，为企业、农民专业合作社等提供科技服务。据统计，全市科技特派员们累计服务乡镇54个，服务村庄235个，建立示范基地61个，为受援地引进项目14项，培养基层技术骨干327名，开展培训128场次，培训5800余人次。（杨 艳）

科研机构

·小麦研究·

【概况】 2021年，山西农业大学小麦研究所以小麦研究为主，同时开展玉米、大豆、花生等作物种质创新与新品种选育、配套高产栽培与有机旱作技术研究等的综合研究机构。应用研究与基础研究并重，着重研究解决全省小麦特别是晋南地区主要种植作物生产中的重大技术问题，是校市合作的桥头堡、地方经济发展的服务区、本科生实践教学和专业学位研究生培养的新平台。下设水地育种研究室、有机旱作研究室、综合化验室、植物保护研究室、经济作物与杂粮研究室、分子育种研究室、蔬菜林果研究室、特色作物研究室、玉米作物研究室、高寒作物研究室10个科研科室和党政办公室、科研办公室、社会服务办公室、后勤保卫科、组织人事科、财务资产科、隰县农业试验站7个管理科室。

拥有所部、韩村、洪堡和隰县试验站4个试验基地，面积3900余亩；建有谷物品质分析测试中心、小麦细胞工程与分子育种实验室、土壤植物生理实验室和有害生物综合治理实验室，仪器设备总价值2000余万元；是国家小麦产业体系临汾综合试验站挂靠单位。

【科研项目与经费】 2021年，小麦研究所在研科研项目56项。其中国家级科研项目3项，新增2项；省级科研项目14项，新增4项，青年基金面上项目1项、重点研发6项、软科学项目1项、回国留学人员科研项目1项、中央引导地方科技发展资金计划项目1项、中央引导地方科技发展资金计划项目1项、省小麦产业体系1项、山西省基础研究计划项目2项；院（市）级项目37项，新增16项；横向课题2项。到位经费413.3万元，其中国库科研项目经费192.5万元、基本户经费220.8万元。

【科研成果与专利】 2021年，小麦研究所审定（登记）作物新品种10个，其中国审大豆品种1个——晋豆50；山西省审定小麦品种4个——晋麦108、临麦5311、紫麦8555、临农4357，玉米品种3个——临玉30、先丰9号、大槐88，大豆品种1个——晋黄10号；小黑豆品种1个——隰洲小黑豆1号；1个品种获植物新品种权——临麦5311。

授权国家专利8项。其中发明专利5项、实用新型专利3项。

发表科研论文31篇，其中SCI论文7篇，核心期刊10篇、省级以上论文14篇。

【重大科研进展】 中国博士后科学基金面上项目“小麦穗粒数调控基因TaMYB15的功能研究”（2020M670701）项目研究进展。RNAi降低TaMYB15表达量使转基因株系苗期生长和成株期产量性状受到抑制，随TaMYB15表达量降低，抑制程度增加。除成熟期和千粒重差异不显著外，成株期的株高、穗长、穗粒数和小穗数均随TaMYB15表达量的降低而减少。对40份不同麦区、表型差异大的材料测序发现CDS序列中存在TaMYB15-A和TaMYB15-G两种单元型。回交导入系研究单元型效应发现，与G型相比，A型的株系穗粒数、株高、小穗数和分蘖较高，其中穗粒数和株高差异显著，进一步证明TaMYB15通过穗粒数和株高等性状参与产量的形成，且TaMYB15-A为优异等位变异。相关结果于2020年发表在Ⅱ区TOP期刊Journal of Experimental Botany（IF6.992）上。

新品种晋豆50号。2021年通过黄淮夏大豆中片国审（已公示），2021年被列为山西省主推品种。该品种是一个高抗、高油，高产、广适的大豆新品种。经鉴定晋豆50号高抗花叶病毒病3号株系和7号株系，抗病毒能力强。籽粒中粗脂肪含量达21.71%，属高油品种。在2018—2020三年麦后夏播示范推广田中，平均亩产比对照晋豆19号增产11.2%，亩增产20千克以上。

一种小麦玉米一年两熟轮作区光热水肥高效栽培方法。综合运用微喷（滴）灌少量多次肥水管理、麦玉品种播期双改和一体化精准施肥技术，实现小麦-玉米周年双高产和光热水肥高效利用。小麦、玉米两季较漫灌增产13.21%~14.72%和20.96%~23.22%，水分利用效率提高43.97%～47.69%和60.45%~77.66%，氮磷钾肥利用率提高3.35%~10.62%、0.61%~5.32%和1.82%~9.22%。

【品种、技术转让】 2021年，有9个作物新品种实现有效转化，转让收入金额58万元。其中小麦新品种品育8155转让收入7万元，临旱8号转让收入4万元、临麦5311转让收入5万元、晋麦95号转让收入3万元、临研151转让收入8万元。玉米新品种晋科13号转让收入10万元，向日葵新品种临葵4号转让收入2万元，另有2020年转让2021年到账的大豆新品种晋豆37号2万元，兰库8017转让收入10万元。

【校企合作】 2021年，小麦研究所积极与浮山县、尧都区、曲沃县、新绛县、芮城县5县（区）接洽开展校地合作洽谈，并与浮山县气象局、洪洞县气象局、芮城县农业农村局签订合作协议；与汾酒集团、云丘山、瑞恒农业、晋之风、宗酒等企业开展技术服务合作，其中大麦课题组与山西宗酒酒业股份有限公司签订合作协议、与新绛县瑞恒农业股份有限公司达成合作意向，申报运城良繁基地和运城市黄汾流域小麦工程技术研究中心，与临汾市尧都区硕丰种植专业合作社签订选育鲜食优质甘薯新品种的合作协议。

【社会服务项目】 2021年，小麦研究所参加省科技厅“三区”科技特派员22人，获支助经费44万元，服务浮山县、古县、大宁县、永和县、隰县、万荣县6个县，其中浮山县、古县由小麦研究所担任特派团团长，组建古县科技服务团队和浮山科技服务团队，对接市科技局和市农业农村局，深入村镇企业和合作社开展果蔬、中药材、杂粮等技术服务。

【基地平台建设】 2021年，小麦研究所建成特色示范基地5个。分别为国家小麦产业技术体系临汾综合试验站与芮城县农业农村局建设小麦品种种植示范及旱地小麦一优四改优质高效栽培有机旱做示范基地、浮山科技特派团在浮山县槐埝乡建立了“优质小麦基地”、浮山县北王镇北王村建立的“小麦研究所校县成果转化优质甘薯桥北示范基地”、浮山县响水河镇梁家河建立了“小麦研究所校县成果转化黑小麦东陈示范基地”、临汾市尧都区乡村振兴人才驿站吴村站。

【社会培训】 2021年，小麦研究所举办和应邀授课培训的新型职业农民人数达6300余人次，韩村试验基地已成为临汾市农业新技术展示基地和新型职业农民实训基地，全年来所实训学习人员达到2000余人次。

【获奖情况】 2021年，小麦研究所“中强筋国审抗旱小麦品种品育8161、晋麦92号的选育及应用”项目、“抗旱优质高产小麦新品种晋麦97号选育与应用”项目荣获2021年山西省科技进步二等奖。

（李海燕）

·地方病防治研究·

【地方病防治项目工作】 2021年3月，山西省地方病防治研究所认真制定了山西省地方病防治项目技术方案，在5月组织召开的全省2021年地方病防治项目启动培训会上，安排部署了项目工作任务；同时，专家分别对各子项目执行细则进行了培训和讲解。11月底，山西省地方病防治研究所组织有关专家对11个市18个县开展了全省地方病防治项目技术指导工作，并于12月中旬，召开了2021年基本公共卫生服务地方病防治项目技术指导总结交流会议，保障了项目的完成进度和质量。全部项目工作已按照国家要求顺利完成。

【业务培训与交流】 2021年，山西省地方病防治研究所多次安排有关人员参加全国主要业务骨干会议。多次召开省级培训会，培训全省专业技术人员近300名，推动了山西省地方病防治人员业务素质。11月，省卫健委举办了全省地方病防治知识竞赛，共设五个单元竞赛，山西省地方病防治研究所获得四个单元竞赛的一等奖。

【健康教育与宣传工作】 2021年，山西省地方病防治研究所围绕第28届全国“防治碘缺乏病日”开展宣传，全省11个市117个县均围绕宣传主题“科学补碘健康一生”开展了宣传活动，省级主会场设在碘缺乏病历史重病区垣曲县。山西省地方病防治研究所微信公众平台开展防治碘缺乏病日宣传活动，宣传受众达60731人，完成有效答卷20441人，取得了较好的宣传效果。深入基层宣传。山西省地方病防治研究所专家多次参加市县电视台或综合广播电台的健康讲座，围绕“解病人疾苦保地方健康”等专题进行认真讲解。开展6县1区12场“送戏到乡村”活动，通过演出碘缺乏病、地方性氟中毒防治宣传教育的线腔戏剧《岭上人家》《春风杨柳》等形式多次深入病区进行宣传。利用媒体开展宣教工作。3月，《山西青年报》以题为《我省地方病防治取得显著成效》对山西省地方病防治研究所的地方病防治工作进行了报道。11月，山西省档案馆为庆祝建党100周年拍摄的百集档案文献纪录片中第72集《安泽送瘟神》在“学习强国”学习平台App山西学习平台正式发布。2021年，山西省地方病防治研究所创作的3部科普视频参加全省第四届卫生健康微电影（微视频）评选展播活动，科普动画片《防治地氟病为人民造福》获得一等奖，其余2部获得三等奖。

【科研工作】 2021年，山西省地方病防治研究所主持制定国家标准“水源性高碘病区控制”，主持修订国家标准“地方性氟中毒控制”，两项标准均已形成报批稿。参与国家“食用盐碘含量”等6项标准修订工作均有序推进。主持中国疾控中心公共卫生领域标准评估项目1项，已顺利结题。申报1项省科技厅科学技术奖，获得山西省科学技术奖三等奖1项。两人被《中华地方病学杂志》选为编委，1人选为通讯编委；1人当选第九届山西省医学会地方病学专业委员会主任委员。全年全所发表论文23篇。山西省地方病防治研究所主编的

《山西省地方病防治专项攻坚行动纪实图册》已经定版，即将出版。

【医疗服务】 2021年，山西省地方病防治研究所以医院信用等级评审工作为抓手，建立健全各项制度，提高医院规范化管理，促进医院的科学管理和医疗服务水平，完成了医院信用等级评审工作。医院多次安排有关人员参加全国和全省的业务培训会，送出去年轻业务骨干到各大医院进修学习，开阔视野，提高业务素质。7月，山西省地方病防治研究所附属医院主持召开临汾市医师协会甲状腺疾病医师专业委员会成立大会暨第一届学术交流会，1人当选主任委员，1人当选副主任委员，8人当选为委员，推动山西省地方病防治研究所附属医院的甲状腺疾病防治事业向规范化、标准化、科学化迈进。

（李　军）

专业科技服务

·气象工作·

【重点工程建设项目】 2021年底，新一代雷达搬迁项目工程雷达塔楼主体结构已经顺利建成，雷达设备完成吊装、观测场已开始对比观测。翼城县、曲沃县、浮山县国家气象观测站新址建设完成，完成了数据测试和业务验收，将于2022年1月1日正式投入业务运行。全市209个区域站和13套土壤水分站全部4G升级完毕。临汾应急移动指挥车项目在2021年4月实现落地应用。市级计量检定项目进展顺利，计量鉴定室已经完成装修，设备完成生产。

【编制“十四五”专项规划】 2021年，临汾市气象局高质量编制“十四五”专项规划，多项气象工作纳入《临汾市国民经济和社会发展第十四个五年规划和二〇三五年远景目标纲要》；相关内容纳入《山西省“十四五”气象发展规划》。在12月15日市政府常务会议、12月22日市委常委会议审议通过《临汾市“十四五”气象发展规划》。确定了临汾“十四五”气象事业高质量发展的总体思路和战略目标，明确了“十四五”规划的六大任务，确定了八大重点工程。

【科技创新能力提升】 2021年，临汾市9个团队入选市局首批创新工作团队。完成《临汾市区大气环境容量人工干预工程》项目可行性研究报告编制、立项，完成聚能燃气炮作业点场地建设并投入使用。完成《大气环境通风廊道项目划定及管控规划》《“市级为主、县级配合”气象行政执法标准化模式》《适应观测自动化 建立了县级综合业务新模式》的评审验收。获批山西省气象局2022年度立项科研项目4项。组织申报临汾市气象局2021年度自助科研项目19项。与成都信息工程大学通信工程学院签订合作协议，通过局校合作推动高校科技成果在气象部门的转化应用。5名优秀人才入选省局131人才计划。初步实施临汾市气象局高层次科技创新262人才计划。

【应急保障服务】 2021年，临汾市气象局召开5次新闻发布会，撰写各类气象服务材料共1377期。公众预警短信接收人次超过百万条。完成临汾市“两会”“春耕春播”“中高考”“三夏麦收”等气象保障服务，组织“2·21”尧都区土门镇灭火、“6·5”侯马林地灭火、“7·22”襄汾暴雨洪涝应急、“10·13”全国网球公开赛应急保障服务，参加全市道路交通安全、危化品应急救援、地质灾害等应急演练6次。气象灾害应急指挥部累计启动应急响应12次。8月，临汾市气象灾害应急指挥部在市气象台成功开展2021年气象灾害（暴雨）Ⅱ级应急演练桌面推演。

【预报预测水平提高】 2021年，临汾市气象局准确预报全年26次重大灾害性天气过程。暴雨预警准确率、强对流天气预警时间提前量等较过去5年平均分别提高4.2%和26.8分钟，预报预警能力提升。2021年，共发布气象灾害预警176次，发布次生灾害气象风险预警共91次。

【生态环境气象服务】 2021年，临汾市气象局围绕生态经济高质量发展、“两山六河一流域”高标准保护、生态文明高标准建设和临汾市发展战略，建设完善生态气象观测站网。联合生态环境部门打好临汾市大气污染防治攻坚战，进行飞机消霾试验24架次，5枚燃气炮每月消霾作业合计100天次，对生态环境改善起到明显作用。

【开展地方特色气象服务】 2021年，临汾市气象局开展有机旱作农业智慧气象服务，围绕中药材（连翘）、药茶等农产品，建立专业化、标准化服务体系，开展乡村文化旅游气象服务体系建设，开展新一轮精细化农业气候区划，推进乡村气象灾害风险服务。打造“一县一业”特色研究型业务新模式。

2021年5月27日，消雾减霾聚能空气炮系统项目在临汾通过技术鉴定　　　　（市气象局供图）

深入挖掘陶寺古观象台、云丘山、历山等农耕文化，联合编制七十二候历摄影图册。翼城县、安泽县先后荣获“历法之源”及“中国天然氧吧”称号。临汾市被中央气象台授予“2020年度最受关注的天气预报城市”的美誉。积极与城市管理、供热、林业、高速交通、铁塔、煤矿等行业和部门沟通，拓宽气象服务领域。

【人工影响天气作业】　2021年，在吉县新增一部双偏振有源相控阵天气雷达，与隰县、蒲县雷达联片监测。对全市防雹路径进行区划分析，在冰雹路径设置防雹作业点，做到三级防御。吉县、乡宁县4个标准化炮点已经投入使用。先后下达10次全市联合作业指令，截至年底，全市共开展人影增雨、防雹作业182次，人影飞机作业50余架次、150小时，在助力农业生产和农业气象防灾减灾中发挥积极作用。

【科普宣传工作】　2021年，临汾市气象局在增雨现场以及“3·23”气象日、科普讲解大赛、演讲比赛、“七一”主题党日活动等系列活动中，借助电视台、抖音公众号、云直播、微信公众号、临汾日报社等媒体平台，多渠道、多方位开展气象工作和气象科普宣传。线下通过科普进校园、气象进社区、服务进农田等通过群众简单易接受的方式对气象行业进行宣传。同时结合党史学习教育，让宣传工作者进一步坚定理想信念，凝心聚力，探索创新新闻写作方式方法，成效较显著，在《中国气象报》、中国气象局网站及中国气象局微博等官方媒体发表新闻稿件170余篇。

【气象社会化管理】　2021年，临汾市气象局创建了“市级为主、县级配合”的气象行政执法标准化模式，确定了行政执法“六统一、三清单、一张图、一台账”的管理模式。建立气象行政执法队伍及防雷安全管理专家库。2021年，召开了两次临汾市防雷安全监管联席会议，形成了《临汾市政府有关部门防雷安全监管职责》。印发了《临汾市气象灾害综合风险普查实施方案》并积极推进。完成质量管理体系建设工作及省局内审和整改。强化制度建设，完善修订督查检查、安全生产等管理制度。

【获奖情况】　2021年，临汾市气象局获得全国气象部门公务员集体二等功奖励通报，获得全省污染攻坚防治优秀集体。在山西省气象系统2021年度目标任务考核中，被评为特别优秀单位，位列全省气象部门第一名。在山西省气象局预报竞赛中获2021年山西省预报竞赛团体二等奖，被山西省农林水劳动竞赛委员会记集体一等功。3人获山西省预报竞赛个人全能二等奖、优秀奖，被山西省农林水劳动竞赛委员会授予五一劳动奖章，记个人三等功。临汾市气象局市气象台获山西省防汛抢险救灾先进集体。临汾市气象局被山西省科学技术协会认定为山西省科普教育基地。

（冯晓鹏）

·地震监测·

【地震监测预报】　2021年，临汾市防震减灾服务中心在台网运行管理方面，严格按照规范要求对全市23个台站进行管理，纳入国家级考核的监测台站运行率达99.94%、纳入省级考核的台站运行率达99.71%、纳入市县级考核的台站运行率达100%，信息节点连通率达99.99%；在强化震情跟踪和异常核实工作方面，严格执行相关规定制度，使用会商技术系统，提高日常会商效率。截至12月31日，共按时上报《宏微观异常零报告》363份（完成率99.45%）、周例会报告53份、月会商报告12份，按规定召开1次震后趋势会商会和12次震后加密会商会，会商结果按时上传到山西地震分析预报网。全年全市未发现微观异常，收到宏观异常报告4起，均及时核实。加强“三网一员”管理，共增加宏观观测点16个，调整59个，全市完成18次“三网一员”人员培训。

【重大震情通报和地震监测台站观测环境保护】 2021年4月8日3时25分，临汾市洪洞县发生3.1级有感地震后，中心在规定时间内将速报结果和值班信息提交到山西地震应急信息交换平台、传真至临汾市委、市政府及应急管理局值班室，完成震情通报工作。

认真制定并严格执行《地震监测台站运维制度》、明确划定台站保护范围、悬挂保护标示、安装监控设备，更利用台站巡检、设备维修等时间，对周边群众进行宣传。多措并举，有效保障地震观测台站及设施的正常安全运转。截至12月31日，全市辖区范围内未发生破坏地震监测台站及观测环境事件。

【推进台站升级改造项目】 2021年，临汾市防震减灾服务中心为保障观测数据连续可靠、有效提高前兆台站观测质量，从2020年开始着手筹划，投资40余万元，对5个地下流体台站（尧都区、洪洞县、霍州市、曲沃县、侯马市）进行升级改造。截至12月31日，该项目已完成全部台站设备的安装调试。

【市级地震监测中心和县级地震信息平台建设管理】 2021年，临汾市防震减灾服务中心市级监测中心设有专用机房、数据处理室，建有地震前兆数据库，实现了全市观测数据的汇集；17个县级地震部门全部有基本的网络设施，具备对地震行业业务信息获取和数据共享能力，网络覆盖率100%。

中心现有3个台站15个测项纳入国网考核，18个台站98个测项纳入省网考核。临汾井数字化水温、临汾井数字化水位获2020年度省评第三名。

【配合开展本辖区内《国家地震烈度速报与预警工程》（山西分项）项目实施】 2021年，临汾市防震减灾服务中心成立专门的领导组配合开展辖区内《国家地震烈度速报与预警工程》（山西分项）项目实施工作。配合省地震局预警中心完成预警发布服务器安装调试工作；协助省局完成专线架设工作。9月，吉县、尧都区通信专线架设受阻，市县两级地震部门主动作为，积极协调，确保架设任务顺利推进，10月，全市20处预警台站的专线架设任务全部完成。

（杨立尧）

·地质勘探·

【概况】 2021年，二一三地质队有限公司坚持“立足主业、科技创新、人才强队、和谐发展”的工作理念，统筹推进地勘单位改革、高质量发展和常态化疫情防控，持续提升专业支撑服务能力。

【地质勘查工作】 2021年，二一三地质队有限公司共实施省地质勘查基金项目15个。其中，沁水煤田浮山县佐家沟煤炭详查、翼城县打鼓山金矿普查、临汾市十村山金矿深部普查、曲沃县万户铁矿普查、蒲县席家沟铝土矿预查、乡宁县阳坡铝土矿预查、襄汾县东峰顶金矿南段深部普查、襄汾县新民铁矿普查、霍西煤田霍西区煤层气、页岩气成藏机理研究、塔儿山—二峰山地区接触交代型铁矿成矿规律与深部找矿预测综合研究等项目完成验收；临汾市乔山—塔尔山地区“三稀”矿产1：5万水系沉积物测量、乡宁县老君庙矿区铝土矿普查、洪洞县马家坪铝土矿预查3个项目完成野外验收；永和县1：5万地球化学土地质量评估、永和县乾坤湾一带地下水地热资源预可行性勘查、翼城县姚家庄锂、铷多金属矿深部及外围普查3个项目正在野外施工。已完成项目累计提交铁矿资源量2469.88万吨，金矿资源量5342.71千克，铜矿资源量1079.14吨，钼矿资源量160.44吨，石膏矿资源量82.73万吨，铝土矿资源量236.21万吨，硬质耐火黏土矿4699.59万吨。

【地质支撑服务】 2021年，二一三地质队有限公司主动适应市场需求的变化，利用现有的专业资质、装备和技术，抢占社会地质市场，共完成工程勘察、地质灾害治理、生态修复、污染调查、农房一体化测绘等各类项目300项。与临汾市及所辖11个县（市）签订地质灾害技术服务协议，协助开展地质灾害排查、巡查、核查、培训、演练及地灾应急响应等工作。成立地质灾害应急指挥部，做好地质灾害防治支撑服务，累计完成地质灾害隐患点巡查3589次，为霍州市、永和县、吉县、襄汾县、汾西县等县（市）提供地质灾害防治技术培训12次、959余人，参加地质灾害应急调查460次。特别是国庆暴雨期间，配合临汾市规划与自然资源局应急响应，协助处理5起灾情；安

2021年，二一三实验室开展“煤炭种类的煤岩检测滴定实验”
（二一三地质队有限公司供图）

排28名专业技术人员、12辆工作车进驻11个县市开展地质灾害巡查监测，完成地质灾害隐患点巡查523处，参加地质灾害应急调查处置47次，完成隐患点巡查523处，参与应急调查47次，出动无人机12次，成功预报地质灾害3起，临时避让1711户，涉及人员4139人，最大限度地保护了人民群众生命财产安全。新取得“矿山生态自动养护装置”和“一种地质勘测用测距仪”两项实用新型专利。卫星中心立足于服务自然资源主管部门主责主业，完成了临汾市自然资源地质灾害管理系统及临汾市自然资源三维地理信息管理系统平台的建设，并在吉县和永和县推广系统平台应用，受到一致好评；成功获得地质灾害信息管理系统V1.0计算机软件著作权登记证书，在地质灾害、土地调查、地理国情监测、矿山环境遥感监测、国土资源开发监管、“山水林田湖草”生态环境治理与修复、国土空间规划与用途管制、森林防火、城市规划建设等领域可提供优质卫星技术服务。举办全国第二届炼焦配煤质量与成本控制技术研讨会，促进行业技术交流、沟通与学习，提高二一三实验室在国内的市场影响力。

【机构改革】 按照山西省委、省政府关于地质单位改革统一安排部署，二一三地质队有限公司于2021年12月22日正式挂牌成立，公司以习近平生态文明思想为引领，按照《自然资源部关于促进地质勘查行业高质量发展的指导意见》要求，发扬地质行业“三光荣”“四特别”优良传统，用好专业人才和技术优势，积极服务生态文明建设、全力保障国家能源资源安全、扎实做好地质灾害防治工作，为支撑政府、服务临汾地区自然资源管理作出更大的贡献。（李晓仙）

文　化

文化事业

【概况】　2021年，临汾市文旅局围绕庆祝建党百年，先后主办线上线下群众文化活动173场次；开展“免费送戏下乡”惠民演出1818场；开展“周末剧场”品牌惠民演出46场。新摘4朵“小梅花”，“小梅花”总数68朵，稳居全国地级市榜首。市蒲剧院举办优秀剧目展演15场。《西京故事》《美人图》《红灯记》《苦菜花》《绿染蒲子山》等剧目成功上演。成功承办全省锣鼓大赛、广场舞大赛、戏曲票友大赛等省级群众文化赛事。市图书馆共开展线上线下活动498场次，以书香文韵厚植文化沃土。

【文创研发】　2021年，临汾市文旅局成功创建7家省级工艺美术大师工作室。市博物馆“我牛系列盲盒”“我从晋国来成语系列扑克”，侯马晋国古都博物馆“侯马盟书古文字书法座屏”等系列文创产品入选全省文物单位文化创意产品重点推介产品。2021中国特色旅游商品大赛中，子羽葫芦古风首饰套装斩获银奖。　　（石茜华）

·临汾市图书馆·

【概况】　2021年，临汾市共有市级公共图书馆1个，建立市直属分馆7个，24小时智能微型图书馆6个。文献总藏量96.6万册，其中图书95.95万册、报刊6200册、视听文献195件、古籍116册，拥有电子文献资源15TB。2021年文献购置费985万元，新增图书15.25万册，新增电子图书151.74万册，接待读者97.4万人次，书刊文献外借59.79万册次。

2021年，临汾市图书馆为读者举办线下活动397场，参与人次50.92万人次。其中绘本故事绘27场、悦读沙龙20场、临图讲坛48场、特色读者活动66场、临图之窗21场、流动图书车66场、阅读五进81场、主题党日活动53场、公益电影放映15场。开展线上活动264场，参与人次3.81万人次。其中“临”听书声49期、临萌苑有声故事汇50期、临图之声49期、线上云讲座116场次。官网年访问量68.60万人次，微信订阅号关注量为3.97万人次；微信服务号关注量为12.52万人次。志愿者共计309人。

【文献资源建设】　2021年，临汾市图书馆优化纸质文献资源结构，开展“你选书我买单”、读者荐书等纸质文献资源采选活动，提升读者对馆藏资源建设的参与度。统筹数字文献资源建设，深入挖掘具有较强地域特色的自建数据库，推进数字资源与纸质资源融合发展，促进立体阅读。加强地方文献征集工作，重点围绕帝尧文化、根祖文化等临汾特色文化资源，打造临汾特色文化专题资源。开展古籍普查工作，了解全市馆藏古籍的基本情况，不断完善古籍普查登记目录。

【深化读者服务】　2021年，临汾市图书馆做大做强阅读品牌，以“临图讲坛”“临图之窗”“临图读书会”“党史讲堂”“悦读沙龙”“绘本故事绘”“临萌苑有声故事汇”等服务品牌为基础，面向成人和少儿开展系列经典阅读推广活动，形成具有鲜明特色和社会影响力的服务品牌。开展“4·23”世界读书日、“我们的中国梦　文化进万家”、“游山西　读历史”“阅百年历程　传精神力量”系列主题活动，采取　“线上+线下”灵活多样的服务模式，引导广大市民养成多读书、读好书、善读书的良好习惯。关注弱势群体，针对残疾人和外来务工人员，组织残障人士参观学习；将阅读推广延伸到工地，为务工人员提供办证、图书借阅服务，让务工人员享受均等、便捷的公共图书馆服务。

【助力“双减”政策落地】　2021

年，临汾市图书馆发挥社会教育功能，构建馆校合作阅读平台，提高中小学生阅读素养。临汾市图书馆走进学校，开展“弘扬中华优秀传统文化——书法进校园”、经典诵读进校园等阅读推广活动；以“图书馆+”模式，建成太茅泽童幼儿园、射击射箭中心等市直属分馆，丰富少年儿童的阅读体验。开展“悦读沙龙”“绘本故事绘”“探科学之谜 巡编程之趣——机器人编程”“青少年心理主题讲座”等活动，让青少年在寓教于乐中开阔视野，推动其综合素质高质量发展。

【推进馆际联盟协同发展】 2021年，临汾市图书馆参加济南市图书馆承办的“黄河流域主要城市阅读推广联盟+”论坛，成为黄河流域城市阅读发展合作机制成员单位。积极申请加入关中平原城市群公共图书馆联盟，参加关中平原城市群公共图书馆联盟第二届联席会议，成为关中平原城市群公共图书馆联盟第三届联席会议轮值单位。组织2021年临汾市公共图书馆业务交流暨“十四五”规划会议，邀请全市17个县（市、区）图书馆参与，共同谋求新时代临汾市公共图书馆高质量转型发展路径。

【基地建设】 2021年，临汾市图书馆开展普法宣传教育，荣获第四批省级法治宣传教育基地。临汾市图书馆将法治宣传教育确定为图书馆的常规性工作、基础性工作和重点性工作，予以常态化推进；组织全体干部职工学习法治宣传教育基地建设的有关要求；优选购置政治法律类图书3万余册，订购《法治日报》《法治在线》等法律类期刊10余种；结合国家宪法日和宪法宣传周，积极组织开展形式多样的主题活动；建成省级社会主义核心价值观示范点、市级书香政协示范点、市级家风家教宣传教育基地，进一步把中华优秀传统文化、社会主义核心价值观融入广大市民思想、工作和生活中，为推动全市各项工作提供精神动力和文化滋养。

【临汾市图书馆学会成立大会暨第一届第一次会员代表大会召开】 2021年，12月27日上午，临汾市图书馆学会成立大会暨第一届第一次会员代表大会在临汾市图书馆报告厅召开，中国图书馆学会监事会监事、山西省图书馆原党委书记、研究馆员石焕发，临汾市文旅局党组成员、副局长杨文革、张龙梅及公共服务科科长葛晓辉，临汾市行政审批管理局党组成员、副局长任泰成及五科科长游莉，临汾市图书馆馆长于平果以及各县（市、区）公共图书馆、市直分馆、学校图书馆、医院图书馆等行业图书馆界代表参加了会议。会议由临汾市图书馆副馆长何国艳主持。大会通过《临汾市图书馆学会章程（草案）》，选举产生了临汾市图书馆学会第一届理事会、理事长、副理事长、秘书长和监事长。

【云讲座上线】 2021年1月16日，云讲座上线，临汾市图书馆邀请专家、学者线上对优秀中国传统文化进行解读。通过网络平台为文学爱好者讲解知识、答疑解惑，将阅读推广普及到“掌上”。

【“临萌苑有声故事汇”栏目上线】 2021年1月22日，“临萌苑有声故事汇”线上品牌上线，主要根据3~10岁不同儿童的年龄段及特点，挑选不同题材的经典畅销绘本，丰富阅读体验。借助音频+视频的方式，让儿童更简单直接的进行阅读和学习，激发阅读兴趣，培养阅读习惯的养成。

【“临”听书声线上活动】 2021年1月26日，“临”听书声线上活动开启，读者通过关注临汾图书馆公众号，选择“临”听书声活动，识别二维码即可实现足不出户在线听书。

【临图之声活动上线】 2021年，1月27日，临图之声——经典永流传活动上线，每周三通过微信公众号向广大读者推荐书籍，内容包括书籍简介、选段音频和内容以及读完感悟三个部分，主题为经典永流传之“红色家书”“父辈丛书”“红色文学”“党史”“党政”“红色记忆”以及“新中国70年优秀文学作品文库”系列，通过开展线上阅读推广活动，引导广大读者继承和发扬党的光荣传统和优良作风，不忘初心、牢记使命，为实现中华民族伟大复兴的中国梦而不懈奋斗。

【“临图到家——你选书 我买单”网上约书、快递到家活动上线】 2021年2月1日，“临图到家——你选书 我买单”网上约书、快递到家活动上线，扩大图书馆公共文化服务影响力，提升公共文化服务品质，满足读者个性化、多元化的阅读需求。

【机器人编程普及活动】 2021年3月14日，机器人编程普及活动开启，该活动针对4~6周岁、7~9周岁两个年龄段的小朋友们开展，活动涵盖中华优秀传统文化和人文科技。通过学习编程知识、搭建模型、编写程序，培养青少年的科学精神和创新精神，增强青少年的求知探索能力、动手操作能力以及解决问题能力，切实提高青少年的信息科学素养。

【“党史讲堂”开课】 2021年3月20日，临汾市图书馆“党史讲堂”开课，面向社会团队开放，通过提前预约报名的方式参与活动。活动围绕“七个一”的内容展开，通过形式多样的内容，让广大读者感受到百年党史蕴含的智慧和力量，为推动全民阅读、建设书香临汾贡献智慧和力量。

【悦读沙龙开展中国传统文化系列活动】 悦读沙龙是图书馆推出的为7~14岁少年儿童创立的特色品牌读书活动，该活动依托区域内丰富馆藏资源，遴选优秀读本，主要通过讲读、互动分享心得等形式开展。活动主题涵盖了中华传统节日文化、非遗文化、红色文化、安全宣传教育以及时事热点等。1月3日、10月24日、11月7日、11月21日分别开展了针对冬至、霜降、立冬、小雪不同节气介绍的系列活动，引导读者加强对传统文化的理解，让传统文化得到更好的弘扬和传承。

【绘本故事绘开展节能环保宣传系列活动】 绘本故事绘是图书馆开设的公益性亲子读书活动，主要针对3~6周岁儿童推出的集教育性、趣味性、参与性于一体的寓教于乐的亲子读书活动。通过生活认知、人际交往、品德品格、科普百科等方面进行活动的策划，以书为媒，以阅读为纽带，利用馆内丰富的绘本资源、舒适的活动区域以及先进的现代化设备，让儿童更简单直接地进行阅读和学习，通过“秀”“讲”“演”“绘”等多样的活动形式，将书和个人体验相联系，产生兴趣和趣味。3月20日，开展“小水滴，大世界，我们的环保梦”活动，帮助小读者们了解水的知识，学习自来水的生产过程，让小朋友们在动手过程中学到知识，懂得节约用水的重要性；6月6日，开展“我是地球环保小卫士”主题活动，通过分享绘本《如果地球被我们吃掉了》，从引导幼儿观察封面入手，与幼儿进行互动，激发幼儿阅读的好奇心。激发他们阅读兴趣，培养孩子环保意识。

【“奋斗百年路　启航新征程”——中国共产党临汾市历史展览开展】 2021年，6月29日，“奋斗百年路　启航新征程——中国共产党临汾市历史展览开展，市委副书记、市长李云峰出席开幕式并宣布展览开幕。市领导陈小洪、潘海燕、李朝旗、郭行杰、王渊、曹晓亮、郝忠祥、王彬出席开幕式。市委常委、宣传部部长李朝旗主持。本次展览以“奋斗百年路　启航新征程”为主题，共分为“新民主主义革命时期”“社会主义革命和建设时期”“改革开放和社会主义现代化建设新时期”“中国特色社会主义进入新时代”4个篇章。通过文字和图片展板、实物展品以及场景、视频等多种形式和手段，展示了在革命、建设和改革开放各个历史时期，特别是党的十八大以来，在以习近平同志为核心的党中央坚强领导下，临汾市在经济建设、政治建设、文化建设、社会建设、生态文明建设和党的建设等方面取得的巨大成就。

【临汾市“书香政协”读书示范点授牌仪式举行】 2021年4月16日，“书香政协”读书示范点授牌仪式在临汾市图书馆举行，市政协主席张建平出席并揭牌。市政协副主席杨安虎、杨忠华、程明温、王阿家、蔡志强、李云岗、王金龙出席，杨安虎主持仪式。通过本次授牌，进一步引深党史学习教育，广泛凝聚共识，引导委员和机关干部在共同学习、平等交流中增长知识、增加智慧、增强本领。

【2021年全民阅读、版权保护暨“绿书签行动”系列宣传活动开启】 4月23日，临汾市委宣传部、市委网信办、市文旅局等11家单位，在临汾市图书馆举办“学党史　读经典　开新局”——临汾市2021年全民阅读、版权保护暨“绿书签行动”系列宣传活动。市委宣传部向市教育局、市图书馆分别捐赠绿书签5000份，临汾新华书店向市图书馆捐赠党史学习教育读本200本，临汾邮政公司向市教育局捐赠少儿读本200本。

【临图公益电影开播】 2021年9月19日，临图公益电影开播。为传播优秀经典电影文化，弘扬时代主旋律，充分发挥图书馆公共文化服务功能，临汾市图书馆数字影院每周六上午开展公益电影活动。

【“探秘航模　梦想启航”航模体验课】 2021年11月20日，临汾市图书馆联合介休市图书馆共同举办“探秘航模　梦想启航”沉浸式航模体验课，以航模助力航天梦，以小课堂放飞大梦想，为读者朋友们带来一场妙趣横生、精彩丰富的室外航模体验课，受到现场观众们的一致好评。

【临汾市图书馆荣获山西省群众文化惠民工程全民阅读大赛最佳团队奖】 4月23日，2021年山西省群众文化惠民工程“读党史 学党史”世界读书日全民阅读大赛临汾市图书馆赛区比赛在临汾市图书馆报告厅举行。此次大赛分线下比赛和线上分享两大环节，共28支队伍报名，经过线上抽签，选出12支队伍，60名选手参加。选手们发挥自如，表现出色，踏雪寻梅队选手刘世伟以172分的高分，荣获全省线下单人成绩第二名。临汾市图书馆荣获“最佳团队奖”。

【临汾市图书馆荣获“万卷寻知 检索智行——山西省公共图书馆信息检索大赛”最佳组织单位奖】 2021年12月14—16日，山西省图书馆学会、山西省图书馆举办了“万卷寻知 检索智行——山西省公共图书馆信息检索大赛”，临汾市图书馆积极响应，精心组织馆员参赛。经过激烈角逐，临汾市图书馆赛区共有10名选手获得优秀奖，单位荣获“最佳组织单位”奖。

（郑玉戎 何国艳 李春香 梁晓玉 宋玮玮 孙艳丽 李雅坤 王伟平 范晓娟 孙斌）

·临汾市博物馆·

【概况】 2021年，临汾市博物馆进行了重塑性改革，原临汾市博物馆、临汾铁佛寺博物馆、临汾市丁村民俗博物馆、临汾市陶寺遗址发展中心、曲沃晋国博物馆合并为新的临汾市博物馆。新合并的临汾市博物馆，馆藏资源更加丰富，陈展面积进一步增加，科研实力显著提升。临汾市博物馆是全市的文物中心库，是全市最大的文物收藏、保护、研究和展示中心。博物馆秉持“藏展结合，开放融通”的理念，保护利用全市的馆藏文物资源。截至年底，临汾市博物馆共有馆藏文物157182件、7342套。其中珍贵文物1522件、1058套（一级文物221件、101套，二级文物386件、268套，三级文物1172件、820套），荟萃全市文物精华，可以满足临汾市可移动文物的安全保护与利用，形成独具临汾地域特色的现代化展陈。

【陈列展览】 2021年，临汾市博物馆积极响应省文物局《关于大力开展联展巡展工作的意见》精神，与中国社会科学院考古研究所、山西省文物局、临汾市文化和旅游局、洛阳市文物局、二里头夏都遗址博物馆共同举办“巍巍如天——陶寺遗址考古成果精华展”联展，举办了“牛岁福临门——辛丑（牛年）新春生肖文物联展”“平阳木版年画门神系列展”等临时展览。向广大观众展示了山西省和临汾市的悠久历史文化，参观人数达五万人，得到社会各界的高度好评和一致认可。

【教育活动】 2021年，受疫情影响，临汾市博物馆限制每日参观人数，全年将近有6万人参观，开展教育活动10余次，有历史小课堂、研学活动、移动课堂、书法、古琴以及各种节日相关活动，活动类型繁多，共吸引志愿者500余人次和广大中小学生参加，发挥博物馆的社会教育职能，对于民族文化的传承起到十分重要的作用。

（李志新）

文化产业

【重点改革事项】 2021年，临汾市委宣传部研究并制定《临汾市2021年度文化体制重大改革安排及重点推进事项》。总体任务：推动临汾日报社、临汾广播电视台深化改革；推进国家全域旅游示范区创建；重点打造广胜寺、陶寺遗址等国家文物保护单位活化利用试点；编制《临汾市“十四五”文化旅游康养和会展产业发展规划》，指导全市文化、旅游、康养、会展产业融合发展。在推动文化体制落地过程中，采取“每月报动态(日常类工作动态)、一季一报账（改革台账）、半年汇经验（半年工作总结、经验交流类改革信息）、年底总交账”的方式，开展了形式多样的指导督促活动。通过文化体制改革，文化建设焕发出新的生机和活力。

【召开非公文化企业调研座谈会】 2021年5月，临汾市委宣传部深入市文化市场综合行政执法队、临汾桂莆木业有限公司、尧都区委宣传部等单位，围绕“如何完善非公有制文化企业党组织建设制度规范，创新党组织设置方式，推动实现党组织应建尽建”“如何强化文化市场综合执法，建立完善各行业文化市场负面清单和退出机制，坚持正确导向履行社会责任监测预警机制，文化市场监督举报机制等”两个主题进行调研工作，了解掌握临汾市国有文化企业的运行情况，为下一步有针对性地制定出台相关政策理清思路。

【参加第十七届深圳文博会】 2021年9月23—27日，第十七届深圳文博会在深圳国际会展中心举办，临汾市委宣传部组织全市17个县（市、区）共100余人组团参加，并现场发布文化产业招商项目，扩大临汾文化对外影响力和美誉度。洪洞大槐树景区作为临汾代表参展，其展出的百姓家谱、竹简家训、移民剪纸图、槐叶书签、浮雕笔筒、吉祥铜鼎等自主设计研发的文创产品，受到了来自全国各地观众的喜爱。展览期间，吸引了各大供货商、销售商纷纷洽谈对接，并与江苏惠山古镇家风家训馆就姓氏书签等文创产品达成合作意向。

【省级文化产业发展专项资金专项督查】 2021年，临汾市委宣传部聘请第三方专业机构对16家获得省级文化产业专项资金的企业进行现场督查检查，按要求完成相关报告。从检查考核的情况看，所属企业能够严格执行财务制度，资金做到专款专用并取得良好的经济效益。

【申报国家文化产业项目库项目】 2021年，临汾市委宣传部采取基层择优推荐、总体把关的方法，积极申报符合国家项目库的文化产业项目，各县（市、区）提交相关资料，并按时间节点上报省委宣传部。

【申报“原动力”中国原创动漫出版扶持计划、中国高校动漫出版孵化计划作品】 2021年，临汾市委宣传部组织做好相关作品申报工作，并按时间节点上报省委宣传部。全市共有两家单位进行申报。

【推荐优秀文化企业申报省级文化产业专项扶持资金】 2021年，临汾市委宣传部根据省委宣传部通知精神，在基层推荐把关的基础上，严格筛选企业规模大、营收效益好、产业项目新、发展动力强的24家优质企业申报2022年度文化产业专项扶持资金项目。

【文化产业基地（园区）摸底调研】 2021年，临汾市委宣传部根据省委宣传部《关于做好文化产业基地（园区）摸底调研工作的通知》精神，组织全市进行摸底调研，一家文化产业基地（园区）符合通知要求，山西唐人居文化产业园，并形成专题调研报告，已按省里要求按时报送。

融媒体服务

【用好县级融媒体中心】 2021年，临汾市委宣传部在2020年县级融媒体中心建设实现全覆盖的基础上，加强媒体融合从“加”向“融”的深度发展。提升县级融媒体中心的内容生产能力、内容传播能力、政务服务能力、综合服务能力、媒体队伍建设五大核心能力。推动各县级融媒体中心走出去、请进来，学习先进地区的经验模式，培养全媒体人才队伍，并结合各地实际，探索适合自身发展的融媒模式。进行县级融媒体中心新闻记者证申领资格审核及加密终端换发工作、山西新闻奖媒体融合奖项推荐报送工作、中宣部新闻局委托国家社科基金特别项目“我国县级融媒体中心发展报告”课题组开展的“2020年我国县级融媒体中心发展情况调查”汇总工作、2020年度省级媒体智慧云平台建设经费项目调查问卷整理工作。在侯马市举办了由山西广播电视协会、山西广播电视台主办，临汾市、运城市各地县级融媒体中心相关业务人员参加的采编业务培训会。

【党史学习教育宣传】 2021年，临汾市委宣传部做好党史学习教育宣传报道各项数据汇总工作，每周向省委宣传部汇总报送各县融媒体的党史学习教育宣传报道每周小结、新媒体产品《微视频丨聆听英烈英模事迹，汲取奋进前行力量》的数据汇总、“‘不忘初心、牢记使命’——山西省庆祝中国共产党成立100周年图片展”网上展馆转载发布情况汇总、全省党史学习教育先进典型宣传报道情况汇总、疫情防控宣传报道内容统计汇总。

【“学习强国”学习平台App的维护与推广】 2021年，临汾市“学习强国”学习平台App的日常维护与宣传普及推广，主要有以下几方面工作。

优化工作机制，提高相关指标数据。主要通过重要指标数据通报制度来提高党员干部日均积分、活跃度和参与度。筹划开展知识竞赛、现场答题PK赛、主题征文进校园等推广活动，并结合各种节日开展相关活动，激发广大干部群众学习热情，营造新时代崇尚学习的浓厚氛围。

加强队伍建设，形成强大工作合力。充实学习管理员、供稿管理员、评论员三支工作队伍，明确各自职责，确保各项工作落实生根。注重专业人才培养，通过钉钉等云平台组织开展线上业务培训、研讨交流，提高相关人员的政治站位、思想认识和业务素质。

做好临汾市的供稿工作。理顺优化了各地向学习平台的供稿机制，加大各县级融媒体中心对“学习强国”平台的供稿力度，加强审核把关，每篇图文稿和视频稿均逐字逐帧审核，有问题的稿件均提出修改意见，通过分析总结，编制下发了《近期“学习强国”稿件编辑常见问题说明》，并更新内容条目，对提高全市整体供稿质量进行有效指导。

积极筹备“学习强国”临汾学习平台的独立上线运营工作。拟定了学习强国临汾学习平台建设工作方案和实施方案已上报省委宣传部，正在等待审批。根据《“学习强国”山西省工作量化评价实施细则（草案）》积极进行推进相关事项的准备，优化组织建设、内容建设、平台建设，为临汾市学习平台的早日上线打下坚实基础。

【“全国县级融媒体中心优秀作品双月赛”组织工作】 2021年，临汾市委宣传部加强对优质稿件的审核推送工作，加强业务指导，通过网络手段组织对优秀新闻作品生产的研讨。选送的尧都区新闻传媒中心《临汾尧都区：党旗闪耀一平垣乡》的稿件经“学习强国”山西学习平台初选，入围第四期全国县级融媒双月赛，对所在单位和作者进行了表扬激励，调动了各地提供优质稿件的积极性。

【“临汾随手拍”平台提升】 “临汾随手拍”平台是市委、市政府主办，市委宣传部承办的践行网上群众路线的网络问政平台，2017年1月上线，受到社会广泛关注和群众普遍欢迎，成为网民反映诉求及政府及时解决民生问题的重要渠道，是政府与群众有效沟通的连心桥。平台已形成“网站+App+微信+微博”四大平台全媒体互动的运行架构，建立与市长热线的联动协作机制，健全完善“临汾随手拍”平台运行管理办法、“临汾随手拍”网络问政平台入驻部门考核办法、“临汾随手拍”尧币奖励办法、与“临汾随手拍”、“13710”督办制度（即所有问题，1天内受理；一般性问题，3个工作日内办结答复；复杂性问题，7个工作日内反馈情况；重大问题包括一些疑难问题在1个月内落实解决，确实解决不了的，要拿出解决的时间节点和方案；所有问题都要跟踪到底、销号清“0”）的融合运行机制，形成了台账制度和问题清单，一件一件解决群众反映突出的问题，确保办结销号、件件清零。截至2021年底，“临汾随手拍”平台入驻单位45家（其中包括28家市直单位、17个县市区），累计处理问政帖2万余件，多终端粉丝数7万余人，日活跃度近万人次。

【推进“纪录小康工程”】 2021年，“纪录小康工程”是中宣部统一部署，按照中央、省、市、县四级架构一体推进的一项重大工程，旨在纪录展现全面建成小康社会这一中华民族发展史上前所未有的伟大壮举，起着“存史资政、教化育人”的重要作用。临汾市委宣传部6月承担此项工作，并制定下发了《“纪录小康工程”临汾市实施方案》，从组织结构、主要内容、具体任务、工作要求等层面进行了详细统筹规划，于7月2日组织召开了临汾市“纪录小康工程”工作推进会。该工程主要有两项具体任务。一是市县两级数据库的建设工作。“纪录小康工程”市级数据库经部委会研究依托省级数据库进行建设，截至2021年底，已和山西云媒体发展有限公司签订合同，数据库已经基本建成，正在调试阶段。市级数据库正式运行之后，需要配备专人负责日常维护和数据的审核上传等工作。为加快纪录小康工程”县级数据库的建设进度，积极推进相关省级平台和各县委宣传部的沟通，尧都区、汾西县县级数据库已建成，其他县市已与省平台达成协议，正在积极建设。二是数据上传工作。“纪录小康工程”涉及收录重要讲话和重要会议相关资料、全面建成小康社会大事记、全面建成小康社会系列志书年鉴等十五大类的内容，全市1个市级大事记、17个县级大事记、136个乡级大事记、2112个村级大事记，共近百万字内容，已全部完成编撰审核上传工作，工作进度与上传数量居于全省前列。其他类项的数据资料也在安全有序的上传中。

【做好“临汾发布”】 2021年，“临汾发布”是临汾市委、市政府的官方发布平台，在微信公众号、新浪微博、今日头条、澎湃号等新媒体平台开设了账号。其中，“临汾发布”微信公众号于2017年11月29日注册开通，运行至今，及时发布临汾重大时政新闻，弘扬平阳文化，展示临汾良好形象。“临汾发布”新浪微博账号则根据灵活发布的优势，及时发布临汾市新闻动态，转发各级媒体对临汾市的重要报道。

文艺教育

【概况】 2021年，临汾市艺术学校积极参加全市各项重大文艺演出。6月27日，戏曲表演专业、舞蹈专业参加临汾市庆祝中国共产党成立100周年文艺晚会录制；9月24日，协助市委宣传部、市文旅局做好2021年临汾市庆祝建党100周年群众文化系列活动广场舞大赛的组织工作；12月，戏曲表演专业学生程康、郑利青参加省电视台元旦戏曲晚会表演曲目《徐策跑城》《洞房》。举办系列音乐会、个人舞蹈大赛、美术作品展、庆祝建党100周年文艺晚会、演讲比赛、知识竞赛和春季运动会等，丰富了学生的校园文化艺术生活。

【改善办学条件】 2021年，临汾市艺术学校完成了戏曲表演专业高水平重点专业建设工作，美术绘画和音乐表演专业被确定为高水平实训基地建设项目。年内对教学楼室内走廊、大厅、医务室进行粉刷工作，教学环境焕然一新；进行学生公寓旧下水管道的拆除、新下水管道的安装工作；对教学楼楼顶进行防水处理，确保教学正常进行。

【招生宣传】 2021年，临汾市艺术学校通过参加各项市级、省级的文艺会演活动，结合深入全市各县（市、区）进行宣传，扩大学校的知名度和影响力；与山西艺术职业学院开展“3+2”联合办学，拓展办学领域；在临汾电视台播出艺校招生宣传片，利用微信公众号、短视频平台和校园网站进行全方位宣传，扩大社会影响力。

【全国小梅花比赛】 2021年，临汾市艺术学校在全国第二十五届“中国少儿戏曲小梅花荟萃”活动中，戏曲科学生郑利青凭借蒲剧表演《挂画》获“金花”称号。

【参加全省中等职业学校技能大赛】 2021年，临汾市艺术学校在山西省第十五届中等职业学校技能大赛中，戏曲科教师组常涛获二等奖，孙斌、李炳淑获三等奖；学生组获得三等奖3个。

【参加全省“文明风采”竞赛活动】 2021年，临汾市艺术学校在山西省第十三届文明风采竞赛中，两件学生作品获一等奖，刘丹、李彩获评优秀指导教师。（郭　然）

2021年8月，临汾市文化艺术学校戏曲表演专业学生郑利青表演的蒲剧《挂画》获全国第二十五届“中国少儿戏曲小梅花荟萃”金花称号

（市艺术学校供图）

戏剧事业

【概况】 2021年，临汾戏剧研究院以研究、传承、弘扬和发展蒲剧、眉户剧为宗旨，搜集、挖掘和整理本土知名戏曲艺术家档案，出版发行戏曲杂志《蒲剧艺术》，创排和传承经典剧目，进行戏曲艺术交流演出和展演，不断推出优秀剧目和艺术人才。2021年，三个演出中心送戏下乡共600余场，完成惠民演出300余场，丰富了广大人民群众的精神文化生活，扩大了蒲剧、眉户剧的影响力。

【戏曲研究与资料整理】 2021年，临汾蒲剧院对全市10名戏曲老艺人的资料进行整理，建立个人艺术档案，为传承弘扬临汾地方戏曲艺术、抢救保护本土知名戏曲艺术家档案起到积极的推动作用。临汾戏剧研究院《蒲剧艺术》杂志（总第161~164期）按期出刊。对全市及晋南重要戏曲活动进行报道宣传，为戏曲的保护传承发展起到积极的宣传作用。

【“名家传戏——当代戏曲名家收徒传艺”工程结项】 2020年6月24日，院长任跟心成功入选2020年度“中华优秀传统艺术传承发展计划”戏曲专项扶持项目，为优秀青年演员田艺蓉、程雅琨传承排导了蒲剧经典折子戏《杀狗》《打神告庙》。经过8个月的传承、教学、辅导、排练，以精雕细琢、言传身教的教学模式，将蒲剧表演经典剧目《打神告庙》和《杀狗》传承给青年演员。2021年3月下旬在梨园堂进行了汇报演出并录制结项。此次名家收徒传艺工程丰富了蒲剧表演剧目，推动了戏曲的传承与发展，重点培养了蒲剧优秀人才，总结了艺术经验，提高了青年演员的表演水平。

【剧目传承与复排】 2021年，眉户剧蒲剧艺术研究中心复排了红色革命样板戏《红灯记》。临汾市眉户剧艺术研究中心中心对传统剧目进行整理挖掘，特聘请老艺人对《三进士》和《张连卖布》剧本和唱腔进行了整理，并于11月恢复排演录制三部传统剧目《四差捎书》《张连卖布》《如意店》。

【人才培养】 2021年，临汾市眉户剧艺术研究中心青年演员王倩、张剑受邀参加中央广播电视总台央视戏曲频道全民戏曲创演节目《一鸣惊人》录制节目。为青年演员恢复排演录制三部传统剧目《四差捎书》《张连卖布》《如意店》，让青年演员得到了很好的锻炼和提升。

【艺术交流与展演】 2021年6月30日，由中共临汾市委宣传部、临汾市文化和旅游局主办，临汾戏剧研究院、临汾市戏剧家协会承办的“庆祝中国共产党成立100周年戏曲晚会”成功举办。晚会气势恢宏，演出精湛，涵盖了蒲剧、眉户剧、碗碗腔及秦腔等诸多戏曲剧种，以戏曲艺术的独特形式回顾党的百年征程、讴歌光辉岁月，表达文艺工作者对党和国家的深情祝愿。

7月6—27日，由中共临汾市委宣传部、临汾市文化和旅游局主办，临汾戏剧研究院、临汾市戏剧家协会承办的“庆祝中国共产党成立100周年优秀剧目展演月”活动在蒲剧院梨园堂举办。13部、15场演出剧目以弘扬社会主义核心价值观为引领，以红色题材剧目为中心，集中展示国家级非物质文化遗产项目蒲州梆子、晋南眉户两个戏曲剧种的艺术特色，展现了研究院在剧院建设、剧目传承与人才培养方面取得的成果。

10月下旬，蒲剧艺术研究中心青年演员张雪携蒲剧《扈家庄》赴浙江参加第二届中国·桐乡小戏邀请展，得到中国剧协及当地同行的高度赞誉。

12月10—12日，眉户剧艺术研究中心受中国戏曲现代戏研究会邀请，在北京全国地方戏演出中心（中国评剧大剧院）对剧目《雷雨》《风云广胜寺》《父亲》进行展演，受到北京戏曲爱好者的关注与好评。中国现代戏研究会于12月12日组织专家召开专题研讨会，与会专家学者高度肯定了眉户中心在创演现代戏方面所取得的成就，并对新创剧目《风云广胜寺》提出进一步打磨提升的宝贵意见。12月12日，小梅花蒲剧艺术培训中心携实验蒲剧《俄狄王》赴沪参加“2021年中国小剧场戏曲展演”，大美蒲剧惊艳上海滩。三个中心的外出交流展演，宣传了临汾本土戏曲艺术，扩大了临汾的知名度。

【移植改编剧目】 2021年，临汾市眉户剧艺术研究中心移植排演了红色剧目《苦菜花》。

【新创剧目】 2021年，临汾市小梅花蒲剧艺术培训中心新创红色剧目《嫂子》。（李文慧）

2021年12月，眉户剧《雷雨》《风云广胜寺》《父亲》在北京全国地方戏演出中心（中国评剧大剧院）展演　　（市蒲剧院供图）

图书发行

【概况】 2021年，山西新华书店集团临汾有限公司（简称临汾公司）重视党史学习教育系列用书等重点政治读物的征订发行工作。全市系统党史学习教育指定书目销售1216万元。全市POS机销售完成5334万元，完成全年任务的111.75%；其中连锁完成4363万元，完成全年任务的129.33%；传媒完成971万元，完成全年任务的69.37%。

【农家书屋、馆配图书销售】 2021年，临汾公司加大宣传力度，积极搜集相关单位需求信息，主动沟通联系，做好农家书屋、馆配图书的招标和配发工作。全年农家书屋销售47.7万元；馆配图书销售117万元。

【晋版图书销售】 2021年，临汾公司加强晋版图书的营销力度，截至年底，全市系统晋版图书销售62万元，完成了集团下达的任务目标。

【企业文化建设】 2021年，临汾公司不断完善公司文化体系建设，继续开展文明单位争创工作，截至年底，全市系统有市级文明单位5家、县级文明单位2家。注重对全市新进员工的店史、业务知识培训，引导新进员工系好人生“第一粒扣子”，树立正确的世界观、人生观、价值观、岗位观，员工对企业认同感、归属感不断增强，“和谐创新务实发展”的企业文化氛围逐步建立。（霍海蓉）

2021年11月25日，党的十九届六中全会相关文件及辅导读物在临汾公司发行　（市新华书店供图）

三晋文化研究

【概况】 临汾市三晋文化研究会成立于1990年3月27日，是在临汾市委、市政府领导下的社会学术研究团体，主要任务是进行临汾地域历史文化研究与宣传。2012年经市委批准，三晋文化研究会与尧文化研究与开发委员会实行两块牌子、一套办公机制。有理事100余人，其中多为退休干部，对全市17个县（市、区）三晋文化研究会进行业务指导。

【对基层研究会的指导和支持】 2021年，4月21日，在会长刘合心带领下，研究会一行前往襄汾就陶寺文化进行调研，并指导《崇山志》编纂工作。5月20日，组织参加浮山县三晋文化研究会换届工作。6月18日，参加洪洞县三晋文化研究会换届工作。12月18日，参加了乡宁县昌宁镇三晋文化研究会成立大会。在市、县两级研究会共同努力下，襄汾县、乡宁县两县已经实现乡镇三晋文化研究会全覆盖。

【召开尧舜文化洪洞研讨会】 2021年6月8日，尧舜文化洪洞研讨会召开，会议由市作协副主席、洪洞三晋文化研究会副会长董爱民主持。中国社科院何驽教授就洪洞考察的成果及定论，给与会人员做了清晰的交流分享。他阐述了陶寺与洪洞万安妫汭同为一脉的历史依据，以故事、文献、考古三驾马车方式还原了尧舜并都、和谐万邦的历史真面目。山西师大中华早期文明研究院仝建平教授参加洪洞妫汭虞舜文化研究会进行授牌仪式，命名洪洞妫汭虞舜文化研究会为“山西师大中华早期文明研究院洪洞实践基地”。

【历史文化研究成果】 2021年，在临汾市三晋文化研究会指导下，17个县级研究会出版了一大批研究成果。其中，《三晋石刻大全》全部完成，走在全省最前列。每县一卷的《地域文化通览》也出版了多卷。市研究会组织编纂的《崇山志》出版。编印了两期《尧文化研究》会刊，分别为第20期《洪洞虞舜卷》和第21期《乡宁鄂文化专刊》。

（石耀辉）

法显文化研究

【第五届纪念法显腊八浇雪山活动】 2021年1月20日（腊月初八），法显文化研究会组织的“纪念法显第五届‘腊八浇雪山’暨2020年度工作总结会议”活动在线上（微信群）成功举办，由于新冠疫情原因，活动通过网络形式进行。全体会员、专家顾问及法显热爱者们将自己的有关纪念法显的文章、音视频、图片、诗词、书法等在微信群进行展示。

【召开法显文化工作座谈会】 2021年4月8日下午，临汾市文旅局召集法显文化研究会、市文旅局办公室、文物科、公共服务科、改革发展科等有关人员对今后如何宣传法显文化、打造法显故里举行专题座谈。市文旅局领导对法显文化研究会成立以来的工作给予充分肯定，要求各科室一定要重视法显文化，积极配合研究会工作。市文旅局局长李艾珍对研究会提出的“法显文化园”项目建设之想法表示赞同，并表态会积极组织尧都区相关部门领导进行专项调研。

2021年4月，《大般涅槃经》三卷复制工作完成　　（法显文化研究会供图）

【《大般涅槃经》（法显译，赵成金藏版）复制】 2021年4月，由法显文化研究会名誉会长刘长山出资，完成法显翻译的《大般涅槃经》复制工作，供专家学者研究。此文系国宝《赵城金藏》中的存本，原本在国家图书馆保存。

【《法显西行记》有声小说完成】 2021年3月17日上午，法显文化研究会在北京举办《法显西行记》有声小说收官座谈会，与会嘉宾对该部有声小说的制作播讲效果给予了肯定和赞赏，《法显西行记》有声小说项目自2020年8月启动，于“闻书香·听天下”网络平台提供免费收听，共166集。

【打造法显故里被纳入临汾市政府“十四五”规划】 2021年5月17日，临汾市人民政府文件发布《临汾市人民政府关于印发临汾市国民经济和社会发展第十四个五年规划和二〇三五年远景目标纲要的通知》，该规划中第十一章（实施文化强市战略，力推文旅融合走在全市前列）第二节（推进文化事业繁荣发展）提出：加强文化资源传承与保护……发掘平阳文化……加快打造法显故里文化名片，加快法显文化研究，组织学术交流活动，以法显文化为纽带，将临汾创建为国际旅游打卡地和法显文化交流圣地。

【法显翻译的《大般涅槃经》电子版整理】 2021年9月，由法显文化研究会执行会长冯春海发起并执笔整理的《大般涅槃经》（法显译）电子版文档公开上线分享，《大般涅槃经》是法显大师独自翻译的唯一经典，分上中下三卷，共26000余字。

【研究会官网更新备案】 2021年12月9日，研究会官网域名更新为“www.fxwh.cc”，网站备案号“晋ICP备18008816号”。

【《腊八浇雪山暨法显故里考》印刷】 2021年12月19日，由法显文化研究会组织编辑、临汾市法显文化传媒有限公司主办印刷的内部读物《腊八浇雪山暨法显故里考》完成，该书收录了191篇文章，均由研究会专家学者和会员撰写，为“腊八浇雪山”非遗活动的开展和法显故里考证提供依据。

（冯春海）

出版　传媒

出版管理

【农家书屋出版物补充更新工作】 2021年，临汾市按照中央补助地方公共文化服务体系建设专项资金文件精神，每个农家书屋补充更新出版物配套资金2000元。其中，中央财政1000元，其余按照省、市、县三级4:3:3配套。各县（市、区）严格按照政府采购程序，根据新闻出版署制定的推荐目录及配备比例要求，采取“百姓点单”模式，坚持导向正确、品类丰富、质优价廉、适农性强的出版物配备原则，配备了党史教育和《我们身边的法律》《农民手机应用指南》等一批适农性强的出版物，极大地丰富了广大群众的精神食粮。截至2021年12月15日，全市2955个农家书屋总计补充更新图书21万余册，每个农家书屋平均补充更新图书71册，平均开展阅读活动6次，群众综合阅读率达95%。

【扫黄打非】 2021年，临汾市认真贯彻落实中央、省委、市委的重大决策部署，聚焦群众关切，坚持惩防并举，加强阵地管理，依法严厉打击各类非法出版传播行为，全面扫除网上网下文化垃圾，“扫黄打非”工作有声势、有成效、有亮点。

打造“护苗”品牌。发放1万份“护苗”宣传海报和5万份“绿书签”，利用《临汾日报》、临汾广播电视台和县（市、区）融媒体平台连续一周刊播《致全省中小学生和家长的一封信》，广泛宣传发布，营造全社会全领域全天候保护未成年人的浓厚氛围，传播“护苗”声音。

开展“清源”行动。对区域内印刷厂、民营书店进行明察暗访20余次，对没有严格落实验印登记、销毁制度的印刷企业行政处罚1次，对没有保存进货清单或在显著位置悬挂证照的民营书店警告3次，对县级图书馆和学校图书馆进行专项清查检查10次，强化各图书馆整治意识，加强内部规范管理，杜绝有害出版物的流入。专项行动期间，共出动执法检查人员600余人次，检查出版印刷经营单位、广播电视、电影单位达80余家次，共查办案件13起。

开展“固边”专项行动。组织文化市场检查120余家次；加强对单位及个人接受境内外机构或个人赠送出版物的严格审核审查。

开展“净网”专项行动。清理各类违法有害信息133条，约谈网站2家，依法关闭违法违规网站1个，关闭微信公众号2个，警示发布涉黄信息网民50人次，发现上报各类涉黄违法有害信息2000余条，严厉打击淫秽色情信息等网上文化垃圾。

开展“秋风”专项行动。严厉打击假媒体、假记者及新闻敲诈行为，落实相关制度，对网站、微信、公众号等媒体，落实发布内容“三审”等相关制度的执行力度，从发布内容的源头杜绝违法违规信息肆意传播。10月，有效制止古县一起涉嫌假记者新闻报道敲诈案。

加强基层阵地建设。推动“扫黄打非”基层示范点（示范标兵）创建活动，巩固“扫黄打非”基层阵地。2021年，洪洞县委宣传部、市文化市场综合行政执法队荣获全省“扫黄打非”工作先进集体；尧都区汾泽社区、洪洞县常二社区被评为全省“扫黄打非”进基层示范点。

新闻中心

【概况】 2021年，临汾市新闻中心发挥新闻舆论的传播力、引导力、影响力、公信力，组织了中国网球巡回赛CTA800（临汾站）宣传报道，比赛期间共派出省、市两级媒体70余人次报道团队，赛期共发稿140余篇。为配合好新冠肺炎疫情防控工作，临汾日报社、临汾广播电视台等各级各类媒体累计刊（播）疫情防控报道4929条次，其中临汾日报社各类平台刊发5932条、临汾广播电视台各类平台播发7964条次、各县（市、区）融媒体中心累计报道28033条次；各级各类媒体累计播出防控知识416572条次。围绕政法队伍教育整顿，《临汾日报》共刊发稿件262件，临汾广播电视台《临汾新闻》两档时政新闻节目中开设的专栏，共刊播相关新闻360余条次，各类新媒体平台，共刊发各类稿件700余条。围绕环境治理攻坚，《临汾日报》刊发稿件130余件，《临汾日报》、临汾广播电视台刊发、刊播中央环保督察举报公告44件、专栏“环保督察边督边改”和公开内容52件、动态新闻28件。围绕项目建设，《临汾日报》刊发相关领域稿件300余篇，临汾广播电视台制播了《加足马力让城建项目进入快车道》等专题。截至年底，临汾市在中央和省级主要媒体共刊（播）发各类稿件3280篇（条），其中，在《人民日报》、新华社、中央人民广播电台、中央电视台等中央主要媒体发稿750篇（条），在《山西日报》、山西广播电视台、黄河新闻网等省级主要媒体发稿2530篇（条），均创历史新高，位居全省前列。

【展示临汾全面推运高质量发展的责任和担当】 2021年，临汾市新闻中心配合山西广播电视台《转型进行时》栏目组录制临汾市委书记闫晨曦专访，在山西卫视进行了展播，《山西日报》《临汾日报》、临汾电视台等媒体进行了转载，总点击量和播放量破20余万次，全市干群反响强烈，充分展示了临汾在服务全省高质量发展的政治责任和政治担当。临汾市人民政府市长李云峰署名文章《解锁全方位推动高质量发展的四个密码，奋力书写新时代赶考路上临汾答卷》，人民网、中新网进行了原文转载，新华网以走访的形式进行了刊发。为市委“争先、进位、崛起”解放思想大讨论营造浓厚舆论氛围，在《临汾日报》、临汾广播电视台开设“大讨论”专栏，及时报道“大讨论”中好做法、好经验、好典型，对“大讨论”开展全方位、多角度、多层次、立体化的宣传报道。发动中央、省级媒体分阶段对“大讨论”进行了全方体报道，截至年底，在省级媒体共刊发各类新闻稿件335条。

【宣传工作】 2021年，临汾市新闻中心加强同中央、省级主要媒体联络与沟通，将《临汾日报》、临汾广播电视台的优秀稿件及时向人民网、新华网、央广网、中新网、《中国文化报》、文旅中国网等推进，截至年底，中央级媒体共转发200余次。党史学习教育期间，组织省级、市级媒体开展了“我为群众办实事”主题采访活动，挖掘了一批接地气、有温度、暖人心的好新闻、好典型，讲好了各级各部门聚焦群众“急难愁盼”办实事开新局、谋发展聚人心的故事，共发稿1200余篇。防洪救灾期间，组织新华社对临汾市救灾工作进行专题宣传报道。山西分社常务副总编柴海亮等6名记者，带领《临汾日报》、临汾广播电视台4名记者，深入汾西县灾区一线，采访受灾群众和基层共产党员，发掘典型，在新华社客户端刊发特写《灾民安置点里的培训课》《新华全媒+“灾区里的一场换届选举”》《新华全媒+“安置点里的生活”》3篇新闻稿件，点击量分别达到160万次、139.8万次、103.6万次。为展示对外宣传的新形象，配合香港卫视《美丽中华行》栏目组录制了《寻根问祖尧都临汾》。为做好临汾市文艺工作影响力，眉户剧团赴北京演出期间，协调《中国文化报》山西记者站记者随团进行了采访报道，《十四年常演不衰，大型眉户现代剧〈父亲〉亮相北京》《深访山西省眉户临汾市艺术研究中心进京演出台前幕后》《时隔32年再度进京演出》3篇长篇稿件在“文旅中国”刊出。截至年底，临汾市在中央和省级主要媒体共刊（播）发各类稿件3180篇（条），其中，在《人民日报》、新华社、人民网、新华网等中央主要媒体发稿650篇（条），在《山西日报》、山西广播电视台等省级主要媒体发稿2530篇（条），均创历史新高，位居全省前列。

【调研培训】 2021年，临汾市新闻中心举办了临汾新闻战线第二届“好记者讲好故事”演讲比赛，20名新闻采访一线的记者，讲亲历故事、谈采访过程、说内心感受，用心分享了身边好记者及基层一线的感人故事。举办2021年度庆祝第22个记者节颁奖活动，对山西日报社临汾分社等28家先进集体、十佳记者、46名优秀新闻工作者、68件临汾新闻奖、新闻战线第三届“好记者讲好故事”演讲比赛6名获奖选手予以表彰奖励。举办全市宣传系统新闻舆论工作培训班，围绕《习近平新闻舆论工作》《中国共产党宣传工作条例解读》《突发事件的媒体运用和舆论应对》等内容，对各县（市、区）委宣传部部长、分管副部长、融媒体中心主任50余人进行了培训，全面提升宣传系统领导干部新闻舆论素养和业务能力。规范到临汾记者采访秩序，全年共接待新华社、新华网、中央电视台、山西日报社、山西广播电视台等中央、省级媒体记者共计260余人次，做了大量的陪同采访、提供新闻素材等工作。

（张建国）

广播电视台

【概况】 2021年，临汾广播电视台坚持“党管媒体”和“政治家办台”，围绕中心工作，聚焦主责主业，推进“两创一上一融”等重点任务，各项工作取得新进展、新成效，对上发稿、获奖作品稳居全省前列，荣获“全国新闻出版广播影视系统先进集体”称号。

【实施“三大工程”】 2021年，临汾广播电视台实施“三大工程”，推进宣传创新。“头条工程”。围绕中国共产党成立100周年、党史学习教育、环境整治、项目建设等中心工作和党的十九届六中全会、省市党代会等重大主题，开设28个主题专栏，播发新闻6400余条，专题460余期，加强舆论引导，服务全市工作大局。“联播工程”。对标央媒省媒、通联各市（县、区），畅通联动机制，加强对上发稿，在中央广播电视总台发稿91条，山西广播电视台发稿582条。“精品工程”。坚持“日审、周策划、月评、季度推优、半年评训、年终综合评比”的全时间轴、全流程节目质量跟踪体系，组建阅评专家队伍，不定期、面对面抽查评比，鼓励创新创优，打造内容精品。获中国电视艺术家协会奖、山西新闻奖、山西广播影视奖等省级以上奖项43件。

【媒体融合】 2021年，临汾市制定《新媒体端运行方案》《新媒体端绩效考核办法》，推动人才、资金、设备等要素向新媒体倾斜，推出融媒体品牌栏目《悦·夜联报》，培育融媒体拳头产品，形成全媒体内容生产的高效运行机制；组建了视听融媒体中心和新闻新媒体部，开通微信、抖音、快手等新媒体平台，打造视听移动客户端——“临汾家”，打通传统媒体与新媒体的连接通道，宣传“时、度、效”得到明显提升；通过内容编排创新、版式改版升级、平台发布融通，一手抓传统端传播存量，一手抓新媒体端增量，增强受众黏性，提升传播覆盖率和到达率。新媒体端点击量1万+的视频作品98件，单场单平台直播点击量最高达到30万+。

【传输播出】 2021年，临汾广播电视台严格落实意识形态和安全播出责任制，逐步更新技术设备，采编播实现了高清化、数字化，三个电视频道在全省首批完成高清制作和高标清兼容传输改造；搭建融媒体技术平台，实现全台媒资、非编制作网、播出端网络的互联互通。开播运行了新的高山转播台站，有效提升无线覆盖率；完善规章制度，规范操作流程，加强值班值守，提高安全传输播出水平，完成建党百年、党的十九届六中全会和省市党代会期间的安全播出任务。

【经营创收】 2021年，临汾广播电视台坚持宣传和经营“两分开互促进”，以“传媒公司”为主体，推行“四统一分”项目制改革，依托定制栏目、大型活动、政务服务和市场营销推动经营创收。举办线上线下活动50余场，整体收入稳中有进；面对有线业务系统下滑的现状，拓展电路租赁、弱电工程、县

2021年，临汾广播电视台庆祝新中国第二十二个记者节活动
（临汾广播电视台供图）

市合作等增值业务，完成16个县（市）智慧广电通信网的OTN技术搭建，为下一步全市一张网和全省一张网提供了技术基础；推广智慧广电云平台，拓展时移回看、影视点播、无线Wi-Fi等交互业务和智慧党建、智慧医院、智慧酒店等广电服务，提升技术支撑和品质服务，新增智慧广电用户2万余户，集客用户120余家，网络经营保持了基本平稳。（王　强）

临汾日报社

【纸媒宣传】 2021年，临汾日报社围绕庆祝中国共产党成立100周年、党的十九届六中全会、“十四五”开新局、党史学习教育、乡村振兴、文明城市创建、生态环境保护、省市党代会、“争先、进位、崛起”解放思想大讨论等中心工作，进行全方位、多角度、深层次的主题宣传报道。《临汾日报》头版、二版开辟专题专栏40余个，通过撰写深度报道、配发评论员文章、刊发动态信息等形式，全面展示临汾市全方位推动高质量发展的生动实践。

【新媒体宣传】 2021年，临汾日报社新媒体平台先后在临汾新闻网开设相关专题48个，在微信同步开设专栏29个，及时在微博配合话题推送。通过文图、视频、直播、海报、H5、Vlog等形式，全方位加大宣传力度。其中，《我家住在解放路》《今晚，留在临汾看月亮》《温暖！山西暴雨中的瞬间》等一批5万+、10万+的融媒体作品火爆网络。与市教育局、市卫健委、市疾控中心联合举办4期《疫情防控网络课堂》，在线人数最高达50万人，在线互动量达百万人次，展现出了临汾日报社新媒体平台强大的传播力和影响力。

【媒体融合发展】 2021年，经临汾市委、市政府、市委宣传部研究同意，由临汾日报社牵头建设一款“新闻+政务服务商务”综合类客户端——临汾云。截至年底，“临汾云”客户端建设已结束，测试版正在内部运行调试，基本具备上线条件。微信公众号粉丝68万+，微博粉丝21万+，微信品牌栏目《临汾新闻早知道》日均点击量2万+。

【开展“我为群众办实事”实践活动】 2021年，临汾日报社完成了打造红色教育基地、为社聘人员缴纳住房公积金、解决停车难问题、为职工配备健身器材、社聘人员职称晋升、关心职工心理健康、解决职工用餐事宜等12项为民实事。其中，为社聘人员缴纳住房公积金10万余元；投入5万余元为职工购买健身器材、建立职工心理健康服务室内；投入27万余元巩固脱贫拓展攻坚成果。洪涝灾害发生后，向灾区捐款24410元，为帮扶村提供救助资金9.82万元。

【获奖情况】 2021年，临汾日报社获得山西新闻奖综合奖8件，单项奖4件，《全国农民报》好新闻奖7件，临汾新闻奖7件。（陈　华）

驻临汾记者站

【山西日报社临汾分社】 2021年，山西日报社临汾分社围绕决战完胜脱贫攻坚、统筹抓好疫情防控、奋斗百年路启航新征程、游山西·读历史、推动安全发展、走进乡村看小康、全力以赴恢复重建美好家园等重大报道，精心策划、深入基层、认真写稿，全年发稿390篇。其中，长篇通讯《深度贫困地区的精彩答卷——革命老区永和县脱贫摘帽构建发展新格局》《500公里路“走”了72年——翼城县找到续延德烈士亲人》《为了那满山的青翠——看安泽县如何织密织牢林草防护网》《临汾：百里汾河秀城乡面貌新》《招才引智转型蹚路——曲沃县经济发展势头正劲》《护万家安宁促一方平安——洪洞县推动应急管理体系和能力现代化的实践》等重大报道在全省产生较大反响；《曲沃钢铁产业装上了“智慧大脑”》《浮山做强做大厨师劳务产业》《襄汾县三级干部坚守一线应对强降雨》《临汾出台30项措施推进灾后重建》等报道受到广泛好评。7月，临汾记者站党支部被山西日报报业集团党委评为先进基层党组织；2021年记者节，山西日报社临汾分社被评为全市新闻宣传工作先进集体，记者郭玉琴、杜春春分别被评为全市“十佳记者”和优秀新闻工作者，两篇新闻作品被评为临汾新闻奖一等奖和二等奖。（杜春春）

【山西经济日报驻临汾记者站】 2021年，山西经济日报驻临汾记者站围绕当地的政治、经济、文化等中心工作进行全方位采访，写出了大量有影响的新闻稿件，1—12月发稿百余篇。通过融媒体矩阵——山西经济网和山西经济日报官方微信、微博等平台发表新闻，精心策划高质量的有影响力的多条新闻作品被国内主流媒体和门户网站转载，成为“学习强国”学习平台App的优质内容基地，同时为当地的社会稳定和经济发展发挥了新闻工作者应有的作用。2021年，临汾记者站获市委宣传部和新闻工作协会颁发的“先进集体”称号。

【山西广播电视台晋南工作站（临汾记者站）】 2021年，山西广播电视台临汾记者站立足新发展阶段、贯彻新发展理念、融入新发展格局、以推动高质量发展为主题，从多个层面宣传、报道和展示临汾发展的新举措、新成果。全年在省台各平台发稿130余篇，其中《安泽县提前完成灾后农房重建》《众志成城防汛救灾——隰县：设置146处集中安置点转移群众5172人》《乡宁县：“五事共商”工作法村里的事村民议》《我为群众办实事杨淑云永葆为民情怀把群众期盼的事办成好事》《曲沃：环境污染零容忍立行立改严问责》《打好森林防火人民战争安泽：“人防”+“科技”织密森林防火网》等报道受到广泛好评。

【山西晚报驻临汾记者站】 2021年，山西晚报驻临汾记者站弘扬正能量、唱响主旋律，严格遵守采访工作纪律，坚持正确的政治方向、舆论导向、价值取向，把社会效益放在首位，抵制新闻行业中存在的不正之风的影响和干扰，准确报道新闻事实。全年参与和完成临汾市多项重大活动的采访报道工作，长期关注当地时政大事、民生动态，坚持在基层采访，奔走在新闻采访一线，共在报纸及客户端刊发《临汾乡村医生贺星龙走进中共中央宣传部发布厅》《励志！临汾市福利院飞出了“金凤凰”，残疾孤儿考上了北联大的硕士研究生》等稿件300余篇（幅），及时、全面地报道了临汾市社会、经济、文化、民生等各方面的成就和动态，为宣传好临汾的良好城市形象、扩大《山西晚报》在临汾的影响力和美誉度做出了突出贡献。

【山西画报社临汾记者站】 2021年，山西画报社临汾记者站全年发稿500余篇（含公众号）。新闻时政刊一期“美丽山西”栏目《高天上，一座有灵气的山》，二期“风采展示”栏目《玉露香绿与富的交响》，三期《蒲县成为国家生态文明建设示范县》，四期《临汾靓城提质成果摄影展举行》，六期《释放人才红利形成产业优势》，八期《曲沃深化县校合作迈新步》，九期《危急关头的霍州会议》《绿色古县魅力山城》，十一期《闻汛而动众志成城》专题采访，丰收节报道《安泽匠心匠艺比技能》《曲沃举办文化旅游活动月》，文化体育《中国网球巡回赛临汾角逐》等报道40多版，图片新闻稿每期2~5篇，受到广泛好评。每年积极参加临汾市委、市政府及人大政协重大会议和各县（市）各项活动的事实报道。在防疫、抗汛救灾安全生产、环境治理、文化旅游、体育等方面进行深入宣传热点，重点报道。2021年，记者站被中共临汾市委宣传部，临汾市新闻工作者协会评为先进集体；7月，临汾记者站被山西画报社授予先进记者站；2021年记者节，山西画报社临汾记者站被评为全市新闻宣传工作先进集体，记者张怀玉被评为全市优秀新闻工作者，新闻作品被评为临汾个人新闻奖优秀奖。

【山西法制报驻临汾记者站】 2021年，山西法制报驻临汾记者站创新宣传方式方法，完善舆论引导机制，推动融合传播，紧紧围绕报社、临汾市委政法委和临汾市委宣传部的工作重点和宣传要点，坚持正确的舆论导向和正确的政治方向，坚持以正面宣传为主，弘扬主旋律，发挥职能和喉舌作用，全方位地宣传报道全市政法、综治、法治等方面工作取得的优异成绩和典型经验。加大与公、检、法、司各部门的联系力度，经常深入基层一线，采写了一批有影响的反映基层政法工作的稿件，确保重大新闻不遗漏。发表的《铁腕“治欠”一“薪”为民——尧都区公安局打击治理欠薪工作侧记》被评为2021年度临汾新闻奖三等奖，《以“检察公益”之盾护佑红色文化——临汾检察机关用法律手段捍卫英烈尊严工作纪实》被评为2021年度临汾新闻奖二等奖。《“五大举措”持续正确“领航”——古县入选全省首批“法治政府建设示范县”》《用“检察蓝”守护革命先辈的“英烈红”——隰县检察院督促保护堆金山烈士陵园》《改造罪犯他也有“铁汉柔情”——记临汾监狱副监狱长李延军》《既让当事人满意又凸显法治效果——临汾中院家事审判工作蹄疾步稳再出发》等事迹稿件反响较大。

全年，外界向本报输送了460余篇稿件，新媒体发稿780余篇，全面反映和展示了政法系统公安民警无私无畏、英勇善战、智破大案的可贵精神和战斗风貌。

卫　生

卫生健康

【概况】 2021年，临汾市卫生健康委员会（简称临汾市卫健委）以人民健康为中心，以“健康临汾”建设为目标，为市民群众提供全方位全周期健康服务，精准防控新冠肺炎疫情；持续深化医药卫生体制改革，构建广域医疗卫生大格局，医疗服务能力和水平稳步提升，基层医疗卫生机构提质增效。临汾市卫健委举办“5·12”国际护士节、第四个“中国医师节”庆祝活动，为“平阳好护士”“平阳优专科”“平阳名医师”“平阳名护士”“平阳名中医”“平阳好村医”颁发荣誉证书和证章；拍摄电影《石兰峰》，推进“千名医生进万家”活动，7家医疗小分队深入全市81个乡镇举办义诊和讲座8370次，惠及60.35万人。

【国家安全、法治建设】 2021年，临汾市完成备案二级病原微生物实验室163个。全年网站发布信息1294条、微信公众号1924条。全年共公示双随机检查100件，行政处罚46件，留言答复17件。

【卫生健康规划】 2021年，临汾市卫健委聚焦“优化全市医院布局、打造15分钟就医圈”，谋划实施重大工程项目8个，预计总投资51.4亿元。其中，5个项目已成功申请2022年提前批专项债券8.7亿元。

【疫情防控】 重点人员防控。2021年，临汾市累计排查中高风险区来临返临人员315685人，管控59519人，核酸检测结果均为阴性。全市累计管理密接182人、次密接2202人，核酸检测均为阴性。全市累计核酸检测3337554人份，检测结果均为阴性，未发现阳性人员。全市在日常严格管理的基础上，对4712名一线邮政快递从业人员进行核酸检测，结果均为阴性。疫情发生以来，及时科学处置了霍州进口青虾、侯马市进口冷冻带鱼、临汾开发区进口冷冻猪去骨去皮腿肉、大宁县进口冷冻猪前肘、尧都区进口冷冻带鱼和去颊去耳猪头肉6起进口冷链食品阳性事件。全市累计冷链食品相关核酸检测186737份，检测结果118份阳性、186619份阴性。隔离场所储备方面，按照每万人不少于20间备足集中隔离场所，全市应储备7960个房间，实际储备隔离房间9406个。流调溯源能力方面，全市17个县（市、区）均成立以公安、工信、公卫等部门联合组成、人数不少于50人的流调专班，共计18支队伍1107人。多点触发预警方面，全市设立20157个哨点，20157名专职健康管理员，全年共收到预警信息113条、退热药销售预警信息691条、早期症状信息25300条、药品销售预警信息85739条、冷链物流预警信息11条，疫情监测预警能力有效提升。救治能力方面，组建3个市级常备工作组、2个市级后备工作组，县级医疗救治队伍860人、市级医疗救治队伍157人。应急能力方面，全市能够始终保持疫情防控组织架构和工作机制处于激活状态，24小时值班值守，坚持零报告、日报告制度。截至12月底，共报告《疫情有关数据日报告专报》774期，《新冠肺炎疫情分析报告》53期。

核酸检测。成立了由临汾市委常委任组长、分管副市长任常务副组长的全员新冠病毒核酸检测工作组，印发《临汾市全员新型冠状病毒核酸检测工作方案》，明确责任分工、工作机制和流程。检测能力储备方面，全市建成50家机构具备新冠病毒核酸检测资质（医疗机构32家、疾控机构18家）。其中，临汾市人民医院城市核酸检测基地3万管、临汾市第三人民医院公共核酸检测实验室1万管、临汾市中心医院基因扩增实验室6500管，日单人单管最大检测量可达到12.7万份。将全市17个县（市、区）分8个片区，互相支援，能够在1日内完成单个县级区域全员核酸检测，为疫情防控提供强大的技术支撑。检测人员配备方面，全市核酸检测人员数已达到578人，实现了检测人员和检测能力相匹配。采样人员配备方面，全市共设置采集点3022个，储备采样人员7800余人，能够满足全市全员核酸检测工作需要。信息化系统建设方面，建成疫情防控信息平台，群众提前录入信息，生成个人核酸检测二维码，提高全员核酸检测速度和精准度。应急演练方面，采取即时确定、随机抽样的方式，12月底开展针对不同领域、不同场所、不同人群的全员核酸检测实战演练。全员核酸检测实现“十有”，建立起从社区组织发动、专业队伍采样检测到群众全方位配合高效迅速准确的集团化作战模式。

院感防控。坚持“院内零感染、院感零容忍”的底线，规范发热门诊、预检分诊“三区两通道”设置。全市18所定点医院20个发热门诊累计接诊50211人。加大对医疗机构的督查力度，开展16轮检查，累计检查医疗机构5331家，立案231起，处罚128.87万元；停业整顿106家，注销医疗机构2家。

疫苗接种。成立由临汾市市长任组长的疫苗接种工作领导组，按照“愿接尽接、应接尽接、应接必接”的要求，实行“日查周报、市县联动、动态清零”工作机制，全力推进疫苗接种。全市累计接种7141998剂次，3~11岁和60岁以上常住人口全程疫苗接种任务完成率均位于山西省前列。

防控知识宣传。临汾市总调度室及时发出《关于加强中高风险区来（返）临人员排查及健康管理的通告》161期、《通知》178期；制作全国首支疫苗接种主题曲《接种希望》，发布新冠病毒疫苗接种问答10期、新冠病毒疫苗接种相关知识45期、有关新冠疫苗接种倡议书1期；制作2部防疫微电影（《细菌突击队》《陌生外星人》），防疫顺口溜微视频7部，防疫顺口溜海报45种。临汾市电视台报道疫情相关信息4491条次、《临汾日报》累计刊发疫情信息200余篇，被省级以上媒体采用45篇。

【专科建设】 2021年，临汾市推进“十百千”工程，遴选出十大重点专科、第一批“百名学科带头人”“千名技术骨干”。成功申报国家级重点专科1个（临汾市人民医院胸外科），建成省级重点专科23个、市级重点专科73个。特别是市中心医院“刘辉团队”，作为临汾市独立开展各类心脏外科手术的团队，全年完成559例。通过“引进来、走出去”的模式，市人民医院、市中心医院分别与葛均波、李兆申等院士建立长期或者定期合作指导关系，成立王晓虎博士（骨科）、高占成博士（呼吸）、梁洁博士（消化）等8个博士工作站和范江（胸外）、刘金成（心外）等11个名医工作室。

【县域医疗】 2021年，临汾市建立11个胸痛中心、11个卒中中心、12个创伤救治中心、19个危重孕产妇救治中心、18个危重新生儿救治中心、20个传染病救治中心，其中市人民医院、市中心医院均建立了高级版的胸痛中心、卒中中心、创伤救治中心。发挥专业医疗质量控制部作用，全市质控部达到43个，全年召开32场次质量控制工作会议。在传染病专业质控部培训会议上，邀请了国家传染病医学中心主任张文宏教授、中国门静脉高压联盟负责人祁小龙教授出席并授课。

【中医药发展】 2021年，侯马市成功创建为省级基层中医药工作先进单位；侯马市中医院、霍州市中医医院已通过二级甲等中医医院评审；全市中医馆总数达到173家，实现基层全覆盖；4名中医专家被评选为“山西省名中医”；启动“平阳中医药传承工程”，与国家图书馆、临汾市图书馆合作，挖掘整理平水版中医药古籍，出版《平水版汇本针灸经》《平水版伤寒论》《黄帝内经·素问》《重修政和经史证类备用本草》共24册书籍，均被山西省档案馆、山西省中医药博物馆、山西中医药大学、山西卫生健康职业学院收藏。

【基层医疗机构标准化建设】 2021年，临汾市卫健委开展“优质服务基层行”活动，全市乡镇卫生院、行政村卫生室标准化、规范化建设达标率达到98%以上。

【县域医疗卫生一体化改革】 2021年，临汾市以分级诊疗为抓手，整合县域医疗服务资源，建立了以4个三级医院为龙头、294所医疗机构参与的医联体建设体系，成立18个专科联盟，组建17个县级医疗集团，通过上接三级医院、专科联盟、远程医疗三根天线，构建以纵向帮扶医联体、跨区域专科联盟、远程医疗协作网等为主的医疗合作模式。市中心医院经省卫健委审查同意开展互联网医疗服务，市急救中心120远程急救指挥会诊

5G应用平台被纳入工信部5G+医疗健康应用试点项目，乡宁县、安泽县、大宁县成为全省省级“5G+医疗”试点。

【公立医院改革】 2021年，临汾市人民医院、市中心医院被确定为现代医院管理制度建设省级试点，8所市直公立医院完成薪酬制度改革，4所三级医院按要求设置了总会计师岗位并落实全预算管理，全市二级以上医院实现预约诊疗服务全覆盖，34所二级以上公立医院开展绩效考核工作。山西省卫健委通报全省2019年度西医类三级公立医院绩效考核结果，临汾市人民医院省内排名第7名，临汾市中心医院省内排名第5名。

【民生实事】 2021年，临汾市免费产前筛查和诊断服务24517人，脱贫县农村妇女“两癌”免费检查服务宫颈癌34113人、乳腺癌34233人，免费婚前医学检查18995对、婚检率87.04%，新生儿三项疾病筛查数27116人、筛查率98.38%，省政府三项民生实事完成率均高于省定目标。

【健康中国】 健康知识普及工作。2021年，临汾市卫健委运用健康临汾官微平台，推送健康知识2107篇，市、县、乡、村四级举办“健康大讲堂”6236场次。

合理膳食工作。印发《临汾市国民营养计划和合理膳食行动实施方案》，开展以合理膳食和适量运动为重点的“三减三健”专项行动（减盐、减油、减糖、健康口腔、健康体重、健康骨骼），17个县（市、区）都开展了专项行动。在侯马市举办全国第六届“万步有约”健走激励大赛。

控烟工作。全市的市、县两级无烟党政机关建成比例达到69%，无烟医疗卫生机构建成率达到61%。

心理健康促进工作。实现全国社会心理服务体系试点建设工作市、县、乡、村四级及重点行业领域社会心理服务组织全覆盖，临汾市被工信部和国家卫健委确定为“5G+心理健康试点项目”3个试点城市之一。临汾市5所高等院校、1282所中小学校、8所特教学校，均设有心理咨询服务室，实现了全覆盖。

健康环境促进工作。稳步推进国家及省级卫生城镇创建工作，临汾市被省爱国卫生运动委员会命名为省卫生城市，霍州市被命名省卫生县。全市现有1个国家卫生城市、5个国家卫生县、7个国家卫生乡镇，1个省卫生城市、10个省卫生县、54个省卫生乡镇、635个省卫生村。

职业健康保护工作。全市有42家开展职业健康检查，累计报告体检个案资料52646张。襄汾县合家庄矿业有限公司因违反职业卫生法律法规情况被开出了首张28万元的行政处罚罚单，处罚额度为全省单笔最高。

心脑血管疾病防治工作。举办全市慢性病防控工作推进暨业务培训班，推进慢性病综合防控示范区建设，扎实做好心血管病高危人群早期筛查和综合干预项目，脑卒中和心血管病高危人群筛查6097人，随访干预2000人。

癌症防治工作。在市中心医院成立了山西省癌症中心临汾分中心，并举办肿瘤随访登记工作培训会。全市肿瘤登记已完成1760例，重点癌症高危人群筛查7090人，随访干预1760人。

慢性呼吸系统疾病防治工作。举办3期基层呼吸系统疾病早期筛查干预能力提升项目培训班，对辖区40周岁及以上居民开展慢性呼吸系统疾病早期筛查干预。

糖尿病防治工作。以高危人群为重点，推进糖尿病健康管理工作。

传染病及地方病防控工作。临汾市重点传染病爆发疫情报告率100%、处置率100%、综合率均达到100%，免疫规划疫苗报告接种率保持在97%以上，肺结核患者治疗管理率99.78%，五种重点地方病以县为单位达到国家消除标准或实现有效控制。

【医养结合】 2021年，临汾市卫健委推进医养结合工作，临汾市有国家养老服务业标准化试点1个，设有老年医学科的二级及以上综合性医院21个，2个省级医养结合试点单位，13个市级医养结合试点单位，3个市级安疗护试点单位，2个长期护理保险试点单位。以市政府办公室名义印发《关于同意建立临汾市3岁以下婴幼儿照护服务工作联席会议制度的函》，确定20家联席会议成员单位，明确职责分工，形成合力。临汾市3周岁以下婴幼儿照护服务托育机构46家，其中省级试点4家。

【健康扶贫】 2021年，临汾市共组建家庭医生团队2720个，一般人群签约率66.83%、重点人群签约率86.64%、建档立卡贫困人口签约率99.28%，做到了应签尽签。

【卫生应急综合试验区建设】 2021年8月3日，国家卫健委下发

《关于开展卫生应急综合试验区试点建设的通知》，确定临汾市作为首批卫生应急综合试验区3个试点城市之一，已成立市委书记、市长任双组长的高规格领导小组，制定了《临汾市卫生应急综合试验区建设方案（第一版）》和应急指挥、监测研判预警、疾病预防控制、医疗救治、联防联控、物资保障“六大体系”工作方案，力争利用3年时间建成全国可复制推广的卫生应急工作标杆。（张　偲）

疾病预防

【概况】　2021年，临汾市疾控中心科学精准应对新冠肺炎疫情，扎实开展疾病预防控制各项工作，坚持预防为主，实施健康战略，明确工作职责，落实工作责任，夯实工作基础，提升工作质量。

【新冠肺炎疫情防控】　2021年，面对新冠肺炎疫情传播的严峻形势，临汾市疾控中心高度重视，科学判断形势，精准把握疫情，积极开展预警监测、信息报告、疫情研判、流调溯源、信息协查、采样检测、培训指导、消毒消杀、舆情监测、宣传教育、防控保障、疫苗储运分发等工作，发挥了“定音锤”“参谋部”“侦察兵”“灭火队”“指导员”“宣传员”“卫生员”等作用。在疫情防控取得阶段性成效后，组织专家制定复产复工复学疫情防控工作指南，制定并印发技术方案（指南）50余篇；深入会场、学校对疫情防控工作进行检查评估，选派专业人员驻校指导；实施多点触发预警机制，开展密接次密人员排查，累计追踪管理密接次密2586人；开展重点场所、重点人群、重点食品的新冠病毒核酸采样检测，累计检测24000余份样本；开展各种会议活动保障、各类笔试面试保障512次，出动工作人员近1391人次；推进全市新冠疫苗接种工作，已接种新冠疫苗710万余剂，构筑了牢固的免疫屏障；争取市级财政支持，在全省率先购进基因测序仪，为流调溯源、精准防控疫情提供了科学技术支撑。临汾市创造了全省疫情最低，实现了市委、市政府提出的“三零”目标。

【传染病防控和卫生应急】　2021年1月1日0时至12月31日24时，全市17个县（市、区）通过疾病监测信息报告管理系统报告法定传染病18种14186例，报告发病率为314.66/10万，报告死亡病例9例，报告死亡率0.2/10万。全市法定传染病报告发病率较上年同期下降13.72%。全市传染病报告综合率为99.95%，全年共接收传染病自动预警信号1009条、突发公共卫生事件1起，组织开展全市新冠肺炎疫情卫生应急演练培训、传染病漏报调查、风险评估、疫情分析、人感染高致病性禽流感监测等工作，继续加强了晋陕豫黄河金三角三省四市联防联控机制。

【艾滋病防控】　2021年，市本级自愿咨询检测工作共完成726人次，完成率121%，其中筛查阳性33例；监管场所HIV抗体检测工作共完成4869名，完成率162.3%，其中筛查阳性2例。全市艾滋病病毒感染者/病人随访、抗病毒治疗各项指标均达到考核要求。抗病毒治疗1289例，治疗比例为95.2%；开展艾滋病、梅毒、丙肝数据核查及麻风病症状监测工作；对各县（市、区）进行线上培训及艾滋病筛查实验室及检测点检测技术线下培训；通过宣传视频、路牌海报、宣传材料等多种形式进行了性病艾滋病防治知识宣传，开展了12月1日世界艾滋病日主题宣传活动。

【免疫规划】　2021年，全市冷链配送免疫规划疫苗11种470153支，免疫规划疫苗报告接种率≥90%；新冠疫苗累计配送7240941剂次，全市已接种新冠病毒疫苗7142005剂。12岁以上人群第一剂接种任务3125822剂，已接种2999168剂，接种任务完成率95.95%；第二剂接种任务2925970剂，已接种2964573剂，接种任务完成率101.32%。3~11周岁人群新冠疫苗接种376811剂次。全市累计报告排除麻疹风疹病例92例，28年保持无脊灰工作状态。疑似预防接种异常反应（AEFI）690例，一般反应674例，异常反应5例，其他11例。1—12月录入出生儿童个案27524条。开展多轮次新冠病毒疫苗培训、督导和宣传，围绕4月25日儿童预防接种日主题“接种疫苗，防控疾病，守卫健康，守护一生”开展宣传。

【结核病防控】　2021年，全市共登记活动性肺结核病患者1023例，其中病原学阳性患者565例，全市病原学阳性率为55.22%，达到指标50%的要求。全市网络报告肺结核患者和疑似肺结核患者723例，总体到位707例，全市总体到位率为97.78%，达到指标95%。全市登记肺结核患者1294例，成功治疗1241例，成功治疗率为95.9%，达到指标90%；全市共登记新菌阳肺结核患者密切接触者2029人，筛查2009人，全市新菌阳肺结核患者密切接触者的筛查率为99%，达到指标95%。发现涂阳患者3例。

【食品安全风险监测】 2021年，全市常规和专项监测共采集样品108份，任务完成率为101%，监测覆盖率达到100%。全市共采集食品样品119份，任务完成率为100%，监测覆盖率达到100%。全市地方特色食品中食源性致病菌监测包括生畜肉、生禽肉和水产品三大类3种食品，共采集样品151份。检测项目小肠结肠炎耶尔森氏菌、空肠弯曲菌及副溶血性弧菌，检测结果均未发现异常，检测数据已全部网报。全市共报告食源性疾病病例4697例，监测覆盖率达到100%。在山西省食源性疾病暴发事件优秀流调报告（2010—2021年）评选中荣获三等奖和优秀组织奖。

【职业病监测】 2021年，全市共有职业健康检查机构41家，其中27家机构上报个案数据，占全部机构数的66%，全市完成个案卡报告52646张。尘肺病全市监测任务数为400人，已监测521人，监测任务完成率130%；职业性尘肺病患者随访调查全市随访任务数为1144例，已随访上报监测系统数1144例，随访率100%。

【慢性病防控】 2021年，全市通过人口死亡信息登记管理系统报告死亡个案21390例，报告死亡率为517.58/10万，审核率100%，死因诊断不明比例0.09%，均完成了年度工作任务。报告及时性99.47%。全市17个县（市、区）疾控中心，均制定了老年人和慢性病患者健康管理工作计划和制度，16个县对老年人、高血压和糖尿病患者健康管理人员，开展了业务培训，17个县（市、区）进行了现场技术指导，覆盖率达到100%。

【地方病防治】 2021年，碘缺乏病检测盐碘5133份，尿碘5133份，甲状腺容积监测1222人，完成率100%，规范报告率100%。监测结果显示，17个县（市、区）均保持了消除状态。大骨节病全市12县40个乡镇的233个病区村开展监测，实现了以村为单位的监测全覆盖，监测完成率100%。所有病区村常住7～12周岁儿童共5940人，实际监测5940人，检诊率100%。

【实验室检验检测】 2021年，临汾市共检测重点人群、环境、食品等新冠样本24000余份，完成1294份水质数据审核，116份平行样品的氟化物、氯化物、硫酸盐、六价铬项目的测定，30份高氟样品的复核，食源性疾病样本133份，手足口170份。完成国家、省疾控对流感、手足口病、麻疹、风疹等考核任务；完成国家碘缺乏病参照实验室对盐碘、尿碘、水碘的考核任务；圆满完成中国疾控中心砷、镉考核项目。 （范永强）

妇幼保健

【概况】 临汾市妇幼保健院始建于1976年，是一所集妇幼卫生、妇幼保健、临床医疗、慢病康复、科研教学为一体的三级甲等妇幼保健院。承担本院的医疗保健任务及全市17个县（市、区）国家基本公共卫生项目、重大公共卫生妇幼项目和其他专项工作的督导、培训任务。截至2021年底，该院共有行政管理科室19个、保健业务科室7个、临床科室22个、医技科室8个。编制床位300张，开放床位239张。2021年共完成门诊208679人次，出院8711人次，手术例数2958例，住院分娩2629人次。

【学科建设】 2021年，临汾市妇幼保健院发展成为山西省产前诊断中心、山西省新生儿疾病筛查中心、山西省新生儿科医师培训基地、山西省儿童早期发展示范基地、临汾市妇幼保健联合体核心单位、临汾市危重新生儿救治中心、临汾市儿科质量控制部主任单位、新生儿专业医疗质控部主任单位、临汾市儿科医疗保健专科联盟理事长单位，临汾市医学会儿科医学、儿童保健、妇儿超声、新生儿、围产医学、临汾市护理学会儿科护理六大专业委员会主任委员落户单位，山西医科大学教学医院。2019年12月“九临合作”临汾市妇幼保健服务能力提升项目完成签约，“九临合作”名医工作室落户该院。产科、儿科、新生儿科、儿童保健科、超声医学科是临汾市临床重点专科。

【硬件设施】 2021年，临汾市妇幼保健院门诊住院大楼占地面积0.73公顷，总建筑面积21000平方米，有7部专用电梯和多个保健康复休闲区域。购置有高强度聚集超声消融治疗设备——海扶刀、16排螺旋CT、移动DR、数字胃肠机、德国斯蒂芬呼吸机、飞利浦四维彩色多普勒超声波诊断仪、奥林巴斯超高清晰度电子腹腔镜、奥林巴斯宫腔镜检查镜、美国GE新生儿暖箱、美国GSI耳声发射筛查仪、飞利浦胎心监护仪中心站、脑电仿生治疗仪、德国罗氏生化分析仪、小儿腹腔镜、支气管镜、奥林巴斯纤维支气管内窥镜等先进的医疗设备，为医疗保健工作提供支撑。

【疫情防控】 2021年，临汾市妇幼保健院在严格按照疫情防控工作有关要求，认真落实每一项工作。预检分诊工作人员24小时严格值守，严把门诊第一关。成立新冠疫苗临时接种点，并对医院及附近居民完成1309人次疫苗接种。成立核酸采集小组，并多次进行核酸采集培训，参加临汾市政府组织的全员核酸检测演练，全年共完成28891人次核酸采集。及时修订完善院感管理相关制度，组织线上线下培训，确保人人考核、人人过关。认真整理在疫情防控工作中形成的文字、图表、声像、实物等原始工作记录，形成疫情防控档案。

【妇幼保健工作】 2021年，临汾市妇幼保健院基本公共卫生及重大公共卫生妇幼项目顺利完成，各项指标走在山西省前列。2021年完成山西省妇幼保健机构能力提升项目对蒲县、吉县妇幼保健机构的培训指导任务。产前筛查与诊断服务、新生儿疾病筛查、免费婚前医学检查和0~6周岁残疾儿童筛查等惠民项目均圆满完成。对辖区妇幼保健业务工作进行全面指导、督导、质控。举办辖区妇幼项目、保健适宜技术等培训，邀请国家和省级专家授课，提高了临汾市妇幼保健专业人员业务水平。加强辖区预防艾滋病、梅毒和乙肝母婴传播工作业务管理，规范母婴阻断药品管理。2021年全市救治危重孕产妇1925人，转诊危重孕产妇261人，救治危重新生儿931人，转诊危重新生儿223人。举办临汾市孕产妇死亡和孕产妇危重症评审工作3次、新生儿死亡评审2次。受临汾市卫健委委托对辖区内二级及以下妇幼保健机构进行绩效考核，在规定时间内完成网上数据审核、现场质控、考核评分等工作。

【技术创新】 2021年，临汾市妇幼保健院坚持技术创新，多项新技术、新项目的开展填补了临汾市空白，达到山西省先进水平。引进国内先进的高强度聚集超声消融治疗设备——海扶刀，无创治疗子宫肌瘤、子宫肌腺症等，全年共治疗50余例，临床疗效评价良好。增设胎儿医学门诊，共开展各类手术60余例，胎儿镜临床应用取得可喜成效。产前诊断特别是遗传实验室工作稳步推进。2021年在羊水染色体核型检测的基础上，引进羊水FISH、基因芯片、高通量低深度基因组测序、全外显子组基因测序等检测技术，使产前诊断人数从数量上有了提高，质量上也上了一个新台阶。影像科乳腺断层仪投入使用，能更早期地诊断乳腺癌。成立小儿消化内镜室，引进先进的奥林巴斯电子胃镜、电子结肠镜，开展儿童胃肠病内镜下检查和治疗。2021年共完成取异物、阑尾炎手术等140余例。儿童哮喘门诊标准化管理工作推进，全年共标准化管理4000余人次。设立儿科神经内科门诊，开展长程视频脑电图监测。新生儿科开展NO吸入治疗新生儿持续性肺动脉高压技术。儿童保健科开展的人体成分分析仪在儿童营养监测中的应用，对于评估儿童的生长发育起到很好的作用，开展儿童针灸在脑瘫康复中的应用。功检科开展胎儿介入治疗技术。检验科开展优生五项检测、子痫前期风险检测和血培养全自动微生物鉴定药敏分析等新技术。小儿外科开展多指、并指畸形矫正等手术，使该院在先天性结构畸形矫正方面走在山西省前列。

【管理创新】 2021年，临汾市妇幼保健院坚持管理创新，积极落实岗位管理制度，按照不同类别合理设置岗位，引进30名专业技术人才，落实公开入编招录工作，把人力资源是第一资源的理念落实到了实际工作中。开展医师定期考核，确保依法执业，加强医疗质量安全管理。按照DRG付费分组办法规范病历书写新要求，严把病历首页数据填写质量关。接收山西医科大学实习生58人，社会实践10人，基层进修人员11人，推动高级别论文和新技术新项目的开展。开展专科基地建设工作，顺利通过省级助产专科基地评审，完善护理人才培养体系，护理队伍整体素质明显提高。按照新冠肺炎常态化疫情防控要求，完善工作制度及流程，开展培训，加强医院感染监测及报告管理。完成医院HIS、CIS、LIS、PACS以及各个辅助系统软件的升级，电子病历系统评价四级通过验收，智慧后勤平台一体化成功上线，推动网络医院、智慧医院建设。临汾市妇幼保健院推广保健院微信公众平台信息，全年共发布稿件330余篇，媒体共报道190余次，宣传该院的良好形象，提高关注度和影响力，目标人群健康知识知晓率提高。 （王 浩）

血液管理

【概况】 2021年，临汾市采供血工作再次取得新突破，确保临床用血充足。全年共采集46792人次，其中，全血采集34514人次，采血量67000单位；血小板采集12278人次，采血量23704治疗量。2021年组织团体献血163次，献血人数9694人。献血人次和献血量再创新高。

全年共制备成分血143196U，洗涤红细胞780.5U，冷沉淀凝血因子4662U，病毒灭活血浆33816U、冰浆31846U、新鲜冰冻血浆4810U、辐照去白单采血小板5299U。冰浆比2020年同期增长3%、病毒灭活血浆比2020年同期增长17%、红细胞类比2020年同期增长33%。

2021年，向市内供应红细胞类52951U，比2020年同期增长1%；血浆类30112.5U，比2020年同期减少2%（灭活新浆10U、灭活冰浆28138U、冰冻血浆1964.5U）；冷沉淀5570U比2020年同期减少20%；血小板类4218个治疗量比2020年同期增长4.7%（辐照血小板916个治疗量）。向省外调配血液，北京市去白悬浮红细胞10672U、血浆16008.5U、血小板18974个治疗量；河北省血小板18个治疗量。

【质量控制】 2021年，临汾市中心血站严格落实上级防控精神，严把血液安全关，开展疫情防控工作，严格执行疫情防控的各项要求，未发生一起因疫情原因造成的血液安全事故。对全站质量体系2020F版文件进行电子版的换版，各科文件更改267次，在用版本F/3；全年共抽查记录249份，记录均为受控文件，均符合要求、按规定填写。2021年，共抽检全血204袋、血浆202袋，单采血小板193袋，结果全部符合要求。《不合格品（不合格项）处置》共155份，上报监察室7份。全年所有的血液放行质管科均进行有效监管，通过加强质量检查，确保了血液安全。

2021年，共检测血清学标本52987份，合格52546份，占检测总数的99.17%，不合格441份，占检测总数的0.83%。核酸实验室本年共检测标本52862份。华益美核酸检测系统共检测42857份标本，拆分标本392份，拆分反应性标本14份，阳性检出率为0.326‰；浩源核酸检测系统共检测10005份标本，反应性标本28份，阳性检出率为2.8‰。

实验室参加国家卫生健康委临床检验中心和山西省临床检验中心的室间质评以及山西省CDC能力验证，建立和实施相关程序，以日常检测相同的方式对质量考评的样品进行检测和判定，室间质评结果均符合规定的标准。

【信息化水平提高】 2021，临汾市中心血站完善全国电子无偿献血证的服务功能，新增献血点导航、献血点名称、电话及地址、服务时间、地址经纬度。在市人民医院、市中心医院开展血费报销直免工作试点。后勤保障系统基本建成，采血车指挥调度平台顺利实施。对唐山启奥系统进行优化，使献血者献血时更加简捷、方便。通过以上工作使血站的信息化水平进一步提高，离智慧血站更近一步。

【后勤管理】 2021年，临汾市中心血站总务科共强检、校准，检定设备387台，医疗废弃物收集处理共27吨。投入资金881万元，购置85台新设备。物资入库402次，共计2419万元，出库588次，共计2003万元。全年收入合计6338.75万元，比上年增加1239.41万元，增长率为24.31%。

【项目建设】 2021年，临汾市中心血站新建项目选址位于尧庙镇伊村、杜村东侧，占地面积为2.33公顷，总建筑面积19500平方米，包括业务用房、培训用房及辅助用房等，配套建设给排水、电气、空调通风、消防、地面硬化、绿化等附属工程，以及设备购置等，总投资17300万元。新建血站项目取得较大进展，已完成项目选址意见书和土地预审意见，可行性研究已经批复。

医药销售

【概况】 2021年，新一轮国家医保药品目录调整工作正式启动，创新药迎来了“井喷”局面，国药集团临汾有限公司紧抓发展新机遇，聚焦政策变化，提升医疗业态市场份额，全年销售总额达到13.5亿元。

积极筹备合资设立临汾国心健康服务中心的项目（作为线下的实体药房+药诊店模式），开展门诊医疗服务以及DTP输注业务，建立健康管理的配套服务体系，打破公司传统业态的局限，打造了公司新的竞争优势。

物流始终秉承“安全高效，服务至上”的原则，竭尽全力服务销售一线，全年（1—11月）吞吐量达69.3万件，克服点多线长、货零路险等诸多不利因素，全年安全行驶51余万公里、配送客户数4万家、配送药品33万余件、出车3902次。

【医药物资储备】 2021年，国药集团临汾有限公司作为临汾市医药物资储备单位，主动作为，确保各类防疫物资采购到位、调配到位、保障到位。根据临汾市医药储备文件和公司的相关文件精神，制定《国药集团临汾有限公司医药物资储备管理实施细则》，加强储备物资管理，明晰、规范储备工作职责。配合市级相关部门完成新冠疫情期间调拨物资、减值物资和核销物资金额的核查工作。及时向市工信局汇报公司的储备库存和资金使用情况。对难以实现市场流通的特殊储备品种，请示市工信局与相关医疗机构协商轮转，降低因产品失效造成的储备资金核减的风险。

重点医院选介

·临汾市人民医院·

【概况】 2021年，临汾市人民医院门急诊人数达106.6万人次，同比增长18.8%；出院病人数达6.5万人次，同比增长7.91%；手术及操作达4.47万台次，同比增长6.09%；体检达6.1万人次，同比增长62%；医疗服务收入占比27.1%，床位使用率82.6%，全院药占比24%，门诊预约率57.98%，万元收入能耗支出90元，百元医疗收入（不含药品收入）消耗的卫生材料费35.6元，三四级手术占比79.16%，平均住院日7.66天。

【重点专科突破】 2021年，临汾市人民医院胸外科作为省卫健委确定国家级重点专科，将胸外科、心脏大血管外科、呼吸介入治疗科重组为胸外科，下设9个医疗组。与上海市第一人民医院范江教授签订合作协议，实现国家级重点专科零突破。骨科、心血管内科搏击国家级临床重点专科、肿瘤科、肾内科等8个科室申报省级临床重点专科，带动医教研协同发展。

【学科布局】 2021年，临汾市人民医院以整体学科建设为目标，重点规划调整内外科病床占比设置，增加手术床位占比，外科床位由854张扩大至893张，内科床位由852张减至789张，拓展业务用房，儿童医疗中心、母婴保健中心、医养结合正式开诊运营，中心实验室等工作有序推进。

【技术提升】 2021年，临汾市人民医院成功开展年度新技术新项目64项，血液科开展全市首例自体造血干细胞移植技术、心脏大血管外科开展山西省首例全动脉化冠状动脉旁路移植同期主动脉瓣置换术、肝胆胰外科开展临汾市首例减重代谢手术以及腹腔镜右半肝切除术、心内科完成山西省地市级医院首例超高龄二叶式主动脉瓣狭窄经导管主动脉瓣置换术和全市首例零射线孕妇射频消融术、内分泌科开展全市首例双侧肾上腺静脉采血、甲乳外科完成院首例全乳晕入路腔镜下单侧甲状腺切除术、泌尿外科完成全市首例腹腔镜下Burch悬吊术治疗女性压力性尿失禁和临汾市首例腹腔镜下双侧腹股沟淋巴结清扫术、输血科成功开展全市首例机采富血小板血浆（PRP）治疗；在重点技术上，制定实施100项重点技术推进实施方案，明确项目负责人，细化计划任务书，推进重点技术的突破创新；在限制类技术上，合作开发了限制类医疗技术上报管理系统，及时上报并动态检查限制类技术开展情况；在MDT项目上，重新调整项目负责人，制订完善各科实施计划，持续推进MDT工作；在医疗技术管理上，以病案首页数据为抓手，完善各科室医疗技术目录、手术分级目录、高风险技术目录。

【教研体系推进】 2021年，临汾市人民医院在教学方面，接收实习生275人、见习生60人、进修人员129人；派出进修51人，远程海外研修1人，新增26名长治医学院硕士研究生指导老师，举办多期教学基本功竞赛，完成长治医学院本科毕业技能考核，完成年度理论课教学任务，完成山西医科大学附属医院工作任务，提升临床专科护士培训水平，成功申请内分泌、急诊等7个山西省临床专科护士培训基地；在继续教育方面，开展继续医学教育项目116项，其中国家级项目1项、省级项目6项，继续教育学分达标率94.98%，连续三年稳步增长；住培方面，以临床技能中心搬迁为契机，完善基础住培设备，组织召开国家级和省级儿科专业骨干师资培训活动，完成65名2021级住培学员及24名山西医科大学并轨研究生招生工作，改进提升住院医师规范化培训、助理全科医生培训、全科医生转岗培训、研究生学员轮转等工作；科研方面，筹建集医疗、科研及教学于一体的中心实验室，提升科研硬件建设水平，完成往年省市级科研课题结题评审验收的基础上，获批省卫健委“四个一批”科研兴医创新计划项目立项2项，省卫健委科研项目立项1项。

【国考指标提高】 2021年，临汾市人民医院以国家卫健委三级公立医院绩效考核反馈信息，逐项制定整改措施，对已上报绩效考核数据进行复核并及时修正，确保指标真实准确。制定《提升医疗质量·改善国考指标》实施方案，成立五大专项工作组及十项重点工作执行组，坚持以问题和需求为导向，每月定期召开专题会议，对国考指标变化情况进行动态监管，修订了目标考核方案及奖惩办法，对各项国考指标进行重点提升，平均住院日、四级手术人次等17项指标较前两年同期均有提升，其中平均住院日（CMI校正）、患者满意度和员工满意度均在全省排名位居首位。

【信息化建设升级】 2021年，临汾市人民医院完善移动医疗网络建设，推进诊间支付及护理站结算相关工作，院内各区域增设多功能自助机等便民信息化设施，第一批建立直达临汾市全民健康信息平台的医疗卫生专线。在信息基础设施及网络安全改造上，完成外网设备替换、内网核心交换机替换割接、移动机房云平台环境搭建以及与移动机房的网络三链路，完成医院所有业务云化的战略布局，解决数据互联互通，打破数据孤岛，实现全院系统一套标准。根据电子病例评级规范，完成临床辅助决策系统、VTE（静脉血栓栓塞）系统，合理用药系统、电子签名系统等，加速实现医院电子病例5级评测。

【疫情防控】 2021年，临汾市人民医院严格执行疫情防控标准及上级部署要求，强化预检分诊、核酸检测、发热门诊、陪侍探视、疫苗接种、隔离消毒、培训宣教、医疗废物处置等工作，开展各类应急演练，优化流程制度，提升应急处理及防控能力。全年预检分诊771万人次，初筛出发热人员7730人次，核酸检测7.3万份，疫苗接种3.3万剂次，巩固疫情防控成果，维持就医秩序。承担乔李机场预检分诊、高铁站核酸检测和周边乡镇卫生院疫苗接种任务。

【人力资源合理配置】 2021年，临汾市人民医院公开招聘161名聘用制职工，其中研究生74人；通过定向招聘，为13名援鄂同志办理正式入职手续；作为全市唯一卫生系列高级职称自主评审单位，完成年度评审工作，通过121人，淘汰41人。对139个内设机构进行人员调整和配备，严格按照干部选拔任用工作条例及规定程序，进行4批次干部调配工作，合计调整138人，优化了中层干部梯队结构；继续开展与全国医生专家各类形式的合作，新签订范江、姚力等5个名医工作室，并借助这些权威专家在国内乃至国际的影响，拓展新的合作渠道和领域，提升医院品牌影响力。

【创建省级区域医疗中心】 2021年，临汾市人民医院顶层设计推进，制定工作方案及实施步骤，上报国家卫健委、发改委复核。深化合作，与华西医院、丽水市中心医院开展管理合作，与山医二院建立“医教研”深度对口帮扶，引进省内外先进理念、经验及医疗资源，打造区域内医疗高地，让患者不出区域享受到高水平医疗服务。资源下沉，构建医院发展新格局，打造“十五分钟就医圈”，迎春街门诊部开诊、市中医医院搬迁并开诊运营、临钢医院移交并试运营、襄汾县人民医院托管等区域建设，满足患者就医，做好医联体、医疗集团、对口支援、专科联盟、黄河金三角医院联盟等推手，提升区域内的辐射作用。感染性疾病救治综合楼项目奠基开工，提升全市传染性疾病防控救治能力，确保2024年投入使用。

【派出救援】 2021年，临汾市人民医院派出救援医师团队成立事故伤员诊治小组，参加“10·5”蒲县山体滑坡和“10·6”乡宁县伤员联合救治工作；派遣43名医护人员赴襄汾县、乡宁县、蒲县、浮山县深入开展全市“我为群众办实事千名医生进万家”活动；组织11人参加援非，2人参加援疆，完成各项指令性任务。

【医保DRG工作】 2021年，临汾市人民医院率先在全市完成15项医保贯标和赋码工作，为全市医保DRG付费全面正式运行打下基础。通过全院医保DRG培训、外请专家讲座、下科室辅导、引进DRG预分析软件等多种方式宣传医保DRG政策和服务临床工作，临床控费意识全面强化，不合理费用不断压缩，医疗效率持续提高。先后在国家、省医保DRG评估中荣获“优秀”，并被确定为全国医保DRG示范点。参加国家卫健委医院管理研究所组织的DRG课题研究项目，成为DRG课题研究项目成员单位之一，成功申请立项省级、市级课题各1项。

【服务品牌提档升级】 2021年，临汾市人民医院以“打造有温度的医院”为主题，对“床前5分钟”服务、咨询投诉服务、志愿者服务等工作进行提档升级，捋顺相关流程，贯彻“只让患者跑一趟”理念，在门诊一楼增设综合服务窗口4个，并给患者提供24小时便民服务，增加自助售货机、手机充电站和共享轮椅，全面提升综合服务质量和水平；以深化优质护理服务为推手，推进一体化责任制整体护理，在耳鼻喉咽头颈外科、肝胆胰外科等8个科室推行“无陪护病房”工作模式，获得患者和家属的认可；结合疫情防控工作，全面推进“温馨少陪护病区”，探索网络预约、上门护理服务，打造全程护理服务，护理满意度达94.98%。以出院患者随访为依托，推出出院患者随访工作月考核工作制度，对存在问题逐条分析并反馈至科室，并对科室改进效果进行评价，提高患者满意度，2021年随访出院患者11万余人次，随访率97.42%；以健康管理为引领，深入基层、社区进行各类健康管理宣传，引导大家合理饮食、科学运动、未病管理，提升市民健康管理理念，发挥三甲医院的公益性职能。

【基建工程】 2021年，临汾市人民医院迎春南街门诊部、儿科住院楼、全科医生临床培养基地等项目投入使用，业务用房面积增加4.2万平方米；健康管理中心、杂交手术室陆续开工建设，肿瘤中心、GCP临床试验中心，心脏康复室、肠内营养配置、透析室、病房提质工程等改造项目施工完成；感染性疾病科改造、污水预处理及废气集中处理、智能测温机等项目投入使用，提高医院疫情防控能力。医院后勤管理持续加强，荣获节约型公共机构示范单位、全国医院管理奖的荣誉，并连续六年蝉联山西省后勤建设和管理示范单位。

（赵 丽）

·临汾市中心医院·

【第三届一次职代会胜利召开】 2021年1月14—15日，临汾市中心医院第三届一次职工代表大会胜利召开，明确今后一个时期医院改革发展的目标任务和思路举措。院党委开展“党史学习教育”“解放思想大讨论”活动，凝聚发展共识，汇聚奋进力量，以高质量党建全面开启医院高质量发展新征程。

【项目建设】 2021年5月7日，山西省市重点工程心脑血管综合楼主体封顶。7月7日，感染性疾病中心建设项目封顶。12月29日，综合楼正式投入使用。同日，门诊住院楼扩建项目开工奠基。

【援非、援疆医疗队】 2021年3月25日，临汾市中心医院孟晓萍、侯华伟、陈恒红、王鹏、樊鹏飞、卢晓敏、乔迪、张俊平8名队员代表中国（山西）第24批援多哥医疗队出征。

8月21日，医院2021年援疆干部赵晓东、柴月星赴新疆开展医疗援助工作。

【医疗中心建设】 2021年1月2日，临汾市呼吸疾病诊疗中心成立。9月24日，山西省癌症中心临汾分中心成立。10月8日，山西医科大学胸肺疾病研究所获批成立。

【名医名家协作交流】 2021年4月10日，北大人民医院呼吸与危重症医学科高占成教授首次在医院公益出诊。此后，高教授每月定期出诊，让临汾百姓在家门口享受到国家级一流服务。

8月7日，复旦大学附属华山医院胸心外科陈晓峰教授工作站成立。医院成立了消化内科西京医院梁洁教授博士工作站，聘请北大人民医院超声科刘月洁教授、心内科

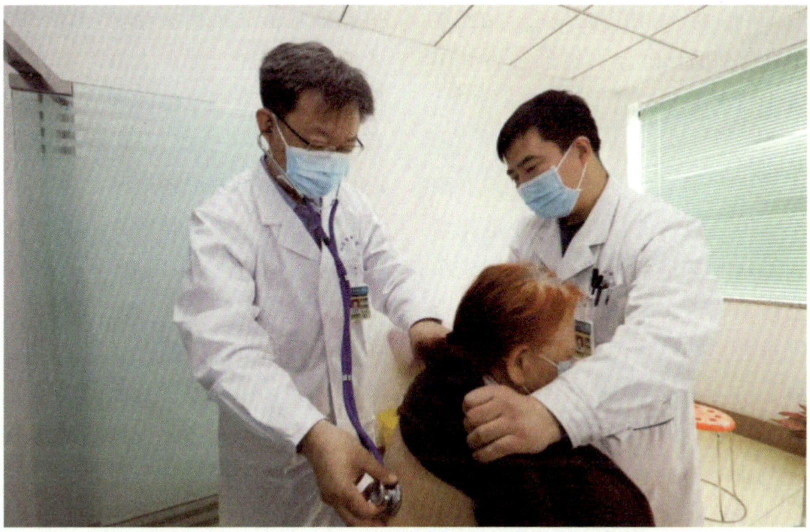

2021年4月10日，北大人民医院呼吸与危重症医学科高占成教授首次在医院公益出诊 （市中心医院供图）

朱天刚教授、中医科冯淬灵教授、肝胆外科陈雷教授、放射影像科陈雷教授等专家为特聘专家，对科室进行指导培训，每周进行葛均波院士全国名院大查房，高占成教授疑难病例讨论、英文文献解读，朱天刚教授读书会等各类交流指导活动。

【“刘辉团队”再攻新关】 2021年11月26日，刘辉团队成功为一位右位心重度主动脉瓣狭窄患者实施了经导管主动脉瓣置换术（TAVR），是团队全市首家独立完成TAVR手术以来，挑战的又一高难度手术。心内科全市首家开展零造影剂PCI治疗、可降解支架的植入等新技术，胸外科、心外科联合完成搭桥+切肺联合手术，妇产科常规开展高强度聚焦超声热消融技术。

【国考挺进全国300强】 2021年3月30日，2019年度国家三级公立医院绩效考核结果公布。临汾市中心医院以689.5分的国家监测指标得分，在全国2413家三级公立医院中位列第268名，挺进300强，国家监测指标等级为B++，2020年CMI在全国1603家三级综合公立医院中排名第221名。

【住培工作】 2021年4月，中国医师协会组织的住院医师规范化培训基地2020年度业务水平测试成绩公布，临汾市中心医院住培基地全国排名第79位，位于全省第一，放射肿瘤专业全国排名第一。7月，国家卫健委组织的2021年住院医师规范化培训结业考试成绩出炉，医院2018级50名住培学员以实践技能操作、理论考试“双百”成绩通过考试，结业通过率100%，位于全省第一。

【科研教学】 2021年1月3日，北京大学人民医院、临汾市中心医院联合进行的“洪洞县成人呼吸系统疾病谱调研项目”启动。先后对洪洞县107个行政村进行标本采集、问卷调查14000余人次，并进行调研数据的分析研究。5月10日，长治医学院附属临汾市中心医院授牌仪式举行。10月，医院牵头成立的临汾市临床医学研究中心启用，中心以国家级实验室标准建设，是晋南地区规模最大、设备仪器最先进的临床医学科研公共平台。11月，医院两项科研项目入选山西省“四个一批”科技兴医创新计划项目。12月21日，临汾市中心医院、长治医学院研究生培养基地揭牌成立。

【医院规模扩容升级】 2021年10月27日，经山西省卫健委、省发改委批准，医院增加床位350张，共设置编制床位2010张，成为晋南地区体量最大、服务能力最强的综合医院。（杨　冉）

·临汾市第五人民医院·

【概况】 2021年，临汾市第五人民医院是临汾市卫生健康委员会所属的二级甲等公立精神病专科医院，主要承担该市精神障碍患者的预防、治疗、康复和精神卫生知识普及及该市特殊患者健康扶贫救治、精神障碍患者强制医疗收治和城市流浪乞讨人员精神障碍患者的救治托养工作，负责全市严重精神障碍管理治疗、社会心理服务体系建设两个国家项目的实施。

【“二级甲等医院”评审验收】 自2019年开始，临汾市第五人民医院按照《山西省二级精神病医院评审标准实施细则（2013年度）》的标准，合理规划科室设置、建立健全各项制度，加强人才引进和培养、逐步完善设备配置，经过持续的自查自评与持续改进，于2021年12月，医院获得临汾市卫健委授予的“二级甲等医院”称号。

【PCR实验室验收使用】 2021年，临汾市第五人民医院启动负压PCR实验室建设，用最短的时间完成了实验室的建设与仪器设备购置，全部检验人员完成专业培训。4月，通过评审专家委员会组织专家现场验收，获得由山西省卫生健康委员会颁发的技术审核验收合格证书。5月正式投入使用后，可独立开展新冠病毒核酸检测，实现标本当天采样、当天检测，有效缓解了辖区核酸检测压力。

【医疗服务能力提升】 2021年，临汾市第五人民医院依托医疗服务能力提升项目，购置64排CT、彩超、经颅磁刺激仪、脑电仿生刺激仪、麻醉机、监护仪等专用检查治疗设备和心理治疗训练、康复治疗训练等康复设备，投入使用后，将全面提升临汾市精神医疗卫生的整体水平，推动临汾市精神医疗卫生事业健康发展有着直接促进作用。

【精神健康扶贫救助】 2021年，临汾市第五人民医院精神疾病患者健康扶贫救助累计825人次，累计减免65万余元，让贫困患者真正有病可医、有病敢医；12月，在永和县开展“真情扶永和、爱心暖患者”活动，送医上门、送药进家，为永和180余名严重精神障碍患者发放药品22种，共计3万余元；心理健康问题逐渐凸显，为了有效避免危机发生，医院自2020年开通24小时心理援助热线，2021年共计接听热线125起，为广大人民群众的心理健康保驾护航。

·临汾市荣军康复医院·

【概况】 2021年，临汾市荣军康复医院立足新发展阶段，贯彻新发展理念，构建新发展格局，精心编制医院“十四五”发展规划，从党的全面领导、提升各业务水平、构筑服务支撑体系、人才兴院、文化强院等方面，明确了医院未来五年的发展目标、发展任务和发展重点，开展医院等级评审及整改工作，争创等级医院。4月，医院被评为“二级乙等”精神专科医院。

【医疗质量管理】 2021年，临汾市荣军康复医院加强医护人员培训和质控，完善医院管理制度，完善院级、科级质控工作，加大日常监督和考核。全院组织医务人员学习培训30余次，开展医护文书评选活动，参加“服务百姓健康行为”“世界精神卫生日”等宣传义诊活动。10月29日，医院与联勤保障部队医院签订了对口帮扶协议，对于推动医院诊疗能力和建设水平具有重要作用，将更有效地服务于优抚对象。

2021年2月4日，临汾市荣军康复医院化验室改造完成并进行验收
（市荣军医院供图）

【提升医疗服务】 2021年，临汾市荣军康复医院落实“三医”联动改革，落实药品和耗材集中带量采购改革，完善采购工作流程，进行阳光平台采购，规范“二类”精神药品的管理，更新医保药品目录以及诊疗目录，完成医保系统接口改造，严格执行《医疗保障基金使用监督管理条例》。完善医院信息化平台建设，通过微信公众号平台共发布36条信息。医院化验室改造完成，完成二级病原微生物实验室备案。

体　育

全民健身

【概况】 2021年，临汾市体育局坚持贴近实际、贴近生活、贴近群众的原则，组织开展具有地方特色、民族传统、群众喜爱的全民健身项目比赛和表演活动，吸引各类人群参与到全民健身活动中来。举办全民健身月活动、2021年全省群众文化活动等一系列全民健身活动。全年共举办各类赛事活动45次，其中全国性5次、省级5次、市级35次。网球协会等6家单位获得“2017—2020年度全国群众体育先进单位”称号，陈海平等5人获得“2017—2020年度全国群众体育先进个人”称号。

【赛事交流活动】 2021年，临汾市健身气功、中国跤等项目参加了全国第十四届运动会群众赛事活动，霍州市邢家泉村代表队获得健身气功项目三等奖。

【壮大社会体育组织团体】 2021年，临汾市成立市社会体育指导员协会等4个协会，市彰宁街舞俱乐部等2个俱乐部，市一级协会41个，俱乐部20个。开展社会体育指导员、裁判员培训，与市妇联共同举办“巾帼心向党奋斗新征程同做一节操共筑她美好”培训活动，有100人参加；举办2021年度“乡村振兴·健身同行”临汾市基层社会体育指导员培训班，培训了170名社会体育指导员，做到全市乡（镇、街道）一级全覆盖；开展二级社会体育指导员培训，授予204人国家二级社会体育指导员称号；举办临汾市社会体育指导员技能电视大赛。指导临汾市单项体育运动协会举办羽毛球、网球等项目二级裁判员培训共计130余名，壮大了全市专业裁判员队伍。

（刘泽超　王雅春）

2021年临汾市全民健身月活动启动仪式表演活动　　（市体育局供图）

六张体育名片

【概况】 2021年，临汾市体育局打造“六张体育名片”，依托临汾市丰厚的体育历史资源、优势的体育运动项目、独特的旅游资源和临汾区位优势，把“世界飞镖故里”“中国围棋之源”“沿黄网球名城”“三晋射击强市”“区域冰雪中心”“航空运动佳地”打造成引领体育转型发展、促进全市经济社会发展的品牌。

【打造“世界飞镖故里”】 2021年，临汾市体育局举办了迎新春·侯马站城际飞镖友谊赛（网络线上）和夺镖中国（北京）2021首届城市精英赛（山西赛区）线下资格赛；在生龙国际时尚广场举办两期临汾市全民健身飞镖大赛，共计12000人次参与其中，广大市民群众反响热烈，飞镖运动、文化得到了很好普及和推广；支持引导侯马市开展了飞镖运动进校园、进机关、进社区、进企业推广活动，形成了浓郁的飞镖体育文化氛围。

【打造“中国围棋之源”】 2021年，临汾市体育局成功举办山西省第三十四届围棋锦标赛、临汾市第三届“尧王杯”幼儿围棋大赛；开展围棋项目进学校、进社区等普及推广活动。

【打造“沿黄网球名城”】 2021年，临汾市体育局完善临汾网球基础设施，提升改造临汾网球公园，在山西师大文理学院转设新校区新建了占地1.3万余平方米的网球场地，场馆配套设施完善，达到了国家竞赛要求标准。

【中国网球巡回赛“建邦集团”山西临汾网球公开赛】 2021年，临汾市体育局中国网球巡回赛CTA800是国家体育总局网球管理中心原创的IP体育赛事，也是中国官方唯一的本土网球等级赛事。10月10—17日，为期8天的2021年中国网球巡回赛建邦集团山西临汾公开赛在山西师范大学文理学院专设新校区网球中心举办。此次比赛共有全国的运动员、教练员、技术官员、裁判员等380余人参与，吸引了包括吴易昺、韩馨蕴、孙发京在内的众多国内网坛知名运动员参加，在中央电视台CCTV-5对中心球场7场比赛进行了14个小时的赛事直播，全部赛事在一点资讯、爱奇艺、企鹅体育、哔哩哔哩、微信视频号、一直播等直播平台进行了全程直播，人民网、新华社、中新网、《体育日报》等10多家全国知名有影响力的媒体专程到临汾参与赛事报道和新闻宣传，临汾市在多领域取得的丰硕成果通过文字、图片、视频等形式伴随赛事，在全国范围内得到广泛宣传，展示了临汾良好形象。组委会授予临汾市“年度最佳媒体服务赛区”“年度社会责任贡献奖”两个奖项。

【打造“三晋射击强市”】 2021年，临汾市承办了2021年全国射击锦标赛（飞碟项目）；7月，举办了2021年山西省射击冠军赛暨山西省第十六届运动会射击资格赛；临汾市射击项目运动员在全运会取得优异成绩。

【全国射击锦标赛（飞碟项目）】 2021年，临汾市承办了2021年全国射击锦标赛（飞碟项目），该项赛事为飞碟项目全国最高水平的年度比赛，同时也是第十四届全运会的最后一场席位赛，参赛人数创下近年新高，共有来自全国各地24支代表队415人参赛，赛事得到了国家体育总局和兄弟省市代表队的肯定与赞誉。

【射击项目获得成绩】 2021年，临汾市苗婉茹以超世界纪录的成绩获得射击项目女子50米步枪三种姿势比赛金牌，赵若竹获得射击项目女子50米步枪三种姿势比赛第五名、女子10米气步枪项目第六名，苗婉茹、赵若竹还获得女子10米气步枪团体项目第五名。

【打造“区域冰雪中心”】 2021年，临汾市体育局推动襄汾县东岭滑雪场、霍州市七里峪滑雪场标准化建设，推动五洲国际广场滑冰场、乡宁县云丘山滑雪场等场地建设，逐步形成冰雪产业；推进“冰雪运动进校园”活动，联合市教育局共同举办“临汾市冰上项目后备人才基地授牌仪式暨市校共建冰上项目运动队”启动仪式，向临汾市第一中心学校、临汾市五一路学校授予“临汾市冰上项目后备人才基

2021年，全国射击锦标赛（飞碟项目）　　（市体育局供图）

地”称号，并分别捐赠价值5万元的训练设施装备。

【打造“航空运动佳地”】 2021年，临汾市体育局推动霍州市航空运动飞行营地、洪洞太岳山国家航空飞行营地完善设施建设，提高营地服务水平，开展滑翔伞等项目的培训。成功举办第二届霍山滑翔伞邀请赛，共有来自全国12个省市的40名运动员参赛，此项赛事在全国滑翔伞行业圈已形成一定影响力。

（刘泽超 王雅春）

三个融合

【概况】 2021年，临汾市体育产业与其他产业融合发展成为经济新热点，体育+旅游、体育+教育、体育+医疗等多元模式融合发展逐渐成为拉动内需的新增长极。临汾市在城市发展中植入体育功能、融入体育元素，体育产业与其他产业发生交集，形成优势互补，既找准自己发展定位，又解决其他行业的痛点，推进体育与医疗卫生、旅游文化、素质教育等融合发展。开启了临汾医疗卫生、旅游文化、素质教育的新篇章，成为临汾市经济社会转型跨越的新路径。

【举办青少年U系列体育赛事活动】 2021年，临汾市体育局与教育局联合举办临汾市中小学生足球联赛，有全市57支中小学校代表队800名运动员参赛，举办临汾市俱乐部U15、U17篮球联赛，市青少年国际式摔跤锦标赛暨山西省第十六届运动会选拔赛，市青少年柔道锦标赛暨山西省第十六届运动会选拔赛等赛事活动，市少儿轮滑运动大赛等一系列青少年体育赛事，通过赛事发现体育后备人才，锻炼省十六运队伍，提高业训教练员水平，推动青少年体育发展。

【体教融合】 2021年，临汾市体育局认真贯彻落实《中共中央国务院关于加强青少年体育增强青少年体质的意见》等文件精神，积极探索“体教融合”发展新路子，体教融合工作走在了全省前列，省体育局为市局颁发“‘体育深度融合’助推体育工作大发展‘六张体育名片’开创三晋体育新篇章”奖牌。

【青少年体育后备人才基地建设】 2021年，临汾市体育局联合市教育局重新确定了临汾市第三中学校等29个单位为“2021年临汾市青少年体育后备人才基地”，蒲县东关小学等17个单位为“2021年临汾市青少年体育后备人才候补基地”。修定《临汾市青少年体育后备人才基地年终考评办法（试行）》及《临汾市青少年体育后备人才基地定额定向补助暂行规定》，规范科学化建设基地。

【创设青少年业训基地】 2021年，临汾市体育局鼓励支持更多单项体协、俱乐部、社会培训机构创设青少年业训基地，组建高水平青少年运动队，开展丰富多彩的青少年体（适）能活动、体育竞赛，为临汾市在大赛中保持优异成绩奠定后备人才基础。

【参加全省新春线上亲子体育活动】 2021年，临汾市体育局积极组织、广泛动员全市参加山西省新春线上亲子体育活动。临汾市共有9名学生获得“运动之星奖”，3所学校获得“优秀组织奖”，排名居全省前列。

【体医融合】 2021年，临汾市体育局与市卫健委共同构建大健康格局，以政府购买服务的方式依托临汾和泽佳源中西医结合医院，用“体医结合”新模式，将身体素质检测纳入体检，成立了临汾市国民体质监测中心，为群众提供体质监测、运动干预及健身指导服务，加强针对老年群体的非医疗干预，逐步实现由注重“治已病”向注重“治未病”的转变。及时了解掌握临汾市国民体质现状和变化规律，完善临汾市国民体质检测系统，充实全市体质监测数据库。

【体旅融合】 2021年，临汾市坚持品牌进景区，拓展景区内涵，鼓励各县（市、区）在做好疫情防控情况下，按照赛事管理有关规定在景区打造有影响力的体育赛事，举办乡宁云丘山越野赛、古县牡丹节文化节系列体育赛事。在赛事活动中宣传临汾市的旅游，临汾市旅游目的地吸引力进一步增强。在举办各类赛事活动过程中，赛事海报、秩序册封面、新闻报道等方面积极推介临汾市旅游景区、景点，“中国根黄河魂临汾人民欢迎您”深入人心；在中国网球巡回赛“建邦集团”山西临汾网球公开赛比赛期间，通过出台《景区游览门票减免优惠政策》，让来自全国各地的朋友在享受体育快乐的同时，了解临汾文化、观赏临汾美景、感受临汾人文。据统计，有50%参赛人员游览了大槐树、尧庙、华门等景区，有80%的参赛人员记住了“所有旅行都是出发，到了临汾咱是回家”的宣传口号。（刘泽超 王雅春）

公共体育基础设施

【概况】　2021年，临汾市体育局市发改委联合印发《临汾市“十四五”全民健身场地设施补短板整体解决方案》，将通过五年时间解决临汾市全民健身场地设施总量不足、结构不优、设施单一、质量不高等问题。积极谋划推动重大项目建设，加快推进全市全民健身体育中心体育场建设项目。项目概算总投资7.85亿元，占地17.51公顷，建设内容包括体育场、体育公园、体育运动学校综合楼。积极谋划汾河体育公园二期工程，规划在临汾市区汾河东岸锣鼓桥和平阳桥之间，用地面积约为33公顷，建设老年活动区、儿童活动区、全民健身区、水上拓展区、丛林拓展区等区域，涵盖足球、沙滩排球、网球、攀岩、滑板、小轮车等13个体育运动项目。兼顾不同年龄段的使用者，满足人民群众健身、体育赛事活动、运动队训练及文化教育活动等需求。

【《临汾市体育设施建设和管理办法》实施】　2021年，临汾市体育局将《临汾市体育设施建设和管理办法》（以下简称《办法》）列入2021年度全市普法宣传内容，与市委依法治市办公室联合印发《关于在全市开展〈办法〉学习宣传的通知》，利用法制讲座、集中学习、专题培训等线上线下多种形式，深入开展普法宣传，悬挂条幅267条、发放宣传单3万余份、张贴海报2000余份。与市行政审批服务管理局、市规划和自然资源局联合下发《关于全面落实〈临汾市体育设施建设和管理办法〉做好体育设施规划、验收等环节工作的通知》，全年对十月城东区、文德府住宅、东旭雍景苑住宅小区等21个项目新建居住区配套体育设施建设进行了审查，规划建设体育设施共1万余平方米。2021年，全市新增公共体育设施1345个，新增新建、改扩建体育设施173个，新建居民住宅小区配套建设体育设施50余处。《办法》在推动全民健身公共服务体系建设方面发挥了积极的促进作用，实施效果初步显现。

【场地建设】　2021年，临汾市体育局建设展源路、工贸东、悦动园3块篮球场和五一路1块足球场。在城市改造过程中，利用空闲地、边角地、公园绿地、厂房等空间资源，在满足群众健身需求的同时提高城市品质，市民交口称赞。

【大型场馆开放】　2021年，临汾市体育场、尧都区体育馆、乡宁县体育馆、蒲县奥林匹克中心等场馆免费或低收费开放，人民群众体育健身更加便利。

（刘泽超　王雅春）

竞技体育

【概况】　2021年，临汾籍运动员代表山西征战十四届全运会取得了优良成绩。全市共有12名运动员代表山西省参加射击、柔道、空手道、沙滩排球、跆拳道5个大项13个单项比赛，有10人次打进全运会前八名，斩获1金2银1铜、2个第五名、2个第六名、1个第七名，特别是苗婉茹以超世界纪录的成绩获得射击项目女子50米步枪三种姿势比赛金牌，这是临汾市历届全运会取得的最好成绩。市长李云峰代表市委、市政府接见了全体参赛运动员，对全市竞技体育取得的成绩给予充分肯定。

【省十六运备战参赛】　2021年，临汾市在全省新注册运动员880人，确认运动员1268人。结合实际，制订科学的训练计划和十六运备战方案，临汾市共参加省运会资格赛23个项目，获26金29银54铜，获得山西省柔道锦标赛女子团体总分第二名、山西省柔道锦标赛男子团体总分第二名、山西省射击锦标赛团体第三名、山西省跆拳道锦标赛团体第三名的团体成绩，以及山西省锦标赛柔道、乒乓球、网球、足球等项目的道体育德风尚奖。

【提高教练队伍执教水平】　2021年，临汾市先后派出13名体育传统学校教师、俱乐部管理人员和教练员参加线上、线下业务培训。发挥“临汾体育智库”优势，完成十对体院教授与体校教练“一对一”结对子帮扶工作，建立科学训练与运动恢复联合实验室，提升运动训练、科学指导水平。

【“反兴奋剂”活动】　2021年，临汾市组织参赛队举行了反兴奋剂集体签名活动，让参赛教练员、运动员牢固树立拿道德的金牌、拿风格的金牌、拿干净的金牌，着力构建兴奋剂风险防控综合治理体系。

（刘泽超　王雅春）

体育产业发展

【概况】　2021年，临汾射击运动基地承接了2021年全国射击飞碟比赛和山西省射击锦标赛，吸引国家射击飞碟队，广西、江苏、浙江、黑龙江等十多个省射击飞碟队前来外训，与团省委联合共建山西省团校临汾国防教育学院（青年奥运体育训练基地），基地逐步成为临汾体育产业龙头产业。襄汾县山西力士机械铸造有限公司被授予“全省优秀体育产业示范基地”称号，专业生产经营健身器材，产品出口美国、欧盟、中东、澳大利亚、韩国等多个国家和地区。襄汾县东岭滑雪场、霍州市七里峪滑雪场、乡宁县云丘山滑雪场、五洲国际广场滑冰场冰雪产业也逐步形成。全市体育产业势头良好，逐步形成规模优势和效益优势。

【体育彩票销售】 2021年，临汾市体育彩票累计销售32963万元，同比增长36.59%，占比全省总销量365453万元的9.02%，位居全省第3名。 （刘泽超 王雅春）

体育教育培训

【概况】 2021年，临汾市体育运动学校共有在校运动员488人，教练员34人，其中高级教练7人、一级教练13人、助理教练14人。学校开设有田径、举重、摔跤、女子摔跤、柔道、跆拳道、空手道、足球、篮球、乒乓球、游泳、射箭、自行车13个运动项目。

【比赛成绩】 2021年，在西安举办的第十四届全运会上，市体校共有12名运动员代表山西省参赛，取得优异成绩。其中，苗婉茹获得女子50米步枪3种姿势冠军，以466.9环的成绩打破了世界纪录；张雯获得女子柔道57公斤级银牌；陈晓东、王熙睿分别获得男子75公斤以上级银牌、铜牌；赵若竹、邢佳妮、吴红桃、乔钰莹、王啸林、杨思雨、赵思涵、郭洪辰获得2个第五、1个第六、1个第七。

市体校运动员代表临汾市参加山西省各项目冠军赛、锦标赛、十六运资格赛，取得优异成绩。除柔道、田径两个项目由于疫情影响没有进行资格赛外，学校11个项目进省运会决赛资格的总人数为432人。

【“体教融合”推进】 2021年，临汾市体育运动学校加强实习指导和技能培训，为中小学校注入体育力量。与实习点南街小学、时代风华学校、临汾市第一小学等协议合作，做好毕业生实习工作。组织毕业生参加国家二级社会体育指导员和二级裁判员培训班，181人参加培训并通过考核获得相关证书，推动了“人人持证、技能社会”建设和“1+X”技能证书制度工作的落实，为推进基层体育发展和全民健身发挥了积极作用。

发展校外项目，助力青少年体育蓬勃发展。针对游泳、乒乓球、篮球等校外项目，鼓励教练员参与中小学体育课程教学指导，利用节假日和中小学生课余时间，依托体校基础设施，开展优质体育培训、教学，为学校选拔优秀运动员苗子奠定基础，同时，培养中小学生的运动兴趣，提高身体素质。

（刘慧敏）

2021年9月15日，苗婉茹参加第十四届全运会女子50米步枪3种姿势比赛，夺得冠军，打破世界纪录 （市体育局供图）

射击射箭培训

【概况】 临汾市射击射箭运动中心成立于2012年11月，隶属于临汾市体育局。根据2020年7月14日临汾市编委会会议精神和《关于印发〈临汾市深化事业单位改革实施方案〉的通知》，规格提升为副处级全额事业单位。中心主要职责是研究拟订射击、射箭运动中心的项目发展规划并组织实施；负责射击、射箭项目运动队的建设，保障射击、射箭项目运动队的训练和竞赛工作；负责射击、射箭项目后备人才培养和高水平运动员输送；参加各级各级各类射击、射箭赛事；根据国家体教要求，对运动员实施文化课辅助教学；推动射击、射箭运动项目的普及产业化发展；推动射击、射箭项目的群众性活动和全民健身运动项目的开展；完成各项射击、射箭赛事的承办任务；完成市体育局交办的其他工作。

【协助市体育局承办2021年全国射击锦标赛（飞碟项目）】 2021年5月17—29日，2021年全国射击锦标赛（飞碟项目）在临汾市射击射箭运动中心举办。此次锦标赛依托临汾市全国一流飞碟靶场提供设备，由国家体育总局射击射箭运动管理中心、中国射击协会、山西省体育局、临汾市人民政府共同主办，山西省射击射箭水上运动中心、临汾市体育局承办。来自全国24个省的415名运动员进行了男子双向个人、男子双向团体、女子双向个人、女子双向团体、男子多向个人、男子多向团体、女子多向个人、女子多向团体、多向混合团体以及双向混合团体10个项目的角逐。本次锦标赛对加快临汾射击运动健康发展，提升临汾市对外知名度和美誉度具有重要意义。

【协助市体育局承办2021年山西省射击冠军赛】 2021年7月19—24日，2021年山西省射击冠军赛在临汾市射击射箭运动中心举办。此次比赛由山西省体育局主办，山西省射击射箭水上运动中心、山西省全民健身中心、临汾市体育局承办。共有来自省内太原市、临汾市、吕梁市、长治市等8支队伍303名运动员参赛，按年龄大小分为甲、乙、丙三组进行比赛。中心运动员代表临汾市参加比赛，共获得12枚金牌、6枚银牌、6枚铜牌，团体分311分，位列全省第3名。

【共建山西省团校临汾国防教育学院】 2021年10月21日，山西省团校临汾国防教育学院（青年奥运体育训练基地）在临汾市射击射箭运动中心签约并揭牌。共青团山西省委书记、山西省团校校长张钧出席仪式并讲话，临汾市委副书记、洪洞县委书记黄巍，共青团山西省委副书记吴兴参加，临汾团市委书记范帆主持揭牌仪式。山西省团校临汾国防教育学院在中心揭牌成立，对实践探索青少年国防教育的具体路径，提升青少年的国防意识具有重大而深远的意义；对推动临汾射击事业发展，做好巩固和扩大党执政的青年群众基础具有重要的实践意义。（张 帆）

社会生活

社会保险服务

【概况】 2021年，临汾市社会保险中心不断巩固和扩大社会保险覆盖面，促进“人社服务快办行动”全面落实，推动中心机构改革任务全面完成，推进企业养老保险全国统筹和工伤、失业保险省级统筹工作。截至2021年11月底，企业养老保险参保人数56.02万人，完成率为104.14%，基金征收259342万元，基金支出562141万元；机关事业养老保险参保人数19.84万人，完成率为103.01%，基金征收173010万元，基金支出353366万元；城乡居民养老保险完成人数210.33万人，完成率100.53%，基金征收57244万元（含地方财政补贴），基金支出81700万元；失业保险完成数38.9万人，完成率100.11%，基金征收17368.58万元，基金支出22588万元；工伤保险参保人数56.29万人，完成率100.45%，基金征收24331万元，基金支出28757万元；全市社保卡持卡人数为441.59万人，完成率101.7%；全市电子社保卡签发放完成数为238.12万人，完成率199.09%。

【机构改革】 2021年，按照《关于临汾市人力资源和社会保障局所属事业单位机构编制调整的通知》要求，将临汾市城乡居民养老保险服务中心、临汾市失业保险服务中心、临汾市机关事业养老保险服务中心、临汾市工伤保险鉴定服务中心、临汾市人力资源社会保障信息中心6个单位合并为临汾市社会保险中心。按照“稳步走、强落实”的要求，坚决落实局党组关于机构改革的总体部署安排，推进中心机构改革全面完成。并于11月18日正常运行，成为全省第一家完成机构改革的市级社保经办机构。

【社会保险扩面工作】 2021年，临汾市社会保险中心加强宣传力度，针对新业态从业人员、灵活就业人员等群体采取短视频、报纸、网站的形式开展精准宣传，积极推进精准扩面；采取建立与市场监管、税务等部门的协作机制，发挥劳动监察职能作用，深化参保扩面政策的实施；发挥手机App优势，开展灵活就业人员参保登记网上申请。

【协调配合做好国有破产企业人员欠费核销工作】 2021年12月，临汾市社会保险中心派出工作人员赴省社保局、省人社厅、省财政厅等上级部门，协调配合处理完成临汾市23家国有破产企业2121人的养老保险欠费核销工作，共计核销养老保险欠费3.45亿元。

【做好符合条件人员企业养老保险的补缴工作】 2021年，临汾市社会保险中心按照《关于转发〈关于扎实做好退役士兵养老保险补缴工作的通知〉的通知》要求，为退役军人办理了补缴业务，补缴金额300余万元；按照省社保局相关要求，为500余名机关事业单位人员办理了补缴企业经历业务，补缴金额150余万元。

【做好企业养老保险全国统筹工作】 2021年，临汾市社会保险中心与信息化管理机构密切配合，改造省集中系统，修订历史业务数据，做好需求管理；根据企保全国统筹信息系统建设进度要求，12月20日起，全市已全面暂停企保线上线下公共业务。

【职工正常退休信息确认和待遇核定】 2021年，企业职工正常退休信息确认办理1991人，企业职工养老保险待遇核定1600余人，企业职工死亡待遇核定500余人，完成了企业退休职工60816人的待遇调整工作；机关事业单位退休临时待遇核定443人；机关事业单位正式待遇核定1457人。

【机关事业单位养老保险政策中期评估】 2021年，临汾市社会保险中心严格按照省社保局和市人社局要求，对照《机关事业养老保险制度改革中期评估方案》，开展自查评估，并将评估结果于8月上报。

【落实失业保险扩围政策】 2021年，临汾市为7037名失业人员发放失业保险金6102.33万元；为21895名失业人员发放失业补助金和农民工临时生活补助8256.3万元，保证失业保险扩围政策落实到位。

【实施普惠性失业保险缴费稳岗返还政策】 2021年，临汾市社会保险中心对符合条件的大型企业按照企业及其职工上年度实际缴纳失业保险费的30%实施返还，对符合条件的中小微企业按照企业及其职工上年度实际缴纳失业保险费的60%实施返还。截至11月底，全市援企稳岗返还3065万元，涉及企业1428户，惠及职工192694人。

【放宽技能提升补贴申领条件】 2021年，临汾市社会保险中心严格落实继续放宽至企业在职职工参加失业保险累计缴费不少于12个月的政策。全年企业职工技能提升补贴89.1万元、惠及职工510人。

【开展失业人员技能培训】 2021年，临汾市为1054名失业人员开展技能培训，发放培训补贴124.88万元；失业人员职业技能鉴定补贴9.14万元；失业人员求职创业补贴105.4万元。

【工伤保险信息系统集中工作】 2021年，在征缴、待遇、基金模块正常运行基础上，临汾市社会保险中心做好后续劳动能力鉴定模块上线工作，并严格按照要求启用新系统办理业务，杜绝线下经办，真正实现“三个全面取消”。

【劳动能力鉴定专家培训】 2021年3月，临汾市社会保险中心邀请省级鉴定专家为全市80余名劳动能力鉴定专家开展培训，针对劳动能力鉴定中存在的疑点难点进行深入讲解，进一步提升劳动能力鉴定结论的准确性、合理性、科学性。

【疫情防控下的劳动能力鉴定工作】 2021年，临汾市社会保险中心在做好疫情防控的前提下，开展劳动能力鉴定8批次，共计为1775人出具劳动能力鉴定结论，其中：1~4级40人，5~6级50人，7~10级1604人，不达级77人。配置辅助器具68人，工伤康复25人，转诊转院14人，确认旧伤复发2人，确认供养亲属12人。

【推进补充养老保险制度】 截至2021年12月12日，全市补充养老保险参保人数2085401人占比基本险参保人数的99.02%。其中，正常缴费人数392120人，代缴215869人，占比应缴费人数的35.13%。排名全省第四位。全市补充养老保险实际领取人数为365344人，累计待遇支出8922万元。

【落实社保扶贫政府代缴工作】 截至2021年11月底，全市建档立卡脱贫人口、低保、特困人员、返贫致贫、重残人员均实现应代尽代。其中，基本养老保险政府代缴189875人，补充养老保险政府代缴215695人，代缴率100%。所有符合发放条件的贫困人员均实现应发尽发。

【落实被征地农民基本养老保险补贴】 2021年，临汾市社会保险中心严格落实“四个不摘”要求，继续落实好为建档立卡贫困人员代缴城乡居民基本养老保险费政策。截至年底，全市共收到人社部门的征地批复函告24件，录入系统做实个人账户的项目19个，共保障969人。

【社保卡管理风险排查】 2021年，临汾市社会保险中心重点对社保卡库存卡、睡眠卡和违规未见面激活社保卡银行账户的情况进行了排查。共排查出社保卡库存卡26.16万张，睡眠卡1.52万张，其中卡内有余额社保卡1610张，资金总额125.34万元，违规未见面激活银行账户社保卡5740张，均已建立台账，严格规范管理。

【社保卡应用工作】 2021年，临汾市作为社保卡创新应用示范城市，与市交通运输局联合发文，共同推广“交通联合”社保卡，已有中国银行股份有限公司临汾市分行、邮储银行临汾市分行、工商银行临汾分行、建设银行临汾分行、农业银行临汾分行5家发卡银行共64个网点开通“交通一卡通”账户充值服务；推进惠民惠农财政补贴资金“一卡通”发放管理工作。截至2021年底，有9个县（市、区）政府发文明确使用社保卡作为惠民惠农财政补贴资金“一卡通”发放载体，推进社保卡在旅游观光和文化体验领域的应用推广。

【信息系统风险排查】 2021年，临汾市社会保险中心开展了信息系统用户管理风险排查、系统权限三员分立、系统中落实“三个全面取消”等相关工作，清理了部分长期不登录的用户权限，重新规范了系统管理员、业务操作员、安全审计员的岗位权限设置。根据《山西省社会保险局关于规范系统维护和数据管理有关事项的通知》精神，印发《临汾市社会保险中心关于规范系统维护、数据管理及用户管理有关事项的通知》，严格规范业务系统用户管理，统一系统管理员、系统安全员、系统审计员权限，做到“三员分离”，明确用户权限的申请、审批、修改、注销流程，推广电子社保卡扫码登录，加强对业务系统的风险控制。

【健全社保基金经办内控机制】 2021年，临汾市社会保险中心按照风险防控措施“进规程、进系统”的要求，对全市的业务经办流程进行了全面深入的梳理，在现行经办流程运行的基础上，再细化、再明确，做到岗位到人、职责明确、责任到位、相互衔接、互相监督。加快完善经办内控制度，认真落实“三个全面取消”要求，加大稽核力度，重点排查死亡冒领、重复领取待遇、虚假身份冒领等行为；加强稽核力度，全年完成市本级7.4万余人待遇领取的资格认证工作，同时对各类疑点数据开展核实工作，防止基金“跑冒滴漏”。

医疗保险

【出台医保便民措施】 2021年，临汾市医疗保险服务中心将恶性肿瘤、器管移植、尿毒症透析、冠状动脉支架植入术（包括心脏搭桥术）重大疾病申报、鉴定在定点医院一站式办理，定点医院只需电话上报所属地医保中心备案登记后即可享受门诊大额疾病待遇。已纳入全市门诊大额疾病的参保患者，门诊就医购药时经临床医生诊断为病情稳定需长期服药患者，可一次性开具3个月的长期药品处方，既保障患者用药需求，又减少患者在医疗机构交叉感染风险。新增特药定点，为给广大参保患者提供便捷的就医购药服务，新增11家特药特定，满足患者就近购药需求。

【医保基金运行规范】 截至2021年11月底，临汾市职工基本医疗保险基金收入174207.99万元。其中，统筹基金收入93683.16万元，个人账户收入80524.83万元。职工基本医疗保险支出177225.43万元，其中，统筹基金支出99759.39万元，个人账户基金支出77466.04万元，支出较上年同期（141041.29万元）增长36184.14万元，增长率为25.65%，增幅过大是由于支付新冠疫苗费用30913万元。职工基本医疗保险基金当期结余-3017.44万元，累计结余303834.41万元（其中统筹基金累计结余102496.07万元、个人账户累计结余201338.34万元），统筹基金累计结余可支付月份11.3个月。

截至2021年11月，全市城乡居民医疗保险收入254275.76万元，城乡居民医疗保险支出219221.08万元，其中，待遇支出176978.22万元，大病保险支出39981.25万元（支付上年大病保险7400万元），其他支出2261.61万元（支付全市新冠疫苗5—6月接种费用）。城乡居民医疗保险基金当期结余35054.68万元，累计结余161054.11万元，基金累计结余可支付月份8.08个月。

2021年10月，配合税务部门开展2022年城乡居民医保缴费，截至12月25日，参保3213613人，参保基金100199.76万元。

【完善门诊特药管理】 2021年，临汾市医疗保险服务中心根据《临汾市医疗保障局关于转发〈山西省医疗保障局办公室关于进一步完善国家谈判药品使用管理的通知〉的通知》，调整门诊特药待遇，增加30种国家谈判药品，共有95种药品纳入门诊特药范围，28种药品纳入门诊慢性病范围，准确把握各类药品的限定支付范围，正确引导参保患者就医治疗，切实维护参保人员的利益。

【开展专项稽核】 2021年，临汾市医疗保险服务中心制订年度专项稽核计划，配合医保局开展“清零”行动、“假病人”“假病情”“假票据”的专项整治行动，对疑似违规的就医购药、医保支付范围和标准、两定机构协议履行等事项进行专项稽核检查。专项稽核检查已全覆盖所有市直定点医疗机构。截至年底，通过专项稽核全覆盖，对全市24家定点医药机构进行检查，有效发挥飞检作用。2021年，共检查定点医药机构4124家，处理违规1304家，暂停医保服务24家，拒付/追回资金583家，解除协议11家，约谈839家，限期整改316家，主动公开曝光52家；扣除基金本金3246.75万元，违约金798.89万元。处理医保医师违规94人次。

【开展网上智能审核】 2021年，临汾市全面实现医保基金监审工作的智能化、规范化、专业化和公平化，通过智能审核，对存在疑点的两定机构进行精准研判，对不合理诊疗费用予以拒付，实现对医疗服务行为的事中监控预警和事后责任追溯。2021年，通过智能审核的方式，共查处市直定点医疗机构违规条目共213条，违规扣款总计82272元。智能审核系统累计扣款121.2万元。（因医保系统升级智能审核只结算到8月，其中5家医院3月开展的DRG付费，3—8月仅对4家医院做智能审核）

【突击稽核】 2021年，临汾市医疗保险服务中心采取实地、网络和约谈等方式开展日常稽核，做到疑点必查。对在稽核中发现被检查对象存在违反协议行为的，及时责令整改，并按照协议约定处理。全年通过日常稽核，已处理2家定点医疗机构，追回违规金8597.88元，处以违约金15110.76元，共计23708.64元。

【DRG付费模式】 2021年，临汾市作为全省唯一国家DRG试点城市，自1月起，启动全市22家试点医院按DRG实际付费工作，同步建立并完善与实际付费相适应的总额预算、结算办法、经办规程及监管考核等配套管理制度，按期、稳妥推进DRG结算工作，初步建立了以DRG付费为主体的多元复合式医保支付方式，试点工作取得了阶段性成效。自2021年1月，全市全面启动实际付费以来，1—8月结算病例数为138586例，对比上年同期增长2312例；DRG统筹金额为76160.63万元，对比上年同期医保基金统筹减少5870.33万元；例均费用降低634.38元；对比上年同期，药品占比降低2.14，检验占比降低1.27，平均住院日下降0.69天，试点工作成效明显。

【保障医保骨干网（医保专线网络）网络畅通】 2021年，临汾市医疗保险服务中心对实施过程进行详细安排，对全市17个县（市、区）骨干网的硬件安装地点，移动、联通等运行商的电路分配，电子政务外网IP地址的申请等工作进行周密安排，在中心、各县（市、区）医保中心、两定医药机构在3家运营商的共同配合、协作下，全市医保骨干网已初步建成，确保了在新系统切换期间全市主干网和服务终端畅通。

【医保数据安全迁移】 2021年，为确保新医保系统切换工作按期上线，平稳有序进行，临汾市医疗保险服务中心“事前准备，事中追踪，事后校验”做实做细系统上线前的准备工作，包括原人社数据迁移、校验，新系统模块开发，先后开展了3次医保信息新系统（国家版）培训，反复开展中心端培训与测试，由于对数据迁移的重视，经过四轮分析核对，10月30日凌晨数据全部上线省运时代平台，为新系统上线提供强大的数据支撑。

【医保新系统成功上线】 2021年11月1日，经过数次线上模拟，新医保系统基本功能已实现。临汾市药店、门诊刷卡买药、临汾市内住院结算、异地就医备案、慢性病定点医药机构买药基本开通使用。单位基本医疗保险参保及变更登记、职工基本医疗保险参保变更登记、缴费、信息查询、医保费用补缴、退休管理、城乡居民参保登记、缴费基本可以办理。运行一个月以来，仍然存在大量问题，例如新系统无两定机构对账模块，两定机构的医保刷卡无法与医保中心对账，导致经办机构无法与两定机构进行医保费用结算；无统计报表模块；无法操作特殊人员征缴；无生育津贴计算模块；大量参保患者在办理出院时无法正常医保结算等。

【推进长期护理保险工作】 临汾市在2016年被确定为山西省长期护理保险制度唯一试点城市。2020年，市局通过招标引入第三方承办长护工作，长期护理保险工作严格按照统一经办内容、统一服务模式、统一信息系统、统一考核标准、统一资源配置、统一基金管理、统一失能评定、统一跨区服务的原则进行。2021年11月19日，召开了6家保险公司负责长期护理保险的部门经理和工作人员工作汇报会，并安排了对享受待遇的失能人员进行复审事宜，保障长护人员享受正常待遇。截至11月底，参加长期护理保险861620人，享受待遇3128人，其中院护116人，居家护理3005人、养老机构护理7人。

【做好农村建档立卡贫困人口医保帮扶工作】 2021年，临汾市建档立卡贫困人口参保人数264852人，参保率100%。截至11月底，建档立卡贫困人口住院待遇享受35236人次，医疗费总额31688.82万元，基金支付总额29280.03万元，目录外医院承担费用28.11 万元，个人自付金额2380.68万元，综合保障率92.4%。农村建档立卡贫困人口医疗保障帮扶政策解决了深度贫困的支出型问题，使“看病难、看病贵”得到有效缓解。

残疾人事业

【服务促民生】 2021年，临汾市残疾人联合会坚持打通服务残疾人的“最后一公里”，上门为行动不便的残疾人员办理残疾人证，完成残疾评定7169人，完成率108.62%；0~6周岁儿童残疾筛查诊断372人，完成率155%；残疾儿童抢救性康复服务任完成1010人，完成率139.12%。提高托养服务水平。为610名残疾人提供生活照料、运动康复、护理训练、心理疏导、社会适应能力辅导等个性化服务，基本实现“托养一人、幸福一家”，残疾人满意度明显提升。完成省级助学项目70人，发放资金35万元。使用市级彩票公益资金24.3万元，对79名困难残疾人家庭子女及残疾人大学生进行资助，帮助其完成学业。发放残疾人机动轮椅车燃油补贴。对符合条件的158名残疾人发放机动轮椅车燃油补贴，每人补助260元，发放到受助人手中。提高就业年龄段残疾人抵御意外伤害能力。投入资金243.58万元，为全市54128名就业年龄段残疾人购买人身意外伤害保险，提高残疾人社会保障水平。

【促进残疾人就业】 2021年，临汾市残疾人联合会对1674名残疾人开展免费的保健按摩、小儿推拿、电子商务、驾驶班等职业技能培训。选定培训对象318人开展农村实用技术培训，使参训残疾人都能学习到实用的种养加技术，为乡村振兴大环境下自主创业、就业奠定基础。助残帮扶工程实施。帮助165户农村困难残疾人家庭发展种植、养殖、加工等产业，发放扶持资金99万元。拓展农村残疾人就业增收空间，实现家庭收入稳定增长。提高残疾人就业率。举办“金秋送岗、职等你来”临汾市残疾人毕业生专场网络招聘会，3599人参与，带动和实现残疾人毕业生的直接上岗就业。通过培训和活动，城镇新增就业484人，农村新增就业504人，分别比2020年增长22%和5%。残疾人岗位精英职业技能竞赛获得好成绩。组织参加“交通银行杯”全国残疾人岗位精英职业技能山西选拔赛，荣获宠物美容护理项目第二名、网络信息安全项目第三名、无人机项目第五名和第六名。

【提升残疾人社会参与水平】 2021年，临汾市残疾人联合会组织参加山西省“共享芬芳，放飞梦想”朗诵活动，获得一等奖1个、三等奖1个、优秀奖2个。组队参加2021年4月在太原、介休举办的山西省第六届特殊奥林匹克运动会8项比赛，获得金牌32枚、银牌19枚、铜牌25枚。10月，选派6名特奥运动员代表山西省参加在陕西宝鸡举办的全国第八届特殊奥林匹克运动会，获得田径、举重项目5金10银5铜。加强宣传引导，鼓励企业主动发扬扶残助残风尚，承担社会责任，履行社会义务，安置和扶持残疾人就业创业。山西焦化集团有限公司、山西永鑫煤焦化有限责任公司、乡宁云丘山旅游开发有限公司3家企业安排残疾人就业137人，被省政府残疾人工作委员会命名为“十三五扶贫助残爱心企业”。压实残疾人信访工作责任，把矛盾和问题化解在基层，消除在萌芽状态。全年办理日常接访、市长热线、部门信箱3855例，回访满意度100%，其中“12385”残疾人服务热线提供咨询服务803人次、及时处理“12345”市长热线转办的信访问题20件、为残疾人提供法律救助1次。全市无残疾人进京赴省上访事件。（迟　琳）

住房公积金管理

【概况】 临汾市住房公积金管理中心成立于2003年11月，是直属于临汾市人民政府不以营利为目的公益一类正处级事业单位，主要负责全市住房公积金的归集、提取、使用和管理。内设综合科、党委办公室、人事教育科、归集管理科、贷款管理科、公积金财会科、电子业务运营科、信息技术科、监督科9个科室，下设19个管理部和临汾“12329”住房公积金热线服务中心。2021年，全市实缴单位5283家，实缴职工26.43万人，其中当年新开户单位496家，新开户职工3.39万人，净增单位465家。2021年，全市计划归集住房公积金30.8亿元，实际缴存33.86亿元，完成计划的109.94%，同期增加2.86亿元，同比增长9.23%。截至2021年底，累计缴存277.97亿元，缴存余额131.54亿元。

【住房公积金提取】 2021年，临汾市住房公积金管理中心年初制订全年提取计划20.5亿元，全年全市实际提取21.67亿元，占当年缴存额的64%，完成计划的105.71%。其中，住房消费类提取16.01亿元，占当年提取额的73.88%（购买、建造、翻建、大修自住住房占35.26%，偿还购房贷款本息占25.34%，租赁住房占13.27%，支持老旧小区改造占0.01%），非住房消费提取5.66亿元，占当年提取额的26.12%（离休和退休提取占21.17%，完全丧失劳动能力并与单位终止劳动关系提取占3.15%，其他占1.80%）。截至2021年底，累计提取146.43亿元。

【住房公积金贷款】 2021年，全市计划发放住房公积金个人住房贷款23亿元，实际向6093户职工家庭发放住房公积金个人住房贷款25.01亿元，完成计划的108.74%，比上年同期增加4.86亿元，同比增长24.12%。截至2021年底，全市累计向78486户职工家庭发放住房公积金个人住房贷款180.96亿元，累计回收住房公积金个人住房贷款74.61亿元。贷款余额106.35亿元，个贷率为80.85%，同比增加3.29个百分点。

【提取政策调整】 2021年，临汾市住房公积金管理中心印发《临汾市住房公积金管理中心关于开通既有住宅加装电梯提取业务的通知》，进一步规范临汾市既有住宅加装电梯提取业务。

【缴存政策调整】 2021年，临汾市缴存基数限额有所调整，2021—2022年度临汾市住房公积金缴存基数上限调整为17781元，下限为1400元。

【贷款政策调整】 2021年，临汾市住房公积金管理中心对采取售房单位阶段性保证的贷款，不再向房地产开发企业收取住房公积金贷款保证金。借款人若在贷款存续期间发生逾期，扣划商品房预售资金监管账户内的预留资金偿还逾期贷款本息，房地产开发企业办结公积金贷款不动产抵押权登记证明后，再解除商品房预售资金监管。

开展贷后担保方式（或抵押物）变更业务，职工联保、公积金质押的住房公积金贷款担保方式可变更为房产抵押，对采取房产抵押担保方式的可变更抵押物，方便借款人及其保证人办理相关住房公积金业务。

【支持老旧小区改造政策落实】 2021年，临汾市住房公积金管理中心对既有住宅加装电梯提取业务实行备案制，将所需资料以数据形式植入业务系统，完成备案后职工可通过临汾公积金微信公众号直接办理，实现该项业务办理“零资料、零跑腿、秒到账”。截至2021年底，通过网上渠道办理6笔，提取资金138700元。

2021年，临汾市住房公积金管理中心设立跨省通办柜台

（市住房公积金管理中心供图）

【服务改进】 2021年，临汾市住房公积金管理中心推进住房公积金服务“跨省通办”工作，全市19个管理部（分理处）均设置专项服务窗口，为办事群众提供精细化服务。其中，中心市直分理处上榜全国住房公积金“跨省通办”表现突出服务窗口名单，受到通报表扬。

依托山西省住房公积金数据共享平台，完成异地转移接续、异地公积金贷款信息、异地贷款缴存证明和异地贷款证明回执等全部12项接口建设，为信息核验、自动审核等工作和更多业务实现全程网办提供支持。

完成业务系统与微信小程序的对接，通过微信小程序办理异地转移接续业务，达到了反应快、信息准的办理效果，全年异地转移接续业务无滞留、无超时，全部按时合规办理完成。

【存贷款利率执行标准】 2021年，职工住房公积金账户存款利率统一按照一年期定期存款基准利率1.5%计息。个人住房公积金贷款利率5年期以下（含5年）2.75%、5年期以上3.25%。职工购买第二套改善型住房申请住房公积金个人住房贷款的，按照同期首套住房公积金个人住房贷款利率的1.1倍计息，5年期以下（含5年）贷款利率为3.025%，5年期以上贷款利率为3.575%。 （晁　倩）

人　物

人物传

董尚仁

董尚仁，男，1929年出生，山西沁源县人。1945年7月参加革命，1949年9月加入中国共产党。参加革命后及建国初期曾任冀南银行太岳区行总务会计，运城银行办事处督导员，临晋县、临猗县银行行长，中国人民银行山西省分行办公室秘书，夏县银行行长，晋南地委财贸部办公室副主任，晋南地委办公室秘书，晋南地区商业局副局长。临汾、运城地区分开后，先后任临汾地区商业局局长、书记，临汾地区供销社党委书记，临汾行署财委委员、党组副书记。“文化大革命”期间曾任临汾师范学校负责人。

计划经济年代，各类生活物品十分紧缺。为了保障有效供给，满足市场需求和驻军部队的供给，商业部门需要经常调配更多货源来补充市场。针对这些情况，作为临汾地区商业局局长，他不辞劳苦、想方设法沟通协调交电、百货、糖酒等二级批发公司到外地调拨各类紧缺商品，以满足和丰富本地市场供应。同时还要求各县（市）商业部门积极外调商品，推进当地的菜篮子工程建设，以便更好地满足老百姓的生活需求。在市商业局工作期间，他还注重以抓典型来促工作。1973年，他总结浮山县寨圪塔供销社的经验，制作成典型板面参加了广交会，这也是寨圪塔供销社作为临汾地区商业供销的一面旗帜，第一次在广交会上进行展览，产生了一定的轰动效应，并在当时引起了广泛好评。

董尚仁在几十年的从政经历中，始终把工作放在首要位置，兢兢业业、履职尽责，严以律己、淡泊名利，一生细心谨慎，公私分明，从不做违纪违法的事。当时的临汾地委书记高度评价他思想有水平、业务有能力、工作有成绩，尤其是在商品紧缺的时期，十几年在商业局领导职务上，不贪不占、没有经济问题。

1990年离休后，他仍关心国家大事，积极思考，关注体制改革和经济领域的政策变化，利用闲暇时间，一直在学习，笔耕不辍，不断发表一些有理论、有实践、有思想的文章；通过回顾自己几十年的工作经历、工作实践，编写了《沧桑岁月》《金秋岁月》等两本回忆录。

2021年10月，董尚仁因病逝世，享年92岁。

全国劳动模范

刘小元

刘小元，男，1986年出生，中共党员，退伍军人，服役期间多次获得嘉奖和优秀士兵荣誉。2007年参加工作，高压线路带电检修高级技师，现任国网临汾供电公司带电作业班班长。2021年，荣获全国五一劳动奖章。

刘小元扎根高压带电检修行业一线14年，是临汾市配网带电作业第一人，开创了临汾市带电作业从无到有的局面，填补了省内带电作业从简单类到复杂类的历史空白。完成了6100次带电作业“零失误”的安全生产纪录，为临汾市减少停电时间9.82万小时，创造经济效益上亿元。

他是“刘小元劳模创新工作室”的带头人，以初心筑匠心，从一名普通线路工人成长为行业顶尖的技能专家。曾两次在配网带电作业比武竞赛中获得个人第一名，先后获得国家电网公司技术能手、优秀共产党员、山西省电力公司劳动模范、青年五四奖章、晋电工匠等荣誉，2018年被中共临汾市委、市人民政府命名为首届“平阳工匠”，2019年获得“山西省特级劳动模范”。

2018年，刘小元代表全省参加“中美合作配网不停电作业”培训，将更多典型经验带回了山西。2019年，他开创了省内配网带电作业从“空载”作业方式转变“带负荷”作业的先河。2020年，首次突破完成配网双回线路带电组立电杆作业。他研发的跌落式熔断器快速短接工具，填补了国内空白，在国内是一个突破，再次刷新了带电作业新纪录。

中国好人

冯天龙

冯天龙，男，1979年出生，现为洪洞县公安局巡特警大队队员，兼洪洞红十字应急救援队队长。2021年8月，入选“中国好人榜”。

冯天龙受家庭熏陶，从小崇拜英雄、敬仰英雄，孩提时代就苦练武术。1998年9月，冯天龙从警察学院毕业后，如愿以偿地走进了洪洞县人民警察队伍。紧张严肃的警队生活磨炼了他坚强的意志。2018年6月13日，他自发组建洪洞红十字救援队。组队几年来，始终牢记为人民的宗旨意识，遵循“人道、博爱、奉献”的志愿精神，秉承“爱心汇聚，人道救援”的理念，组织带领救援队队员开展人员救援、应急知识宣传等工作，组织带领救援队实施救援行动208次，其中救助走失儿童92人次、孤寡老人29人次、精神病人87人次，进社区、村庄、机关、学校开展应急救援知识宣传28次，受教育人员累计达到3000余人次。

2020年3月14日16时，刚参加新冠疫情防控阻击任务的冯天龙轮休驾车回家，经恒富大桥时，听见一声“快救人”，出于职业的本能反应，冯天龙迅速冲向落水现场，很快就靠近了落水青年，经过20分钟的紧张施救，终于将落水青年成功拉上岸边。

冯天龙在关键时刻临危不惧、挺身而出，以满满的正能量，弘扬社会正气，友爱互助，用自己的实际行动全力维护人民群众的生命安全，为受困群众撑起了坚实的生命之伞，诠释了中华民族的传统美德，树立了救死扶伤、见义勇为的榜样，得到了人民群众的高度颂扬。2020年6月，被山西省临汾市红十字会评为先进工作者；2020年12月，被山西省临汾市精神文明建设指导委员会授予第六届临汾市“十大道德楷模”称号。

山西好人

苏朝林

苏朝林，男，1976年出生，吉县中垛乡三堠村个体户，中共党员。入选2021年上半年“山西好人”（诚实守信好人）。

2006年，苏朝林在本村经销化肥、种子、农药。把“宁可关门停业，也不经销假冒伪劣”作为自己的经营理念。早些年，生产资料市场鱼龙混杂，加之农民文化水平有限，消费者极易上当受骗。苏朝林选择农资厂家，不论厂家名气多大，他都要先对厂家和已经使用该产品的农户进行考察，然后在自家果园试验，效果明显后才推广和销售给果农。他宁可选择利润低但品质高的产品，也不会为了利润而选择那些质量低劣的产品，即使遇到运费上涨，苏朝林宁可自己赔点钱，也仍然按照以前的价格销售给农户。多年来，苏朝林无论在厂家还是在广大农户中都有极高的信誉，他经营的产品辐射区域越来越大，从没有因质量问题而引起纠纷和投诉。靠着诚信二字，他把企业做大做强，得到市场和广大农户的认可。2016年，苏朝林的农资店被工商部门评为“诚信示范店”。

苏朝林还热心公益。2018年，得知车城一农户3个孩子都先后考上了大学，但由于家庭收入低，没有能力供3个孩子上大学后，他和几个朋友商议，决定每月资助1000元，两年来从未间断，但是却从不曾透露自己的任何信息。

孔潇潇

孔潇潇，女，1983年出生，1984年6月出生，山西省襄汾县人，现为襄汾二中教师，负责学校政教工作。入选2021年下半年“山西好人”（见义勇为好人）。

一个周五放学，几名社会青年在校外欺凌一名同学，刚下班的孔潇潇见状呵斥着飞奔过去，用身体挡下了砸向同学的砖头。事后孔潇潇朴实地说：“咋不怕的，可我是个老师啊，那种情形顾不了那么多，说啥也不能让孩子受伤啊。”为了确保周五放学的秩序与安全，自那次事件之后，每逢周五孔潇潇都会和校领导在校外值班，确保全部学生安全离校后才回家。

离开校园的孔潇潇同样勇敢热心，下班途中遇到摔倒的老人，面对众人围观却不敢施以援手的情况，她没有迟疑选择了帮忙，打

120、联系家人……一番忙碌后老人平安得到救助，家属在给学校的感谢信中写道，“感谢孔潇潇老师见义勇为的精神，感谢贵校培养了这么一位优秀的老师”。

孔潇潇在学生受到伤害时，挺身而出，见义勇为。她用高尚情操践行大爱精神，彰显了教师的责任与担当，传递了强大的正能量。

王　荔

王荔，女，1989年出生，现为隰县公益志愿联合会秘书长。入选2021年下半年“山西好人”（助人为乐好人）。

王荔于2016年加入隰县公益志愿联合会，从事志愿服务，累计志愿服务时间超过2357小时，积极组织参与公益爱心活动。先后参与了壹基金、黄手环、特困儿童帮扶计划、抗战老兵和抗美援朝老兵帮扶等项目。王荔视帮贫助困为己任，她觉得帮助别人是件幸福的事情，受助者的笑容是她坚持的动力。几年来，王荔外出联络、组织策划活动近百场，亲自参与救援活动10余次，参加慰问活动几十次，为志愿者联合会撰写材料、整理文案50余万字。她是隰县公益志愿联合会的“老黄牛”，更是隰县公益志愿联合会的“主力军”，在志愿者中有很高的威信，为隰县的志愿服务工作的发展和壮大，做出了重要的贡献。

优秀军官

骆之松

骆之松，男，1988年1月出生，山东惠民人，2008年12月入伍，本科学历，中共党员，现任武警山西总队临汾支队尧都中队上尉中队长。

他是部队建设的“领路人”，工作中坚持担当履职、以队为家，全身心投入到部队建设中，争取地方经费300余万元用于执勤隐患治理、购买巡逻车以及基础设施建设，同时能够正确处理好“里子与面子”的关系，在科学谋划、精细管理、狠抓落实中确保了部队建设水平不断提升，所带中队2018年、2019年被评为基层建设先进中队，2020年、2021年度被评为“四铁”先进中队。他是备战打仗的“带头人”，始终坚持真打实备、从严从难，敢于叫响“看我的”“跟我上”，个人军事训练成绩一直保持优秀水准，并带领官兵严格落实精细化执勤、实案化战备、实战化训练的工作要求。个人先后被总队评为“优秀中队指挥员”“优秀教练员”，中队先后四年被总队评为正规化执勤优秀单位，并在上级组织的各类比武考核中取得优异成绩。他是官兵冷暖的“贴心人”，始终坚持模范带头，严格落实“五同”，与战士打成一片，为官兵营造了温馨环境，先后帮助4名家庭矛盾突出的战士解决实际困难，助力2名考生成功考学提干，以平易近人、严谨细致的作风受到了上下一致好评。先后荣立个人三等功2次。被总队评为“好党员”“好干部”“优秀基层干部标兵”，多次被表彰为优秀干部、“四有”优秀军官。

薛　晟

薛晟，男，1988年3月出生，山西吕梁人，2006年9月入伍，本科学历，中共党员，现任武警临汾支队勤务保障大队大队长。2021年被评为武警部队“四有”优秀个人、优秀共产党员。

薛晟历任学员、排长、连长、教员、副营长、作训参谋，先后荣立个人二等功1次、三等功1次，多次被表彰为优秀共产党员、优秀基层干部、“好干部”。

他出生在革命老区吕梁，受《吕梁英雄传》和家乡好儿女苏宁的影响，从小就立志从军报国。面对军队调整改革，他讲政治、顾大局，从某军司训大队到某集团军再到武警临汾支队，始终都抱着“让过去归零，从新兵做起”的坚定执着，服从组织安排，矢志强军实践。2018年12月12日17时28分，他在处置一起新兵手榴弹实投训练险情中英勇负伤，用生死三秒钟书写了辉煌，成就了壮举，保护了战士的生命。事后，从住院到确定治疗方案历经28天，手术时长达3个半小时，才将深入其体内6.5厘米且接近坐骨神经处的钢珠取出。其英勇事迹经央视新闻、《解放军报》等11家媒体报道后，引起强烈反响，被誉为新时代“苏宁式的好干部”。

新时代山西好少年

刘昱辰

刘昱辰，男，2010年7月出生，山西省曲沃县实验小学五年级1班学生。荣获2021年度“新时代山西好少年”。

刘昱辰为自己树立了明确的学习目标和严谨认真的学习态度。

课前做好预习，课上认真学习，课后巩固复习。他善于提问，也善于质疑，对于在学习中遇到的疑难问题，爱问“为什么”，直到弄懂弄会为止。有时为了验证一个小实验的理论，他会一个人钻在卫生间里一待就是一个多小时。作为班长，他有着强烈的班级荣誉感，除了自己抓好学习之外，平时也负责协助老师做好班级管理，维护班级纪律，还有收发作业等工作。同学在学习上遇到困难的时候，他都主动帮助。学校各类活动，他不仅积极参与，还调动其他同学参与的积极性，并牺牲自己的课余时间研究节目的编排，组织同学们排练。在学习之余，他养成了爱阅读的习惯，人物传记类、历史类、科普类、推理类、科幻类都是他喜欢阅读的类型。学校举办的演讲比赛和读书交流活动，他多次获得表彰荣誉。良好的语言功底让他多次担任学校大型活动的主持人，2021年还担任了曲沃县少儿春晚的节目主持人。

除了阅读与朗诵，刘昱辰的软笔、硬笔书法作品也屡次获奖，三阶魔方速拧和竞速叠杯成绩突出。乒乓球、篮球、画画等广泛的兴趣爱好，均丰富了刘昱辰的课余文化生活。

刘昱辰热爱生活、善于动脑。他利用寒暑假时间，到晋国博物馆做“小解说员”，为更多的游客讲述晋国历史故事。家里大人日常中遇到小麻烦时，他便会从《游戏中的科学找办法》中想“点子”帮忙解决问题。

2019年12月，刘昱辰被临汾市文明办评为“新时代临汾好少年”；2020年元月，被评为“2019年度曲沃榜样”；2020年6月，荣获“童音琅琅、斐然成章”晋国博物馆成语大赛优秀奖；2020年8月，在“新时代好少年”主题教育读书活动“美好生活 劳动创造”全国朗诵交流展示中，荣获小学组二等奖；2020年12月，在“新时代好少年”主题教育读书活动“美好生活劳动创造”山西省朗诵交流展示中，荣获小学组一等奖。

张荣耀

张荣耀，男，2009年7月出生，洪洞县苏堡中心校原上学校五年级1班学生。荣获2021年度“新时代山西好少年”。

2021年3月31日，张荣耀在路口捡到一枚功勋章，他和妈妈苦苦寻找数日，终于将这枚抗美援朝的勋章归还了老兵吕良。原来抗美援朝老兵吕良在3月31日上午重回故地原上村时，丢失了别在胸前的纪念抗美援朝70周年纪念章。是巧合，更是机缘，这枚勋章被自己曾就读的母校苏堡镇原上学校五年级1班的小学弟张荣耀捡到。张荣耀看到勋章上刻着的“纪念抗美援朝70周年”这几个字，惊羡不已，心里除了敬佩，也想到了勋章主人遗失的焦急。于是，他和妈妈想尽办法寻找勋章的主人。功夫不负有心人，终于找到了吕良。为表感谢，吕良重回母校，并亲手赠送给张荣耀同学一块军表和一盏灯，让他珍惜时光，好好学习。并向母校赠送一架手风琴与自己编著的《抗美援朝笔作枪》一书。张荣耀向吕爷爷和全体师生表示他将在今后的学习和生活中，继续发奋学习，关心同学，在成长的路上继续争做新时代的好少年。

张荣耀在小学一年级的时候，经常捡到同学丢失的橡皮、画笔等文具，总是及时寻找失主或交给老师；在四年级的时候，将捡到的七元钱及时上交给学校老师；在同学需要帮助的时候，及时伸出友谊之手；在劳动习惯养成中，更是赢得了家长与老师的认可与鼓励。时刻记得自己是一名少先队员，热心公益活动。在“献爱心”活动中，他总是积极地捐出自己积攒的零花钱，还积极提议，让家人一起为山区的孩子捐款、捐物，是学校“规范学生行为，争做文明学生”养成教育的典型模范。在村里，他主动为贫困家庭的学生送去课外书和一些玩具。

2019年6月，张荣耀荣获校“优秀少先队员”称号；2021年4月，荣获校“学雷锋标兵”称号。

靳雨函

靳雨函，女，2009年10月出生，翼城县北关小学校五年级3班学生。荣获2021年度“新时代山西好少年”。

长期以来，靳雨函作为班干部，她总是勤勤恳恳地为班级为同学服务，对老师交待的任务，总是不折不扣地完成。她严格要求自己，各方面起带头作用。班级劳动中，她脏活、累活抢着干，并且毫无怨言；学习中，她勤思考，爱钻研，认真学好课本知识的同时阅读了许多课外读物，养成了良好的读书习惯。她多才多艺，绘画、插花、手工样样精通，她的作品在山西省第三届“清明时节话家风”书画比赛中荣获二等奖。

她孝敬父母、自立自强。爸爸妈妈因为工作忙，她学会了烙葱花饼、蒸蛋糕、炒菜等。打扫卫生、收拾房间是她和妈妈周末的必修课。因为她，家庭里充满了欢笑、和谐。

她热心公益、传递爱心。从六岁起就多次跟随妈妈参加各类公益活动，她是整个志愿者队伍中年龄最小的义工。寒冷的冬天，她帮助孤寡老人扫地、擦桌子；敬老节，她给老人捶背，为老人唱歌；腊八节，她将温暖的粥送到清洁工的手里；周末，她担任红色纪念地的讲解员，将红色文化的种子播撒；争当环保小使者，捡垃圾、种小树，以自己的实际行动守护着祖国的碧水蓝天。六年来，她跟随“日行一善”志愿者团队，走过了许多村落，用小小的身躯给受助人带去了大大的温暖。

2016—2020年连续五年荣获校级“三好学生”“优秀班干部”称号；2019—2021年连续当选优秀班干部；2021年4月荣获2020—2021学年度县级“三好学生”称号；2019年3月荣获山西省清明时节话家风书法、绘画大赛二等奖。

贺一诺

贺一诺，女，2006年6月出生，吉县第三中学校初三172班学生。荣获2021年度“新时代山西好少年”。

2020年年初疫情期间，贺一诺跟着妈妈给残疾儿童送教上门，看着眼前一个个同龄人，她内心触动很大。他们有的肢体残疾、有的听力残疾、有的智力残疾，而且全部出自贫困家庭，根本没有条件进入特殊学校接受教育。回来的路上贺一诺沉默了很久，她说：“妈妈，他们好可怜。我想加入你们的送教帮扶团队，我也要帮助他们！”从3月开始，即使初三学业繁忙，她依旧坚持，风里来雨里去上门帮扶一名叫雨辰的小朋友，有时候利用微信留言、视频聊天等方式和雨辰保持联系，既分享了自己的见闻，又了解了雨晨的近况。如今的雨晨喜欢听音乐，会简单写写画画，爷爷奶奶都说她脸上有了笑容，变得开朗了很多。

在一次主题班会课上，她分享了帮助残疾儿童曹雨晨的故事。在贺一诺的影响和带动下，班里的郭晓彤、范航琪、郭苏瑶同学纷纷加入了送教团队。

贺一诺用执着和勤奋，用热忱和善良，弹奏暖人心扉的歌；用理想和追求，用进取和奋发，书写充满期望的美好未来。

2017年12月，吉县“中华魂”主题教育演讲比赛中，贺一诺荣获二等奖；2018年5月，作文《好伙伴一辈子》荣获第十九届世界华人学生作文大赛一等奖；2018年7月，全国“中华魂”演讲活动中荣获三等奖；2018年7月，荣获山西省第七届“雏菊奖”青少年艺术大赛键盘类独奏一等奖；2018年7月，荣获临汾市第三届中小学生“学宪法 讲宪法”演讲比赛优秀奖；2018年7月，荣获吉县“放歌新时代 共筑教育梦”主题征文一等奖。

县（市、区）概览

尧都区

【概况】 临汾市尧都区位于临汾市中部。全区总面积1316平方公里，下辖14个乡镇、10个街道，263个行政村、79个社区。常住人口944276人。

2021年，地区生产总值完成400.6亿元，规模以上工业增加值完成97.8亿元，固定资产投资累计完成120.7亿元，社会消费品零售总额完成291.1亿元，一般公共预算收入完成22.7亿元，城镇居民人均可支配收入完成41754元，农村居民人均可支配收入完成18925元。

【农业】 2021年，尧都区全年农林牧渔业增加值实现13.7亿元，同比增长7.9%。受秋汛灾情影响，粮食总产略减，全年全区粮食总产量实现20.04万吨，同比减产0.3万吨，下降1.5%。其中，夏粮和秋粮分别增长3.7%、-6.9%。经济作物增产增收，水果产量10.7万吨，同比增长19%；蔬菜产量6.9万吨，同比增长15.2%；中药材产量0.5万吨，同比增长36%。

【工业】 2021年，尧都区全年规模以上工业增加值完成97.8亿元，增长31.1%；采矿业增长较快，全年全区采矿业增加值实现83亿元，同比增长35.6%，占规上工业增加值比重为84.8%；制造业实现9亿元，同比增长19.3%；电力热力燃气及水的生产和供应业实现5.8亿元，同比增长18.3%。

【服务业】 2021年，尧都区现代服务业完成增加值148.3亿元，同比增长5.5%；传统服务业完成136.4亿元，同比增长6.2%，传统服务业快于现代服务业0.7个百分点。现代服务业中，金融业累计完成增加值30.2亿元，同比增长2.2%；房地产业完成74.1亿元，同比增长7.4%；营利性服务业完成43.9亿元，同比增长4.6%。

【固定资产投资】 2021年，全年固定资产投资累计完成120.7亿元，同比增长14.2%。其中，房地产开发投资完成50.8亿元，占总投资额的42.1%，同比下降16.3%。全区二产投资增长较快。第一产业投资1.3亿元，同比增长41.6%；第二产业投资14.3亿元，同比增长191.2%；第三产业投资105.1亿元，同比增长5.2%。

【高新区建设】 2021年，尧都区获第二批“省级大中小企业融通型创新创业特色载体”。新兴产业实现集群规模发展，字节跳动项目投产营收，百度智能云数据标注平台交付验收，百信信创产业园完成立项。五大现代物流项目稳步推进，文化旅游产业融合发展，全域旅游示范区创建顺利通过省级验收。

【转型改革】 2021年，尧都区农业托管服务持续拓展，国资国企改革、社会信用机制改革、事业单位改革等重点改革任务成效显著，与复旦大学、中国农业大学、浙江大学等省内外17所高校和科研机构合作，实施与北京大学、清华大学、浙江大学、厦门大学等高校对接洽谈，实施产学研合作项目31项，共同开发和转化科技成果20多个。推动人才新政22条落实落地。深化放管服效改革，推进一枚印章管审批改革工作，做好“证照分离”改革，打造“六最”营商环境。高新区“三化三制”改革稳步推进，“承诺制+标准地+全代办”改革全面深化。

【工程建设】 2021年，尧都区以美丽靓区为主线，坚持景观式造街、园林式建城，统筹城乡基础设施，加快城市更新步伐。重点实施六大道路和桥梁工程，迎春街南延、体育街南延道路工程正式通车，解放东路高架桥工程提前竣工通车，成为连接东西城区的快速交通走廊。涝河大桥、汩河大桥、尧贤街南北延工程竣工通车，尧都东城南北主动脉全线贯通，东城迈入高质量发展的新阶段。启动东关街、枣林路南延、东王路等11条东城道路工程和涝汩河台地路网工程的前期工作。推进棚改城改、老旧小区改造、靓城提质、市区重点项目拆迁四项工作。

【环境建设】 2021年，尧都区坚持生态优先、绿色发展，推进环境保护和生态建设。大气污染防治。开展秋冬季大气污染防治，实施831户清洁取暖改造工程和市区240条小街小巷硬化改造，91家建筑工地落实“6个100%”措施，关停64家新发现的“散乱污”企业。水环境治理。坚持源头治理、工程治理、资源管理三管齐下，排查“四乱”问题41处，处理舆情16起，27个入河排水口全部常态化监管。土壤治理。启动实施西山采石企业专项整治，西山绿色建材基地项目正式签约，11家规模化畜禽养殖户粪污治理设施启动建设。

【民生事业】 2021年，尧都区成立42支入村帮扶工作队，帮助受灾群众恢复生产生活，受灾人员年底全部入住新屋，灾后重建任务完成。开展“五名”创建工程，设立尧都教育发展基金，建立爱心助学助教长效机制，建立社区家庭教育品牌呦呦驿站。医疗卫生一体化改革推进，启动国家级养老服务标准化试点项目。全年全区城镇新增就业11555人、失业人员再就业1862人、农村劳动力转移就业9367人、就业困难人员再就业521人。全区城乡居民人均可支配收入实现33792元，同比增长7.5%。其中，城镇居民人均可支配收入实现41754元，同比增长7%；农村居民人均可支配收入实现18925元，同比增长8.7%，农村收入增速快于城镇1.7个百分点，城乡收入同比缩小0.04个百分点。

（杨逵峰）

【区领导班子】

中共临汾市尧都区委员会

书　记　樊洪平
副书记　吴　勇（2月免）
　　　　任俊杰（2月任）
　　　　郭云平（3月免）
　　　　刘　磊（3月任）
常　委　乔永生　薛向阳
　　　　丁春明　任丽岗
　　　　周勇军
　　　　李青彦（3月免）
　　　　汤晓燕（3月任）
　　　　任伟民（3月免）
　　　　郭　亮（3月任）
　　　　贺　婧　卢燕飞
　　　　杨　挺
　　　　温济荟（3月任）

尧都区人大常委会

主　任　鲁立波
副主任　史大胜　张李平
　　　　贾国杰
　　　　柴惠京（女）

尧都区人民政府

区　长　任俊杰
副区长　薛向阳　范志军
　　　　崔　军　孔令泽
　　　　王洪锁　石新亭

政协尧都区委员会

主　席　郭云平
副主席　解武强　武建斌
　　　　郭迎昕

侯马市

【概况】 侯马市位于临汾市南部，总面积220.1平方公里，下辖3个乡、5个街道，68个行政村、30个社区。

2021年，侯马市地区生产总值完成152.1亿元，同比增长12.5%；规模以上工业增加值累计完成22.4亿元，同比增长40.3%；固定资产投资完成43.7亿元，同比增长14.6%；社会消费品零售总额完成70.5亿元，同比增长16.2%；一般公共预算收入完成5.6亿元，同比增长11.1%；城镇居民人均可支配收入35704元，同比增长8.1%；农村居民人均可支配收入189471元，同比增长8.7%。

【产业结构优化】 2021年，侯马市一产增加值4.27亿元，同比增长6.6%；三产增加值100.8亿元，同比增长10.2%，增速位列临汾市第三、平川县市第一。坚持企业集聚、产业集群发展，“5+N”百亿级企业阵营初见雏形，“七大产业集群”效应凸显，二产稳健提升，增加值47.02亿元，增长19.5%，拉动地区生产总值增长7个百分点。三次产业比例由2.6∶23.9∶73.5调整为2.8∶30.9∶66.3。

【发展活力提升】 2021年，侯马市国资国企改革持续深化，事业单位改革、农村集体产权制度改革完成；巩固深化“放管服效”改革，营商环境第三方总体评价连续2年位列临汾市第1名；开发区“承诺制+标准地+全代办”改革持续深化。高新技术企业、省市级企业技术中心数量在临汾市占比分别达到26.9%、30%，与36所高校签订省校合作项目115个，引进高端人才30名。坚持活水养鱼，全年新增市场主体4256户，累计达到2.68万户。中欧班列恢复常态化运营，7月28日，临汾侯马—德国杜伊斯坦中欧班列发车仪式在方略保税国际路港口岸园区举行，装货42车，共计42个40英尺集装箱，品名包括木盒、玻璃器皿、陶瓷等，总重量约400吨、1万余件，总货值约110万美元，运输全程1万多公里，时长20余天，班列由阿拉山口口岸出境，途经俄罗斯、白俄罗斯、波兰等国，对外开放步伐加快。

【项目建设】 2021年，侯马市57个重点项目开复工率94.3%，完成投资35.7亿元。招商引资项目14个，签约总额75.2亿元，实现开工12个，完成投资9.4亿元。高标准承办全省第二期“三个一批”临汾主会场活动，22个项目实现签约、开工或投产，总投资84.2亿元。与西安市临汾商会、侯马浙江商会达成委托招商协议。8月25日，举行重点项目集中签约仪式，签约项目10个，总投资66.12亿元。

【城乡建设】 2021年，侯马市打造晋南区域中心城市目标，以“晋国古都、公园城市”为定位，实施“东进西衔南优北拓”城市发展战略，编制修订城乡统筹发展规划，浍河新区城市设计拉开，“城市更新九大行动”全面推进。新田路道路及片区提升改造工程启动，完成签约1057户，签约率92.5%，拆除建筑面积14.3万平方米，项目前期手续同步推进。加强城市基础设施建设，城市雨污分流管网改造完成19.2公里，浍滨街道路北延工程竣工通车，浍滨小区改造启动，城市“容”“质”实现提升。开展“六乱”整治百日攻坚专项行动，农村人居环境持续改善，探索创建“一线通线路整治”“4+2垃圾分类”等治理特色。全国第七次人口普查，人口净增7.46%，临汾市增长率最高，城市吸引力增强。

2021年，侯马市开展“六乱”整治百日攻坚专项行动，农村人居环境得到改善　　（侯马市党史方志研究室供图）

【环境治理】 2021年，侯马市坚持工程治污、系统治污、科学治污，打好蓝天、碧水、净土保卫战。落实超低排放改造、重污染天气应对等“十大”举措，大气综合污染指数同比下降10.1%。浍河二库除险加固工程、政通污水处理厂扩容工程完工投用，浍河水质改善治理工程（铜厂段）建成运行，汾河、浍河国考断面水质稳定达到地表水四类标准。规范建邦、华强等企业固废堆场管理，土壤污染防治工作稳步推进。

【民生事业】 2021年，侯马市坚持普惠民生，可用财力投入14.5亿元。教育基础设施推进，新二中异地建设、东城小学、北城小学、市府路幼儿园、张村办幼儿园、育英幼儿园等项目全面启动。高考二本以上达线率55.5%。加快实施医疗提质，围绕“健康侯马”建设，深化全国健康城市试点工作，新人民医院全面启用，市中医院通过“二级甲等中医院”评审。第三次顺利通过国家卫生城市复审。5月，全国第六届“万步有约”健走激励大赛在侯马市新田广场启动，全国600余个县区，近30万人通过互联网开展为期100天在线健走角逐，全市机关干部和各界群众踊跃参与，获得全国组织第一名。面对55年来最强秋汛，及时组织抢险救灾，全力推进灾后重建，企业家累计捐款捐物1200余万元，32户房屋受损户2021年底前全部入住。促进就业创业，推进“人人持证、技能社会”全民技能提升工程，城镇新增就业9572人，城镇登记失业率控制在3.75%。

【市领导班子】

中共侯马市委员会

书　记　王煦杰（2月免）
　　　　吴　勇（2月任）
副书记　黄晓君（女，9月免）
　　　　李俊胜（3月免）
　　　　卢正中（3月任）
常　委　刘俊贤（女，11月免）
　　　　郝爱民（3月免）
　　　　张清江（3月免）
　　　　白向阳（3月免）
　　　　卢正中（3月免）
　　　　张红玉（女，3月任）
　　　　白永明（3月任）
　　　　梁明军
　　　　王　勇（3月任）
　　　　马　波（3月任）
　　　　刘爱国（11月任）
　　　　李　锐　安　危
　　　　金佳奇

侯马市人大常委会

主　任　马兴民（4月免）
　　　　秦海玉（4月任）
副主任　郭旭东（4月免）
　　　　卫希荣（4月免）
　　　　白爱华（女）
　　　　薛俊苗（女）
　　　　孙惠敏（4月任）
　　　　张爱军（4月任）

侯马市人民政府

市　长　黄晓君（12月免）
　　　　尹明星（12月任）
副市长　卢正中（4月免）
　　　　闫志伟（4月免）
　　　　梁明军（12月免）
　　　　王　勇（4月免）
　　　　张红玉（女）
　　　　安　危
　　　　张春生（4月任）
　　　　郭建伟
　　　　梁效杰（12月任）
　　　　郝文盛（4月任）
　　　　梁　博（4月任）
　　　　才让三智

政协侯马市委员会

主　席　秦海玉（4月免）
　　　　郝爱民（4月任）
副主席　马淑焕（女，4月免）
　　　　卫玉贵（4月免）
　　　　朱冬梅（女）
　　　　李林红（女，4月任）
　　　　冯　慧（女，4月任）

霍州市

【概况】　霍州市位于山西省中南部，临汾市北端，总面积765平方公里，辖3个乡、4个镇、5个街道办，139个行政村（居），18个社区，总人口27万余人。

2021年，地区生产总值完成100.53亿元，同比增长5.3%；固定资产投资完成26.41亿元，同比增长13.3%；规模以上工业增加值同比增长4%；社会消费品零售总额累计完成37.96亿元，增速为16.4%；一般公共预算收入完成5.59亿元，同比增长14.71%；全市城镇常住居民人均可支配收入预计为36903元，同比增长7.7%；农村常住居民人均可支配收入预计为17947元，同比增长11%。

【农业】　2021年，霍州市蔬菜播种面积完成0.17万公顷，蔬菜产量8.6万吨。新建设施蔬菜面积0.63公顷，旧棚改建面积3.67公顷，食用菌增加30万棒；特色蔬菜芦笋面积增加6.67公顷，辣椒种植面积新增6.67公顷；全市农副产品资源丰富、种类繁多，有养殖场户1900余户，有农产品加工企业12家，各类农民专业合作社338个，发展家庭农场138个，有“三品一标”企业19家、产品24个。霍州市招引项目12个，落地开工7个，竣工投产3个。发展现代农业，打造特色优势品牌，全市农产品加工业销售收入达到4.15亿元。

【工业】　2021年，霍州市新增规上企业4家，“四上”企业24家。推进经开区建设，储备“标准地”31.2公顷，新建标准化厂房32000平方米，全年工业投资完成5.2亿元，增速30.7%，规模以上工业增加值完成9.94亿元，转型项目完成投资占比达94.7%。推进紫晟煤业矿井充填开采项目，启动霍州电厂长输供热工程，推动光伏+储能融合发展示范项目，建成投产康宝生物医疗综合体项目，推进科技智创园标准厂房及医药用品制造项目、辛能电力环保建材石膏生产线建设项目。全年签约项目16个，总投资85.48亿元。贯彻落实“碳达峰、碳中和”重大战略决策，发展新能源产业，推动40万千瓦的国电、兆光、华得宇、国盛集中式光伏发电项目和6万千瓦屋顶分布式光伏发电项目落地建设，打造新能源产业集群和示范基地。

【城乡建设】　2021年，霍州市推进城乡一体化建设，实施“创国卫”和农村“六乱”整治，提升城市品质，完善农村基础设施和公共服务。推进靓城提质，拆除各类违建165处、取缔店外经营摊点185处、清理流动摊点1000余处，对滨河路、南外环等街道进行环境整治，新增城市绿化面积15万平方米。形成鼓楼周边和开元街等多个城市新街区，完成全民健身中心建设，汇元小区、丽景·中央公园等房产项目稳步推进。推动巩固拓展脱贫攻坚成果同乡村振兴有效衔接，114户“三类户”消除风险72户，落实衔接资金1248万元，发放小额信贷400余万元，实施乡村振兴项目16个。完成333.33公顷高标准农田建设和666.67万公顷农业生产托管。农业现代化步伐加快，农产品加工销售收入完成5.59亿元。农村“六乱”整治深入推进，生活垃圾收运处置体系实现村庄全覆盖，农村改厕完成2050座。

【环境治理】 2021年，霍州市46家涉气企业完成深度治理，31家工业企业实行错峰生产和运输管控。清洁取暖改造1632户，超额完成年度任务。“清洁煤”补贴标准达1100元。全年优良天数达到226天，空气质量综合指数5.04，取得“十三五”以来最好成绩。汾河干支流河道“清四乱”2万余立方米、拆违建2000余平方米，推进汾河流域生态修复治理工程，改善水环境质量。

【文旅商贸】 2021年，霍州市塑造文旅品牌，培育新兴服务业，加快释放消费潜力，助推三产持续向好。《霍州市全域旅游发展规划》《霍州署创建国家AAAA旅游景区规划》编制完成，七里峪景区通过“省级旅游度假区”复核验收。“霍州市游客集散中心”建成启用，七里峪村至尉侯村路段全线通车。千佛崖考古有重大发现，摩崖造像重新完整面世。《石兰峰》电影在省委党校首映，电影《锣鼓》摄制完成，蒲剧《廉吏曹端》精彩亮相。“礼享生活·晋情消费”霍州文旅商贸推介活动、“中镇霍山·华夏州署”第十一届文化旅游月暨“寻根·铸魂·悦生活”等系列活动精彩纷呈。完成“天下霍姓出霍州”展陈，启动霍氏文化产业园项目，召开“迎宗亲·兴霍州·携手筑梦”2021年招商引资推介会。红星美凯龙进驻霍州，香江广场商业综合体开业在即，霍州年馍、每日坚果、鸣梦粗布等特色产品销售额实现新突破，电商产业网络交易额增长30%。霍州入选2021中国县域电商竞争力百强榜。

【民生事业】 2021年，霍州市举办第13届爱心助学活动，筹集资金155万元，资助困难学生236名。推动教育教学改革，聘请北京培文国际教育科技集团管理团队入驻霍州一中，创新教学管理机制。西张小学建成投用，推进新人民医院、妇计中心项目，中医院荣升二甲，技工学校获批“山西省省级高水平中等职业学校”和“高技能人才实训基地”，全市职业技能培训5814人，从业人员持证87570人。全年发放各类社会救助资金2852.44万元，医保参保人数达27.87万人，参保率99.38%。城乡居民养老保险参保人数完成99147人，完成率超100%。邮储银行投放创业担保贷款2128万元。全市新增城镇就业5630人，城镇登记失业率控制在3.03%以内。（王晓英）

【市领导班子】

中共霍州市委员会

书　记　李　强

副书记　李青雁（女）

　　　　晋红峰　邢鑫伟

　　　　王昕光

　　　　王卫成（3月任）

常　委　张可新

　　　　张伟兴（3月任）

　　　　任　臻（3月任）

　　　　郭丽华（女）

　　　　吕文博　王　强

　　　　田晋川（3月免）

　　　　李　强（组织部部长，3月免）

霍州市人大常委会

主　任　陈占平

副主任　郭宏生　沈晓静

　　　　张云峰

霍州市人民政府

市　长　李青雁（女）

副市长　刘国平（3月免）

　　　　晋学斌（3月免）

　　　　张可新　张发宁

　　　　靳阳阳（4月任）

　　　　郭惠民（4月任）

　　　　张强强（4月任）

　　　　王　强（4月任）

政协霍州市委员会

主　席　田晋川

副主席　王英才　薛云彪

　　　　杜　明

　　　　陈　英（女）

曲沃县

【概况】 曲沃县位于临汾市南部，总面积437.9平方公里，下辖5镇、2乡、114个行政村和6个社区，常住总人口为21.66万人。

2021年，地区生产总值完成158亿元，增长12.3%；规模以上工业增加值增长25.5%；固定资产投资完成56亿元，增长17%；一般公共预算收入完成5.66亿元，增长36.71%；社会消费品零售总额完成32.6亿元，增长15%。

【城建】 2021年，曲沃县致力打造宜居县城，西城区建设稳步推进，国道108线曲沃段改线工程全面启动，府前广场和城东水厂等项目加快建设；碧桂园、津致·公园里等6个商住小区和太子湖家园、建邦佳苑2个还迁小区交付使用；完成曲郑路扩容增绿和晋韩路添苗补树，县城新增绿地10万平方米，绿地率达到38.3%、绿化覆盖率达到42.5%。曲沃县通过省级园林县城复核，被确定为全省首批绿色低碳试点县。

【农业】 2021年，曲沃县完成0.203万公顷高标准农田建设，推广农业生产托管试点服务作业面积1.75万公顷，培育省、市级示范农场5家，认证绿色食品8个。与山西裕沃农业、天利行（香港）果菜两家企业深度合作，完成“粮菜轮作”供港蔬菜基地一期工程建设。推进农产品直销网点延伸覆盖，在太原、运城、临汾三市新增直销网点3个。采取“线上＋线下”模式，成功举办2021年晋陕豫黄河金三角（曲沃）国际果蔬线上博览会。曲沃县被评为“晋陕豫黄河金三角乡村振兴新农人培训示范县”“晋陕豫黄河金三角智慧果蔬成果转化示范县”，入选“全国农业社会化服务创新试点县”，荣获第一批“全国农作物病虫害统防统治百强县”称号。

【工业】 2021年，曲沃县重点实施百亿工业转型项目。恒瑞昆年产60万吨金属材料智能制造、通才1280立方米高炉及配套（一期）、60万吨优特钢和晋南钢铁3号1860立方米高炉及配套、年产100万吨型钢等项目竣工投用。晋南钢铁“5G+工业互联网”项目成为全省唯一一家入选全国物联网应用优秀案例，成功举办钢铁行业“5G+工业互联网”现场会，“钢—焦—化联产”模式全国领先，碳排放比同行业降低20%，工业产业高端化、智能化、绿色化水平持续提升。晋南钢铁、通才工贸两家公司上榜“2021中国民营企业500强”和“2021中国制造业民营企业500强”名单。沃能化工被认定为“2021年省级智能制造试点示范企业”。打造产业转型桥头堡，曲沃经济技术开发区管委会正式挂牌，“三制”改革基本完成，“三化”改革稳步推进。加强智创体系建设，县校合作共建共享基地达59个，曲沃县入选“科创中国”山西省首批试点城市。成功举办“百家商会（企业）进曲沃”双招双引活动，承办全省开发区2021年第四次“三个一批”（临汾分会场）活动暨进一步优化营商环境工作推进会。

2021年9月，晋陕豫黄河金三角（曲沃）国际果蔬线上博览会暨3D云展馆开馆仪式在曲沃县举办 （曲沃县党史方志研究室供图）

【推进乡村振兴】 2021年，曲沃县巩固拓展脱贫攻坚成果同乡村振兴有效衔接，6户22人脱贫不稳定户、7户16人边缘易致贫户、57户163人严重困难户稳定实现“两不愁三保障”；村容村貌提升、农村饮水安全和147公里“四好农村路”养护提质改造等工程完成建设；农村“六乱”整治取得实效。南林交村入选2021年中国美丽休闲乡村名单。

【生态环境】 2021年，曲沃县聚焦污染防治，生态环境明显改善。治气方面。推进工业企业大气污染综合治理，率先在全省民营钢企开启“绿色低碳·环保创A”行动。钢铁、焦化企业超低排放治理全面完成，其他工业企业达到行业排放限值要求。开展跨年度“秋冬防”综合治理攻坚和重污染天气应对差异化生产管控，生态环保智能化监管一体化平台建成投用，工业污染排放总量持续降低；推进“无煤乡镇”“无煤村”创建，狠抓道路交通、餐饮服务、建筑施工等领域污染防治，全年空气质量综合指数5.02、同比下降12.5%，优良天数265天、同比增加17天，位列全市沿汾县（市、区）第一。

治水方面。认真落实“河长制”，加强沿河巡查、入河排污口整治和河道“清四乱”，重点做好汛期排查。4个沿汾建制镇生活污水处理设施和3个村的污水处理站及管网配套项目建成投用。汾河、浍河（曲沃段）地表水水质稳定达标。

治土方面。土壤污染重点单位监管实现全覆盖。引深国土绿化行动，统筹实施通道绿化、村庄绿化、荒山绿化等工程，完成黄河流域防护林屏障建设80公顷。

【安全稳定】 2021年，曲沃县聚焦化解隐患，安全稳定持续向好。推进安全生产专项整治三年行动集中攻坚，及时消除非煤矿山、危险化学品、冶金工贸、道路交通、建筑施工、城镇燃气、森林防火等重点行业领域存在的安全隐患，严厉打击非法违法盗采行为，全县工矿商贸企业未发生生产经营性安全事故。特别是面对汾河流域50年来最强秋汛，统筹做好预警预报、隐患排查、应急值守、应急救援，牢牢守住“不死人、少伤人、少损失”底线。在此基础上，迅速启动灾后恢复重建工作，全面完成174户没有其他安全住房农户的房屋修缮、重建、入住工作，受灾群众均得到妥善安置，确保温暖过冬。

【民生事业】 2021年，曲沃县开展服务业提质增效十大行动，生产性服务业方面，围绕建设果蔬集散、钢铁交易、物流配送“三大中心”，推动华翼工贸、吉泰贸易、聚鑫物云等17家企业升规升限、回迁注册；生活性服务业方面，突出发展全域旅游，成功举办第五届全域旅游晋都行文化旅游活动月和晋国早中期都城地望研讨会，晋及三晋都城遗址“申遗”工作加快推进。曲村—天马遗址列入“十四五”时期大遗址名单，晋侯墓地及曲村—天马遗址入选“百年百大考古发现”，晋国博物馆旅游案例入选2021全国文化遗产旅游百强。中共曲沃县委石桥堡旧址入选全省第一批省级红色文化遗址名录，方城黄帝庙被确定为省级文物保护单位，晋国博物馆、晋园被评定为省级文明旅游示范单位，曲沃县全域旅游示范区创建工作顺利通过省级初审验收。

【教育】 2021年，曲沃县与山西大学附属中学、太原师范学院建立战略合作关系。4所农村初中、14所农村小学撤并工作全面完成，县第一小学、北关小学投入使用。认真落实国家“双减”政策，全县义务教育阶段公立学校课后托管服务实现全覆盖，义务教育学科类培训机构压减率达到100%。2021年，高考本科达线率较2020年提高11.37个百分点，600分以上高分段人数首次实现双位数突破，创10年来新高。

【社会保障】 2021年，曲沃县严格落实各项就业和创业扶持政策，引进“沃才回乡”人员21名、高层次紧缺人才14名，公开招聘事业单位人员156人，全县城镇新增就业4917人，转移农村劳动力5277人。实施全民参保计划，社保覆盖面不断扩大。29户农村危房完成改造，惠沃新区502套保障房加紧扫尾，低收入人群居住条件持续改善。

【卫体事业】 2021年，曲沃县开展县乡医疗卫生一体化改革“提质增效年”活动，北董、曲村、里村3个乡镇卫生院达到国家卫健委“优质服务基层行”推荐标准；东城全民健身中心完成一期工程，县人民医院综合楼和地下停车场项目加快建设。省级健康促进县创建工作全面启动。坚持“外防输入、内防反弹”，抓好疫情防控，压实“四方责任”，做到闭环管理，疫苗接种任务完成率始终位居全市前列，牢牢守住疫情防控“曲沃阵地”。

（张淑霞）

【县领导班子】

中共曲沃县委员会

书　记　吴　滨
副书记　孙惠生
常　委　王克勤　武耀忠
崔永慧（女）
任鹏伟
张淑明　秦康杰
刘小维（女）
陈宇芳（女）

曲沃县人民政府

县　长　孙惠生（代）
副县长　王博君　于　乐
陈　卓
秦臣花（女）
樊奇选

曲沃县人大常委会

主　任　费向前
副主任　崔权利　王利军
于彩霞（女）
张栓柱

政协曲沃县委员会

主　席　石前进
副主席　李继红　李建红
王红香（女）

翼城县

【概况】 翼城县位于山西省的南部，临汾盆地南隅，东邻沁水县，西接曲沃县，南与绛县、垣曲县接壤，北与浮山县、襄汾县相连。总面积1170平方公里，最高处舜王坪北峰为2358米，最低处为下阳村西南浍河为475.2米，辖7镇、2乡、151个行政村、151个村民委员会、6个社区居民委员会。

2021年，地区生产总值完成90.5亿元，增长9.5%；固定资产投资完成17.7亿元，同比基本持平；规模以上工业增加值完成37亿元，增长27.5%；一般公共预算收入完成4.05亿元，增长27%；社会消费品零售总额完成43.1亿元，增长14.6%；城镇常住居民、农村常住居民人均可支配收入分别增长6.3%和8.7%。

【工业发展】 2021年，翼城县推进工业重大项目落地建设，晋南、闽光全面入驻钢铁新材料园区，新上项目列入省级重点工程，完成与翼钢的资产交接、园区环评、立项备案、产能置换评审及503座院落拆迁等前期工作。华翔集团完成对晋源公司的股权收购和厂房改造，叉车铸造生产线启动建设。完成对舜达公司的股权整合，与中国一汽达成合作意向。上河、东沟煤矿正式投产运行，新增优势产能210万吨。

【农业农村】 2021年，翼城县建成高标准农田0.19万公顷，粮食总产量超2.5亿公斤，小麦单产再创全省新高。有效应对有气象记录以来最强秋汛，全民动员“双减双抢”，在全省率先出台农业灾后重建和防止因灾返贫致贫措施，累计补贴1240万元，抢收玉米1万公顷，抢种小麦1.47万公顷。创建庭院蔬菜村16个，新增蔬菜面积133.33公顷。新建7家标准化养殖场。完成“三品一标”认证11个，珍珠玉米入选全国农作物十大优异种质资源，隆化小米纳入全国“名特优新”农产品名录。“翼城优品”新增授权市场主体5家、授权产品6个。全省农业生产托管数字化服务平台在翼城县首发上线，新型农业经营主体信用体系入选农业农村部金融支农创新试点。

【污染防治】 2021年，翼城县加强污染防治攻坚，完成2家钢铁企业超低排放改造及61家企业挥发性有机物深度整治，实施“煤改电”4120户，实现海拔600米以下区域清洁取暖全覆盖，城区空气质量综合指数在平川县市区排名第一。第二污水处理厂主体完工，3个建制镇污水处理站投入运行，浍河南丁断面水质达地表水Ⅳ类标准。完成连马河小流域综合治理和续鲁峪河河道治理工程。

【改革创新】 2021年，翼城县推进重点领域改革。开展“五减”专项行动，行政许可事项累计压减办理时限90%，压减环节35%以上。在全市率先设置综合受理和统一出证窗口，加强“一网通办”平台建设，实现100%审批事项“最多跑一次”，85%事项“一窗通办”，80%事项全程网办。推进国资国企改革，6家国企完成“三供一业”分离移交，2家“僵尸企业”出清、3家全民所有制企业改制。农信社改制组建农商行并正式挂牌开业，标志着翼城人民有了自己的银行。落实助企纾困政策，全年减税降费1898万元，累计发放企业贷款3.6亿元，新增各类市场主体3000余家、规上企业10家。帮扶支持青年创新创业，推进“个十百千万”工程，细化完善45项帮扶举措，县级示范基地揭牌成立。新认定国家级“小巨人”企业1家、省级“专精特新”企业2家。完成科技成果转化2项、省重点科研攻关2项。

【城乡建设】 2021年，翼城县完善基础配套设施。拓宽优化市政路网，红旗街、八一路、光明路、三冶巷、益苑路、唐尧路、新华路、翔翼大街、潞公中街9条道路建成通车。完成“四好农村路”建设36公里。档案馆、气象观测站竣工投用。推进“厕所革命”，全县卫生厕所普及率达到94.8%，设立改厕区域服务站13所，实现长效管护全覆盖。完成孝义、史伯等10个村的电网升级改造，建成开通5G基站140个。深化靓城提质“三大行动”，累计拆除广告牌匾、违章建筑3万余平方米。推进农村人居环境“六乱”整治，清理各类垃圾3700余吨。推动城乡环卫一体化规范运行，实现垃圾不落地、清运全覆盖。完成荒山造林173.33公顷、乡村道路绿化200公里。古城村、阎村获评“山西美丽休闲乡村”。

【民生事业】 2021年，翼城县深化“人人持证、技能社会”建设，城镇新增就业4241人，农村劳动力转移就业4946人。完成丹阳社区养老幸福工程建设，翼城模式入选全省养老服务“惠民生、增福祉”十件事。完成2个老旧小区和106户农村危房改造。完成560户因灾受损农房重建修缮，提前40天实现春节前人住目标，竣工率和入住率居全市首位，“五个一批”典型经验在全市推广，被央视《新闻联播》等多家媒体报道。县级殡仪馆启动建设，5个乡镇公益性骨灰堂主体完工。补充中小学教师117名，完成11所学校基础设施提升改造，3所普惠性幼儿园主体完工。二本B类以上达线率在全市排名第一。县医院晋升三级医院，迁建工程进入扫尾阶段。翼城县被列为省级基层卫生健康综合试验区。抓好疫情防控，投入资金1192万元，全面加强设施配备、物资储备、实战演练和专业技术力量，累计完成48万剂次新冠疫苗接种，核酸日检测能力达到6万人份。全年各类民生支出达到18.36亿元，占财政支出的81.7%。

【文化旅游】 2021年，翼城县历山·大河康养项目与省林投公司、北京巅峰集团达成合作意向，前期工作全面推进。完成河上公德山景区观光平台建设和佛爷山景区基础设施改造。3号旅游公路主体完工。阎村游客接待中心、史伯“和文化”展馆、曹公历法广场等文旅工程建成投用，短线乡村游持续升温。“翼城浑身板”入选第五批国家级非遗代表性名录，琴书《花鼓魂》获山西省第十一届“群星奖”。

（刘晓霞）

2021年5月24日，翼城浑身板入选第五批国家级非物质文化遗产代表性项目名录。图为舞者正在表演的翼城浑身板

（翼城县党史方志研究室供图）

【县领导班子】

中共翼城县委员会

书　记　王　渊（9月免）
　　　　黄晓君（女，9月任）
副书记　刘　锋　解　湧
　　　　张文青（女）
常　委　李增奎　杨文明
　　　　熊伟星（3月免）
　　　　赖兴国（3月免）
　　　　刘生明
　　　　白向阳（3月任）
　　　　杨海林
　　　　郭　亮（3月免）
　　　　胡国华（女，3月任）
　　　　武文军（3月任）
　　　　章守文

翼城县人大常委会

主　任　李放明
副主任　张晋翼
　　　　范钦国（4月任）
　　　　师香丽（女）
　　　　李兴智（4月免）
　　　　王存良（4月免）
　　　　张永峰（4月任）

翼城县人民政府

县　长　刘　锋
副县长　赖兴国（3月免）
　　　　范钦国（3月免）
　　　　杨文明（1月免）
　　　　于　乐（3月免）
　　　　胡国华（女，3月免）
　　　　杨海林（3月任）
　　　　聂　华（3月任）
　　　　段晓娜（女，3月任）
　　　　张达宏
　　　　石广武（1月任）
　　　　高　伟（4月任）

政协翼城县委员会

主　席　董　玲（女）
副主席　张新民
　　　　聂　华（3月免）
　　　　贾永强
　　　　王东东（4月任）
　　　　杜芳芳（女，4月任）

浮山县

【概况】 浮山县位于临汾市东南部，总面积940平方公里，下辖4镇（天坛镇、北王镇、响水河镇、张庄镇）、3乡（槐埝乡、东张乡、寨圪塔乡）、125个行政村、2个社区（东街社区、西街社区）。截至

2021年底，常住人口9.5万人。

2021年，地区生产总值51.06亿元；一般公共预算收入1.77亿元，增长33.2%；固定资产投资完成10.03亿元，增长0.6%；社会消费品零售总额完成15.31亿元、增长19.2%；金融机构存贷款余额分别增长9.4%和21%；城乡居民人均可支配收入增长7%和11%。

【工业转型】 2021年，浮山县推动产业集聚区建设，狠抓招商引资，坚持专班推进，一批投资大、前景好、带动力强的重大产业项目相继落地。总投资10亿元的临汾染化医药中间体项目于2021年11月顺利开工；一期投资5.7亿元的华润“源网荷储”低碳智慧产业园在2021年年底开始建设；投资30亿元的临汾万鑫达新能源项目成功落地，首期已拿地37.53公顷。投资8000万元的铁矿采选升级改造项目顺利完成，中强福山煤业90万吨煤炭产能获得保留，全年新培育“管理标杆”企业2家、规上企业4家。

【服务业提质】 2021年，浮山县打造“浮山厨师”劳务品牌，“老浮山拨面”加盟店突破百家，被人社部、省人社厅分别评为“创新发展类劳务品牌”和“省级劳务品牌”。探索打造“总部经济”，注册成立浮山县厨师品牌推广有限责任公司，辐射带动农副产品、交通运输、冷链物流等相关产业协同发展。发展全域旅游，高标准建设寨圪塔扁担精神纪念馆，推进东陈古村落修缮，具有浮山地域特色的研学游、体验游逐渐兴起。新培育服务业入统企业7家，组建矿产品贸易公司10家，工程项目中标单位在浮山县成立子公司7家，新的经济增长点正在加速形成。

【乡村振兴】 2021年，浮山县做大做强小麦、玉米、小米、蔬菜、水果、药材、养殖“七大产业”，完成0.067公顷高标准农田和槐埝高效农业示范园区建设，全年粮食总产量14.4万吨，蔬菜总产量11.58万吨，水果面积0.19公顷。开展农村“六乱”整治，累计清理沿线垃圾5万余吨，改造农村户厕2451座。严格落实“四个不摘”要求，整合资金近亿元实施贫困户住房安全提升、农村集中供水等项目94个，健全防返贫监测机制，守住不发生规模性返贫底线，市际专项交叉验收荣获“优秀”等次。

【城乡建设】 2021年，浮山县实施“交通先行”战略，12月21日，省长蓝佛安亲临浮山宣布浮临高速公路正式开工；7条农村公路改造等项目按期竣工，天坛东路建成通车，红旗公园顺利开园，一批城市老旧小区、农村抗震房完成改造，文坛小区、阳光华府一期等房地产项目顺利交房；原农业局和农机公司办公楼等一批老旧危建筑顺利拆除，面积4200平方米；清理店外店、流动摊点300余处，铺设弱电管道2300余米。紧盯制约县域经济社会发展的工农业用水问题，狠抓大型水利设施建设，12月3日，引沁入汾浮山供水工程顺利通水，年引水量达1580万立方米；臣南河水库大坝主体完工，预计2022年上半年开闸蓄水。

【改革创新】 2021年，浮山县抢抓政策机遇，采取非常举措，国资国企改革取得实质性突破，全县18家国有企业、500余名国企职工养老保险及滞纳金核销工作取得重大进展，可节约财政资金1亿元，占全市比例达30%。引深“放管服效”改革，行政审批时限压减率达98.3%，位居全省第1名。政务服务事项网办率达99.8%，“提升政务服务效能”被确定为全省17个法治政府建设示范项目之一，优化营商环境迈出新的步伐。行政事业单位改革、人口小县改革试点工作向纵深推进。

【风险管控】 2021年，浮山县开展防汛救灾，完成1004户受损农房修缮重建任务，帮助群众抢收秋粮0.57万公顷，抢种小麦0.25万公顷，开展“助力灾后重建·创造美好生活”消费让利活动，最大程度降低灾害损失，保障群众利益。抓好常态化疫情防控，有序推进疫苗接种，守牢“浮山阵地”。抓好安全生产，开展安全生产专项整治三年行动集中攻坚和风险隐患排查整治“百日行动”；围绕铁矿安全，创新举措、综合施策，聘请专家驻矿指导经验做法在全市推广，全县安全形势持续稳定。

【民生事业】 2021年，浮山县推进脱贫攻坚和乡村振兴有效衔接，就业形势稳定向好，完成各类劳动力免费职业技能培训5355人，其中脱贫劳动力4008人，前三季度城乡居民人均可支配收入分别增长8.3%和11.8%。环境质量向好，清洁煤入户率全市排名领先，全年PM2.5浓度降到30微克/立方米，浮山县历史性成为空气环境质量达标区域，前三季度生态补偿奖励资金772.9万元，近5年来首次实现由负转正。

（陈聪聪）

【县领导班子】

中共浮山县委员会

书　记　扈新起

副书记　栗俊昌（2月免）

王　兴（2月任）

王　栋

常　委　刘云生（3月免）

王建斌

李秋生（3月任）

苏政锦

马　波（3月免）

潘丽君（女，3月任）

程　斌

史超峰（女，3月任）

刘又铖

浮山县人大常委会

主　任　李学良

副主任　段文明（4月免）

刘永生（4月免）

梁生强

李千钧（4月任）

刘建忠（4月任）

吴光学（4月任）

浮山县人民政府

县　长　栗俊昌（2月免）

王　兴（2月任）

副县长　刘云生（3月免）

李秋生

史超峰（女，4月任）

刘又铖（4月任）

常庆宇（4月免）

盖　勇

刘　丽（女，4月任）

高振山（2月任）

李　晶（女，4月任）

政协浮山县委员会

主　席　段玉明（4月免）

刘云生（4月任）

副主席　高洪波（4月免）

李千钧（4月免）

丰志华　李英杰

吉秀红（女，4月任）

洪洞县

【概况】　洪洞县位于临汾盆地北部，总面积1494平方公里，下辖10镇、5乡，18个社区、325个行政村。常住人口62.77万人。

2021年，地区生产总值完成195.1亿元，增长7.2%；一般公共预算收入完成10.6亿元，增长15.25%；规模以上工业增加值完成95亿元，增长7%；固定资产投资完成50.8亿元，增长18%；社会消费品零售总额完成85.9亿元，增长7%；城镇居民人均可支配收入完成35073元，增长8.8%；农村居民人均可支配收入完成15496元，增长11.4%以上。

【粮食生产】　2021年，洪洞县提高粮食生产能力，完成0.09万公顷高标准农田建设、0.47万公顷农机深松整地作业、0.67万公顷农业托管。积极应对秋汛灾情，第一时间开展“双减双抢”，排除农田积水0.21万公顷，修复农田193.33公顷，粮食生产再获丰收，全年总产4.275亿公斤，同比增长3.14%。全省“虫口夺粮”保丰收暨重大病虫统防统治现场观摩会在洪洞县召开，洪洞县先后被评为国家级小麦绿色高质高效行动示范县、全国第六批率先实现主要农作物生产全程机械化示范县、全国平安农机示范县、全国粮食生产先进集体。

【农业产业】　2021年，洪洞县科学规划富硒产业发展思路，明确了以富硒“粮果菜”为核心，集生产、加工、营销为一体的产业布局，洪洞县被评为首届“全国硒资源变硒产业十佳地区”。发挥中药材种植基础优势，重点发展远志、生地和黄芩等中药材特色产业，中药材种植面积达0.51万公顷以上。积极培育扶持农业龙头企业，农产品加工业销售收入近10亿元。打造农业品牌，完成“三品一标”产品认证0.4万余公顷。

【工业转型】　2021年，洪洞县以洪洞经济技术开发区为平台，规划发展“一区三园”产业集群，依托赵城园区打造“碳基新材料产业园”，依托秦壁园区打造“全球白色家电产业园”，依托甘亭园区打造“新能源产业园”。坚持传统产业建链、延链、补链、强链和新兴产业培育壮大两方面发力，实施碳基合成新材料、雅运精细化学品等焦化项目，启动华翔智能科技产业园、圣大新能源汽车、广东粤电光伏、曲亭水面光伏等新兴项目。山西首家云客服项目——阿里巴巴客户体验中心入驻洪洞县，人工智能基础数据产业中心、区块链电子发票AI大数据云平台挂牌营运；打造龙马陆港型国家物流枢纽，启动传化网络货运数字平台项目。转型项目占年度投资比重57%；战略性新兴产业同比增长30%，高于规上工业增加值增速。

【项目建设】　2021年，洪洞县严格落实“五个一”项目包联推进机制，年度实施了78项重点项目，项目建设呈现出梯次推进、滚动发展的良好态势。深化开发区“三化三制”改革，组建专业化管理运营团队，破解项目建设、招商引资、园区管理难题；聚焦“动态储备1平方公里标准地”目标，实施污水处理厂和标准化厂房建设。全年工业总产值达144亿元，税收6.4亿元。全面铺开“双招双引”工作，精准推介对接企业项目，全年签约项目36个，投资额209亿元。

【城市建设】 2021年，洪洞县完善老城区历史文化风貌控制与业态提升规划，总投资40亿元的“幸福洪洞十大民生工程”全面启动，彰显老城文化、提升旅游品质的见贤里项目通过专家评审，提质改造后的中心广场全面开放，公园东街至文东北路竣工通车。相继完善交通、教育、医疗、供热等基础设施，投资5.9亿元的新二中投入使用，投资6.6亿元的中医院一期主体完成。

【文旅融合】 2021年，洪洞县启动大槐树景区二期扩建、旅游演艺综合体和伏羲文化休闲旅游景区开发项目。推进国家级文化馆和省级综合文化站文旅融合试点，文化馆被评为全国先进县级文化馆。大槐树寻根祭祖园入选国家级黄河主题旅游线路，荣获首批“国家级文明旅游示范单位”。旅游人数和旅游收入恢复到疫情以前水平，高于全国平均水平12个百分点，荣获“中国县域旅游综合竞争力百强县市”“全省文旅建设先进县”称号。

【教育事业】 2021年，洪洞县优化义务教育学校布局，洪洞二中新校区投入使用，撤并学校51所、教学点66个，改扩建高标准寄宿制小学10所；中高考再创佳绩。强化教师队伍建设，招聘各类教师370名，培训教师9000人次。全面落实“双减”政策，启动课后服务工作，累计服务学生2.6万余人。

【医疗事业】 2021年，洪洞县推动“健康洪洞”建设，完善双向转诊通道和转诊平台。全面推进家庭医生签约服务、县乡分级诊疗体系建设。坚持疫情防控常态化管理，强化重点场所、重点环节疫情防控措施落实，保持了输入病例为零、内部感染为零的“双零”目标。

【军人服务】 2021年，洪洞县妥善做好退役军人服务工作，接受并安置部分转业士官和消防员，对部分自主就业退役军人进行适应性培训，为义务兵家庭发放优待金。推进社工站建设，实现乡镇“全覆盖”，被评为全省试点县。

【劳务服务】 2021年，洪洞县积极创建“系统组织劳务输出先行县”和“细分领域劳务品牌标杆县”，累计职业技能培训1.2万余人，城镇新增就业7700余人，“老家三保”（保安、保姆、保洁）成为临汾市十大劳务品牌。

【乡村振兴】 2021年，洪洞县开展巩固拓展脱贫攻坚成果整改提升专项行动，发现整改问题134条，被评为全省脱贫攻坚先进集体。与清华大学共建乡村振兴工作站，打造巩固拓展脱贫攻坚成果同乡村振兴有效衔接“洪洞样板”。推进数字乡村建设，全球蛙“洪洞购”平台成功上线，全县电商企业达100余家，农产品销售额超2000万元，被评为“国家数字乡村试点县”。

【生态文明】 2021年，洪洞县强化“技防+人防”模式，推进53家洗煤企业标准化建设；空气质量改善率连续两年全市第一，综合指数摆脱全市“倒一”。汾河流域水质稳定退出劣V类，霍泉水质达标率100%。全面落实黄河流域生态保护和高质量发展战略，植树造林0.2万公顷，森林覆盖率达15.4%；推进汾河湿地建设和保护，完成湿地植被恢复33.33公顷。

【基层党建】 2021年，洪洞县开展“三级创建”工作，建立健全县、镇、社区三级党群服务中心体系，被评为“省级基层党建示范县”，曲亭、辛村被评为“省级基层党建示范乡镇”。加强农村党组织“头雁队伍”建设，招录167名大学生到村任职，全县所有行政村和社区按时换届，行政村“一肩挑”比例达97.23%，社区全部实现“一肩挑”。提升基层组织能力，转化升级30个软弱涣散村，90%的行政村集体经济突破5万元。

（胡俊平）

【县领导班子】

中共洪洞县委员会

书　记　黄　巍

副书记　李俊平（女）

　　　　李永升

常　委　张晓晖（3月免）

　　　　周希斌　张宁红

　　　　樊如荣（女，1月免）

　　　　王　欣　刘　泳

　　　　徐　玉（3月任）

　　　　程　军（3月免）

　　　　张朝晖（3月任）

　　　　刘贵平　冯定国

　　　　鲍　荣

　　　　郭　婧（女，3月任）

洪洞县人大常委会

主　任　张玉龙（4月免）
　　　　张晓晖（4月任）
副主任　崔保喜　文林红
　　　　王甲荣（4月免）
　　　　温　泉（4月免）
　　　　程洪俊（4月任）
　　　　倪宁慧（4月任）

洪洞县人民政府

县　长　李俊平（女，4月任）
副县长　甘永庆（挂职）
　　　　敬三平（4月免）
　　　　张志君（3月免）
　　　　梁　栋（3月免）
　　　　闫志伟（4月任）
　　　　柳　勇（4月任）
　　　　郭会军
　　　　高彦民（4月任）
　　　　刘向明（4月任）

政协洪洞县委员会

主　席　程延平（3月免）
　　　　敬三平（4月任）
副主席　李金龙（4月任）
　　　　马春丽
　　　　史学著（3月免）
　　　　张峰山（3月免）
　　　　徐泽文（4月任）
　　　　田剑锋（4月任）

襄汾县

【概况】　襄汾县地处临汾市南部，东临浮山、翼城，西傍乡宁，南接曲沃、侯马、新绛，北连尧都区。县辖7镇、6乡，6个社区、242个村民委员。2021年末，全县户籍总人口500885人。

2021年，地区生产总值完成166.1亿元，同比增长7.9%；规模以上工业增加值完成77.1亿元，同比增长8%；固定资产投资完成43.8亿元，同比增长19.6%；服务业增加值完成61.1亿元，同比增长9.9%；社会消费品零售总额完成64.9亿元，同比增长18.6%；一般公共预算收入完成9亿元，同比增长19.1%。城乡居民人均可支配收入分别增长7.1%和9.2%。八项主要经济指标全部保持正增长，其中固定资产投资、社会消费品零售总额增速位居平川县第一。

【农业】　2021年，襄汾县建成高标准农田0.73万公顷，新发展特色农业600公顷、规模养殖场7个，年产优质食用菌1.8万吨。全年粮食总产4.58亿公斤，位居全市第一，荣获“山西小麦粉加工第一县”“山西省粮食产业优势县”称号。

【工业】　2021年，襄汾县永固协同发展产业园区环评获批，中升钢铁中试基地即将投用、155转炉等项目开工。万鑫达二期干熄焦投入运行，博利士抛光液研发等高科技项目有序推进，10家企业入选省级科技库，全年“小升规”企业19家。铸造产能申报省工信厅公示，整合重组迈出实质性步伐。深化“放管服效”改革，支持企业减税降费2750万元，新增各类市场主体4500多个，营商环境大为改善。

【开发区建设】　2021年，襄汾县推进项目建设，全年竣工投产21个项目，鸿锐达健康手套项目“当年签约、当年开工、当年投产、当年达效”。开发区一期5条道路、5.6万平方米标准化厂房完工投用，出让标准地7宗23.77公顷，诚荣装备、利源中天等32个项目落地开工。承办了全省开发区第三次“三个一批”临汾分会场活动，6项考核指标提前完成，“主战场”作用更加凸显。

【文旅融合】　2021年，襄汾县“国家全域旅游示范区”通过省级初验，“一都、一城、一村”框架日趋完善，陶寺遗址博物馆、公园一期项目开工，荷花小镇创建AAAA级景区，丁陶风情街获评AAA级景区、“省级旅游休闲街区”，丁村遗址、陶寺遗址入选“百年百大考古发现”。

【城乡发展】　2021年，国道108线襄汾段改线工程开工奠基，河东文体广场建设进度过半，丁陶大道南延开工，悦荣园等住宅小区建成投用。提升县城品质，打造“六无六净”街道，新增绿地5.3万平方米，市容秩序得到规范。开展农村“六乱”整治，建成垃圾中转站16座，清运垃圾7.5万吨，绿化美化交通干线38万平方米，改厕8000余座，邓庄镇涧沟村被评为全国乡村治理示范村。

【安全生产】　2021年，襄汾县探索实行四级网格化管理、安全生产奖惩、“12分制”考核等一系列措施，修订完善应急预案39部，开展应急救援演练9次，工矿商贸领域事故大幅下降，扭转了安全被动局面。打击电信诈骗、毒品等违法犯罪行为，强化信访“控新治旧”，全面开展“八五”普法，社会大局和谐稳定。

【科学应对水灾】　2021年，襄汾县面对有气象记录以来的最强秋汛、最大洪峰，及时转移群众

9000多人，高效应对三次汛情大考。推进灾后恢复重建，安排资金7920万元，抢收秋粮3.47万公顷，抢种4.53万公顷，抢修水利设施404处，修复市政设施260处，238户因灾受损农房完成重建修缮，用最短时间恢复了正常生产生活秩序。

【污染防治】 2021年，襄汾县坚持“治企、控煤、管车、降尘”同步发力，推进“饮用水源、黑臭水体、工业废水、城镇污水、农村排水”五水同治，推动钢铁、焦化、水泥行业超低排放，6个建制镇污水处理设施有序推进，完成7311户清洁取暖改造，淘汰“国三柴油车”88辆，完成营造林0.11万公顷，完成能耗“双控”任务，汾河柴庄断面水质达到四类标准，全县空气质量优良天数254天，同比增加9天。襄汾县政府被推荐为“山西省污染防治攻坚战先进集体”。

【社会事业】 2021年，襄汾县严格常态化疫情防控措施，接种疫苗70余万剂次，守住“一方净土”。巩固拓展脱贫成果，落实扶贫资金1842万元，“三类监测户”45户99人解除风险。第五小学投入使用，新招聘教师142人，全县高考二本B类达线2558人，荣膺“全国中小学劳动教育实验区”。县医院河西新院整体投用，与临汾市人民医院开展“托管共建”，完成汾城、张礼卫生院改扩建工程，创建9家卫生院“中医馆”，医疗卫生水平提升。新增城镇就业6828人，转移农村劳动力8139人。

（王建刚）

【县领导班子】

中共襄汾县委员会

书　记　乔飞鸿
副书记　刘春林　岳　磊
　　　　滑颖奇
常　委　乔飞鸿　刘春林
　　　　岳　磊　滑颖奇
　　　　亢大勇（3月任）
　　　　王志刚（3月任）
　　　　王润贵（3月任）
　　　　杨建廷（3月免）
　　　　傅德明（3月免）
　　　　曹丽娟（女，3月免）
　　　　武艳娟（女，3月任）
　　　　鹿剑英　栗　军
　　　　李　强（3月任）
　　　　张振斌
　　　　刘学武（3月任）

襄汾县人大常委会

主　任　曹　佩（3月免）
　　　　傅德明（3月任）
副主任　贾景山　张　峰
　　　　李文耀（3月免）
　　　　张淑玲（女，3月任）
　　　　王世红（3月任）
　　　　邓　兴（3月任）

襄汾县人民政府

县　长　刘春林
副县长　张淑玲（女，3月免）
　　　　李明星（3月免）
　　　　鹿剑英
　　　　曹国刚（3月免）
　　　　葛晋洁（3月任）
　　　　李晓斌（3月任）
　　　　李虎山
　　　　张海荣（3月任）
　　　　樊国琴（3月任）

政协襄汾县委员会

主　席　杜许堂（4月免）
　　　　曹丽娟（女，4月任）
副主席　韩文跃（4月任）
　　　　张青云　何爱琴
　　　　吕　军（4月任）

安泽县

【概况】 安泽县位于山西省南部，临汾市东北部、太岳山东南麓，东与屯留县、长子县交接，西与古县、浮山县接壤，北与沁源县毗邻，南同沁水县相连，是临汾市、长治市、晋城市三市交汇地，距两个省域副中心城市均不足百公里。南北长91公里，东西宽43公里，总面积1967.3平方公里。辖6镇、67个行政村、4个社区居民委员会、513个自然村。全县常住人口为8.56万人。

2021年，地区生产总值完成88.5亿元，同比增长8.6%；固定资产投资完成18.4亿元，同比增长29.2%；社会消费品零售总额完成12.4亿元，同比增长19.1%；城乡居民人均可支配收入分别达到3529元、13530元，同比增长7.5%、11.7%左右；一般公共预算收入达到6.46亿元，同比增长14.9%。

【产业发展】 2021年，安泽县紧盯转型目标，遵循产业发展规律，分类指导、精准施策，全县三次产业占比5.7∶75.3∶19.0。一产方面。粮食总产量达到14.7万吨，农业生产托管作业0.16万公顷，建成高标准农田533.33公顷，固定资产投资完成7886万元，同比增长81.2%。二产方面。坚持传统产业、新兴产业统筹发力，将开发区作为产业转型升级的“主战场”，实施转型项目13个，“小升规”企业6家，培育高新技术企业4家，建成煤矿绿色开采试点1个、智能化采掘工作面2处，特别是战略性新兴产业增加值预计增长100%以上，远超规上工业增速。全年第二产业对地区生产总值的贡献率达到68.4%，是县域经济高质量发展的主要支撑。三产方面。打造红色研学游精品路线，安泽县被省生态环境厅确定为山西省生态文明实践培训基地，全年接待各类团体640余批近5万人次。积极发展对外贸易，出口交易额达到328万美元。实施服务业提质增效十大行动，培育市场主体9家。全年第三产业拉动全县经济增长2.25个百分点，成为县域经济高质量发展的新支撑。

【项目建设】 2021年，安泽县坚持“项目是第一支撑”理念，一切围绕项目干、一切围绕项目转，全年谋划实施重点工程项目54项，一批涉及产业转型、基础设施、民生工程的大项目好项目快速推进，为全县高质量发展增添了新动能。密切关注国家和省市有关政策，向上争取转移支付资金7.3亿元、债券资金1.65亿元，重点投向与群众密切相关的民生领域。聚焦“六新”突破，围绕建链、延链、补链、强链，多渠道开展招商引资，超额完成市定任务。

【生态治理】 2021年，安泽县坚持“双碳”目标引领，完成人工造林0.03万公顷、封山育林0.23万公顷，完成水土流失治理153.33公顷。落实能耗“双控”要求，推进大气、水、土壤污染防治攻坚和重点区域环境污染综合整治行动，严格落实工业企业秋冬季错峰管控措施，全面规范整治沿河排污口，开展农药瓶回收“两毛钱”工程，完成11家固废危废企业的规范化治理，全年空气质量改善，优良天数比例达到80.8%，SO_2、PM2.5浓度分别达到国家空气质量一级和二级标准，CO浓度改善率全市排名第一，沁河海东村出境断面水质稳定达到或优于地表水Ⅲ类水质标准，县域节水型达标社会通过省级验收，成功创建“国家生态文明建设示范区”，蝉联“中国天然氧吧”。

【乡村振兴】 2021年，安泽县围绕乡村振兴整体推进县重点建设任务，以沁河流域综合治理工程为依托，支持龙头企业发展壮大，开展炒茶制茶培训，先后打造以田家庄特色民宿、小李村红色研学基地为代表的乡村旅游片区，蒹葭乡居、桑曲村怀永图民宿、翘梦药茶分别被省文旅厅评为最美太行人家、最佳宜居民宿、最优伴手礼，良马镇小李村被评为全国“一村一品”休闲旅游示范村。全面推行“说事议事”和星级积分管理办法，和川镇洪驿村被评为全国村级议事协商创新实验试点单位，府城镇被评为全国乡村治理示范镇。

【安全工作】 2021年，安泽县研究出台“三管三必须”实施细则，推进安全生产专项整治三年行动，先后组织开展工程建设、易爆物品、电气火灾等多个领域的隐患排查整治集中攻坚行动。特别是面对最强秋汛，及时转移并妥善安置涉险群众2909户7729人，保障了人民群众的生命财产安全。加强平安安泽建设，再获“平安中国建设示范县”荣誉称号，成为全省唯一蝉联“长安杯”的县，在平安山西建设表彰大会上作先进示范地区发言。

【城乡建设】 2021年，安泽县立足城乡一体化，深化靓城提质，新泽花园等项目加快推进，经济适用房投入使用。开展“房屋产权登记确权颁证清零行动”，1126套房屋完成登记、实现“清零”，县城住房供给进一步扩大。长临高速安泽连接线景观道路工程、长临高速公路安泽互通被交路改一级公路工程、北外环与长临高速连接线交叉工程相继通车。出台安泽县农村自建房屋“四办法一标准”，农村自建房屋建设进一步规范。坚持“六化治六乱”，打造了一批美丽庭院、美丽乡村，全县农村人居环境得到优化。

【民生工作】 2021年，安泽县全力稳就业保就业，深入推进“人人持证、技能社会”，培训各类技能人才5200余人，城镇新增就业1113人，转移农村劳动力就业1614人。安泽一中加入临汾一中教育集团，全县各学校全部成立家长学校，家校社协同育人机制不断深化，教育信息化能力提高，教育教学质量提升，普通高考达线率同比增长12.23%。开展“健康下乡”义诊活动，盘活城乡公共医疗资源，构造“30分钟急救圈”，免费实施婚前医学检查、产前筛查、农村妇女“两癌”检查等实事。开展全民健身运动，成功举办“万步有约”、农民趣味运动会等活动。做好城乡医疗、养老、工伤、兜底保障等工作，基本实现法定人员全覆盖和人人享有社会保障目标。

【疫情防控】 2021年，安泽县把疫情防控作为保障县域经济社会发展的第一防线，强化“外防输入、内防反弹”，全面压实“四方责任”，严格落实常态化疫情防控各项举措，实现“零感染”目标，完成疫苗接种14.6万余剂次，12周岁以上常住人口全程疫苗接种率排名全市第一。在全市首家组织开展全员核酸检测实战演练，配齐配强疫情防控物资储备，应急能力有效提升，为全县经济平稳健康发展提供坚强保障。

【经济技术开发区】 2021年，安泽县坚持把安泽经济技术开发区作为决胜县域高质量发展的第一战场，在做好“三化三制”“三个一批”“承诺制+标准地+全代办”等工作的基础上，实施了总投资46.88亿元的9项基础设施工程和总投资70.4亿元的9项产业类项目。截至2021年11月底，开发区主要经济指标在全省56家县管开发区中排名第26位。（尚晓玲）

【县领导班子】

中共安泽县委员会

书　记　廉海平（12月免）
副书记　杨玉果（女）
　　　　郭婷慧（女，3月免）
　　　　赖兴国（3月任）
常　委　连忠武（3月免）
　　　　任云智
　　　　张　建（3月任）
　　　　王向辉
　　　　张朝晖（3月免）
　　　　索海滨（11月免）
　　　　王秉军
　　　　伊　宁（女）
　　　　李　鹏
　　　　马德辉（3月任）
　　　　杨学斌（11月任）

安泽县人大常委会

主　任　魏书亮
副主任　张俊宏
　　　　崔斗庆（3月免）
　　　　苏国珍（3月免）
　　　　赵春亮
　　　　李软萍（4月任）

安泽县人民政府

县　长　杨玉果（女）
副县长　王向辉
　　　　伊　宁（女）
　　　　崔　军（3月免）
　　　　刘合生（3月免）
　　　　张　浩（4月任）
　　　　张　建（3月免）
　　　　刘　剑
　　　　赵　伟（4月任）
　　　　张国强
　　　　刘　宁（4月任）

政协安泽县委员会

主　席　高成锁（3月免）
　　　　连忠武（3月任）
副主席　宋晓琴（女，3月免）
　　　　党爱贞（女，3月免）
　　　　娄和玮　王朝峰
　　　　崔斗庆（3月任）

古　县

【概况】 古县地处山西省临汾市东北部，东与安泽县毗邻，南与浮山县交界，西南与尧都区为邻，西与洪洞县接壤，西北与霍州市相参，北与长治市沁源县相连。县域面积1206.38平方公里，县城距市府临汾55公里，距省会太原250公里。辖5个镇、1个乡、73个村、6个社区。总人口89202人，其中：城镇人口26782人，乡村人口62420人。

2021年，地区生产总值完成63.9亿元；固定资产投资完成19.6亿元，同比增长39.2%；社会消费品零售总额完成13.4亿元，同比增长22.4%；一般公共预算收入完成5.68亿元，同比增长16.32%；城乡居民人均可支配收入分别完成37629元、14237元，同比增长6.1%、8.3%。

【工业】 2021年，古县东瑞煤业有限公司60万吨矿井正式投产，金谷煤业有限公司增采11号煤层项目建设完工，盛隆泰达能源有限公司192万吨、宏源新能源有限公司216万吨焦化技改项目推进。鸿古防护科技有限公司防护手套项目主体成型，新源盛特种微纤维项目四期投产达效。培育“小升规”企业3家，全县规上工业企业达到29家。推动经济技术开发区建设，规划环评、文物保护、地质灾害、压覆矿产等区域评估获批，储备“熟地”129.65公顷、“标准地”33.23公顷，出让26.95公顷，建成标准化厂房0.6万平方米，220千伏变电站投入运营，园区供水、供气、排水、污水处理等基础设施工程完成前期工作，工业投资增速等指标位居全市工业园区前列，开发区集聚效应、平台作用凸显。

【三农】 2021年，古县推进巩固拓展脱贫攻坚成果同乡村振兴有效衔接，启动“标准地”三美两强五年行动，利用中央资金1348万元、整合涉农资金4256万元，实施各类项目100余个，带动2100余户脱贫群众稳定增收。完成高标准农田建设0.1万公顷、农机深耕0.33万公顷，建成省级有机旱作谷子基地366.67公顷，全年粮食播种面积1.67万公顷，总产量达6000万千克，同比增产45%。完成核桃综合管护提质增效0.23万公顷，新发展道地药材0.2万公顷、优质小杂粮0.23万公顷，新增中蜂养殖1100余箱，“核桃+中药材+中蜂”有机旱作、立体间作模式推广。经营性收入占农民收入的比重提高12.7个百分点，达到35.9%，农民生活更加富足。开展城乡环境卫生“百日综合整治”，启动国道341沿线生态环境治理，完成农村改厕1500座，五马岭垃圾处理场开工建设，城乡生活垃圾收运一体化运营良好，农村“六乱”得到有效整治，三合村、西庄村2个省级美丽乡村建设推进，农村人居环境改善。全县73个行政村集体经济收入全部突破5万元，其中53个村突破10万元，农村集体经济进一步壮大。

【服务业】 2021年，古县开展服务业提质增效“十大专项行动”，出台推进服务业发展扶持奖励办法，新纳入税控系统云平台加油站11家，成立煤炭独立贸易企业4家，新增“四上”企业20家，限上服务业企业达到38家，市场主体壮大。发放两期数字消费券，促进住餐批零领域扩大消费。举办第十四届“天下第一牡丹”文化旅游节，牡丹景区白鹿茵足球场、七彩滑道等设施投入使用，云顶小镇登山步道建设完成。全县接待游客50万人次，实现综合收入5.3亿元。服务业增速达7.4%，同比提高6.4个百分点。

【城市建设】 2021年，古县实施城市更新行动，改造金湾街、滨河步道等4.9公里，新建城市供水水源井1座、公共卫生间3座、人行桥和连接桥3座，开通5G基站33座，完成既有建筑节能改造9.8万平方米，实施老旧小区改造16个，拆除违章建筑1万平方米，临街建筑立面喷涂7万平方米，新增绿化面积3.5万平方米，城市绿化覆盖率达40.8%，城市基础设施和功能完善。开展停车归位整顿、马路市场取缔、广告标语规范、环境卫生治理，打造市容整洁、秩序井然、环境优美的城市新形象，通过全国文明城市实地测评。

【改革创新】 2021年，古县有效承接行政审批事项219项，推行“一窗受理、并联审批”工作机制，推出104个“一件事”集成办理事项，推进“领办、代办、一网通办”服务模式，优化审批流程、精简审批资料，办事时限平均压减25%，营商环境持续优化。新增各类市场主体490户，采取“双随机一公开”抽查122户，强化事中事后监管，市场主体运行更加规范。标准化、综合执法、统计管理等领域改革取得进展。出台促进投资、鼓励转型发展等一系列产业扶持政策，吸引投资竞争力得到提升。举办建县50周年招商引资推介签约会，引进废钢加工、防疫手套、聚苯乙烯、低碳煤化工中试基地等产业项目6个，签约总投资100余亿元。完成企业出清7家，申请破产3家，设立国有资本投资运营公司，整合组建6大县属国企，将集体企业纳入监管范围，促进国有资产保值增值、国有资本做优做强。落实减税降费政策，为企业减少税费1201.7万元，21家制造业中小微企业缓缴“五税两费”472.8万元。规范政府投资及工程项目管理，出台财政投资项目决算审计办法，实行财政资金绩效评价，资金使用效率提高。推进农村房屋建筑“四办法一标准”制度实施，加强农村自建房管理。完成农业生产托管0.1万公顷，农村集体产权制度改革全面完成并通过省级验收。统筹推进“五水综改”，实现城乡水务运营管理一体化，农村饮水安全得到保障。

【民生福祉】 2021年，古县优化义务教育学校布局，接受爱心企业捐赠校车6辆，13所农村小学268个孩子进入县城小学享受优质教育。高考二本以上达线171人，同比提高9.2个百分点。县人民医院救治能力提升项目和疾控中心建设项目主体完工，为医疗集团补充8名高素质医护人才，医疗服务水平提高。升级改造体育馆2处，城区学校等公共体育场馆面向社会开放，举办省级羽毛球、围棋赛事，开展全县干部职工运动会、“安康杯”篮球赛、“万步有约”健走激励大赛等活动，全民健身氛围更加浓厚。开展文化惠民，编纂出版《古县文化丛书》。《千年白牡丹》原创广场舞荣获全市一等奖、全省二等奖，入选全国广场舞展演。实施“文明守望”工程，完成4处文物遗址认领，太岳区第一军分区贾寨旧址、县烈士陵园入选首批省级红色文化遗址名录。实施“人人持证、技能社会”全民技能提升工程，开展培训6975人，从业人员持证率50.4%；发放创业贷款1065万元，带动创业就业357人；新增城镇各类就业1430人，转移农村劳动力1962人。城乡居民基本医疗保险参保率98%，全年发放低保、困难残疾人、特困人员生活补助1450余万元。张庄社区养老服务中心改建完成，县殡仪馆开工建设，社会保障更加完善。

古县面对有气象记录以来最强秋汛，转移安置受灾群众672户1780人，下达各类救灾资金1200余万元，抢收秋粮1.6万公顷，抢播小麦0.07万公顷，抢修道路22.5公里，340户因灾受损农房重建修缮全部完成。玉和泰煤业有限公司、正泰煤气化有限公司、利达焦化有限公司等企业和干部群众捐款429.2万元，支持灾后重建。

【生态环境】 2021年，古县突出工业企业精细化管控，开展洗煤行业专项整治，加强焦化企业监管，落实应急减排措施，有效降低工业污染物排放。狠抓重点项目施工工地扬尘治理，完成“煤改电”改造3.6万平方米，淘汰国三及以下营运类柴油货车63辆，县域环境空气综合指数4.84，同比下降10.9%，大气环境质量有效提升。完成城镇街道雨污分流改造7.2公里，旧县等3个建制镇生活污水处理项目开工建设，洪安涧河县城至五马段综合治理工程基本完工，出境断面水质稳定达到地表水Ⅳ类标准。完成造林、抚育0.15万公顷，四旁植树85万株，实施20座矿山修复治理和0.2万公顷水土保持治理。

【安全稳定】 2021年，古县坚持“外防输入、内防反弹”，压实“四方”责任，高质量开展核酸检测、流调溯源实战演练；12周岁以上全程疫苗接种率达96.5%；严格执行“三查一报”“五包一”等制度，全年集中隔离管控86人，居家隔离医学观察332人，应对30余起疫情输入冲击，筑牢疫情防控“古县阵地”。开展安全生产专项整治三年行动，紧盯煤矿、非煤矿山等重点领域和关键环节，开展风险隐患大排查大整治。严厉打击非法盗采国家矿产资源行为，爆破5处老旧巷道、封堵9处废弃矿口。修订完成《古县突发事件应急预案》和8个专项预案，开展消防救援、护林防火等实战演练，应急救援能力有效提升。常态化推进扫黑除恶专项斗争，严厉打击各类犯罪活动，破获电信诈骗案64起，挽回群众损失百余万元。加大矛盾纠纷调处力度，成立全省首家县级人民调解协会，化解信访积案10余起。县农业综合行政执法队被评为全国执法示范窗口，岳阳镇被评为全国普法工作先进单位，龙岗社区被命名为“全国第八届法治示范社区”，平安古县建设持续深化。（蔺燕艳）

【县领导班子】

中共古县委员会

书　记　庞明明

副书记　赵晨伟　贾晓文

常　委　魏　波（3月任）

赵贤慧

崔　艳（女，3月任）

李　晶（女）

郭砚宾（3月任）

张亚丁

邹　亮（1月任）

周美蓉（女，3月任）

古县人大常委会

主　任　阴和平（4月任）

副主任　李　秀（女）

韩红霞（女）

柴保林

杜　琦（女，4月任）

古县人民政府

县　长　赵晨伟

副县长　李　晶（女）

杨晋栋　史　澎

周　兴

李军伟（4月任）

李　凡（4月任）

政协古县委员会

主　席　李荣强（4月任）

副主席　阴锁云

张秋香（女）

秦秀丽（女，4月任）

邢　丽（女，4月任）

大宁县

【概况】 大宁县地处临汾市西部，吕梁山南麓，黄河东岸，东与隰县、蒲县为邻，北与永和接壤，南同吉县毗连，西与陕西省延长县隔黄河相望。2021年，辖2个镇、4个乡（3月，徐家垛乡、太古乡合并为太古镇，从此全县共辖3镇2乡）、60个村委会、3个社区。总面积967平方公里。常住人口为52166人。其中，男性人口为28158人，占53.98%；女性人口为24008人，占46.02%。

2021年，地区生产总值完成14.66亿元，同比增长9.9%，社会消费品零售总额完成6.5亿元，同比增长19.3%，一般公共预算收入完成1.14亿元，同比增长66.4%，规模以上工业增加值同比增长46.9%。

【乡村振兴】 2021年，大宁县严格落实“四个不摘”（不摘责任、不摘帮扶、不摘政策、不摘监管）要求，统筹整合资金2.23亿元，匹配项目128个，调整优化政策措施80项，持续巩固拓展脱贫成果。聚焦农业产业提质增效，新建“宁脆”苹果标准化示范基地138.27公顷，布局高粱、谷子等特色种植0.55万公顷，新建花卉温室大棚1.83万平方米。打造美丽宜居乡村，制定“一纵一横”发展规划，启动6个村美丽乡村建设，实施自然村通硬化路21.43公里、果园产业路54.6公里，消除农村交通安全隐患627处，清理垃圾8352吨，农村环境明显改善。

【工业经济】 2021年，大宁县围绕产业集群发展，开展精准招商，旭臻科技、洋名光电、华祥箱包先后落地投产，产业集聚效应逐渐显现。狠抓重点企业发展，中石油煤层气持续加大投资，新增致密气井25口，年产气量达6.84亿立方米；鸿晋公司上半年高位运行，拉动了县域经济发展；宁扬能源保供能力全面加强，远景能源100兆瓦风电项目顺利获批，昕宗酒业实现“小升规”，工业经济实力壮大，二产占比较去年提升10.4个百分点。

【营商环境】 2021年，大宁县深化“放管服”改革，累计划转审批事项253项，优化审批服务65项，更新可承诺事项模板12项，实现流程再造、环节再减。推进“全代办”改革，领办、代办、专办项目35件，行政审批效率、服务能力有效提升。全面推进“一网通办”，拓展网办深度，政务服务事项网上可办率达100%，全程网办率达99.9%。完成新政务服务大厅改造搬迁工作，进驻窗口单位13个，设立办事窗口41个，纳入审批事项450项，真正实现企业群众办事“只进一扇门”。

【生态环境】 2021年，大宁县推进污染防治攻坚战，重点抓好“降尘”“减煤”“控源”等工作，全县空气质量综合指数、优良天数均排名全市第一；严格落实河长制，持续推进排污口整治，完成雨污分流改造6.5公里，昕水河黑城村国考断面水质稳定在Ⅲ类水质标准；狠抓农业面源污染防治，统筹推进工业污染源、医疗废物等监督管理，建设规模养殖场粪污处理设施9个，土壤环境持续稳定。

【民生事业】 2021年，大宁县均衡发展公共服务，启动大宁一中新校区建设，提高专任教师奖励性绩效工资标准，完成新医院二次深化改造，新建社区养老服务中心2个。深入推进“人人持证、技能社会”建设，累计培训6521人，新增就业1299人。开展县城更新行动，编制县城空间战略研究和城市设计，谋划确定重点城建项目16个，全力抓好县城集中供暖改造，统筹推进供气、供水能力提升，群众获得感、满意度不断增强。

【社会治理】 2021年，大宁县开展全领域、全覆盖、全方位安全隐患排查整治，组织联合应急演练19次，开展专项检查活动8次，排查整改一般安全隐患2534条，全县安全生产形势稳定。深化平安大宁建设，累计办理信访事项228批233人次，办结率达98.25%；严厉打击违法犯罪，破获刑事案件79起，破案率达72%。深入推进常态化疫情防控，严格排查管理到宁返宁人员，突出抓好冷链物流、重点场所管控，全年未发生本土疫情。

【灾后重建】 2021年，大宁县面对有气象记录以来最强秋汛，果断行动、精准施策，严格落实“关停撤避”措施，妥善安置撤离群众，全县未发生因灾亡人事故。严峻灾情形势下，迅速成立工作专班，倒排工期推进灾后恢复重建，群众生产生活秩序迅速恢复；累计发放高粱、玉米烘干补贴238万元，带动农民增收2200余万元；285户农房受损户12月18日前全部入住新屋，提前完成省定任务。

【林武在大宁县调研】 2021年11月22日，中共山西省委书记、省人大常委会主任林武深入大宁县，就落实黄河流域生态保护和高质量发展战略进行调研。在大宁盛世兰花生物科技公司，林武听取了公司关于10万平方米温室花卉种植项目介绍，了解带动农户增收致富情况。林武强调，沿黄县域要因地施策促进特色生态产业发展，为黄河流域增绿添彩，为乡村振兴做出贡献。 （李宏伟）

【县领导班子】

中共大宁县委员会

书　记　王金龙（3月免）
　　　　王晓斌（3月任）
副书记　樊　宇
　　　　王志华（3月任）
　　　　李　波（11月免挂职）
常　委　武艳娟（3月免）
　　　　贺晓东
　　　　任鹏伟（3月免）
　　　　张振荣（3月免）
　　　　刘开元　许华伟
　　　　王　婧（3月任）
　　　　梁利国（3月任）
　　　　宗燕军（3月任）

大宁县人大常委会

主　任　张新平

副主任　李太平
房隰平（10月免）
冯曹宁　王建平
高广旭（3月任）

大宁县人民政府
县　长　樊　宇
副县长　许华伟
葛　毅（3月免）
樊霍平（12月免）
张　浩（3月免）
乔　前
李　栋（3月任）
赵　伟（3月免）
张鹏华（3月任）
王　宁（3月任）
冯华平（3月任）
张治国（11月任，挂职）

政协大宁县委员会
主　席　杨对明
副主席　任福平　冯永生
张鹏华（3月免）
任秀红（3月任）

汾西县

【概况】　汾西县位于临汾市北部，总面积880平方公里，下辖5镇、2乡、86个行政村。常住人口10.46万人。

2021年，地区生产总值完成28.08亿元，增长6.6%。其中，第一产业增加值4.59亿元，第二产业增加值7.44亿元，第三产业增加值16.05亿元，三次产业结构为16：27：57。固定资产投资完成8.15亿元，增长14.1%；社会消费品零售总额18.05亿元，增长22.8%；规模以上工业增加值完成7.18亿元，增长10.1%；一般公共预算收入完成1.1亿元，增长2.58%；城镇居民人均可支配收入达32271元，增长6.3%；农村居民人均可支配收入7265元，增长21.5%。

【农业产业】　2021年，汾西县依托新希望六和食品有限公司，打造集肉鸡孵化、养殖、加工、饲料制造、销售为一体的特色产业发展基地，间接带动1万余人务工增收；投资0.08亿元，实施完成生猪养殖项目；光伏电站扶贫收益惠及7316户，发放资金0.39亿元；实施核桃经济林提质增效0.17万公顷；集中连片发展玉露香梨0.11万公顷，挂果面积333.33公顷；新增药茶种植面积73.33公顷；扶持发展“一村一品一主体”产业项目92个，带动3733户10889人增收；新增特色农业产业公司9家，开展农业生产托管0.2万公顷，实施农作物秸秆综合利用0.84万公顷，收集秸秆3.15万吨。

【产业建设】　2021年，汾西县统筹抓好传统产业、新兴产业，投资2.86亿元，实施完成盛源矿业年产8万吨铁矿生产项目和年产1.86万吨熟食调理品加工项目；投资0.6亿元，启动实施北井坊酒业年产2000吨百酒生产项目；山西东泰金媒业矿井建设项目和工业废弃物综合处置及资源化利用项目前期工作有序进行；投资7亿元的天惠江风40兆瓦风力发电、协鑫智慧40兆瓦风力发电新能源项目加速实施。

【城乡建设】　2021年，汾西县投资0.16万元，实施完成海棠公园、人和巷食品安全示范街项目建设。投资5.4 亿元，启动实施申家庄水库，申家庄水库联接段城市供水建设，县城周边污水治理（二期），县城老旧管网改造，汾西大道、新中学、新医院绿化项目；投资3.05亿元的马沟村城中村改造、第二热源厂、汾西新医院10千伏配电工程有序推进；新建扩容5G基站52个，主城区实现5G信号全覆盖。农村人居环境明显改善，投资0.37亿元，实施完成什佃线公路改造、10千伏佃坪线改造项目；投资1.8亿元的要家庄—郝家沟、店头—申家庄公路建设项目；支持5G、物联网等新基建向农村覆盖延伸，新建农村地区4G扶贫站13个；投入0.1亿元，整治交通沿线环境卫生219公里，消除交通隐患149处，清理各类垃圾3500吨；投资0.03亿元，完成和平镇、团柏乡农村改厕1500户。

【环境建设】　2021年，汾西县开展大气污染防治工作、推动工业企业治理水平提升。深度治理工业企业22家，实施清洁取暖改造341户，严格散煤燃烧，发放洁净煤补助6105户，全年空气质量综合指数、PM2.5年均浓度同比分别下降12.7%、15.4%，空气质量持续改善。推行“河长制”“林长制”，加大水污染防治和土壤污染防治力度，投资372万元，完成团柏河、对竹河、佃坪河、郡阳涧河、轰轰涧河5条河169.5公里主河道确权定界工作；对团柏河、对竹河等河道“四乱”行为、倾到垃圾和私自围垦等现象进行综合清理整治；完成三北工程退化林修复66.67公顷，重点区域生态保护和修复233.33公顷；完成7座露天矿山生态环境治理修复14.73公顷；投资5亿元的盛源矿山生态环境治理项目有序推进。

【机构改革】 2021年，汾西县推进事业单位改革，保留62家，精简机构105家，精简率63%。对乡镇行政区划进行优化调整设置，邢家要乡整建制并入和平镇。调整后，全县共设置5镇2乡，7个乡镇均按照“五办、一站、两个心”设置，全部挂牌运行，乡镇党政领导班子均配备到位。国资国企改革完成，制定《汾西县国企改革行动方案（2021—2022年）》，15个县属国企完成公司制改革，改革完成率100%，改革成效进入全市国企改革第一方阵；20户国企退休人员252人全部移交接收；6个县属“僵尸”国企，注销4户。

【文化旅游】 2021年，汾西县投资0.68亿元，实施完成勍香旅游区基础设施建设和佃坪—姑射山旅游公路建设项目；投资0.08亿元，启动实施师家沟古建筑群保护修缮三期、李安庄观音阁保护修缮、真武祠保养、窑洞文化景区石牌楼广场及影壁工程、刘家庄红色教育基地雕塑工程等5个项目；举办“五一回家师家沟·欢欢喜喜悦生活”展演活动13场，“旅千年古邑·品绿垣美食”等文旅活动10场，“永远跟党走”等文艺会演30场，红色文化参观活动60场，接待游客达3.7万人；实施文化惠民工程，组织乡村文艺演出2197场，送戏下乡74场，送文化活动20场；举办电商直播活动10余场，直播网销突破200万元；完成“顺丰绿穗”“汾晋红”“沟坎地”等公共服务商标注册；举办电商培训5场次，带动就业500余人；优化整合2条电商物流专线，覆盖80个村镇。

【民生事业】 2021年，汾西县推进教育事业，改善基础设施条件。完成5所普惠性民办幼儿园认定工作，学前教育普惠覆盖率达83.8%；优化义务教育学校布局，完成3所中学、2所小学的撤并工作；投入0.26亿元，完成20所中小学校维修改造，城乡学校教学设施全面提升；发放各学段资助资金384.25万元，大学生助学贷款0.27亿元；投资2.9亿元的汾西中学投入使用。医疗卫生一体化改革进一步深化，完成政府办医责任清单、行业监管责任清单、医疗集团运行管理清单“三个清单”的管理；取消县城所有医疗卫生机构行政级别、领导责数；下放医保资金和公共卫生资金支配权限，由县医疗集团统筹分配；建立慢性病县乡村三级管理模式；全县建档立卡脱贫户和监测对象全部实现健康扶贫“双签约”；投资3.2亿元的新医院PPP建设项目竣工。实施全民参保计划工作，基本养老保险参保8.3万人，基本医疗保险参保12.4万人；发放城市、农村低保补贴资金0.29亿元、特困供养资金622万元、老龄补贴34万元；落实国家阶段性减免社保费政策，减免返还补贴资金672万元；城镇新增就业1800余人，城镇登记失业率控制在4.5%以内。

【脱贫成果巩固及乡村建设】 2021年，汾西县建立防止返贫动态监测和帮扶机制，对1016户2641人监测对象动态监测、跟踪帮扶，守牢不发生规模性返贫底线；统筹整合财政涉农资金1.82亿元，实施8大类79个扶贫项目，实现资金投入只增不减；投资1.29亿元，落实教育、医疗、生态、社会扶贫等惠民政策。制定《改善人居环境建设美丽乡村实施方案》，推动14个乡村振兴示范村建设，编制完成“多规合一”村庄规划9个；完成北掌水库灌区建设项目设计工作；投资2.07亿元，启动实施乡村振兴综合建设项目和高标准农田建设项目；投资0.6亿元，启动实施建制镇生活污水处理设施建设项目。

【安全稳定】 2021年，汾西县开展安全生产专项整治三年行动，在全市率先部署液化石油气钢瓶置换清收行动，推进农用三轮车违法载人专项整治，科学处置液氨泄漏事件，全县安全生产形势总体平稳。坚持“外防输入、内防反弹”，狠抓常态化疫情防控，推进疫苗接种，强化应急演练，提升应对能力。积极引导群众从“信访”向“信法”转变，为群众免费提供法律咨询便民服务1639件、免费法律援助49件。严厉打击各类违法犯罪行为，止付冻结电信网络诈骗资金790余万元，已结案返还59.6万元。破获26年命案积案1起，县公安局刑警大队荣获公安部集体一等功荣誉。推进普法依法治理，深入开展普法宣传工作，成功创建“全省法治宣传教育示范县”。

【雨情灾情】 2021年9月3日至10月7日，汾西县境内普降大到暴雨，累计降雨量达519.1毫米。全县受灾总人口5.7万人，占常住人口的54.49%；累计转移安置群众17736人次，设立临时避险点66处，集中安置转移群众3359人。房屋受损3175户，其中修缮2711户，重建464户，已全部入住；农作物受灾面积0.84万公顷，秋粮减产1868吨，减产4%（全年减产1.32%）；受损道路135公里23.5万平方米；供水工程受损47处；受损电力线路8公里，受损输变电设备8台，受损通信线路133公里，受损通讯基站165个；关停非煤矿山6座、工业企业5家，其他已全部恢复生产；因汛情新增地质灾害点43处（原有64处）。（赵鸿虎）

【县领导班子】

中共汾西县委员会

书　记　任天顺（3月免）
　　　　张安文（3月任）
副书记　张安文（3月免）
　　　　霍俊波（3月任）
　　　　尹明星（3月免）
　　　　王　瑞（女，3月任）
　　　　张克军（7月免，挂职）
常　委　赵志红
　　　　武耀忠（3月免）
　　　　王志刚（3月免）
　　　　李国锋
　　　　郭砚宾（3月免）
　　　　曹启仁（1月免）
　　　　席　明（3月任）
　　　　陈　伟（3月任）
　　　　任尚锋（墩苗，3月任）
　　　　朱　锋（1月任）
　　　　王文娟（女，墩苗，3月任）
　　　　陈文挺（3月任）

汾西县人大常委会

主　任　贾文魁
副主任　苏　涛（4月任）
　　　　柴武贵（4月任）
　　　　范宏艺（4月任）
　　　　乔旭兵（4月免）
　　　　张双花（女，4月免）
　　　　薛荣华（4月免）
　　　　郭　大（4月免）

汾西县人民政府

县　长　张安文（3月免）
　　　　霍俊波（3月任）
副县长　赵志红
　　　　王文娟（女，墩苗，3月任）
　　　　杜浩强（8月免）
　　　　葛晋浩（3月免）
　　　　王红林
　　　　刘元建（女，4月任）
　　　　郭　凯　王锁平
　　　　贺国琪（挂职，8月任）
　　　　郑相如（4月任）

政协汾西县委员会

主　席　乔建平
副主席　仇泰岭（4月任）
　　　　张双花（女，4月任）
　　　　王安定（4月任）
　　　　侯建忠（4月免）
　　　　鱼晶明（4月免）

蒲　县

【概况】　蒲县位于山西省西南部，总面积1510.61平方公里。辖5镇3乡、67个村民委员会、516个自然村、1个社区居民委员会、4个居民社区。全县总人口94342人。

2021年，地区生产总值131亿元，同比增长8.9%；固定资产投资完成24.3亿元，同比增长13.7%；社会消费品零售总额10.7亿元，同比增长22.5%；财政总收入33.2亿元，同比增长15.6%；一般公共预算收入完成12.9亿元，同比增长9.9%；城镇居民人均可支配收入33942元，同比增长8.4%；农村居民人均可支配收入12769元，同比增长11.9%；全县居民人均可支配收入22103元，同比增长10.2%。

【特色农业】　2021年，蒲县农作物种植面积16448.3公顷。其中，粮食种植面积15041.5公顷，同比增长1.57%；油料种植面积340.6公顷；蔬菜及食用菌种植面积553.8公顷。在粮食种植面积中，玉米种植面积11268.4公顷，同比下降2.73%。烟叶种植面积224.7公顷。粮食产量连续两年保持8万吨以上，全年粮食总产量80139.11吨，同比下降1.3%。其中，夏粮产量178.35吨；秋粮产量79960.76吨，同比下降1.53%。

蒲县完成造林666.67公顷，其中经济林面积299.33公顷。

2021年，蒲县被确定为第三批全国农村集体产权制度改革试点典型、全国农民合作社质量提升整县推进试点单位。

【电力能源】　2021年，蒲县全县规模以上原煤产量1769.86万吨，同比增长16.3%；全县一次能源生产折标准煤1264.21万吨，同比增长16.31%。

全县用电量呈现低速平稳增长态势，全社会用电量106741.3万千瓦时，占全市用电量比重为4.3%，同比增加7255.2万千瓦时，同比增长7.3%；城乡居民生活用电量5500.2万千瓦时，占全社会用电量5.2%，同比增加630.4万千瓦时，同比增长12.9%。

【工业转型】　2021年，蒲县申报省级经济技术开发区。对年产能120万吨以上的矿井全覆盖推进智能化改造，加大洗煤、建材等行业节能降耗技术改造，龙祥干法水泥年内投产，打造加工制造、数控阀门两个产业链条、两大产业集群；中兴铸业15万吨铸造项目具备生产条件，加快环球铸造和华玉阀门产业链等项目开工建设、投产达效。全县规模以上工业企业56家。全年全县规模以上工业增加值同比增长10.2%。其中，采矿业同比增长10.2%；制造业同比增长16.5%；电力、热力、燃气及水生产和供应业同比下降90.3%。

规模以上工业企业每百元营业收入中的成本为66.5元，营业收入利润率为18.7%；年末资产负债率为72.6%，比上年末下降3.2个百分点。

【城乡建设】 2021年，蒲县打造高质量发展样板县城。推动城区主动脉、十字街商圈等微更新，高质量完成运销公司家属楼、国税局家属楼等8个老旧小区改造，启动实施蒲伊北街、蒲伊东街、民政路东片区改造，开工建设锦绣前程、金泽佳苑等4个小区；推动公共服务设施升级迭代，新建3个停车场，改造城区巷道，加快蒲伊南街拓宽拆迁，完成昌平大街综合管廊建设。

【财政金融】 2021年，蒲县一般公共预算收入完成12.9亿元，同比增长9.9%；其中，税收收入8.1亿元，同比增长19.4%。全县一般公共预算支出19.4亿元，同比增长1.7%。其中，一般公共服务支出2.5亿元，同比增长2.3%；教育支出2.4亿元，同比增长12%；社会保障和就业支出3.2亿元，同比增长13.9%；农林水支出3亿元，同比下降11.8%；城乡社区支出1.8亿元，同比下降20.9%。

2021年，蒲县全年金融机构各项存款余额71.31亿元，比年初增加5.97亿元。其中，个人存款余额49.64亿元，比年初增加4.27亿元；单位存款余额20.89亿元，比年初增加1.67亿元。

全年金融机构各项贷款余额39.55亿元，比年初增加7.81亿元。其中，短期贷款余额16.78亿元，比年初减少1.44亿元；中长期贷款余额17.67亿元，比年初增加8.2亿元。

【环境保护】 2021年，蒲县城区河道治理二期完工，振兴路、岩背后、河西村3个片区雨污管网完成改造，县城雨污分流实现“能改尽改”，建成略东、黎掌2座污水处理站，昕水河出境断面水质稳定达标。成功创建“绿水青山就是金山银山”实践创新基地。省级示范项目农村垃圾收转运系统投入运行，山中村荣获“全国乡村治理示范村”称号。

蒲县全年空气质量好于二级以上天数326天，同比减少22天。地表水达到Ⅲ类水体的比例为100%。县区PM2.5浓度均值为24微克/立方米，同比下降11.1%。年末全县县城污水处理率94.2%，同比提高了1.5个百分点；县城生活垃圾处理22680.6吨，无害化处理率达到100%；全县集中供热普及率98.2%，提高了0.2个百分点。

【教育科技】 2021年，蒲县普通高中招生549人，在校生1549人，毕业生499人。初中招生784人，在校生2334人，毕业生1105人。普通小学招生928人，在校生6550人，毕业生1217人。特殊教育招生12人，在校生91人，毕业生3人。在园幼儿数2546人。推进振兴教育三年行动，新建昕水幼儿园、异地改建职业中学投用，高考二本达线突破300人、达线率50%，教育质量稳居全市前列。

2021年，蒲县入选2021——2025年度第一批全国科普示范县。全年2个申请专利奖项，奖补1000元。全县共申请办理注册商标46个，申请专利6个，推进知识产权的创造和运用。

2021年，全县1个有气象台（站），14个区域站。气象系统开展人工影响天气业务的单位1个，防雹、增雨作业共开展28次，受益覆盖面积693.74平方公里。卫星云图接收站2个。

全县有国家级防震减灾示范学校1个，省级防震减灾示范学校3个，市级防震减灾示范学校2个；防震减灾科普教育基地1个，监测中心和应急指挥厅1个；专业综合地震台站1个，数字测震子台1个，前兆台站1个，预警台站11个。

【文化卫生】 2021年，蒲县有文化馆1个，艺术表演团体1个，广播电视台1座，广播人口覆盖率99.46%，电视人口覆盖率99.82%。全县共有公共图书馆1个、档案馆1个。文化下乡进村入户，开展春节送温暖系列活动，参与人数1000余人，送春联8000余副，惠及群众5万余人；文化馆、美术馆、蒲剧团开设线上艺术培训课程26期，线上艺术展览、优秀作品、传统剧目展演17期；线上线下送戏下乡216场，文化惠民活动112场次，基层公共文化阵地利用率99%。开展线下公益培训进校园活动，利用小学社团时间，开设二胡、笛子、口才等艺术培训，培训学员1000余人次；规范提升黄河人家1家，打造“回家”服务品牌单位3家，推出一批精品旅游线路；市级爱国主义教育基地——蒲县段云书艺馆，共接待18个单位2000余人次；举办第六届东岳文化旅游节，蒲县观光旅游游客10.1万余人次，同比增长40.3%，旅游收入1800余万元；创作歌曲《蒲县，心灵休憩的家园》，被“学习强国”学习平台App推送，获得2021年山西省群众文艺作品三等奖；新编蒲剧《绿染蒲子山》在临汾剧院展演，微视频《乡村唱出幸福曲》被中宣部评为“优秀理论宣讲微视频”；《心灵圣境·厚德蒲县》短视频被新华社选用，点击率超过100万次。冯玉堂荣获第八届全国道德模范诚实守信提名奖，王振生荣获中宣部、公安部“最美基层民警”提名奖。

蒲县加强疫情防控，开展实战演练5次，常住人口疫苗接种率89%。国家慢性病综合防控示范区通过复审，全县有医疗卫生计生机构146个、乡镇卫生院9所、乡镇卫生院分院6所、乡镇卫计办9所、村级卫生室91所、民营和社会办医疗机构25所。全县医疗卫生系统床位设置共有550张，共有专业技术人员715人。高级职称46人，中级职称151人，初级职称518人。

蒲县体育场地数量共297个，其中田径场地32个、足球场地15个、篮球场地68个、排球场地2个、乒乓球场地33个、羽毛球场地8个、游泳馆1个、健身步道13条、全民健身路径93条、其他体育场地32个，人均体育场地面积2.01平方米。新建昕水河湿地公园及5公里塑胶健身步道。体育公园建成5个（街心公园、法治公园、翠屏山公园、平安公园、昕水河湿地公园），蒲县健康主题公园建成投入使用。全民健身广场110个，实现农民体育健身工程全覆盖。

【昌平大街综合管廊建设】 蒲县昌平大街综合管廊及配套设施建设工程，2020年9月开工建设，项目总投资1.93亿元，采取PPP项目模式建设。整个工程包括综合管廊、道路及配套设施工程，热力、给水及强弱电管线全部接入管廊，道路实行雨污分流。2021年6月竣工投入使用。实现贯通全县主干道综合管廊，有效解决网密集、管线事故频发等问题，保障城市安全，完善城市功能，美化城市景观，促进城市集约高效和转型发展。

【城区段河道生态治理】 2021年4月开工，项目总投资2600余万元，治理长度1078米。在原有河道淤泥彻底清理的基础上，采用防渗毯+预制混凝土工艺，对河道底板进行处理；侧墙全部植筋预制混凝土；设置潜坝7道（北川河3道，昕水河4道），对原有橡胶坝进行更换，蓄水高度由4米调整为2米，在确保安全的前提下河道常年蓄水，形成水面。城区段河道修复治理工程，2021年12月竣工。改善城区河道环境，实现城区河道正常蓄水，有效提高河道行洪能力，保障县城居民的生命财产安全，提升了河道两岸的绿化、亮化，把城区河道打造成为一道亮丽风景线。

【社会保障】 2021年，蒲县推进“人人持证、技能社会”建设，培训颁证8103人，新增城镇就业1760人，转移农村劳动力1638人，成功举办第四届“蒲伊杯”“柳编+草编”创业技能大赛。蒲县企业养老保险参保20285人，企业养老保险新增参保1496人，办理退休人员115人，企业养老保险发放养老金10842万元；机关事业养老保险参保4589人，机关事业养老保险发放养老金13697万元；城乡居民养老保险参保55792人，城乡居民养老保险发放养老金2340.9万元；城乡居民参加医疗保险84465人，城乡居民医疗基金支付医疗费用5557.6万元；参加职工医疗保险18864人，支付医疗费用2623.06万元；失业保险参保9261人，发放失业保险金266万元、失业补助金

2021年6月，蒲县昌平大街综合管廊及配套设施建设工程竣工

（蒲县党史方志研究室供图）

283万元、培训补贴17万元、求职创业补贴13.5万元、职业技能鉴定补贴2.7万元、取暖补贴37.7万元；工伤保险参保35840人，社会保障卡累计发放75631张。

蒲县全年纳入城市最低生活保障的居民2090人，发放城镇低保资金1110.5万元，同比减少218.37万元；纳入农村最低生活保障的居民2935万人，发放农村低保资金1220.3万元，同比减少74.6万元。

【东关小学建设项目】 蒲县东关小学建设项目，2019年8月开工建设，总投资1.38亿元，占地3.33万平方米，规划为6规制，36个班，可容纳1620名学生，工程建设3栋教学楼、1栋实验楼、1栋多功能教室、1栋报告厅、1栋综合楼、1栋后勤楼等，2021年11月竣工投入使用。东关小学是蒲县标准最高、设施最全的新建学校。

【《蒲县电力工业志》出版发行】 《蒲县电力工业志》主编宜金宝，2013年4月启动编纂，2021年8月出版发行。上限1956年，下限2015年，全书共60余万字。《蒲县电力工业志》全面记述了蒲县电力系统各企业安全生产、科学经营、优质服务、文化建设等电力工业发展60年工作里程，展现了蒲县电力人爱岗敬业、无私奉献的精神风貌，是蒲县电力工业有史以来首部较为系统完整的志书，也是记载蒲县电力工业发展历史和现状的资料性文献。（曹立华）

【县领导班子】

中共蒲县委员会

书　记　薛凤奎

副书记　杨晓舟

陈东楷（3月免）

任伟民（3月任）

卫　靖（女）

常　委　薛凤奎　杨晓舟

陈东楷（3月免）

任伟民（3月任）

卫　靖（女）

刘俊绒（女）

邱　波　席江红

李　峰　杨　洋

杨胜民（1月任）

蒲县人大常委会

主　任　宋蒲刚

副主任　刘向平　窦建林

亢鹏飞

蒲县人民政府

县　长　杨晓舟

副县长　邱　波

董　斌（3月免）

张金龙（4月免）

范维胜

席俊峰（3月任）

刘俊明

刘亚敬（8月免）

李俊丽（女，4月任）

李中暄（12月任）

政协蒲县委员会

主　席　张　鹏

副主席　贺振英　乔福顺

冯宥铨（4月任）

张　敏（女，4月任）

乡宁县

【概况】 乡宁县位于黄河中游，吕梁山南端，山西省西南，临汾市西部。东与尧都区、襄汾县接壤，西枕黄河与陕西韩城市、宜川市相望；南与河津市、稷山县、新绛县三县为界，北与吉县毗邻。总面积2029平方公里，辖10个乡镇、130个村委会、7个城市社区、1113个自然村。2021年总人口246095人。

2021年，地区生产总值完成193.23亿元，比上年增长8.7%。其中，第一产业增加值60668万元，增长8.4%；第二产业增加值1516698万元，增长8.4%；第三产业增加值354922万元，增长9.6%。第三产业中，金融业增加值43359万元，增长4%；批发和零售业增加值37189万元，增长8.5%；一般公共预算收入完成23.6亿元，居全市第一，增长36.6%；规模以上工业增加值居全市第一，增长10.5%；固定资产投资增长14.5%；社会消费品零售总额增长18.9%；城乡居民人均可支配收入分别增长8.2%、11.1%。

【经济工作】 2021年，乡宁县地区生产总值超过国家和全省平均水平；主要经济指标均创历史新高，为全市经济运行做出“特别贡献”，连续六个月受到临汾市委、市政府通报表扬。当年实施重点项目43项，完成投资44.05亿元。争取王家岭煤矿所得税7000余万元、霍煤谭坪煤矿资源价款5100万元，年新增财力1.2亿元。截至年底，荣获国家级荣誉9项、省级荣誉20余项，党史教育、乡村振兴、基层治理、营商环境、安全生产等多项工作走在全省前列。

【农业】 2021年，乡宁县全县农作物总播种面积2.61公顷，比上年增长1.27%。其中，粮食种植面积2.26亿公顷，增长0.24%；油料种植面积0.18亿公顷，下降2.91%。在粮食种植面积中，玉米种植面积1.11亿公顷，增长7.22%；小麦种植面积0.64亿公顷，增长2.67%。全年粮食总产8.03万吨，比上年减产0.58%。其中，夏粮2.47万吨，增产2.9%；秋粮5.55万吨，增产2.05%。

【工业】 2021年，乡宁县规模以上工业增加值比上年增长10.5%。其中，集体企业增长6.5%；股份制企业增长11.7%；国有控股企业增长16.5%。全县原煤产量1760.86万吨，比上年增长4.06%；洗精煤产量812.27万吨，比上年增长17.72%。全县规模以上工业企业营业收入221.63亿元，比上年增长48.4%。其中股份制企业209.23亿元，增长45.8%；国有控股企业168.75亿元，增长79.4%。规模以上工业实现税金总额33.47亿元，比上年增长80.6%；实现利润总额85.8亿元，比上年增长157.2%；亏损企业亏损额1.32亿元，比上年下降29.4%。全县规模以上工业企业41个，其中，煤矿14个，洗煤企业22个，制造业4个，电力、热力生产和供应业1个。

【文化、体育和卫生】 2021年，乡宁县有文化馆1个、公共图书馆1个、广播电视台1座、县级文化广场9个、篮球场185个、足球场7个，村级文化活动室。行政村图书室覆盖率100%。全县有线电视用户3.4万余户，数字电视用户1.93万余户，双向电视用户7500户，覆盖率达到99.02%以上。文学艺术创作方面，共创作代表性作品70余件。5月，在第十届全国农民摄影大展中，齐文辉作品入展1张，乡宁摄影人在全国农民摄影展中第九次获奖；在山西草原风光摄影大赛中，乡宁摄协4人多幅作品获奖；7月，在山西农信杯《乡村振兴·心系百姓·我心向党摄影展》中，乡宁1人摄影作品入展获奖。年末全县共有卫生机构（含诊所、卫生院等）261个。村级卫生室180个。全县卫生机构共有床位1338张，卫生技术人员906人。

【产业发展】 2021年，乡宁县坚持以“转机”谋“转型”，产业发展取得新突破。能源产业上，元甲煤业实现联合试运转，富康源基建进行设备安装。王家岭东翼工业场地、惠源120万吨矿井等重大项目加快建设。谭坪煤电采矿许可证成功办理。全年生产原煤2330万吨，先进产能占比达87.8%。中电投二期和恒华风电建成并网，延川南煤层气持续增产，华润、大唐等新能源领军企业陆续进驻，能源结构不断优化。现代农业上，加快打造4条产业带，建设高标准农田0.22万公顷，建成有机小麦示范片0.07万公顷、有机杂粮基地200公顷，全年粮食产量8.2万吨。新认证“三品”产地0.13万公顷、产品12个，乡宁花椒入选全国“名特优新”农产品。琪尔康和云丘山分别晋升国家级、省级龙头企业，戎子酒庄成功申报省级产业化示范联合体。文旅产业上，沿黄旅游公路基本贯通，云丘山AAAAA级景区品质提升，全年接待游客71万人次，文旅、农旅融合发展态势强劲，创建国家全域旅游示范区高标通过省级验收。紫砂产业上，紫砂陶小镇年度完成投资1.4亿元，25套大师工作室主体完工，华廷陶瓷进驻小镇。成功举办首届“陶艺杯”职业技能大赛，乡宁紫砂亮相中博会、深圳文博会和全国乡村振兴职业技能大赛，走出鄂邑大门、焕发昔日荣光。

【乡宁花椒】 截至2021年底，乡宁县种植花椒已达0.53万公顷，花椒产业带动农户1万户，农户年均增收5000元，带动贫困户2000户，贫困户年均增收3000元。乡宁花椒产业已成为当地农民的摇钱树，乡宁成为全国第二大花椒产区，花椒产业带来的经济效益和生态效益日益凸显。4月，由乡宁县吉阳农业专业合作社申报的乡宁花椒已被全国名特优新农产品名录收集登录。

【改革创新】 2021年，乡宁县深化示范区“三化三制”改革，“十个一”基础工作全部完成，221项省市县赋权事项顺利承接，5项指标考核获得满分。全面推行“承诺制+标准地+全代办”改革，出让“标准地”2宗2.82公顷。在全市率先推行“一窗受理”，深化“五减”专项行动，企业开办实现“一张表格、一次申请、一天办结”。国企国资改革推进，焦煤集团“六定”改革基本完成。农村自建房管理“四办法一标准”全面推行，完成农业生产托管0.83万公顷，培育农民专业合作示范社5个。乡镇机构改革全面完成，10个便民服务中心建成投运，122项权责事项公示推行。2020年度全国县级财政管理绩效综合评价考核，位列全省第一。出台《招商引资优惠奖励办法》，全年签约项目5个、14.29亿元。全面落实中小企业优惠政策，新增市场主体1748户、“小升规”企业9家、股改上市1家，培育高新技术企业2家、省级专精特新企业

1家。

【生态环境治理】 2021年，乡宁县推进34家洗煤企业专项整治，清缴散煤170余吨，实施清洁取暖改造509户5.4万平方米，在建工地全部完成“六个百分百”整改，认真落实秋冬防错峰生产管控要求，全年优良天数314天，全市排名第四，其中一级天数74天，优良天数平均比例为85.8%，空气质量综合指数同比下降12.5%。深化“河长制”成效，加大雨污分流改造力度，农村生活污水治理一期项目推进，高效运营5个乡镇污水处理站，13个入河排污口全部按照“一口一档”动态管理。开展“清河行动”和河道“清四乱”整治，严厉打击黄河非法采砂行为，鄂河入黄水质达地表水Ⅲ类标准。加大农业面源污染防治力度，统筹抓好土壤安全利用、化肥农药减量、危险废物监管、生活垃圾收集、农村厕所革命等工作，24座石料矿山企业生态恢复治理80余万平方米、栽植树木8万余株、复耕面积15300余平方米。

【城乡建设】 2021年，乡宁县老城区改造全面启动，拆除面积5万平方米。幸福湾市政道路、卧牛桥建成通车，连心桥、文笔桥等6处交通堵点有效打通。戎子广场周边改造、鄂河河道亮化及音乐喷泉建设完成。建成5G基站93座，运行站点110个。第二热源厂一期项目顺利建成，城区新增集中供热面积60万平方米，农村清洁取暖改造922户11.4万平方米。县城第二污水处理厂开工建设，雨污分流改造完成25公里。恢复治理非煤矿山24座80万平方米，治理水土流失0.57万公顷，营造林0.13万公顷。

【风险防控】 2021年，乡宁县开展安全生产专项整治三年行动、安全生产领域风险隐患大排查大整治“百日攻坚”，常态化、专业化推进煤矿和非煤矿山驻矿监管、专家会诊，网格化、全链条监管打击非法盗采矿产资源，统筹抓好道路交通、森林防火、地质灾害、燃气危化、食品药品、景区景点、建筑消防等领域安全生产，及时整改各类隐患9105条。推进扫黑除恶，强化信访“控新治旧”，集中整治毒品、电诈等突出问题，打造全科网格基层治理“一张网”，社会保持和谐安定。投入4000万元，全面强化防控能力建设，落实落细各项管控措施，接种新冠疫苗40.2万剂次，牢牢守住“乡宁阵地”。

【乡村振兴】 2021年，乡宁县“三农”资金投入3.8亿元，其中财政资金投入2.5亿元，持续巩固脱贫成效，全面推进乡村振兴。认真落实“四个不摘”要求，向重点乡村选派38支工作队和45名第一书记，组织105家机关企事业单位全覆盖包联行政村和社区，开展“六化十到位”“暖冬五个一”等活动，排查“三类户”703户1965人，因户施策精准帮扶，筑牢防返贫致贫底线。发放低保兜底资金1368.4万元，资助家庭经济困难学生11213人次、690.6万元，救治大病患者507人。投资1500万元改造农村户厕5000座，实施水源地保护一期工程256处。制定就业创业14条帮扶措施，促进脱贫劳动力转移就业7137人次。发放小额信贷778户3724.8万元，任务完成率112.8%。投资1.5亿元扶持发展富民产业，加快打造“水果、花椒、粮食、特色种养”四条产业带和翅果、果品、酿品、“药茶”等10个产业集群，推进枣岭全国农业产业强镇和省市县三级农业产业园建设，培育发展30个优质农产品示范基地。投资5200万元建设0.22万公顷高标准农田，投资1592万元打造3个有机旱作示范基地及配套设施。全年粮食产量8.2万吨、农产品加工业销售收入9.86亿元。培训持证高素质农民2479名，培育农民专业合作社示范社5个。琪尔康成功申报国家级龙头企业，戎子葡萄酒农业产业化联合体成功申报省级示范联合体。加快实用性村庄规划编制，明确三年内全覆盖目标，2021年已完成17个。重点围绕“路、水、暖、气、电、数、链、废”八个方面，提高农村基础设施建设水平。高标推进农村人居环境革命，投入9600余万元、人力8.9万余人次、设备1.6万台次，拆除违法违章、废弃建筑和残垣断壁、消除破旧裸露墙体1.3万余处，取缔乱搭乱建、乱圈乱占、乱贴乱画、乱堆乱放3万余处，清理各类垃圾30余万吨，乡村面貌大为改观，经验做法在全市复制推广。投资1.2亿元启动建设戎子小镇，统筹推动昱德新农业、大河村、峰岭等示范点提标升级，农旅融合新业态悄然兴起。

【社会事业】 2021年，乡宁县投资2.5亿元，实施496个项目，稳固壮大扶贫产业，强化动态监测帮扶，脱贫成果同乡村振兴有效衔接，被省委、省政府授予“脱贫攻坚先进集体”。推进“人人持证、技能社会”建设，就业培训2.4万人，新增技能人才1.4万人，帮助就业6180人。幸福小学、幸福幼儿园完工投用，22所中小学和10所农村幼儿园改造提升。高考达二本B类线833人，创历史新高。在县医院建立“名医工作室”“博士工作站”，乡宁县被评为“全省县乡医疗卫生一体化改革示范县”。高标承办山西省青少年柔道锦标赛，成功举办第四届云丘山越野赛，被评为2017—2020年度全国群众体育先进单位、山西省2021年全民阅读“先进集体”。残疾人事业跃上新台阶，被国务院残疾人工作委员会授予“残疾人工作先进单位”称号。推进“人人持证、技能社会”建设，开展技能培训400期24000余人，促进6180人实现就业。启动运营县社会福利服务中心敬老院，推进社区居家养老服务，加大农村日间照料中心管理力度，推进老龄工作健康发展。城乡居民补充养老保险全面覆盖，城乡低保、特困供养等社会保障全面达标。城市困难职工解困脱困顺利通过国家和省级第三方评估验收。加大财政补贴力度，分发洁净煤15326吨，确保群众温暖过冬。加快推进灾后重建，组织全县机关企事业单位党员干部一线抗灾、帮助重建，第一时间抢修恢复受损设施，迅速完成抢收抢种工作，截至年底，因灾受损重建修缮农房全部达到入住条件，群众全部安全入住。（王晓琴）

【县领导班子】

中共乡宁县委员会

书　记　杨建军

副书记　王林波　刘建平

　　　　张晓丽（女）

常　委　马　平（3月任）

　　　　高国荣　闫　鹏

　　　　张保平（3月任）

　　　　张曙光　李军杰

　　　　王丽霞（女）

　　　　周兴佳（11月任）

乡宁县人大常委会

主　任　张欢虎（4月任）

副主任　赵继宁　王海鸣

　　　　杨来江

　　　　任进科（4月任）

乡宁县人民政府

县　长　王林波

副县长　马　平（3月任）

　　　　李　伟

　　　　卢　冬（女）

　　　　贺伟科

　　　　卫　明（4月任）

　　　　李乡民（4月任）

政协乡宁县委员会

主　席　张春龙（4月任）

副主席　薛　峰　刘科军

　　　　于彦雪（4月任）

　　　　李杰明（4月任）

吉　县

【概况】 吉县位于临汾市西部，总面积约1780平方公里，下辖3镇4乡，包括67个行政村、6个社区。常住人口8.74万人。

2021年，地区生产总值完成29.5亿元，同比增长5.2%；固定资产投资完成14亿元，同比增长17%；社会消费品零售总额完成10.2亿元，同比增长16.3%；一般公共预算收入完成1.66亿元，同比增长8.07%；城乡居民人均可支配收入分别完成25430元和8665元，同比增长7.4%和13.8%。

【乡村振兴】 2021年，吉县统筹整合财政涉农资金1.98亿元，实施乡村建设“六大提升工程”，完成高标准农田建设、设施农业建设，农村水、电、路、网等基础设施得到改善；开展农村人居环境“六乱”整治百日攻坚专项行动，环境面貌大为改观；推进屯里三产融合发展产业小镇示范建设项目，实施太度村艽篱人家民宿项目；屯里镇太度村被中央农村工作领导小组办公室等五部门评为全国第二批乡村治理示范村；中垛乡马连滩村被民政部确认为全国村级议事协商创新实验试点单位；中垛乡安坪村、柏山寺乡大庄村荣获省级“美丽宜居示范村”称号。

【产业发展】

苹果产业。2021年，吉县推广全产业链“家政式”果园托管模式，与15家苹果生产托管组织签订协议；强化基础设施建设，改造老果园、新栽果树、平接换优0.1万公顷；办理苹果保险1万公顷；建设7个出口水果标准化生产基地和1条苹果初加工生产线；初步搭建“5G+智慧果业”框架。吉县被农业农村部确定为苹果产业全产业链典型县。

旅游产业。2021年，吉县推进壶口景区AAAAA创建工作，完成拆迁面积4.5万平方米，高标准改造游客中心和4.1万平方米的生态停车场，新建安全疏散平台、游步道，景区面貌发生很大改观，AAAAA创建验收资料已上报文旅部，壶口景区被文旅部列入“黄河生态文化之旅路线”。吉县顺利通过创建国家全域旅游示范区的复核验收，全域旅游工作经验被《光明日报》编入《文化旅游管理创新与产业发展》案例。

【项目建设】 2021年，吉县依托产业集聚区招商引资“主阵地”，围绕打造“三色品牌”，全年外出招商8次，举办集中签约1次，对接项目35个，签订框架协议16个，签约省域外招商引资项目8个，累计项目签约额45.55亿元，完成率130.14%。产业集聚区实现“七通一平”，建成标准化厂房12个、共3.35万平方米，吉美鲜脱水蔬菜与冻干食品项目、吉美御坊食用油项目实现当年签约、当年开工；投资25亿元的吉美本草生物制药项目计划2年投产、5年上市，投产后年税收超2亿元。产业集聚区将成为拉动吉县经济高质量发展的新引擎。

【城乡建设】 2021年，吉县小府城中村北片建设项目基本完工，即将交付使用；新华城中村改造项目完成了拆迁及地下管线铺设工作，为项目主体工程春节后全面开工奠定基础；中心广场片区改造正在推进配套工程建设；实施城市道路和市政基础设施改造工程，完成了滨河路、新华西街、桥南路改造提升，设立道路临时停车场4处，新增车位436个，新建中心广场小游园和城市街心公园。

【环境治理】 2021年，吉县持续扩大清洁取暖覆盖面，实施“煤改电”400余户，扩大“禁煤区”，加强散煤整治，洁净煤入户率达100%，城市集中供热项目完成基础性建设。空气质量各项指标完成年度目标任务。提升县城生活污水集中收集率，开展入河排污口规范化整治，完成污水处理厂调蓄池建设，实施雨污分流改造6.5公里，壶口断面水质、州川河断面水质均达国考标准。开展生态造林绿化，实施黄土高原综合治理和黄河流域生态修复项目，造林绿化0.13万公顷，完成水土流失治理6200公顷。吉县生态环境质量持续好转，荣获“中国康养百佳县”称号。

【民生事业】 2021年，吉县10件惠民实事顺利实施。推进城乡教育一体化改革，调整优化义务教育阶段学校布局，对部分初中、小学实施寄宿制改造，吉县一中改扩建工程基本完工。继续免除义务教育阶段教材教辅费、高中阶段学费、住宿费716.9万元，实现应免尽免。推进“健康吉县”建设，深化县乡医疗卫生一体化改革，精准落实健康扶贫政策，全县双签约服务4994户11807人。做好新冠肺炎疫情防控，推进疫苗接种工作，确保应接尽接。推进养老保险制度改革，按时足额发放各类救助资金，实现应保尽保、应助尽助。做好灾后恢复重建工作，及时抢修受损道路和水利、通信、农业等基础设施，重建修缮受损农房417户，受灾群众得到妥善安置。（白新萍）

【县领导班子】

中共吉县委员会

书　记：崔绍民
副书记：赵松强
　　　　安　娜（女）
　　　　石秋明（8月免）
常　委：王志宏　李勇宏
　　　　刘晓军
　　　　强晓辉（3月任）
　　　　刘　炜
　　　　高　波（3月任）
　　　　庞大鼘　陕红欢
　　　　李桂萍（女，3月免）

吉县人大常委会

主　任：梁国刚
副主任：贺　赓　陈晓爱
　　　　李敖升　丁春刚

吉县人民政府

县　长：赵松强
副县长：王志宏　邱肖宾
　　　　王吉荣（3月免）
　　　　强晓辉（3月免）
　　　　王习梅（3月免）
　　　　张国鹏（3月免）
　　　　尚立春
　　　　张丽青（3月任）
　　　　窦昀泽（4月任）

政协吉县委员会

主　席：梁国刚（4月免）
　　　　李桂萍（4月任）
副主席：张宇宏　杨建新
　　　　杨启亮　陈立德

永和县

【概况】 永和县地处临汾市西北边缘，总面积1214.38平方公里。下辖2镇（芝河镇、桑壁镇）、4乡（乾坤湾乡、坡头乡、楼山乡、望海寺乡）、4个社区（莲花社区、滨河社区、朝阳社区、康谐社区）、65个行政村、306个自然村。截至2021年12月底，全县有常住人口6.5万人。

2021年，地区生产总值完成21.1亿元；公共财政预算收入历史性突破2亿元，达到2.05亿元，增速在临汾市排名第一；固定资产投资完成16.05亿元；社会消费品零售总额完成7.65亿元、增长18.7%；金融机构存贷款余额分别增长14%和9.7%；城乡居民人均可支配收入增长8.6%和23.8%。

【经济发展】 2021年，永和县全方位推动经济社会高质量发展。做强项目支撑，建立“每月1日重点项目谋划日”及交办、通报等制度，开展项目谋划及推进工作，投资28亿元实施48个重大工程；成立促进外来投资服务中心，出台《永和县招商引资优惠奖励政策》；举办天津专场招商推介，签约5个项目，总计20.22亿元。完善产业基础，深化拓展“承诺制+标准地+全代办”改革，完善标准厂房、给排水、供电等基础设施，储备土地117.93公顷，出让标准地3宗。强化人才支撑，与山西大学、山西农业大学等7所高校签约，合作项目16项，引进19名教授专家开展技术指导、建设示范基地。优化营商环境，打造行政集中办公中心，专题开展民营企业家座谈会、银企对接会，常态化提供入企服务；增设“马上办”“全代办”窗口，企业和群众办事更加方便快捷。全年市场主体增长24%；新增“四上”企业3家，规模以上服务业、限额以上住餐企业实现零的突破，为经济发展注入新活力。防范化解经济存在的重大风险，清收不良贷款61万元，不良贷款率远低于监管红线；严控政府新增债务，按期偿还债券本息4495万元。健全制度机制，整体系统修订“三重一大”等19项制度，构建起务实管用、规范高效的行政办公流程。举办“专家学者进永和”暨领导干部业务能力提升专题讲座，政府履职能力水平提升。制定《“抓落实”十条规定》，“任务化、项目化、方案化、清单化”推动559项重点工作落实。

【产业转型升级】 2021年，永和县在一产方面，实施“特”“优”战略。打造种草、养殖、加工、销售为一体的全产业链体系；创新“全产业链托管方式”“智慧监管平台+农业循环经济”等农业生产托管新模式，大规模开展农业生产托管，托管面积14000公顷，亩均增产33%，农业生产托管“永和模式”在全国推广；高标准农田改造286.67公顷，经济林提质增效1800公顷，发展优质糯高粱5800公顷；6个标准化养羊场、2个饲草料加工厂建成投用，养羊产业逐步走上全域全产业链轨道；“永和乾坤湾”区域公共品牌全面走向市场，授牌企业5家；培育省、市、县三级示范合作社8个、示范家庭农场14个，认证“三品一标”产品19个。二产方面，永和县集聚发展能源经济。落实《煤成气增储上产三年行动计划》，完成产气9.8亿立方米；实施永和—隰县输气管道工程、年产80万吨石英砂提纯及硅质耐火材料科技园区项目、年产15万吨HSR脱硝干粉项目，地下储气库项目进入三维地震勘探阶段，天然气“产供销储”体系得到完善；液化天然气调峰站为临汾市保供做出重要贡献。三产方面，永和县推动文旅产业提档升级。对标AAAAA级旅游景区创建标准，完成《总体规划》编制；永和乾坤湾旅游景区被评定为国家AAAA级旅游景区；“黄河一号”旅游公路建成段获评“全国十大最美农村路”，二期工程有序推进；楼山景区完成基础设施改造提升；红军东征永和纪念馆被确定为山西省党员教育示范基地；乾坤湾乡东征村入榜第三批全国乡村旅游重点村；各景区全年接待游客30.5万人次，实现旅游收入9500余万元。开展“牛转乾坤乐游永和”等文旅活动，创收398万元；送戏下乡55场、“唱支山歌给党听”线上展演8次，丰富了群众文化生活。

【民生事业】 2021年，永和县民生支出9.57亿元，占一般公共预算支出的76.46%。城乡供水一体化工程建成启用，解决好3.2万人的饮水问题。药家湾村康谐路道路绿化和东山生态森林公园一期建设完成，迎宾大道、全民健身中心、文化活动中心有序推进。全县新增城市燃气面积2.5万平方米，延长集中供热期1个月，确保群众温暖过冬。推动《振兴教育三年行动计划》，整合优质教育资源，选优学校校长，实现小升初招生人数、中考省市重点高中和普高达线人数、高中招生人数、高考达线人数“四个提升”；落实义务教育“双减”政策，招聘特岗教师15名、幼儿教师9名；出资262万元重奖教育先进集体和模范个人。累计投入教育资金1406万元，划拨教育基础设施改造平衡资金，全面向进城务工人员子女和城乡留守儿童相对集中的学校倾斜，让每一名孩子都能公平拥有基础性教育设施环境。“人人持证、技能社会”培训4021人，城镇新增就业903人，农村劳动力转移就业1548人。投入4.37亿元办好60周岁以上老年人免费乘坐公交车、免除城乡居民有线电视收视费、免费为中小学生提供课后托管服务等“十件民生实事”。

【防灾减灾】 2021年，面对春寒、夏旱、秋涝等极端天气和自然灾害，永和县统筹考虑防灾减灾、恢复重建和群众增收，出台并落实青贮饲草补偿方533.33公顷160万元，因地制宜种植油菜666.67万公顷，农业保险理赔2046.09万元，“一揽子”保险理赔2107万元；制订《受灾群众避险搬迁安置》等18个专项方案，发放地力补贴1.62万公顷1626.97万元，及时足额发放特困人员补助3481万元，确保群众受灾收入不减；动员2614名脱贫群众和监测对象参与灾后重建项目建设，增设公益岗位1927个，扶贫车间吸纳脱贫劳动力142人，线上招聘上岗213人，确保灾年不减收；出台《永和县2021年因灾受损农村住房重建修缮实施方案》，成立县委书记、县长任双组长的领导组，组建6个专班，采取“一户一档一干部”措施压实县、乡、村三级干部包保责任，投入2010.07万元精准高效推进灾后生产生活的恢复，2237户因灾受损农房全部竣工入住。

【乡村振兴】 2021年，永和县推进脱贫攻坚与乡村振兴的有效衔接，出台《永和县巩固拓展脱贫攻坚成果有效衔接乡村振兴实施方案》，编制《“十四五”巩固拓展脱贫攻坚成果同乡村振兴有效衔接规划》，延续脱贫攻坚工作制度和体制机制，105项“四个不摘”政策举措优化落地，新选派的75支工作队、73名第一书记、229名驻村干部全部压茬到位，409户1051人“三类户”实现“一户一档”“一卡两表”精准帮扶；投入1.7亿元实施6大类69个巩固提升项目，巩固提升“三保障”和饮水安全保障水平。脱贫户人均年收入11183元，坚决守牢不发生规模性返贫的底线。累计投入1064万元推进农村“六乱”专项整治；探索出“五道五口”“五边五治”最美“三个一”等典型经验做法，农村公路建管养运全面推进，获评省级“四好农村路”示范县。

【疫情防控】 2021年，永和县紧盯监测预警、外防输入关口、重点环节管控、推进疫苗接种不放松，平战结合做好常态化疫情防控。密切跟踪和及时掌握疫情动态，迅速完成常态和应急机制的转换，26名县级领导深入11个网格85个片区，“不漏一户、不落一人”完成三轮“全覆盖”摸排，压实最小单元管控；“三区两通道”标准化改造储备集中隔离酒店4个、113间房，“五区两通道”规范布局35个核酸检验采样点，购置负压车、核酸检测扩增仪等设备，核酸检测能力单日达到5万人；建立“五包一”人员信息库，组建流行病学调查、乡村（社区）管控、全员核酸检测、消毒消杀、重点人群转运、院感防控、医疗救治等11支专业化队伍，确保任务到人、责任到人；精准匹配并及时调整充实检测试剂、防护用品、医疗器械、救治药品、消杀产品等5大类防疫物资；研究制定《疫情防控手册》，出台《冬春疫情防控工作方案》《农村疫情防控工作方案》；落实“第一落点、第一时间、第一道关口”管控责任，沿黄渡口全部关闭，省市交界路口全部设卡排查到永车辆，专班专人24小时执勤值守，筑牢疫情防控坚固防线，守牢“永和阵地”。

【生态治理】 2021年，永和县以黄河流域生态保护和高质量发展为引领，狠抓生态环境治理，构建“河长+河长助理+巡河员+河警长+检察长”工作机制；落实“提醒+督办+函告”三位一体推进“林长制”，全年国土绿化0.262万公顷，打造黄河流域生态治理样板县示范点200公顷，完成水土保持治理0.398公顷，巷道绿化16个村。通过开展“七种情形”巡查督查，高标准整改验收农村乱占耕地建房问题9个；落实《临汾市委市政府大气水污染整治攻坚责任状》，推进“散乱污”企业、秸秆禁烧、散煤管控、扬尘治理、夏季重点大气污染物专项整治，“按袋销售、送煤上户”供应清洁煤3578户3663吨。环境空气质量综合指数在临汾市排名第四，辛庄断面水质稳定在Ⅲ类水体标准，土壤采样全部达标，守住了生态红线。

（李保成　冯瑞红）

【县领导班子】

中共永和县委员会

书　记	高永贤	
副书记	杨景宁（2月任）	
	张振荣（3月任）	
	范洋平（3月免）	
	牛永福（3月免）	
	梁少杰（2月免）	
	马爱丽（女，挂职，6月免）	
	李国强（挂职，8月免）	
常　委	郭东舟（3月任）	
	李占军（3月任）	
	李海荣（3月任）	
	唐　勇	
	薛莉红（女，3月任）	
	田　伟（3月任）	
	王卫成（3月免）	
	刘元福（3月免）	
	马　健（1月免）	
	白永明（3月免）	
	张淑明（3月免）	

永和县人大常委会

主　任　马连青

副主任　葛　毅（4月任）

赵惠明

刘永胜（4月任）

冯建华（4月任）

刘双龙（4月免）

药虎奎（4月免）

永和县人民政府

县　长　杨景宁（4月任）

范洋平（3月免）

副县长　李占军（3月任）

马　进（4月任）

任文生

于晓红（女，4月任）

贾晓廷（4月任）

闫探宁（4月任）

郭东舟（3月任）

刘　勇（6月任，挂职）

周　宏（4月免）

段　波（4月免）

政协永和县委员会

主　席　宋新亮

副主席　冯书霞（女）

师　卿　李　旻

马　进（4月免）

隰　县

【概况】　隰县位于临汾市西北部，总面积1415.3平方公里。行政区划为3镇（龙泉镇、午城镇、黄土镇）、4乡（城南乡、阳头升乡、寨子乡、下李乡）、70个村民委员会、409个村民小组、364个自然村。全县常住人口为91394人。

2021年，地区生产总值完成25.48亿元，可比价增速7.5%；一般公共预算收入完成1.23亿元，增长22%；规上工业增加值增速83.1%；社会消费品零售总额完成12.3亿元，增长22%；固定资产投资完成6.1亿元，增长30%；城镇和农村居民人均收入可支配收入达27947元、9664元，分别增长8.6%、13%。成功培育2个省级“专精特新”企业、3个规模以上工业企业、1个省级小微企业产业创新示范基地。

【农业】　2021年，隰县聚焦产业发展，助力本土特优企业步入正轨。建设0.5万公顷高标准农田，建成246.67公顷智慧果园、10.67万公顷标准化示范园和0.2万公顷高产高效密植园，果园亩均效益提高30%以上。引进培育梨果上下游企业70余家，全县梨果规模、产量均保持全国第一。“种子基金”“银政园区贷”典型做法被农业农村部在全国推广。抓好防汛抗旱、防洪救灾和灾后生产秩序稳步恢复工作，农业生产救灾金已全部发放到位。推进生态农业纵深发展，科学施肥，推进农业面源污染防治工作，整治农业设施散煤污染。

【项目建设】　2021年，隰县高位推进“一园一区”建设，坚持把创建国家现代农业产业园作为推动现代农业发展，特别是玉露香梨产业提档升级的主引擎，优化“一心一核两区一带”发展模式，启动“五大中心、十大体系”创建，41个重点项目有序实施，33项创建任务高质量完成，19个监测评价指标全部达到认定条件，城关获批第四批国家现代农业产业园。坚持把省级现代农业产业示范区作为项目建设的主阵地，优化“一区六园”布局，深化“三化三制”改革，狠抓项目签约开工投产，策划包装项目62个，外出招商15次，签约项目13个，总投资30.13亿元，已落地开工12个，开工率92.3%。示范区企业达到45家（规上企业1家），年产值占全县工业总产值比重47.3%。

【城乡发展】　2021年，隰县开展因灾受损农房修缮重建工作，完成所有受灾受损房屋修缮加固、重建工作。南城底棚户区改造项目工程总建筑面积15879.93平方米，总户数126户，工程总投资4405.85万元，已基本完工；县城生活垃圾转运站建设总占地面积2655平方米；县城巷道道路硬化共计27条，总长度6994.07米，总面积为45506.77平方米，工程总投资1667.15万元；县城供水改扩建建设，在上友村和堆金坪各新建1000吨清水池1座，新建城区供水主管网3.5公里，新建配水管网1.6公里，改造输水管网2.4公里，以及其他附属工程。项目总投资为4990万元；污水处理厂二期项目建设规模为日处理污水5000立方米，项目总投资1863.66万元。

【环境建设】　2021年，隰县推进大气、水、土壤污染防治。空气质量优良天数312天，综合指数全市排第二。地表水断面水质达到四类以上标准。实施天然林保护、“三北”防护林、退耕还林等生态工程，森林覆盖率34.3%。累计完成水土流失治理2.2万公顷，水土保持治理度达68%。

【民生事业】　2021年，隰县全面落实“双减”政策，招聘特岗教师35名，龙泉中心示范幼儿园、青年街幼儿园、特殊教育学校相继投入使用。职业教育生源突破450人，在校生规模跃居东西山十县前三名。高考再创新高，实现清华北大“零的突破”。深化医疗卫生体制改革，推进县医疗集团与山西医科大学第二医院等知名医院建立紧密医联体。落实“人人持证、技能社会”建设，开展培训100余场次，参加培训5230人，实现务工就业9196人。开展农村人居环境“六乱”整治，清理垃圾5805吨，拆除违法建筑61处。新建改建农村公路30.86公里。推进25个老旧小区改造，硬化道路6500余公里。

【抢险救灾】 2021年，隰县开展抢险救灾和灾后重建工作，夺取新胜利。入秋后，隰县遭遇了有气象记录以来最强降雨，降雨量达323.1毫米，较历年同期偏多9倍以上，全县54967人受灾，13856公顷农作物受损，2007公顷绝收，直接经济损失4.9815亿元。灾情发生后，隰县成立17个专班，科学会商研判，精准调度推进，坚决打赢防汛救灾和灾后重建攻坚战。累计撤避群众2582户、6779人，抢通道路263.64公里，抢修水利设施114处，恢复水电暖气通信设施358处，在最短时间内全面恢复了生产生活秩序。开展“双包双联”活动，抢收农作物0.47万公顷，保险赔付2610余万元，动员社会各界踊跃捐款1790余万元、物资338.9万元。1062户房屋受损群众于12月31日前全部入住，提前一个月完成省定目标任务。

（赵兵兵　赵晶玉）

【县领导班子】

中共隰县委员会

书　记　李亚丽（女）

副书记　梁少杰（3月任）

杨　光（3月任）

常　委　马兰明　秦慧民

周建民（3月任）

柳　剑

王国勤（11月任）

王翠翠（3月任）

隰县人大常委会

主　任　任　静

副主任　贺宏鑫（4月任）

冯海清　范敏正

苏　里（4月任）

隰县人民政府

县　长　王晓斌（3月免）

梁少杰（3月任）

副县长　周建民　王翠翠

苏大立　韩继锋

吕学慧（4月任）

黄生辉（4月任）

王绪元（12月任）

邹臣臣（挂职，8月任）

政协隰县委员会

主　席　马健民

副主席　景生龙　刘俊平

孙志萍

王勇强（1月任）

秘书长　张利民

开发区和壶口风景区

临汾经济开发区

【概况】 2021年，临汾经济开发区全年一般公共预算收入同比增长11.5%；固定资产投资同比增长70.7%；进出口总额同比增长69.7%。全省开发区发展水平七项考核指标中，工业投资完成10.5亿元，同比增长57.1%；规上工业增加值完成8.6亿元，名义增速达到35.1%；转型项目当年完成投资占比96.4%；高新技术企业净增2家，同比增长22%；实际利用外资完成1041.98万美元，增速达到了2323%；“四上”企业新增33家、达到了121家，同比增长37.5%；产出强度完成222.62万元/亩。

【招商引资】 2021年，临汾经济开发区坚持“招商队伍专业化、招商方式市场化、招商举措多样化、招商指标具体化”的要求，坚持省内企业和省外项目、内资企业和外资项目“同步招引”的思路，通过全员招商、以商招商、商协会招商、校友招商、产业链招商等多种方式，全年签约各类协议24个，签约额突破100亿元，其中上报省域外项目7个，签约额62.73亿元，开工6个，开工率85.7%。开展“三个一批”活动4次，其中“签约一批”项目7个，已开工项目4个，开工率57.14%；“开工一批”项目7个，已投产项目2个，投产率28.57%。“投产一批”项目10个，达效率95.16%。

【改革创新】 2021年，临汾经济开发区深化“三化三制”改革，积极探索“管委会+公司”运行模式，在原有国有平台公司基础上，按照“管运分离”模式新成立了招商引资服务公司、园区运行服务公司、人才人力资源服务公司三个国有公司，初步形成了“招、融、建、服”全链条公司服务架构。各公司自成立以来逐步健全制度完善机制，运行基本平稳，以国有企业发展助推区域经济壮大。

【项目建设】 2021年，临汾经济开发区坚持领导包联、专班推进的工作机制，成立11个项目工作专班，对全区78个项目实施领导包联，明确责任，清单化管理，台账化推进；开展“项目前期手续集中办理月”活动，有效推进项目前期手续办理进度；全年共召开20次重点项目工作专班调度会议，及时有效解决项目推进中存在的难点、堵点、痛点，加快项目建设推进力度。全年实施78个项目，概算投资442.96亿元，已竣工项目14个，完成投资14.81亿元。其中，产业类竣工投产9个，完成投资5.9亿元；基础设施类竣工3个，完成投资5.81亿元；社会民生类竣工2个，完成投资3.1亿元。

【“放管服”改革】 2021年，临汾经济开发区推进行政审批制度改革，全面落实“三无”“三可”工作要求，打好“承诺制+标准地+全代办”组合拳，全面引深“我是办事人”换位体验活动和政务服务“好差评”工作，改善投资环境，激发市场主体活力。全年纳入“全代办”项目9个，提供“领办、代办、专办、一网通办”服务62次，办理各类事项446万件。建立并优化“办税服务容缺容错”制度，创新推出“税务容缺专递EMS”服务，有效降低了纳税人“时间成本”和“办税成本”，省商务厅作为典型在全省进行了推广。

【基础设施】 2021年，临汾经济开发区推进工业园区排水管网（一期）项目、河汾二路（西大街—中大街）道路工程、滨河东路辅道（河汾四路—向阳西路）道路工程等9个基础设施类项目建设；推进重型机械、煤机制造产业园、智能制造产业园、科创产业园北区以及标准化厂房建设；推进“标准地”

储备，全年收储“标准地”107.6公顷，完成4宗“标准地”出让工作，出让面积18.84公顷，加快完善区域评价成果，区域总体规划环评获得省厅批复，为开发区进一步打造“标准地”奠定基础。

【生态环境】 2021年，临汾经济开发区完成“十四五”生态环境和水污染保护规划，编制了生态环境保护“三线一单”，制定了生态环境保护应急预案，全方位构建了生态环境保护发展框架。开展大气、水、土壤污染防治和综合治理，积极做好中央，省委、省政府生态环境保护督察配合保障工作，强化工业企业管控、面源污染管控、移动源管控等措施，加强涉及VOCs、扬尘、餐饮油烟、臭氧等指标管控力度。唐尧国控点在市区五个国控点位中综合指数及改善率排名第二，涝洰河水质全面退出劣Ⅴ类，自9月以来，保持Ⅲ类水体，有效推动了开发区生态环境保护和经济社会的协同发展。

2021年，临汾经济开发区智能制造产业园汽车配件生产项目标准化厂房　　（临汾经济开发区供图）

2021年，临汾经济开发区推进中大街基础设施类项目建设　　（临汾经济开发区供图）

【社会民生】 2021年，临汾经济开发区积极应对有记录以来最强秋汛的严峻考验，加大对危险房屋、重点社区的排查力度，9户32人得到合理安置，受损房屋得到及时修缮；出动交通专管员550人，开展市区交通秩序和环境卫生综合整治工作，辖区居民群众交通法制观念增强；建立健全社会救助数据库，完成全区持证残疾人基本状况调查数据采集318人，开展就业培训4期200余人，完成退伍军人登记及信息采集工作，悬挂光荣牌；全面落实“双减”要求，严格整治校外培训机构，关停24家，查封13家，停业整顿15家。

【新冠疫情防控】 2021年，临汾经济开发区坚持“外防输入、内防反弹”和“人物同防”要求，严格落实疫情防控各项措施。做好宣传发动、走访排查、上门接种等工作，推动疫苗接种任务全面完成；开展“敲门行动”，逐户收取疫苗接种凭证，收回凭证20174份，禁忌症证明481份，18周岁以上接种率达104%，得到省疫苗接种督导组高度评价。抓实源头管控，全面开展清底行动，加强重点人员“五包一”管控，登记境外返临、中高风险返临涉疫人员信息1369人，集中隔离205人，居家隔离588人；做好应急处置准备，强化全员核酸检测能力，提前做好核酸检测机构设置、检测物资储备、人员培训等工作，全区各基层党组织和广大党员干部积极投身于疫情防控第一线；科学合理布局49个核酸采集点，统

筹协调各采集点人员、物资，加强应急演练，确保全区疫情防控稳定有序。（白 静）

侯马经济开发区

【概况】 侯马经济开发区规划面积23.33平方公里，占侯马国土面积的10.6%，形成一个商务办公区和香邑、侯北、浍南三个产业园区的“一区三园”发展格局，重点发展装备制造、高端装备新材料、新型建材、医疗健康、现代服务五大产业。近年来，开发区被商务部授予加工贸易梯度转移重点承接地和国家电子商务示范基地，被工信部授予国家级绿色园区，拥有省中小企业创业基地、省双创示范基地、省海外高层次人才创新创业基地、省大中小企业融通型创新创业特色载体等9个省级发展平台。截至2021年底，注册企业1929家。其中，规上工业企业23家，占侯马市57.5%；高新技术企业22家，占侯马市78.6%；“四上”企业50家，占侯马市36.2%。2021年，在全省69个工业类开发区综合发展水平排名位列第12，在56个县管工业类开发区排名第七。

【项目建设】 2021年，侯马经济开发区共实施总投资63.2亿元的重点项目20个。其中，中信机电科研试验生产基地项目一期、山西正大年产200万吨高频直缝焊接钢管项目三期等10个项目完工或投产，山西建邦年产50万吨高端装备新材料、山西建盛源钢铁循环经济产业园、山西广和铝合金模板深加工生产项目二期等8个项目开工建设。山西正大年产200万吨高频直缝焊接钢管项目三期实现当年开工、当年投产。

【经济运行】 2021年，侯马经济开发区工业投资完成17.2亿元，同比增长29.1%；规模以上工业增加值完成17.3亿元，同比增长66.9%；转型项目当年完成投资占工业投资比重100%；高新技术企业数新增3家，总数达到22家，同比增长15.8%；“四上”企业数净增10家，总数达到50家，同比增长25%；产出强度完成534万元/亩。

【服务企业】 2021年，侯马经济开发区把服务企业解决急难愁盼作为党史学习教育“我为企业办实事”的重要举措，建立重点企业服务包联责任制，主动作为、靠前服务，为企业解决用工、融资、员工住房、供排水、道路硬化等实事54项，为34家企业兑现各类奖励资金2873万元。

【招商引资】 2021年，侯马经济开发区修订出台《侯马经济开发区产业发展优惠政策及奖励办法》，与西安市临汾商会、侯马市浙江商会达成委托招商协议，承办全省2021年第二期“三个一批”临汾主会场和侯马市2021年重点项目集中签约活动。全年达成投资协议和意向的工业项目共17个，总投资54.96亿元。

【“承诺制+标准地+全代办”改革】 2021年，侯马经济开发区把“承诺制+标准地+全代办”改革作为全方位推动高质量发展、持续优化营商环境的重要举措，认领承接山西省、临汾市赋权事项603项，制定出台工作指引、控制性指标、审批指引等15项配套制度和规范性文本，全年储备“标准地”107公顷，出让“标准地”4宗37.33公顷。将“承诺制”和“全代办”融入项目签约、落地、开工全过程，健全完善了全代办机制和领办代办队伍，累计为20家企业办理承诺制审批事项32项。2021年，以“承诺制+标准地+全代办”为核心的改革举措被临汾市推荐为全省“创

2021年3月22日，侯马经济开发区承办全省开发区“三个一批”临汾会场活动（侯马经济开发区供图）

新开发区运营管理体制”集成改革试点。

【运营管理创新】 2021年，侯马经济开发区市场化引入“猪八戒网”合作共建开发区数字经济产业服务中心，全年开展线上及线下活动13场，为52家企业提供财税人资、知识产权等专业服务；将园区道路、管网管线等市政公共设施交由侯马市相关部门管理；与西安电子科技大学、五四一高级技工学校达成区校合作，帮助20余家企业培养300余名紧缺实用人才。被省商务厅确定为首批校友招商引才特色园区，被授予“科创中国”山西试点园区和“临汾市医药知识产权密集型产业集聚区”称号。

（牛 辉）

壶口风景区

【规划编制】 壶口景区总规划修编由上海棕榈规划设计院承担。2021年7月5日，按照山西省林业和草原局要求，总规结合三线划定（生态红线、国土空间规划线、基本农田保护线）进行修编的要求，总规划在修改之后，于7月9日报至国家林业和草原局；8月20日，按照国家林业和草原局《关于修改黄河壶口瀑布（山西段）等7处国家级风景名胜区总体规划的函》文件要求，对壶口景区总体规划进行修改完善。

【征地拆迁】 2021年，实现壶口景区项目建设征地拆迁45409.93平方米（其中，经营类大型建筑主体结构36516.97平方米，20户住户建筑面积8892.96平方米）；涉及生活中心建设用地30540平方米，已出让给宏源文旅公司。游客中心、数智中心征地手续经省自然资源厅签字上报省政府且已获审批，已完成土地出让手续办理。

【建设项目审批】 2021年3月31日，山西省林业和草原局对壶口景区的生活中心、游客中心、数智中心建设项目规划选址进行了批复；项目建设涉及生态红线和黄河河道范围管理线，经多次与省自然资源厅、黄河水利委员会及运城河务局等主管单位沟通对接，国家自然资源部同意将项目建设用地涉及的自然保护地和生态保护红线调出，共调出面积41公顷。7月23日，山西黄河河务局出具了同意修建应急疏散平台和应急便道的函；9月3日，山西黄河河务局组织专家对壶口景区防洪评价报告进行评审，9月10日，出具了《关于临汾市壶口瀑布景区救援疏散平台和应急便道防洪评价报告审查意见的函》。根据批复意见，宏源公司组织修建了景区救援疏散平台。

【国家AAAAA级旅游景区创建】 2021年，吉县壶口风景区成立了书记、县长任双组长的AAAAA创建领导组，制定了《创建实施方案》和《责任分解书》，实行研究推进周例会制度，建立督导工作机制。高标准改造游客中心，重新划分区域，完善服务功能；改造了2.8万平方米的生态停车场，按照标准平整了4.5万平方米的备用停车场；新建落客平台（安全疏散平台），增加游览面积；新建了智慧系统，包括智能闸机、语音导游、微信公众号、智能Wi-Fi、公共服务网站、在线售票系统、智能摄像头、数据大屏等新系统新设备；新建导视系统，定点定位、主题艺术设计、精良工艺制作、内容规范完善、导向服务精准；优化旅游交通格局，增设景区直通车、开通城市公交，基本实现“站景通、城景通、景景通”；研发制作一批品种丰富、工艺精良的壶口特色旅游文创产品，满足游客购物留念需求。在沿路至景区进行了全范围大面积的绿化美化，绿化面积12000余平方米；新建了9处游园，促进自然景区的可持续发展，助推黄河流域生态保护和高质量发展。组织实施了街道提升改造、山体安全防护、河清门及周边环境治理、景区周边彩钢屋顶仿生处理、游客广场新建、观瀑区出入口改造等工程。2021年，晋陕两景区就统一管理机构、统一形象标识、统一门票价格、统一投拆处理、统一对外宣传达成了共识，建立了“资源共享、景区共建、AAAAA共创”的合作机制，提升AAAAA共创工作成效。

【宣传营销】 媒体宣传。利用壶口景区官方网站、微信公众号、自媒体等网络平台，加强与旅游网站的合作，打造壶口景区高端旅游产品。在创AAAAA期间，在《中国旅游报》《山西日报》《临汾日报》等各类报刊刊登景区建设的各类文章、工作纪实5篇，宣传报道景区AAAAA进展和工作成效，营造了良好的舆论氛围。户外广告宣传。在太原高铁站，临汾机场、高铁站、高速公路及市中心繁华区域设置壶口瀑布宣传标识标牌，加大景区宣传力度。新闻媒体宣传。完成了清明、“五一”、“十一”等假期央视在壶口的直播拍摄工作；截至年底，在中央电视台播放次数达到30余次，其他频道播放次数达到60余次。出台景区优惠政策。根据全省统一部署，壶口景区对江浙沪地区的游客实行免头道门票优惠政策；迎接全国政协副主席马飚率全国政协书画室委员一行开展“黄河流域生态文明建设”采风调研等各项活动42次800余人。

【基础设施保障】 2021年，凌汛、强降雨对景区基础设施造成严重损坏，壶口风景区及时组织更换栏杆4000余米，加固防护网片300余米；清理山体落石12000余立方米，修复山体主动防护网2000余平方米；维修景区维护连排水渠2000米。

【应急演练】 2021年，壶口风景区组织壶口镇、宏源公司、镇卫生院、交警队、派出所联合开展了景区汛情应急救援演练，内容涵盖被困人员搜救、抢救伤员、应急救援等，通过实战演练，各部门协同处置能力不断增强。 （赵竹林）

洪洞经济技术开发区

【经济发展】 2021年，洪洞经济技术开发区工业投资5.88亿元，同比增长29.8%；工业增加值为58.9亿元，同比增长15.2%；转型项目当年完成投资5.03亿元，占工业投资比重85.4%；高新技术数量为4个，同比增长33.3%；“四上”企业数量为37个，同比增长23.3%；2021年底已开发面积为322.17公顷，“四上”企业营业收入为198.24亿元，产出强度410.21万元/亩。在2021年度全省开发区考核中取得良好等次。

【招商引资】 2021年，洪洞经济技术开发区对接洽谈项目100余个，重点跟踪项目30余个，签约项目16个、签约金额162亿元，战略性新兴产业和“六新”项目占比达到90%以上。具体承办全省开发区2021年第一次“三个一批”临汾分会场活动。参加全省开发区“三个一批”活动4次，签约项目7个、签约额65.1亿元，开工项目4个、总投资50.4亿元，投产项目4个、总投资7.4亿元，签约开工率为57%、高出全市目标值7个百分点，开工投产率为67%、高出全市目标值7个百分点，投产达效率达到100%。

【大型项目】 2021年，华翔（洪洞）智能科技产业园项目，总投资11.22亿元，占地40.13公顷。项目分三期建设，一期拟占地6.67公顷，新建厂房50000平方米、配套设施15000平方米；二期占地27.13公顷，新建厂房120000平方米、配套设施25000平方米；三期占地6.33公顷，新建厂房40000平方米，采用DISA铸造生产线5条、1500余台国内外先进机床，形成年产15万吨铸件、2亿件机加工产品和精加工、部件（泵浦）的生产和组装能力。

【重点工程建设】 投资2.7亿元，全长3.9公里的洪洞经济技术开发区化工园区园区大道项目已完成可研、初步设计、用地预审、立项。投资2.2亿元、占地11.33公顷的洪洞经济技术开发区高端装备制造产业园标准化厂房项目已完成可研、立项、选址意见、节能报告、环评豁免报告。新选址标准化厂房已完成勘测定界和修建性详细规划。总投资7437万元、占地0.62公顷的洪洞经济技术开发区第一污水处理厂项目已完成可研报告编写及专家评审、项目立项。总投资2亿元、占地5.07公顷的洪洞经济技术开发区第二污水处理厂项目已完成建设项目可行性研究报告批复。

【新业态项目签约】 2021年6月30日，洪洞经济技术开发区举办了洪洞县人工智能基础数据产业中心项目、阿里巴巴（洪洞县）客户体

2021年8月25日，华翔（洪洞）智能科技产业园签约及开工奠基仪式现场
（洪洞经济技术开发区供图）

验中心项目、区块链电子发票AI大数据云平台项目三个新业态项目的签约暨揭牌仪式。

【开设“跨省通办”专窗】 2021年3月25日，洪洞经济技术开发区与北京经济技术开发区签订政务服务“跨省通办”合作协议，开设“跨省通办”专窗，并安排专门工作人员负责办理“跨省通办”事项。凡在北京经济技术开发区、洪洞经济技术开发区申请开办企业的投资者，或注册地址位于北京经济技术开发区、洪洞经济技术开发区的企业，均可在两地任意一个“跨省通办”窗口提交申请，办理相应的“跨省通办”事项。凡申请人提出申请的，由申请地“跨省通办”专窗工作人员负责窗口接件、业务指导和咨询，业务属地部门负责受理、办理审批业务并发放许可证照。

【获得荣誉】 洪洞经济技术开发区企业临汾山水水泥有限公司荣获2021年工业和信息化部“绿色工厂”荣誉。2021年9月，洪洞经济技术开发区企业山西焦煤山西焦化集团有限公司“精细化智能配煤系统的开发及工业示范”项目荣获中国化工学会科技进步三等奖。

【招商体制改革】 2021年，洪洞经济技术开发区立足实际，推进招商体制改革，出台《洪洞经济技术开发区招商小分队实施方案》《洪洞经济技术开发区招商引资优惠政策及奖励办法》《洪洞经济技术开发区全程领办代办工作方案》等政策和办法；编制完成了总体规划、产业规划、招商规划和招商地图；控制性详细规划与全县国土空间规划同步编制；取得《洪洞经济技术开发区总体规划（2020—2035）环境影响报告书》批复文件等。成立5支招商小分队，多区域、多个方向、多模式开展精准招商，明确责任，优化方式，注重质量，提升产业集聚水平，推动开发区招商引资工作再上新台阶。

（刘星华　秦青青）

古县经济技术开发区

【概况】 2021年，古县经济技术开发区坚持以煤为基础，以氢能源和新材料为发展方向，立足自身资源禀赋和区位特点，定位打造氢能源发展高地、太岳山区高效清洁能源产业集聚地，逐步建设低碳发展示范区、清洁能源示范区、高端新材料示范区，形成“煤—焦—气—化—氢能源”为一体的全产业链循环经济发展模式。截至年底，已入驻企业25家，其中规上企业12家，总体经济发展质量提升。

2021年，古县经济技术开发区产值完成51.7亿元，营业收入完成71.75亿元，利润总额8.05亿元，税收总额4.45亿元；工业投资完成8.32亿元，同比增长409.53%；规模以上工业增加值完成18.15亿元，同比增长18.54%；转型项目完成投资7.51亿元，占工业投资比重90.27%。在高新技术企业方面，引进古县顺杰耐材有限公司进入开发区。四上企业达到12家，同比增长71.4%。产出强度完成344.3万元/亩。

【优化营商环境】 2021年，古县经济技术开发区深化“承诺制+标准地+全代办”改革，协调各方力量为企业和项目保驾护航。坚持以项目落地为导向，结合开发区需求，主动承接省级36项、市级236项、县级99项赋权事项，实现“区内事、区内办”。建立领办代办运行、领办代办与工作专班协同、职能部门联络员机制，优化健全一次告知清单，对于意向项目，从招商、引进、建设到投产，全过程提供“保姆式”服务，让客商在开发区办事有回到“家”的感觉。

【三化三制】 2021年，古县经济技术开发区以“三化三制”改革为引领，推进体制机制建设，三制改革全面完成，通过实施领导班子任期制、全员岗位聘任制和绩效工资制，形成了干事创业、敢为人先、崇尚实干、注重实绩的良好工作氛围。推进三化改革，面向社会公开招聘高层次硕士研究生进入开发区，优化干部结构，充实专业化队伍力量。选派专业人员赴省驻外办事处挂职锻炼。注册成立开发区运营公司，搭建投融资平台，选聘专业化管理团队，开展市场化运营和专业化管理。

【招商引资】 2021年，古县经济技术开发区聚焦产业定位和主攻方向，用好比较优势和要素资源，采用全员招商、中介招商、小分队招商、展会招商、产业链招商等方式精准招商，派驻业务骨干赴环渤海招商局驻点招商，有效提升招商引资的吸引力、精准度和时效性。全年招商引资项目5个，总投资达70亿元，完成指标任务位居全省前列。盛隆泰达和宏源两大焦化技改项目作为龙头带动企业，提档升级，加快传统产业向高端化、智能化、绿色化转型发展；医疗手套项目和特种微纤维项目作为新兴产业和新材料代表，助力打造新型产业集群，加快发展现代产业体系，提升园区综合竞争力。

【项目建设】 2021年，古县经济技术开发区以高质量发展为目标，聚焦“六新”、围绕转型谋项目、谋发展，深入开展项目建设“四比四看”，全年重点谋划推进项目12个，总投资91.46亿元，完成投资8.32亿元，做到在传统产业上抓提升，在新兴产业上抓引进，推进产业结构升级改造。全面推进“三个一批”活动，共涉及8个项目，预计总产值121.98亿元，推动项目建设提速提质提效，为高质量转型发展提供新动能、新支撑、新活力。

乡宁生态文化旅游示范区

【概况】 2020年7月23日，经山西省人民政府批复，乡宁生态文化旅游示范区设立。规划面积368平方公里，占全县国土面积的18.1%。乡宁生态文化旅游示范区规划建设“一区三园”（即文化旅游示范区、黄河特色生态产业园、云丘山生态度假园、黄河民俗风情园）。

2021年，乡宁生态文化旅游示范区首次纳入全省发展水平考核，新建产业项目投资累计完成投资2.55亿元；固定资产投资累计完成3.6亿元，同比增速38.38%；森林覆盖率游客48.5%；景区全年累计接待71万人次，同比增长77.87%；全年累计留宿人次11.08万人次，同比增速32.39%。

【黄河特色生态产业园】 2021年，黄河特色生态产业园规划面积93平方公里，建设了紫砂陶小镇和黄土高原葡萄酒小镇，全力打造集文化传承、产业聚集、旅游休闲、技能培训及生态居住于一体的百亿级产业综合体，集酿酒葡萄种植、葡萄酒生产、文化传播、生态旅游为一体的综合型国际生态文化园区。

【云丘山生态度假园】 2021年，云丘山生态度假园规划面积214平方公里，以云丘山为龙头，突出山岳观光、民俗体验、村落度假、养生美食、运动休闲等功能，全力打造国内知名的旅游目的地。

【黄河民俗风情园】 2021年，黄河民俗风情园规划面积61平方公里，依托黄河、鄂河两条河流，深入挖掘黄河文化，全力打造黄河运动休闲体验基地和区域性乡村旅游目的地。

【三化三制】 2021年，乡宁生态文化旅游示范区积极探索国际化，发挥“大河文明旅游论坛永久会址”影响力，10月，成功举办“2021第四届中国云丘山越野赛”；支持戎子酒庄香港分公司积极拓展国际市场，提高在美国、英国、法国、德国、澳大利亚、加拿大等海外市场的经营效益。加快推进市场化，成立山西乡宁示范区文旅集团，下设3个（子）公司，推进市场化合作运营。提高专业化，发挥10名高层次专业化人才作用。利用省校合作重大契机，组织区内企业与江南大学合作建设葡萄酒酿制研究中心、与西北农林科技大学合作建设黄土窑洞窖藏酒研究中心、与山西财经大学合作举办研学旅行活动、与厦门大学合作共建大学生实训基地及高校科技成果基地、与山西示范大学合作共建产学研合作基地等。

【基础设施】 2021年，乡宁生态文化旅游示范区在南部云丘山生态度假园实施了乡宁县云丘山景区创建国家AAAAA级景区提升建设项目，项目总投资3.09亿元，2021年度实际完成投资1.83亿元。其中，安汾、鹿凹峪、下川、上川、后庄古村落保护改造及配套工程完成投资3475万元，大河村、坂儿上村、东沟村美丽乡村建设工程完成投资4099万元，云丘山森林康养基地建设工程完成投资2736万元，土地庙游客服务中心及鸟谷建设工程完成投资2112万元，云丘山智慧景区建设工程完成投资1066万元，云丘山药茶基地、腌菜、糕点、文创产品等观光生产加工车间建设工程完成投资1866万元，云丘山有机旱作农业建设工程完成投资1505万元，景区游线上服务功能完善工程完成投资1432万元。

在北部黄河特色生态产业园实施了紫砂陶小镇一期建设项目、戎子小镇建设项目、供水管网项目和污水处理站及污水管网建设项目。紫砂陶小镇一期建设项目总投资8.32亿元，2021年度完成投资1.05亿元，主要完成了1.52公里河道治理，1座桥梁，1.11公里园区道路及配套市政管网，25套紫砂大师工作室，1座示范区服务中心以及景观轴广场的土方平衡及混凝土结构工程；戎子小镇建设项目总投资1.3亿元，主要建设了10公里体育休闲步道、沿途绿化、驿站、休憩区、小品景观、乔原儿童游乐园、国学体验营、户外健身俱乐部、康养住宅、才子庄园禅意禅学示范基地、农耕展示区、农耕体验区、绿色康养生活园、现代农业示范园、小吃院、游客服务中心、停车场、薰衣草小卖部、休闲民宿、民俗文化馆、农家乐、窑洞民宿、星空瞭望营、乡村记忆主题民宿、果园采摘、森林游乐园、花圃基地和梦幻乡村；供水管网项目，完成了3.5公里主供水管道；污水处理站及污水管网建设项目，建设了1座日处理能力500立方米的污水处理站及1.6公里污水管道。

在西部黄河民俗风情园实施了黄河一号旅游公路乡宁段建设项目，线路全长22.07公里，全线路段按三级公路技术标准设计，设计行车速度为30公里/小时，施工图预算金额5.2亿元，已完成投资3.9亿元，完成总投资75%。

【招商引资】 2021年，乡宁生态文化旅游示范区举办“引老乡·迎故乡·建家乡”云端推介会；参加第六届中部投资贸易博览会、山西省（长三角）外资企业投资合作推介对接会。“三个一批”活动中，乡宁示范区“签约一批”项目共4个，总投资8.9亿元，签约开工率75%；“开工一批”项目4个，开工投产率75%；“投产一批”项目4个，投产达效率100%。

【营商环境】 2021年，乡宁生态文化旅游示范区在“承诺制”改革方面，制定了承诺制实施方案和相关配套制度，建立了企业投资项目承诺制“一窗受理”并联审批流程图和事项清单。华廷陶瓷文化有限公司紫砂陶系列产品项目由企业作出书面承诺并进行公示，完成了该项目投资备案和开工前6项审批事项的承诺手续后自主开展设计和施工。“标准地”改革方面。示范区作为乡宁县的试点区域，先行先试、创新担当，将工业标准地改革范围扩大至商业等产业，在全省率先推行商业“标准地”出让。已完成143.73公顷土地9项区域性评价，已累计出让标准地6宗6.93公顷。其中，2021年出让了一宗0.53公顷商业“标准地”和1宗2.29公顷工业“标准地”。

“全代办”改革方面。制定领办代办专办实施方案和“全代办”工作办法及配套管理制度。成立领导小组，组建领办人、代办员队伍，对审批事项开展“全代办”服务，实行一次性告知、限时办结制度，实现数据多跑路，让群众少跑腿。建立领办代办服务委托书台账，截至年底，完成8个全代办业务。

曲沃经济技术开发区

【“三化三制”改革情况】 2021年，曲沃经济技术开发区根据临汾市委办公室、临汾市人民政府办公室职能配置、内设机构和人员编制规定，设5个内设机构，分别是综合工作部、经济发展部、投资促进部、园区运营部、行政审批服务部。

由曲沃县晋之源农业开发有限公司投资462.6万元建设了5184平方米标准化厂房，建成标准化厂房使用率达100%；由山西惠沃经济开发有限公司投资2.5亿元建设63564平方米的标准化厂房，11月完成招标，土地平整、围挡安装、临时板房搭建等前期工作已完成。2021年12月8日，曲沃县人民政府同意成立山西晋沃投资发展有限公司，县工业和信息化局（县政府国有资产监督管理局）履行山西晋沃投资发展有限公司出资人职责，依法依规对该公司后续工作进行监管；曲沃经济技术开发区对该公司进行直接管理。

【主要经济指标】 2021年，曲沃经济技术开发区工业投资累计完成46.3亿元，同比增长253.3%；规模以上工业增加值累计完成50.7亿元，同比增长28.4%；转型项目当年累计完成投资41.7亿元，占工业投资比重为90.2%，新增2家高新技术企业，同比增长200%；新增“四上”企业数5家，同比增速达71.4%；产出强度为612.3万元/亩。在2021年度考核中，被评为“优秀”等次。

【重大转型项目】 2021年，曲沃经济技术开发区引进重大项目6个。分别是总投资4.17亿元的利用高炉煤气建设135兆瓦超高温亚临界发电项目，该项目于2021年9月建成投产，年销售收入50000万元，利润5900万元，税收1800万元，增加就业岗位52个；总投资3.2亿元的年产100万吨型钢压延加工项目，该项目于2021年11月建成投产，销售收入40亿元，年利润总额6848万元，年上缴税金2825万元，增加就业岗位200个；总投资4.35亿元的年产120万吨优钢线材建设项目，该项目于2021年6月开工建设，预计2022年4月竣工投产；总投资3.3亿元的高速棒材生产线改扩建项目，该项目于2021年12月竣工投产；总投资7.5亿元的年产65万吨热轧优质合金钢中宽带钢生产线建设项目，该项目于2021年12月开工建设，预计2022年7月竣工投产，产品主要面向汽车、机械、石油化工、铁路、航天、军工、核电及风电等领域使用的高品质、高附加值的带钢产品；总投资15.2亿元的300兆瓦光伏“新能源+储能”项目，是2021年山西省政府批准的规模最大的单体光伏发电项目，项目投产后，年均发电量为3.8亿千瓦时电。

【招商引资】 2021年，曲沃经济技术开发区制定了《山西曲沃经济技术开发区招商图谱》和《曲沃经济技术开发区“双招双引”优惠政策办法（试行）》。围绕新材料、高端装备制造、生产性服务业三大主导产业，以晋南钢铁集团、通才工贸等为链主和龙头，吸引上下游产品关联企业，先后落地了年产65万吨热轧优质合金钢中宽带钢生产线建设项目、年产120万吨优钢线材建设项目、年产100万吨型钢压延加工项目、高速棒材生产线改扩建项目。通过跨地区、跨行业开展项目合作，延伸产业链、提升价值链、做强创新链，进而拓展发展空间、实现多元发展。企业主动招引落地了135兆瓦超高温亚临界发电项目、300兆瓦光伏“新能源+储能”项目，助力钢铁企业低碳发展、绿色崛起。举办“百家商会（企业）进曲沃”双招双引活动，邀请商会、企业、科研院所、双创平台、投资机构等各类实力商会企业100余家，宣传推介开发区产业发展、招商引资、招才引智、营商环境等方面独特优势，活动现场共签约项目9个，总金额达45.05亿元。协助做好山西晋南钢铁集团“绿色低碳·环保创A”行动启动仪式，打造高水准A级标杆企业，为临汾乃至全省钢铁行业企业绿色低碳发展发挥引领示范作用。启动仪式上，晋南钢铁集团分别与冶金工业规划研究院、中冶南方工程技术有限公司等多家单位签订“环保创A”合作协议，总投资达13.8亿元。协助做好晋南钢铁集团“5G+工业互联网——钢铁行业现场会”，引导企业紧抓新一轮科技革命和产业变革深入发展的新机遇，提升钢铁行业“5G+工业互联网”发展能力，助力5G在更广范围、更深层次赋能制造业高质量发展。

【传统特色产业改造提升】 2021年，曲沃经济技术开发区共推动传统产业转型升级项目7个，总投资达63.4984亿元，分别是40兆瓦发电机组燃气锅炉烟气SDS脱硫+除尘改造建设项目、燃气锅炉烟气脱硫除尘改造项目、高速棒材生产线改扩建项目、技术升级改造建设2×150吨LF钢包精炼炉及配套连铸机项目、置换建设1×1280立方米高炉、2×100吨转炉、1×65吨合金钢电炉及配套项目、年产60万吨工业用优特钢棒线升级改造项目、晋南钢铁二期曲沃基地产能减量置换项目。

【战略性新兴产业集聚】 2021年，曲沃经济技术开发区共推动战略性新兴产业项目13个。其中，新材料项目5个，总投资21亿元；新

2021年，晋南钢铁集团开创国内利用焦炉煤气和转炉煤气生产乙醇的先河。图为厂区总貌

（曲沃经济技术开发区供图）

能源项目3个，总投资10.66亿元；新一代信息技术项目2个，总投资8283万元；节能环保项目2个，总投资2484万元；燃气的生产和供应项目1个，总投资2558万元。

【开放合作情况】 2021年，曲沃经济技术开发区发挥各级招商引资工作领导机制作用，利用国家、省、市重要招商引资平台，借助中关村智酷平台积极招引外资项目，利用国际国内两个市场，有效对接优势资源和重点客商，坚持内商外商一起招、内资外资一起引，早日实现引进外资“破零”。

【基础设施】 总规编制方面。依据全县国土空间规划，紧盯国家产业政策导向，加紧修改完善总规编制，确保总规紧扣上级精神、贴合产业实际、反映各方期待、引领未来发展。

交通方面。晋阳大道道路修建项目东起108国道，西至立恒大道，全长3060.425米，总投资2500万元，现已全部完成；017乡道翻修大运路到曲郑路席村段总长约800米，总投资50万元，整修路基约600平方米，铺设沥青5厘米，于2021年10月完工。

供排水方面。投资161万元建设生活供水管道5.3公里，投资1200万元建设企业生产供水管道5.5公里；投资177万元，建设雨水收集DN200碳钢管道约4150米、架空管碳钢管道DN150约1100米、地埋顶管PE管道约350米。

供热方面。建成供热管线17.77公里，供热面积33万平方米。

通信方面。中国铁塔临汾分公司投资161.53万元，新建5G基站12处，主要建设6座地面塔、3座楼面塔、3座楼面抱杆。

燃气方面。投资400万元，建设了高炉——恒瑞昆供气管道2.3公里；投资3639万元，建设了山西闽光新材料科技有限责任公司——晋南钢铁集团燃气管道10公里。

标准化厂房建设和使用方面。投资462.6万元建设5184平方米标准化厂房，建成标准化厂房的使用率为100%；由山西惠沃经济开发有限公司投资2.5亿元建设的63564平方米标准化厂房，于2021年11月完成招标，土地平整、围挡安装、临时板房搭建等工作已基本完成。

【土地节约集约利用情况和绿色生态发展】 截至2021年底，曲沃经济技术开发区已开发面积为7967.3亩、投资强度为228.6万元/亩、产出强度为612.3万元/亩、税收强度为6.9万元/亩、单位面积就业人数为6.3人/亩；万元工业增加值用水量15.9立方米，工业用水重复利用率达90%、工业固体废物综合利用率达100%、生活垃圾无害化处理率达100%；万元工业增加值能耗、万元GDP二氧化硫排放量、万元GDP氮氧化物排放量、万元GDP化学需氧量（COD）排放量、万元GDP氨氮排放量、万元GDP烟尘排放量、万元GDP工业粉尘排放量等指标均稳步下降，绿色生态发展态势更加显著。

附　录

重要文献

政府工作报告

临汾市人民政府市长　李云峰

一、本届政府工作回顾

市四届人大一次会议以来，我们走过了极不平凡的发展历程。在省委、省政府和市委的正确领导下，在市人大、市政协的监督支持下，我们知重负重、砥砺奋进，克服重重困难，顶住了经济下行的压力，纾解了环保区域限批、新旧动能转换的阶段性阵痛，经受了新冠肺炎世纪疫情、有气象记录以来最强秋汛的严峻考验，啃下了脱贫攻坚的“硬骨头”，扭转了安全生产的被动局面，守住了不发生区域性、系统性金融风险的底线，取得了一系列令人振奋的历史性成就，在爬坡过坎中书写了激越人心的奋斗篇章。

一是综合实力显著提升。2016—2021年，全市一般公共预算收入实现翻番，居民人均可支配收入增长1.5倍，地区生产总值由1090亿元增加到1909亿元。2021年地区生产总值增速达到8.5%，为近8年最好水平；2020、2021两年地区生产总值平均增速达到6.1%，超出全国1个百分点。现代农业加快发展，粮食总产稳定在40亿斤以上，国省级龙头企业达到72家，“临汾优选”品牌知名度持续扩大。现代工业提档升级，煤焦钢先进产能占比分别达到79%、46%、70%，装备制造业、战略性新兴产业增加值分别增长166%、75%，新能源发电装机占比达到23%，信创产业呈现集聚发展态势。现代服务业提质增效，新百汇、万达广场等一批城市综合体开业运营，临汾入选全国陆港型物流枢纽承载城市、全国城乡高效配送试点城市；创建国家AAAAA级旅游景区2家，成功举办2018年全省旅发大会和两届大河文明旅游论坛，“寻根·铸魂·悦生活”文旅品牌美誉度持续提升，社会消费品零售总额增长24%。全市综合实力实现历史性跃升，特别是通过环保倒逼，企业整体的装备水平、工艺流程、环保治理能力大幅提升，工业在涅槃重生中实现了历史性蝶变。

二是产业布局更加科学。从百里汾河新型经济带，到“三个百里”经济带，再到沿汾、沿黄、沿太岳“三大板块”协同发展，产业布局理念在继承中发展、在创新中提升。目前，沿汾板块已形成以中信机电、华翔制造为龙头的高端装备制造集聚区，以字节跳动、百度标注为代表的信创产业集群，以曲沃智慧菜谷为代表的现代农业示范区；沿黄板块3个国家AAAAA级景区创建工作接续推进，云丘山已成功创建，壶口瀑布正在创建，乾坤湾正在申报，天然气增储上产力度加大，风光发电已成集群态势，大宁花卉、手套等清洁用能产业相继兴起；沿太岳板块已形成安泽、古县煤焦化循环产业园，开工建设浮山华润源网荷储低（零）碳智慧产业园、翼城高质量钢铁新材料工业园。“三大板块”战略布局符合临汾实际，契合高质量发展要求，将进一步打开我市经济社会发展新格局、新空间。

三是发展动能不断增强。创新驱动战略纵深推进，高新技术企业数量增长近2倍，华翔集团“人人创新、全员创客”模式受到李克强总理的肯定。重点领域改革多点突破，国资国企改革“三大任务”基本完成；洪洞、翼城、吉县、永和农业生产托管模式在全国推广；标准化改革走在全省前列；华翔集团成功上市，实现全省17年来民营企业主板上市“零”的突破。对外开放步伐持续加快，新增国际友城4个，与我市有贸易往来的国家和地区达到70个，成功开行中欧班列11列，进出口总额增长156%。开发区建设势头强劲，新增开发区

9个、产业集聚区7个，“三化三制”改革深入推进，“三个一批”活动常态化开展。营商环境全面优化，累计压减审批时限57%，为各类企业减税降费191亿元；在全市推行“标准地+承诺制”“要素跟着项目走”“领办+代办+专办+一网通办”工作机制；坚持解难题理旧账清欠款，以案说案印证了临汾营商环境的改善。全市域生产要素和保障性要素集聚集成，高质量发展活力全面迸发。

四是“三大攻坚战”决战决胜。脱贫攻坚取得全面胜利，10个贫困县全部“摘帽”，662个贫困村全部出列，9.5万户贫困户、27万贫困人口全部脱贫，历史性地解决了千百年来的绝对贫困问题，脱贫地区发展面貌焕然一新。污染防治成效明显，举全市之力精准治污、科学治污、依法治污，尧都、洪洞、襄汾海拔600米以下区域基本实现“无煤化”，主城区及周边重污染企业全部清零，市区环境空气质量综合指数五年改善率33.7%，9个国考断面水质全部退出劣V类。重大风险有效防控，深化安全生产专项整治三年行动，构建安全生产管理“十大体系”，全市工矿企业连续13年未发生重大事故，安全生产形势总体平稳。清收农信社风险资产155亿元，2020、2021两年化解临投集团到期债务187亿元，守住了不发生区域性、系统性金融风险的底线。扫黑除恶专项斗争深入推进，社会大局保持和谐稳定。特别是面对突如其来的新冠肺炎疫情，迅速构建“3+2”防控体系，实行“三条线”管理，加强“四个管控”，我市确诊病例全省最少，无一例本土二代病例。“三大攻坚战”取得决定性成就，一大批历史遗留问题得到有效化解，高质量发展的基础更加坚实。

五是民生福祉持续增进。城市面貌日新月异，市区鼓楼南北街拓宽改造、解放路拓宽改造、鼓楼西街立交桥、解放路立交桥、涝河两座大桥等一批项目建成投用，“核心内环、快速中环”框架基本形成；坚持“景观式造街、园林式建城”，实施靓城提质“三大行动”，以工匠精神打造精品示范街10余条，建成口袋公园、街头游园35座，城市的颜值、气质、价值不断攀升；累计完成拆迁234万平方米，特别是依法拆除了解放路54号院、平阳资产管理委员会、二中路“最牛钉子户”等违法建筑，有力打击了歪风邪气，极大弘扬了社会正气，树立了“不让老实人吃亏、不让无赖户沾光”的鲜明导向，赢得了广大干部群众的拥护和全社会的支持。乡村建设加快推进，创建省级改善农村人居环境示范村164个，农村卫生厕所普及率达到71%。基础设施不断完善，长临、霍永（永和至永和关段）高速建成通车，隰吉、黎霍、浮临高速加快建设；在全省率先实现市区纯电动出租车、公交车“双覆盖”，“诚信微笑”巴士品牌荣获交通运输部“全国优秀文化品牌”称号；汾河流域生态景观项目加快推进，162万名农村群众饮水安全条件得到巩固提升。社会事业全面发展，新（改、扩）建公办幼儿园77所、乡镇寄宿制学校258所，17个县（市、区）全部通过国家县域义务教育基本均衡发展督导评估认定；临汾职业技术学院“双高”建设和升本工作有序推进；山西师大现代文理学院新校区建成启用，为转设工作奠定了良好基础。我市被确定为首批“国家级卫生应急综合试验区”三个试点城市之一、DRG付费国家试点18个示范市之一，市人民医院获批建设省级区域医疗中心，“刘辉团队”综合实力跻身全国第一梯队，市区“15分钟就医圈”建设全面启动。文化惠民工程深入实施，市博物馆、图书馆相继建成开馆。承办二青会花样滑冰、射击飞碟、空手道和中国网球巡回赛等赛事，“赵若竹效应”持续显现，苗婉茹等体育健儿在国际国内大赛中屡创佳绩，临汾“六张体育名片”的影响力不断扩大。城镇新增就业32万人，农村劳动力转移就业32.2万人。打造了浮山厨师、华翔工匠等“临汾技工”品牌。社会保险提质扩面，多层次住房保障体系初步建立。特别是去年面对有气象记录以来最强秋汛，我们见事早、行动快，及时组织抢险救灾，精准高效推进灾后重建，全市15946户农村住房因灾受损群众于2021年12月31日前全部乔迁新居，提前一个月圆满完成省定任务，没有一户群众因灾致贫、因灾返贫，我市受损房屋重建“一户一档”经验做法得到省委林武书记充分肯定。

六是政府自身建设全面加强。深入开展“不忘初心、牢记使命”主题教育、党史学习教育，坚决捍卫“两个确立”，切实增强“四个意识”、坚定“四个自信”、做到“两个维护”。依法接受市人大及其常委会监督，自觉接受市政协民主监督，累计办理人大代表建议729件、政协提案1278件，办结率100%。建立“1+10”工作专班，严格实行周调度周例会周报告，发挥“13710”电子督办系统作用，推动工作落实落细。认真落实中央“八项规定”精神和国务院“约法三章”，成立政府系统加强作风建设工作领导小组，把作风建设贯穿到政府工作全领域各方面，政府治理体系和治理能力现代化水平显著提升。

与此同时，民族宗教、妇女儿童、统计、审计、气象、老龄、残疾人、红十字、住房公积金等工作取得新进展；国防动员、人民防空、双拥共建、优抚安置、对口援疆工作取得新成绩。

这些成绩的取得，是以习近平同志为核心的党中央坚强领导的结果，是习近平新时代中国特色社会主义思想在临汾一域的生动实践。回首奋斗历程，我们无惧风雨、迎难而上，以实干笃定前行，每一步都不容易；我们奋楫扬帆、知难而进，用汗水浇灌收获，每一个人都了不起。在此，我代表市人民政府，向全市人民，向人大代表、政协委员、各民主党派、工商联、无党派人士和人民团体，向驻临部队、公安干警和所有关心支持临汾改革发展的各界朋友，致以崇高的敬意和衷心的感谢！

在肯定成绩的同时，我们还要清醒认识到工作中存在的困难和问题，主要表现在：思想解放力度不够，抢抓机遇的能力、求新求变的魄力、乘势而上的行动力与发达地区相比还有差距。经济总量还不够大，县域经济整体竞争力还不足。发展不平衡不协调不充分的问题依然突出，城乡差距、区域差距还比较明显，经济发展的结构还需优化，质量、效益仍需进一步提高。“双城”建设有待破题，前期基础性工作推进还不够快。生态环境保护形势依然严峻，安全生产基础仍不牢固，金融领域防风险压力还比较大。营商环境、城市管理、基础设施、公共服务等领域还存在薄弱环节。部分干部存在“摆平、躺平、比差”心态，缺乏担当意识、竞争意识、市场意识，干工作的闯劲、抓落实的韧劲不够。针对这些问题，我们将采取有力措施，切实加以解决。

各位代表，成绩来之不易，经验弥足珍贵。我市的发展实践深刻启示我们：

——必须毫不动摇坚持和加强党的全面领导。我们坚持用习近平新时代中国特色社会主义思想武装头脑、指导实践、推动工作，不折不扣贯彻落实中央、省委、市委各项决策部署，学懂吃透、用活用好上级政策，打开工作新局面、取得工作新成效。实践证明，只要对党绝对忠诚，坚决捍卫“两个确立”，践行“两个维护”，就能战胜一切风险挑战，做到无往而不胜。

——必须牢固树立以人民为中心的发展思想。我们始终牢记“人民对美好生活的向往，就是我们的奋斗目标”，在想问题、作决策、干事业时，都把增进民生福祉作为出发点和落脚点。我们坚决攻克贫困堡垒，接续推进乡村振兴，不断缩小城乡差距，在共同富裕的道路上不让一人掉队。我们大力度推进城市建设，全方位提升城市品质，科学化布局教育医疗资源，人民群众的幸福感、满意度明显提升。实践证明，只要紧紧依靠人民群众，与人民群众同呼吸、共命运、心连心、肩并肩，为人民群众干实事、办好事、解难事，就能赢得人民的信任与支持，拥有力量之源、胜利之本。

——必须完整准确全面贯彻新发展理念。我们始终把创新、协调、绿色、开放、共享的发展理念作为指挥棒、红绿灯，坚决不要高污染的GDP、不要带血的GDP，临汾实现了更高质量、更有效率、更加公平、更可持续、更为安全的发展。我们坚持以经济建设为中心，狠抓发展第一要务，提速前进、后发赶超，推动经济实现质的稳步提升和量的合理增长。实践证明，只要立足新发展阶段、贯彻新发展理念、融入新发展格局，始终把发展第一要务抓在手中、摆在重要位置，就能推动我市经济高质量发展乘风破浪、行稳致远。

——必须立足实际办好临汾的事情。我们始终从临汾实际出发，创造性地贯彻落实中央、省委有关会议、文件精神，园区发展、项目建设等工作实现了新的进步。我们积极对接国省重大战略和产业发展方向，以临汾现有产业基础为依托，以“三大板块”重新布局为抓手，着力构建具有临汾特色的现代产业体系，我市核心竞争力、区域影响力不断增强。实践证明，只要坚持实事求是，饱含深情地、历史地、辩证地、发展地看待临汾的现实与未来，就一定能把临汾的工作干好、把临汾的事情办好。

——必须坚持战略视野、系统观念、底线思维。我们放眼全局谋一域，以长远眼光看问题，加强前瞻性思考、全局性谋划、战略性布局、整体性推进，找到了临汾发展的“最优解”。我们以深化改革破除体制机制“壁垒”，以自主创新为产业筑势赋能，大胆实践，先行先试，全社会创新创造活力充分迸发。我们统筹发展与安全、发展与转型、发展与环保、发展与民生、发展与防风险的关系，统筹推进疫情防控与经济社会发展，在发展中守牢底线红线，实现了抓发展和守底线的双胜利。实践证明，只要做到总揽全局、统筹兼顾、抓总抓重抓要，就能认清和把握事物发展变化的规律趋势，做出对临汾最有利的决策，就一定能推动临汾由跟跑到并跑，最终实现领跑。

——必须持续改进工作作风。我们持续完善专班推进、工作交办、限时办结、跟踪问效、追责问责等制度机制，全流程、全过程加强管理管控，以务实管用的制度机制促进工作高效有序地完成。我们坚持“今日事今日毕”，以效率的高低、质量的好坏作为检验干部工作绩效的标尺，让高效高质完成工作成为政府系统常态。实践证明，只要不断增强行动力、执行力、落实力，就能确保政令畅通、运转高效、成绩斐然。

这些经验体会，必须倍加珍惜，并在未来工作中不断丰富和发展，更加有力地指导临汾在全方位推动高质量发展新征程中不断取得新的胜利。

二、今后五年工作总体安排

今后五年，是临汾全方位推动高质量发展，实现争先进位崛起的关键时期，也是我们干事创业的大好时机。

我们将凝聚干事创业的强大精神动力。习近平总书记五年三次视察山西，为全省发展把脉定向、擘画蓝图，指明了我们今后发展的方向、前进的道路。特别是今年1月26日，总书记亲临我市考察调研、看望慰问基层干部群众，充分体现了党的领袖对老区人民的深切关怀，充分体现了党中央对山西、对临汾工作的高度关注，400万平阳儿女倍感温暖、倍感振奋、倍添干劲。我们将把对党的领袖的衷心爱戴，转化为捍卫“两个确立”、践行“两个维护”的政治自觉；把党的领袖的深恩厚爱，转化为激励临汾人民团结奋进、勇毅前行的强大力量；把党的领袖的殷殷嘱托，转化为谱写全方位推动高质量发展临汾篇章的奋斗豪情，努力创造出无愧于历史、无愧于时代、无愧于人民的新的更大的业绩！

我们将抢抓干事创业的重大时代机遇。从国际看，在世纪疫情冲击、百年变局加速演变、经济全球化逆流、国际资源重新配置、能源重组和产业重构的背景下，临汾拥有充分求新求变的时间和空间。从国内看，站在“两个一百年”的历史交汇点，党中央作出“三新”战略判断，加强跨周期和逆周期宏观调控，实施中部地区高质量发展、黄河流域生态保护和高质量发展等重大战略，这为临汾发展带来了现实机遇和历史机遇。从全省看，省第十二次党代会鲜明提出全方位推动高质量发展，特别是赋予临汾建设“双城”的历史使命，对我市打造国家物流枢纽等13个方面给予支持，这些都为临汾发展创造了条件、释放了红利。

我们将续写干事创业的伟大生动实践。近年来，我们聚焦临汾发展，系统谋划、大胆实践，发展的思路更加清晰、路径更加精准、举措更加有力。特别是“三大板块”协同发展的产业布局和特色产业体系的逐步形成，“双碳双控两高”背景下对经济活动的有效调控，生产要素和保障性要素的集成支撑，高品质城市建设和城市生活“比较优势”的充分彰显，这些都为进一步加快发展奠定了坚实基础。我们将坚定直道冲刺、弯道超车、换道领跑的信心，继续在平阳大地上书写全方位推动高质量发展的伟大生动实践！

今后五年政府工作的总体要求是：坚持以习近平新时代中国特色社会主义思想为指导，全面贯彻党的十九大和十九届历次全会精神，弘扬伟大建党精神，深入学习贯彻习近平总书记视察山西重要讲话重要指示精神特别是在临汾考察调研时的重要指示精神，按照省第十二次党代会“全方位推动高质量发展”目标要求和市第五次党代会“1355”战略，坚持稳中求进工作总基调，立足新发展阶段，完整准确全面贯彻新发展理念，抢抓构建新发展格局战略机遇，统筹疫情防控和经济社会发展，统筹发展和安全，以建设黄河流域绿色崛起转型样板城市、打造晋陕豫黄河金三角区域中心城市为牵引，凝心聚力实干，争先进位崛起，在全方位推动高质量发展中稳步迈进全省第一方阵，奋力谱写全面建设社会主义现代化国家临汾篇章。

今后五年的主要工作任务是“十个坚定不移”：

（一）坚定不移推动“双城”建设。用好省委赋予临汾建设“双城”的金字招牌，高质量编制“双城”实施方案，一张蓝图绘到底，确保一年起步、三年见效、五年成势。紧扣建设黄河流域绿色崛起转型样板城市，做好能源转型文章，有序推进能源结构调整，统筹能源开发、能源储蓄、清洁能源高效利用等工作，构建清洁化、多元化、智能化能源运行体系；做好绿色产业文章，科学谋划产业布局，推动产业加快转型，发展绿色循环经济，打造在黄河流域具有影响力的绿色现代产业集群，建设绿色低碳循环发展先导区；做好生态环保文章，加强流域生态治理，改善环境质量，建设黄河中游生态文明建设引领区；做好低碳生活文章，倡导简约适度、绿色低碳的生产生活方式，形成绿色低碳循环发展的生产体系、流通体系、消费体系。紧扣打造晋陕豫黄河金三角区域中心城市，着力提高区域竞争力，做大经济总量、提升经济质量，到2026年全市经济总量迈进全省第一方阵前列；提高人口承载力，拉大城市框架，加快城市建设，健全高品质公共服务体系，打造高品质生活宜居地；提高文化影响力，挖掘我市历史文化底蕴，推出一批标志性研究成果，打造具有临汾识别度的城市文化标识，建设区域文化中心；提高辐射带动力，完善现代交通运输体系，增强要素集成、创新策源、区域枢纽等核心功能，形成联动中部城市群、辐射晋陕豫黄河金三角地区的活跃增长极和强劲动力源。通过临汾一域的生动实践，为全省推动“一群两区三圈”新布局作出贡献、提供借鉴。

（二）坚定不移推动板块协同发展。立足当下、着眼长远，更高水平推动“三大板块”协同发展，形成“板块效应”。沿汾板块重点发展高端装备制造、信创产业和未来产业，加快发展现代服务业、现代农业、城郊经济，推动产业链、创新链、供应链、要素链、政策链“五链”耦合。沿黄板块重点打造壶口瀑布、云丘山、乾坤湾3个5A级黄河核心景区，做好农旅结合、文旅融合文章，发展新能源、储能和清洁用能产业，实现生态保护、乡村振兴、绿色发展。沿太岳板块重点布局先进焦化等传统优势产业，大力发展新材料、新能源、新产品，实现企业集聚、产业集群、资源集约、效益集成。通过“三大板块”错位发展、优势互补，多元联动、互促共融，全面开创市域高质量转型和协同提升的新局面。

（三）坚定不移推动“三驾马车”发力。增强投资对经济增长的牵引拉动，把握扩大内需这个战略基点，发挥出口的补充和调剂作用，主动融入国内大循环、国际国内双循环。发挥财政投资撬动作用，激活民间投资，吸引外来投资，形成有效投资，让投资结构逐步趋于合理、稳定，让经济增长的基础更加坚实，固定资产投资年均增长10%以上。顺应消费升级趋势，把握消费热点轮换，注重多层次多样化消费需求，稳住传统消费，培育新兴消费，开拓城乡消费，以消费潜力的充分释放助力经济增长。建设“南方略、北龙马”陆港型国家物流枢纽，构建“前店后厂”商贸加工体系，大力发展跨境电商，带动更多中小微企业参与对外贸易，外贸进出口年均增长7%以上。通过“三驾马车”同步发力，推动全市经济稳中向好、长期向好。

（四）坚定不移推动现代产业体系构建。坚持把产业转型升级作为主攻方向，加快构建特色鲜明、结构合理、链群完整、竞争力强的现代产业体系。推动煤焦钢等传统优势产业和新能源、储能产业迈过生存线、达到发展线，重点打造绿色传统产业集群、清洁能源产业集群。推动高端装备制造、新材料、信创、现代医药、通用航空等战略性新兴产业集群化链条化规模化发展，重点打造中高端装备制造产业集群、新材料产业集群。推动服务业提质增效，重点发展现代物流、科技服务、数字创意、现代金融、现代商贸等生产生活性服务业。推动现代农业特优发展，重点建设粮食、水果、蔬菜、中药材、畜牧全产业链基地。通过构建具有临汾特色的现代产业体系，促进一二三产结构优化、质效提高。

（五）坚定不移推动数智赋能。主动拥抱数字时代，超前思考、超前谋划、超前布局，在“数字临汾”建设上有行动、真行动、快行动，以数智为产业、社会、政府赋能，让数据成为推动临汾发展的关键要素。实施新型基础设施提升工程，加大对5G网络、物联网、工业互联网等重点领域投资力度，拓展5G应用场景，打造城市中枢系统、数字驾驶舱、数字底座。成立信创工作领导组，搭建平台，创优环境，大力引进和培育一批数字经济龙头企业、工业互联网平台企业，带动更多关联企业落户临汾。促进数字经济和实体经济融合发展，推动所有企业“上云用数赋智”，建设一批数据中心、算力中心，构建数字经济全产业链。瞄准元宇宙、区块链、人工智能等前沿领域，打造一批领航企业、尖端技术、高端产品。通过数字产业化、产业数字化，抢占未来发展制高点。

（六）坚定不移推动创新驱动发展。坚持资源、创新“双轮驱动”，让创新创业创造在临汾蔚然成风。构建政府引导、市场驱动、企业为主体的研发投入体系，全社会研究与试验发展经费投入逐年增加。引导全市企业加强与知名高校、科研院所的对接合作，实现所有规上工业企业研发活动全覆盖上水平。招引一批小巨人、瞪羚、独角兽企业，打造一批隐形冠军、单项冠军企业，提升企业竞争力。深化市校合作，实施“双千工程”，用好柔性引才、弹性工作机制，把临汾打造成吸引人才的洼地、成就人才的高地。通过创新驱动，构建“乔木”参天、“灌木”茁壮、“苗木”葱郁的创新生态。

（七）坚定不移推动城乡融合发展。坚持以工促农、以城带乡，深入实施新型城镇化战略，统筹推进中心城市、大县城、特色城镇、美丽乡村建设。中心城市突出高品质建设、高品质生活，大力推进城市“双修”、城市更新，加快构建高效便捷的立体交通体系、功能完善的区域服务体系、产城融合的生产生活体系，健全完善智慧化精细化内涵式管理机制，不断提升中心城市首位度。大县城突出产业稳定、服务均衡，大力发展加工产业、生活性服务业等劳动密集型产业，推动教育、医疗、文化、体育、养老、保险等优质公共服务资源向县城倾斜，吸引外出务工人员返乡创业就业，促进更多农村人口向县城集中，实现就地城镇化。特色乡镇和美丽乡村突出宜居宜业宜游，加快聚合产业、社区、文化、旅游等功能，巩固拓展脱贫攻坚成果，建设一批富有地域特质、充满发展活力的特色小镇和美丽乡村。通过推进以人为核心的新型城镇化，让群众共享城乡融合发展成果。

（八）坚定不移推动文化强市建设。激发临汾文化内生动力、增强文化感染力、提升文化软实力，实现文化大市向文化强市的新跨越。弘扬社会主义核心价值观，加强社区文化、村镇文化、企业文化和校园文化建设，全领域培育临汾文明风尚。统筹推进文化惠民、文化遗产保护传承、地方戏曲振兴、工艺美术发展等工程，建设博物馆之城；打造书香临汾，让书香浸润心灵、点亮生活，让爱读书读好书成为习惯，在全社会倡导争做翩翩少年、谦谦君子、文明市民。深度开发帝尧文化、根祖文化、晋国文化、丁村文化、黄河文化、红色文化、署衙文化等文化资源，打造精品旅游线路、龙头景区、特色文创产品，在全国叫响“寻根·铸魂·悦生活”品牌，建成国际知名文化旅游目的地。通过以文化人、以文惠民、以文兴业，重塑临汾文化辉煌！

（九）坚定不移推动安全绿色发展。统筹发展和安全“两件大事”，守好发展和生态“两条底线”。坚决贯彻总体国家安全观，强化重点领域安全生产，建成全灾种大应急平台，科学应对各类考验，提升本质安全水平；坚决消除金融风险隐患，常态化开展扫黑除恶斗争，推动市域社会治理现代化，让群众的安全感更有保障。坚决践行习近平生态文明思想，协同推进减污降碳，引导所有工业企业提标改造、升级“创A”，明确所有项目严格按照“双碳双控两高”要求落地实施、推进建设，形成绿色低碳循环经济体系；一体推进治山治水治气治城，让绿色生产生活方式成为全社会的自觉和习惯，让临汾的天更蓝、水更清、土壤更安全。通过建设平安临汾、绿色临汾，不断夯实高质量发展的基础。

（十）坚定不移推动共同富裕。坚持以人民为中心，尽力而为、量力而行，做大做好“蛋糕”，切好分好“蛋糕”。实施高质量就业提升计划，城镇新增就业人数每年保持在4.7万人以上。实施居民收入增长计划，力争城乡居民收入增速超过全省平均水平；灵活运用三次分配制度，优化财富分配格局。实施教育振兴计划，推动全市大中小学和幼儿园布局优化，办好人民满意的教育。实施“健康中国·临汾行动”计划，建成国家级“卫生应急综合试验区”、省级区域医疗中心和市区“15分钟就医圈”；加快DRG付费国家示范点城市建设。实施多层次社保体系建设计划，实现各类保险应保尽保、各类救助应助尽助。通过加强普惠性基础性兜底性民生建设，带领群众朝着共同富裕的目标扎实迈进。

各位代表，“十个坚定不移”是新一届政府的光荣使命。我们将扛起这一历史重任，争做干字当头的示范者、起而行之的行动派、善作善成的实干家，努力走好新时代赶考之路！

三、2022年经济社会发展的主要任务

2022年是党的二十大胜利召开之年，是实施“十四五”规划的关键一年，是落实省第十二次党代会和市第五次党代会精神的开局之年，是新一届市政府依法履职的起步之年。

全市经济社会发展的主要预期指标是：地区生产总值增长7.5%左右，固定资产投资增长10%左右，社会消费品零售总额增长7%左右，一般公共预算收入增长6%左右，城乡居民人均可支配收入分别增长7.5%左右、8%左右。居民消费价格涨幅控制在3%左右，城镇调查失业率控制在5.5%以内。约束性指标不折不扣完成省下达的目标任务。以上目标综合考虑了速度、效益、结构、动能四个维度的同步协调、相互支撑，体现了省委“不仅要稳中求进，而且要克服一切困难，尽可能地稳中求快、稳中求高质量”的要求。我们将坚持“跳起来摘桃子”，不仅要摘到桃子，更要力争摘下更多的“桃子”，增强争先进位的主观能动性，努力实现各项目标任务。

今年，重点抓好以下十方面工作：

（一）聚焦产业转型，着力构建高质量发展现代产业体系

加快传统优势产业内涵集约发展。发展安全高效绿色矿井。突出智能绿色安全开采和产能释放，建成1座智能化煤矿、5个煤矿绿色开采试点、70个煤矿智能化工作面；完成14座生产矿井产能核增、4座在建矿井建设，全市煤炭有效产能达到8640万吨，力争原煤产量达到8400万吨。开工建设年产800万吨的霍州煤电谭坪煤矿。发展绿色焦化。突出上大压小、产能置换、退川入谷，重点实施8个大机焦项目，建成投产安泽蔺鑫和古县盛隆泰达、宏源等3个项目；完成4.3米焦炉淘汰任务，焦化运行产能达到1967万吨，先进产能占比达到60%，基本形成以太岳板块和洪洞最北部为主的焦化产业集聚区。发展精品钢产业。突出集群高端发展，加快建设翼城高质量钢铁新材料工业园区；延伸龙头企业产业链条，支持晋南钢铁、通才工贸等重点企业发展焊丝钢、型钢、焊管、带钢，优特钢占比达到20%以上。发展清洁能源、储能和新能源。突出“双碳”、着眼长远，发展“风光水储”一体化项目。实施大宁远景、霍州兆光等总投资94亿元的18个风电光伏发电项目；加快建设华润浮山源网荷储低（零）碳智慧产业园，开工建设蒲县抽水蓄能电站；大力发展非常规天然气，力争产量达到20亿立方米。

加快战略性新兴产业成链集群发展。做强产业集群，依托现有产业优势，加速形成在全省乃至全国有较大影响力的沿汾装备制造业集群、新材料集群，尧都高新区信创产业集群，安泽、侯马生物医药集群。做长产业链条，大力推行“链长制”，重点以华翔集团为“链主”，培育汽车拆解零部件及总成、白色家电零部件及总成、工程机械零部件及总成等产业链，实施韩国LG、西安庆安压缩机整机生产等项目；以中信机电为“链主”，实施特种车辆装备制造项目；以侯马建邦、翼城闽光、安泽科鑫等企业为“链主”，培育新型金属、碳基等新材料产业链，实施建邦高纯铁、闽光碳负极材料、科鑫微晶焦等项目；以襄汾大地华基为“链主”，培育节能环保建筑材料产业链，实施大宗固体废弃物综合利用基地项目；以侯马旺龙、安泽岳康等企业为“链主”，培育中成药、现代医药等产业链，实施旺龙中药材全产业链提升、岳康连翘提取及中药饮片加工等项目。做大产业规模，坚持前瞻布局、创新引领，推动战新产业在成链集群基础上扩大规模，培育壮大一批头部企业、领军企业，打造未来竞争新优势。

加快服务业提质增效发展。深入实施服务业提质增效十大行动。生产性服务业：加快发展航空、快递、冷链等专业物流，侯马方略实施口岸型国际内陆港“一园双网两级多维”大宗货物集装箱多式联运示范工程，打造内陆地区开放联动新枢纽的战略支撑；洪洞龙马建设智能综合物流园区，打造晋煤外运战略布局的重要支撑和国家能源安全的战略保障。积极发展总部经济，鼓励市域外大中型企业在临汾设立总部，力争古贤水利枢纽、禹门口水电站、万家寨水控集团在临汾设立总部或分支机构。大力发展平台经济，支持兴荣飕云、物泊科技、快驰科技等网络货运企业做大做强。积极培育科技服务、数字创意、现代金融、信息咨询等服务业。生活性服务业：重点发展商圈经济，加快打造市区东西南北中五个商圈，中部商圈以万达广场、王府井、世纪百悦、生龙国际等城市综合体为主，在市区东西南北至少再各建1座以上商业综合体。重点推进中部王府井早日开业，东城万达广场开工建设。发展网红经济、楼宇经济、会展经济、直播带货经济等新业态新模式，多层次激发消费潜力。发展夜间经济、假日经济，全市域建设一批商业步行街、网红打卡地及“老字号”“晋小店”集聚区。非营利性服务业：加大一般公共服务、公共安全、教育科技、社保就业、卫生健康、养老康养、节能环保等领域投入力度，提升服务质量。

加快现代农业特优高效发展。稳粮食保耕地。落实粮食安全党政同责，严守耕地红线，鼓励县市区开展增减挂钩结余指标易地交易，加强农田水利基础设施建设，新建高标准农田27.1万亩，打造全省粮食绿色高质高效示范基地。全市粮食播种面积达到751.8万亩，产量达到42.5亿斤。推进“临汾优选+智慧农业”。建立“临汾优选”产品准入和退出标准，做好全流程品控、标识、营销、可追溯工作，把临汾本地优质产品选进来，把“临汾优选”品牌推出去，让广

大农户和经营者充分享受品牌效应、获得品牌收益。推广“智慧农业”，建设运营市级现代农业大数据中心，为农业生产提供智能化决策、精准化种植、可视化管理，实现科学生产、精准管控、效益提升。打通“临汾优选+智慧农业”中间环节，培育“龙头企业+中央厨房+终端配送”全产业链，形成高效生产流通体系。做强特色产业。推进“三大特色产业园区”建设和种业振兴行动，实施总投资58亿元的100个农业项目，当年完成投资30亿元以上；加快农产品精深加工十大产业集群建设，新认定市级龙头企业20家，力争农产品加工业销售收入达到210亿元。

加快数字经济深度融合发展。鼓励数字领域龙头企业入驻临汾，建设5G基站2500个，扩大智慧城市、智慧文旅、智慧民生等5G场景应用。支持尧都云商产业园打造转型发展、先行先试的信创产业新高地，重点实施字节跳动商业安全审核中心、百度人工智能数据标注基地、正合天信创计算机等项目，引领全市数字经济发展；鼓励侯马、曲沃发展“5G+工业互联网”“智慧菜谷”，打造全市数智赋能工业、农业示范标杆；依托隰县、吉县电商产业基础，加快智慧梨果产业发展，为全市特色智慧产业发展提供样板；引导各县（市、区）、各开发区（产业集聚区）、各行各业实施智慧化改造、数字化转型，所有的产业、项目都要注重数字赋能，切实提升产业发展的含金量、含新量、含绿量。

各位代表，构建具有临汾特色的现代产业体系，是临汾发展的大势所趋、现实需要、必然选择。我们要加快新旧动能转换，在全省竞相发展格局中重塑临汾产业竞争优势！

（二）聚焦县域经济，着力打造高质量发展重要载体

做大县域经济体量。围绕“三大板块”产业定位，发展富民强县特色产业，做大总量，提升能级。沿汾板块：以中部的尧都、洪洞，南部的曲沃、侯马作为两个重要增长极，引领带动平川区域整体提升；襄汾、霍州主动对标、积极跟进。五年后沿汾各县（市、区）GDP总量在全省排名均前移5~10位，尧都今年进入全省前10名。沿黄板块：大宁、永和、隰县、汾西、吉县等体量较小的县，用好资源禀赋，发挥后发优势，GDP总量尽早实现翻番；乡宁、蒲县等体量较大的县，积极培育新的经济增长点。五年后沿黄各县GDP总量在全省排名均前移5~10位。沿太岳板块：翼城、安泽、古县、浮山四县，发挥产业基础、生态康养等优势，不断做大经济总量。五年后沿太岳各县GDP总量在全省排名均前移10~15位。

打造县域经济增长极。强化开发区（产业集聚区）基础设施建设，保证标准地和标准化厂房供给，每个开发区今年标准地出让宗数占到园区内工业用地出让宗数的80%以上，全市新建标准化厂房30万平方米，让来临投资的企业“拎包入住”。深化“三化三制”改革，依法依规向开发区全面赋权，实现“区内事、区内办”。坚持“以亩产论英雄”，工业类开发区工业投资增长20%以上，规上工业增加值增长15%以上；隰县、乡宁两个示范区固定资产投资增长15%以上。坚持“以实力论英雄”，支持临开、侯开升级国家级开发区，各开发区全部达到优秀和良好等次。坚持“以项目论英雄”，常态化开展“三个一批”活动，全年开发区（产业集聚区）项目总数不少于200个，总投资突破1000亿元，开发区落地产业项目占到全市的50%以上。

提升县域经济发展活力。强化放权赋能，最大限度增加县级事权、财权，健全完善支出责任和财力相适应的制度。强化要素配置，探索建立市级层面用地指标、环境容量、能耗强度等发展资源要素保障机制，实现县域之间资源整合最大化。强化县域联动，打破区划限制，加强县市区在产业发展、劳务协作、人才交流等方面的合作，推动形成产业链互补、创新链互通、供应链协同的发展模式。强化激励引导，完善容错纠错机制，发挥考核评价正向作用，让广大干部在谱写县域经济高质量发展新篇章中放开手脚、大胆作为。

各位代表，县域经济是国民经济发展的基本单元。我们要通过园区经济促进县域经济、用县域经济组成板块合力，以“三大板块”发展带动市域经济整体壮大！

（三）聚焦市场主体培育，着力增强高质量发展动能后劲

推动惠企政策落地。扎实开展“市场主体建设年”活动，全面梳理国、省、市关于扶持市场主体发展优惠政策，推动各项政策落地落实。出台我市支持中小微企业健康发展、为市场主体纾困解难等配套措施，让市场主体活着、活久、活好。力争全年新增市场主体6万户。

优化市场主体结构。梯次推进个转企、小升规，滚动实施“四上企业”集中入库月活动，全年规

上工业企业净增120户。支持引导中小企业深耕细分领域，培育一批小巨人、隐形冠军、单项冠军企业，新增“专精特新”企业15户。按照储备一批、培育一批、辅导一批、申报一批的模式推动重点企业上市，完成中小企业股份制改造25家，挂牌“晋兴板”企业10家。

推进民营经济发展。民营经济是临汾发展的“顶梁柱”。始终把民营企业家当“亲人”，把民营企业的事情当“家事”，完善常态化政企沟通联系机制，为民营企业健康发展创造更好条件。鼓励民营企业通过特许经营、PPP等方式，进入基础设施、公共服务、公用事业、生态保护修复等领域。依法平等保护民营企业产权和企业家权益，破除制约民营企业发展的各种“壁垒”，对刁难、报复民营企业家和破坏民营经济发展环境的行为施重拳、严惩治，让民营企业家在临汾放心办企业、安心搞经营、齐心铸辉煌。

打造一流营商环境。把握“三无”“三可”要求，优化“五个环境”，全面激发市场活力。深化“放管服”改革，推进“双随机一公开”监管工作常态化，建立“7×24小时不打烊”政务服务超市，所有审批事项办理都向全国最短时限看齐，大幅提升企业开办便利度；全市域推行“标准地+承诺制”“要素跟着项目走”“领办+代办+专办+一网通办”机制，确保一般工业项目全承诺、无审批，拿地即开工；加快清理废除妨碍统一市场和公平竞争的规定和做法，依法保护市场主体合法权益；大力弘扬契约精神，坚持“新官必须理旧账”，持续开展解难题理旧账清欠款工作；构建“亲”“清”新型政商关系，理直气壮为企业家站台、撑腰、鼓劲。

各位代表，市场主体是经济增长的“发动机”。我们要在全社会营造重商亲商富商安商的良好氛围，千方百计把市场主体保护好、把营商环境优化好，持续释放临汾经济社会发展的巨大潜力！

（四）聚焦项目建设，着力强化高质量发展第一支撑

全时段做好项目谋划。围绕“十四五”规划、国省重大战略、“双城”定位，聚焦产业发展、乡村振兴、生态环保、交通建设、民生保障等领域，滚动谋划储备一批跨县域跨市域跨流域的大项目。积极争取专项债券、中央预算内投资资金、防灾救灾和灾后恢复重建资金，吸引社会资本参与全市各类项目建设。

全方位开展项目招引。用好招商引资奖励办法，编制招商图谱，推行长板招商、研究型招商、链主企业招商、专业招商、情感招商等方式，党政领导带头招商，各县市区、各部门、在临企业人人招商、全员招商、主动招商。瞄准东南沿海、京津冀、长三角、珠三角等传统招商区域，开辟雄安新区、关中平原城市群、成渝城市群、粤港澳大湾区等具有后发优势的招商新战场，引进一批含金量足、含绿量高、含新量多的标杆性项目。全年省域外招商引资投资额完成1500亿元，签约项目开工率达到50%以上。

全生命周期加强项目服务。实施省市县重点项目1031个，总投资4191亿元，年度计划投资907亿元。其中，产业类项目382个，年度计划投资436亿元、占比48%。持续开展项目问题大起底、前期手续办理月活动，深化领导包联、专班服务等工作机制，跟踪解决项目建设中的困难问题。今年第二、第三、第四季度分别对项目建设进行观摩、“晾晒”，既看新也兼顾旧、既看大也兼顾小、既看新兴也兼顾传统、既看优质也兼顾数量，形成比学赶超氛围。

各位代表，项目建设是第一支撑。我们要深入开展“项目建设年”活动，以滚动谋划项目积蓄发展动能，以精准引进项目加快转型进度，争取更多的大项目、好项目、产业类项目落地临汾！

（五）聚焦文旅融合，着力锻造高质量发展强劲引擎

明确定位发展全域旅游。统筹沿黄、沿汾、沿太岳、市区、市域文旅产业发展。沿黄突出黄河风情游，围绕建设黄河国家文化公园，以黄河旅游板块核心景区项目建设为牵引，重点打造壶口瀑布、云丘山、乾坤湾3个龙头景区，贯通黄河一号旅游公路主线，串联沿黄26个景区景点，形成“三颗明珠、拾珠成链”的多姿多彩多元组团景观，打造黄河文化这一世界级IP。沿汾突出根祖文化游，围绕尧舜德孝文化、晋文化、移民文化和署衙文化，重点打造尧庙—华门、陶寺遗址博物馆、侯马盟书遗址公园、大槐树寻根祭祖园、仙洞沟、广胜寺、苏三监狱、霍州署衙、七里峪等景区，吸引全球华人寻根问祖。沿太岳突出研学康养红色游，将浮山弟子规文化、安泽荀子文化、古县蔺相如文化等传统文化与革命先辈路居地、太岳精神、浮山扁担精神等红色革命文化深度融合，打造蒙学、游学、研学、传统文化和红色旅游线路；依托霍州、翼城、安泽3个天然氧吧，打造全

国知名的生态康养旅游目的地。市区突出休闲文化深度体验游，重点打造古城公园片区、铁佛寺片区、关帝庙片区、财神楼片区、贡院街片区、铝锅巷片区等城市文旅核心区，改造100个民宿、茶吧、书吧等院落，让游客在“文化临汾”“书香临汾”“休闲临汾”中快进慢游深体验。市域突出文博资源优势，统筹全市博物馆建设、管理、运营，发挥市博物馆、曲沃晋国博物馆等公益馆引领带动作用，挖掘激活民间博物馆、私人收藏，打造博物馆之城。

提升品质叫响旅游品牌。提高酒店民宿、景区景点设施建设水平，完善交通路网、停车场、旅游厕所、免费Wi-Fi等配套设施，最大限度满足和方便游客需求。实施A级景区倍增计划，实现各县市区A级景区全覆盖；深化“回家·悦生活”旅游服务标准建设，在全市所有窗口单位和服务行业打出“回家”品牌，让每一位来临旅游的家人都能够找到家的感觉。围绕临汾当地土特产、特色美食、名人效应等元素，创造时尚、个性、多元化产品，激活“旅游+”新业态，延伸旅游产业链，做大做强文创经济。

宣传营销带活旅游经济。办好主题活动，高水平举办第三届大河文明旅游论坛，讲好黄河故事、临汾故事；谋划推出一批旅游主题活动、重大赛事，更好地扩大宣传效应。拍好“1+N”宣传片，“1”是精心制作临汾文旅主题宣传片，全方位宣传推介临汾，提升临汾文旅知名度和美誉度；“N”是抓住不同时间节点，运用叙事、纪实、AR等拍摄手法，推出不同主题文创宣传片，以文化打天下、以创意打天下、以情感打天下，以最少的投入获得最佳的宣传效果。做好宣介推广，加强与凤凰网、高和传媒、字节跳动的合作，推出新闻话题营销、爆点营销、口碑营销，全网宣介推广临汾文旅，持续提升临汾旅游品牌影响力。

各位代表，旅游产业是富民产业。我们要精准把握文旅产业发展趋势，给来临汾旅游的人一个来的理由，做能够留得住游客、入住临汾过夜的旅游，让来临汾旅游的人在精神和物质上有获得感，让来临汾旅游的人来了还想来，再来带着亲戚朋友来！

（六）聚焦改革创新开放，着力激发高质量发展动力活力

深化重点领域改革。农业农村改革：全面推广洪洞、翼城、吉县、永和等农业生产托管模式，全年托管面积达到280万亩以上。在侯马、翼城、洪洞开展农村二轮土地承包到期后延包试点，在尧都、蒲县、永和开展农村集体资产股份权能试点，在大宁、永和、蒲县、洪洞开展农民合作社整县推进试点，为全市全面铺开相关改革工作提供经验借鉴。国资国企改革：全面提升国有资产管理水平，推动僵尸企业处置、公司制改革、国有资产集中统一监管、剥离办社会职能等任务全面收官，稳妥解决困难企业职工到龄退休问题，完成国企改革三年行动方案任务。财税金融改革：强化预算绩效管理，提高财政资金使用效率；引导更多金融机构落地临汾，推动金融更好服务实体经济。水利改革：坚持“四水四定”，统筹“五水综改”，支持临投集团和万家寨水务集团参与全市水利改革。同时，扎实推进科技创新、生态环境、医药卫生、质量标准、基层社会治理等领域的改革。

提升科技创新能力。构建创新生态，加快建设知识产权强市，用好“市长创新奖”，实施市校合作“双千工程”，引进一批尖端高端人才、培育一批技能型人才、吸引更多本土人才回临创业。打造创新平台，扎实推进襄汾中升、侯马建邦等企业的中试基地建设，布局市级重点实验室3家，持续扩大优质科技成果供给。培育创新主体，新认定高新技术企业8家，新培育企业技术中心5家、众创空间4家、星创天地4家。

扩大对内对外开放。拓展对内对外开放新空间，积极对接山西中部城市群，持续强化晋陕豫黄河金三角区域合作，切实加强与国内发达地区交流互动，全面拓展与“一带一路”沿线国家和地区合作，不断提升对内对外开放水平。加快侯马综合保税区申建工作，增加加工贸易企业数量、扩大进出口总量、提升保税业务占比，为早日申建成功打下坚实基础。积极培育外贸企业，支持华翔、华德、鸿晋等骨干企业做大做强，推动对外贸易高质量发展。

各位代表，创新驱动、改革开放是高质量发展的“两翼”。我们要坚持创新驱动不松劲、改革开放不停步，让高质量发展的活力动力不断迸发！

（七）聚焦城乡统筹，着力建设高质量发展宜居样板

全面提升城市品质。实施多城联创，发挥市国土空间规划领导小组、城市“规建管运”领导小组作用，坚持创城引领，举全市之力，统筹推进全国文明城市和国家卫生城市、双拥模范城市、园林城市、智慧城市创建。加快城市更新，坚持“景观式造街、园林式建

城”，开展城市建设更新三年行动，持续完善城市功能、提高城市品质、促进城市发展，实施街道改造、靓城提质、游园绿地建设、雨污管网改造、污水垃圾处理等重点城建、城管项目88个，总投资318亿元，年度计划投资94亿元。市环境产业园尽快建成投运，市动物园尽早开园。推动“东中西城”建设，围绕数智赋能城市管理试点、高端化现代化业态布局、产业与城市功能融合，建设智慧、活力、产城融合的新东城；围绕城市提质更新、城区人口疏解、历史文脉保护、城市客厅建设、政务服务升级，建设以文旅、行政、商业商务为主的中心城区；围绕品质社区创建、快进快出、商业综合体打造、生产性生活性服务业集聚，建设宜居、宜业、时尚休闲的河西新城。今年重点实施尧庙片区改造、涝□河片区改造、古城公园（三期）、平阳广场改造、贡院街靓城提质、尧都区文化艺术中心等项目。构建快速交通体系，着力打造核心内环、快速中环。打造滨河东路、河汾路、迎春街、五一路连通的“核心内环”，建成五一路快速通道，启动迎春街贯通工程。打造规划三街、河汾一路、尧贤街、环城南路连通的“快速中环”，建成河汾一路跨铁路桥、环城南路下穿鼓楼南大街改造工程；开工建设河汾一路快速路、河汾一路跨汾河大桥、规划三街快速路、环城南路上跨平阳街立交桥等工程。加强内涵式管理，深化市区城市管理综合行政执法、建筑垃圾资源化利用、环卫一体化等改革；厘清市本级和尧都区、临汾开发区城市管理职责边界，建立权责明晰、管理优化、执法规范的城市管理体制；提高城市管理数字化智能化水平，完善城市管理综合服务平台，建立统分结合、职责明确、奖惩分明的城市管理机制；全面提升行政执法能力和服务质量，切实解决店外经营、乱停乱放等城市堵点；下足“绣花”功夫，提高城市精细化管理水平、市政运营水平，以街道、社区、网格为主，引导商户更新城市业态，参与城市治理，带动市民文明素质提升。

统筹县城和乡村建设。深入推进县城建设，积极谋划国省道改线项目，持续拉大县城框架；实施一批标志性城建工程和靓城提质项目，对标市区示范街，打造各自精品街；开展县城环境卫生、交通秩序综合整治，推动县容县貌提档升级。大力推进乡村建设，做好巩固拓展脱贫攻坚成果同乡村振兴有效衔接工作，落实好防止返贫动态监测和帮扶机制，强化产业就业帮扶和异地搬迁后续扶持，坚决守住不发生规模性返贫底线；加强对先行示范、整体推进、重点帮扶“三类县”分类指导，建好39个省级“四类示范村”；深入实施农村人居环境整治提升五年行动；推广蒲县、安泽“三治融合”经验，持续推进移风易俗，打造一批“尧风晋韵”美丽乡村。

健全完善基础设施。强化城乡电网、路网、水网、燃气网、通讯网建设，在扩大覆盖面的基础上提质升级、完善功能。重点实施交通强市战略，建成隰吉高速，加快黎霍、浮临高速和108国道过境改线、“四好农村路”建设；谋划民航机场改扩建、聊邯长高铁西延等重大项目。实施“两水济汾”相关工程，推进汾河干流综合治理。新开工19个输变电工程。

各位代表，推动城乡区域协调发展，是实现共同富裕的重要举措。我们要“一盘棋”谋划、一体化推进城乡发展，加快构建城乡区域协调发展新体系！

（八）聚焦环境保护，着力厚植高质量发展生态底色

实施蓝天行动。修订大气污染整治攻坚量化问责办法，倒逼各项管控措施落实到位。严控工业污染，根据区域环境容量，对沿汾县市区的产业布局、产业结构进行深度调整，对全市企业依据经济贡献、污染物排放等情况，制定差异化管理措施，让环保治理水平低的企业为治理水平高的企业腾挪空间。严控散煤污染，进一步拓展煤改气、煤改电覆盖范围，做到应改尽改；启动霍州电厂至尧都东城长输供热项目，为沿线区域集中供暖提供稳定热源。严控车辆污染，继续开展国三及以下中重型柴油货车淘汰工作，加快推进新能源电动公务用车、专用车辆替代，做到低碳出行。严控扬尘污染，强化施工工地“六个百分之百”整治，实施道路“以克论净”考核，减少面源排放。通过多点发力，确保市区环境空气质量持续改善。

实施碧水行动。扎实推进城镇污水处理厂新建、扩容，加快霍州第二污水处理厂、乡宁第二污水处理厂等项目建设。强力推进城市雨污管网分流改造，重点实施市区老城片区、迎宾大道等雨污分流改造工程。深入开展“清四乱”，持续推动汾河、黄河排污口规范化整治，做到问题动态清零。全面加强生态补水，有效保障汾河、浍河等河流生态基流。要在水污染防治上真行动、见真章，通过强化源头管控、过程管控，实现地表水水质持

续改善，国考断面优良水体比例稳步提升。

实施净土行动。深入开展矿山、煤矸石堆场专项整治，严防问题反弹。持续提升危废规范化管理水平，实现贮存运输处置闭环管控。全面加强土壤污染环境监管，确保土壤环境安全稳定。大力推进“两山六河一流域”生态修复，加快汾河流域生态保护和修复、晋西太德塬生态综合治理等工程建设。

各位代表，全方位推动高质量发展需要良好的生态环境作保障。我们要坚决打好打赢污染防治攻坚战、翻身仗，让临汾的蓝天常在、碧水长流、青山永驻！

（九）聚焦安全稳定，着力夯实高质量发展坚实基础

守好疫情防控阵地。落实“外防输入、内防反弹”总策略，紧盯人流、物流、最小单元，强化“四个管控”。加强医疗物资、生活物资保障，筑牢安全线保障线。健全常态化防控和应急处置转换机制，完善多点触发监测预警机制，加强流调溯源、核酸检测、医疗救治三支队伍建设，坚决守好“临汾阵地”。

筑牢安全生产防线。加强安全生产顶层设计，形成遵章守规的良好行为习惯，构建穿透式的责任管理体系，制定长牙的全过程监管惩处问责办法，全面提升本质安全水平。严格执行安全生产责任落实特别规定、市县四套班子领导包联安全生产、安全专家配备等制度，健全“四查一倒追”机制，制定安全生产重点单位图谱，强化各方知责履责尽责。打好安全生产专项整治三年行动收官战，加强重点领域隐患排查，坚决杜绝重特大事故、减少一般性事故、防止意外事故。制定安全生产量化问责办法，从严从重追责问责。健全应急救援指挥体系，不断提高防灾减灾、应急处置的能力和水平。

防范化解重大风险。完善政府债务风险预警机制，坚决遏制新增隐性债务，稳妥化解存量债务；加强银行机构不良贷款清欠清收，重点做好临投集团债务化解，开展数字（虚拟）货币风险排查，确保不发生区域性、系统性金融风险。

全力维护社会稳定。坚决捍卫国家政治安全，推进扫黑除恶常态化，强化社会治安防控体系建设；坚持和发展新时代“枫桥经验”，完善社会矛盾纠纷多元预防调处化解机制，强化信访“控新治旧攻坚”，推进市域社会治理现代化。

各位代表，安全是发展的前提，发展是安全的保障。我们要牢固树立底线思维，坚持统筹发展和安全，为高质量发展创造安全稳定环境！

（十）聚焦民生改善，着力共享高质量发展奋斗成果

就业方面，落实好就业优先政策，深入开展技能培训、职业介绍、专场对接、点对点输送等活动，鼓励创业带动就业，解决好重点群体就业问题，竭尽所能为创业就业创造一切有利条件；继续打造浮山厨师、华翔工匠、乡宁陶艺等“临汾技工”品牌，提升影响力带动力；城镇新增就业4.7万人，农村劳动力转移就业4.5万人。

教育方面，深化教育改革，落实“双减”政策。建设改造市第四幼儿园等公办园10所、翼城隆化中心小学等寄宿制学校82所，新（改、扩）建市第一小学、临汾三中等中小学校16所。规范民办义务教育发展。推进山西师大现代文理学院转设、临汾职业技术学院“双高”建设。加强教师队伍建设，提升教育教学质量。

医疗方面，推进国家级“卫生应急综合试验区”、省级区域医疗中心建设，加快市中心医院、第二人民医院、中医院等项目建设。深入开展强医提质行动，创建名科、名医、领军人才和创新团队，让老百姓看病最方便、最温暖、最便宜。加强食品药品安全。

文体方面，加快市体育公园建设，适时启动市区“一场三馆”、市融媒体中心、美术中心等建设，加大对蒲剧、眉户等地方戏曲的传承和保护力度，提升城市文化体育竞争力。持续开展送戏下乡、周末剧场等工作，不断丰富群众文化生活。大力发展赛事经济，支持、鼓励举办各类国际国内重大赛事，叫响“六张体育名片”。

社保方面，稳妥推进社保制度改革，全面实施城乡居民补充养老保险，扩大参保覆盖面；积极支持三孩生育政策。扎实推进城镇社区养老幸福工程、社区养老服务设施建设。坚持“房住不炒”原则，做好租购并举工作，推进城中村、棚户区和农村危房改造。

支持国防和军队建设，做好国防动员、人民防空、双拥共建、退役军人服务保障等工作。支持工青妇、残联、红十字会等群团组织更好发挥桥梁纽带作用。加强对口援疆、外办、审计、统计、气象、公积金等工作。

四、狠抓工作落实和政府自身建设

为政之道，贵在落实。要大力弘扬解放思想、实事求是、真抓实干、久久为功的精神品格，将全

省政府系统抓落实提高执行力“十个方面”要求在临汾落实落细。坚持解放思想。习近平新时代中国特色社会主义思想是当代中国马克思主义、21世纪马克思主义，是内涵丰富、逻辑严密、系统完备的科学理论体系。实践证明，学懂弄通、纯熟运用习近平新时代中国特色社会主义思想就是解放思想，用科学理论武装头脑、指导实践、推动工作的过程就是解放思想的过程。要始终把学习贯彻习近平新时代中国特色社会主义思想作为“第一议题”，做到入耳入脑入心入情、真学真懂真信真用。坚持实事求是。实事求是既是认识论，更是实践论。抓发展、干工作、搞事业要想做到实事求是，就必须对事物发展有客观的认知、理性的态度、科学的方法。只有坚持实事求是，遵循客观规律，才能明确方向、选对路径，校准目标、大胆实践，也才能坚持真理、修正错误，得到最好结果、最佳成效。市政府今后五年和2022年工作安排，都是从临汾实际出发，根据临汾历史、现实作出的重大部署，完全体现了实事求是的精神。要以实事求是的态度，一步一个脚印把各项部署落到实处。坚持真抓实干。真抓才能攻坚克难，实干才能梦想成真。对党中央、省委、市委确定的目标、决定的事项、部署的工作，不坐而论道、不犹豫不决，不驰于空想、不骛于虚声，坚定坚决抓好落实；大力践行“一线工作法”，突出现在立刻马上，增强行动力执行力落实力。坚持久久为功。惟其相信，才能自信；惟有相信，才能坚持。要重视“相信的力量”，以对历史、对人民高度负责的态度，树牢正确的政绩观，做坚定的长期主义者，始终保持从容自信，持之以恒、久久为功、接续奋斗，不断开创临汾全方位推动高质量发展的新局面。

做好政府工作，需要以政府治理体系和治理能力现代化水平的提升作保障。牢记国之大者，建设政治机关。始终把政治建设摆在首位，坚决捍卫“两个确立”，切实增强“四个意识”、坚定“四个自信”、做到“两个维护”。不断提高“政治三力”，第一时间落实习近平总书记重要指示批示等政治要件，不折不扣推动中央、省委、市委决策部署落地落实。牢记人民至上，建设服务政府。践行以人民为中心的发展思想，提升服务市场主体和人民群众的能力和本领。坚持把经济总量、财政增量更多转化为群众实实在在的生活质量，为人民群众幸福生活拼搏、奉献、服务！牢记秉公用权，建设法治政府。严格执行人大及其常委会决议决定，自觉接受人大监督、政协民主监督、社会监督、舆论监督，强化审计监督。深化综合行政执法、行政复议体制等改革工作。深入开展“八五”普法。牢记使命担当，建设效能政府。健全完善工作专班、交办领办督办办结、周例会周报告、约谈通报问责等制度，形成完整闭环的抓落实机制，确保各项工作有效率、有结果、有评估、有总结。牢记自我革命，建设清廉政府。贯彻落实中央八项规定及其实施细则精神，着力整治形式主义官僚主义。坚持过“紧日子”，把有限资金用到全方位推动高质量发展的“刀刃上”。

各位代表，道阻且长，行则将至；行而不辍，未来可期。让我们更加紧密地团结在以习近平同志为核心的党中央周围，在省委省政府和市委的坚强领导下，锐意进取、勇毅前行，踔厉奋发、笃行不怠，奋力谱写全方位推动高质量发展临汾篇章，以优异成绩迎接党的二十大胜利召开！

临汾市人民代表大会
常务委员会工作报告

临汾市人大常委会主任　陈小洪

过去五年工作回顾

市四届人大常委会产生以来的五年，是我市人大工作守正创新、全面进步的五年。五年多来，在中共临汾市委的坚强领导下，市人大常委会坚持以习近平新时代中国特色社会主义思想为指导，全面贯彻党的十九大和十九届历次全会精神，坚持党的领导、人民当家作主、依法治国有机统一，认真履行宪法和法律赋予的职责，召开常委会会议58次，制定地方性法规15件，听取审议工作报告74个；作出决议决定75个；依法任免国家机关工作人员504人次，为推动临汾经济社会发展和民主法治建设作出重要贡献。

一、强化政治引领，在坚持党的领导中体现人大担当

坚持党的领导，是人民代表大会制度的本质要求和最大优势，也是做好人大工作的根本保证。五年多来，我们自觉把党的领导贯穿于人大依法履职全过程、落实到人大工作各方面，市委有号召、人大有行动已成为高度自觉。

持续强化理论武装。常委会

通过党组中心组学习、邀请专家解读、开展交流研讨、召开学用交流会等形式，深入学习领悟习近平新时代中国特色社会主义思想，把学习贯彻习近平法治思想、关于坚持和完善人民代表大会制度的重要思想、在中央人大工作会议上重要讲话精神，以及视察山西重要讲话重要指示精神贯通起来，作为指导和推动新时代人大工作的行动指南，筑牢做好临汾人大工作的思想根基，进一步强化常委会班子和组成人员牢固树立“四个意识”，坚定“四个自信”，做到“两个维护”，拥护“两个确立”，为常委会依法履职提供了坚强的政治保障。

坚持党的全面领导。市委高度重视人大工作，将人大工作纳入总体布局，及时研究解决人大工作中的重大问题，为做好全市人大工作把关定向。常委会党组坚持定期向市委常委会报告工作，对人大工作中的重要事项及时向市委请示，主动服从市委领导，做到市委的工作重心在哪里，人大工作就跟进到哪里，力量就汇聚到哪里，作用就发挥到哪里。确保市委主张通过法定程序成为人民意志，确保市委推荐的人选通过法定程序成为市级地方国家机关工作人员，确保市委的决策部署在人大得到有效贯彻落实。

精心组织开展“不忘初心、牢记使命”主题教育和党史学习教育。常委会扎实开展“不忘初心、牢记使命”主题教育和党史学习教育，把开展“争先、进位、崛起”解放思想大讨论与党史学习教育相结合，通过专题学习会、交流研讨会、专家宣讲、专题调研等形式，使常委会和机关党员干部经受了一次又一次政治历练、思想淬炼和实践锻炼。深入开展“我为群众办实事”专题实践活动，广泛征求意见，结合立法、监督、信访、重点建议督办等职能，推动解决了一批群众烦心事、企业期盼事、基层困难事。通过学史明理、学史增信、学史崇德、学史力行，我们更加坚定自觉地把人大工作置于党的全面领导、绝对领导之下，充分保证了人大工作始终沿着正确的政治方向前进。

二、提高立法质效，在强化法治保障中彰显人大作为

开展地方立法，是四届人大常委会一项全新而重要的法定职权。五年多来，我们创规建制、夯实基础，推进科学立法、民主立法、依法立法，临汾地方立法实现了从无到有、从有到优、从优到精的重要转变，为全市改革发展提供了坚实有效的法治支持。

夯实立法基础。常委会把夯实立法基础放在突出位置，确立了市委领导、人大主导、政府依托、各方参与的立法工作格局；成立法律法规调研中心，新增立法工作专门人员编制；成立立法咨询专家库，建立6个基层立法联系点，确定立法研究咨询基地，制定实施了《关于进一步改进立法方式方法完善立法工作机制的意见》，切实发挥人大在立法中的主导作用，确保了这项全新的工作在短短五年内取得重大进展和重要成效。

针对问题立法。我们坚持从服务临汾经济社会发展大局且急需解决的事项中选取立法项目。针对环境污染这一长期制约临汾发展的历史顽疾，常委会认真践行习近平生态文明思想，推进以法治方式处理经济发展与生态环境保护的矛盾，破解污染防治难题。五年多来，围绕生态环境治理这一重要领域，制定并启动实施大气污染防治、水污染防治等环保类地方性法规8部，占到我市地方立法总数的一半以上。通过《临汾市禁止燃放烟花爆竹规定》《临汾市禁煤污染防治条例》《临汾市大气污染防治条例》等一系列法规的实施，全社会的环境守法意识、参与意识、依法治污意识显著提升，全市人民自觉移风易俗，禁燃区内烟花爆竹燃放基本禁绝，禁煤区内基本全部实现煤改气、煤改电，一批散乱污企业依法关闭，传统工业企业普遍实现了环保深度治理，全市空气质量明显改善。这些“小快灵”的法规为推动全市生态环境持续向好提供了务实有效的法治保障。针对文化和旅游资源保护利用存在的短板，制定《临汾市非物质文化遗产保护管理办法》和《临汾市旅游资源保护与开发办法》，强化了资源保护，规范了开发利用，使临汾的非物质文化遗产在保护利用中活起来，促进了文化资源和旅游资源的融合，推动临汾文化旅游资源大市不断向文化旅游产业强市迈进。

注重民生立法。民生领域问题，是常委会立法关注的重点。《临汾市电动自行车管理条例》实施后，市区骑电动车的头盔佩戴率保持在90%以上，“骑电动、戴头盔”已成为市民的自觉习惯，因电动自行车骑行造成的人员伤亡事故显著减少；《临汾市文明行为促进条例》实施后，对于引导规范公民日常行为，提升公民文明素养发挥了重要作用；《临汾市体育设施建设和管理办法》实施后，使新建一个小区、配建一批设施、服务一方群众形成机制，人民群众体育健身更加便利；特别是针对农村中存在的自建房屋质量安全问题，常委会仅用两个月时间就完成了《临汾市农村自建房屋质量管理办法》的立法工作，从制度层面切实解决我市农村自建房屋质量管理中存在的突出问题，从法治层面推动人民群众生命和财产安全得到保障。这也是全省关于农村自建房屋质量管理的创制性立法，填补了我省在此领域的立法空白。

探索协同立法。开展协同立法，服务全省战略大局，是地方立法的一个新趋势、新要求。2020年，常委会认真贯彻省委关于黄河流域生态环境保护立法部署，在省人大常委会指导下，与长治、晋城两市人大常委会沟通协调，制定了《临汾市沁河流域生态修复与保护条例》，以“共同决定+条例”的方式共护一河清水。这是我市制定的第一部涉及流域综合保护的地方性法规，也是建立跨行政区域协同立法机制的一次有益探索，为全省区域协同立法提供了新思路、新经验。

注重对法律法规实施的督查。法律的生命力在于实施。五年多来，常委会坚持一手抓立法、一手抓监督实施，配合全国人大、省人大或自己组织，先后对71部法律法规实施情况开展执法检查，督促有关单位法律执行到位、落到实处。为切实推动我市自立法规实施，常委会把2021年确定为“自立法规执法检查年”，重点对11部自立法规开展了市县联动执法检查，并在常委会会议上听取了执法检查报告，向相关单位提出审议意见，进一步强化了监督政府依法行政的明确导向。在执法检查中，常委会把执法检查与开展法律宣传、提升法治意识相结合，在促进法规有效实施的同时，持续推动全社会形成尊法、学法、守法、用法的良好氛围。

从2016年临汾人大被赋予地方立法权至今，我们准确把握地方性法规实用性、差异性的定位，在实践中探索前进，逐步走出了一条“小切口、有特色”的立法路子，依照需立则立、急用先立、立法求实、立法从新的原则，共制定出台了15部事关临汾经济社会发展大局和民生大事的地方性法规，发挥了地方立法在国家法律体系中实施性、补充性、探索性作用，努力以高质量立法推进法治临汾建设，推动政府依法行政，规范权力运行，推动全市经济社会发展和治理体系、治理能力现代化。

三、提升监督实效，在服务中心大局中发挥人大作用

围绕中心、服务大局是人大的职责所系、使命所在。五年多来，我们聚焦全市改革发展大局，寓支持于监督之中，以对临汾发展高度负责的态度，全力推动市委决策部署贯彻落实。

落实好法定监督职责。常委会每年都听取审议市政府计划、预算工作报告，依法批准市级财政决算及预算调整方案，使预算编制更加科学、预算执行更加规范；听取审计查出问题报告及整改情况报告，促使问题整改更加精准有效，审计查出问题逐年减少；建立市政府向市人大常委会报告国有资产管理情况制度，听取审议行政事业性国有资产、国有森林资源、国有矿产资源以及国有资产管理情况的综合报告，保障了人民群众对国有资产管理的知情权、参与权，促使国有资产更好地服务发展、造福人民；推进预算联网监督平台建设，建立预决算审查监督专家库，进一步完善财政运行实时监督和科学监督，有效促进政府及有关部门把人民的“钱袋子”更好地取之于民、用之于民。

助力打好三大攻坚战。常委会把脱贫攻坚列为监督工作的重中之重，先后对脱贫攻坚进展情况开展了多次专题视察调研，召开脱贫攻坚专题座谈会，连续3年听取审议市政府关于脱贫攻坚工作情况的报告，听取审议全市脱贫攻坚完成情况报告，持续开展“脱贫攻坚人大代表在行动”活动，密切关注脱贫资金使用、脱贫产业发展以及脱贫攻坚长效机制建立，促推如期高质量完成脱贫攻坚任务。聚力生态环境保护，连续5年听取审议全市环境状况和环境保护目标完成情况报告并跟踪监督审议意见落实；开展“三河流域”生态治理专题调研，对土壤污染防治“一法一条例”、《山西省汾河流域生态修复与保护条例》进行执法检查，持续促进生态受保护、群众得实惠；连续2年推动城乡环境卫生整洁行动，建制度、建队伍，城乡环境整洁形成常态；认真贯彻落实省人大常委会《关于加强吕梁山区生态保护和修复、促进高质量发展的决定》，依法作出《临汾市实施禁牧休牧轮牧促进林草高质量发展的决定》，推动贫困地区加强生态保护，走高质量发展新路；聚力防范化解重大风险，加强政府债务化解工作监督，力推提高财政资金使用绩效，保持政府债务风险总体可控。

助推经济高质量发展。围绕推进高质量发展，常委会对开发区建设进行了专项调研视察，听取审议了开发区建设专项报告，提出了优化产业布局、加快项目落地、加大科技创新等建议，推进开发区争先进位；聚焦产业发展，组织7个调研组，对全市二三次产业所涉及的14个行业进行了深度调研，形成7个专项调研报告，为市委决策提供了重要参考；聚焦优化营商环境，深入全市17个县（市、区）开展营商环境大调研，走访企业260余家，深入了解企业在生产经营过程中遇到的普遍性困难和问题，紧盯行政审批制度改革关键环节，推动审批流程更加优化，服务意识不断增强，群众办事更加方便快捷；推动全市加油站数据管理云平台建设，防堵税收漏洞，规范成品油市场健康发展。五年多来，人大工作始终紧跟市委步伐，聚焦全市工作中心，在服务改革发展大局中找准了切入点位，发挥了重要作用。

四、坚持人民至上，在回应群众关切中站稳人民立场

人大工作的根基在人民，履职的归宿也在人民。五年多来，我们坚持以人民为中心的发展思想，扎实推进全过程人民民主，全力推动解决人民群众最关心最直接最现实的利益问题，为实现临汾人民对美好生活的向往不懈努力。

助力“靓城提质”。改善城市面貌，提升城市品质是市委着眼临汾发展和民生需求作出的一项重要部署，也是全市人民都看得见、感受深、受益大、最直接的普惠民生工程。从2020年开始，常委会组织委员和代表先后对“靓城提质”工作和20+3城建重点项目、42项市区重点城建项目进行了两次视察，召开不同层次、不同方式的座谈交流会，走进代表联络站倾听基层群众对“靓城提质”工作的意见建议，倡导市县两级人大代表积极参与《助力靓城提质——代表在行动》相关活动，使人民群众的意愿得到政府重视，政府重点工作得到人民群众的支持，上下齐心推动城市面貌日新月异，基础设施日臻完善，人居环境不断优化，城市品质显著提升。

推动乡村振兴。乡村振兴事关全市农村人民群众的切身利益和未来幸福。为了进一步助力巩固脱贫攻坚成果，推进乡村振兴战略落实，常委会听取审议了市政府关于《临汾市推进乡村振兴战略情况的报告》，提出加强规划引领、强化农村发展导向、重点扶持优势产业等建议；听取审议市政府关于全市“特、优”农产品产业发展情况的报告，支持“临汾优选”品牌打造，建议市政府把产业振兴与发展村集体经济结合起来，加快智慧农业发展，延伸农业产业链，畅通农产品流通渠道，持续带动农民增收，稳步推进乡村振兴。

推进民生改善。坚持民有所需，我有所为。围绕人民群众关注的热点难点问题，常委会听取审议了全市职业教育改革发展情况报告，推动职业教育健康发展；跟踪监督县域内城乡义务教育一体化改革工作，推动城乡义务教育均衡发展；听取审议全市县乡医疗卫生机构一体化改革的情况报告，推动解决基层群众看病难、看病贵问题；开展乡村医疗服务专题调研，听取市政府实施情况报告，并进行满意度测评，促进乡村医疗服务提质增效；听取就业、社会救助、安全生产专项工作报告，开展食品安全、疫情防控等14项涉及民生领域的执法检查，对企业复工复产、残疾人就业、学前教育“入园难入园贵”等开展调研，使常委会工作在改善民生、维护群众利益上发挥有效作用。

推进司法为民。五年多来，

常委会听取审议了市中级人民法院、市人民检察院9个专项工作报告，加强对“扫黑除恶”、“执行难”、公益诉讼、刑事执行检察、适用认罪认罚从宽制度等工作的监督，支持督促司法机关为民履职、公正司法，促进社会公平正义，推动群众反映强烈的司法问题得到解决；准确把握人大信访工作的定位，加强与“一府一委两院”等部门的沟通协调，五年多来，共受理群众来信来访1979件次，全部及时交办、转办，促进了社会和谐稳定。

积极投入疫情防控与防汛救灾。2020年初，面对突如其来的新冠肺炎疫情，常委会班子成员全员上阵，扎实开展疫情防控“两法一条例”执法检查，深入一线就疫情防控措施落实、生活必需品保供稳价、企业复工复产等工作开展深入调研和有效监督，支持保障了“一府一委两院”疫情防控应急处置措施的落实到位。2021年秋汛期间，面对灾情实际，常委会第一时间发出倡议，动员全市人大系统积极投入防汛救灾，全市各级人大代表和人大工作者积极响应、冲锋在前，从各个领域、行业、岗位发挥表率作用，以实际行动回应人民关切，扛起了人大责任，体现了人大担当。

五、发挥主体作用，在促进代表履职中凝聚人民力量

人大工作的主体是代表、基础在代表、活力看代表。五年多来，我们充分尊重代表主体地位，创新代表工作载体，加强代表履职保障，全面激发代表活力，推动代表作用全方位、高质效发挥。

拓展代表联系群众渠道。常委会推动全市高标准、高质量建成代表联络站137个，联络点310个，形成了汇民声、聚民智、解民忧的新机制。通过“集中进站履职月”、星级代表联络站评选等活动，各级人大代表执行职务、开展活动、联系群众更加便利，群众与政府的关系更加融洽；坚持每年开展市人大代表跨行政区域交流视察，组织我市的省人大代表赴吕梁、长治开展跨区域视察调研，在学习交流中取长补短、相互促进、共同提高，进一步增强了代表的履职意识，提高了代表的履职能力，代表履职更接地气，履职实效更强。

提升代表议案、建议的提出和办理水平。四届人大及其常委会履职期间，代表们在省、市人代会上提出议案先后“破零”，对各方面工作的建议和意见也更能反映民情民意、表达民生诉求、汇聚百姓智慧，连续几年议案、建议的数量和质量都稳居全省前列；改进代表议案建议交办方式，由常委会主任会议交办，各承办单位“一把手”亲自认领，办理工作机制更健全、责任更明确、落实更有力。市四届人大一次会议以来，主席团交付的全部议案都按时审议完毕，代表在会议和闭会期间提出的建议，办复率均达到100%。每年选取10件重点建议，由常委会主任会议成员牵头督办，人大代表、人民群众和代表建议承办单位之间直接对话，其中120急救指挥中心联动、撤销霍侯路收费站、静态交通合理化、“一街一品”等一批代表和群众特别关注的热点问题得到了有效解决。

强化代表履职保障。实现代表列席常委会会议、参加常委会活动常态化，先后邀请300余名省市人大代表列席人大常委会会议及参加视察、专题调研、执法检查等活动。通过自办媒体等渠道，及时向代表通报常委会和“一府一委两院”重要工作及重大活动情况；组织开展省、市代表轮训，邀请专家、优秀代表进行专题讲座，强化代表日常学习；把代表履职补助经费纳入本级财政预算，竭尽全力为代表更好履职创造条件，做好服务。

今后五年工作建议

各位代表，今后五年，是临汾全方位推动高质量发展的关键五年。春节前夕，习近平总书记来临汾考察调研，并亲切看望慰问基层干部群众，作出重要指示，寄予殷切期望，充分体现了党的领袖对老区人民的深切关怀，充分体现了党中央对临汾工作的关心关注，全市人民倍感振奋、备受鼓舞。市第五次党代会，确立了我市未来五年工作的总体要求、目标任务。站在新的历史起点上，即将选举产生的市五届人大常委会，责任重大、使命光荣。我们坚信也真诚希望新一届市人大及其常委会在中共临汾市委的坚强领导下，坚持以习近平新时代中国特色社会主义思想为指导，依法履职、担当实干，努力开创新时代人大工作新局面。

一、坚持党的全面领导，始终确保人大工作正确方向。坚持党的全面领导这一最高政治原则，在学思践悟新思想中不断增强坚定捍卫“两个确立”、坚决做到“两个维护”的思想自觉和政治定力；坚持在市委领导下依法履行职责、开展工作，做到党委有部署、人大即行动；充分发挥常委会党组把方向、管大局、保落实的作用，严格执行民主集中制，积极推进常委会工作制度化规范化，为做好人大工作提供坚强保证。

二、坚持围绕中心服务大局，更好发挥人大职能作用。紧紧围绕“1355”战略部署，找准人大履职的切入点、着力点和关键点，充分发挥人大职能作用，创造性做好立法、监督、代表等工作，不断提升履职成效，为全方位推动高质量发展贡献人大智慧和力量。坚持以人民为中心，拓宽人民群众利益诉求的表达途径和渠道，让每一项立法都凝聚民智、维护民利，让每一项监督都汇聚民意、赢得民心。

三、坚持“四个机关”定位，全面加强自身建设。坚持把政治建设摆在首位，巩固深化党史学习教育成果，推动人大党的建设向纵深发展；抓好常委会机关干部队伍建设，加强工作理念、工作机制、工作方式创新，持续提高服务大局的能力、依法履职的能力、开拓创新的能力；严格落实中央八项规定及其实施细则精神，驰而不息正风肃纪，营造风清气正、干事创业的良好生态；密切与县乡人大的联系，加强工作指导和交流，增强人大工作整体实效。

各位代表，新使命催人奋进，新征程大有可为!让我们紧密团结在以习近平同志为核心的党中央周围，高举中国特色社会主义伟大旗帜，在中共临汾市委的坚强领导下，牢记使命、开拓进取，踔厉奋发、笃行不怠，不断推动我市人大工作高质量发展，为临汾在全方位推动高质量发展迈向全省第一方阵作出新的更大贡献，以优异成绩迎接党的二十大胜利召开!

政协第四届临汾市委员会常务委员会工作报告

政协临汾市委员会主席　张建平

一、本届政协工作

四届市政协一次会议以来，中共临汾市委团结带领全市干部群众，务实重干、勇毅前行，各项事业不断取得新的进步，与全国、全省同步建成小康社会。特别是去年市五次党代会提出了“1355”战略，明确了经济、政治、文化、社会、生态文明建设和党的建设等十个方面的主要任务，擘画了临汾今后五年“全方位推进”“高质量发展”的宏大愿景目标和宏伟发展蓝图，这是我市昂首阔步迈进新时代、开启新征程的生动实践与体现，更是临汾人民的热切期盼与向往。

在中共临汾市委的坚强领导下，四届市政协坚持以习近平新时代中国特色社会主义思想为指引，牢牢把握团结和民主两大主题，坚持建言资政和凝聚共识双向发力，发挥专门协商机构作用，忠诚履行职能，在助推全市经济社会发展中诠释了政协情怀、贡献了政协力量、展现了政协担当，干出了政协样子。

一、始终坚持党对政协工作的全面领导，把牢正确政治方向

市政协始终把坚持党的领导作为做好政协工作的本质要求和根本保证，切实把党的领导贯穿政协履职各方面和全过程，确保人民政协事业始终沿着正确方向前进。

坚持不懈强化理论武装。把学习贯彻习近平新时代中国特色社会主义思想作为第一主题，不断完善学习体系，建立了以党组学习为引领的常态化学习机制，组织党组扩大会议集体学习52次，举办报告会、专题讲座、专题研讨41次。扎实开展“两学一做”学习教育、“改革创新、奋发有为”大讨论、“不忘初心、牢记使命”主题教育、党史学习教育等专题学习活动，组织引领广大政协委员和机关干部在学思践悟上下功夫求实效，切实武装头脑、指导实践、推动工作。坚持“以上率下学”。从主席、副主席做起，带头学原文、读原著、悟原理，带头写心得、谈体会、讲党课，带头联系自身实际、见人见事见思想，强化“头雁效应”。坚持“带着自信学”。坚信党的伟大创新理论能指导带领我们实现中华民族伟大

复兴中国梦，夺取中国特色社会主义伟大胜利，以理论自信促进学习自觉，进而真学真用。坚持“创新形式学”。组织机关“干部讲堂”91次，开展机关党支部学习50多次，建立“机关微型图书馆”，开设致敬党的百年华诞线上专题专栏，推进“书香政协”建设，举办高层次的委员能力提升培训班3期，取得了良好学习效果。坚持“改进作风学”。在学习活动中，市政协从上到下，提倡不念稿子，讲真话实话，力求每次活动都能解决一到两个突出问题，防止活动口号化、表面化、形式化，走过场。坚持“联系实际学”。注重把学习贯穿于履职全过程，坚持干中学、学中干、边学边干、边干边学，努力做到学用结合，知行合一。通过深入扎实地开展学习教育，让我们更加坚定捍卫“两个确立”，坚决做到“两个维护”；让我们更加精准把握新时代人民政协新方位新使命；让我们更加自觉坚持党对政协工作的全面领导，人民政协作为用党的创新理论团结教育引导各族各界代表人士的重要平台作用得到了更好发挥。

切实发挥政协党组领导作用。市政协党组自觉扛起实现党对人民政协领导的政治责任，认真执行重大事项请示报告制度，严格落实意识形态工作责任制，支持派驻机关纪检监察组履行职责，确保市政协的一切工作都在市委的领导下开展和进行。领导班子成员自觉强化关键少数作用，一方面坚持发挥带领带动作用，认真完成自己承担的任务，抓好分管的工作，身体力行抓紧抓实各项重大履职协商活动；另一方面坚持发挥督促指导作用，出题目、压担子、教办法，督促不愿干的，指导不会干的，激励想干能干的，层层传导压力、层层传导办法，以良好的作风和形象凝聚人心、推进工作。

大力加强政协系统党建工作。设立市政协机关党组，增加了专委会党支部，机关党支部由4个调整增设为9个，将党员委员全部纳入了专委会党支部，在政协全会和外出学习培训期间成立临时党组织，构建了市政协党组、机关党组、机关党委、机关党支部四级党组织架构，推动实现政协党建工作“两个全覆盖”。市政协专委会支部被评为市五星级党支部和先进基层党组织。坚持每年年初制定明确年度党建工作要点、主体责任清单和党建工作任务，坚持每季度听取机关党建工作汇报，每半年研究一次全面从严治党、党风廉政建设、意识形态和统战工作，逐季逐月抓推进，切实扛起主责、抓好主业、当好主角。针对一些干部存在的政协是“清水衙门”“廉洁不是大问题”的松懈麻痹意识，我们通过多种形式强化教育引导，让大家认识到腐败就在身边，坚持从点滴小事严起，扎实推进反腐倡廉、党风廉政建设。在全省政协系统党建工作经验交流会上，临汾市政协作了典型交流发言。

中共临汾市委始终把政协工作摆在重要位置，切实加强对政协工作的全面领导。去年3月，市委闫晨曦书记刚到临汾工作，首站调研走访就到人大、政协；去年12月，党委换届后不久，就召开了首次市委政协工作会议；五年来，先后就加强政协民主监督、加强政协协商民主建设和贯彻落实《中共山西省委关于新时代加强和改进人民政协工作的实施意见》制定出台了一系列相关制度文件；市委常委会议每年定期听取市政协党组工作情况汇报、研究政协年度协商计划；市委、市政府领导同志带头参加政协重要会议活动，推动政协协商成果转化，为政协履职提供了坚强保障和有力支持。在市委的关心和领导下，近年来，市政协机关晋升一级巡视员2人、二级巡视员3人、一级调研员8人，提拔和交流正县级领导干部5人、副县级领导干部5人，晋升三级调研员1人，提拔、晋升和调整科级干部13人，力度之大、范围之广、层次之高，前所未有，充分体现了市委对政协工作的高度重视和大力支持。

二、始终坚持紧紧围绕服务全市发展大局，充分发挥政协职能作用

市政协坚持把助力服务市委、市政府的决策部署作为工作主线，认真履职尽责，积极贡献政协智慧和力量。

扎实推进协商民主实践。健全完善年度协商计划工作机制，构建了以全体会议为龙头，以常委会议协商和专题性议政会议协商为重点，以对口协商、提案办理协商和监督性视察等为常态的

协商议政格局，实现了政协协商“有计划、有题目、有载体、有成效”。四届市政协一次会议以来，召开全体会议6次、常委会议25次，开展重点协商活动56项，组织视察考察调研160多次，围绕全市工作中心和发展大局深入开展协商议政，彰显了履职成效。先后就脱贫攻坚、乡村振兴战略规划、三基建设、开发区建设、生产性服务业发展、职业教育改革发展、稳定和促进就业、文旅产业融合发展、特优农业发展等课题开展了13项常委会专题协商；就生态环保、法治建设、优化营商环境、农产品物流体系建设、县乡医疗卫生机构一体化改革、沿黄文旅产业发展等课题开展了12项专题议政会协商；就民营经济发展、招才引智、残疾儿童康复救助、养老保险事业发展等课题开展了6项对口协商；就水资源综合管理、居家社区养老、城建重点项目建设、产业扶贫与易地搬迁、家事审判制度改革、宗教场所文物与安全管理、文化惠民工程、城市建设等方面组织开展了25项监督性视察，形成建议报告13件、调研报告310多个、议政发言材料560多份，提出了一系列具有战略性、前瞻性和较强针对性、可操作性的对策建议，为市委、市政府提供了有价值的决策参考。

着力提高协商议政质量。一是坚持重大协商活动“一把手”亲自带队。无论是常委会协商、专题议政会协商、对口协商，还是监督性视察、专项视察、提案办理协商，都坚持由市政协主席“一把手”亲自安排、亲自带队、亲自推动。二是坚持做实做细调研预案。把调研方案作为必经程序，坚持无预案不调研，方案不具体不切实不启动，把调研前的功夫做足。三是坚持把握三个角度搞好协商。即站在群众的角度选题，从百姓普遍关心热议的重点、热点中发现问题，议题贴近百姓，体现民意，接地气；站在党委的角度思考，站位全局研究分析问题，“不一般地提问题，不提一般的问题”；站在政府的角度推进，从政府工作能够做、做得到的方面提思路、出点子，努力使提出的对策建议说得实、用得上，可操作，有条件办得到。遵循这些思路、举措，四届市政协不断提升建言的“靶向性”和资政的“含金量”，提出了许多有价值的意见建议，得到了市委市政府的高度重视和采纳，为服务党政科学决策，助力全市经济社会发展发挥了重要作用。

积极完成市委交给的中心任务。按照市委安排，2016年，由市政协牵头，对全市环境卫生综合整治工作进行了认真督导，此项工作在全省名列前茅；2018年，由市政协主席任督导组组长，就全市固定资产投资和转型项目建设推进情况进行了调研督导检查，切实助力全市项目建设实施落地；2019年底至2021年上半年，由市政协牵头，对部分重点县脱贫攻坚决战完胜阶段工作认真进行了全程督导，积极助力脱贫攻坚决战决胜。按照市委统一部署，主席班子成员认真开展领导包联推进重大项目工作和入企入园入区服务工作，协调解决相关问题。根据市委点题，市政协连续两年由主席带队，班子成员全部参加，围绕市区靓城提质“三大行动”开展了4次专项视察活动。面对突如其来的新冠肺炎疫情，市政协闻令而动，扎实部署开展疫情防控，全市各级政协委员响应号召，积极投身抗疫斗争，涌现出一大批抗击疫情感人事迹，在同心抗疫、共克时艰中彰显了政协担当，作出了政协贡献。

三、始终坚持牢牢把握工作主题，积极致力于广泛凝聚共识

市政协坚持团结、民主两大主题，充分发挥政协广泛代表性和巨大包容性的优势，切实强化统战组织功能，不断壮大爱国统一战线。

深化党派团体合作共事。坚持市政协领导联系走访各民主党派市委会和市工商联机关，加强联系交流，在交流交心中增进团结、凝聚共识。通过重点安排大会议政发言、联合开展调研等方式，积极为各党派团体在政协发挥作用搭建平台、创造条件、提供保障。四届市政协一次会议以来，各党派团体提交议政发言材料150多篇，提出集体提案430多件，反映社情民意信息1400多条（篇）。全市各民主党派充分发挥“好参谋、好帮手、好同事”作用，彰显新型政党制度优势。

促进民族团结、宗教和睦。召开界别委员座谈会，走访看望界别委员，密切与少数民族、宗教界委员联系，积极宣传贯彻党

的民族宗教政策。围绕新修订的《宗教事务条例》学习贯彻情况、宗教活动场所安全管理、宗教文物保护等组织开展专题调研视察，积极助力做好我市民族宗教工作。

借助活动载体凝聚共识。举办“共筑中国梦、共绘同心圆”书画摄影展，热烈庆祝新中国成立暨人民政协成立70周年，征集布展书画摄影作品400多件，得到各界高度评价和社会强烈反响。结合开展党史学习教育，由市政协委员和机关干部自编自导自演，举办“政协心向党”联欢晚会，热烈庆祝中国共产党建党百年华诞，起到了振奋精神、激励人心、深化认识、团结奋进的积极效果。

四、始终坚持扎实推进各项经常性工作，着力提升履职质量实效

市政协坚持加强提案、政协信息和文史资料等经常性工作，不断促进政协履职提质增效。

提案工作质量不断提高。严把提案审查立案关，认真做好提案交办、主席督办领办重点提案，积极探索带案视察、提案办理“回头看”、提案现场督办、集中督办等创新举措，有效推动提案办理工作由“答复型”向“落实型”转变，提案质量、办理质量和服务质量不断提高，提案办理协商作用不断增强。五年来，共征集各党派、团体和委员提案1862件，立案1459件，其中确定重点提案67件，已全部办复完毕。

政协信息工作持续加强。牢固树立上质量、出精品、争一流的目标导向，始终把反映社情民意作为“主席工程”牢牢抓在手上，全市政协系统呈现出你追我赶、争先创优的生动局面，政协信息工作成为改进作风、提质增效的有力载体和抓手。四届市政协一次会议以来，共征编信息稿件12000多条（篇），其中，《社情民意》专刊编报2633条（篇），报送省政协3162条（篇）；被全国政协、省政协采用378条（篇）；被省、市领导批示141条（篇）。临汾市政协反映社情民意信息工作位于全省先进行列，特别是洪洞县政协在全省117个县（市、区）政协中一举夺得量化排名第二的出色成绩，彰显了临汾政协人的履职风采。

文史资料工作成效显著。盛世修志、志载盛世。《临汾市政协志》是四届临汾市政协确定的一项宏大工程。市政协切实加强组织领导，全力支持保障，选配精兵强将组成高水平的编辑班子，经过艰辛不懈努力，凝聚集体智慧心血，历时三载，编纂完成了这部囊括临汾市政协近二十年、各县（市、区）政协七十余年来的履职纪实、承载着临汾政协记忆的政协“史书”，“修志问道，以启未来”，在临汾政协发展史册上谱写了浓墨重彩的一笔。此外，还完成了我市回族史料、《山西省政协年鉴·临汾篇》等一系列文史资料的编辑组稿，较好发挥了“存史、资政、团结、育人”作用。

五、始终坚持全面加强自身建设，不断夯实履职工作基础

市政协坚持政协委员和政协机关干部两支队伍一并打造，政治素质和业务素质一起提高，不断加强自身建设，为开创政协工作新局面奠定了坚实基础。

加强委员队伍建设。委员强则政协强。发挥委员主体作用，是政协工作充满生机活力，不断创新发展的根本所在。我们坚持压担子，布置委员履职“作业”，注重以履职实践促能力提升；坚持教方法，通过新老委员传帮带、集中培训强充电、联谊交流学先进等举措，着力提升委员能力素质，激发委员履职内生动力；坚持搭平台，积极组织委员开展各项履职活动，成立“委员之家”“委员工作室”，不断丰富活动载体，拓宽活动空间，使委员在政协工作中有事可干、有劲可使、有力可出；坚持严考核，健全完善委员履职考核机制，对委员参加政协活动、提出提案建议、反映社情民意信息、撰写议政发言材料等情况量化考核，强化委员主体意识，增强政协组织影响力、凝聚力。本届政协期间，政协委员发挥了作用，展现了素养，树立了形象。这次继续留任的委员就是其中的优秀代表。

加强专委会建设。专委会是联系委员的桥梁和政协开展工作的基础。我们坚持突出“专”字，重在“精”字，贵求“实”字，健全专委会与对口部门、界别委员的联系协作机制，指导推动各专委会立足各自专业特色，围绕全年工作部署，积极组织委员扎实开展专题调研、专项视

察、重点提案督办、专题协商、反映社情民意信息等履职活动，较好地发挥了专委会在政协履职中的基础作用。

加强市、县政协联动。联动就是力量，就出成效。我们坚持市政协领导深入县（市、区）政协开展调研，召开各县（市、区）政协主席座谈会研讨交流，切实加强联系指导；市政协每年的重要协商活动都联合各县（市、区）政协共同参与，同步开展了相关调研视察活动，发挥市县政协各自特点优势，加强联动配合、不断提升全市政协工作整体水平。

加强政协机关建设。政协机关是政协组织的枢纽。我们坚持以党建为引领，以干事创业为导向，强化正风肃纪，激励担当作为，加大对青年干部的培养、教育和锻炼、成长，着力建设一支忠诚干净担当的高素质政协干部队伍。持续推进学习型组织、书香政协建设，构建务实管用高效的制度机制，不断提高服务保障的质量水平。

二、今后五年工作的建议

各位委员！政协临汾市第四届委员会已经完成了历史使命，五届市政协已经站在了新的历史起点。交好政协赶考答卷是时代赋予五届市政协的崇高使命、光荣职责。新一届市政协要始终坚持以习近平新时代中国特色社会主义思想为指导，全面贯彻党的十九大和十九届历次全会精神，深入贯彻落实省十二次党代会和市五次党代会精神，在中共临汾市委的坚强领导下，进一步坚持和完善中国共产党领导的多党合作和政治协商制度，不断巩固和发展爱国统一战线，紧紧围绕党和政府中心工作，切实履行政治协商、民主监督、参政议政职能，更好凝聚共识，为临汾在全方位推动高质量发展中走在全省第一方阵作出新贡献，努力交出无愧于党、无愧于人民、无愧于时代的政协答卷。为此，我们向五届市政协建议：

一、进一步加强理论学习，坚决扛起政治责任。继续深化党史学习教育，不断夯实团结奋斗的共同思想政治基础，自觉用党的伟大创新理论指导实践，统揽工作。深入学习贯彻中共十九届六中全会精神，弘扬伟大建党精神，深刻领会“两个确立”的决定性意义，确保守正创新不走偏，紧跟时代步伐不掉队，切实担负起“凝聚起来、落实下去”的政治责任。不断增强政治引领力，严守政治纪律和政治规矩，努力把市政协建设成为政治坚定、团结民主、担当尽责、创新进取的组织，在中共临汾市委的坚强领导下，认真履职尽责，积极担当作为。

二、进一步提升履职水平，积极助力临汾高质量发展。坚持突出协商主责主业，更好发挥专门协商机构作用，着力增强协商于民、协商为民的履职能力，深入调研、务实建言、有效监督、精准献策，以高水平履职服务高质量发展。切实增强服务全方位推动高质量发展的思想行动自觉，聚焦市五次党代会确定的今后五年总体发展目标任务，坚持把助力推进实施“1355”战略作为履职工作主线，精心组织开展好各项协商活动，不断提高建言靶向性和资政含金量，奋力谱写协商议政时代答卷。

三、进一步增强主体意识，不断强化委员责任担当。持续加强对委员的学习培训，着力在提高服务能力和保障水平上下功夫，切实强化委员责任担当，全力打造一支“懂政协、会协商、善议政、守纪律、讲规矩、重品行”的委员队伍。要教育引导政协委员深刻领悟、切实珍惜委员荣誉和政治身份，站稳政治立场、坚定政治原则，关键时刻靠得住、站出来、敢发声。充分尊重和保障委员民主权利，为委员履职尽责创造良好条件，更好发挥委员在本职岗位中的骨干作用，在政协工作中的主体作用，在界别群众中的代表作用，在新征程上交出更加优秀的委员履职答卷。

四、进一步深化“双向发力”，更好发挥人民政协制度优势。“双向发力”是新时代人民政协工作职责的新概括和鲜明特征。要深刻把握、倍加珍惜“坚持统一战线”这一我党百年奋斗宝贵经验的丰富内涵，把准人民政协作为最广泛爱国统一战线组织定位，用好统一战线重要法宝，积极通过民主协商把党主张转化为社会各界共识。不断完善“双向发力”的制度、程序和机制，切实把凝聚共识摆在更加突出位置，在建言资政中不断拓展凝聚共识的深度，在凝聚共识中不断提高建言资政的质量，凝心聚力把人民政协制度坚持好，把人民政协事业发展好，把新时代政协工作推进好。

各位委员，为者常成，行者常至。实现宏伟目标，惟有不懈奋斗！让我们更加紧密地团结在以习近平同志为核心的党中央周围，在中共临汾市委的坚强领导下，以重实干、勇担当、争一流的精神状态，继往开来，团结奋进，不断开创临汾政协事业新局面，为临汾在全方位推动高质量发展中走在全省第一方阵作出新的更大贡献，以优异的成绩迎接中共二十大胜利召开！

政令辑要

·临汾市全面推行证明事项告知承诺制工作实施方案·

一、工作目标

以习近平新时代中国特色社会主义思想为指导，全面贯彻党的十九大和十九届二中、三中、四中、五中全会精神，按照省委“四为四高两同步”总体思路和要求、市委“1343”工作思路，坚持问题导向、高效便民、协同推进、风险可控的原则，在全市各级行政机关或者法律法规授权的具有管理公共事务职能的组织（以下统称“行政机关”）办理行政许可、行政确认、行政给付等依申请的行政事项（以下简称“行政事项”）要求提供证明材料时，全面实行证明事项告知承诺制，以行政机关清楚告知、企业和群众诚信守诺为重点，推动形成标准公开、规则公平、预期明确、各负其责、信用监管的治理模式，从制度层面进一步解决企业和群众办证多、办事难等问题，创新政府服务和管理，激发市场活力，全面助推我市高质量发展和省域副中心城市建设。

二、工作任务

（一）明确证明事项范围

市直各部门依照法律法规规定全面梳理、确定本部门保留证明事项目录和实行告知承诺制的证明事项目录，向社会公布，报市司法局备案。各县（市、区）、乡镇人民政府（街道办事处）确定并公布本级政府保留证明事项目录及实行告知承诺制的事项目录。

（二）确定适用对象

证明事项告知承诺制工作在全市范围内开展，实施机关包括市、县、乡（镇）各级行政机关，适用于申请办理行政事项的公民、法人和其他组织（以下统称申请人）。申请人可自主选择是否采用告知承诺制方式办理。申请人不愿承诺或者无法承诺的，按一般程序办理。

（三）规范工作流程

1.编制办事指南及格式文本。

2.办理时限要求。

3.加强行政协助核查。

4.完善投诉举报处理机制。

（四）强化信息数据互通共享

各县（市、区）、各部门要充分利用各类政务信息共享平台，加快推进跨区域、跨部门、跨层级数据互联互通和业务协同，建设证明事项查询核验系统，建立证明事项告知承诺制在线核查支撑体系，实现在线核查。

（五）加强事中事后核查

各县（市、区）、各部门要制定证明事项告知承诺制事中事后核查办法，将承诺人的信用状况作为确定核查办法的重要因素，明确核查时间、标准、方式以及是否免予核查。

（六）加强信用监管

全面加强承诺信用信息记录、归集、公示、推送，要将信用承诺信息（包括信用承诺信息、践诺信息）于结果生效7个工作日内归集到省市信用信息共享平台，纳入该主体信用记录，及时推送相关监管部门，依法依规公开。

（七）强化风险防范

各县（市、区）、各部门要认真梳理证明事项告知承诺制工作环节风险点，加强行政指导，强化告知和指导义务，有针对性地制定防控措施，依法保护第三方合法权益，切实提高风险防控能力。

三、实施步骤

（一）安排部署。

（二）全面推行。

（三）总结评估。

四、组织保障

（一）加强组织领导。

（二）鼓励探索创新。

（三）开展培训宣传。

（四）加强督促检查。

·临汾市2021年生态环境保护重要举措·

一、标本兼治，“治气”再加力

（一）加快工业布局调整和污染企业退出

1.优化焦化钢铁企业布局。汾河谷地平川区域焦化企业按照“退城入园、退川入谷”的原则，钢铁企业按照“入园入区，集聚发展”的要求，实施关小上大、转型升级、布局调整。

2.深入推进洗煤企业专项整治。确定保留企业，淘汰不合规企业，年底前完成。

3.继续清理市区不符合城市功能定位的污染企业。5月底前，市区规划区不合规汽修企业涉VOCs工序全部退出；选址不合理、污染严重的餐饮企业许可证到期后不再许可。

4.严格“散乱污”企业整治。持续开展“散乱污”企业排查整治，严防“散乱污”企业死灰复燃。

（二）深化企业治理与管控

1.推进重点行业超低排放改造。

2.开展工业企业差异化评估。

3.全面提升混凝土企业环保水平。

4.持续开展VOCs、CO和NH_3排放治理。

5.严格工业企业排污监管。

（三）实施清洁取暖改造提质扩面“回头看”

1.严格划定“禁煤区”。

2.完成清洁取暖改造工程。

3.夯实清洁取暖改造成效。

4.严格涉煤企业管控。

（四）深入开展机动车污染防治

1.实施108国道改线。

2.实施清洁化运输工程。

3.推行企业内部运输清洁化。

4.实施公共服务车辆清洁改造。

5.加强新能源车辅助设施建设。

6.全方位实施车辆尾气管控。

7.加强柴油货车污染管控。

8.加强非道路移动机械管控。

9.加强油品质量监管。

二、全面统筹，“治城”再提升

（五）科学实施城市精细化管理

1.开展市区清洁绿化行动。加大城市绿化力度，进一步提高城区绿化覆盖率；继续开展城市环境大整治，由城市主街道向背街小巷和街区内部延伸，由城市中心区向县乡结合部延伸；制定城市清洁行动方案，常态化开展大清洁行动，对不同时段、不同条件、不同区域、不同对象实施不同保洁措施。

2.实施街巷硬化和裸土绿化。深入开展市区规划区小街小巷、未硬化道路、破损路面及沿街门面与道路连接带的硬化和修复工作；加大对市区周边县乡公路、乡干路交叉口及沿街商铺、公司等门前未硬化点位的硬化，对市区及周边裸地（堆场）实施密网覆盖，长期裸露地面（堆场）实施绿化。以上工作10月底前完成。

3.严格工地扬尘管控。严格落实建筑施工工地“六个百分百”，探索在市区重点区域的施工工地开展全密闭拆迁、全密闭施工。

4.加强餐饮油烟污染管控。规范市区油烟治理，探索开展餐饮业在线监控技术应用，提升餐饮油烟污染防治水平。

5.加强重点区域整治。重点县市区开展“一点一策”排查整治，全面提升重点县市区环境空气质量。

6.开展高铁高速沿线环境整治。聚焦高铁高速沿线，实施“脏乱差”清理整治工程。清理高铁高速沿线裸露砂堆、煤堆、渣堆、土堆、垃圾堆等各类不规范物料堆场和黑臭水体，整治高铁高速沿线村镇环境，做到干净整洁；规范治理沿线广告牌匾；落实禁塑管控措施，从源头减少白色污染；实施沿线房屋外墙立面美化，改善村容村貌。因地制宜实施高铁高速沿线绿化美化工程，打造生态环境亮丽风景线。

（六）完善环保基础设施建设

1.推进环保基础设施建设。

2.补齐医疗废物处置短板。

三、综合防控，“治水”再深入

（七）大力实施重点工程建设

1.加大生活污水收集处理能力建设。

2.加快污水管网改造工程。

3.加快建制镇污水处理设施建设。

4.加快农村生活污水治理。

（八）全方位开展排查整治

1.加强污水处理厂管理。

2.保障河流河道清洁。

3.加大农村污水处理资金保障。

4.加强断面水质精准治理。

（九）保障重点河流生态基流

强化农灌用水管理和生态基流保障。强化汾河、浍河、涝洰河、昕水河、鄂河、芝河、州川河等重点河流农田灌溉用水和取水口管理，推进节水灌溉，严防因农灌退水对河流水质造成污染。采用调水补水、严格管控、应急管制等方式，增加或维持国考断面河流生态基流。

四、严格标准，“治山”再规范

（十）持续推进露天矿山和煤矸石堆场整治

1.持续开展矿山生态修复。

2.严格尧都区西山生态管护。

3.继续开展煤矸石整治行动。

·临汾市全面推进知识产权强市建设行动方案·

一、指导思想

以习近平新时代中国特色社会主义思想为指导，深入贯彻中央政治局第二十五次集体学习重要精神，认真落实省市知识产权工作的安排部署，加快建立和完善我市知识产权培育、保护、运用机制，促进新技术、新产业、新业态蓬勃发展，保障和激励大众创业、万众创新，不断提升知识产权对经济社会发展的贡献度，为我市实现高质量转型发展提供有力支撑。

二、发展目标

“十四五”期间，全市发明专利申请量年均增长10%以上；商标、著作权、植物新品种、地理标志等其他领域知识产权主要数据指标进入全省第一方阵，知识产权综合实力显著增强，对经济社会发展的促进作用明显提高。

三、重点工作

（一）健全知识产权统筹协调机制

（二）提高知识产权培育能力，激发创新活力

1.发挥科研项目经费等公共财政资源的导向作用。

2.实施知识产权强企工程。

3.实施商标品牌战略。

4.激发专利创造活力。

5.推动知识产权质量提升。

（三）加强知识产权保护能力，优化创新环境

6.加大知识产权执法力度。

7.加强知识产权司法保护。

8.加强知识产权社会监督体系建设。

9.加强知识产权社会共治宣传。

（四）强化知识产权运用促进，推进成果转化

10.推动知识产权成果转化。

11.推进知识产权质押融资。

四、保障措施

（一）加强组织领导

（二）加大资金保障

（三）加强人才队伍建设

表　彰

·全国五一表彰名单·

全国五一劳动奖章（1个）

刘小元　国网临汾供电公司带电作业班班长

全国五一劳动奖状（1个）

山西华翔集团股份有限公司

全国先锋号（1个）

山西好利阀机械制造有限公司杨智职工创新工作室

·临汾市五一劳动奖表彰名单·

临汾市五一劳动奖状（49个）

山西如儒心理健康科技发展有限公司
国家税务总局尧都区税务局
侯马市东鑫衡隆机械制造股份有限公司
国家税务总局侯马市税务局
国网霍州市供电公司
霍州市技工学校
临汾市鑫锐机械设备有限公司
洪洞县市场监督管理局
山西万盛源天然气有限公司
襄汾经济技术开发区管理委员会
曲沃农村商业银行股份有限公司
曲沃县智创城发展服务中心
山西凤翔园林绿化有限公司
国家税务总局翼城县税务局
山西尧田农业科技股份有限公司
浮山县发展改革和科技商务局
山西永鑫煤焦化有限责任公司
安泽县扶贫开发办公室
山西古县金谷煤业有限公司
古县司法局
乡宁县扶贫开发办公室
山西乡宁焦煤集团有限责任公司
山西蒲县农村商业银行股份有限公司
蒲县扶贫开发办公室
山西大宁农村商业银行股份有限公司
山西鸿晋塑胶科技有限公司
汾西县扶贫开发办公室
汾西县洪昌养殖有限责任公司
国家税务总局吉县税务局
隰县北纬三十六度电子商务有限公司
隰县第一中学校
山西丰百能源有限公司
永和县自然资源局
国家税务总局临汾经济开发区税务局
临汾市侯马经济开发区云创电子科技有限公司
临汾同盛实验中学
中共临汾市委党史研究室（临汾市地方志研究室）
国家统计局临汾调查队
霍州煤电集团汾河焦煤股份有限公司回坡底煤矿
临汾市疾病预防控制中心
临汾市第五人民医院
临汾市信访局
国网临汾供电公司
中共临汾市委党校
临汾市图书馆
临汾市工业和信息化局
临汾市交通运输局
中国人民银行临汾市中心支行
隰吉高速公路有限公司

临汾市工人先锋号（30个）

山西华德冶铸有限公司铸造车间木模班

侯马市公安局交通警察大队车辆管理所
霍州市实验小学语文教研组
洪洞县热力供应有限公司客服中心
山西光大焦化气源有限公司安全科
山西晋南钢铁集团有限公司炼钢厂转炉车间班组
翼城县第二中学校优秀英语教研团队
浮山县城乡建设和交通运输局城管大队
山西玉华煤业有限公司综掘一区张照超生产班
山西古县兰花宝欣煤业有限公司综采二队生产1班（路宏江班）
山西乡宁乾升源焦煤有限公司乾升源分厂
山西蒲县宏源集团富家凹煤业有限公司综采队席彦斌班组
国网大宁县供电公司营业班
大宁县第二中学语文教研组
中共汾西县委办公室
山西省投资集团九洲再生能源有限公司废油桶处置车间
山西隰县农村商业银行股份有限公司城区支行
国家税务总局隰县税务局办税服务厅
临汾新立医院监护室
山西师生之家智能科技有限公司物联网技术研发组
霍州发电厂燃料管理部
霍州煤电集团木瓜煤矿综采队大学生智能化班组
临汾市人民检察院第一检察部
中国电信股份有限公司临汾分公司无线网络优化组
临汾市人大常委会法制工作委员会
国家税务总局临汾市税务局社会保险费和非税收入科
临汾市建筑勘察设计院有限公司技术部
临汾市公安局直属分局特警队
临汾市人力资源和社会保障局办公室
山西大唐国际临汾热电有限责任公司发电部

临汾市五一劳动奖章（148个）

孙红刚　临汾天安电器有限责任公司项目经理
王宝春　山西漳泽电力股份有限公司侯马热电分公司维护部副主任
李文革　侯马市当家面粉股份有限公司职工
付登峰　霍州市霍宴餐饮管理有限公司厨师长
梁学军　霍州市居然之家法恩莎卫浴旗舰店安装维修工
胡晓瑞（女）　洪洞县公交公司驾驶员
朱华峰　山西华翔集团股份有限公司精密事业部技术部部长
张勇勇　临汾万鑫达焦化有限责任公司信息网络室班长
王卫华　襄汾县蓝天清洁服务有限公司保洁组长
魏红玉　山西通才工贸有限公司总经理助理兼炼铁厂厂长
牛俊峰　翼城县隆鑫机械工程有限公司特种工程机械教练员
朱国平　山西永益铸管股份有限公司机电班班长
张冠华　临汾烨达新材料科技有限公司技术负责人
刘　斌　山西地方电力有限公司安泽分公司职工
李　勇　山西国新正泰新能源有限公司生产部压缩车间班长
杨　达　山西乡宁焦煤集团台头煤焦有限责任公司生产科科员
柴世廷　山西乡宁焦煤集团神角煤业有限公司技术工程师
王保平　蒲县产业发展综合服务中心总农艺师
景万明　国网大宁县供电公司职工
杨永贵　吉县东顺运业有限公司公交驾驶员
段天恒　国网隰县供电公司营销部副主任
药海军　永和县益禾农业科技有限公司职工
王秀峰　临汾居然之家居建材有限公司职工
刘琨琨　侯马经济开发区恒鑫精密机械制造厂车间主任
徐海港　山西省农村信用社联合社临汾审计中心综合部部长
梁　晅　国网临汾供电公司营销部主任兼市场及大客户中心主任
申　虎　山西大唐国际临汾热电有限责任公司发电部值长
贾俊伟　霍州发电厂运行部值长
赵爱忠　霍州发电厂检修部锅炉专责
王福洁　霍州煤电集团庞庞塔矿掘六队队长
郭洪波　太钢集团临汾钢铁有限公司资源开发部部长
吕延军　山西临汾染化（集团）有限责任公司车间主任
梁永昌　山西焦化股份有限公司焦化厂第三炼焦车间推焦车司机
王丽平　山西焦化股份有限公司甲醇厂生产技术科技术员
张俊伟　临汾公共交通有限公司驾驶员
宋金泉　临汾市宏通工交有限公司公共自行车运营中心运营部车队队长
张　岩　临汾市热力供应有限公司经营部部长

翟　帅　国网临汾供电公司变电检修中心带电检测班班长
陈　亮　山西焦化集团建筑安装有限公司化产品回收检修车间焊工
任自立　霍州煤电集团辛置煤矿运输二队机电工程师
周　鹏　霍州煤电集团技术研究院物探科技术员
王　强　国网临汾供电公司变电运维中心运维工
王宏健　洪洞大槐树寻根祭祖园有限公司经理
郭　强　山西汉中洋食品饮料有限公司董事长
卫小红　临北高速公路管理有限公司党委书记、董事长、山西交控集团临汾北高速公路分公司总经理
杨世红　山西焦化集团有限公司党委书记、董事长
乔文胜　中国铁塔股份有限公司临汾市分公司党委书记、总经理
李　强　临汾尧都保安护卫中心党总支书记、总经理
李永红　永和县华龙果业发展有限责任公司总经理
张建忠　山西中条山新型建材有限公司党委书记、董事长
李贝成　山西玉和泰煤业有限公司董事长
杨小明　山西蒲县蛤蟆沟煤业有限公司矿长
陈晓斌　山西地方电力有限公司乡宁分公司党委书记、经理
樊军伟　山西新华书店集团临汾有限公司吉县分公司经理
卫国巍　山西煤炭运销集团古县东瑞煤业党支部书记
蔡武宏　汾西县商翼出租汽车有限责任公司经理
孟　雄　中建交通建设集团临汾晋和路桥工程有限公司执行总经理
卢　泽　临汾市鑫亚中物业服务有限公司副总经理
褚吉亮　侯马市新田乡卫生院医生
贾丕芳（女）　霍州仁福堂医院内科主任
王　宏　洪洞蓝天救援队队长
陈兆安　山西中升钢铁有限公司副总经理
陈宏平　山西闽光新材料科技有限责任公司董事会秘书、综合管理部部长
暴海燕（女）　翼城县唐兴镇文昌社区党总支书记、社区主任
陕瑞杰　临汾市尧都区柳家酒店厨师
冯玉堂　蒲县红道养老院院长
张　杰　山西华翔集团股份有限公司高级工程师
解达伟　山西健康动力医疗科技有限公司生产厂长
王永谊　山西经贸集团实业有限公司党总支委员、纪检委员、副总经理
段国强　长临高速公路有限公司副总经理
马　燕（女）　中国建设银行临汾分行个人金融部总经理
江学明　临汾天煜实业集团有限责任公司工会主席
尚坚利　临汾市自来水有限公司生产副经理
平　鸿　中国农业银行股份有限公司临汾分行副行长
宁忠彦　临汾胜杰齿科医院副院长
席鲲鹏　国药集团临汾有限公司副总经理
刘书义（女）　临汾联通公司开发区营销中心党支部书记、经理
王　钰　侯马市富达材料造型有限公司职工
杨　静（女）　古县润古泽岳保洁有限公司保洁员
冯彩琴（女）　永和好帮手有限公司职工
郝红芳（女）　山西省尧乡姐妹集团服务有限公司家政服务员
张麦兰（女）　临汾市环境卫生服务中心清污管理队清扫班长
薛向阳　中共尧都区委常委、政府副区长
杜　明　霍州市政协党组成员、副主席
岳　磊　中共襄汾县委副书记
刘合生　安泽县人民政府党组成员
郭东舟　中共永和县委常委、政法委书记
郭建军　临汾市直属机关事务管理局局长
张　郸　临汾市消防救援支队副支队长
强晓辉　中共吉县县委常委、统战部部长
杨晋栋　古县人民政府副县长
王红林　汾西县人民政府副县长
李　敏（女）　临汾市育英小学教师
乔国栋　尧都区卫体局党组书记
杨建利　侯马市教育科技局基建股股长
房建斌　霍州市第一中学党支部副书记
聂增勇　襄汾县财政局党组书记、局长
马晓静　国家税务总局曲沃县税务局党委书记、局长
邹广文　翼城县中医医院党支部书记、院长
李海滨　浮山县医疗集团人民医院医务处主任
任晓红　安泽县林业局党组书记
阴姝廷（女）　古县一中教师
刘玉平　乡宁县总工会主席

田慧琴（女） 蒲县妇幼保健计划生育服务中心党支部书记、主任
雷瑞芳（女）大宁县医疗集团院长
牛元平（女）汾西县第一小学校长
李善文 中共吉县县委组织部干部科科长
李新平 隰县人民医院影像科主任
秦睿鹏 永和县芝河镇党委副书记、镇长
史小龙 临汾经济开发区综合工作部副部长
王 炜（女） 侯马经济开发区投资合作促进部副部长
段立言（女） 临汾市档案馆利用科（现行文件利用中心）科长
梁玉庆 临汾广播电视台时政新闻部主任
任保江 临汾市生态环境保护综合行政执法队副队长
郜云莉（女） 临汾市教育局科员
李 峰 临汾市委巡察组正科级巡察专员
任 斌 临汾市财政局预算科科长
杨 泽 临汾市公安局交通警察支队环城大队四级警长
段小静 临汾市经济作物办公室主任
李腾飞 临汾市退役军人服务中心工作人员
苗鹏飞 临汾市中心医院心血管内科主任
张会丽（女） 临汾职业技术学院教务处副处长
段玉洁（女） 临汾市中级人民法院书记员管理处副处长
张丽娟（女） 临汾市荣军康复医院院务会成员、护理部主任
刘国华 临汾市妇幼保健院副院长
张云剑（女） 国家税务总局临汾市税务局货物和劳务科科长
王华梁 中共临汾市委办公室文书科科长
李智辉 中共临汾市委政法委员会机关党组织专职副书记
李 斌 临汾市人民医院党委委员、副院长
陈俊明 临汾市政协信息中心科员
郭旭辉 中共临汾市直属机关工作委员会二级主任科员、工委机关党委专职副书记
杨 欢 临汾市疾病预防控制中心副科长
陈泽民 临汾市工人文化宫馆员
秦炳震 临汾市应急管理局机关党委专职副书记
武晓慧 山西省临汾第一中学校高三年级主任
陈跟菊（女） 临汾市第三中学校教师
张 兵 临汾市政府工程建设服务中心科员
贾金虎 临汾市公安局直属分局乡贤街派出所负责人
赵有福 临汾市科学技术局资源配置与成果转化科科长
赵奇红 临汾市人民政府办公室综合科（会务科）科长
张俊梅（女） 临汾市公安局交警支队北城大队副大队长
景 星 中共临汾市委组织部办公室主任
李 琨 中共临汾市委统战部机关党组织专职副书记
郭海燕 临汾市纪委监委党纪教育基地、服务中心干部教育科副科长
孙洪斌 临汾市人力资源社会保障信息中心主任
吕柯楠 中共临汾市委宣传部四级主任科员
牛艳斌 中共临汾市委网络安全和信息化委员会办公室安全和信息化科科长
李腾飞 临汾市能源局清洁办科员

临汾十大新闻事件

1. 隆重庆祝中国共产党成立100周年

2021年“七一”前后，临汾市组织开展了一系列主题鲜明、形式多样的活动，回顾党的光辉历程、展示党的辉煌成就，隆重庆祝中国共产党成立100周年。

2021年6月28日，临汾市举行庆祝中国共产党成立100周年文艺演出；6月29日，临汾市召开庆祝中国共产党成立100周年暨全市“两优一先”表彰大会，并举办了中国共产党临汾市历史展览；7月1日，市领导集中收看了庆祝中国共产党成立100周年大会实况；7月12日，临汾市举行庆祝中国共产党成立100周年座谈会。同时，市领导分赴各地开展走访慰问活动，为老党员、困难党员等送去温暖；各级各部门通过文艺汇演、颁发纪念章、重温入党誓词等形式，营造庆祝中国共产党百年华诞的浓厚氛围；全市广大党员干部群众认真学习贯彻习近平总书记“七一”重要讲话精神，通过各种方式抒发爱党爱国爱社会主义之情，表达“永远跟党走”的坚定信心。

2. 扎实开展党史学习教育及“争先、进位、崛起”解放思想大讨论

党史学习教育开展以来，市委精心安排部署，周密组织实施，全市党史学习教育呈现出高起点开局、高标准推进、高效率落实的良

好态势。广大党员干部群众在党史学习教育中涵养情怀、淬炼胆识、汲取力量、激发斗志，切实将党史学习教育过程中激发出来的爱党爱国热情、干事创业激情，转化为攻坚克难、真抓实干的自觉行动，在全市形成了凝心聚力实干，奋力争先崛起的浓厚氛围。为进一步推动党史学习教育走深走实，2021年11月8日，市委印发《关于开展“争先、进位、崛起”解放思想大讨论的实施意见》，在全市开展为期三个月的“争先、进位、崛起”解放思想大讨论，切实用大讨论推动工作、促进发展。11月18日，《山西日报》一版“深入贯彻落实省第十二次党代会精神——全方位推动高质量发展市委书记访谈”专栏刊发对市委书记闫晨曦的专访——在全方位推动高质量发展中走在全省第一方阵；12月13日，《临汾日报》一版刊发市委副书记、市长李云峰署名文章《解锁全方位推动高质量发展“四个密码”奋力书写新时代赶考路上“临汾答卷”——深入学习贯彻山西省第十二次党代表大会精神》。两篇重要文章为全市广大干部群众争先、进位、崛起指明了方向、提供了遵循。

3. 中国共产党临汾市第五次代表大会胜利召开

2021年9月26日至28日，中国共产党临汾市第五次代表大会召开。大会全面系统总结了临汾过去五年的工作，实事求是分析了今后五年临汾经济社会发展的总体要求、奋斗目标和主要任务，确定了“1355”战略，对临汾市在全方位推动高质量发展中走在全省第一方阵作出全面部署，选举产生了新一届市委、市纪委，对于团结带领全市人民凝心聚力实干，奋力争先崛起，奋进新时代、奋斗新征程、夺取新胜利，具有重大而深远的影响。

4. 深化市校合作实施“双千工程”

2021年，临汾市坚决贯彻落实省委、省政府深化校合作的战略部署，坚持“一把手抓第一资源”，市委书记、市长亲自挂帅、双组长推进，市委组织部长靠前指挥，8个牵头单位统筹实施、20个市直单位全面参与，17个县（市、区）紧步跟进，市县两级密切配合，积极对接，省校合作呈现出“协同推进、整体成势”的良好局面。特别是市第五次党代会把“深化市校合作，为人才培养创造条件”列为“二十件大事”之一，确保深化省校合作工作在“十四五”时期一抓到底、久久为功，形成以“钉钉子”精神狠抓落实的常态长效机制。2021年11月15日，临汾市启动市校合作“双千工程”，旨在用三年左右时间新引进1000名以上高层次人才、落地1000个以上市校合作项目，全力打造全方位推动高质量发展的动力引擎。

5. “三个一批”集聚发展新动能

2021年1月1日、3月22日、7月16日、10月30日，临汾市四次与全省同步举行开发区“三个一批”活动，“签约一批”项目83个、“开工一批”项目72个、“投产一批”项目64个。2021年，临汾市坚持把项目作为高质量发展的“第一支撑”，举全市之力推进招商引资和项目建设，引进了一批大项目、好项目。同时，各级各有关部门持续推进“承诺制+标准地+全代办”改革，深入开展“入企入园入区”服务，不断优化营商环境，为全方位推动高质量发展注入了强大动能。

6. 城市基础设施建设日新月异

2021年，临汾市持续推进基础设施建设，着力加快城市更新，城市品质、气质、价值不断提升。

2021年2月23日，2020—2021年度第一批中国建设工程鲁班奖（国家优质工程）名单揭晓，市区滨河西路立交桥工程榜上有名；7月14日，市区中大街南延燃气工程完工通气，进一步优化了城市燃气管网布局；7月25日，市区中大街南延（五一西路——西赵路）竣工通车，完善了该区域交通路网；8月16日，市区解放东路高架桥竣工通车，架起了市区东西的快速通道；10月1日，市区体育街南延竣工通车，缓解了老城区南北交通压力；10月21日，市区水塔游园建成开放，为市民提供了又一处休闲、娱乐、健身场所；12月21日，尧都区尧贤街北延工程跨洰河大桥最后一个桥冠完成吊装。目前，尧都区跨涝河大桥、洰河大桥及尧贤街南北延道路工程已经完成建设任务，全线通车。

7. 4项发现入选“百年百大考古发现”

2021年10月18日，第三届中国考古学大会公布了“百年百大考古发现”，山西共有5项发现入选，临汾市襄汾丁村遗址、襄汾陶寺遗址、曲沃晋侯墓地及曲村—天马遗址、侯马晋国遗址独占4席。这些发现具有重大科学价值和意义，在中国考古学发展史上有着重要地位和作用。

8. 灾后重建创造“临汾速度”

2021年9月22日至10月中上旬，临汾市遭遇有记录以来最强连续强降雨过程，导致部分农田被淹、房屋倒塌或受损。灾情发生后，我市精准施策，专班调度，压实责任，加快推进受损农村住房重建修缮，保证工程质量和安全，创造了灾后重建的“临汾速度”。截至2021年12月24日，全市15946户重建修缮任务全部竣工，竣工率100%，已入住14516户，入住率91.03%，排名全省第一。其中，拆除重建任务3866户，已入住2436户，入住率63.01%；修缮加固任务12080户，已入住12080户，入住率100%。

9. 体育事业蓬勃发展

2021年，在疫情防控常态化的特殊形势下，我市成功举办了全国射击锦标赛(飞碟项目）、中国网球巡回赛“建邦集团”山西·临汾网球公开赛等重大体育赛事，彰显了承办重大赛事的能力和水平。同时，一批年轻优秀运动员接连涌现。在2021年7月举行的第十四届全国学生运动会上，临汾三中夺得一金两银，其中该校高一年级学生席小璇获女子单人操金牌；在2021年9月举行的第十四届全运会上，我市参赛运动员有10人次进入前八名，共斩获1金2银1铜，特别是苗婉茹以超世界纪录的成绩荣获射击项目女子50米步枪三种姿势比赛金牌，创造了我市在历届全运会中的最好成绩。

10. 安泽县蝉联全国平安建设最高荣誉“长安杯”

2021年12月15日，在北京召开的平安中国建设表彰大会上，安泽县荣获“2017—2020年度平安中国建设示范县”称号，并被授予平安建设最高荣誉“长安杯”。这是该县自2017年首次问鼎“长安杯”以来，再次获得这项殊荣。

（摘自《临汾日报》）

临汾十大新闻人物

1. 贺星龙　全国优秀共产党员

贺星龙，大宁县徐家垛乡乐堂村党支部副书记、乡村医生。出诊17万余次，医诊病人4600多人，行程40多万公里，免收出诊费累计达35万余元。多年来，无论是烈日炎炎的夏天，还是寒风刺骨的冬天，都丝毫阻挡不住贺星龙出诊的脚步，他用爱心和坚守服务这片黄土地上的父老乡亲，用瘦弱的身躯守护着乡亲们的健康。在荣获“全国劳动模范”“全国脱贫攻坚贡献奖”“最美奋斗者”“白求恩奖章”“全省优秀共产党员”等荣誉之后，2021年6月28日，他再次走进北京人民大会堂，参加全国“两优一先”表彰大会，获得“全国优秀共产党员”荣誉称号。

2. 丁玉萍　全国脱贫攻坚先进个人

丁玉萍，山西玉和泰煤业有限公司原董事长。多年来，她饮水思源、致富思本，时刻心怀感恩、真情回报社会，坚持扶贫济困、修路架桥、引水解困、抗灾救灾、建设村镇……为慈善公益事业和贫困群众捐赠6亿多元。连续12年，为5个村4500多人缴纳医疗保险，为1000余人缴纳养老保险。她先后被评为全国优秀矿长、“山西省优秀中国特色社会主义事业建设者”“山西省三八红旗手”，被中国公益事业促进会授予“中国公益事业十大爱心大使”。2020年荣获山西省脱贫攻坚奖奉献奖。2021年2月25日获得“全国脱贫攻坚先进个人”称号。

3. 冯玉堂　“第八届全国道德模范提名奖”获得者

冯玉堂，蒲县红道养老院院长。“要让无依无靠的老人老有所依、安享晚年。”这是冯玉堂在2008年养老院开办之初就许下的诺言，13年来，他心怀大爱、再难不说难，像珍爱生命般信守承诺，向每一位孤寡老人敞开大门，把老人当作亲人，悉心照料每一位来院的老人，让养老院成为老人们温暖的家园，被誉为重信守诺的“信义院长”。先后接收来自全县8个乡镇的五保户120多人次，年龄最大的93岁。在2021年11月5日，荣获“第八届全国道德模范提名奖”。

4. 史临爱　获“生命英雄·免疫英雄”全国优秀案例表彰

史临爱，市疾控中心免疫规划科科长、主任医师。在疾控一线工作32年来，她脚踏实地、无私奉献，用实际行动践行和诠释了一名疾控战士的使命担当。2003年非典、2009年甲流、2020年新冠，每次疫情来临，她总是冲锋在前、逆行而上，始终坚守防疫第一线。2020年新冠疫情期间，她坚持奋战在疫情防控最前沿，应急处置冷冻食品、环境、境外来(返）临人员等核酸检测阳性事件十余起，参与重大活动防控保障、指导疫苗接种1500余次，为我市疫情防控工作作出了突出贡献。她撰写的《某地首起由GII/3型诺如病毒引起的群体肠道感染报告》作为典型案例，在全省交流。2021年，先后荣获山西省优秀医师、山西省五一巾帼奖章、2020年度“生命英雄·免疫英雄”全国推选优秀案例奖。

5. 王渊　山西华翔集团股份有限公司总裁

王渊，山西华翔集团股份有限公司总裁。作为山西装备制造龙头企业的掌门人，他通过产业横向扩张、产业链上下游整合、全新领域开拓的“三轮驱动”发展模式，全力打造华翔（洪洞）智能家居产业园、华翔（翼城）工业装备科技园、华翔（甘亭）新能源汽车产业园“三园”建设；推进华翔智能科技孵化园建设，布局3D打印、智能制造两大高新科技产业，生产属于山西的高科技终端产品，带领华翔股份坚定走全球化发展战略，积极参与国家“一带一路”建设，铸就了我市在装备制造领域的三个行业第一：智能家居核心零部件市场占有率全球第一、工业装备零部件单厂规模全国第一、智能家居机加工能力全国第一。在他的带领下，华翔集团先后斩获山西省科学技术奖、中国机械500强企业等重大奖项，为我市全方位推动高质量发展走在全省第一方阵贡献了华翔力量。

6. 苗婉茹　全运会女子50米步枪金牌获得者

苗婉茹，中国射击运动员。2021年9月15日，在第十四届全运会女子50米步枪3种姿势决赛中，我市选手苗婉茹以466.9环的成绩夺冠，并打破意大利选手在2015年打出的464.7环的世界纪录，为山西省体育代表团摘得本届全运会射击项目首枚金牌，这是苗婉茹首次进入该项目全国比赛决赛。她在2017年山西省射击冠军赛中获得3枚金牌并打破女子10米气步枪省运会纪录，在第十三届全运会射击女子气步枪比赛中获得团体亚军，在2018年澳大利亚青年射击世界杯女子步枪三种姿势比赛中获得第三名。

7. 申青林　全国优秀农民工

申青林，临汾市鑫锐机械设备有限公司负责人。他出身农村，社交面极其有限，却能一次次从省、市、县各个级别的工匠和拔尖人才海选中脱颖而出：他学历不高，初中尚未毕业，却获得24项国家专利，小到便民利民的农用家具，大到服务于国家建设和行业革新的环保设施。他艰苦创业富而思源、不忘乡梓，用实际行动诠释着一名普通共产党员肩负的责任。先后获得“临汾市五一劳动奖章”“临汾市首届平阳工匠”“临汾市高层次人才”等荣誉，2021年1月6日，荣获“全国优秀农民工”称号。

8. 刘小元　“全国五一劳动奖章”获得者

刘小元，国网山西省电力公司临汾供电公司带电作业班班长、工程师。从事工作的13年时间里，刘小元用娴熟的技术和规范的动作，创下了7500余次带电作业“零失误”的安全生产纪录，为我市减少停电时间98200小时，多供电量5700万千瓦时，为企业和社会创造了巨大经济价值。先后荣获省电力公司电网检修生产技能专家，市首届“平阳工匠”、省特级劳动模范。2021年，荣获“全国五一劳动奖章”。

9. 王晋刚　全国优秀党务工作者

王晋刚，襄汾县古城镇关村党支部书记、村委会主任。自2014年担任关村党支部书记以来，他团结带领全村干部群众，谋发展、兴产业、抓治理、惠民生，创造了“关村经验”，跑出了“关村速度”，提升了“关村颜值”，成为襄汾县乡村振兴的一面旗帜，关村先后荣获“全国文明村镇”“全国环境整治示范村”“全国乡村治理示范村”“国家森林乡村”等多个“国”字号荣誉，他本人先后荣获“全国农业劳动模范”“山西省最美基层干部”“三晋英才”。2021年6月28日，荣获“全国优秀党务工作者”称号。

10. 谷婷婷　全国优秀教师

谷婷婷，汾西县勍香九年一贯制学校副校长。2010年参加工作以来，她扎根农村教育战线，恪尽职守，任劳任怨，以满腔热情耕耘在讲台上，为农村教育事业呕心沥血，教育教学成效显著。多年来，她时刻把关爱孩子放在教学工作的首位，累计帮扶留守儿童80余人。先后荣获汾西县“优秀班主任”“汾西县骨干教师”、临汾市“百优教师”、临汾市“优秀共产党员”“全国优秀教师”等称号。

（摘自《临汾日报》）

2021年统计资料

临汾市行政区划

表16

	单位	指标值
市　辖　区	个	1
县	个	14
县　级　市	个	2
街道办事处	个	20
镇	个	84
乡	个	53
村民委员会	个	2112
社区居民委员会	个	209

临汾市自然资源

表17

	单位	指标值
森林覆盖率	%	26.47
水资源总量	亿立方米	11.17
地表水资源量	亿立方米	7.56
煤炭探明储量	亿吨	478.70
铁矿石探明储量	亿吨	2.07
石膏探明储量	亿吨	4.18
水泥用灰岩探明储量	亿吨	1.98

注：本表数据为2020年数据

临汾市国民经济主要指标占全省比重（一）

表18

	单位	山西省	临汾市	占山西省百分比
常住人口	万人	3480.5	391.2	11.24
地区生产总值	亿元	22590.2	1909.5	8.45
规模以上工业增加值增速	%	12.7	12.0	—
公路通车里程	万公里	14.5	1.9	13.10
固定资产投资	亿元	7952.6	571.5	7.19
一般公共预算收入	亿元	2834.5	159.9	5.64
一般公共预算支出	亿元	5075.6	411.9	8.16
社会消费品零售总额	亿元	7747.3	756.5	9.76
海关进出口总额	亿元	2230.3	30.7	1.38
住户存款余额	亿元	28552.1	2459.3	8.61
居民消费价格指数	%	101.0	101.2	—

注：财政数据为决算数据

临汾市国民经济主要指标占全省比重（二）

表19

	单位	山西省	临汾市	占山西省百分比
城镇常住居民人均可支配收入	元	37433	36968	—
农村常住居民人均可支配收入	元	15308	15294	—
粮食总产量	万吨	1421.2	211.1	14.85
小麦产量	万吨	243.4	85.7	35.21
玉米产量	万吨	977.6	112.3	11.49
油料产量	万吨	15.5	1.3	8.39
水果产量	万吨	974.9	112.9	11.58
原煤产量	万吨	119316.2	8074.5	6.77
焦炭产量	万吨	9857.2	1612.4	16.36
生铁产量	万吨	5988.4	1265.9	21.14
钢产量	万吨	6740.7	1276.9	18.94
钢材产量	万吨	6173.9	1316.7	21.33
发电量	亿千瓦时	3734.4	246.5	6.60

注：工业产品产量、发电量均为规模以上口径

临汾市国民经济主要指标（一）

表20

	单位	2021年	2020年	同期比重（%）
地区生产总值	亿元	1909.47	1518.71	108.46
第一产业	亿元	151.19	118.87	108.02
第二产业	亿元	951.22	652.00	109.41
第三产业	亿元	807.06	727.84	107.70
农林牧渔业总产值	亿元	251.04	230.64	109.84
公路通车里程	公里	19383	19326	100.29
固定资产投资	亿元	571.5	507.7	112.55
财政总收入	亿元	327.7	265.6	123.38
#一般公共预算收入	亿元	159.9	135.3	118.18
一般公共预算支出	亿元	411.9	439.4	93.74
社会消费品零售总额	亿元	756.5	656.6	115.21
居民消费价格指数	%	101.2	102.4	—

注：地区生产总值、农林牧渔业总产值发展速度按可比价格计算

临汾市国民经济主要指标（二）

表21

	单位	2021年	2020年	同期比重（%）
海关进出口总额	万元	307263	181542	169.3
住户存款余额	亿元	2459.3	2216.1	111.0
城镇常住居民人均可支配收入	元	36968	34408	107.4
农村常住居民人均可支配收入	元	15294	13782	111.0
粮食总产量	万吨	211.1	212.7	99.3
#小麦产量	万吨	85.7	82.1	104.5
水果产量	万吨	112.9	97.7	115.5
肉类总产量	万吨	15.1	11.2	135.2
原煤产量	万吨	8074.5	7388.4	109.3
发电量	亿千瓦时	246.5	244.4	100.9
焦炭产量	万吨	1612.4	1819.3	88.6
生铁产量	万吨	1265.9	1370.8	92.3
钢产量	万吨	1276.9	1351.2	94.5
钢材产量	万吨	1316.7	1423.5	92.5
洗精煤产量	万吨	4330.8	3890.0	111.3

注：2020年工业产品产量数据为根据2021年规模以上工业企业同期数调整后数据

全市生产总值（按当年价格计算）

表22　　单位：万元

	2021年	2020年	同期比重（%）
全市生产总值	19094673	15187088	108.5
第一产业	1511919	1388728	108.0
第二产业	9512182	6519950	109.4
第三产业	8070572	7278410	107.7
农、林、牧、渔服务业	75552	69993	105.1
交通运输、仓储和邮电通信业务	993392	872442	107.8
批发和零售业	1267536	1104171	103.1
住宿和餐饮业	168609	139993	117.7
金融保险业	840155	778482	104.1
房地产业	1043420	949929	108.3
其他服务业	3681908	3363400	109.5
营利性服务业	894810	863811	105.3
非营利性服务业	2787098	2499589	111.0

注：2021年为季报数据，发展速度按可比价计算

全市生产总值构成

表23　　单位：%

	2021年	2020年	2021年比2020年增减
全市生产总值	100.0	100.0	—
第一产业	7.9	9.1	-1.2
第二产业	49.8	42.9	6.9
第三产业	42.3	47.9	-5.6
农、林、牧、渔服务业	0.4	0.5	-0.1
交通运输、仓储和邮电通信业务	5.2	5.7	-0.5
批发和零售业	6.6	7.3	-0.7
住宿和餐饮业	0.9	0.9	0.0
金融保险业	4.4	5.1	-0.7
房地产业	5.5	6.3	-0.8
其他服务业	19.3	22.2	-2.9
营利性服务业	4.7	5.7	-1.0
非营利性服务业	14.6	16.5	-1.9

注：2021年为季报数据

临汾市农林牧渔业总产值（当年价格）

表24 单位：万元

	2021年	2020年	同期比重（%）
农林牧渔业总产值	2510389	2306382	109.84
农 业	1693485	1486692	105.16
林 业	113916	108702	101.90
牧 业	563565	580313	127.14
渔 业	9533	10295	114.21
农林牧渔专业及辅助活动	129889	120380	105.22

注：发展速度按可比价格计算

农林牧渔业总产值构成

表25 单位：%

	2021年	2020年
农林牧渔业总产值	100.00	100.00
农 业	67.46	64.46
林 业	4.54	4.71
牧 业	22.45	25.16
渔 业	0.38	0.45
农林牧渔专业及辅助活动	5.17	5.22

主要农作物播种面积

表26 单位：千公顷

	2021年	2020年	同期比重（%）
总播种面积	542.06	537.51	100.8
#粮食作物	501.18	500.11	100.2
谷 物	483.63	479.22	100.9
#小 麦	201.11	200.65	100.2
玉 米	255.69	251.40	101.7
谷 子	13.23	14.23	93.0
高 粱	12.29	10.66	115.3
豆 类	6.42	10.61	60.5
薯 类	11.13	10.29	108.2
油 料	6.31	7.44	84.8
棉 花	0.03	0.03	103.4
烟 叶	0.31	0.35	89.0
药 材	12.38	9.45	131.0
蔬 菜	19.55	17.46	112.0
瓜 类	1.39	1.81	76.8
其他作物	0.91	0.85	106.9

注：粮食播种面积由国家统计局临汾调查队提供

主要农产品产量

表27 单位：吨

	2021年	2020年	同期比重（%）
粮 食	2111038	2126777	99.3
谷 物	2059969	2064813	99.8
#小 麦	857277	820713	104.5
玉 米	1123345	1161360	96.7
谷 子	35284	38006	92.8
高 粱	41359	40345	102.5
豆 类	13168	24522	53.7
薯 类	37901	37443	101.2
油 料	12525	15563	80.5
棉 花	32	30	106.7
烟 叶	807	997	81.0
药 材	89685	65087	137.8
蔬 菜	1018209	893250	114.0
瓜 类	39755	48625	81.8

注：粮食产量由国家统计局临汾调查队提供

林业生产情况

表28 单位：千公顷

	2021年	2020年	同期比重（%）
当年造林面积	16.04	26.69	60.10
经济林	0.0	5.8	0.00
防护林	16.04	17.82	90.01
零星植树（万株）	1560.0	1201.0	129.89
育苗面积	7.00	7.14	98.08
森林抚育面积	3.83	1.93	198.45
木材产量（立方米）	108017	28762	375.55
核 桃（吨）	42142	39589	106.45
花 椒（吨）	892	1570	56.82

注：本表数据除核桃、花椒外，其余指标由市规划和自然资源局提供

水果生产情况

表29

	单位	2021年	2020年	同期比重（%）
水果总产量	吨	1128969	977221	115.5
#苹果	吨	843206	750323	112.4
梨	吨	94923	70105	135.4
葡萄	吨	72060	65264	110.4
红枣	吨	27728	23572	117.6
柿子	吨	4224	4022	105.0
桃	吨	63998	51155	125.1
杏	吨	1619	1471	110.1
果园面积	公顷	60642	61000	99.4
#苹果园	公顷	36699	37095	98.9
梨园	公顷	10641	9802	108.6
葡萄园	公顷	2497	2686	93.0
其他园	公顷	10805	11418	94.6

主要牲畜年末存栏情况

表30　　单位：头、只

	2021年	2020年	同期比重（%）
一、大牲畜年末头数	95963	84044	114.2
牛	93772	81176	115.5
二、年末猪存栏头数	930591	719224	129.4
#能繁殖母猪	92367	86740	106.5
三、年末羊存栏只数	837783	779718	107.4
#山羊	413607	409795	100.9
绵羊	424176	369923	114.7
四、家禽	18530111	15146938	122.3
五、养兔	286038	327238	87.4

注：畜禽数据由国家统计局临汾调查队提供

畜牧业主要产品产量

表31　　单位：头、只、吨

	2021年	2020年	同期比重（%）
当年出栏的肉猪	1396189	980198	142.4
猪肉产量	109323	77165	141.7
当年出栏的肉用牛	43809	39197	111.8
牛肉产量	6800	5567	122.2
当年出栏的肉用羊	404528	314242	128.7
羊肉产量	5826	3864	150.8
当年出栏的家禽	20100261	17493212	114.9
禽肉产量	27864	23915	116.5
肉类总产量	151157	111767	135.2
奶类产量	50768	41005	123.8
#牛奶产量	49219	39191	125.6
山羊毛产量	208	205	101.4
绵羊毛产量	408	401	101.7
羊绒产量	53	53	100.0
蜂蜜产量	453	442	102.5
禽蛋产量	118748	111851	105.6
蚕茧产量	0	8	0.0

注：主要畜禽数据由国家统计局临汾调查队提供

农业现代化水平

表32

	单位	2021年	2020年
农村用电量	万千瓦时	117205	112635
化肥施用量（实物量）	吨	39.6	41.6
氮肥	吨	12.3	13.6
磷肥	吨	7.7	8.5
钾肥	吨	1.5	1.6
复合肥	吨	18.0	18.0
农用塑料薄膜使用量	吨	4302	4549
农用柴油使用量	吨	4.8	5.0
农药使用量	吨	3266	3431
农业机械总动力	万千瓦	231.6	225.2
大中型拖拉机	混合台	18313	17800
小型拖拉机	台	35933	35896
农用排灌动力机械	台	12308	12218

工业企业单位数

表33　　单位：个

	2021年	2020年
规模以上工业企业	519	439
#国有及国有控股	117	105
按轻重工业分		
轻工业	32	31
重工业	487	408
按隶属关系分		
中央企业	11	10
地方企业	106	75
其他企业	402	354
按登记注册类型分		
国有经济	4	4
集体经济	4	5
其他经济	511	430
按企业规模分		
大型企业	23	28
中型企业	98	90
小微型企业	398	321

注：本表数据均为月报口径

工业总产值（当年价格）

表34　　单位：万元

	2021年	2020年
规模以上工业企业	18013202	18013202
#国有及国有控股企业	5156006	5156006
按轻重工业分		
轻工业	314382	314382
重工业	17698820	17698820
按隶属关系分		
中央企业	646194	646194
地方企业	17367009	17367009
按登记注册类型分		
国有经济	492041	492041
集体经济	24961	24961
其他经济	17496200	17496200
按企业规模分		
大型企业	9422086	9422086
中型企业	4878957	4878957
小微型企业	3712159	3712159

注：本表数据均为月报口径

工业企业利税总额

表35　　单位：万元

	2021年	2020年
规模以上工业企业	4835731	2263634
#国有及国有控股企业	2905197	1197404
按轻重工业分		
轻工业	64120	57867
重工业	4771611	2205767
按隶属关系分		
中央企业	455272	252275
地方企业	2449925	631187
其他企业	1930534	1380173
按登记注册类型分		
国有经济	-48712	10641
集体经济	1782	374
其他经济	4882662	2252620
按企业规模分		
大型企业	1844391	1087308
中型企业	2592779	960342
小微型企业	398560	215984

注：本表数据均为月报口径

规模以上工业主要产品产量（一）

表36

	单位	2021年	同比增长（%）
轻工产品			
布	万米	148.5	-4.3
塑料制品	吨	2.5	-12.4
饲料	吨	13.6	-11.1
中成药	吨	395.0	2.8
重工产品			
原煤	万吨	8074.5	9.3
洗精煤	万吨	4330.8	11.3
焦炭	万吨	1612.4	-11.4
发电量	亿千瓦时	246.5	0.9
铁矿石原矿	万吨	632.7	168.2

规模以上工业主要产品产量（二）

表37

	单位	2021年	同比增长（%）
生铁	万吨	1265.9	-7.7
钢	万吨	1276.9	-5.5
成品钢材	万吨	1316.7	-7.5
铸铁件	万吨	47.9	6.2
水泥	万吨	575.7	-8.7
精甲醇	万吨	92.7	-2.0
粗苯	万吨	11.3	12.2
纯苯	万吨	8.1	4.9
合成氨	万吨	7.3	-10.9
化肥	万吨	5.3	-7.4
光缆	万芯千米	11.4	-86.6

主要能源品种产销存情况

表38　单位:万吨

	年初库存	生产量	销售量	年末库存
原　煤	138.8	8074.5	4612.2	210.3
无烟煤	5.3	281.8	279.2	3.9
炼焦烟煤	118.5	7007.9	3779.8	181.1
一般烟煤	15.0	784.7	553.3	25.3
洗精煤	114.4	4330.8	4731.0	99.6
其他洗煤	81.2	1631.3	1643.8	67.1
焦　炭	15.1	1612.4	1615.4	19.4
天然气(亿立方米)	0.0	18.6	17.7	0.0
发电量(亿千瓦时)	0.0	246.5	202.5	0.0
燃煤发电量	0.0	202.4	183.3	0.0
余能发电量	0.0	27.5	3.5	0.0
生物质发电量	0.0	1.8	1.6	0.0
风力发电量	0.0	10.8	10.5	0.0
太阳能发电量	0.0	3.6	3.6	0.0

注：本表数据除核桃、花椒外，其余指标由市规划和自然资源局提供

运输、邮电情况

表39

	单位	2021年	2020年	同期比重（%）
公路通车里程	公里	19383	19326	100.3
高速公路	公里	663	663	100.0
一级公路	公里	482	473	101.9
二级公路	公里	1955	1956	99.9
三级公路	公里	3402	3265	104.2
四级公路	公里	12686	12724	99.7
民用汽车	辆	851768	797874	106.8
载重汽车	辆	102270	97084	105.3
载客汽车	辆	745034	692869	107.5
邮电业务总量	亿元	43.60	312.40	—
固定电话	万部	19.82	20.40	97.2
移动电话	万部	467.87	440.50	106.2

注：2021年邮电业务总量调整统计口径，与2020年不可比

固定资产投资完成情况

表40　单位：万元、个

	2021年	2020年	同期比重（%）
一、固定资产投资完成额	5714512	5077414	112.5
按建设性质分：			
新建	2958565	2443825	121.1
改建	239485	433339	55.3
改建和技术改造	1185515	961905	123.2
按构成分：			
建筑安装工程	4565027	3913947	116.6
设备、工具、器具购置	582733	587573	99.2
其他费用	566752	575894	98.4
按产业分：			
第一产业	244699	222071	110.2
第二产业	2279835	1916297	119.0
采矿业	481986	525460	91.7
制造业	1282350	802146	159.9
电力、燃气及水的生产和供应	518012	588913	88.0
第三产业	3189978	2939046	108.5
二、施工项目个数	1081	1019	106.1
本年投产项目个数	370	375	98.7
三、新增固定资产	1797941	1202087	149.6

财政预算收支

表41　　单位：万元

	2021年	2020年
财政总收入	3276837	2655935
一般公共预算收入	1598902	1352894
#税收收入	1160367	921664
一般公共预算支出	4118735	4393625
#一般公共服务	423029	433785
教育	593964	591770
科学技术	7651	8638
文化体育与传媒	67573	105628
社会保障和就业	829574	682929
医疗卫生	445385	506160
节能环保	174841	218868
城乡社区事务	413193	440160
农林水事务	425824	616414

金融机构信贷

表42　　单位：亿元

	2021年	2020年
银行各项存款余额	3333.57	3051.46
住户存款	2459.27	2216.09
#活期存款	634.00	613.72
定期及其他存款	1825.27	1602.37
非金融企业存款	558.92	450.08
广义政府存款	299.21	367.35
银行各项贷款余额	2048.25	1811.25
住户贷款	612.64	521.49
#短期贷款	213.09	196.56
中长期贷款	399.55	324.92
非金融企业及机关团体贷款	1435.61	1289.77
#短期贷款	498.84	450.01
中长期贷款	705.12	620.52
票据融资	227.70	215.06

社会消费品零售总额

表43　　单位：万元

	2021年	2020年	同期比重（%）
社会消费品零售总额	7564701	6565876	115.2
1.城镇	6317247	5520247	114.4
其中：城区	3365184	2991429	112.5
乡村	1247454	1045629	119.3
2.限额以上	1653653	1353197	123.9
限额以下	5911048	5212679	113.4

限上企业（单位）商品零售类值表

表44　　单位：万元

	2021年	2020年	同期比重（%）
限额以上单位分类合计	1602930.6	1320035.1	123.3
粮油、食品类	84184.8	71149.5	116.6
饮料类	15143.1	10013.0	149.5
烟酒类	57248.2	35260.1	157.1
服装、鞋帽、针纺织品类	114560.5	95533.1	121.2
化妆品类	7056.2	5819.5	120.4
金银珠宝类	30284.0	20630.5	147.3
日用品类	21104.1	15678.2	133.3
五金、电料类	17299.5	9100.8	190.1
体育、娱乐用品类	251.2	271.7	92.5
书报杂志类	28683.6	24046.9	119.3
电子出版物及音像制品类	41.3	41.0	100.7
家用电器和音像器材类	38555.8	30558.6	127.1
中西药品类	106786.1	91532.4	116.6
文化办公用品类	7218.9	7369.3	99.2
家具类	16667.7	8179.9	203.8
通信器材类	19926.1	19998.8	99.9
煤炭及制品类	436.0	76.4	30.3
石油及制品类	419033.4	373521.8	127.0
建筑及装潢材料类	20630.4	9027.6	229.9
机电产品及设备类	2986.7	3167.7	94.3
汽车类	511013.8	474771.7	109.7
其他未列明商品类	83819.2	14286.6	322.1

注：绝对量为全口径数据，增速为逐月累加口径数据

价格总指数

表45　　单位：%

	2021年	2020年
居民消费价格指数	101.2	102.4
食品	97.7	107.5
烟酒	102.2	100.8
衣着	101.7	103.0
居住	100.7	99.9
生活用品及服务	101.1	100.5
交通和通信	105.3	98.2
教育文化和娱乐	103.5	100.2
医疗保健	99.4	104.6
其他用品和服务	99.3	103.4
工业生产者出厂价格指数	130.2	96.7
#轻工业	101.9	101.4
重工业	131.9	96.4
#生产资料	133.1	96.3
工业生产者购进价格指数	116.3	97.2

注：本表数据由国家统计局临汾调查队提供。工业生产价格指数为全省指数

对外贸易和旅游

表46

	单位	2021年	2020年
海关进出口总额	万元	307263	181542
出口	万元	297222	172704
进口	万元	10041	8837
外商投资企业数量	个	6	9
外商投资合同外资金额	万美元	3582	1299
重点监测景区旅游接待情况			
接待人数	万人次	227.8	251.9
门票收入	万元	7467.3	6783.0
旅游经营收入	万元	18379.1	13750.0

注：重点监测景区指有明确的管理主体，管理规范、制度健全、客源稳定、在区域范围内有一定影响力的旅游景区（点）

教　育

表47

	单位	2021年	2020年
高等学校数	个	4	5
高等学校专任教师数	人	22721	45568
高等学校在校学生数	人	838	2942
中等职业学校数	个	40	39
中等职业学校在校学生数	人	27419	24882
中等职业学校专任教师数	人	2419	2324
普通中学数	个	234	260
普通中学在校学生数	人	205779	209194
普通中学专任教师数	人	19784	20571
小学校数	个	705	773
小学校在校学生数	人	277510	279295
小学校专任教师数	人	20232	21590

科技、文化、卫生

表48

	单位	2021年	2020年
*文化产业增加值	亿元	26.88	25.69
*文化产业增加值占GDP比重	%	1.77	1.78
*全社会R&D经费支出	亿元	17.67	13.40
*全社会R&D经费支出占GDP比重	%	1.16	0.93
*规模以上工业企业R&D经费支出	万元	17.09	12.63
*规模以上工业企业R&D经费支出占GDP比重	%	1.13	0.88
电视人口覆盖率	%	99.69	99.66
医院数	个	184	195
医院床位数	张	19597	20046
执业医师和执业助理医师	人	12915	12591

注：带*号的指标为2020年和2019年的数据

环 保

表49

	单位	2021年
空气质量优良天数比例	%	53.2
PM2.5年均浓度	微克/立方米	53
达到或优于Ⅲ类水体比例	%	44.4
劣Ⅴ类水体比例	%	0
*工业废水排放总量	万吨	711
*工业废气排放总量	亿标m^3	4950
二氧化硫	万吨	1.4
烟 尘	万吨	3.1
*工业固体废物产生量	万吨	2519
*工业固体废物综合利用量	万吨	1087

注：带*的指标为2020年数据

城镇常住居民人均可支配收入及生活消费支出

表50 单位：元、%

	城 镇		
	2021年	2020年	增幅
可支配收入	36968	34408	7.4
工资性收入	22690	21092	7.6
经营性收入	5976	5402	10.6
财产净收入	1817	1686	7.8
转移净收入	6485	6228	4.1
生活消费支出	17945	16632	7.9
食品烟酒	4554	4441	2.5
衣着	1598	1597	0.1
居住	3726	3210	16.1
生活用品及服务	1286	1164	10.5
交通通信	2189	2162	1.3
教育文化娱乐	2319	1913	21.2
医疗保健	1807	1730	4.5
其他用品和服务	466	416	12.1

农村常住居民人均可支配收入及生活消费支出

表51 单位：元、%

	农 村		
	2021年	2020年	增幅
可支配收入	15294	13782	11.0
工资性收入	6418	5857	9.6
经营性收入	5549	5014	10.7
财产净收入	157	149	5.2
转移净收入	3170	2762	14.8
生活消费支出	11295	10104	11.8
食品烟酒	3258	2981	9.3
衣着	1043	930	12.2
居住	2275	2011	13.2
生活用品及服务	697	616	13.0
交通通信	1514	1324	14.4
教育文化娱乐	1060	909	16.5
医疗保健	1225	1142	7.3
其他用品和服务	223	192	16.2

分县市区行政区划

表52 单位：个

	办事处	镇	乡	村民委员会	社区居民委员会
全 市	20	84	53	2112	209
尧都区	10	10	4	263	79
曲沃县		5	2	114	6
翼城县		7	2	151	6
襄汾县		7	6	242	6
洪洞县		10	5	325	18
古 县		5	1	73	6
安泽县		6		67	4
浮山县		4	3	125	2
吉 县		3	4	67	6
乡宁县		5	5	130	7
大宁县		3	2	60	3
隰 县		3	4	70	3
永和县		2	4	65	4
蒲 县		5	3	67	4
汾西县		5	2	86	7
侯马市	5		3	68	30
霍州市	5	4	3	139	18

分县市区生产总值

表53　单位：万元

	2021年	2020年	同期比重（%）
全　市	19094673	15187088	108.5
尧都区	4006403	3422087	107.8
曲沃县	1579244	1186446	112.3
翼城县	905265	758551	109.5
襄汾县	1660850	1336942	107.9
洪洞县	1951539	1517819	107.2
古　县	639072	511777	101.0
安泽县	884577	652232	108.6
浮山县	510610	391807	117.2
吉　县	295501	259097	105.2
乡宁县	1932288	1437179	108.7
大宁县	146616	112434	109.9
隰　县	254824	213341	107.5
永和县	210688	181905	101.1
蒲　县	1310069	937008	108.9
汾西县	280806	245106	106.6
侯马市	1521011	1208850	112.5
霍州市	1005310	814507	105.3

注：2021年数据为季报数据，发展速度按可比价格计算

分县市区分产业增加值

表54　单位：万元

	生产总值	第一产业	第二产业	第三产业
全　市	19094673	1511919	9512182	8070572
尧都区	4006403	130602	1022332	2853469
曲沃县	1579244	221966	997154	360124
翼城县	905265	151770	269641	483854
襄汾县	1660850	210991	838889	610970
洪洞县	1951539	143632	1006481	801426
古　县	639072	30756	444717	163599
安泽县	884577	50535	666233	167809
浮山县	510610	67220	284933	158457
吉　县	295501	108369	95743	91389
乡宁县	1932288	60668	1516698	354922
大宁县	146616	26983	58113	61520
隰　县	254824	98109	31256	125459
永和县	210688	37992	102091	70605
蒲　县	1310069	38208	1072650	199211
汾西县	280806	45902	74427	160477
侯马市	1521011	42732	470210	1008069
霍州市	1005310	45484	560614	399212

注：本表数据为季报数据

分县市区三次产业构成

表55　单位：%

	第一产业	第二产业	第三产业
全　市	7.9	49.8	42.3
尧都区	3.3	25.5	71.2
曲沃县	14.1	63.1	22.8
翼城县	16.8	29.8	53.4
襄汾县	12.7	50.5	36.8
洪洞县	7.4	51.5	41.1
古　县	4.8	69.6	25.6
安泽县	5.7	75.3	19.0
浮山县	13.2	55.8	31.0
吉　县	36.7	32.4	30.9
乡宁县	3.1	78.5	18.4
大宁县	18.4	39.6	42.0
隰　县	38.5	12.3	49.2
永和县	18.0	48.5	33.5
蒲　县	2.9	81.9	15.2
汾西县	16.3	26.5	57.2
侯马市	2.8	30.9	66.3
霍州市	4.5	55.8	39.7

注：以上数据为季报数据

分县市区财贸经济指标

表56　单位：万元

	财　政总收入	一般公共预算收入	一般公共预算支出	社会消费品零售总额
全　市	3276833	1598902	4118735	7564701
尧都区	620268	226654	419941	2911531
曲沃县	135182	56581	149,738	326050
翼城县	89693	40529	223,636	431037
襄汾县	228610	90018	265,890	649163
洪洞县	212939	106144	404,924	850523
古　县	170326	56766	112,851	133700
安泽县	209610	64550	136,917	124138
浮山县	29928	17714	126,685	153077
吉　县	35005	16589	169,977	101598
乡宁县	678373	235981	334,400	246372
大宁县	32210	11406	152,888	65115
隰　县	22498	12316	146628	123169
永和县	38534	20555	125195	76582
蒲　县	331799	129231	194063	107103
汾西县	15196	11015	138196	180466
侯马市	97001	55566	177841	705467
霍州市	132768	55951	176870	379611

分县市区海关进出口总额

表57　　单位：万元

	海关进出口总　额	进口额	出口额
全　市	307263	10041	297222
尧都区	70997	83	70914
曲沃县	2236		2236
翼城县	4004	18	3986
襄汾县	6586	2177	4409
洪洞县	59449	10	59439
古　县	39		39
安泽县	387		387
浮山县	572		572
吉　县			
乡宁县	71	71	
大宁县	141603	928	140675
隰　县	204		204
永和县	14		14
蒲　县	7		7
汾西县	1478		1478
侯马市	19553	6754	12799
霍州市	64		64

分县市区固定资产投资完成情况

表58　　单位：万元

	2021年	2020年	同期比重（%）
全　市	5714512	5077414	112.5
尧都区	1206751	1056921	114.2
曲沃县	559813	478269	117.0
翼城县	177472	178035	99.7
襄汾县	437639	366033	119.6
洪洞县	508489	430765	118.0
古　县	196458	141106	139.2
安泽县	184256	142563	129.2
浮山县	100267	99625	100.6
吉　县	140552	120094	117.0
乡宁县	400702	350026	114.5
大宁县	157939	191628	82.4
隰　县	61212	47071	130.0
永和县	160479	180122	89.1
蒲　县	243183	213910	113.7
汾西县	81514	71414	114.1
侯马市	436814	381128	114.6
霍州市	264130	233225	113.3

分县市区城镇常住居民人均可支配收入

表59

	人均可支配收入（元）	增长（%）
全　市	36968	7.4
尧都区	41754	7.0
曲沃县	40148	9.0
翼城县	36306	6.3
襄汾县	37112	7.1
洪洞县	35073	8.8
古　县	37629	6.1
安泽县	35294	7.5
浮山县	36474	7.0
吉　县	25430	7.4
乡宁县	36806	8.2
大宁县	24894	10.6
隰　县	28233	7.1
永和县	27947	8.6
蒲　县	33942	8.4
汾西县	32271	6.3
侯马市	35704	8.1
霍州市	36903	7.7

分县市区农村常住居民人均可支配收入

表60

	人均可支配收入（元）	增长（%）
全　市	15294	11.0
尧都区	18925	8.7
曲沃县	19294	9.2
翼城县	14772	8.7
襄汾县	17133	9.2
洪洞县	15496	11.4
古　县	14237	8.3
安泽县	13530	11.7
浮山县	12328	11.0
吉　县	8665	13.8
乡宁县	14002	11.1
大宁县	6864	23.6
隰　县	9664	13.0
永和县	7199	23.8
蒲　县	12769	11.9
汾西县	7265	21.5
侯马市	18947	8.7
霍州市	17947	11.0

规模以上工业总产值及工业增加值行业构成（一）

表61

行业名称	单位个数	现价工业总产值（万元）	产值占比（%）	工业增加值（万元）
总　计	519	28567166	100.00	100.00
煤炭开采和洗选业	213	10976587	38.42	69.93
黑色金属矿采选业	26	544573	1.91	0.87
非金属矿采选业	3	31833	0.11	0.07
农副食品加工业	8	102837	0.36	0.12
食品制造业	2	15289	0.05	0.07
酒、饮料和精制茶制造业	1	4495	0.02	0.03
纺织业	1	3154	0.01	0.00
纺织服装、服饰业	1	2818	0.01	0.01
石油加工、炼焦和核燃料加工业	24	4653798	16.29	9.03
化学原料和化学制品制造业	16	455412	1.59	1.23
医药制造业	11	95810	0.34	0.25
橡胶和塑料制品业	4	163254	0.57	0.50

注：本表数据均为月报口径

规模以上工业总产值及工业增加值行业构成（二）

表62

行业名称	单位个数	现价工业总产值（万元）	产值占比（%）	工业增加值（万元）
非金属矿物制品业	67	499544	1.75	1.37
黑色金属冶炼和压延加工业	16	7640914	26.75	7.64
有色金属冶炼和压延加工业	2	14139	0.05	0.01
金属制品业	14	594748	2.08	0.79
专用设备制造业	19	451446	1.58	0.97
汽车制造业	9	380549	1.33	1.08
电气机械和器材制造业	3	24566	0.09	0.05
计算机、通信和其他电子设备制造业	4	17869	0.06	0.04
其他制造业	1	1254	0.00	0.00
废弃资源综合利用业	5	360723	1.26	1.87
电力、热力生产和供应业	30	802103	2.81	1.73
燃气生产和供应业	16	370210	1.30	0.42
水的生产和供应业	3	16022	0.06	0.06

注：本表数据均为月报口径

规模以上工业企业主要经济指标（一）

表63　　单位：千元

	资产合计	流动资产合计
规模以上工业企业	40156953	16273895
#国有及国有控股企业	23158137	7939066
按轻重工业分		
轻工业	498195	261414
重工业	39658758	16012481
按隶属关系分		
中央企业	2233138	522523
地方企业	20924999	7416543
其他企业	16998816	8334829
按登记注册类型分		
国有经济	348072	64538
集体经济	10068	7698
其他经济	39798812	16201659
按企业规模分		
大型企业	16364016	7223012
中型企业	15150948	5614916
小微型企业	8641988	3435967

注：本表数据均为月报口径

规模以上工业企业主要经济指标（二）

表64　　单位:千元、人

	应收帐款	产成品	负债合计	主营业务收入	利润总额	从事工业生产活动的从业人员平均人数
规模以上工业企业	3262253	730272	27140948	29969837	3294181	147855
#国有及国有控股企业	2005151	164474	15513433	8527430	1891601	79339
按轻重工业分						
轻工业	41547	25464	385144	426542	55813	5614
重工业	3220706	704809	26755805	29543295	3238368	142241
按隶属关系分						
中央企业	29106	4838	775115	1090003	322894	4799
地方企业	1976045	159636	14738317	7437427	1568707	74540
其他企业	1257101	565798	11627516	21442407	1402580	68516
按登记注册类型分						
国有经济	7692	5109	227765	158791	-50183	1555
集体经济	1537	871	8043	41458	1304	196
其他经济	3253024	724292	26905140	29769589	3343061	146104
按企业规模分						
大型企业	771034	201687	10787810	12340311	1373446	63375
中型企业	1603474	291695	10270215	10380848	1692641	58069
小微型企业	887745	236891	6082924	7248678	228094	26411

注：本表数据均为月报口径

分县市区农村主要经济指标（一）

表65

	粮食总产量（吨）	小麦产量	秋粮产量	油料产量（吨）
全　市	2111038	857277	1253761	12525
尧都区	200403	106170	94233	603
曲沃县	159830	80258	79572	1240
翼城县	181515	104219	77296	496
襄汾县	440970	221094	219876	1475
洪洞县	357733	178785	178948	300
古　县	40557	1816	38741	316
安泽县	116729	199	116530	495
浮山县	83437	33323	50114	841
吉　县	28446	11	28435	1005
乡宁县	80279	24743	55536	3364
大宁县	24121	0	24121	322
隰　县	57052	0	57052	556
永和县	48044	0	48044	187
蒲　县	80139	178	79961	568
汾西县	74601	29143	45458	472
侯马市	85834	47162	38672	0
霍州市	51348	30176	21172	285

注：粮食、畜牧数据由国家统计局临汾调查队提供

分县市区农村主要经济指标（二）

表66

	禽蛋产量（吨）	奶类产量（吨）	肉类总产量（吨）	大牲畜年末存栏（头）	猪存栏（头）	羊存栏（只）	禽存栏（只）	棉花产量（吨）	水果产量（吨）
全　市	118748	50768	151157	95963	930591	837783	18530111	32	1128969
尧都区	13361	9042	12121	7833	89697	76445	1532952	1	104513
曲沃县	8533	4997	12909	4692	71233	65400	1533080	0	99247
翼城县	7998	19297	22618	12609	112213	58644	805271	0	196094
襄汾县	25209	1533	25004	7044	147061	92870	3920158	0	113052
洪洞县	29314	7478	15960	17675	140081	115440	3503695	3	6670
古　县	1301	108	2966	1411	21310	24061	158705	0	1161
安泽县	2177	0	1408	1514	13661	37381	190494	0	691
浮山县	2813	401	4554	4139	28759	50300	221603	3	27894
吉　县	1769	56	3636	1515	34247	26711	173071	0	284339
乡宁县	11468	1059	7344	7500	60646	63288	1022564	0	48454
大宁县	692	31	1723	1656	22659	15749	74393	23	29114
隰　县	2634	353	6150	3778	38047	27499	267899	0	159984
永和县	1110	39	1947	2234	5874	62516	239582	0	21593
蒲　县	845	54	5854	11214	40781	12295	219614	0	3962
汾西县	2908	271	14344	6282	31912	50290	3313516	0	6058
侯马市	2964	1815	3466	2306	18854	21010	517572	0	8899
霍州市	3652	4234	9153	2561	53556	37884	835942	2	17245

注：粮食、畜牧数据由国家统计局临汾调查队提供

分县市区规模以上工业主要经济指标（一）

表67

单位：千元

	单位数（个）	现　价工业总产值	资产合计	流动资产合计	应收账款	产成品
全　市	519	28567166	40156953	16273895	3262253	730272
尧都区	74	2112963	3950174	1351475	609750	52649
曲沃县	32	7063395	4685955	1617483	92849	217478
翼城县	34	746982	986030	304963	90803	32527
襄汾县	50	3790923	2363542	1362434	165683	105400
洪洞县	75	2856596	6050016	2219575	285838	93815
古　县	29	1126049	1634631	539127	157736	36476
安泽县	18	1624847	2104087	1203805	409651	13390
浮山县	21	592765	301913	139093	42382	1879
吉　县	10	341448	750540	116681	25955	3159
乡宁县	41	2620616	3969020	1702804	706259	21048
大宁县	4	186485	117451	31696	16839	7976
隰　县	5	45175	298595	65275	21521	205
永和县	6	205384	501456	149698	6343	2260
蒲　县	48	2518862	4405184	1708485	175964	45307
汾西县	9	187243	179663	101030	36092	8193
侯马市	40	1461415	1463321	768156	151318	54425
霍州市	23	1086018	6395376	2892116	267271	34086

说明：本表数据为月报口径

分县市区规模以上工业主要经济指标（二）

表68

单位：千元、人

	负债合计	营业收入	利润总额	利税总额	从事工业生产活动的从业人员平均人数
全　市	27140948	29969837	3294181	4835731	147855
尧都区	2919563	2238602	249098	429714	16000
曲沃县	3763856	7974228	394038	470870	13647
翼城县	815894	714358	57958	103159	5255
襄汾县	1480143	3928957	261045	367438	16047
洪洞县	3831529	3025909	221426	335850	21679
古　县	1104462	1225383	208883	309902	7484
安泽县	997175	1541757	392025	543355	6061
浮山县	136070	382889	62418	70390	1939
吉　县	157215	301400	89093	114329	1651
乡宁县	1766749	2216308	858012	1192693	15027
大宁县	44754	177653	56874	57578	1182
隰　县	231703	42410	219	783	623
永和县	214575	205621	59698	65536	387
蒲　县	3197698	2860685	534136	813129	11668
汾西县	141785	124109	3079	2476	935
侯马市	1211577	1427777	-7361	11120	8449
霍州市	5126201	1581793	-146460	-52590	19821

全省分市主要经济指标排序（一）

表69

	常住人口（万人）		城镇（万人）	乡村（万人）	城镇人口比重	生产总值（亿元）		三次产业结构比（%）		
	指标值	位次	指标值	指标值	%	指标值	位次	第一产业	第二产业	第三产业
全　国	141260		91425	49835	64.7	1143670		7.3	39.4	53.3
山西省	3480.48		2207.48	1273.00	63.4	22590.2		5.7	49.6	44.7
太原市	539.10	1	481.01	58.09	89.2	5121.6	1	0.9	41.3	57.9
大同市	309.87	7	227.37	82.50	73.4	1686.0	8	6.1	42.5	51.5
阳泉市	131.10	11	94.29	36.81	71.9	916.6	11	1.7	51.7	46.6
长治市	315.17	6	180.86	134.31	57.4	2311.1	2	4.0	59.8	36.1
晋城市	218.86	9	139.08	79.79	63.5	1912.4	5	4.0	60.4	35.6
朔州市	159.03	10	99.77	59.26	62.7	1420.6	9	6.6	45.4	48.1
晋中市	339.00	4	206.47	132.53	60.9	1843.4	7	8.1	51.2	40.7
运城市	473.32	2	237.87	235.45	50.3	2053.1	4	16.5	39.7	43.8
忻州市	266.32	8	145.77	120.55	54.7	1344.4	10	8.7	50.5	40.7
临汾市	391.24	3	211.84	179.40	54.1	1909.5	6	7.9	49.8	42.3
吕梁市	337.47	5	183.16	154.31	54.3	2071.4	3	5.1	65.2	29.7

全省分市主要经济指标排序（二）

表70

	规模以上工业增加值增速（%）		固定资产投资（亿元）		一般公共预算收入（亿元）		一般公共预算支出（亿元）	
	指标值	位次	指标值	位次	指标值	位次	指标值	位次
全　国	9.6		544547		202539		246322	
山西省	12.7		7952.6		2834.5		5075.6	
太原市	15.1	4	1611.2	1	423.4	1	629.0	1
大同市	9.0	11	732.0	4	166.7	6	374.2	7
阳泉市	12.1	7	277.8	11	56.2	11	127.9	11
长治市	15.6	3	891.7	2	224.1	3	388.1	6
晋城市	15.7	2	652.3	7	201.3	4	292.1	9
朔州市	9.6	9	340.2	10	116.3	9	207.4	10
晋中市	9.5	10	796.3	3	171.1	5	366.8	8
运城市	12.8	5	723.4	5	105.2	10	398.8	5
忻州市	17.7	1	655.9	6	117.9	8	422.6	2
临汾市	12.0	8	571.5	9	159.9	7	411.9	3
吕梁市	12.3	6	632.5	8	231.8	2	406.7	4

全省分县市区主要经济指标排序（一）

表71

	地区生产总值（亿元）		规模以上工业增加值增速（%）		固定资产投资（亿元）	
	指标值	位次	指标值	位次	指标值	位次
太原						
小店区	1425.2	1	26.7	15	386.9	1
迎泽区	1052.5	2	5.2	97	121.2	12
杏花岭区	875.4	3	11.4	70	102.3	19
尖草坪区	513.3	7	16.5	34	176.0	6
万柏林区	577.4	4	–4.3	109	157.6	8
晋源区	97.8	72	10.2	79	135.4	9
清徐县	296.1	26	34.3	8	211.5	4
阳曲县	80.5	81	13.5	59	107.6	16
娄烦县	41.7	106	16.1	38	20.8	96
古交市	83.1	80	10.5	76	33.5	78
大同						
平城区	483.6	8	–2.5	106	260.8	2
云冈区	513.3	6	8.7	86	106.4	17
新荣区	78.4	84	–5.4	110	49.9	50
云州区	168.0	48	19.3	25	81.7	26
阳高县	73.2	90	14.8	47	45.6	60
天镇县	50.2	101	8.1	90	26.2	93
广灵县	52.6	99	14.3	49	18.9	98

全省分县市区主要经济指标排序（一）续

表72

	社会消费品零售总额（亿元）		一般公共预算收入（亿元）		城镇常住居民人均可支配收入（元）		农村常住居民人均可支配收入（元）	
	指标值	位次	指标值	位次	指标值	位次	指标值	位次
太原								
小店区	707.5	1	27.2	8	43496	2	24724	1
迎泽区	409.7	2	19.1	19	43096	4	24724	1
杏花岭区	273.4	8	15.8	31	42795	5	24724	1
尖草坪区	114.5	16	13.2	38	40604	18	24724	1
万柏林区	200.2	10	20.9	16	41170	15	24724	1
晋源区	51.1	37	7.0	60	41469	12	24724	1
清徐县	54.8	34	15.6	33	39915	23	24143	7
阳曲县	15.8	92	6.2	62	30081	83	13030	67
娄烦县	5.2	116	5.3	77	25981	106	10401	87
古交市	41.7	46	18.7	21	38048	31	20020	21
大同								
平城区	395.5	3	9.8	47	40147	22	20343	19
云冈区	151.9	12	16.1	30	39102	25	20204	20
新荣区	15.8	91	2.5	98	30901	78	12564	71
云州区	50.6	38	3.0	94	25543	108	13212	66
阳高县	13.8	98	1.7	110	27383	100	10997	80
天镇县	13.5	101	1.8	107	27454	98	10610	85
广灵县	12.9	104	3.2	91	27339	101	11078	75

索 引

说明：

1.本索引采取主题分析方法，按汉语拼音字母顺序排列。

2.本索引名称后的数字表示内容所在的页码、数字后的拉丁字母（a、b、c）表示该页自左至右的栏别。